SV

Einar Schleef

Droge Faust Parsifal

Suhrkamp

Druck: Books on Demand, Norderstedt
Printed in Germany
ISBN 978-3-518-40862-9

5 – 2010

SCHLEEF

DROGE FAUST PARSIFAL

SUHRKAMP

VORWORT

Die deutsche Klassik nährt sich aus 2 Quellen, aus den antiken Tragödien und den Stücken Shakespeares. Sie versucht Shakespeares Individualisierung mit dem Chor-Theater der Antike zu verbinden. Die Chor-Figur wird zum Titelgeber deutscher Gegenwartsstücke, deren Reihe mit den RÄUBERN beginnt. Die zeitliche Abfolge der Stücke belegt den Transport des Kernthemas der feindlichen Brüder, das jeweils einer heftigen, von den beiden feindlichen Grundpositionen ausgehenden Reaktion auf die Zeitumstände vorangesetzt wird.

Da sich die deutsche Klassik der politischen Zustände nicht erwehren kann, blutet sie aus. Zunächst ergibt sich eine inhaltliche Blockade, die Wagner zum Erben der deutschen Klassik macht, der die dort gewonnenen Energien bündelt und zum Musikdrama umfunktioniert. Dabei beruft sich Wagner musikalisch auf Bach und Gluck. Da Wagner wiederum keinen Erben findet, der sein musikalisches Material, seine inhaltlich-thematische Arbeit weiterführt, übernimmt Hauptmann dessen Stafette und installiert seine Vorstellung vom Theater, die bis heute bindend ist, nur von Brecht gebrochen wird, dessen Theaterreform sich heute wie ein Relikt aus der Vorzeit ausnimmt.

Die vom Chor-Gedanken ausgehenden Stücke verbindet ein Thema, die Droge, ihre Definition und rituelle Einnahme in Gruppe. Grob gesagt, wird die Droge notwendig, um eine gesellschaftliche Utopie zu entwickeln, ihren Einflußbereich aufrecht zu erhalten, folglich die Zahl ihrer Konsumenten zu erhöhen. Dabei beruft sich die von den deutschen Autoren verwendete Drogeneinnahme auf die erste »chorische« Drogeneinnahme unseres Kulturkreises: Das ist mein Leib. Das ist mein Blut.

Die deutschen Stücke variieren das Abendmahls-Motiv, die Notwendigkeit der Droge, analysieren Beschaffenheit und Menge der Droge, ihre Einnahme durch einen Chor und die Individualisierung eines Chormitglieds durch Verrat. Dieser Verrat wird mit »Blutgeld« bezahlt. »Blutgeld« verweist auf die Beschaffenheit der Droge, obwohl zunächst anderes gemeint ist. Die Droge ist Blut, und somit ist Blutverlust, Verlust des Lebens, Thema des Abendmahls, der christlichen Adaption heidnischer kannibalischer Riten, in der der Individualisierungsprozeß, der Selbstmord des Judas, der Selbstausschluß eines der Esser aus der Tischgemeinschaft, thematisiert wird. Jesus erwählt seinen Verräter, gibt damit größte Nähe zu erkennen: Der mit der Hand mit mir in die Schüssel tauchet, der wird mich verraten. Des Menschen Sohn gehet zwar dahin, wie von ihm geschrieben stehet: Doch wehe dem Menschen, durch welchen des Menschen Sohn verraten wird. Es wäre ihm besser, daß derselbige Mensch noch nie geboren wäre. Da antwortete Judas, der ihn verriet, und sprach: Bin ichs, Rabbi? Er sprach zu ihm: Du sagests:

Da sie aber aßen, nahm Jesus das Brot, dankete und brachs, und gabs seinen Jüngern und sprach: Nehmet, esset, das ist mein Leib. Und er nahm den Kelch und dankete, gab ihnen den und sprach: Trinket alle daraus, das ist mein Blut des Neuen Testaments, welches vergossen wird für viele, zur Vergebung der Sünden.

Seit dem Abendmahl ist die Blut-Droge Nahrung und entsprechend von Goethe im FAUST-Komplex eingesetzt. Er benutzt nicht nur das Abendmahl, sondern läßt seine Quellen oft eine Mischform bilden, die nur ihm zugehörig erscheint. Faust zelebriert im Schluß des Eröffnungsmonologs FAUST 1 die Drogeneinnahme nach antikem Vorbild, geht auf Platons SYMPOSION ein, das schon Fausts Vater mit Adepten in der »Schwarzen Küche« sexuell feierte. Der Monolog ab: Ich grüße dich, du einzige Phiole! beschreibt Drogeneinnahme und Drogenrausch, die Anrufung der ritusfeiernden Gemeinschaft, der Zugehörigkeit des Sohnes zum Vater, dessen Anrufung und Todesfeier durch ein Individuum, das sich eingangs als Hochgebildeter vorstellt und jetzt am Ende ist. Droge und Utopie einer Gemeinschaft sind untrennbar miteinander verbunden. Faust hört die Engel, Wahnfiguren, im Drogenrausch:

Ihr Chöre singt ihr schon den tröstlichen Gesang?
Der einst, um Grabes Nacht, von Engelslippen klang,
Gewißheit einem neuen Bunde.

Engel und Weiber antworten in inbrünstigen Chören. Faust steht der Neue Bund kurz bevor, der Teufel wartet vor der Tür.

Die von Goethe definierte Drogeneinnahme, Bestimmung und Wirkung werden von nachfolgenden Autoren differenziert formuliert, doch gelingt es nicht, dem Vorbild zu entkommen, zu umfassend hat Goethe dieses Thema im gesamten FAUST-Komplex fixiert.

Obwohl die antike Chor-Tragödie literarisch außerordentlich hoch bewertet wird, ist ihre Realisierung weitgehend diskreditiert. Chor-Bildung und Chor-Einsatz werden heute ausschließlich politisch interpretiert, gehören einer linken oder rechten totalitären Gesinnung an. Die Irritierung und Erregung, die von einer Gruppe gemeinsam sprechender Menschen ausgehen, werden nur noch als erschreckende Bedrohung empfunden, die an längst überwundene Zustände erinnert. Trotz dieser Dauerabwehr, trotz mißlungener Neubelebungen des Chores, lebt der inhaltliche Ansatz in allen Antiken-Aneignungen des Sprech- und Musiktheaters weiter, damit auch die antike Konstellation der Einzelfigur, des werdenden Individuums, das der Chor ausschließt.

ELEKTRA von Strauß ist bis heute die bedeutendste Antiken-Aneignung in deutscher Sprache, obwohl sie auf Chor verzichtet. Sie belegt, daß der Individualisierungsprozeß, dem die Besiegung der Frau vorausgeht, noch nicht abgeschlossen ist, belegt auch die Wagner-These, der seine Orchestermusik als Chor-Ersatz definiert. Strauß ist hier Wagner nah, belegt, daß die Verdrängung der Frau und die Verdrängung des Chores engstens mit der Vertreibung des tragischen Bewußtseins zusammenhängen, so, als wäre das tragische Bewußtsein, wenn es die Szene wieder beträte, Domäne der Frau und unsere Auseinandersetzung mit diesem Anspruch der andauernde Konflikt, den selbst die Operette in Szene setzt. Den Platz, den die antiken Autoren der Frau noch einräumen, d. h. ihrer ausführlich dargestellten Besiegung, dieser Platz wird ihr von den deutschen Klassikern weitgehend verweigert. Drückende Erb-Last, daß Chor, Chor-Gedanke, Chor-Einigung nach Auffassung der deutschen Klassiker Männersache sind. Ihre Auffassung behauptet sich bis heute brutal in Besetzung und Spielplan. Die Einigung zu einem Chor, die Definition als Chor, auch wenn dieser nach Shakespeare individualisiert ist, setzt in bürgerlicher Auffassung den Ausschluß der Frau voraus, da sie die Drogeneinnahme stört. Diese Position erhärtet sich soweit, daß die Klassiker einen weiblichen Chor nach antikem Vorbild nicht mehr zulassen, damit die antiken Autoren nachhaltig korrigieren, nur Goethe erlaubt sich noch folkloristische Anklänge mit den Hexen der WALPURGISNACHT, mit den Zigeunern GESCHICHTE GOTTFRIEDENS VON BERLICHINGEN MIT DER EISERNEN HAND DRAMATISIRT. Selbst wenn es sich um ein Mißverständnis handeln würde, haben die deutschen Klassiker bis heute eine Position der Französischen Revolution festgeschrieben, daß Frauen nicht in das Zentrum des Dramas gehören, abseits zu lokalisieren sind, eine Position, die im bekämpften, niedergeworfenen Rokoko unhaltbar gewesen wäre, das Frauen politische Macht und Einspruch einräumte. Europa und Teile Asiens wurden damals von 3 deutschsprachigen Frauen regiert. Die »Rache« der Klassik wird in diesem Zusammenhang nicht berücksichtigt. Möglicherweise gaben die Klassiker ein völlig falsches, zugerichtetes Bild der politischen Zustände wieder.

Gerade jetzt, wo dieser Text entsteht, ist Geschichtsklitterung in Gesichtern und Körpern zu lesen. Jeden Tag fahren die sich Korrigierenden erschrocken auf, nimmt man ihre Verbiegung wahr, mit dem Lehrerzeigefinger zum Himmel: Herr, bin ichs? Den so Angesprochenen noch in Zweifel bringend, ob da nicht doch ein unverantwortlicher Irrtum unterlaufen ist, ob nicht doch Stasiakte und Parteibuch lügen.

Der Versuch, gegen die deutschen Klassiker den antiken Chor-Gedanken zu beleben, die Rückführung der Frau in den zentralen Konflikt zu erreichen, die mit der Rückführung des tragischen Bewußtseins gekoppelt ist, wurde von vielen Theatermachern praktiziert, doch scheitern ihre Versuche angesichts der sich verändernden politischen Zustände, die sich oft einer Rückführung des tragischen Bewußtseins öffneten, sich aber genau in dem Moment der Öffnung, als diese allgemein bewußt wurde, wieder verschlossen. Damit wiederholt sich jene antike Konstellation, in der Elektra nachts vor dem Palast steht, dem Palast, in dem sie geboren wurde, der sie verstoßen hat und dem sie sich nun in Rache und Mordlust nähert. Hinter ihr stehen die Götter, die ebenso verstoßen sind und Einlaß begehren: Und ihr Geschrei erfüllt das Riesenhaus.

Mein Ansatz, den Chor, die Gemeinschaft der miteinander Arbeitenden, die Gemeinschaft der Figuren, die eine Sprache sprechen, die des Autors, wieder auf der Bühne zu beheimaten, stößt auf heftigste Reaktion und Ablehnung. Von Beginn meiner Tätigkeit als Regisseur in der BRD werde ich mit einem faschistischen Etikett versehen. Diese Einschätzung führt zur Ächtung, zur jahrelangen Nichtbeschäftigung im Theatertrott. Selbst wenn heute keine Chor-Inszenierung mehr ohne meinen Formenkanon auszukommen meint, wird das Original stets verwässert, das Chor-Problem stumpf und kongruent geschliffen, damit die politische Kraft, die heute dem Chor innewohnt, nicht erscheinen möge. Daß sich Frauenchöre nach meiner Inszenierung MÜTTER in der BRD nicht rehabilitierten, liegt nicht am Mangel an geeigneten Stücken, wie Theatermacher vorgeben, sondern daran, wie sich einer der Zuschauer ausdrückte, daß 53 schreiende Frauen für einen Mann unerträglich sind.

Trotz politischer Quotenregelung ist die Figur, die die Drecksarbeit heute auf der Bühne macht, weiblich. Daran wird sich nichts ändern. Seit Elektra, Kundry, Luise Hilse der Kommissarin, der Umsiedlerin ist klar, daß ihre Dreckarbeit ausschließlich der Erhaltung männlicher Macht dient, daß sie nur Transportarbeiter sind, Bahnarbeiter, die mit schwankender Lampe die Waggons kontrollieren. So erblickt Anna Karenina den Tod. Die hochaufgeputzte Frau begegnet einem Mann, einem unbekannten Proleten, einem Rangierarbeiter, dessen Anblick sich stigmatisierend in ihr Inneres frißt, ihr bis zuletzt bewußt ist. Ihm bringt sie sich als Opfer dar. Tolstoi schickt sie auf die Schiene.

Die Rückführung der Frau in den zentralen Konflikt, die Rückführung des tragischen Bewußseins ist kein Überlaufen auf die Seite der Frauen, sondern notwendige Arbeit, notwendige Korrektur, notwendige Besinnung, notwendig, um das Überleben der gefährdeten Kunstform des Sprech- und Musiktheaters zu ermöglichen. Diese Besinnung, diese Reformierung des Theaters hat politische Konsequenzen, ist nur so denkbar, heute politisch utopischer Ansatz.
Dieser allgemein sichtbaren, notwendigen Korrektur aber steht die männliche Chor-Bildung gegenüber, die sich nicht als solche begreift, um sich zu schützen, aber alle Vorteile der Chor-Bildung brutal nutzt, eine Jagdgemeinschaft rekrutiert, um das eingenommene Herrschaftsgebiet zu kontrollieren.

Chor-Titel
Shakespeare wird gefeiert, weil er den antiken Chor zerstört, ihn in Individuen spaltet, damit das Schauspiel aus seiner Erstarrung rettet, so die herkömmliche Interpretation. Selbstverständlich behält er Elemente des antiken Chores bei, sowohl inhaltlich als auch rein praktisch, doch haben unsere klassischen Bearbeiter und Übersetzer diesen Autor für sich hergerichtet, Nichtkongruentes ausgeschieden. Vollkommen unbeachtet ist, daß Shakespeare die Spaltung des Chores durch eine Gleichzeitigkeit kompensiert, die sofort von unseren Übersetzern und Bearbeitern revidiert wird, indem die Vielzahl, der Wirrwarr der Szenen harmonisiert, gebündelt wird, ein zeitlich verfolgbarer Ablauf entsteht. Shakespeare

will genau das Gegenteil, er zwingt den Zuschauer, sich dem Strudel, dem Sog auszusetzen oder sich zu absentieren. Genauso verfährt er mit den Figuren.

Die deutschen Klassiker partizipieren an Shakespeares Errungenschaften, können aber die antike Tragödienform nicht als überholt ad acta legen. Es kommt zu einer eigenartigen Mischbindung, die Goethe und Schiller in ihren ersten Stücken praktizieren, sie verknüpfen das antike Chor-Theater mit dem Individuen-Theater Shakespeares, sie formulieren damit den Kanon für das deutsche Gegenwartsstück, der seitdem gültig ist. Goethe, der mit der GESCHICHTE GOTTFRIEDENS VON BERLICHINGEN MIT DER EISERNEN HAND DRAMATISIRT thematisch noch ins Mittelalter flüchtet, schafft jedoch die Voraussetzung dafür, daß Schiller mit den RÄUBERN ein Gegenwartsstück, sein formal und theoretisch geschlossenstes Werk schreibt, in dem der Chor und sein Thema neu definiert werden. Es heißt jetzt nicht mehr HAMLET oder ÖDIPUS, sondern gruppenbezogen DIE RÄUBER, wobei sich Gruppen- und Namenbezug eng an das antike Vorbild halten: PERSER, TROERINNEN, DANAIDEN, VÖGEL, FRÖSCHE sind Chor-Titel.

Goethe und Schiller gehen zunächst nicht programmatisch vor, doch wird ihnen zunehmend bewußt, daß sie mit ihren Arbeiten die Weichen des modernen Theaters stellen. In seinem Erstling setzt Schiller die antike Konstellation, die feindlichen Brüder nebst ihrem Vater, gegen den aufgespaltenen Chor: DIE RÄUBER, zu denen der Vater und die Söhne, trotz unterschiedlichster Geisteshaltung zu zählen sind, sie sind alle »Räuber«.

Daß Goethe die von Shakespeare eingesetzte Gleichzeitigkeit erkennt, belegt GESCHICHTE GOTTFRIEDENS VON BERLICHINGEN MIT DER EISERNEN HAND DRAMATISIRT. Die Kampf-Szenen, die sich gegen Stückmitte ausdehnen, sind von Beginn an vorbereitet, münden im Schlußakt in die gesellschaftliche Katastrophe. Dadurch, daß Kampfhandlungen nur in ihrer Gleichzeitigkeit darzustellen sind, stößt der Autor an die Grenzen des damaligen Theaters, Grenzen, die Goethe als Theaterleiter später strikt praktiziert. Diese Kehrtwendung schmälert jedoch nicht die von ihm erkannte, angewendete Form, sondern, als Autor von Einengung befreit, demonstriert er eine grausame Bloßlegung der Gegner-Parteien. Aus der Vogelperspektive wechselt der Blick hin und her, gleitet von der einen zur anderen Partei, hängt sich oft an eine Figur, um auf eine andere zu prallen. Diese Vogelperspektive ist Goethes Formulierung des Kriegs urors, der bei Shakespeare ungebremst durchbricht, den Großteil seiner Stücke bestimmt. Nur durch den Furor ist ein sich Absetzen vom antiken Chor möglich. Selbst wenn Shakespeare die Chorgrobform, alle sprechen einen Text, möglichst meidet, besteht sie doch weiterhin durch die Art der Kriegsführung, Rudel- oder Haufenbildung, der sich seine dramatischen Abläufe insgesamt nicht entziehen.

Schiller gelingt mit den RÄUBERN eine Übertragung dieses Krieges auf kleinsten Raum, ein Familiendrama, das diese Gattungsgrenzen sprengt. Zu spät erinnert er sich an seinen frühen Erfolg, will mit RÄUBER II eine Fortsetzung dieses Krieges liefern, doch zu tief ist er in Goethes Fängen, in Nebenproduktionen erstickt.

Nachfolgende Autoren greifen wiederholt auf den zertrümmerten Chor zurück und variieren dessen Alters- und Gesellschaftszugehörigkeit, diese Stücke bleiben von ihrer Thematik her Gegenwartsstücke, in denen sich eine Gruppe trotz unterschiedlicher Herkunft vereinigt, um gegen die Herrschaft anzugehen: DIE SOLDATEN, DE WABER/DIE WEBER, FRÜHLINGS ERWACHEN, FEGEFEUER, PIONIERE VON INGOLSTADT, DIE ILLEGALEN, DIE ASOZIALEN, DIE PHYSIKER, DIE BAUERN, WEIBERKOMÖDIE.

In Hauptmanns WEBERN erfährt der Chor, die Weber, eine neue Deutung, eine moderne. Obwohl Hauptmann im Stoff historisch zurückgeht, der Chor wird zum Ausgestoßenen, die Umkehrung der antiken Konstellation. Ödipus ist der Chor-Ausgestoßene, konträr stößt Dreißiger den Chor aus. Dies ist bei der aktuellen Beschreibung des Chores, seiner Spaltung, seiner Trümmerstücke zu berücksichtigen. Hauptmann überträgt, konsequent wie kein anderer Autor nach ihm, antike Tragödie in Gegenwart, unsere PERSER, unsere TROERINNEN heißen DE WABER.
Die Umkehrung der antiken Konstellation, die Neudefinierung des Opfers, ist ohne die Vielschichtigkeit der antiken Tragödie, die dauernden Interpretationsänderungen unterworfen ist, nicht denkbar, doch entsteht Hauptmanns entschiedene Setzung weniger aus Überlegung und Arbeit am Vorbild, vielmehr aus der Definition der gesellschaftlichen Zustände, in denen er lebt. Die Menschenzusammenballung, die jetzt mit »Proletariat« bezeichnet wird, ist der neue Chor, der aber nicht die Herrschaft trägt, sondern, von ihr verstoßen, verheizt, sich irgendwo verstecken muß, sofort mit seinem Erscheinen auf der Bildfläche »pestkrank« ist. »Pestkrank« sind die Weber, verpestet, kontaminiert. Ihre Krankheit ist weder politisch feststellbar noch politisch nutzbar, sie ist an eine Geschlechts- und Zeugungswut gebunden, die genauso zu bekämpfen ist.
Goethe folgend, nutzt Hauptmann eine veränderte Perspektive. Im Schlußbild verknüpft er durch ein Fenster Außen- und Innenwelt. Während das Innen auf Frieden hält, Ruhe bewahrt, kämpft das Draußen, Soldaten und revoltierende Weber im Würgegriff. Bis endlich die Verbindung von Außen nach Innen den Tod bringt, eine Kugel trifft Hilse am Webstuhl.
Wie im ÖDIPUS bleibt die Masse trotz eines Theatersiegs »pestkrank«. Krank auch die Bauern, auf die Faust trifft, krank die Gralsburginsassen. Nach den WEBERN bleibt die Definition der »pestkranken Masse« nicht auf Hauptmann beschränkt, sondern ist allgemein europäisch. »Krank« sind auch Müllers BAUERN, besoffen von Ideologie, der alten, der neuen, die sich die Hand geben.

Noch in der deutschen Klassik haftet dem Chor etwas von seiner ursprünglichen, heilenden Bedeutung an, seiner Zugehörigkeit zur Landschaft, zu einer geographischen wie zu einer seelischen, als gingen beide Landschaften im Chor eine

Verbindung ein, würden sich gegenseitig bedingen, als würde eine aus der anderen erwachsen. Als wäre das der Ort, in dem sich das Individuum von seinen Schmerzen lösen könnte.

In der Oper packt Gluck den größtmöglichen Chor-Kontrast mit seinen beiden Chor-Szenen: Orpheus und die »pestkranken« Furien, Orpheus und die »geheilten« Seligen Geister.

Die Aufspaltung des antiken Chores durch Shakespeare, seine Individualisierung, ist nicht bloßer schauspielerfreundlicher Zugewinn, sondern ein bedeutender inhaltlicher Verlust, den kein Protagonist wettmachen kann. Der Gesamtzusammenhang der auf der Bühne agierenden Figuren ist zerstört. Damit ist jede Figur auf eigenes Leid zurückgeworfen, auch befreit von Verantwortung füreinander.
Hier beginnt der Monolog. Die Figur friert in der Ausstoßung, krümmt sich, empfindet körperlichen Schmerz. Sie kann ihn nicht beruhigen, sondern mit der Erkenntnis wächst der Schmerz, die Unmöglichkeit, den immer noch blutenden Riß zu korrigieren. Im Fieber spürt sie ein Gift, spürt, wie sich die Wunde entzündet. Bis der Faden reißt, Panik ausbricht.

Panik. Das Verhalten in die U- oder S-Bahn Einsteigender ist schon so bedrängend geworden, daß man aussteigend die Einsteigenden über den Haufen rennt, vielmehr wollen die Einsteigenden lieber über den Haufen gerannt werden, als auch nur einen Zentimeter nachgeben, um den Aussteigenden Platz zu machen, nein, sie weichen keinen Schritt, stemmen sich dem Aussteigenden mit unverminderter Kraft entgegen, schieben ihn in den Wagen zurück, wenn dieser sich nicht in seiner Bewegung nach außen behauptet. Hier lassen sich Verhaltensänderungen beschreiben, die all diese Menschen unter einem unbestimmbaren Zwang zeigen. Es gibt keinerlei Gründe, der Zug fährt nicht früher, im Gegenteil, die Unstimmigkeiten halten den normalen Zeittakt eher auf, trotzdem hat der Druck der Einsteigenden, der Druck, in die Wagen zu kommen, zugenommen. Die »Krankheit« nimmt ihren Verlauf.

Die Hoffnung auf Rettung durch die Beamtenstube ließ Berliner Mütter nach Tschernobyl mit Sandproben aus den Buddelkästen ihrer Kinder auf Bezirks- oder Umweltämter laufen, die Säckchen und Spieleimer den dort Beschäftigten auf den Tisch knallen, die nicht ausgerüstet waren, um radioaktive Verstrahlung zu messen. Diese Mütter, die einen Einbruch in ihr Leben artikulierten, einer antiken Katastrophe vergleichbar, diese wild gestikulierenden, verzweifelten Mütter sind Stellvertreter der Abhängigkeit und Unwissenheit eines jeden von uns. Panik.
In dieser Panik bereit, jede Überlegung, jedes Innehalten über den Haufen zu rennen, nur um den nagenden Schmerz eigener Ohnmacht loszuwerden, eine undeutliche, aber bedrohlich gegenwärtige Verantwortung abzuschütteln, wie eine Ente das Wasser.

Der antike Chor ist ein erschreckendes Bild: Figuren rotten sich zusammen, stehen dicht bei dicht, suchen Schutz beieinander, obwohl sie einander energisch ablehnen, so, als verpeste die Nähe des anderen Menschen einem die Luft. Damit ist die Gruppe in sich gefährdet, sie wird jedem Angriff auf sich nachgeben, akzeptiert voreilig angstvoll ein notwendiges Opfer, stößt es aus, um sich freizukaufen. Obwohl sich der Chor des Verrats bewußt ist, korrigiert er seine Position nicht, bringt vielmehr das Opfer in die Position des eindeutig Schuldigen. Das ist nicht nur ein Aspekt des antiken Chores, sondern ein Vorgang, der sich jeden Tag wiederholt. Der Feind-Chor, das sind zunächst nicht die Millionen Nichtweißer, Verreckender, Kriegsplünderer und Asylanten, sondern die Andersdenkenden, vor allem der, der die eigene Sprache spricht, ihn gilt es zuerst auszulöschen, egal wie.

Aber bis zu dieser Abrechnung ist die antike Konstellation lebendig, kämpfen Chor und Individuum noch, rumort dessen Verhältnis zu den anderen, den zuvor Isolierten, deren Verhältnis, untereinander und insgesamt, gegen den Chor, der sie erfolgreich abzuwehren hofft.

Die beiden bedeutendsten deutschen Dramen vor 1900, DIE RÄUBER und VOR SONNENAUFGANG, ergänzen einander inhaltlich wie 1. und 2. Teil: Gleiche Grundkonstruktion, gleiche kriminelle Karriere der Hauptfiguren, drückende soziale Umstände.

Die zerstörte Gruppierung, die den zentralen Konflikt behandelt, ist in den deutschen Stücken immer männlich, die antiken Autoren waren auch darin moderner. Schiller versucht zwar, die Frau dem zentralen Konflikt beizufügen oder sie als Titelfigur zu behaupten, scheitert aber: DIE BRAUT VON MESSINA, JUNGFRAU VON ORLEANS, MARIA STUART.
In JUNGFRAU VON ORLEANS mißlingt eine Neudefinition, die Figur weist sich schon durch ihre Biografie als Ausgestoßene aus, dazu bedarf es keines Autors mehr, der sich hier eher geschickt einklinkt, die Konflikte nicht auf die Höhe bringt, die mit dieser Biografie verbunden sein könnten, das gelingt auch anderen dramatischen Umsetzungen nicht, dennoch ist bei Schiller die politische Dimension des Kanonbruchs durch Jeanne ahnbar.
MARIA STUART ist ein Drama zwischen 2 Frauen, mit einer einzigen großen Szene, doch die politische Dimension dieser Begegnung ist Papier, bloße Behauptung, ihr gegensätzlich begründeter Machtanspruch, ein weit reichender, stets lebendiger Konflikt, verkommt zu einem tristen Schlagabtausch – so erbarmungslos, wie ihn Ost und West gerade austragen, mit deutlichem, gegenwärtigem Gewinner und einem Verlierer, der sich zukünftig, so ist zu befürchten, behauptet, die erlittene Niederlage ausmerzt: Völker, hört die Signale!
DIE BRAUT VON MESSINA ist antiker Aufguß, Gips statt Marmor. Dieser Text signalisiert, daß keine Form übernommen werden kann, weder sind die Götter noch das Klima eines antiken Textes in dieser Weise lokalisierbar. Das Mißlingen hätte nachfolgenden Autoren als Warnung dienen müssen, die, antike

Stoffe ausgrabend, im Gips steckenbleiben, dem Gegenwartsstück klamm ausweichen, ihre Rückwendung oft mit der zu korrigierenden Stellung der Frau begründen, tatsächlich die als negativ eingestufte erneut befestigen.
In MARIA MAGDALENE gelingt es Hebbel, die Frau in den zentralen Konflikt fest einzubinden, was sich jedoch wertmindernd auf das chorische Element auswirkt. Dieser Verlust tritt nicht erst bei ihm ein, sondern ist schon bei Schiller vorgebildet, der die antike Definition der Frau als einer Ausgestoßenen, eines verratenen Bindegliedes zu einer altertümlichen, vom Mann längst liquidierten Kulturauffassung übernimmt, ebenso wie Pasolini, der MEDEA als Konfrontation der archaischen, hieratischen, klerikalen Welt der Frau mit der rationalen, pragmatischen Welt des Mannes sieht.
Sich von der Tradition der Klassik lösend, versucht Hauptmann die Frau im Zentrum zu lokalisieren. Schon daher zählt VOR SONNENAUFGANG zu den wichtigsten deutschsprachigen Theatertexten, ebenso DE WABER, die das chorische Element als das dramatische behaupten, daher mehr politische Sprengkraft besitzen, als ein Parteibuch ausweisen kann.

Irritierend ist, daß die Frau, im Zentrum stehend, für die Klassiker Wertminderung ist. Mit Goethe und Schiller steht fest, daß das chorische Element, das zwar nur noch in Resttrümmern erscheint, ausschlaggebend für die politische Deutung und Dimension der Vorgänge ist, dadurch unverzichtbar. Eine langanhaltende Rivalität zwischen männlichen und weiblichen Figuren ist festgeschrieben, die auch keine Geschlechtsumwandlung des chorischen Elements von männlich in weiblich heute positiv operiert. Hauptmann gelingt es erst in DE WABER, ein Verhältnis von Mann und Frau zu definieren, es darzustellen, es gleichberechtigt auch im chorischen Element wirken zu lassen. DE WABER sind somit auch ein Stück über Ehe, Ehe-Paare und deren Sprengstoff.

Völlig untergegangen ist, daß die größte deutsche Autorin, Hroswitha von Gandersheim, das Problem kennt und löst, wenn auch in lateinischer Sprache. Bezeichnend, daß keiner ihre Stücke außer in Erinnerungsfeierlichkeiten aufführt, daß keiner in ihnen bedeutende Theatertexte sehen will, die an Modernität und Obszönität unerreicht sind.
In einer Bibliothek der Berliner Innenstadt stehend, blicke ich auf eine Müllagerung, in die eine riesige Reklamefläche eingerammt ist, auf ihr die Abbildung eines roten Damenslips, etwa 2 mal 3,50 Meter, der für Radiohören wirbt. Vor mir auf dem Tisch das fettgilbe Exemplar von Hroswithas Stück GLAUBE LIEBE HOFFNUNG, in dem sich Christinnen für ihren Glauben ans Kreuz schlagen lassen.

Noch in den unterschiedlichen Versuchen Goethes, Schillers, Hebbels und Hauptmanns, die Frau im zentralen Konflikt zu orten, spiegeln sich die Schwierigkeiten der antiken Tragödie wider, ihre Veränderung von Aischylos über Sophokles zu Euripides. Die antiken Autoren verbindet, daß sie die Frau aus dem zentralen Konflikt verdrängen oder ganz ausmerzen. In MEDEA begründet Euripides detailliert die Verstoßung der Titelfigur, die sich in Luft auflöst. In seinem Chor-Stück DIE PHÖNIZIERINNEN gerät der weibliche Chor zwischen die feindlichen Linien und wird im Dauerbeschuß zermürbt.

Wagners PARSIFAL knüpft an die antiken Autoren an, versucht, ihre Konstellationen und Fragestellungen neu zu beleben. Es gelingt ihm, in der Kundry-Figur das gesamte thematische Material zu bündeln. Kundry wird so zu einer der monumentalen Figuren-Findungen der dramatischen Literatur, zu einer Figur, die die Bühne betritt und den Tod sucht. Am Ende auch als Gnade erhält, womit die männliche Gruppierung, die Gralsarmee und ihr Führer, unter erneuter Kraftzufuhr ihren Herrschaftsanspruch beleben. In Kundry kämpfen der antike Ansatz und der christliche, die, einander feind, die Kundry-Figur vom Ansatz her sprengen, die sich notgedrungen in 2 konträren Figuren formulieren. Wagner folgt diesem Vorgang nur, findet zur alten Kundry ihre junge Entsprechung.

Die Unruhe in Kundry wirft ein zwiespältiges Licht auf den normalerweise positiv interpretierten PARSIFAL-Schluß, der neue König stellt die alte Ordnung wieder her, der Gral spendet wieder seine Kraft. Doch dem ist nicht so, der Fortbestand der Gralsburg und ihrer Armee ist nicht gesichert. Auch die am Schluß eingesetzte Taube bringt keine positive Wendung, sie bleibt ein Theatergerät aus Pappe. Ihre Erlösung, ihre Heilsbotschaft gehört in den Fundus.
Die Wiedererstarkung der Gralsarmee und die Übernahme von Kampfaufträgen zur völligen Vernichtung des Islam finden nicht statt. Was viele Interpreten als »präfaschistische Privatreligion« Wagners und seines Clans sehen, sieht auf der Bühne so aus: Ein zerschundener, mit einem Drecklappen umwickelter, müder »Held« mischt sich unerkannt unter die revoltierenden, verhungernden Mannschaften der Gralsarmee, so sagt der Text, selten dessen Inszenierung.
Der PARSIFAL-Schluß ist kurz und hart. Überdeutlich kennzeichnet er die Diskrepanz zwischen Wagner und Bach, der im großen Baß-Rezitativ der MATTHÄUS-PASSION mit der Erscheinung der Taube in den Schluß, in die Grablegung überleitet:

Am Abend, da es kühle war,
Ward Adams Fallen offenbar.
Am Abend drücket ihn der Heiland nieder,
Am Abend kam die Taube wieder
Und trug ein Ölblatt in dem Munde.
O, schöne Zeit! O Abendstunde!
Der Friedensschluß ist nun mit Gott gemacht,
Denn Jesus hat sein Kreuz vollbracht.
Sein Leichnam kommt zur Ruh.
Ach, liebe Seele, bitte du,
Geh, lasse dir den toten Jesum schenken,
O heilsames, o köstlichs Angedenken!

Die herabschwebende Taube kündigt die Gegenbewegung, die Auferstehung Christi an. Zunächst aber sagt der Evangelist nach Baß-Rezitativ und Arie: Und Joseph nahm den Leib und wickelte ihn in ein rein Leinwand und legte ihn in sein eigen neu Grab, welches er hatte lassen in einen Fels hauen, und wälzte einen großen Stein vor die Tür des Grabes und ging davon.

Es ist jener Joseph von Arimathia, der Speer und Kelch an sich nimmt, mit ihnen im Gepäck nach Europa flieht, auf der Bergfeste Montsegur Anführer und Priester der Katharer wird. Damit beginnt die Geschichte der Gralsritter, der sich Wagner in der 1. Textfassung verpflichtet fühlt, sich jedoch in den späteren 3 Fassungen der Römisch-katholischen Kirche anschließt, die die Katharer vernichtete. 1. Fassung 1865, 2. Fassung 1877, Dichtung 1877, Partiturtext 1883.

Goethe und Wagner versuchen einerseits, die Errungenschaften Shakespeares erneut zu beleben, sie auszubauen, andererseits stecken sie tief im antiken Gips, sodaß sich eine Neubelebung des Chores nicht ergibt. Ihre Rettung scheint das Individuum, der männliche Held zu sein.

Mit Faust und Parsifal gelingt es nachhaltig, die deutsche Variante zu charakterisieren. Dieses Zwillingspaar, das zunächst unmöglich scheint, aber engstens zusammengehört, ist einander das Spiegelbild, dem in den WABERN die Masse, die brüllende, keuchende, stammelnde, stotternde, vertierte Masse gegenübersteht. Diese Masse ist Ergebnis der von Faust und Parsifal praktizierten Positionen, Masse ist ihr Operationsfeld, ihr Ausschuß, ihr Unschlitt.

Faust steht im OSTERSPAZIERGANG den von ihm und seinem Vater Verkrüppelten gegenüber, sie huldigen ihrem Doktor, zwingen ihn, die verpfuschte Droge zu saufen, die er ihnen früher verabreicht hat. Die Droge tut ihre Wirkung, Ekel übermannt ihn, er ist der Sohn eines Mörders.

In FAUST 1 sticht Faust Valentin, Margarethes Bruder, vor den sich sammelnden Bürgern ab, es ist ein Vergnügen, ein stets besoffenes Schwein hinzurichten, einen verluderten Soldaten, der aus dem Chor ausschert. Indirekt dankt ihm die Masse.

Parsifal tötet ohne Widerspruch die zu Klingsor übergelaufenen Gralsritter, mögen ihre Frauen, die Blumenmädchen noch so schreien. Hier manifestiert sich Herrschaftsanspruch. Parsifal tötet zunächst die männliche Besatzung, danach alle. Nur Kundry rettet sich lädiert, doch im Stückverlauf ist sie geschlagen, bringt nur noch ihr: Dienen ... Dienen! heraus.

Aus der Revolution von 1848/49, aus den Barrikaden und Gefechten steigen Wagners Figuren, bilden selbst ein Bollwerk. Die Positionen der Klassiker gehen in Masse unter, ihre Helden werden zu einsamen, verzerrten, lächerlichen Figuren.

Wagner dagegen mästet seine Figuren zu Riesen und Heldenweibern, mit dem Blut der Straßenpflaster.

Einsam und riesig steht Juno in Goethes Zimmer am Frauenplan mit Aussicht auf ein DDR-konzipiertes Scheiß- und Pißhaus, damit die Weimar-Touristen vor ihrem Gott Goethe hinscheißen können. Umgeben von einigen Grünzeugpappeln. Auch die beiden antiken Jünglinge, die in seinem Treppenhaus den Eintretenden begrüßen, haben kein Feuer mehr, ihre Fackeln sind erloschen.

Individuum und Chor
Individuelle Drogeneinnahme ist sanktioniert. Die Verachtung trifft den Tablettensüchtigen, den Alkoholsüchtigen, jeden, der etwas alleine tut, sich dadurch von anderen abschottet, die in Gemeinschaft Konsumierenden sind ihm gegenüber angesehen, bessergestellt. Rituelle Drogeneinnahme ist von jeher mit einer höherwertigen Gesellschaftszugehörigkeit verbunden. Den Wert der Droge bestimmt der Chor ihrer Konsumenten. So entsteht die Hierarchie der Drogen untereinander. Drogenproduktion, Verteilung und Genuß schotten sich rituell gegen die Außenwelt ab. Zum Drogenbezug muß stets eine Chor-Mitgliedschaft nachgewiesen werden, die zum Erhandeln der Droge berechtigt.

Drogeneinnahme und Chor-Bildung gehören zusammen, bedingen einander. Bestes Beispiel der Park vor dem Schauspiel Frankfurt, unter der Schillerbronze der Chor der Süchtigen, der Stoff-Suchenden, der opferproduzierenden Polizei, der Getrieztwerdenden, der im Parkstück zwischen Alter Oper und Schauspiel von der Polizei hin und her Gejagten, die Aufgeriebenwerdenden, so bildet, rekrutiert sich Chor heute, so beschreiben ihn die antiken Autoren vor den Toren der Paläste. So drang man in Stasizentralen ein, so stehen afrikanische Flüchtlinge vor europäischen Betreuern.
Höhepunkt des Konflikts, der der Frankfurter Parkbereinigung vorausging, die Wiedereröffnung der Frankfurter Oper mit einem verspäteten Büfett, an dem die eh Satten nicht einmal nippten und zu dem einige der nicht eingeladenen Bauarbeiter ungebeten erschienen. Am Ende stand dieses Riesenbüfett fast unangerührt da und kam komplett in die Tonne, während 75 Meter von diesem Schauplatz die eh Hungrigen im Park lungerten, zu denen man diese Platten hätte hinaustragen, noch besser, die man hätte hereinholen können. Dieser Konflikt, Wand an Wand, Rücken an Rücken, der uns bei den Autoren als »Konstruktion« stört, den wir gern auflösen, erträglicher wollen, dieser geradezu primitive Konflikt hat für den Chor Folgen. In Frankfurt die, daß die Stadt, ihre Repräsentanten, die von sich überzeugt sind, daß sie die Stadt ausmachen, gegen das »Parkgesindel« Polizei einsetzen, es aus dem Stadtzentrum verjagen.

Die antike Tragödie definiert den Zusammenbruch des »Staats«, den Zusammenbruch der »Bevölkerung«, unter der alle handelnden Figuren zu verstehen sind, beschreibt, wie sie den von außen auf sie eindrängenden Belastungen nicht mehr standhält und bricht. Zugehörigkeit und gegenseitige Verantwortung sind aufgegeben, sind als schnell abzulegende Kennzeichen nur noch belastend. Das Individuum erleidet diesen Verlust in der Szene VOR DEM PALAST: Petrus aber saß draußen im Palast*, und es trat zu ihm eine Magd und sprach: Dieser war auch mit dem Jesu von Nazareth. Und er leugnete und schwur ab: Ich kenne des Menschen nicht. Und alsbald krähete der Hahn. Da dachte Petrus an die Worte Jesu, der da zu ihm sagte: Ehe der Hahn krähen wird, wirst du mich dreimal verleugnen, und ging heraus und weinete bitterlich.

Die Spaltung der antik formulierten Chor-Zusammengehörigkeit ermöglicht das Abdriften der Demokratie. Dieser Vorgang prägt die Tragödien von Aischylos, Sophokles und Euripides.

Die Zerreißspannung artikuliert sich heute in Radikalen-Aufmärschen, die längst programmiert, längst vorbereitet sind. Wieder hat sich eine Triebkraft dieser »Proleten der Straße« versichert, damit Dreckarbeit gemacht wird, während die Auftraggeber abgeschottet ihre Droge genießen.

Der Chor, der sich im Zusammenschluß nach innen festigt, festigt sich genauso in seiner Abwehr gegenüber Störungen des Drogenkonsums, indem der Aggressor ausgeschaltet wird. Ist sich der Chor der gemeinsamen Drogeneinnahme sicher, der Einhaltung der verabredeten Riten, wendet er sich um so ungestümer, aufopfernder gegen seine Feinde, ist der Einsatz des Lebens für den Weiterbestand der Gemeinschaft und ihrer Drogeneinnahme nicht nur selbstverständlich, sondern Höhepunkt und Sinn individuellen Lebens, selbst wenn es die Beendigung der eigenen Existenz beinhaltet.

Blut

In den beiden GRALS-Szenen des PARSIFAL zelebriert Wagner Drogeneinnahme in Gruppe. So wie vor Jahren die Leute im Urwaldcamp ihre Droge einnahmen und starben. Wie ein gemähtes Feld lagen die Leichen, noch mit dem Glas in der Hand, ein weißlicher Rest, Fliegen auf schwarzen Gesichtern.

Um die Droge konzentriert sich die gesamte Gralswelt, alles andere ist Beiwerk. Für ihren Konsum steht nur beschränkte Zeit zur Verfügung. Wagners Vorbild für alle Trankeinnahmen ist Goethe, wobei er seinen Werken die speziellen Wirkungen separat zuweist, die Goethe, in FAUST 1, den Konsum seiner Titelfigur von Szene zu Szene steigernd, zusammenbraut:

1. Sterbedroge STUDIERZIMMER
2. Adorationsdroge OSTERSPAZIERGANG und AUERBACHS KELLER
3. Potenzdroge/Jugenddroge HEXENKÜCHE
4. Naturdroge WALD UND HÖHLE

Zusätzlich erhält Margarethe in MARTHENS GARTEN von Faust die Sterbedroge für ihre Mutter, in DOM verlangt sie die Potenzdroge.

* Petrus sitzt im Vorhof des Palastes, Elektra an den Stufen zu ihm.

Faust erlebt die Drogenwirkung hintereinander in STUDIERZIMMER und OSTERSPAZIERGANG, sodaß nach dem 2. Rausch notgedrungen der Teufel kommen muß. Seine Vision eines Pudels, der ihn zunächst mit Feuerschweif auf dem Feld umkreist, später riesig hinter dem Ofen hervorkriecht, ist eng mit dem Phiole-Monolog verknüpft. Angesichts des Gifts erkennt Faust:

Ein Feuerwagen schwebt auf leichten Schwingen,
An mich heran! Ich fühle mich bereit,
Auf neuer Bahn den Äther zu durchdringen,
Zu neuen Sphären reiner Tätigkeit.

Danach hat Mephisto nichts Eiligeres zu tun, als Faust wieder zum Trinken zu bringen, folglich schließen sich AUERBACHS KELLER und HEXENKÜCHE an.

Während FAUST 1 die Drogeneinnahme der jeweiligen Szene zuordnet, verzichtet FAUST 2 auf eine zentrale Drogeneinnahme, versetzt stattdessen seinen Helden in unterschiedliche Welten, Rausch-, Dämmer-, Traumzustände, die Wagner ebenso übernimmt. Bei Goethe fehlt eine zentrale Trankeinnahme, man muß aber feststellen, daß zunächst das Geld, später der Krieg die Droge bzw. ihre Entsprechung ist.

Dient Goethes Drogenwirkung dem Individuum, steigert dessen Wahrnehmung und Bedrohung, ebnet Wagner diese für seinen sich abschottenden Clan ein, läßt nur die von ihm gewünschte Interpretation zu:
1. Unverwundbarkeit, ständige Lebenserneuerung
2. Auserwähltsein, Kastendenken, Elitetruppe
3. Potenzvermehrung zur eigenen Niederhaltung, Potenzvermehrung zum Kampf gegen andere
4. Ökoidee bei gleichzeitiger Vernichtung anderer Kulturen

Kannibalen oder Vegetarier
Aus den Jesu Blut und Jesu Fleisch essenden Rittern werden durch den von Amfortas angeordneten Verschluß des Grals gezwungenermaßen Vegetarier. Sie protestieren gegen ihr unverschuldetes Vegetarierdasein und erleiden den Blutentzug, das Vorenthalten des Leibes Christi als verheerende Degradierung. Kräuter und Wurzeln findet ein jeder sich selbst, wir lerntens im Walde vom Tier, jammert im 3. Aufzug Gurnemanz den marodierenden Parsifal an, die heilge Speisung bleibt uns nun versagt, gemeine Atzung muß uns nähren, darob versiegte unsrer Helden Kraft.
Die Gralsgemeinschaft zwingt den König, die Einnahme von Blut zu erlauben und anzuordnen, doch dieser weigert sich bis zum Schluß. Der Bluthunger ist so groß, daß die Rebellierenden eher den Zusammenbruch der Gralsgemeinschaft hinnehmen, als noch länger nicht vom Leib Christi zu essen.

Feststeht, daß sich die Gralsgemeinschaft als Kannibalenkollektiv definiert und für dessen Erhalt kämpft. Natürlich würde keine Inszenierung uns die Gralsritter als blutrünstige Bestien gegenüberstellen, dafür sorgen schon Wagners Unklarheiten, desungeachtet läßt er mehr Blut fließen als die antike Tragödie, verwandelt die Bühne zum Schlachthaus. Vor allem der Beginn des düsteren Schlußbildes legt die Nähe zu den Vampiren und Untoten nahe, läßt die beiden Züge mit dem schon Toten und dem noch lebenden König in einem anderen Licht erscheinen. Der Autor definiert grausamst das Dahinsiechen der Gralsarmee, was der Komponist später nivelliert.

Das Abendmahl

Die zeremonielle Drogeneinnahme, in die sich der Süchtige einordnet, in der er sich gegenüber dem Ritus behauptet, bestimmt antikes und christliches Denken und wird Höhepunkt des christlichen Kultus.

Platons SYMPOSION kursiert als Reclamband oder Liebhaberausgabe. In Galerien herrschen Satyre, Bacchusgesellen, Trinker, Lustherrn und Weiber, ist Abendmahl zwischen Nonnen, Träumern und Bettlern.

In deutschen Texten geht es schwerfälliger zu. Das protestantische Abendmahl hat Kampf-Charakter. Goethe führt es lutherisch-markig in GESCHICHTE GOTTFRIEDENS VON BERLICHINGEN MIT DER EISERNEN HAND DRAMATISIRT ein. In URFAUST-Teilen, die fast gleichzeitig entstehen, profaniert Goethe dagegen das Abendmahl. AUERBACHS KELLER ist blasphemisch. Später gibt Faust »heuchlend« Margarethe Gift. Schiller übernimmt das Motiv, setzt es mit der Tötung Luises in KABALE UND LIEBE in abgewandelter Form um. Der seiner Geliebten Gift verabreichende Sohn befindet sich im Clinch mit seinem Vater, dem Präsidenten, der am Stück-Schluß seine Opfer besichtigt. Die egoistische Frau trinkt das meiste Gift, läßt für den Mann nichts übrig, der zusehen muß, wie er stirbt.* Wagner rückt die auch von anderen Autoren entheiligten Bilder gerade, heiligt das Abendmahl im »VOR-PARSIFAL«, im LIEBESMAHL DER APOSTEL und in seinem letzten Werk PARSIFAL, ebenso wie die Blut-Drogen-Einnahme in anderen Werken. Hauptmann verarbeitet das Vorbild Wagner, zeigt das Abendmahl in kruder Verzerrung, folgt Wagner auch darin, sein erstes und letztes Werk mit dem Abendmahl zu klammern.

Schon im Erstling VOR SONNENAUFGANG nimmt er ein PARSIFAL-Motiv auf, das Wand-an-Wand-, das Rücken-an-Rücken-Verhältnis der Gegenwelten. Wagners Wandeldekoration, seine Figuren, alles das ist in Hauptmanns Neudeutung präsent. Im letzten Werk VOR SONNENUNTERGANG bestimmt das Abendmahls-Motiv die bedeutendsten deutschsprachigen Gruppen-Szenen.

Im Familien-, im Chor-Streit vereinigt Hauptmann antikes und christliches Vorbild, zeigt Shakespeare zerstörte Gemeinschaft, die sich nur noch im Haß findet, jederzeit bereit, auseinanderzudriften, sich gegenseitig lahmzulegen, eine »pestkranke Familie«, ein »pestkranker Staat«. Hauptmann läßt lynchen. Hier hört ein NEUER LEAR sterbend: Chöre Chöre, ein Chorgesang! Gewaltig! Er macht das

* Umkehrung von ROMEO UND JULIA.

Blut gerinnen. Gegen Nichtmitglieder marschiert die neue Chorkolonne, die »Braune Horde«: Chor gegen Chor.

In einer 2. Fassung nimmt der Gejagte Gift. Er stirbt allein, getreu seinem Vorbild Faust, im Hintergrund die »entmenschte Rotte«, während Faust scheinbar erst mit Gift im Leib zu leben beginnt, unter Glockenklang sich in der »geputzten« Sonntagsgemeinschaft ergeht und Parsifal sich dem energiebringenden Bluttrunk nähert, den am Bluthunger Siechende verschlossen halten.

Hauptmanns letztes Stück ist Schlußpunkt des bürgerlichen Theaters. Die neue Chorkolonne will nur Blut. Die Nazis feiern »ihren« Goethe, »ihren« Wagner, »ihren« Nietzsche, »ihren« Hauptmann.

Für Goethe war das Vision: Auf freiem Grund mit freiem Volke stehn. Für die DDR war es Kampfansage, die das Goethe-Wort »wahrmachte«, die DDR als FAUST III proklamierte, die deutsche Einheit unter DDR-Führung auf Klassiker-Basis wiederherstellen wollte.
In Müllers BAUERN erinnert man sich biertrinkend eines ehemaligen Bluthungers, der jetzt verdächtig hochkommt und nicht zu stillen ist. Bier für alle!, schreit die Kneipe. Blut für alle!, antwortet der nicht überwundene Krieg, der unmittelbar vor der Kneipentür steht, als wolle er die, die entkommen, zurückholen. Die Figuren erschrecken vor dem vertrauten Geruch, trinken noch mehr, als ginge er, wenn sie besoffen zu Boden stürzen, als verscheuchte ihn ihr Lallen. Kindisch versuchen sie seiner habhaft zu werden, er läßt sich nicht fassen, entzieht sich, als wäre er nicht wirklich da, nur eine Erinnerung, ein Bierrausch.
Der Boden liegt noch voller Blindgänger. Um dem zu entkommen, tötet sich einer der Bauern. Man schneidet ihn vom Strick, in der DDR ist Komödienzeit, der Bauer kommt zurück ins Leben. Gemeinsam wird einer gehoben. Bier für alle!, schreit der Gerettete und sucht einen Strick, der sich nicht so einfach durchschneiden läßt.

Den Weg, die Stafettenübergabe der Motive, der Figuren, ihrer Handlungen und Zwänge, ausgehend vom Vorbild Goethe, beschreibt mein Text, der, von Sommer 94 bis Sommer 96 entstanden, die Kapitel nicht nach ihrer Entstehung ordnet, sondern nach ihrem inhaltlichen Zusammenhang, sodaß einige Zeit-Bezüge in ihrer Abfolge unstimmig erscheinen. Er vereinigt sich widersprechende Ansichten, Sach- und Inhaltsfehler, unterläßt es, sie kongruent zu schleifen, versucht, die Unstimmigkeiten hervorzuheben, Unstimmigkeiten, die schon bei Goethe angelegt sind und so von Schiller, Wagner, Hauptmann, Brecht, Müller weiter transportiert werden.

VORBILD I

Goethe. Wie kein anderer Autor vor ihm, hinterläßt Goethe in seinen 4 FAUST-Anläufen einen Steinbruch, Stückewerk, wie er sich ausdrückt, für kommende Interpreten-Generationen. Seine über 50 Jahre andauernde FAUST-Beschäftigung wuchtet monumentale Trümmer, die bis heute bedrängend in die Literatur hereinragen, zu einem unerreichbaren Maßstab geworden sind. Der Drang deutscher Autoren, sich in den Bannkreis dieser Texte und ihres Produzenten zu begeben, hält unvermindert an, jedoch gelingt es den wenigsten, ihrem Vorbild standzuhalten. Abgesehen von guten Ergebnissen, sichert sich Goethe mit seinem über die unterschiedlichsten Lebensstadien andauernden FAUST-Kampf, wenn auch mit künstlerischen Einschränkungen, stets den Vorsprung. Daß nicht nur die persönlichen Umstände des Autors, sondern auch die wechselnden politischen Gegebenheiten zur ständigen Text-Erneuerung und Text-Anreicherung beitragen, erkennen sowohl Wagner als auch Hauptmann und suchen sich Goethes Nähe zu vergewissern, d. h. sie graben sich tief in sein Werk ein und praktizieren ihre Erkenntnis auch tagespolitisch. Unter welchen persönlichen Eitelkeiten das bei Wagner und Hauptmann geschieht, kann verwundern, doch zeigt sich darunter ein unbeirrbarer Ernst, den man von seinen bigotten Auswüchsen her abstreifen möchte, der sich jedoch, läßt man sich auf ihn ein, als profunde Text-Kenntnis und Text-Verdauungskraft erweist und selbst abwegigsten Umformungen Sinn verleiht. Ihre stimmige Ortung als in der Goethe-Nachfolge stehende läßt beide zu Pfeilern des deutschsprachigen Theaters werden, gleich ihrem Vorbild, ohne welches sich ihre eigenen Theaterneuerungen nicht hätten durchsetzen lassen.

Der Gral

Wie verhement sich Wagner auch des Steinbruchs FAUST bedient, so wenig kann er textlich mit dem Original konkurrieren, er braucht die Musik, um Goethe szenisch zu überwinden und dennoch als Maß und Vorbild erkennbar festzuhalten. Eingangs Wagners wichtigstes Requisit, das heilige Gefäß, das er »Kelch, Schale, Gral« nennt, mit der er das LIEBESMAHL, die lebenserneuernde Blut-Drogeneinnahme der Gralsritter zelebrieren läßt. Vorbild ist der Eröffnungsmonolog FAUST 1, an dessen Ende sich Faust mit einem braunen Saft, der auch Blut sein kann, töten will. Mit Blut läßt sich Mephisto seinen Dienstvertrag von Faust abzeichnen, diese Besiegelung hält die jetzigen und die späteren Eigentumsverhältnisse fest. Auch Jesus besiegelt so Eigentumsverhältnisse und gibt sein Fleisch, sein Blut beim Abendmahl in den Mund seiner Anhänger, die nach seinem Tod den Heiligen Geist empfangen, d. h. geweiht ihr Christianisierungswerk antreten. Während die Apostel mit der Schrift predigen, predigen die Ritter mit dem Schwert, sind die einen Menschenfischer, sind die anderen Menschenschlächter.

Der braune Saft scheint jedoch die von Faust oder seinem Vater gewonnene Droge, deren mörderische Produktion und Anwendung er später im OSTER-SPAZIERGANG beschreibt. Zunächst aber nimmt er die Droge Marke Eigenbau vom staubverrumpelten Regal:

Ich grüße dich, du einzige Phiole!
Die ich mit Andacht nun herunterhole!
In dir verehr ich Menschenwitz und Kunst.
Du Inbegriff der holden Schlummersäfte,
Du Auszug aller tödlich feinen Kräfte,
Erweise deinem Meister deine Gunst!
Ich sehe dich, es wird der Schmerz gelindert,
Ich fasse dich, das Streben wird gemindert,
Des Geistes Fluthstrom ebbet nach und nach.
Ins hohe Meer werd ich hinausgewiesen,
Die Spiegelflut erglänzt zu meinen Füßen,
Zu neuen Ufern lockt ein neuer Tag.

Faust scheint schon vom Anblick der Flasche, schon vom Geruch, schon von der Erinnerung high, er fährt fort:

Ein Feuerwagen schwebt auf leichten Schwingen
An mich heran! Ich fühle mich bereit,
Auf neuer Bahn den Aether zu durchdringen,
Auf neuen Sphären reiner Thätigkeit.
Dieß hohe Leben, diese Götterwonne!
Du, erst noch Wurm, und die verdienest du?
Ja, kehre nur der holden Erdensonne
Entschlossen deinen Rücken zu!
Vermesse dich, die Pforten aufzureißen,
Vor denen jeder gern vorüber schleicht!
Hier ist es Zeit, durch Thaten zu beweisen,
Daß Mannes-Würde nicht der Götterhöhe weicht,
Vor jener dunkeln Höhle nicht zu beben,
In der sich Phantasie zu eigner Quaal verdammt.
Nach jenem Durchgang hinzustreben,
Um dessen Mund die ganze Hölle flammt,
Zu diesem Schritt sich heiter zu entschließen,
Und wär es mit Gefahr, ins Nichts dahin zu fließen.

Danach kappt Goethe geschickt den Höhenflug, den er nicht weiter ausbaut, nimmt den Blick streng nach unten, beschwert Faustens Hände, die des Darstellers, mit dem 2. Requisit, der Schale, jetzt einem König mit Zepter und Reichsapfel vergleichbar, nicht unähnlich Parsifal am Ende mit Gral und Speer. Daß dem Speer Blut entfließt, eine innigste Beziehung zwischen beiden Requisiten besteht, führt Wagner in seinem Tagebuch, dem Braunen Buch aus. Wagner hat die verschiedenen Blickwendungen, mit denen Goethe durch den gesamten Eröffnungsmonolog arbeitet, studiert und übernommen, ebenso den Rauschzustand nebst theologischer Verklärung, ebenso das Abdriften Goethes, wo sich der Text selbständig macht, in eine andere Richtung abhaut, übernommen, erscheint aber bei Wagner nur als Verquasung des gesamten Vorgangs. Zurück zu Faust, der in Gourmethaltung mit Edelkristall seinen Tod zelebriert:

Nun komm herab, krystallne reine Schaale!
Hervor aus deinem alten Futterale,
An die ich viele Jahre nicht gedacht.
Du glänztest bey der Väter Freudenfeste,
Erheitertest die ernsten Gäste,
Wenn einer dich dem andern zugebracht.
Der vielen Bilder künstlich reiche Pracht,
Des Trinkers Pflicht sie reimweis zu erklären,
Auf Einen Zug die Höhlung auszuleeren,
Erinnert mich an manche Jugend-Nacht,
Ich werde jetzt dich keinem Nachbar reichen,
Ich werde meinen Witz an deiner Kunst nicht zeigen,
Hier ist ein Saft, der eilig trunken macht.
Mit brauner Flut erfüllt er deine Höhle.
Den ich bereitet, den ich wähle,
Der letzte Trunk sey nun, mit ganzer Seele,
Als festlich hoher Gruß, dem Morgen zugebracht!

Er setzt die Schale an den Mund. Glocken und Chorgesang.

Eine Kristallschale, die antike Symposien suggeriert? In einem Futteral? Goethe bleibt unklar, wie in fast allen Texten, die er seinem URFAUST für FAUST 1 hinzufügt. In FAUST 2 BERGSCHLUCHTEN nimmt er das Requisit wieder auf, jetzt als »Gefäß« oder »Eimer« bezeichnet, »Eimer« wird auch im Eröffnungsmonolog verwendet.
Symposion, so vermeldet ANTIKE IN STICHWORTEN: Bei den Griechen und nach deren Vorbild auch bei den Römern ein gemeinsames Trinken nach der Mahlzeit, die Gesellschaft wählte aus ihrer Mitte einen Präsidenten, der dann für das Programm verantwortlich war. Für die Unterhaltung mietete man Flötenspielerinnen, Tänzer und andere Künstler, auch boten die Teilnehmer eigene Gedichte und Lieder. In einem gebildeten Kreise wurde manchmal über ein bestimmtes Thema diskutiert. Diese Form übernahmen Platon und Xenophon als literarisches Motiv und fanden in Plutarch und Lukian Nachahmer.
In der DDR-Ausgabe von 1967 hat sich das antike Trinkgelage als ehrbare Veranstaltung bar jeglicher sexueller Übergriffe ausgewiesen, doch Faust-Goethe lechzt nach den dazugehörenden Sexualpraktiken, wie Szenen später die Auerbacher Säufer nach dem »berühmten Hans von altem Geschlecht« winseln.

Fausts Eröffnungsmonolog ist die exakte Beschreibung einer Drogeneinnahme und ihrer Wirkung, der sich verschiebenden Wahrnehmung, des Abdriftens der Gedanken. Dieser stufenweise Textaufbau wiederholt sich konsequent in allen 4 FAUST-Anläufen. Goethe, der die gesamten Szenen des FAUST-Komplexes durch Musiken gliedert, setzt Musik am Ende des Eröffnungsmonologs, des längsten deutschen Monologs, nach etwa 40 Minuten, ein: Glocken und Chorgesang. Der Choral, ähnlich wie von Bach eingesetzt, schafft Stillstand, ohne die vorige erschreckende Beschreibung, deren Analyse zu vernebeln. Goethe arbeitet mit den musikalischen Unterbrechungen im OSTERSPAZIERGANG weiter, läßt zunächst einen Bevölkerungsquerschnitt aufmarschieren, in dem sich Faust mit seinem Gehilfen VOR DEM TOR ergehen, bis sie auf tanzende, saufende Bauernkrüppel treffen, die medizinischen Opfer von Faust Vater und Sohn. Goethe baut jetzt die Huldigung der Opfer ein und kommt danach mit einem der bedeutendsten deutschen Monologansätze auf seinen Eröffnungstext zurück. Der weitere Szenenverlauf und Übergang zu STUDIERZIMMER sind aufschlußreich, da sich der Text in der Höhe der Eröffnung behaupten will, doch ihr konzentrierter Aufbau fehlt. Mit der beginnenden Mephisto-Diskussion muß Goethe abermals Chor einsetzen. Der Text verliert Höhe, jetzt sind es meist die szenischen Erfindungen, die Goethe über die Strecke bringen.
Sieht man die Szenen »technisch«, sieht man, wie folgerichtig Monolog und Chor einander bedingen. Musik wird so häufig eingesetzt, daß FAUST das deutschsprachige Stück ist, in dem am meisten gesungen, musiziert und getanzt wird, doch hilft ein »deutsches Musical« Goethe am Ende von FAUST 2 in BERGSCHLUCHTEN nicht.
Wagner, der seine beiden GRALS-Szenen nach diesem Vorbild arbeitet, gelingt in seiner Vertonung, den groß angelegten geometrischen Aufbau von BERGSCHLUCHTEN erkennen zu lassen, ohne Rücksicht darauf zu nehmen, ob ein Opernhaus ihn je ausführen kann, wobei er von Goethes »Raumkonstruktion« sowohl die unterschiedliche Stafflung der Soli und Chor-Gruppen in der Höhe, der Senkrechten, übernimmt als auch die betonte Waagerechte zur Kennzeichnung der Verwundeten, der Sterbenden.
Die Stafflung der 1. GRALS-Szene beginnt bei Wagner unter dem Bühnenboden, Titurel »wie aus einem Grabe«, und geht bis über das Bühnenhausdach hinaus, »Stimmen in oberster und höchster Höhe«, um ihren Fluchtpunkt in der Taube der 2. GRALS-Szene zu finden, die durch das römische Pantheonloch, vom Himmel »hernieder schwebend«, im Raum über Parsifals Haupt »verweilt«.

Goethe hat sowohl die von oben kommende Bewegung als auch die von unten kommende vorgebildet. Bei ihm gelangt die sich verjüngende Faustseele in Prozession in den Himmel, direkt in die Arme einer Maria-Margarethe, Wagners Altstimme der 1. GRALS-Szene. Während unten sein totes Erdenkleid bleibt, übergeben die Engel seine hinterrücks gerettete Seele den seligen Knaben, die in Kreisbewegungen singend aufwärts streben, dem Zenit entgegen. Wagner übernimmt nicht nur Goethes Maria als Altstimme, sondern auch Margarethes Verklärung, die Fausts Lehrerin im Himmel zu werden wünscht:

Sieh! wie er jedem Erdenbande
Der alten Hülle sich entrafft
Und aus ätherischem Gewande
Hervortritt erste Jugendkraft!
Vergönne mir, ihn zu belehren,
Noch blendet ihn der neue Tag.

Die Mater gloriosa antwortet ablehnend:

Komm! hebe dich zu höheren Sphären!
Wenn er dich ahnet, folgt er nach.

Kundry, die nur noch dienend die 2. GRALS-Szene begleitet, wird jedoch im Tode gewürdigt, der Himmel beantwortet ihn mit der Sendung einer Taube. Das Vorbild Goethe bleibt im PARSIFAL-Schluß erhalten, Margarethes und Kundrys Tod sind Vorbedingungen des Finales. Wagner ignoriert aber Bedeutungszuwachs und Inhaltsänderung, die mit Margarethes Erscheinen unter den himmlischen Figuren verbunden sind. Goethe räumt der Figur 17 Textzeilen ein, den seligen Knaben 8, Maria 2, Marianus 8, dem Chorus mysticus 8. Die ungewöhnliche Dominanz Margarethes läßt auch zu, daß ein Ineinandergehen der beiden Figuren Maria und Margarethe interpretiert werden kann. Gleiches gilt für Kundry und Altstimme in der 1. GRALS-Szene.
Einem weiteren Umstand der Goethe-Szenerie widmet Wagner Aufmerksamkeit und übersetzt Fausts seelenlosen, zurückgelassenen Körper in Titurels Leiche, die in der 2. GRALS-Szene in dem von seinem Sohn geöffneten Sarg liegt, so als wäre die Seele längst aus ihr gewichen, wie eine abgeworfene Schlangenhaut, während die 1.–3. Textfassung den Toten angesichts des »Lichtstrahls: hellstes Erglühen des Grales« sich segnend erheben läßt, nachdem alle verstummt sind und alles verklingt, so als winke er nochmals aus einer anderen Welt herüber und vergewissere sich seines Vermächtnisses, des neuen Herrschers über seinen unrühmlichen Sohn, als grüße er die vor seinem Sarg entseelte Kundry und erhebe sich mit ihr, als verebbe leise ihr »Dienen . . . Dienen!«, als antworte sie nochmal von oben. Für Bayreuth streicht Wagner kurzerhand die Anweisung, möglicherweise sah er hier eine allzu große Nähe zum HOLLÄNDER-Schluß. Eine weitere Einschränkung der Titurel-Figur. Daß sich auch Goethe für eine Himmelfahrt unter Harfen entschieden hätte, ist anzunehmen.

Ob er dabei wirklich die Himmelfahrt eines »idealen Paares«, zweier Killer, einer Handarbeiterin und eines Massenmörders, darstellt, bleibt offen. Die Goethe-Interpretation umgeht diesen Zusammenhang, wie die Trankeinnahme in der HEXENKÜCHE, die unmittelbar Auswirkung auf Margarethes 1. Auftritt hat, oder die wiederholte Gewaltanwendung ihr gegenüber, in der sich ungebremst Fausts Kampf mit Mephisto ausdrückt. Weitere Minderung erfährt Margarethe, indem man sie zum unschuldigen, naiven, volksnahen Dummchen macht, streng am sanktionierten BDM-Porträt festhält. Die Angst, die sich darin ausdrückt,

Margarethe nicht als »schwarze«, als »böse« Figur sehen zu wollen, erstreckt sich auf weite Zusammenhänge des FAUST-Komplexes, so als wäre eine seichte Lesart die Beruhigung für Zwiespalt und Zweifel.

Mephisto führt Faust auf den Brocken, Gurnemanz Parsifal in die Gralsburg. Offen bleibt, inwieweit sich die Orientierung am Eingang in die WALPURGISNACHT auf Wagners Auffassung der GRALS-Szenen auswirkt. Auch der von Wagner geplünderte Weber bedient sich der WALPURGISNACHT als Fundgrube für die WOLFSSCHLUCHT. Weber komponiert die »Schwarze Messe«, übernimmt dafür eine Vielzahl von Motiven, stellt sie in grellsten Kontrast. Dabei steht er Goethe näher als viele seiner Interpreten. Ob er dessen Äußerungen über die Ärgernisse seines WALPURGISNACHTSACKS kannte, ist ungewiß. A priori kann nicht ausgeschlossen werden, daß Wagner seinen beiden Vorbildern folgt und um den Gral einen Blut-Sabbat komponiert. Es kann nicht bewiesen werden, daß Wagner Goethe konsequent in diesem Punkt folgt, alle Bedeutungen auf den Kopf gestellt interpretiert sehen will. Erschreckend ist die Blutpanscherei, die Wagner wüst üppig einsetzt, als müsse die Bühne nur noch stinken, als solle man sich vor Ekel kaum halten können. Als griffe Verwesung auf noch Lebende über, als würde hervorspritzendes Blut zu trägem, fettschimmerndem Wasser.

Daß auch Bayreuths Grüner Hügel in der WALPURGISNACHT beheimatet ist, muß nicht verwundern. Mephisto versucht, Faust vom Idol Gretchen abzulenken:

Nur immer diese Lust zum Wahn!
Komm doch das Hügelchen heran,
Hier ists so lustig wie im Prater,
Und hat man mirs nicht angetan,
So seh ich wahrlich ein Theater?
Was gibts denn da?

TRAUM

Die VERWANDLUNGSMUSIK und ihr Ursprung im Eingang zur WALPURGISNACHT: Das »Zwillingspaar« Faust und Mephisto hat sich zur Satansmesse aufgemacht, während beide sich in den vorhergehenden Szenen wie ein Ei dem anderen gleichen, ist Mephisto plötzlich sehr alt, eine völlig überraschende Goethe-Anweisung, die nur in wenigen anderen Stellen Entsprechung findet. Beide sind auf einem zotigen Weg, Mephisto läßt es an nichts fehlen, während Faust hier endlich seinen Verjüngungstrank ausleben will, wegen großer Dunkelheit gesellt sich ein Irrlicht dazu, die 3 im Wechselgesang:

In die Traum- und Zaubersphäre
Sind wir, scheint es, eingegangen.
Führ uns gut und mach dir Ehre!
Daß wir vorwärts bald gelangen,
In den weiten öden Räumen.

Seh die Bäume hinter Bäumen,
Wie sie schnell vorüber rücken,
Und die Klippen, die sich bücken,
Und die langen Felsennasen,
Wie sie schnarchen, wie sie blasen!

Durch die Steine, durch den Rasen
Eilet Bach und Bächlein nieder.
Hör ich Rauschen? hör ich Lieder?
Hör ich holde Liebesklage,
Stimmen jener Himmelstage?
Was wir hoffen, was wir lieben!
Und das Echo, wie die Sage
Alter Zeiten, hallet wider.

Uhu! Schuhu! tönt es näher,
Kauz und Kibitz und der Häher,
Sind sie alle wach geblieben?
Sind das Molche durchs Gesträuche?
Lange Beine, dicke Bäuche.
Und die Wurzeln, wie die Schlangen,
Winden sich aus Fels und Sande,
Strecken wunderliche Bande,
Uns zu schrecken, uns zu fangen,
Aus belebten, derben Masern
Strecken sie Polypenfasern

Nach dem Wandrer. Und die Mäuse
Tausendfärbig, schaarenweise,
Durch das Moos und durch die Heide!
Und die Funkenwürmer fliegen,
Mit gedrängten Schwärme-Zügen,
Zum verwirrenden Geleite.

Aber sag mir ob wir stehen?
Oder ob wir weiter gehen?
Alles alles scheint zu drehen,
Fels und Bäume, die Gesichter
Schneiden, und die irren Lichter,
Die sich mehren, die sich blähen.

Mephisto:
Fasse wacker meinen Zipfel!
Hier ist so ein Mittelgipfel,
Wo man mit Erstaunen sieht,
Wie im Berg der Mammon glüht.

Faust:
Wie seltsam glimmert durch die Gründe
Ein morgenröthlich trüber Schein!
Und selbst bis in die tiefsten Schlünde
Des Abgrunds wittert er hinein.

Die rhythmische Konstruktion dieses Textes stellt sich nur beim lauten Sprechen her, wobei die Tempoanzüge und Dehnungen, die Goethe bewußt einsetzt, wahrgenommen werden, dahingehend, daß sich auch die Punkte markieren, wo der Text dem Autor davonläuft, sich selbständig macht und wieder von Goethe gebändigt wird, dabei die unterschiedlichen Befindlichkeiten der Figuren berücksichtigt. So kann man die Musikalität dieses Eingangstextes erst genießen, ich schreibe hier ausdrücklich genießen, wenn man ihn heute im Zusammenhang mit der folgenden WALPURGISNACHT sieht, einem Haufen zusammengeworfener Szenentrümmer. Weder aus diesem noch aus den Paralipomena läßt sich der Verlauf der Brockennacht rekonstruieren. Goethe ist der Mut ausgegangen, vielleicht ist er hier am nächsten, den antiken Kanon zu begraben, und jetzt fehlt Kraft. Wagner dagegen ist äußerst knapp in seinem Textaufbau. Goethe hält in Weiterführung der Szene an der antiken Chor-Teilung fest, die Wagner übernimmt, doch mit der Bindung des Orchesters an die Szene ist er Goethe gegenüber im Vorteil. Sein Übergang zur 1. VERWANDLUNG:

Parsifal:
Wer ist der Gral?

Gurnemanz:
Das sagt sich nicht,
doch bist du selbst zu ihm erkoren,
bleibt dir die Kunde unverloren. –
Und sieh!
Mich dünkt, daß ich dich recht erkannt:
kein Weg führt zu ihm durch das Land,
und niemand konnte ihn beschreiten,
den er nicht selber möcht geleiten.

Parsifal:
Ich schreite kaum,
doch wähn ich mich schon weit.

Gurnemanz:
Du siehst, mein Sohn,
zum Raum wird hier die Zeit.

Gurnemanz hat Parsifals Arm sich sanft um den Nacken gelegt und dessen Leib mit seinem eigenen Arm umschlungen, so geleitet er ihn bei sehr allmählichem Schreiten. Allmählich, während Gurnemanz und Parsifal zu schreiten scheinen, hat sich die Szene bereits immer merklicher verwandelt, es verschwindet so der Wald, und in Felsenwänden öffnet sich ein Torweg, welcher die beiden jetzt einschließt. Durch aufsteigende gemauerte Gänge führend, hat sich die Szene vollständig verwandelt. Gurnemanz und Parsifal treten jetzt in den mächtigen Saal der Gralsburg ein.

Nicht nur, daß die gefeierte philosophische Wagner-Formulierung:

Ich schreite kaum,
doch wähn ich mich schon weit.
Du siehst, mein Sohn,
zum Raum wird hier die Zeit.

von Goethes Primitivformulierung abgeleitet ist:

Aber sag mir ob wir stehen?
Oder ob wir weiter gehen?
Alles alles scheint zu drehen,
Fels und Bäume, die Gesichter
Schneiden, und die irren Lichter,
Die sich mehren, die sich blähen.

Es ist die ganze Machart der »Übersetzungen«, die einen verwirrt, als käme man den eigentlichen Problemen näher, die sich plötzlich jedoch wieder auflösen.

Wagner war sich dessen bewußt, kappt er doch den Übergang der Szene Parsifal, Gurnemanz, Kundry zur 2. VERWANDLUNG noch entschiedener, so daß er eigentlich nur aus Zeitangabe und Ehrenbezeugung, einem Kniefall besteht:

Gurnemanz:
Mittag. –
Die Stund ist da. –
Gestatte, Herr, daß dein Knecht dich geleite. –

Parsifal ergreift feierlich den Speer und folgt mit Kundry dem langsam geleitenden Gurnemanz. Die Gegend verändert sich sehr allmählich, ähnlicher Weise wie im 1. Aufzuge, nur von rechts nach links. Nachdem die 3 eine Zeitlang sichtbar geblieben, verschwinden sie gänzlich, als der Wald sich immer mehr verliert und dagegen Felsengewölbe näher rücken. In gewölbten Gängen stets anwachsend vernehmbares Geläute. Hier öffnen sich die Felsenwände und die große Gralshalle.

Nicht nur aus technischen Gründen streicht Wagner in seiner PARSIFAL-Inszenierung die dekorative Lösung der 2. VERWANDLUNG, grob gesagt, was der Text nicht löst, kann die Szene nicht erbringen. Normalerweise wird bei einer Wiederholung eine textliche Höhung statt einer Kappung eingesetzt. Wagners Gedanke der Kappung ist richtig und geschickt, aber sie funktioniert hier nicht.

Ähnlich mißlingt eine Konzentrierung der 3 Textfassungen zum Partiturtext hin, der in vielen Passagen eindeutig die schlechteste Formulierung ist, d. h. die Verknappung hat so stark das Verständnis und die notwendigen Formulierungen eingeschränkt, daß oft nur noch ein »Gewürge« in Kopf und Sprachwerkzeugen entsteht. Vergleicht man alle 4 Textfassungen, so ist der Autor der 1. nicht der Komponist des PARSIFAL, den wir über Ostern in der Oper haben, dieser Texter und sein Komponist meinen Schönberg, wenn nicht noch einen Schritt weiter. Wie der bei dem Komponisten des PARSIFAL ausgesehen hätte, wissen wir nicht. Daß er möglich war, daran besteht kein Zweifel.

Konsequent und primitiv wird das Vorbild Goethes, der seinen BERGSCHLUCHTEN-Aufbau einer graphischen Abbildung entnommen hat, in den GRALS-Szenen umgesetzt. Dabei überrumpeln nicht nur die Figurenentsprechungen, sondern Wagner gelingt hörbar das, was Goethe möglicherweise im Kopf hatte, jedoch nicht umzusetzen vermochte. Einige der BERGSCHLUCHTEN-Texte sind von rhythmischer Qualität, andere dagegen versuppen, wollen undeutlich bleiben. Dieser Kraftverlust macht die beschleunigte Aufwärtsbewegung des Schlusses, Fausts Himmelfahrt in den Schoß der Großen Mutter, matt. Damit wird die Disparatheit der beiden Szenen PROLOG und BERGSCHLUCHTEN noch deutlicher, kann der Schlußhimmel niemals der Prologhim-

mel sein. Eine Unstimmigkeit, die sich bei Wagner in den beiden GRALS-Szenen wiederholt, die beide im Kuppelsaal der Gralsburg spielen. Die vollbesetzte Kuppel ist im höchsten Bühnenbereich anzunehmen, möglichst unsichtbar, damit überhaupt die angenommene Senkrechte Titurel im Grab – sich öffnender Himmel hörbar wird.
Man kann Goethes Himmelsszenerie volksstückhaft, barock oder romantisch sehen, je nach Standpunkt, doch verkleinert das nicht das Problem ihrer praktischen Abbildbarkeit, das genauso für den Gralsritus mit himmlischer Beteiligung zutrifft. Wagners Überlegungen, Zweifel, ob ein religiöser Ritus auf dem Theater benutzt und abgebildet werden darf, treffen selbstverständlich auch auf die FAUST-Szenen zu, mehr auf BERGSCHLUCHTEN als auf den PROLOG, der in seiner formalen Strenge, sieht man ihn getrennt von FAUST 1, als Text bestehen kann, für den weiteren Stückverlauf aber ein ernsthaftes Hindernis darstellt.
VORSPIEL und PROLOG bleiben Theaterszenen oder Szenen auf dem Theater und nivellieren Goethes Ausbrechen aus den Kasperholzköpfen. Ein Problem, mit dem die Darsteller von Faust, Mephisto und Margarethe in FAUST 1 ständig zu kämpfen haben, wenn sie ihre Figuren zu individualisieren versuchen und damit auf der Strecke bleiben, ein Problem, das sich in keiner URFAUST-Szene stellt.
Die übliche Interpretation geht von der Eingemeindung der Szenentrümmer aus, aber autorgetreu müßten die 3 Sparten Sprechtheater, Musiktheater, Tanztheater in den verschiedenen Szenenblöcken agieren, ein für ein normales deutsches Sprechtheater unmögliches Unterfangen. Goethes FAUST-Koloß sieht die Vereinigung des 3 Spartenbetriebs vor: 1. Bedingt durch die Formmittel der Szenenblöcke, die sich klarer voneinander absetzen, je entschiedener sie eingesetzt sind. 2. Bedingt durch die Länge des Stückes. So sind die Darsteller, die die einzelnen Gruppenauftritte mit wenigen Strichen bis zum Eintritt der WALPURGISNACHT absolviert haben, kräftemäßig am Ende. Schon DOM wird kaum gelingen, der plötzliche Umschlag in die WALPURGISNACHT bleibt flau. Jetzt müßte ein neues Ensemble her. Bei meinen 3 völlig verschiedenen Inszenierungen, die jeweiligen Textfassungen eine Zusammenstellung aus beiden Teilen, stellte ich fest, daß der Kräfteverschleiß sowohl durch die nicht klar definierten Formmittel als auch durch die Vielzahl von Darstellern eintritt, die in WALPURGISNACHT und WALPURGISNACHTSTRAUM agieren. Im Gegensatz zum einzelnen Darsteller bereitet einer zahlenmäßig großen Darstellergruppe der Wechsel der Formmittel, trotz eingehender Vorbereitungen, Probleme, teilweise aus inhaltlichen Gründen, teilweise aus Trägheit, teilweise, da der letzte große, gemeinsame Auftritt OSTERSPAZIERGANG lange zurück liegt.
Das Grundproblem, die Kombination von Monolog, Duett, Terzett, Quartett und Chor, ist schon im URFAUST ungelöst. Es beginnt mit AUERBACHS KELLER, danach werden die Darsteller nicht mehr benötigt, setzt man sie nicht noch als Chor in DOM ein. Mit Goethes unökonomischem Einsatz der Darsteller gefährdet man jede URFAUST-Inszenierung, die man dann grob, folgerichtig zum 2 Personenstück umarbeitet.

Goethe selbst dachte an eine Verengung des Textes, eine Eingemeindung, indem er FAUST durch Mozart komponieren lassen wollte. Mozart löste in seinen Opern die Probleme, mit denen sich Goethe herumschlug. In DON GIOVANNI kommt der Komtur, zwar Holz und Pappe, aber es kommt die andere Welt auf die Bühne. Für Giovannis Höllenfahrt öffnet sich der hölzerne Bühnenboden, doch es bleibt eine Fahrt in die Hölle. Die Zurückbleibenden jammern, der kleinkarierte Erden-Bürger triumphiert. Mozart gelingt es mit seinen Formmitteln, die Gegenpole Komtur und Hölle genau zu lokalisieren. Verglichen mit einer FAUST-Interpretation sind seine Formmittel »realistischer«. Daß DON GIOVANNI-Interpretationen die philosophische Tragweite des Schlußbildes nicht packen, liegt daran, daß die »schwarze« Sicht des Komponisten bewußt ignoriert wird, indem seine Höllenvision halbherziger Theaterdonner bleibt. So wird die Schlußszene nach der Höllenfahrt zum Qualitätsmesser jeder Inszenierung. Konträr, fast feindlich stehen hier Textaussage und Komposition einander gegenüber. Zu leicht wechselt man auf die seichte Seite, anstatt der gesamten Handlung vom Schluß her eine neue Wendung zu geben.

Sicher trägt die Schutzbehauptung, daß Mozart, Goethe und Wagner ihre Schlußbilder nicht packen. Dem gegenüber steht die Interpretationsgeschichte dieser Szenen, die eindeutig das Ausweichen der Interpreten vor den Szenenansätzen belegt, das sich 1. in einer Harmonisierung des Gesamtverlaufs ausdrückt, 2. in einer Abschwächung des sich einstellenden Schmerzes, die aus dem Bewußtwerden der Zerrissenheit von Autor, Figuren und Interpreten resultiert, sodaß ein wesentliches Element der Aufklärung verharmlost wird, 3. den stets korrigierten Schlüssen, die Aussage oder Lösung verweigern, sich für den Zuschauer nicht schließen, sondern öffnen, indem sie ihn in die eigene Verzweiflung hinaus stoßen, statt ihn in Kulturtröstung einzubetten.
Damit ist hinreichend erklärt, warum die Himmelfahrt in FAUST 2, die Szene nach der Höllenfahrt Giovannis, der Schluß der 2. GRALS-Szene sich jedem Interpreten entgegenstemmen und ihn in die Knie zwingen. Man muß sich eindeutig die Zeit lassen, die vom Autor beabsichtigte Lösung zu untersuchen, zu probieren und nötigenfalls zu verwerfen. Jedoch zeigt sich, daß eine strenge Befolgung der Anweisungen, auch der sich gegenseitig aushebelnden, letztlich der Kampf mit der Interpretationsgeschichte jedem Interpreten hilft, das Werk für sich gewinnbringend zu erarbeiten.

Zurück zu PARSIFAL. Wie Goethes bleiben auch Wagners »himmelsbezogene« Texte matt, doch indem er seinen wichtigsten Text:

Durch Mitleid wissend
der reine Tor,
harre sein,
den ich erkor.

konsequent durch den 1. Aufzug variiert und ihn im Schluß des 3. Aufzugs inhaltlich Erfüllung finden läßt, allerdings in einer äußerst verknappten Formulierung:

Höchsten Heiles Wunder!
Erlösung dem Erlöser!

gelingt es ihm durchgängig, diese Texte gespannt, aussagekräftig zu halten. Wie nebenbei zerstört Wagner auch die Erwartungshaltung des Zuhörers auf ein ausgebautes Finale, er würgt es ab, stößt damit den Zuhörer vor den Kopf. Wagner studiert an FAUST 2 gründlich, wie Goethe das Thema entgleitet. FAUST 2 »endet« mit der GRABLEGUNG:

Lemur Solo:
Wer hat das Haus so schlecht gebaut,
Mit Schaufeln und mit Spaten?

Lemuren Chor:
Dir, dumpfer Gast im hänfnen Gewand,
Ists viel zu gut geraten.

Lemur Solo:
Wer hat den Saal so schlecht versorgt?
Wo blieben Tisch und Stühle?

Lemuren Chor:
Es war auf kurze Zeit geborgt,
Der Gläubiger sind so viele.

Doch der Text läuft noch 500 Zeilen weiter. Es folgt Mephistos Auseinandersetzung mit Teufeln und Himmlischen Heerscharen, den die Engel unter Rosen begraben, der sich aber herauswurstelt, während diese umherziehend die ganze Bühne besetzen, ihn ins Proszenium abdrängen, sich endlich im Gruppenflug erheben und Faustens Unsterbliches entführen. Nach diesem Überfall hat Mephisto ausgespielt, er muß sich verpissen, es folgt BERGSCHLUCHTEN.

Um ein ähnliches Ausdünnen zu vermeiden, verknappt Wagner den PARSIFAL-Schluß. Doch fällt deutlich die Nichtproportioniertheit der 3 Aufzüge auf, die auch ein zunehmender Mangel an Kompositionsmaterial nicht erklärt. Vergleicht man beide Schlüsse, zeigt sich, daß eine formale Steigerung ohne wesentliche inhaltliche Korrekturen unmöglich ist, daß die Gegenwelten aktiviert werden müßten. Goethe legt das zwar nahe, doch gibt es keine Inszenierung, die die Konfrontation Teufel – Engel nach der GRABLEGUNG heute darzustellen vermag.

Mephisto verflucht die Kidnapper und jammert:

Doch wie? – wo sind sie hingezogen?
Unmündiges Volk, du hast mich überrascht,
Sind mit der Beute himmelwärts entflogen,
Drum haben sie an dieser Gruft genascht!
Mir ist ein großer, einziger Schatz entwendet:
Die hohe Seele, die sich mir verpfändet,
Die haben sie mir pfiffig weggepascht.
Bei wem soll ich mich nun beklagen?
Wer schafft mir mein erworbnes Recht?
Du bist getäuscht in deinen alten Tagen,
Du hasts verdient, es geht dir grimmig schlecht.
Ich habe schimpflich mißgehandelt,
Ein großer Aufwand, schmählich! ist vertan,
Gemein Gelüst, absurde Liebschaft wandelt
Den ausgepichten Teufel an.
Und hat mit diesem kindisch-tollen Ding
Der Klugerfahrne sich beschäftigt,
So ist fürwahr die Torheit nicht gering,
Die seiner sich am Schluß bemächtigt.

LICHT

Sonne oder Lampe. Goethes Beleuchtung der Szene ist eine der Übernahmen Wagners, die zunächst weniger auffällt, jedoch engstens mit den angesprochenen Problemen zusammenhängt, der Öffnung des Stückes, des Bühnenbereichs für Himmel und Hölle.
Wagner übernimmt den antinaturalistischen Lichteinsatz von dunkel zu hell innerhalb der Szene. Zweimal verwendet er die annähernd gleiche Szenerie mit gleichem Beleuchtungswechsel: 1. Szene 1. Aufzug und 1. Szene 3. Aufzug. Beide beginnen bei Tagesanbruch und enden im Mittag. Während einer kontinuierlich ablaufenden Handlung rast die Sonne beschleunigt zum Zenit. So sichert Wagner zunächst dem »himmlischen Licht« besondere Bedeutung, das er ungehindert im späteren Lichttheater des Grals einsetzen kann, ohne Unglaubwürdigkeiten befürchten zu müssen.

FAUST 1 und 2 gehen von je 27 Szenen aus, denen die Zueignung vorangestellt ist:

1. Vorspiel auf dem Theater
2. Prolog (hell)
3. Nacht (Übergang von Nacht zu Morgen)
4. Vor dem Tor (hell)
5. Studierzimmer (Abend)
6. Studierzimmer (Nacht)
7. Auerbachs Keller (düster)
8. Hexenküche (düster, Licht vom Feuer)
9. Straße (unentschiedene Beleuchtung, hell).
10. Abend. Ein kleines reinliches Zimmer
11. Spaziergang (Abend)
12. Der Nachbarin Haus (Abend)
13. Straße (Abend)
14. Garten (Abend)
15. Ein Gartenhäuschen (Abend, Verdüsterung von 10 zu 16)
16. Wald und Höhle (trüb)
17. Gretchens Stube (düster)
18. Marthes Garten (schattig)
19. Am Brunnen (Abend)
20. Zwinger (Abend)
21. Nacht. Straße vor Gretchens Thüre
22. Dom (düster)
23. Walpurgisnacht
24. Walpurgisnachtstraum
25. Trüber Tag. Feld

26. Nacht, offen Feld
27. Kerker (Nacht)

1. Anmutige Gegend. Dämmerung
2. Kaiserliche Pfalz. Saal des Thrones (später Abend)
3. Weitläufiger Saal, mit Nebengemächern (Nacht)
4. Lustgarten. Morgensonne
5. Finstere Galerie
6. Hell erleuchtete Säle
7. Rittersaal. Dämmernde Beleuchtung (Paris und Helena erscheinen)
8. Hochgewölbtes, enges gotisches Zimmer, ehemals Faustens, unverändert (düster, wie 1. Teil 3, 5, 6)
9. Laboratorium im Sinne des Mittelalters, weitläufige unbehilfliche Apparate zu fantastischen Zwecken (düster, Licht der Instrumente, wie 1. Teil 8)
10. Klassische Walpurgisnacht. Pharsalische Felder. Finsternis
11. Am oberen Peneios (Nacht)
12. Am unteren Peneios (Nacht)
13. Am oberen Peneios, wie zuvor (Nacht)
14. Felsbuchten des Ägäischen Meers, Mond, im Zenit verharrend
15. Vor dem Palast des Menelas zu Sparta (Beleuchtung wechselt)
16. Innerer Burghof, umgeben von reichen fantastischen Gebäuden des Mittelalters (unentschiedene Beleuchtung, hell)
17. Schattiger Hain (unentschieden)
18. Hochgebirg, starr, zackige Felsengipfel. Eine Wolke zieht herbei, lehnt sich an, senkt sich auf eine vorstehende Platte, teilt sich (Tag)
19. Auf dem Vorgebirg, Trommeln und kriegerische Musik von unten. Des Kaisers Zelt wird aufgeschlagen (Tag und Verdunklung)
20. Des Gegenkaisers Zelt, Thron, reiche Umgebung (dunkel)
21. Offene Gegend (Tag)
22. Palast (Abend)
23. Tiefe Nacht
24. Mitternacht
25. Großer Vorhof des Palasts. Fackeln (Nacht)
26. Grablegung
27. Bergschluchten (wechselnde Beleuchtung, hell)

Von den insgesamt 27 Szenenkomplexen des 1. Teils spielen 7 in völliger Dunkelheit, 6 in einem trüben Licht, 10 sind mäßig erleuchtet, außer dem PROLOG nur 2 im Hellen. Doch diese Helligkeit ist kein Sonnenlicht, sondern Licht nach zweimaliger Drogeneinnahme. Auch wenn man die Drogenwirkung nicht berücksichtigt, bleibt die Unterscheidung Innenräume: Trüb, düster, Abend, Nacht. Außenräume: Nacht, trüber Tag, Abend, Tag. FAUST 2 führt die Beleuchtung strenger durch, die Anweisungen sind genauer. Im 3. Akt bleibt das Licht undeutlich, unentschieden, die Szenen spielen in der Antike, in einem Zwielicht oder Halbdunkel.

Die überwiegend dunklen Szenen des Werkes geben dem Handlungsverlauf ihr Gepräge, ihre »Schwärze«, ihren Schatten. Hier ist nicht ein Mißstand der Beleuchtungstechnik der Goethe-Zeit festzustellen, sondern die innige Entsprechung von Text und Umsetzung, die ein Umdenken erfordert, vor dem einen natürlich der Einsatz heutiger Beleuchtungsmaschinerie bewahrt. Er bewahrt einen vor Goethe, was den meisten Interpreten lieb ist.

Geht man inhaltlich noch strenger vor, erhöht sich die Zahl der Dunkel-Szenen, kommen Verdunklungen, Nebel, Blitze, Feuer, Lichtzeichen hinzu. Goethes Anweisungen diesbezüglich berücksichtigt kaum eine Inszenierung. So ist das Zwielicht, in dem seine Figuren agieren, getilgt, der Kampf mit dem eigenen Schatten, Thema jeder künstlichen Beleuchtung, ignoriert, das thematische Verschmelzen der 3 Hauptfiguren in einer, das vorgegeben und anzustreben ist, verunmöglicht. Die Verdüsterung der Szenerie war nur durch den Rückgriff auf einen mittelalterlichen Stoff möglich. FAUST 2 versucht durch Zeitsprünge, diese noch zu übertreffen, räumt außerdem Mephisto vielfältige Lichtänderungen ein, die der 1. Teil gering hält.

Die Gegenwartsstücke RÄUBER und WOYZECK gehen den entgegengesetzten Weg, sie zeigen ihre Szenen in grellem Schwarzweiß-Kontrast, nicht, indem sie mehr Lampen anzünden, sondern sie erhellen die Szene »künstlich« durch ihre Behandlung der Figuren, die in diesem Licht »zappeln«, zu Marionetten oder Krüppeln werden, eine Sicht, die Interpreten sorgfältig meiden.

Wagner hellt die Szenerie in PARSIFAL auf, die Düsternis vom FLIEGENDEN HOLLÄNDER ist gewichen, das Zwielicht von TRISTAN UND ISOLDE gedämpft, PARSIFAL will zunächst unentschieden bleiben, versucht einen anderen Zustand zu umschreiben: Im Gebiete des Grales. Wald, schattig und ernst, doch nicht düster. Felsiger Boden. Eine Lichtung in der Mitte. Links aufsteigend wird der Weg zur Gralsburg angenommen. Der Mitte des Hintergrundes zu senkt sich der Boden zu einem tiefer gelegenen Waldsee hinab. Tagesanbruch. Gurnemanz, rüstig greisenhaft, und 2 Knappen, von zartem Jünglingsalter, sind schlafend unter einem Baume gelagert. Von der linken Seite, wie von der Gralsburg her, ertönt der feierliche Morgenweckruf der Posaunen.

Was bildet man ab? Das idealisierte Bild? Die Korrektur? Jeder Camper weiß, daß die Angaben falsch sind. Eine Vision, die in einer Pappbühne verrottet? Einen Raum, der von Musik gebildet wird? In dem eine andere Zeit herrscht, andere Bewegungen, ein Traum- oder Dämmerzustand, das Zwielicht?

Eichendorffs Gedicht thematisiert nicht nur das Zwielicht, die damit verbundenen Eigenheiten, sondern kommt nah an den von Wagner beabsichtigten Traum- und Dämmerzustand auf der Bühne, in dem dessen Figuren agieren. Eichendorff vergewissert sich immer wieder des beschriebenen Zustands und seiner Qualität, somit ergibt sich eine übergroße Zahl von Nacht-Gedichten. Das Gedicht beginnt:

Dämmrung will die Flügel spreiten,
Schaurig rühren sich die Bäume,
Wolken ziehn wie schwere Träume –
Was will dieses Graun bedeuten?

Anweisungen für ein Orchester

Der text- und szenengliedernde Einsatz von Musik wird im OSTERSPAZIERGANG deutlich. In dem Jahre später konzipierten 2. Teil setzt Goethe eine Vielzahl von einzelnen Instrumenten ein, doch kann man sich des Eindrucks nicht erwehren, daß er die jeweiligen Szenen damit musikalisch aufputzt, gänzlich vom konstruktiven Musikeinsatz des 1. Teils abweicht. Die äußerst unterschiedliche Handhabung in allen 5 Akten des 2. Teils verweist deutlich darauf, daß er weit über schon komponierte Bühnenmusiken hinausgehen will. Im 4. Akt setzt Kriegsmusik ein, verbunden mit einer ungewöhnlichen Anweisung, die Wagner nicht nur wegen ihrer Modernität, sondern auch wegen ihres szenen- und gattungsverändernden Einsatzes eingehend studiert hat: Kriegstumult im Orchester, zuletzt übergehend in militärisch heitre Weisen.

Furchtbarer Posaunenschall von oben, im feindlichen Heere merkliche Schwankung.

Trommeln und Kriegsmusik schallt von unten auf.

Trommeln und kriegerische Musik im Rücken der Zuschauer, aus der Ferne, von der rechten Seite her.

Das in WILHELM MEISTER beschriebene unsichtbare Orchester findet in den FAUST 2-Anweisungen seine Entsprechung, von hier führt der direkte Weg zu Wagners Umsetzungen.

GEGENWELT I

DOM contra GRALSBURG. FAUST 1 und PARSIFAL finden ihren musikalisch szenischen Höhepunkt in einem rituellen Kultraum mit Drogeneinnahme. Goethe bezeichnet die Szenerie in URFAUST: Dom. Exequien der Mutter Gretgens. Gretgen alle Verwandte. Amt, Orgel und Gesang. In FAUST 1: Dom. Amt, Orgel und Gesang. Gretchen unter vielem Volk. Böser Geist hinter Gretchen. Da im URFAUST die WALPURGISNACHT fehlt, folgt der DOM-Szene NACHT. VOR GRETGENS HAUS, während Goethe in FAUST 1 der DOM-Szene die WALPURGISNACHT folgen läßt, die Nähe des Bösen Geists plus Drogeneinnahme für Gretchens Brockenritt nutzt, die christliche Messe in die Satansmesse umkippen läßt. Bühnentechnisch etwa so gedacht, wie GRALSBURG und ZAUBERSCHLOSS Rücken an Rücken zusammengehören, zu dieser Lösung hatte sich letztlich der Theaterpraktiker Wagner entschieden, ganz im Gegensatz zu seinen eigenen Anweisungen, und damit eine inhaltliche Konzentrierung geschaffen, seinen epischen Anweisungen Bühnenrealität widerfahren lassend, einen inhaltlich primitiven, aber monumentalen Konflikt formuliert. Eine Praktik, die Hauptmann später in VOR SONNENAUFGANG übernimmt, indem er den Hof des Bauern Krause mit der Kneipe, in der Krause herrscht, Rücken an Rücken setzt.

Goethe nimmt zwar an der URFAUST-Szene DOM für FAUST 1 nur wenige nachteilige rhythmische Abschwächungen vor, doch die inhaltliche Änderung ist überdeutlich. DOM-URFAUST nimmt textlich keinen Bezug auf das Begräbnis von Gretchens Mutter, gibt diese nur als Regieanweisung an. Am Sarge der Mutter ist Gretchens Schwangerschaft Dialogthema mit dem Bösen Geist. Goethe streicht in FAUST 1 die Anweisungen für das Begräbnis, dadurch verändert sich die Szene entschieden. Gretchen kommt aus innerer Not in den Dom, sich ihrer Schuld bewußt, kämpft sie in der sich aufheizenden Situation gegen die Szenerie, gegen Chorgesang und Kult, jetzt wird ihr das TE DEUM zum Teufelsgesang: Ein Mühlrad geht mir im Kopf herum.

Das Verhältnis von Margarethes Monolog-Szenen und den Szenen, in denen sie ohne Faust gezeigt wird, verändert sich in der Umarbeitung von URFAUST zu FAUST 1 entschieden. War Margarethe die zentrale weibliche Figur, die zentrale Auseinandersetzung, ist sie nun eine Etappe in Fausts »Studienreise«. Dem dient auch die Umdichtung der KERKER-Szene, die Margarethe in Fausts Studienobjekte einreiht. Anders URFAUST, dort ist die Szene »realistischer« Schlußstein, in der sich Margarethe dem Gottesgericht gegenüber wähnt, ihrem Henker und seinem Helfershelfer, umgekehrt steht Faust vor seiner Richterin, die sich in ihr »Ende« zurückzieht, sich einigelt, ihn so dem Teufel überantwortet. SZENEN EINER EHE, in der beide Partner in der Hölle landen, so URFAUST. FAUST 1

sieht das anders, fügt am Szenenschluß die Stimme von oben ein. Wagner übernimmt, aber erst im Partiturtext fügt er die Stimme von oben ein, die in den vorhergehenden Textfassungen fehlt. Zweimal eine Stimme, zweimal eine »Errettung«, die Margarethes, die des Amfortas.
Margarethes Monolog-Szenen betonen ihre Eigenständigkeit, die sonst von Mephisto abhängig erscheint. NACHBARIN HAUS gibt sich als Dreipersonenmilieu: Kupplerin, Opfer, Einschleimer, der Teufel, der das Bett vorbereitet. Die Milieubetonung macht die Szene stimmig, sie ist es jedoch nicht. Wie können sich Margarethe und Mephisto begegnen? Anders die Lösung der Doppelpaarszene MARTHES GARTEN, jetzt: Kuppler und Kupplerin, Herr und Dame. Verläßt ein Paar die Bühne, betritt es das andere. Wer ist wer? Findet ein Kostümwechsel statt? Spielt nur ein Paar und zeigt seine eigene Karikatur, ebenso SZENEN EINER EHE, ein Paar am Beginn und am Ende.
Margarethe und Mephisto, wie gehören die zusammen? Für URFAUST kein Problem, da springen die Szenen, plötzlich sitzt der Teufel im Studierzimmer und unterrichtet, ohne Einführung der Figur oder Szenenübergang. Schnitt, da ist der Teufel. Anders FAUST 1, der erklärt, vorbereitet, verbindet, trotzdem darin genauso »unstimmig«. Was ist Goethe die Fabel? Ist mit Teufel und Geist ein URFAUST zu erzählen, ein FAUST 1 und 2 mit einer Unmenge von Engeln, Gespenstern, Erscheinungen, die dem Teufel von Szene zu Szene das Wasser abgraben, bis er Auftrittsverbot erhält. Während der Verstoßene sich in die Unterbühne, die Hölle verkriecht, fliegt über ihm Margarethe. Wieder eine Blocksbergerscheinung, ist BERGSCHLUCHTEN eine »andere« WALPURGISNACHT, die höchste? Goethe gibt keine Antwort.

Der URFAUST-DOM-Text liegt in seiner Entstehung eng mit GESCHICHTE GOTTFRIEDENS VON BERLICHINGEN MIT DER EISERNEN HAND DRAMATISIRT, der 1. Fassung des GÖTZ-Stoffes, zusammen, Wortwahl und rhythmischer Aufbau lassen Vergleiche zu und weisen ihn als einen der frühesten Texte aus, die Goethe zum Komplex FAUST arbeitete. Vergleicht man die Retuschen anderer URFAUST-Szenen mit den wenigen Abschwächungen von DOM, wird diese Szene als eine der Kernzellen des Gesamtwerkes deutlich, deren musikalische Monumentalität der Autor nicht wieder erreicht.
Vor allem die äußerst verknappte ekstatische Form setzt einer szenischen Realisierung Widerstand entgegen, da Darsteller und Bühnenapparat schlagartig ein »Finale« bringen müssen. Diese Schwierigkeit klingt noch in Wagners ekstatischen Verzückungen nach, vor allem der des Amfortas, dem der Komponist jeden Anlauf verwehrt, er verfährt genauso brutal mit dem Darsteller wie Goethe.

Bezeichnend ist, daß Goethe in FAUST 2 keinen Kultraum mehr einsetzt, dafür Heilige Bezirke, Heilige Landschaften, sowohl der antiken Mythologie als auch des Christentums. In der KLASSISCHEN WALPURGISNACHT: PHARSALISCHE FELDER Finsternis. AM OBEREN, AM UNTEREN PENEIOS. FELSBUCHTEN DES ÄGÄISCHEN MEERS Mond, im Zenit verharrend. VOR DEM PALASTE DES MENELAS ZU SPARTA, INNERER BURGHOF. Seltsa-

merweise umgeben von: Reichen fantastischen Gebäuden des Mittelalters. Mitten in der Szene macht Goethe eine Verwandlung à la Wagner, er kehrt vom Mittelalter in die Antike zurück, aus dem Burghof wird SCHATTIGER HAIN: An eine Reihe von Felsenhöhlen lehnen sich geschloßne Lauben. Schattiger Hain bis an die rings umgebenden Felsenteile hinan.
Goethe schließt seinen Exkurs über die antiken Heiligen Bezirke ab, indem er mit Beginn des 4. Aktes thematisch auf den 1. zurückgeht, der die Herrschaftsauseinandersetzungen des Kaiserhofs behandelt, und kommt erst mit der Schlußszene des 5. Aktes auf eine Heilige Landschaft zurück, jetzt die der christlichen Mythologie: BERGSCHLUCHTEN WALD, FELS, EINÖDE Heilige Anachoreten gebirgauf verteilt, gelagert zwischen Klüften.
Wagner umgibt die Gralsburg mit Heiligem Wald, wie die Eröffnungsszene des 1. Aufzugs zeigt, auch die des 3. Aufzugs zeigt Heiligen Wald, jedoch hat sich dieser wie das gesamte Werk verändert. Der Wald des 1. Aufzugs ist nicht mehr der Wald des 3., wie die Ritter des Beginns nicht mehr die Ritter des Endes sein können, nur Gurnemanz scheint die beiden Aufzüge zu verbinden. Er ist das Scharnier. Wie zu Beginn hat er sich im Wald verkrochen, um sich vor dem Untergang der Gralsgesellschaft in Sicherheit zu bringen, um hier seinen eigenen Tod zu erwarten, in einer Szenerie, die im 3. Aufzug so beschrieben ist: Im Gebiete des Grales. Freie, anmutige Frühlingsgegend mit nach dem Hintergrunde zu sanft ansteigender Blumenaue. Den Vordergrund nimmt der Saum des Waldes ein, der sich nach rechts zu aufsteigendem Felsengrund ausdehnt. Im Vordergrunde, an der Waldseite, ein Quell, ihm gegenüber, etwas tiefer, eine schlichte Einsiedlerhütte, an einen Felsblock gelehnt. Frühester Morgen.

Obwohl Wagner detaillierte Anweisungen gibt, wollen sie, nimmt man die gesamte Szene, nicht stimmig werden, man vermutet sich eher in Ödland, auf dem Acker, in Richtung Goethes TRÜBER TAG. FELD, ein KARFREITAGSZAUBER stellt sich nicht ein. Das Paar Gurnemanz-Kundry, Goethes Philemon und Baucis, gibt das klamme Bild einer Pietà. Kundry, die Erstarrte, wird vom Alten ins Leben zurückgerufen, in ein Leben, das die Erwachende anschreit, statt sich zu freuen. Die Dornenhecken waren ihr ein anmutigerer Aufenthalt als eine angeblich ringsum erwachende Natur in Vorosterfreude. Doch vorher ist Golgatha. Karfreitag scheint Interpreten hier ein Jubeltag. Die Szene hinkt, Wagner kriegt das Bild nicht. Erst wenn der geschlagene, geschundene Parsifal auf die Szene kriecht, wird sie stimmig, öde und grau. 3 Verlierer in einem Nebel.
Parsifals jahrelange Irrfahrt, nach der Verfluchung Kundrys, die in der Pause zwischen 2. und 3. Aufzug liegt, bleibt unglaubwürdig, so wie sie das Orchester beschreibt. Da ist wenig Höhe, auf der Bühne nur Abfall: 3 kriechen zusammen, wärmen sich, ein so früher, kalter Morgen, ein so grauer Tag, der vor Hunger, vor Ohnmacht und Wut sich in Wahn auflöst. Das alte Paar dient ihm. Kundrys »Dienen ... Dienen!« wiederholt sich schmerzhaft in Parsifals Worten, der, glaubt man ihm, zum Ausschuß degradiert, nur dem Speertransport diente.

Auch deine Träne ward zum Segenstaue:
du weinest – sieh! Es lacht die Aue.

Zu den Überwinterern hat sich ein Dritter gestellt, an den sich beide, die sich nur ein bißchen wärmen wollen, erinnern. Sein »Es lacht die Aue« ist Kundry nur Hohn, Verbitterung, Enttäuschung. Den Neuankömmling hatte ihr Fluch nicht vernichtet. Jetzt muß sie die Suppe auslöffeln. Warum läuft sie nicht weg?
Den TRÜBEN TAG umgeht die musikalische Umsetzung, doch stellt sich eine Harmonisierung trotz Anweisungen nicht ein. Diese Diskrepanz prägt den gesamten 3. Aufzug.

Für den gesamten Wechsel der FAUST-Szenerien gilt die im 1. Teil aufgestellte Mephisto-Marschroute:

Faust:
Wohin soll es nun gehn?

Mephisto:
Wohin es dir gefällt.
Wir sehn die kleine, dann die große Welt.
Mit welcher Freude, welchem Nutzen,
Wirst du den Cursum durchschmarutzen!

So gesehen sind die verschiedenen Landschafts- und Raumwechsel Teile von Mephistos Plan, Faust das Leben, das er zu sehen verlangt, zu zeigen, und Goethe setzt konsequent am Ende, nach Fausts Tod, nachdem Mephistos Plan, die Seele Fausts einzufordern, gescheitert ist, als krönenden Abschluß, als Sieg über Mephisto die Heilige Landschaft des Christentums mit sich öffnendem Himmel ein. Dort hat ein Mephistofeles nichts mehr zu suchen. Die Figur ist längst durch das Eindringen der Engel von der Bühne verdrängt worden. Mephisto kippt wie eine Schachfigur, noch in diesem Moment mosert Mephisto über sein Alter. Daß Goethe mit der Heiligen Landschaft szenisch, musikalisch nicht den monumentalen Charakter von DOM erreicht, liegt am zersplitterten Aufbau, an der Unentschiedenheit seiner Vielfigurigkeit.

Wagners 1. Textfassung geht schon von seinem geometrischen, nahezu primitiven, der Kirchenpraxis entnommenen Aufbau aus: Sanfte Posaunenrufe kommen näher. Man hört einen feierlichen Gesang von tiefen Männerstimmen: höhere Stimmen antworten aus der halben Höhe des Gebäudes, aus der höchsten Höhe der Kuppel hört man den Gesang von Knabenstimmen verhallen. Da öffnen sich im Hintergrunde links und rechts 2 große Flügelthüren.
Und es gelingt ihm mit Hilfe der VERWANDLUNGSMUSIK, den Übergang vom Heiligen Wald in den Heiligeren Bezirk des Gralsburg abzubilden. Doch wie folgerichtig die Verwandlung zur 1. GRALS-Szene ist, Entsprechendes will sich im 3. Aufzug nicht einstellen. Trotzdem behält er das gleiche protzige Bühnenbild

der Gralshalle bei. Doch vom Text meint man eher in verrotteten Kammern, einem Moderloch, einem Siechenheim zu sein, konkreter, in Gretchens UR-FAUST-Kerker mit den Ausmaßen eines FIDELIO. Schon der Beethoven-Beigeschmack ein Zugeständnis an die Aufführungspraxis. Man spürt das Auseinanderdriften zwischen den beiden ersten Aufzügen und dem 3. sehr deutlich, kann es aber nicht festmachen, es sei denn, man verändert den Blick auf die gesamte Gralswelt.
Diese Blickänderung legen einige, angeblich während der Arbeit gemachte Äußerungen Wagners nahe: Ich habe es gut. Mein Leben gefällt mir ungeheuer, ich versenke mich immer mehr in meine Gespensterwelt, der ganze Tag ist eingenommen von solchen Rhythmen, Verschiebungen usw. Es war mir wohl zu gönnen, daß ich einmal ein Werk unter so günstigen Umständen schuf.
Bezogen auf die noch zu realisierenden SIEGER: Es würde »sanfter« sein als PARSIFAL, in diesem sei, durch das überall hereinragende Bild des blutenden Heilands am Kreuze, alles jäh und schroff.
Alles s c h r e i t! Es ist dasselbe im VENUSBERG, wie im TRISTAN, dort verliert es sich in die Anmut, hier in den Tod – überall der Schrei, die Klage!

Wer tritt hier auf? Das Arsenal heutiger Splatter-Filme. Krude, barbarisch, roh. Menschen? Deren Gesang, deren Musik ihre Seele ist, die, aus ihnen herausgezogen, in Bäumen hängt. Erinnerungsstücke, die zu einem Körper gehörten, von dem singen sie, von seiner Verwesung.

GEGENWELT II

ZAUBERSCHLOSS contra GRALSBURG. Liest und hört man Klingsors Kundry-Beschwörung, nimmt die szenischen Anweisungen dazu wörtlich, befindet man sich in Fausts STUDIERZIMMER, sicher mit einigen Veränderungen, dieser Faust ist nicht mehr in Deutschlands muffiger Enge, aber in durchaus verwandter gotischer Umgebung, die Wagner so anweist: Gegend im Charakter der nördlichen Gebirge des gotischen Spaniens. Sodann, Klingsors Zauberschloß, am Südabhange derselben Gebirge, dem arabischen Spanien zugewandt anzunehmen.
Schon mit den Bezeichnungen GRALSBURG und ZAUBERSCHLOSS mindert Wagner den Gegner, eindeutig schlägt die Waage zugunsten der Christen aus, der Islam, der Feind, wird als zu leicht befunden, den die GRALSBURG als Vorposten, als Grenzmarkierung des christlichen Spanien gegen das arabisch besetzte, eindämmen soll.

Krieg, Kulturkampf mit dem Islam gehörte für mich der Literatur, der Oper, vor allem dem Kino an: Loren und Heston in EL CID. Daß Mozarts Türkenoper zum Rentnerabend verkommt, verhindert nur der, der Osmin und seinem Herrn Berechtigung einräumt, dann wird die Türkentapete, die jedes Opernhaus noch füllt, der minderwertige Geschmack eines Kolonialherrn, der seine Puppen-Türken tanzen läßt, abgeräumt. Wagner verläßt in Bayreuth seine strengen Kostümvorstellungen, viele Cosima-Eintragungen kritisieren das überbordend Dekorative, die angestrebte primitive Kostümierung wird zugunsten eines opulent arabischen Blumen- und Kostümwunders aufgegeben, gegen das Wagner während der Proben angeblich tobt: Es graut mir vor allem Kostüm- und Schminke-Wesen, wenn ich daran denke, daß diese Gestalten wie Kundry nun sollen gemummt werden, fallen mir gleich die ekelhaften Künstlerfeste ein, und nachdem ich das unsichtbare Orchester geschaffen, möchte ich auch noch das unsichtbare Theater erfinden!
Doch dem widersprechen sämtliche Kundry-Anweisungen. Wagner hält sich in München bei Makart auf, nimmt an den angeblich verhaßten Festivitäten teil, ist ihr Mittelpunkt, transponiert Kostüme, Haltungen, Ausstattungsdetails, alles Gerümpel toter Salonmalerei, verwässert seinen Ansatz, die primitive archaische Form kann sich nicht mehr einstellen, wird als plebejisch behandelt, muß sich herrschendem Geschmack andienen.

Daß auch Mozart zu der allerorten noch praktizierten Sichtweise seiner Türkenoper Veranlassung gab, muß nicht betont werden. ENTFÜHRUNG AUS DEM SERAIL und PARSIFAL definieren sich als Agitationsopern gegen den Islam, jedoch spielen solche Überlegungen in bisherigen Interpretationen nur eine untergeordnete Rolle. Wagner beschreibt den zu bekämpfenden Feind ähnlich wie

Mozart: Der Zaubergarten erfüllt die Bühne gänzlich. Tropische Vegetation, üppigste Blumenpracht, nach dem Hintergrunde zu Abgrenzung durch die Zinne der Burgmauer, an welche sich seitwärts Vorsprünge des Schloßbaues selbst (arabischen, reichen Stiles) mit Terrassen anlehnen. Auf der Mauer steht Parsifal, staunend in den Garten hinabblickend. – Von allen Seiten her, zuerst aus dem Garten, dann aus dem Palaste, stürzen wirr durcheinander, einzeln, dann zugleich immer mehrere schöne Mädchen herein, sie sind mit flüchtig übergeworfenen, zartfarbigen Schleiern verhüllt, wie soeben aus dem Schlafe aufgeschreckt.
Wagner behandelt diese Szene ausschließlich aus dem Blickwinkel des Helden, der als Visitenkarte ein Blutbad ausrichtet, die Position des Eroberers einnimmt, die »Einheimischen« tötet, alles in Schutt und Asche legt, aus Angst vor einer verkappten Seuche den Schwanz einzieht, auch auf sexuellem Gebiet »Barbar« bleibt, so sieht schon Wolfram von Eschenbach in diesem Punkt das Aufeinandertreffen der beiden Kulturen, ähnlich dem Eindringen der Vandalen in Rom. Parsifals Blick von der Mauer ist identisch mit seinem ersten Auftritt: Gewiß! Im Fluge treff ich, was fliegt!
Hier kommen ihm die desertierten Gralsritter in die Schußlinie, er kann sich austoben, abreagieren, sich der Gurnemanzschen Rüffel entledigen, zeigen, was er kann, seinen 2. Schritt zum Königstum machen, den 1. hat er hinter sich gebracht, seine Unabhängigkeit vom Gral bewiesen, weder gegessen, noch getrunken.
Trotzdem ist er hungrig, hungrig nach Blut. Die Gralsritter tranken auch Blut, jetzt trinkt seine Waffe. Welche das ist, bleibt ungewiß, da sein Bogen von ihm zerbrochen wurde. Hat er sich inzwischen eine Waffe zugelegt, möglicherweise schon auf Gralsgebiet? Obwohl die Waffe durchgängig Thema ist, zeigt Wagner nicht, wie sich Parsifal nähert, angreift oder verteidigt. Der in der 1. Textfassung beschriebene Kampf ist im Partiturtext gestrichen. Klingsor jedenfalls adoriert den blutbespritzten, schwitzenden Schlagihntot:

Ha! Wie stolz er nun steht auf der Zinne!
Wie lachen ihm die Rosen der Wangen,
da kindisch erstaunt
in den einsamen Garten er blickt!

Hier spricht ein Gourmet, deshalb muß er büßen.

Der Kulturkampf zwischen GRALSBURG und ZAUBERSCHLOSS, der Kampf zwischen den Alteingesessenen und dem Neuzugezogenen, ist eine einseitig geführte militärische Auseinandersetzung des Amfortas, der sich bedroht fühlt, da Klingsor, wenn er ihm auch noch den Gral entreißt, mit beiden Heiligen Requisiten den Vormarsch der Christen stoppt. Daß diese Gefahr besteht, daß die Gralsburg, dieser äußerste Vorposten, in Gefahr ist, zu fallen, weiß der ohnmächtig reagierende König, dem gleich zu Beginn Gawans Flucht, mit der er seinen Ritter verloren hat, als Heilkräutersuche umgebogen wird. Desertieren ist angesagt, Klingsor, der Nutznießer, versorgt alle Überläufer üppigst. Von einem militärischen Einsatz seinerseits berichtet nur die 1. Textfassung, Klingsor versuchte Anfortas zu fangen und zu kastrieren. Im Partiturtext tritt dem ins arabische Gebiet einfallenden Amfortas und seinen Rittern eine Frau entgegen, eine einzige, die Einzige. Der König, schon sehr weit in die Klingsorwelt vorgedrungen, wird jetzt in unmittelbarer Nähe des ZAUBERSCHLOSSES »entrückt«, d. h. er rast mit fliegenden Fahnen auf die erste Frau zu, nicht mehr Herr seiner Schwanzwut. Genauso brutal wie Faust auf Margarethe. Goethe bleibt sich in der Definition des Mannes als Eroberer treu, Wagner übernimmt sein: Und bist du nicht willig, so brauch ich Gewalt oder Und der Barbare beherrscht römischen Busen und Leib. Sind Goethes Vergewaltigungen mythologisch zu untermauern, häufen sie sich, wie in den RÖMISCHEN ELEGIEN, werden abzuleistendes Vorbild, indem man auf sexuellem Gebiet wird, wovor man auf politischem floh.

ENTSCHEIDUNG I

Gesprochener Gesang oder Gesungenes Sprechen. Diese Frage stellt sich nicht nur Wagner, sondern gleichzeitig auch anderen Komponisten, verwiesen sei auf die dem PARSIFAL eng verwandten Werke BORIS GODUNOW 1874 von Mussorgski und CARMEN 1875 von Bizet, wobei Mussorgski der archaischere ist, jeglichen gesprochenen Dialog vermeidet. Durch erzwungene Umarbeitungen liegt BORIS GODUNOW in verschiedenen Fassungen vor. Von Bizets Oper gibt es 2 Fassungen, die Prosa-Fassung mit der klaren Absetzung von Sprache und Gesang und die knappe Rezitativ-Fassung, wobei die Prosa-Fassung die stofflich wildere Variante bleibt.
Gesprochener Gesang oder Gesungenes Sprechen? Für jede Wagner-Interpretation ist die Entscheidung zwischen beidem von grundlegender Bedeutung und muß eindeutig getroffen werden, ist es doch keine rein musikalische Frage, sondern eine betont inhaltliche, ob dem Gesang oder dem Wort, der Deklamation das Primat zugesprochen wird, kurz, werden wir Oper oder Drama spielen, eine Frage, deren Entwicklung sich in Wagners Arbeiten selbst abbildet, von RIENZI über RING zu PARSIFAL, von der Oper über das Drama zum Bühnenweihfestspiel.
Wie schwierig eine gefällte Entscheidung im PARSIFAL durchzuhalten ist, läßt sich an vielen Stellen nachweisen. Selbst wenn es zu einer Mischform beider kommen sollte, muß sich diese streng konturieren. Abzulehnen ist ein indifferentes Musizieren und Sprechen in einem undeutlichen Zwischenbereich, wie in den meisten Einspielungen, wo man gezwungenermaßen mit dem Textbuch zuhört und andauernde Unverständlichkeit chronologisches Mitdenken verhindert.

Die hochgelobte PARSIFAL-Produktion von Boulez 1970 fällt völlig auseinander, der Orchesterklang überaus gut durchgearbeitet, die Sänger jedoch wie aus einer Vorzeit, polternd und blökend, kein deutsches Wort, ein so krasser, enttäuschender Kontrast. Natürlich gibt es den und den Sänger, ders besser kann, trotzdem ein sprachlich verschluderter, ungenügender Eindruck. Boulez mag kein Deutsch aufschlüsseln können, vor allem nicht diesen eigenartigen sächsisch-thüringischen Mischklang, versehen mit einer Portion Süddeutschland. Es bleibt der Eindruck, da singen Sänger mit einem sehr gut einstudierten Orchester, nur leider fehlt die Verständigung und somit der szenische Anlaß. Ganz im Gegenteil Furtwänglers WALKÜRE-Produktion von 1954, der die Musik als Bühnenmusik beläßt und eigenartigerweise auf der Platte ein Bühnenwerk präsentiert mit deutlichen szenischen Vorstellungen, also das geht im Kopf los, TODESVERKÜNDIGUNG, da ist man gebannt, da sieht man die Szene.
Deutlich unterscheiden sich die beiden Knappertsbusch-Produktionen von PARSIFAL Mono 1952 und Stereo 1962. Erstere wälzt eine Klangmasse, triefig, schwer, quälend, aber doch mit Nachdruck, den die Sänger konsequent vertiefen.

Hier wie bei Furtwängler Martha Mödl. Zunächst versuchen Kenner, den anderen Klang mit der Monoaufnahme zu erklären, das mag sein. Was klar rauskommt in dieser Interpretation, denen steckt der Krieg tief in den Knochen, und da berührt sich der Inhalt mit der Zeit. Ganz anders die Aufnahme 11 Jahre später, der Orchesterklang durchgearbeitet, die Klangmasse kontrolliert, was laut und schwer war, kultiviert, die Interpretationen der Sänger fallen weit auseinander. Die Wucht ist weg. Trotzdem kann man sich an dieser Stereoproduktion orientieren.
Bei den meisten anderen Aufnahmen mehr oder weniger das gleiche Problem wie bei Bühnenproduktionen, die Sänger monologisieren, der Dialog, die szenische Vorgabe erscheint zunächst aus Rücksichtnahme gegenüber den Sängern zurückgedrängt. Versucht man jedoch konzentriert zuzuhören, ist der Dialog entweder aus den Noten oder aus den interpretierenden Köpfen verschwunden, der szenische Anlaß, warum die Figuren singen, hat sich verflüchtigt, der Rest höchstenfalls ein gutes Konzert in veränderbarem Dekor. Jetzt hilft auch kein Griff zur Partitur mehr, beweist doch Knappertsbusch in seinen beiden Produktionen, daß es sich um 2 differierende Werke handeln muß, so als gäbe es von PARSIFAL 2 komponierte Fassungen.

Ich möchte einen Umweg machen. Das zunehmende Auseinanderdriften von Sprech- und Musiktheater beruht auf dem ausschließlichen Repräsentationscharakter des Musiktheaters. Es nimmt eine Position zum Sprechtheater ein, wie die Herrin zum Knecht und in so innerem Bezug, daß die Herrin vom Knecht nicht loskommt. Heute hofft man, den Verlust des szenischen Anlasses durch den Einsatz von Schauspielregisseuren eindämmen zu können. Diesen Verlust erleidet aber nicht nur die Oper, auch das Schauspiel, alle traditionellen Darstellungsmittel, und somit ist diese »Hilfe« heute Schadensvermehrung. Den szenischen Anlaß, warum diese Figur jetzt auf der Bühne ist, singt, spricht, tanzt, diesen Anlaß muß jeder Darsteller für sich definieren, jeder Autor, jedes Theater.

Ich baute ein PARSIFAL-Modell 5 zu 1, das in diesem Maßstab sehr groß ausfällt: Länge 200 cm, Breite 130 cm, Höhe 90 cm. Das Opernmodell besitzt einen Vorbau, den Orchestergraben, und genauso schwer, wie er zu bauen ist, genauso schwer ist er zu integrieren, also wie bringt man die Personen, die da unten, ich betone da unten, anscheinend sitzen müssen, unter. Schon kommt man über die Grundrißfrage zur Kernfrage, in welchem Verhältnis befinden sich Orchester und Sänger, Graben und Bühne, wie definieren sich beide im Raum. Ich stand beim Transport des Bühnenmodells vor der Frage, da es außerordentlich groß war, was schneide ich ab, was setze ich an, und wie kann ich dieses Ansetzen so herrichten, daß es nicht als Abwertung verstanden werden kann, denn zunächst sollte der Orchestergraben fallen.
Das war kein Problem, das ich nicht mit den Orchestermitgliedern haben wollte, sondern ich wollte keine Schnittkante, keine überpinselte Klebstelle im vorderen Bühnenbereich, wo mein Partner, der Dirigent, arbeitet. Ich wollte keine Trennung zwischen ihm und mir mit dem Messer durchführen.

Ich hatte das Messer in der Hand und wollte das Modell, an dem ich Wochen gebaut hatte, zerlegen. Dann entschied ich mich, kein Messer, und so steht es da, umgedreht an der Wand, und noch im Unterbau das gleiche Problem: Wie bekomme ich in diesen großen Bühnenboden Halt, wie kann ich das schwerere Orchester mit dem planen Bühnenboden so ins Gleichgewicht bringen, daß das Orchester nicht abknickt oder wegbricht?
An meiner ungelenken Beschreibung ist die Schwierigkeit zu erkennen, die schon die rein bauliche Zuordnung von Bühne und Graben macht, nicht nur die bauliche, im Kopf beginnt tatsächlich der Kampf, wie trenne ich mich vom Orchester, wie verwandle ich auch diesen Raum in plane Bühne.
Da ich meine Arbeit nicht zerstörte, d. h. das Modell nicht transportfähig machte, entschied ich mich für Wagners inkommensurables Gesamtkunstwerk. Diese Entscheidung, auch in anderen Punkten vertreten, bekämpfte das Opernhaus mit fristloser Kündigung und anschließendem Prozeß: Es ging hier um das Problem, daß der Beklagte kein technisches Konzept für ein Bühnenbild und dessen Abfolge und keine Kostüme vorlegen konnte. Weil hier die Oper PARSIFAL von Wagner auf die Bühne zu bringen ist und nicht ein Spektakel in Anlehnung an Wagner.
Daß vom Generalmusikdirektor definitiv herausgestellt wurde, daß die Oper PARSIFAL entsprechend den Vorgaben Richard Wagners gespielt werde.
Aufgrund der Kommunalwahl und der neuen Zusammensetzung des Stadtrates haben sich hier einige Verzögerungen ergeben. Der Rechts- und Wirtschaftsausschuß wird über die Angelegenheit beraten.

Lessing hat den Konflikt zwischen inhaltlicher und räumlicher Zuordnung als erster gesehen, er definiert daher, vor Wagner, die Aufgabe des Orchesters als die des antiken Chores. Diese Ausgangsidee wurde immer wieder gewendet, reformiert, sie ist in der Oper selbst enthalten, noch im ausschließlichen Repräsentationscharakter. Grillparzer schimpft: Der Chor gab den Dramen der Alten einen Charakter der Öffentlichkeit. Ja! vielleicht um desto schlimmer. Ich meines Teiles würde eine Anstalt nicht lieben, die mich zwänge, alle Empfindungen und Situationen, die nicht den Charakter der Öffentlichkeit vertragen, aufzugeben.

Damit untermauert er nicht nur seine Opposition gegen Wagner, sondern in diesem Zitat klingt schon der Verlust des szenischen Anlasses an, der mit der Installierung der 4. Wand verbunden ist. Das bürgerliche Theater macht den Zuschauer zum Voyeur, der in ein »Rattenloch« sieht, in dem sich Figuren wie er selber verzweifelt krümmen. Der Zuschauer ist Ratte unter Ratten. Die Senkrechte, die die antike Figur gegen den Himmel behauptet, ist hier zähe Beweglichkeit geworden, die sich vor dem Himmel, der Senkrechten, verkriecht. Die Figuren hausen in Verstecken, aus denen sie mit Feuer vertrieben werden. Die Probleme der antiken Figur, die noch das absolutistische Theater für sich reklamierte, sind aufgegeben. Der Konflikt zwischen Öffentlichkeit und Privatem wird vom Rückzug entschieden.

Schiller definiert die Konstellation in der 1. Szene der RÄUBER, Franz liest seinem Vater den Brief seines Bruders vor: Leipzig vom 1. Mai. Die Szene führt das Ersetztwerdenmüssen des Adels durch das Bürgertum so drastisch vor, daß Öffentlichkeit hergestellt wird, obwohl es sich um eine Duo-Szene handelt. Noch im Kontrast der Handlungsorte SCHLOSS contra WALD, der Figuren Bruder contra Bruder, des Anspruchs Individuum contra Chor hat sich die antike Konstellation durchgesetzt und macht das Stück als Bindeglied wichtig.

Wagner 1871 zu Cosima: Ich habe einen griechischen Chor komponiert, aber einen Chor, der gleichsam vom Orchester gesungen wird: nach Siegfrieds Tod, während des Szenenwechsels, es wird das Siegmund-Thema erklingen, als ob der Chor sagte, er war sein Vater, dann das Schwertmotiv, endlich sein eigenes Thema, da geht der Vorhang auf.

Wagner setzt sich wiederholt theoretisch mit der antiken Tragödie und deren Chor-Szenen auseinander, zunächst versucht er, den Chor-Einsatz zu umgehen, indem er ihn von der Szene weg ins Orchester verlagert und indem er bewußt Ensemble-Szenen vermeidet. Doch zeigt sich, daß er trotzdem nicht ohne den herkömmlichen Chor auskommt. Im PARSIFAL verwendet er die antike Chor-Teilung mit den dazugehörenden Chor-Aufzügen, ein Einsatz, der sich konträr zu vielen seiner theoretischen Äußerungen verhält.
Die Schwierigkeit der Darsteller in den angestrebten antiken Konstellationen, die Wagner nach Glucks Vorbild mit nur 2 Figuren auf die Bühne zu stellen sucht, beschreibt ein Brief Wieland Wagners 1965 an seine Fricka-Darstellerin zur Eheszene WALKÜRE: Ich lasse im Gegensatz zu meinen großen Kollegen nach langen Versuchen diese Szene statisch spielen, nicht nur, weil diese Szene musikalisch die statischste aller RING-Szenen ist. Der lapidare Stil dieser Szene, der in die Antike zurückweist, ist sonst im ganzen RING kaum erreicht. Das Durchhalten der Szene ist schwer, sie wird aber durch Gänge, beziehungsvolle Blicke oder gar Hinsetzen ... nur unerträglich. Fricka kämpft nicht – das ist wichtig. Fricka weiß von Anfang an, daß Wotan alles tun wird und muß, was von Fricka gefordert werden muß. Alles ist hart, unerbittlich wie das Schicksal, groß, ganz anders als im RHEINGOLD. In Wirklichkeit ist diese Szene nichts anderes als ein Monolog Wotans mit sich selbst. Fricka ist nichts anderes als sein moralisches Ich. Fricka verkörpert hier das ewige Gesetz, dem im Wagnerschen RING auch die Götter unterstellt sind. Ich finde, etwas Menschliches bekommt sie überhaupt erst im Triumph der verhaßten, wilden Stieftochter Brünnhilde gegenüber. Wirklich gemein ist nur der Satz: Laß ihn dir künden, wie das Los er gekiest, das hat ein erfahrener Kenner der Frauenseele geschrieben. Denken Sie nicht an das übliche Gerede von der keifenden Fricka, vom Kampf der Geschlechter, an Moral- und Gardinenpredigt, sondern denken Sie nur, Sie hätten eine Szene des Aischylos zu spielen.
Schon indem ich zögere, schreibe ich Fricka-Darstellerin oder Fricka-Sängerin, genau darin liegt das Problem, auch bei Wieland Wagner. Vertauschen wir die Namen, Aischylos gegen Verdi, so hat letzterer den Vorzug, daß er Noten hinter-

lassen hat. Von Aischylos ist wenig über seine Theaterpraxis überliefert, und doch scheint dieses Wenige so mächtig zu sein, daß es unsere theatralischen Vorstellungen bestimmt.

Noch etwas fällt in diesem Zitat auf, Wieland Wagner verläßt die genaue Szenenbeschreibung und damit die ihr innewohnende Schwierigkeit, wird Szeneninterpret und findet so, ganz nebenbei, eine Lösung, den Wotan-Monolog, erfindet wieder ein geistiges Korsett, so als müßte dieses Korsett unabhängig von der Musik übergestülpt werden, als würde dieses erst die musikalische Rezeption ermöglichen. Wie in Kurzfassung ist hier das Problem der Operninszenierung gefaßt. Es ist erstaunlich, wie modern der Regisseur diese Szene beschreibt, genauso erstaunlich ist sein Abdriften, so als gäbe es die Musik nicht, schon ist man in die Zwickmühle von Sprech- und Musiktheater geraten.

Daß Wagner entschieden ein nichtsichtbares Orchester und eine nichtsichtbare Bühne anstrebte, zeigt, wie konsequent er dieser Zwickmühle entgehen wollte, Münchhausen ähnlich, der sich an seinem Zopf aus dem Sumpf zieht. An einem Perückenzopf!

Die Schwierigkeiten der großen statischen Eheszene sind enorm, es ist kaum vorstellbar, mit welcher Kraft eine Fricka-Darstellerin aufwarten muß, bis sie in den Ring steigt, wo sie sofort klarmachen muß, wer das Sagen hat, damit überhaupt eine Ahnung von Wieland Wagners Beschreibung spürbar wird. Ist da nicht mehr von ihr gewollt als einlösbar? Dieses nicht als Kritik, sondern aus Kenntnis der zu lösenden Schwierigkeiten. Wieder eine Barrikade. Ja, auf Barrikaden stehen die beiden Götter. Daß viele Bühnenbildner hier Berge, Schluchten, Stein, Fels auftürmen, all das ist intendiert, nur nicht aus Pappe.

1849 kommentiert Wagner seine Ansichten zur TANNHÄUSER-Szene SÄNGERKRIEG: Offenbar mußte und konnte hier, zumal um die katastrophe durch diese scene herbeizuführen, nur die dichterische absicht vorherrschen, die Sänger durch gesangskünste, verzierungen und cadenzen sich überbieten zu lassen hätte die aufgabe eines concertstreites, nicht aber eines dramatischen gedanken- und empfindungskampfes sein können, wiederum aber konnte dieser dichterstreit, in welchem sich das ganze volle wesen der betheiligten menschen einsetzt, in seiner dramatischen wirkung ohne jene höchste und mannichfaltigste kraft musikalischen ausdruckes, wie ich sie meine, nicht verwirklicht werden, und zu meiner befriedigung habe ich erfahren dürfen, daß gerade diese so gewagte Scene bei jeder aufführung die lebhafteste und gesteigertste theilnahme des publikums in anspruch nahm: ich hatte somit den triumph, unser hierfür sehr entwöhntes publikum in der oper durch den gedanken zu fassen, nicht bloß durch die empfindung.

Daß ich es kurz noch einmal wiederhole: meine richtung habe ich eingeschlagen als musiker, der von der überzeugung des unerschöpflichsten reichthumes der musik ausgehend das höchste kunstwerk, nämlich: das drama will. Ich sage: will, um mein streben zugleich mit anzudeuten, ob ich es kann, das vermag ich allerdings nicht zu beurtheilen, und wenn ich irre kann dies nur in folge meiner schwachen befähigung, nicht aber meines richtigen willens sein.

Im ungedruckten Titelblatt zu DIE KUNST UND DIE REVOLUTION faßt Wagner einen Theorie-Aufbau zusammen:
I. Die kunst und die revolution II. Das künstlerthum der zukunft III. Das kunstwerk der zukunft
I. Sonst lebte der reiche nach dem grundsatze: geben ist seliger denn nehmen – er genoß sein glück, das er leider eben nur den armen vorenthielt. Der moderne reiche sagt aber: nehmen ist seliger denn geben.
II. (mensch zum thiere. (Fleischer – jäger.) unkünstlerische lieblosigkeit gegen thiere, in denen wir nur waaren für die industrie erblicken. (reiten = liebe zum rosse. – fahren = dampf.)
III. geschichte der musik: = christlicher Ausdruck: wo das wort nicht weiter kann, da fängt die musik an: = Beethoven, 9te Symfonie: beweist dagegen: wo die musik nicht mehr weiter kann, da kommt das wort. – (das wort steht höher als der ton.)

1860 bestätigt Berlioz Wagners Auffassung hinreichend, bestätigt, daß Wagners Auffassung nicht einmalig, gar an die deutsche Sprache gebunden ist, sondern Berlioz gibt knapp und präzise sein eigenes Problem an, in diesem deutlicher als Wagner: In Verbindung mit dem Drama oder auch nur mit dem gesungenen Worte muß die Musik immer eine unmittelbare Beziehung zu der durch das Wort ausgedrückten Empfindung, zu dem Charakter der singenden Person, häufig sogar auch zu Betonung und Tonfall aufweisen, wie sie sich dem Gefühle am natürlichsten aus der gesprochenen Rede ergeben.

Daß die antike Figur »deklamiert«, möge dieser Ausdruck hier richtig sein oder nicht, jedenfalls sich in einer anderen Rede ausdrückt, hängt mit ihrem Verhältnis zu der Gottheit zusammen, der gegenüber sie sich in einer adäquaten Form ausdrückt, nicht aus persönlich empfundener Knechtung, sondern als fordernde Platzbehauptung. In dem für die Figur sichtbaren Verhältnis zwischen Gott und Mensch kann sowohl die Musik als auch das Wort letzter Ausdruck sein, verbunden mit einer eindeutigen Entscheidung für Wort oder Musik, auf die somit die gesamte Szenenentwicklung hinläuft.

BETON I

1864 kommentiert Semper Wagners Richtlinien zum Bau eines Münchner Festtheaters, das jedoch nicht realisiert wurde: Der Kern des Gebäudes, um den sich alles andere als ihm dienend ordnet, ist der große Hörsaal mit der ihm zugehörigen Bühne. Die Einrichtung beider Theile weicht in wichtigen Punkten von der herkömmlichen Theatereinrichtung ab. Folgende dem Architekten gestellte Bedingungen waren dabei maßgebend: 1. Vollständige Trennung der idealen Bühnenwelt von der durch den Zuschauerkreis vertretenen Realität. 2. Dieser Trennung entsprechend ein nicht sichtbares, nur durch das Ohr wirksames Orchester.
Von diesen beiden Bedingungen ist besonders die letztere für die Einrichtung des Hörsaales, wie für die Gestaltung des ganzen Werkes entscheidend. Denn um die Orchestra den Augen aller Zuhörer zu entziehen, ohne durch deren zu tiefes Versenken unter den Boden des Hörsaales und unter die Bühne den durchaus nothwendigen Zusammenhang zwischen dem Bühnenspiele und dem Orchesterspiele zu stören oder ganz zu verhindern, bleibt nur die einzige Auskunft, das Auditorium nach antiker Weise anzulegen, als ansteigenden Sitzstufenbau (Cavea) und von der modernen Logeneinrichtung vollständig abzusehen.
Nicht also aus antiquarischer Vorliebe für diese Form des Zuschauerraumes, sondern in nächster und nothwendigster Folge der dem Architekten gestellten Vorbedingungen mußte letztere gewählt werden. Sie empfiehlt sich aber auch in akustischer sowohl, wie in optischer Beziehung, indem sie der Bühnenkunst in allen ihren Verzweigungen die Mittel des Wirkens, besonders des gleichmäßigen Wirkens für alle Plätze der Zuhörer erleichtert.
Die vertiefte Lage der Orchestra erfüllt zugleich den wichtigen Nebenzweck, die verlangte entschiedene Trennung der Cavea von der Bühne zu bewerkstelligen. Es entsteht zwischen beiden ein gleichsam neutraler Zwischenraum, dessen Abschluß nach allen Seiten hin, nach oben, unten und seitwärts vom Auge des Zuschauers verfolgt werden kann, so daß die wahre Entfernung der Einfassung der Bühne, die sich jenseits dieses Zwischenraumes erhebt, für das abschätzende Auge aus Mangel an Haltepunkten nicht mehr meßbar ist, besonders wenn letzteres noch außerdem durch passend angewandte perspektivische und optische Mittel über diese Entfernung getäuscht wird.

In dieser Ausgangsidee für den späteren Bayreuther Festspielbau sind schon alle inhaltlich-baulichen Schwierigkeiten vorhanden, ebenso meine, mit dem Messer das Modell transportfähig zu machen.

1872 erläutert Wagner seine Vorstellungen: 1. Das Theatergebäude durchaus nur als *provisorisches* halten; mir wäre es recht, wenn es ganz nur aus Holz wäre, wie Turner- und Sängerfesthallen; keine andere Solidität, als die welche es vor Einsturz sichert. Deßhalb hier sparen – sparen, keine Verzierung. Wir geben mit

diesem Bau nur den Schattenriß der Idee, und übergeben diesen der *Nation zur Ausführung* als monumentales Gebäude.
2. Maschinerie und Decoration, Alles auf das ideale, innere Kunstwerk Bezügliche – ganz *vollkommen*. Hier *nichts* sparen: Alles wie für lange Dauer berechnet, nichts provisorisches.

1873 untermauert Wagner die für ihn notwendige Plazierung des Orchesters und der Zuschauer: Wenn ich jetzt noch den Plan des im Aufbau begriffenen Festtheaters in Bayreuth erläutern will, glaube ich hierzu nicht zweckmässiger vorgehen zu können, als indem ich auf die zuerst von mir gefühlte Nöthigung, den technischen Herd der Musik, das Orchester, unsichtbar zu machen, zurückgreife; denn aus dieser *einen* Nöthigung ging allmählich die gänzliche Umgestaltung des Zuschauerraumes unseres neu-europäischen Theaters hervor.
Meine Gedanken über die Unsichtbarmachung des Orchesters kennen meine Leser bereits aus einigen näheren Darlegungen derselben in meinen vorangehenden Abhandlungen, und ich hoffe, dass ein seitdem von ihnen gemachter Besuch einer heutigen Opernaufführung, sollten sie diess nicht schon früher von selbst empfunden haben, sie von der Richtigkeit meines Gefühles in der Beurtheilung der widerwärtigen Störung durch die stets sich aufdrängende Sichtbarkeit des technischen Apparates der Tonhervorbringung überzeugt hat. Habe ich in meiner Schrift über Beethoven den Grund davon erklären können, aus welchem uns schließlich, durch die Gewalt der Umstimmung des ganzen Sensitoriums bei hinreissenden Aufführungen idealer Musikwerke, der gerügte Uebelstand, wie durch Neutralisation des Sehens, unmerklich gemacht werden kann, so handelt es sich dagegen bei einer dramatischen Darstellung eben darum, das Sehen selbst zur genauen Wahrnehmung eines Bildes zu bestimmen, welches nur durch die gänzliche Ablenkung des Gesichtes von der Wahrnehmung jeder dazwischenliegenden Realität, wie sie dem technischen Apparate zur Hervorbringung des Bildes eigen ist, geschehen kann. Das Orchester war demnach, ohne es zu verdecken, in eine solche Tiefe zu verlegen, dass der Zuschauer über dasselbe hinweg unmittelbar auf die Bühne blickte; hiermit war sofort entschieden, dass die Plätze der Zuschauer nur in einer gleichmässig aufsteigenden Reihe von Sitzen bestehen konnten, deren schliessliche Höhe einzig durch die Möglichkeit, von hier aus das scenische Bild noch deutlich wahrnehmen zu können, seine Bestimmung erhalten musste. Das ganze System unserer Logenränge war daher ausgeschlossen, weil von ihrer, sogleich an den Seitenwänden beginnenden, Erhöhung aus der Einblick in das Orchester nicht zu versperren gewesen wäre. Somit gewann die Aufstellung unserer Sitzreihen den Charakter der Anordnung des antiken Amphitheaters; nur konnte von einer wirklichen Ausführung der nach den beiden Seiten weit sich vorstreckenden Form des Amphitheaters, wodurch es zu einem, sogar überschrittenen Halbkreise ward, nicht die Rede sein, weil nicht mehr der von ihm grossentheils umschlossene Chor in der Orchestra, sondern die, den griechischen Zuschauern nur in einer hervorspringenden Fläche gezeigte, von uns aber in ihrer vollen Tiefe benutzte Scene das zur deutlichen Uebersicht darzubietende Object ausmacht.

Demnach waren wir gänzlich den Gesetzen der *Perspektive* unterworfen, welchen gemäss die Reihen der Sitze sich mit dem Aufsteigen erweitern konnten, stets aber die gerade Richtung nach der Scene gewähren mussten. Von dieser aus hatte nun das *Proscenium* alle weitere Anordnung zu bestimmen: der eigentliche Rahmen des Bühnenbildes wurde nothwenig zum maassgebenden Ausgangspunkte dieser Anordnung. Meine Forderung der Unsichtbarmachung des Orchesters gab dem Genie des berühmten Architekten, mit dem es mir vergönnt war zuerst hierüber zu verhandeln, sofort die Bestimmung des hieraus, zwischen dem Proscenium und den Sitzreihen des Publikums entstehenden, leeren Zwischenraumes ein: wir nannten ihn den »mystischen Abgrund«, weil er die Realität von der Idealität zu trennen habe, und der Meister schloss ihn nach vorn durch ein erweitertes zweites Proscenium ab, aus dessen Wirkung in seinem Verhältnisse zu dem dahinterliegenden engeren Proscenium* er sich alsbald die wundervolle Täuschung eines scheinbaren Fernerrückens der eigentlichen Scene zu versprechen hatte, welche darin besteht, dass der Zuschauer den scenischen Vorgang sich weit entrückt wähnt, ihn nun aber doch mit der Deutlichkeit der wirklichen Nähe wahrnimmt; woraus dann die fernere Täuschung erfolgt, dass ihm die auf der Scene auftretenden Personen in vergrösserter, übermenschlicher Gestalt erscheinen.
Der Erfolg dieser Anordnung dürfte wohl allein genügen, um von der unvergleichlichen Wirkung des nun eingetretenen Verhältnisses des Zuschauers zu dem scenischen Bilde eine Vorstellung zu geben. Jener befindet sich jetzt, sobald er seinen Sitz eingenommen hat, recht eigentlich in einem »Theatron« d. h. einem Raume, der für nichts anderes berechnet ist, als darin zu schauen, und zwar dorthin, wohin seine Stelle ihn weist. Zwischen ihm und dem zu erschauenden Bilde befindet sich nichts deutlich wahrnehmbares, sondern nur eine, zwischen den beiden Proscenien durch architektonische Vermittelung gleichsam im Schweben erhaltene Entfernung, welche das durch sie ihm entrückte Bild in der Unnahbarkeit einer Traumerscheinung zeigt, während die aus dem »mystischen Abgrunde« geisterhaft erklingende Musik, gleich den, unter dem Sitze der Pythia dem heiligen Urschoosse Gaia's entsteigenden Dämpfen, ihn in jenen begeisterten Zustand des Hellsehens versetzt, in welchem das erschaute scenische Bild ihm jetzt zum wahrhaftigsten Abbilde des Lebens selbst wird.
Gerade die spärlich uns zugemessenen Mittel wiesen uns darauf hin, für unseren Bau nur das rein Zweckmässige und für die Erreichung der Absicht Nöthige zur Ausführung zu bringen: Zweck und Absicht lagen hier aber einzig in dem Verhältnisse des inneren Zuschauerraumes zu einer Bühne, welche in den grössten Dimensionen zur Herrichtung einer vollendeten Scenerie bestimmt war.

Wagner spricht von architektonisch gelungenen optischen Raumtäuschungen in seinem Vorbühnenbereich, bemäntelt so die schwierige Unterbringung des Orchesters. Leider ist der Bayreuther Vorbühnenbereich nicht so gut gelöst, wie er behauptet. Im Gegenteil, die Trennung Zuschauerraum – Bühne ist verwaschen, sie wird erst durch Rückverlegung der Szene in den tieferen Bühnenraum, hinter

* Bestimmt bis heute den Portalausbau.

die 2. Gasse möglich. Ein Mißstand, der sich in späteren Theater- und Filmtheaterbauten behauptet.
Damals war diese Bauhandhabung für Wagner Voraussetzung, um sich von der konventionellen Opernbühne abzusetzen, sich inhaltlich und räumlich der Schauspielbühne zu nähern, seine Darsteller in eine Raumeinbindung zu bringen, die sich zwar von der Antike speist, aber in ihrer Modernität die angestrebten antiken Konstellationen neu umsetzt. Wagner, der sich zunächst von der europäischen Avantgarde abgedrängt sieht, kämpft um eine architektonische Formulierung, mit der er das angestrebte Gesamtkunstwerk behaupten, sich als Vorreiter der Avantgarde definieren kann. Außerdem sieht er sich in seiner Goethe-Nachfolge bestätigt, dessen Idee des unsichtbaren Orchesters unmittelbar in Mozartnähe entstand, WILHELM MEISTER stellt fest: Die wahre Musik ist allein fürs Ohr. Sätze später will Goethe: Die Orchester so viel als möglich versteckt haben, weil man durch die mechanischen Bemühungen und durch die notdürftigen, immer seltsamen Gebärden der Instrumentenspieler so sehr zerstreut und verwirrt werde.

Beim unsichtbaren Orchester handelt es sich also keineswegs um ein Musizieren, wie es heute allerorts mit Wagner praktiziert wird. Der verdeckte Graben zwingt zum Drama. Da die heute inzwischen wichtigste Person, der Dirigent, nicht sichtbar ist, nimmt er im verdeckten Orchester tatsächlich eine dem Chor-Führer ähnliche Position ein, vollständig integriert lenkt er den Chor, der schon durch seinen räumlichen, geistigen Abstand zu den Ausgestoßenen, den Sängern, mehr Wissen über Handlung und Hintergründe besitzt als sie, sich fast in der Position eines allwissenden Erzählers, Kommentators befindet, die Wagner der Pythia ähnlich nennt.
Wagner heute in konventionellen Aufführungen ohne Lösung des Orchesterproblems auszubeuten, führt zu folgenschweren inhaltlichen Mißverständnissen und mündet in einem Mißverhältnis, kurz, der Dirigent steht den Sängern im Weg. Zwingende Hauptfrage ist deshalb, wie man ihn zuerst und mit ihm das Orchester aus der angestammten Position beseitigt. Die Sänger wirken schon durch den sichtbaren Kontakt mit ihm distanziert, gebremst, abhängig gebändigt, was Wagner streng vermeiden will. Warum der Dirigent fort muß, hat nichts mit Antipathie gegen ihn oder das Orchester zu tun, sondern ist wunder Punkt der Interpretation antiker Tragödien, der heute unvermindert wirksam ist.

Der antike Darsteller, ebenso seine Figur sehen sich nicht einem Menschen unterworfen, sondern ihr Konflikt ist die Auseinandersetzung mit den herrschenden Göttern, von ihnen werden sie gekrümmt, gegen sie müssen sie sich in ihrer Senkrechten behaupten. Grundvoraussetzung des antiken Theaters ist die Anwesenheit der Götter. Die Erstarrung der Antiken-Rezeption und -Interpretation hängt eng mit deren Abwesenheit zusammen. Wie verhängnisvoll sie sich für die Entwicklung unserer Kultur auswirkt, sei nicht erörtert, deutlich ist, daß unsere Interpretationen antiker Tragödien an diesem Umstand leiden. Auf unseren Bühnen werden die antiken Gottheiten, die über Jokaste und Ödipus herrschen, aus

Pappe und Gips abgebildet, aber nicht als geistig wirkende Prinzipien lokalisiert.

Sempers Richtlinien bestätigen, daß Theaterbau, damals und heute, und antike Tragödie einander feind sind, ebenso, daß Wagners Anweisungen und Interpretationen der antiken Konstellationen in diesen Räumen nicht gelingen können.

Daß das halb hochgefahrene Orchester engstens mit Mozart verknüpft ist, läßt sich inhaltlich an den verschiedenen Werken ablesen, die höchst unterschiedlich das Überspringen der Orchesterbarriere behandeln. Mozart versucht meistens aus dem Portal, über das Orchester hinweg, auszubrechen, FIGARO thematisiert es geradezu, DON GIOVANNI versucht das Portal zu sprengen, nicht bloß Theaterhimmel und -hölle aufzufahren, sondern im Schlußbild tatsächlich Himmel und Hölle in Bewegung zu setzen, d. h. Decke und Fußboden des Theaters zu zertrümmern, die Rückwand durch den eintretenden Komtur niederzureißen, das Portal durch seinen Austritt, seinen Gang durch die Mitte des Zuschauerraums. Indem der Komtur mit demselben Schritt den Orchestergraben überspringt wie die Kluft zwischen Mozart-Szene und Frühgeschichte, aus der er kommt.
Umgekehrt wird TITUS durch das Portal hinter dem Orchester definiert. Findet Mozart noch eine räumliche Entsprechung zwischen Orchester und Sänger, gelingt es Beethoven nicht mehr. Bei FIDELIO wird die Gegenwart des Orchesters geradezu zur Qual, was musikalisch, was inhaltlich gemeint ist, kämpft gegeneinander, blockiert sich. Man kann durch Beethovens Orchester weder in die Hölle der Figuren noch in ihr Gefängnis sehen. Schon in der Urfassung von ORPHEUS UND EURYDIKE ist dieses Problem da. Gluck ändert zur Pariser Fassung, zur Opernfassung, indem er sie emotional glättet, also die Tragödie zurücksetzt.
In konventionellen Raumlösungen wird FIDELIO, eines der inhaltlich überzeugendsten deutschen Werke, bis zur Unkenntlichkeit verunstaltet. Man muß nicht immer auf die Interpreten losschlagen, mögen sie sein, wie sie wollen, Beethoven waren die Zuordnungsprobleme drückend bewußt, schon Wagner weist in seinem BEETHOVEN darauf hin. Daß sich die unterschiedlichsten Komponisten sowohl mit inhaltlichen als auch akustischen Raumlösungen beschäftigen, läßt sich vielfach belegen, z. B. behauptet Wagner, daß eine FAUST-Aufführung nicht auf einer Bühne, sondern direkt unter Zuschauern stattzufinden hat, indem er das Wechselverhältnis zwischen Darsteller und Zuschauer als für dieses Stück unverzichtbar erklärt und es aus der Zentralperspektive eines konventionellen Bühnenraumes herausgenommen wissen will.

Der Bühnenbau meiner FAUST-Inszenierung 1990 überbetonte dagegen die Zentralperspektive. Sie war Handlungsort, ihre Schnittstelle gebar die Figuren, sog sie zurück. Abends probierten wir Szenen an der Frankfurter Hauptwache, einem weiten U-Bahneingang mit Treppen und Baulichkeiten. Hier spielten wir unter den Zuschauern, die teilweise stehenblieben, teilweise zu ihren Bahnen rannten, hier definierten sich die Spieler gegen den Verkehr aus verschiedenen Richtungen. Die Zentralperspektive war aufgegeben.

An den Bayreuther Bühnenentwürfen ist überdeutlich, daß Wagner mit der Zentralperspektive kämpft, sie möglichst verdrängt, eine ähnliche Entwicklung wie die Impressionisten und ihre Nachfolger ansteuert, die mit ihren Bildanschnitten und -ausschnitten eng an ihren japanischen Vorbildern bleiben. Daß Wagner nicht umhin kann, die Zentralperspektive einzusetzen, zeigt seine Geschmacksanbiederung, die Unentschiedenheit der praktizierten Lösung. In dieser Indifferenz liegt die Beantwortung der Ausgangsfrage. Die eingesetzte Zentralperspektive biegt den Drama-Ansatz entschieden in die Oper zurück: 1. Indem sie den Darsteller und seine Figur in der Perspektive definiert. 2. Indem sich der Gott nicht über der Figur und ihrem Darsteller befindet, sondern im Fluchtpunkt der Zentralperspektive, tatsächlich aber dem Darsteller gegenüber im Parkett thront. In historischer Entwicklung später aus der Mittelloge auf ihn herabblickt, die Zentralperspektive dem Parkett überläßt.

1871 erläutert Wagner Ludwig II. seine Überlegungen zur Förderung des RING-Vorhabens: Mein Zweck ist, hierdurch im günstigen Falle – ein deutsches National-Unternehmen hervorzurufen, dessen Leitung natürlich mir gänzlich allein nur in die Hände gelegt werden darf, und welches ich in meinem Vorworte zu dem Bühnenfestspiele genau so vorgezeichnet habe, wie es in Wahrheit einzig erfolgreich auszuführen ist . . . Denn natürlich denken Sie wohl, mein huldvoller König, dass mir, namentlich in diesem Punkte, nie ein Unternehmen vorschweben kann, welches nicht mit seinem edelsten und schönsten Gewichte Ihnen zufiele, wie ich ja überhaupt nie ohne das feste Vertrauen auf Ihre erhabene Freundschaft und Gnade mich nur fähig erhalten haben würde, auf Bedeutendes noch zu sinnen.

Wagner sieht sein Werk als deutschen Beitrag zur europäischen Musikentwicklung und muß deshalb folgerichtig, auch um seine gegensätzliche Position erfolgreich behaupten zu können, Wert auf Wortverständlichkeit und Aussprache legen, schon bedingt durch seine Sprachdehnung, zu deren -verlangsamung sich die Sprache des Schauspiels wie ein Formel I Wagen verhält. Muß er sich doch von der italienischen und französischen Oper absetzen und kann von der deutschen Oper nur Weber zu seiner Verteidigung ins Feld führen, daher muß er sowohl Handlungsvorgabe als auch Spracheinsatz überbetont herausstellen. Seine heute höchst komplizierte Textausformung bedarf deutlichster Artikulation, können doch nur so die von ihm verwendeten Reimformen kenntlich und hörbar werden.
Viele seiner Formulierungen werden als überaltert, gestelzt oder zu gewählt weggewischt. Ein Lautsprechen des PARSIFAL-Textes ist dadurch erschwert, daß man sich, im Gegensatz zu einem schweren Sprechtext, in eine viel angespanntere innere Verfassung bringen muß, die höchst ungewohnt und irritierend ist. Kurz, man muß sich erstens in den gleichen Spannungszustand begeben wie die beschriebene Figur, für das Schauspiel nicht ungewöhnlich, zweitens muß man das expressive Staccato anspannen, nicht singen, sondern sprechen wollen, den Gesangston nur zulassen, wenn die Sprechkraft nicht ausreicht, die Anspannung sich trotzdem entladen muß. Schafft man das, kommen wie von selbst Tempodehnung

und Tempoanziehung, durch den Tonfall fast das Notengefüge, so wie es Berlioz beschreibt.

Zunehmend haben internationale Besetzungen das Problem der sprachlichen Formulierung in den Hintergrund gedrängt, auch diese Begründung ist nur eine von vielen, warum sich das Drama nicht mehr nach Wagners Vorstellung entfalten kann, da ja gesungen wird, man müßte hier sagen, nur noch gesungen wird. Das Drama ist ad acta gelegt, Wagners Werk unkorrigierbar dem Opernbetrieb eingegliedert und planiert.

Daß sich Wagner wiederholt mit Übersetzungen seiner Werke beschäftigt, erscheint ihm als zulässiges Zugeständnis an den Opernbetrieb, jedoch muß ihm klar gewesen sein, daß man ihn nicht übersetzen kann und darf, diese Einschränkung muß man machen. So stellt sich z. B. Händels MESSIAS englisch und deutsch gesungen als 2 völlig verschiedene Werke dar, die, will man genau sein, außer den Noten nichts gemein haben. Es ist bei Händel eben keine Übersetzung von der einen in die andere Sprache und umgekehrt, sondern der singende Mensch der englischen Fassung ist ein anderer als der der deutschen. Die Unterschiede lassen sich mit der gesellschaftlichen Ausrichtung des Werkes und seiner Entstehung detailliert belegen.

Die »Verstehbarmachung« der Oper in Japan, wo während der Vorstellung Leuchtschriften der jeweiligen Texte laufen, mag für Japans historische Entwicklung folgerichtig sein, führt aber, auch bei uns angewendet, zu einer auf reinen Informationswert reduzierten Sprach- und Textbehandlung. Damit wird jeder Zugang zum anders Sprechenden, zum anders Denkenden blockiert. Daß heute ausländische Gastspiele in Simultanübersetzungen untergehen, im Theaterraum Kongreßatmosphäre herrscht, auch bei uns bekannten Texten, verhindert bewußt ein Einlassen auf den Fremden, auf die fremde, die andere Welt, setzt uns einfach eine Ablenkungsbrille auf, damit der Andere nicht mehr deutlich wahrgenommen werden kann, eine Herabwürdigung sowohl des Darstellenden als auch des Zuschauenden. Die künstliche Distanzierung wie durch Gitter im Zoo läßt auch die körperlichen Vorzüge der Darstellung, die Ausformung der Sprache im Körper in den Hintergrund treten und nimmt somit die letzte Verständigung mit dem »Fremden«.

Das Eintauchen in das »Fremde«, das verlangsamte Verstehen, die genauer zu schärfende Beobachtung, sind ein Genuß, den eine fremdsprachige Aufführung dem Zuschauer bereitet, er bringt einen dem Wesen der Figuren und der Darsteller oft näher als eine schnelle, kurzgeschlossene Verständigung.

Wie wegbereitend die internationalen Gastspiele der Meininger für die Verbreitung der deutschen Sprache waren, kann gar nicht hoch genug eingeschätzt werden. Davon profitiert noch Hauptmann, indem er sofort in Rußland übersetzt und aufgeführt wird. Lenin selbst schreibt ein WEBER-Vorwort. Lenin anerkennt die Waffe, genauso wie Joyce sie in VOR SONNENAUFGANG erkennt, sofort die englische Übersetzung macht.

Letztlich war es Wagner, der den Meiningern den Weg nach Rußland bahnte, der dort 1863 ein größeres Echo fand als in London und Paris. Den Zug der Meininger von West nach Ost, vor allem mit Schiller im Gepäck, beantwortete die russische Avantgarde Jahrzehnte später mit ihrem Zug gen Westen, mit Schauspiel, Oper und Ballett im Gepäck.

Das Berlin-Gastspiel des Moskauer Künstlertheaters galt Hauptmann, der zu diesem Theater in enger Beziehung stand, ein Fakt, den Hauptmann-Pflege und Brecht-Nachfolge strikt ignorieren.

Sprachliche Differenzierungen sind auch im Sprechtheater schwierig, so sind z. B. viele der politischen Argumente Brechts gerade durch ihren Sound eingängig, durch den noch durchschlagenden süddeutschen Tonfall, der sich auch in den Satzkonstruktionen niederschlägt. Man könnte unterstellen, daß dieser vertraute »wärmere« Ton bewußt eingesetzt ist, daß er das letzte Mittel für den Autor ist, mit dem Thema fertig zu werden, es in den Griff zu kriegen, es zu formen. Vor allem in seiner Spracharbeit ist die Bedeutung Brechts in Berlin zu sehen, einer völlig anderen sprachlichen Umgebung, die er vor dem 2. Weltkrieg meistert, die aber danach konträr zu seinen Emigrationsarbeiten steht, in denen sein Rückgriff auf den heimatlichen Tonfall nun wie Tümelei und damit verbundene Anbiederung erscheint.

Sprachlicher Verlust ist Verlust. Bedingt durch meine persönliche Situation habe ich ein »Lexikon« der in meiner Heimat verwendeten Wörter und Wortverbindungen aufzustellen versucht, obwohl ich jeden Tag in die Staatsbibliothek West fahren konnte, um in einem damals nicht kompletten Sprachwerk der Akademien Ost die thüringisch-sächsische Sprachentwicklung nachzuschlagen. Doch ich wollte die Sprache festhalten, die ich noch wußte, nicht durch ein Quellenstudium verwässern oder erweitern, ich wollte mich erinnern, und daß Erinnern Arbeit heißt, habe ich dann feststellen müssen. Wie leicht wäre es gewesen, meine Mutter bei mir zu haben oder nach Hause zu fahren, aber beides konnte, bedingt durch die politische Situation, nicht sein.
Auf meiner ersten Fahrt zu meiner Mutter 1990 sah ich meine verödete Heimatstadt, ihren Zerfall, aber viel mehr betraf mich, daß ich meine Mutter nicht mehr verstand, daß sie dauernd von »Fitschis«* sprach, jede Erklärung darüber verwies, weiter auf den »Fitschis« herumtrampelte, obwohl sie wußte, daß ich sie nicht verstand. Wie mit diesem Begriff ging es mir mit vielem, war ich doch 14 Jahre nicht zu Hause gewesen.
Sich erneut in diese Sprache einzuordnen, wieder verstanden zu werden und verstehen zu können, begriff ich als eine gewalttätige Rückholung in DDR-Alltag und DDR-Zustände. Wie ich mich dagegen wehrte, wie ich bei meiner ersten Theater-Arbeit in Ostberlin nach dem Mauerfall vor den gleichen Verständnisschwierigkeiten stand wie bei meiner Mutter, ist für mich bedrückend und hat mich tief verunsichert, als ob so meine Republikflucht rückgängig gemacht wurde.

Nietzsches Arbeitsbeginn an GEBURT DER TRAGÖDIE fällt unmittelbar mit seinem ersten Besuch 1869 bei Wagner zusammen, der Text ist bis heute die

* Vietnamesen

bedeutendste Interpretation antiken Theaters geblieben, deren unmittelbare Wirkung auf Wagners Werk von Wagner nicht geleugnet wurde, obwohl die geistigen Eigentumsrechte nach Trennung der beiden zum ständigen Problem wurden. Die Unterscheidung Gesprochener Gesang oder Gesungenes Sprechen ist eines der wichtigen Nietzsche-Themen, doch Wagner hat dieser theoretischen Auseinandersetzung mit seinem Werk und Vorbildern schon deren praktische Umsetzung voraus, der sich Nietzsche interpretierend anschließt. Wagner braucht indes Nietzsches Wissen und dessen Versuch eines theoretischen Unterbaus gerade in den Jahren vor Bayreuth dringend, bekommt er doch damit eine Waffe in die Hand, seine Neugründung und deren Notwendigkeit zu untermauern.
Ebenfalls 1869 lernt Nietzsche die 1. Textfassung des PARSIFAL kennen, 5 Jahre nach der Premiere hört er ihn zum ersten Mal: Rein ästhetisch gefragt: hat Wagner je etwas besser gemacht? Die allerhöchste psychologische Bewußtheit und Bestimmtheit im Bezug auf das, was hier gesagt, ausgedrückt, mitgeteilt werden soll, die kürzeste und direkteste Form dafür, jede Nuance des Gefühls bis aufs Epigrammatische gebracht, eine Deutlichkeit der Musik als deskriptiver Kunst, bei der man an einen Schild mit erhabener Arbeit denkt, und zuletzt, ein sublimes und außerordentliches Gefühlserlebnis. Ereignis der Seele im Grunde der Musik, das Wagner die höchste Ehre macht, eine Synthesis von Zuständen, die vielen Menschen, auch höheren Menschen als unvereinbar gelten werden, von richtender Strenge, von Höhe im erschreckenden Sinne des Wortes, von einem Mitwissen und Durchschauen, das eine Seele wie mit Messern durchschneidet – und voll Mitleiden mit dem, was da geschaut und gerichtet wird. Dergleichen gibt es bei Dante, sonst nicht.

Diese geschärfte Beobachtung Nietzsches möchte man nicht mit unserem Opernalltag vergleichen, mit keinem noch so zelebrierten KARFREITAGSZAUBER in den inzwischen eingebürgerten Ostervorstellungen. Was ist von der bedeutendsten deutschsprachigen Theaterreformierung übriggeblieben: Zur Vorstellung das Saallicht aus und eine Spielplanposition über Ostern. Diese heute diskreditierte Theaterreformierung fand nicht im Schauspiel statt, wo man sie als Folge der Klassik vermutet hätte, sondern in der Oper und führte dort folgerichtig zum Musikdrama.
1863 definiert Wagner seine Sicht der Zustände der städtischen Oper, der heute nichts hinzuzufügen ist. Er versucht dagegen seine Realisierungsabsichten des RING-Unternehmens zu setzen, die er im Vorwort zur Dichtung DER RING DER NIBELUNGEN erläutert: Bei der vollkommenen Styllosigkeit der deutschen Oper, und der fast grotesken Inkorrektheit ihrer Leistungen, ist die Hoffnung, an einem Haupttheater für höhere Aufgabe geübte Kunstmittel korporativ anzutreffen, nicht zu fassen: der Autor, der auf diesem verwahrlosten öffentlichen Kunstgebiete eine ernstlich gemeinte, höhere Aufgabe zu stellen gedenkt, trifft zu seiner Unterstützung nichts an, als das wirkliche Talent einzelner Sänger, welche in keiner Schule unterrichtet, durch keinen Styl für die Darstellung geleitet, hie und da, selten – denn das Talent der Deutschen hierfür ist im Ganzen gering – und gänzlich sich selbst überlassen, vorkommen. Was

daher kein einzelnes Theater bieten kann, vermöchte, glücklichen Falles, nur eine Vereinigung zerstreuter Kräfte, welche für eine gewisse Zeit, auf einen bestimmten Punkt zusammengerufen würden. – Hier würde diesen Künstlern zunächst es von Nutzen sein, daß sie eine Zeitlang nur mit Einer Aufgabe sich zu befassen hätten, deren Eigenthümlichkeit ihnen so um so schneller und bestimmter aufgehen würde, als sie durch keine hier von abziehende Ausübung ihrer gewohnten Opernarbeit in diesem Studium unterbrochen wären. Der Erfolg dieser Zusammenfassung ihrer geistigen Kräfte auf Einen Styl und Eine Aufgabe, ist allein nicht hoch genug anzuschlagen, wenn man erwägt, wie wenig Erfolg von solchem Studium unter den gewöhnlichen Verhältnissen zu erwarten wäre, wo z. B. derselbe Sänger, der Abends zuvor in einer schlecht übersetzten neueren italienischen Oper sang, tags darauf den Wotan oder Siegfried sich einüben soll. Außerdem führte diese Methode aber auch zu dem praktischen Ergebnisse, daß auf das Einüben eine verhältnismäßig weit kürzere Zeit, als dieß im Geleise einer gemeinen Repertoirthätigkeit möglich sein könnte, zu verwenden wäre: was wiederum dem Flusse des Studiums sehr zu Statten käme.

Wagner trommelt zum RING höchst unterschiedliche Künstler zusammen, zu den eingeschränkten finanziellen Bedingungen schreibt er 1872: Sänger und Musiker erhalten von mir nur Entschädigungen, keine Bezahlungen. Wer nicht aus Ehre und Enthusiasmus zu mir kommt, den lasse ich wo er ist. Ein Sänger, eine Sängerin, welche nur gegen eine jener verrückten Gagen zu mir kommen würde, könnte mir schon taugen! Nie würde ein solches Wesen meinen künstlerischen Ansprüchen genügen können. Dieß, Liebster, sind meine Wunder, die ich hier der Welt zeigen werde, wie man sich zur Lösung einer solchen Aufgabe sein Personal schafft: und hieran müssen meine Freunde glauben. Anders ist das natürlich, wenn solch ein Hoftheater-Intendant mit den Leuten zu thun hat: da bricht der ganze Teufel in den Unglücklichen aus, welchen ich eben zu bändigen weiß. Ich brauche etwa 20 Haupt- und Nebenpersonen, diese dürfen mir für die zwei Monate nicht über 30 000 Thaler kosten, sonst – kann ich auch nichts mit ihnen anfangen. 100 Musiker mit 50 Thaler monatlicher Entschädigung zusammen höchstens 10 000 Thaler. Hierfür stehe ich – denn hier ist mein Reich.

1876 hatte sich Wagner als Regisseur eine Probentechnick erarbeitet, die überliefert und bis heute vorbildlich ist: 2 Begleiter am Klavier, daneben der gesangstechnische Berater, Regisseur und Sänger. Damit ist Wagner moderner als die meisten Pult-Stars, die Ausnahmen sprechen für sich, versehen mit einer Konzentration, die er seinen Darstellern zollt, die er auch aus Provinztheatern holt und denen er in unermüdlicher Kleinarbeit das Singen beibringt, vorausgesetzt, ihm nützen die körperlichen Vorzüge des Darstellers. Er macht bei schwierig zu erreichenden Noten Abstriche, wenn sich das für die Bühnenpräsenz des Betreffenden als förderlich erweist, eine Praktik, vor der Dirigenten heute kapitulieren, kam doch den meisten der Unterschied zwischen Bühnenaufführung und Platteneinspielung abhanden.

Wagners Überbetonung des szenischen Vorgangs, dem er absolute Priorität zugesteht, ist eng mit seiner Definition des Darstellers verbunden, den er als »Sing-Schauspieler« bezeichnet, in ihm erst den Schauspieler, dann den Sänger sieht. Schon in der Kompositionsarbeit scheint ihm der mimische Ausdruck näher gewesen zu sein als die rein musikalische Ausformung. Nicht zuletzt legt das seine enge Bindung an das Satzgefüge, an die Übereinstimmung von gesprochenem und gesungenem Duktus nahe.

Die meisten Interpreten entschuldigen ihren lauen PARSIFAL-Zugriff damit, daß Wagner selbst durch die Benennung Bühnenweihfestspiel eine Milderung, eine Abplattung naturalistischen Schmerzes und dessen Äußerung vorgenommen hat. Genau hierin wiederholt sich der Konflikt Gesprochenes Singen Gesungenes Sprechen. So wie die 5 Bausteine Musik, Text, Bewegung, Wehgeschrei und Licht untereinander verbunden sind, muß eine Entscheidung für das Bühnenweihfestspiel des erhabenen oder des schreienden Schmerzes fallen.
Gesprochener Gesang oder Gesungenes Sprechen? Die Feststellung, daß das Wort durch die Musik empfindungsmäßig vertieft wird, ist genauso richtig wie die, daß das Wort die Musik gedanklich erhärtet. Letzteres ist heute eindeutig verloren gegangen und muß notwendigerweise zurückgewonnen und neu definiert werden: Gesprochener Gesang!

GOTT

Wagners Versuch, das Orchester für den Zuschauer unsichtbar zu machen, sein Versuch der Rückführung der Tragödie, verbunden mit der Rückführung der Gottesanwesenheit kann nicht eingeschränkt auf sein Werk betrachtet werden, sondern bleibt als politischer, theoretischer Ansatz bis heute bestehen. Sein Versuch, das Bühnengeschehen überhaupt »unsichtbar« zu machen, ein »unsichtbares« Theater zu postulieren, ist der ununterbrochene Kampf gegen feststehende Gattungsgrenzen und verweist auf eine zukünftige Kunstform, den Stummfilm, der mit den NIBELUNGEN, die »dem deutschen Volke zu eigen« sind, seinen Höhepunkt erreicht und direkt auf Wagner zurückgreift.

Wagners Kampf gegen die städtische Oper, die bis heute im gleichen Dilemma steckt, ist der Kampf um die Erhaltung, um die Glaubwürdigkeit künstlerischer Formulierung, verbunden mit einer Rückbesinnung auf den verlorenen Kunst-Auftrag, der damals wie heute unumgänglich neu definiert werden muß. Daß sich Wagner nicht in den großstädtischen Opernbetrieben und ihren gesellschaftlichen Angebinden etabliert, geht nicht nur auf seine politische Verfolgung und deren Schadenswirkung, sondern auf die gesamte europäische Veränderung nach 1848-49 zurück. Daß sich Wagner, um sich überhaupt noch durchzusetzen, königlicher Protektion unterwirft, sein Festspielhaus nicht in der Hauptstadt Bayerns, sondern in einer abgelegenen Kleinstadt bauen darf, zeigt seine erzwungene Kompromißbereitschaft, die Kraft der ihn bekämpfenden Gegenkräfte, zeigt, daß trotz pompösen Aufwands Wagner ins Abseits gedrängt ist und aus dieser Isolation kaum noch ausbrechen kann. Die Interpreten seines späten Sieges korrigieren diese Verhältnisse, indem sie sich der royalen-royalistischen Haushaltung der Familie unterstellen, dem Meister und der Meisterin in der Verneblungstaktik behilflich sind.

1876. Zur Bayreuth-Eröffnung kommt der deutsche Kaiser in Zivil, der ehemalige Führer der Gegenrevolution von 1849 begrüßt den einstigen Dresdner Barrikadenmann in bürgerlicher Kleidung, sodaß man den Monarchen in Zivil zunächst nicht unter den Gästen erkennt.
Der Rummel der Festspieleröffnung gleicht heutigen Medienspektakeln, die Wagnerclique überschüttet ihre Anhänger mit Reliquien- und Devotionalienkitsch, erkennt die richtige Marktlücke, melkt, wo sie kann, vertreibt ein verkapptes Parteiabzeichen, einen Herrenbinder, zwischen Accessoire und Amulett, mit verstecktem, aufklappbarem Porträt des Meisters. Doch kann die gesamte Organisation nicht verhindern, daß das Festspielhaus danach Jahre lang leer steht und daß sich zur Sängerausbildung, die Wagner für den Bayreuther Nachwuchs endlich nach seinen Vorstellungen aufnehmen will, nur 1 Sänger meldet. Wagner steht vor einem Defizit, nicht nur die Finanzen, auch die Darsteller

fehlen. Die sich verbrauchende Organisationskraft konnte dieses Fiasko nicht verhindern. Obwohl er sich finanziell noch nicht geschlagen gibt, beunruhigt die fehlende Besetzung.
Das betrifft nicht die Werke, die sich zunehmend im europäischen Opernbetrieb behaupten, sondern das Fehlen speziell ausgebildeter Darsteller lähmt, behindert seine Arbeit als Komponist und Regisseur, da er ohne geeignetes Personal gezwungen ist, auf der Stelle zu treten, das postulierte Ziel, das »unsichtbare« Theater aufzugeben.
Die intimen gegenseitigen Behinderungen zwischen Regisseur und Darsteller, hier zwischen Komponist und Sänger, werden meinen Text ständig begleiten, doch ohne die schwerwiegende wechselseitige Behinderung zu deuten, da die durch die eigene Position eingeschränkte Sehweise kaum mehr als Ohnmacht zuläßt, eine Definition, der sich die meisten Schauspieler, aber aus ihrer Sicht, anschließen. Dieser Ohnmacht ist sich Wagner zutiefst bewußt, aus ihr entsteht Kundry, in der er alles, was die städtische Oper feiert, auf den Kopf stellt, in den Dreck zieht. Aus dieser Ohnmacht entsteht PARSIFAL. Wagner soll ihn so definiert haben: Alles schreit! Es ist dasselbe im VENUSBERG wie im TRISTAN, dort verliert es sich in die Anmut, hier in den Tod – überall der Schrei, die Klage! Und diese Akzente kommen dann freilich ein bißchen von wo anders her als die Sabbatwirtschaft von Berlioz.

In Moskau kämpft zur gleichen Zeit Mussorgski mit ähnlichen Problemen und unterliegt. Als Komponist wird er öffentlich vernichtet, die Diskussion um seine künstlerische Qualifikation riegelt eine Diskussion um seine nationalen, politischen Inhalte ab, der als Dilettant Diffamierte wird zu mehreren Korrekturarbeiten gezwungen, muß seinen Ausbruchsversuch der traditionellen Oper einverleiben. Auch das scheint zunächst zu scheitern, da Mussorgski und seine Kritiker auf ihren Positionen beharren, bis die Sängerin der neu eingearbeiteten Marina BORIS GUDONOW durch eine Privataufführung rettet. Unter schwierigen Umständen kommt das Werk danach auf die Bühne und ist bis heute Hauptvertreter der russischen Oper, ist ohne das Eintreten der Sängerin, die für ihre Partie kämpft, undenkbar. Trotzdem setzt sich Mussorgski nicht als der russische Komponist durch, ebensowenig wie der französische Komponist der gleichzeitig entstehenden CARMEN, heute die meistgespielte Oper.

Wagner greift mit der Aufführungsbindung von PARSIFAL an Bayreuth in den Musikbetrieb ein, um sein letztes Werk, das er für den von ihm konzipierten Raum komponiert und inszeniert, als »Modellinszenierung« festzuhalten. Ob es für die Theaterentwicklung von Bedeutung ist, daß Inszenierungen aus theaterhistorischem Interesse konserviert und aufgeführt werden, möchte ich nicht beurteilen. Das Moskauer Künstlertheater hielt Aufführungen über 45 Jahre auf dem Spielplan, das Berliner Ensemble Stücke über Jahre, jedoch keine Inszenierung Brechts, obwohl sich das bei den durch die Auslandserfolge für die DDR-Obrigkeit ausgewiesenen Inszenierungen angeboten hätte.
Brecht übernahm von Wagner die Absicht, die eigene Arbeit in ihrer optischen,

räumlichen und akustischen Umsetzung zu dokumentieren, schuf die Begriffe »Modellinszenierung« und »Modellbuch«, hoffte sich durch deren strikte Anwendung gegen den zeitlichen Verschleiß seiner Formmittel zu behaupten, was ihm und seinen Mitarbeitern zunächst gelungen ist. Das DDR-Theater hätte nach seinem Tod nicht solche europäische Bedeutung gewonnen, hätten nicht die theaterpraktischen Maßnahmen der Mitarbeiter Brechts in ganz Berlin Fuß gefaßt, wären sie nicht modifiziert nach einigen Jahren in allgemeinen Besitz übergegangen. Den Brecht-Formenkanon der Frühphase des Berliner Ensembles weiterzuentwickeln war eine Vielzahl von Schülern und Mitarbeitern bereit, doch der Widerstreit von Weiterentwicklung und Verdünnung war nicht aufzuhalten, ganz abgesehen von den politischen Veränderungen der DDR-Gesellschaft.
Brecht verbindet weiterhin mit Wagner, daß er das Problem der Gottabwesenheit begriffen und durch Gottanwesenheit, hier Ideologie, ersetzt hat. In Brechts Arbeiten ist diese Veränderung detailliert nachzuweisen, für die Stücke trifft sie ab DIE MUTTER zu. Modellinszenierung und Gottanwesenheit lassen Rückschlüsse auf die Herkunft seiner Theatervorstellungen zu, die sich deutlich aus dem Krippenspiel herleiten, in dem die Verbindung von Gottanwesenheit und Modellinszenierung ihren Höhepunkt feiert, Vorbild des »Armeleutetheaters«, das immer Waffe der Avantgarde bleibt, bei ihrem Sieg jedoch langsam in Puppenstubigkeit erstickt.
Auch in der Puppenstubigkeit ihrer Umsetzungen sind sich Wagner und Brecht nahe. Letzterer betont den Nachweis der sieghaften Ideologie und ihrer vorzuführenden Helden, die ausschließlich zum Beleg des historisch unvermeidbaren Siegs herhalten, kaum in die inneren Probleme der Figuren Einblick erlauben. Zu ihrer Belebung bedarf es jedoch Darsteller, die sich mit ihrer geistigen, körperlichen Präsenz dem Brecht-Kanon entgegenstellen, d. h. praktisch ihn in Frage stellen. Erst durch diese Reibung gewinnen Brechts Thesen Glaubwürdigkeit und Bedrohung. Ein Darstellungsproblem, an dem das Berliner Ensemble, man kann es auch als rein technisches bezeichnen, nach Brechts Tod gescheitert ist. Hat man dann umsonst geschuftet? Diese Frage muß sich jeder selbst beantworten. Die Existenz eines Gottes sichert nicht dessen Anwesenheit, wie indische Tempeltänzer behaupten, die nach wochenlangen Exerzitien von dessen Ausbleiben berichten, der Gott des Tanzes ist auch durch erneute Riten nicht herbeizuflehen. Viele Leben sind im Transport verbraucht, statt hochdotiert. Eines der letzten Gedichte Müllers ist Parsifal, dem Transportarbeiter, gewidmet, ein Selbstporträt des Autors. Nichts von Individualität, der Transport der deutschen Sprache ist schwer genug. Ärmel hochkrempeln und los.

Wagner ersetzt die ihm immer bewußter werdende Gottabwesenheit prompt durch handelnde Götter, ein von Brecht ebenso verwendetes Formmittel, versucht durch eine Vergrößerung aller Mittel an die Grenzen des Betriebs vorzustoßen, um sich schon durch die Ausnutzung der gesamten Möglichkeiten Platz und Beachtung zu verschaffen. Dennoch findet er kaum zu monumentalen Lösungen, sodaß die Puppenstubigkeit, die in WAHNFRIED herrscht, ihn auf der Bühne einzuholen droht, ein Zustand, der sich bis heute nicht geändert hat. Möglicherweise wäre Wagner aus intimstem Unvermögen nie aus der Idylle ausgebrochen, ein Problem, das sich weder für Mussorgski noch für Bizet stellte.

Ob mit PARSIFAL der Christ den Atheist Wagner besiegt, bleibt ungeklärt. Wichtig ist jedoch, daß der Atheist Wagner, zugleich tätiger Antisemit, die Anwesenheit eines Gottes, des Gottes für die Tragödie, auf der Bühne anerkennt und bejaht. Daß er diese Probleme früh erkennt, dramatisch umsetzen will, belegt sein Entwurf JESUS VON NAZARETH von 1848-49. In den Konstellationen um Jesus: Judas, Petrus, Barrabas, Magdalena, Maria und dem jüdischen Volk stellt er die Durchdringung von Religion und Politik dar, kann aus dieser sowohl seinen Atheismus als auch seinen Antisemitismus legitimieren. Vor allem im Abfall des jüdischen Volkes von Jesus, der sich nicht als König und Messias, sondern als Arzt und Lehrer seines Volkes begreift, geht Wagner entschieden über Bachs Auffassung der Konstellation Jesus – Volk hinaus, indem er dem Konflikt einen deutlich politischeren Zuschnitt gibt, der zwar bei Bach vorgebildet ist, jedoch von Wagner in der Figur des Anführers Barrabas konkretisiert wird.

Wagners Vorlagen und Textquellen sollen hier nicht behandelt werden. Sein Entwurf endet nicht mit Jesu Auferstehung, sondern mit dessen Tod und der »Ernennung« seines Stellvertreters Petrus, dessen Verrat Wagner ausgiebig behandelt, den er jedoch am Ende mit Heiligem Geist umgibt.

Der Fels, wie ihn Jesus nannte, der ihn dreimal verleugnete, wird trotzdem anerkannt, kann jetzt eine Schar von Gleichgesinnten um sich sammeln, wird gleichzeitig auch Barrabas' Stellvertreter, des eigentlichen Kontrahenten Jesu, der die Römer mit Jesu Unterstützung vernichten wollte, Petrus ist beider Stellvertreter, indem er, nach Rom ziehend, die römischen Eroberer mit der Lehre Jesu zersetzt, die im zusammenbrechenden römischen Reich selbst Staatsreligion wird und zur Errichtung des Stuhls Petri führt. Daß folgerichtig auch diese Religion Unterjocher wird, blendet Wagner in seinem Entwurf aus. Wichtig ist, daß er zum Lebensende hin nochmal mit DIE SIEGER auf dieses Thema zurückkommt, sowohl in bewußter Anknüpfung als auch Weiterführung, nachdem er unmittelbar zuvor in PARSIFAL Eroberte und Eroberer, deren Degeneration und die der Glaubensübermittlung behandelt hat.

Wagners Anknüpfen an Bach, seine Rückbesinnung, die sich schon in TRISTAN musikalisch deutlich ausdrückt, ist nicht nur gespeist von Bach als Komponist sondern ebenso von Bach als Interpret eigener Werke. Für Wagner war die Rückführung der Tragödie, die Lokalisierung der Anwesenheit Gottes verbunden mit einem dafür zu schaffenden Raum. Sehr früh tauchen bei ihm sowohl bauliche Vorstellungen als auch Festspielidee auf. Praktisch stehen beide in Beziehung, doch sind die baulichen Vorstellungen maßgebend. Daß es Wagner erst sehr spät gelungen ist, diese umzusetzen, bedeutet eine empfindliche Beschneidung seiner Arbeit als Interpret und Regisseur, folgenschwer wie sein Unvermögen, JESUS VON NAZARETH zu komponieren.

Für Wagner war der Kampf gegen die städtische Oper gekoppelt mit der Durchsetzung der deutschen Sprache als Opernsprache, ein anhaltender Kampf gegen die französische und italienische Sprache, gegen das »Fremde« überhaupt.

Nietzsche moniert Wagners Auswüchse und die seiner Anhänger, geht um so empfindlicher mit Nationalismus und Deutschtümelei ins Gericht, setzt europäisches Gedankengut, das er repräsentiert, dagegen.
ECCE HOMO, mit Fremdsprache gepflastert, beweist jedoch das Gegenteil, die »Fremdanleihen« zerstören die stark regional gefärbte Sprache, die innigst mit Denkablauf, -weise gekoppelt ist. Die als europäisches Gedankengut deklarierten Themen wirken im Sprachkörper wie unverdauliche, auszustoßende Eindringlinge. Selbst in schwierigen Passagen rettet mehr der Tonfall als der zu durchdenkende Gedankengang. Nimmt man die Verwendung der Fremdsprache für sich, so ergibt sich nie eine Erhärtung des Gedankengangs, sondern Ausflucht in einen Salonton, in professorale Spießigkeit, meist genau in das Gegenteil von dem, was beabsichtigt.

Zurück zu Wagner. Das unsichtbare Orchester läßt sich nicht nur aus seinen Äußerungen zu seinen theaterbaulichen Vorstellungen ableiten, sondern besser noch aus seinen ersten Leipziger Musikerfahrungen in der Thomaskirche. Wie Bach seine Kompositionen umsetzt, konnte Wagner am Originalschauplatz rekonstruieren, befestigt durch seinen Unterricht bei dem amtierenden Thomaskantor.
Daß Wagner zeitlebens musikalischen Mißbrauch zu Unterhaltungszwecken attackierte, läßt sich auf sein Musikverständnis, das in der Kirchenmusik begründet ist, zurückführen, gleichfalls seine Versuche, sofort mit dem Anschlagen des ersten Tons jene »ernste« Situation im Raum und unter den Zuschauern, Zuhörern zu schaffen, die jedes Abgleiten der Handlung verbietet und völlige Konzentration erzwingt. Damit erklären sich auch seine Attacken gegen Kürzungen seiner Werke, die jede Ausdehnung verhindern und sie verdaulich zu machen suchen, selbst wenn diese Kürzungen nur 10 Minuten betragen. In der Handhabung und Variation seines musikalischen Materials verkennt Wagner, daß er nicht Bach ist, dem Umstellungen, Wiederholungen, Kürzungen ganz anders gelingen, beruft sich dieser doch auf einen völlig anderen Formenkanon. Selbst wenn Wagner zunehmend Bach kopiert, gelingt ihm keine Überwindung, da Bach die thematisch größere Handlung, die Passion okkupiert hat und unverrückbar besetzt hält.
Das gescheiterte Anrennen gegen Bach, das Scheitern von JESUS VON NAZARETH erleichtert heute die Rücknahme von Wagners wichtigsten Theaterneuerungen, macht seine Zurückbringung in die Repräsentationsoper möglich, die zwar seinen Ausbruchsversuch honoriert und immer noch am Kochen hält, ihm jedoch keine praktische Umsetzung erlaubt.

Daß Wagner bei der Reformierung und Umfunktionierung der räumlichen Bedingungen der Oper in der Kopie antiker Vorbilder steckenbleibt, macht seinen Ausbruchsversuch nicht kleiner, sondern zeigt bis heute dessen Notwendigkeit an. Außer dem höfischen Theater und dessen bürgerlicher Übernahme, verbunden mit einer andauernden Antiken-Rückbesinnung, konnte sich keine Neuordnung von räumlichen Vorstellungen etablieren, selbst kleinste Ansätze wurden vom konservativen Theaterbetrieb vereinnahmt und schnell von der obsiegenden Zentralperspektive ausgeschieden. Die Gottabwesenheit, die Wagner den städtischen Kulturinstitutionen, der Gesellschaft allgemein vorwirft, hat sich bis heute behauptet. Ganz anders als der Theoretiker sieht der Theaterpraktiker darin zunächst ein zu lösendes architektonisches Problem, da er wie Wagner den Unterschied einer musikalischen Darbietung im öffentlichen und sakralen Raum kennt. Daß sich im Sakralraum die Gottanwesenheit in der Architektur selbst manifestiert, von diesem Vorzug profitieren nicht nur viele Kompositionen Bachs, die über Jahrzehnte für denselben Sakralraum geschaffen sind, sondern in seiner Interpretation von DAS LIEBESMAHL DER APOSTEL in der Dresdner Frauenkirche wollte auch Wagner davon profitieren. Wie bestimmend diese Aufführung des »VOR-PARSIFAL« für Wagners Gesamtwerk und dessen Umsetzung ist, kann nicht genug betont werden. Hier ist er nahe am unsichtbaren Orchester, am unsichtbaren Sänger, indem er die Kuppelarchitektur nutzt, die Musiker hinter die Sänger postiert, das gesamte Personal in den perspektivistischen Blick nach oben einbindet, sodaß sich Gesang aus unterschiedlicher Höhe ergibt, dazu Instrumentaleinsatz, jedoch erst zum Wunder, zur Ausgießung des Heiligen Geistes.

ABENDMAHL I

Zuschauerraum und Vorbühnenbereich bilden in Bayreuth eine starke Zentralperspektive aus, der sich Wagner in den Bühnenbildern wiederholt entzieht, indem er Durchblicke und Auftritte so gebraucht, daß sie die Perspektive verwirren, unübersichtlich machen. Doch verhalten sich asymmetrische Bühnenbilder genauso perspektivisch wie symmetrische Aufbauten. Bühnentechnisch versucht Wagner bewußt, ab der 2. Gasse einen diffusen Raum zu schaffen, den Darsteller in einen »Dämmer-, Traum-, Schwebezustand« zu stellen, der sich gegen diesen Raum behaupten oder in ihm untergehen muß.

Das ist zunächst die folgerichtige Umsetzung einiger Überlegungen, die Goethe in WILHELM MEISTER Natalies Oheim zuschreibt. Natalie und Wilhelm befinden sich in seinem künstlich angelegten Mausoleum, das in seiner prachtvoll historisierenden Ausstattung den Betrachter mit der Inschrift: Gedenke zu leben, erinnert. Wilhelm ist begeistert: Welch ein Leben in diesem Saale der Vergangenheit! Man könnte ihn ebensogut den Saal der Gegenwart und der Zukunft nennen. So war alles und so wird alles sein! Als sie das Mausoleum verlassen, erklärt Natalie: Ich muß Sie noch auf etwas aufmerksam machen. Bemerken Sie diese halbrunden Öffnungen in der Höhe auf beiden Seiten! Hier können die Chöre der Sänger verborgen stehen, und diese ehrnen Zieraten unter dem Gesimse dienen, die Teppiche zu befestigen, die nach der Verordnung meines Oheims bei jeder Bestattung aufgehängt werden sollen. Er konnte nicht ohne Musik, besonders nicht ohne Gesang leben und hatte dabei die Eigenheit, daß er die Sänger nicht sehen wollte. Er pflegte zu sagen: Das Theater verwöhnt uns gar zu sehr, die Musik dient dort nur gleichsam dem Auge, sie begleitet die Bewegungen, nicht die Empfindungen. Bei Oratorien und Konzerten stört uns immer die Gestalt des Musikus, die wahre Musik ist allein fürs Ohr, eine schöne Stimme ist das allgemeinste, was sich denken läßt, und indem das eingeschränkte Individuum, das sie hervorbringt, sich vors Auge stellt, zerstört es den reinen Effekt jener Allgemeinheit. Ich will jeden sehen, mit dem ich reden soll, denn es ist ein einzelner Mensch, dessen Gestalt und Charakter die Rede wert oder unwert macht, hingegen wer mir singt, soll unsichtbar sein, seine Gestalt soll mich nicht bestechen oder irremachen. Hier spricht nur ein Organ zum Organe, nicht der Geist zum Geiste, nicht eine tausendfältige Welt zum Auge, nicht ein Himmel zum Menschen. Ebenso wollte er auch bei Instrumentalmusiken die Orchester soviel als möglich versteckt haben, weil man durch die mechanischen Bemühungen und durch die notdürftigen, immer seltsamen Gebärden der Instrumentenspieler so sehr zerstreut und verwirrt werde. Er pflegte daher eine Musik nicht anders als mit zugeschlossenen Augen anzuhören, um sein ganzes Dasein auf den einzigen reinen Genuß des Ohrs zu konzentrieren.

1. Goethe signalisiert die Verbindung zu Gluck, der in ORPHEUS UND EURYDIKE das sich Durchdringen der Zeiten definiert, das keine Bebilderung benötigt, und wenn bebildert, darin erstickt. Von Beginn an befinden sich seine Figuren in Vergangenheit, Gegenwart und Zukunft. 2. Natalie und Wilhelm befinden sich in einem »Erinnerungsraum«, der Tote mahnt die Betrachter: Gedenke zu leben! Dieser Kultraum wird zeremoniell benutzt. Es wird zwar nicht auf das Wort, das erinnernde Wort verzichtet, doch tritt es in den Hintergrund, ist Teil seiner Ausstattung. Dieser Raum ist für die Musik konzipiert. Sie bringt ihn zum Klingen. Aus diesem thematischen Ansatz können die Interpreten nicht in Erscheinung treten, würden Mahnung und Erinnerung gefährden. Gegenwart ist nur für den bestimmt, der das Ritual zelebriert. Hier ausschließlich der Oheim, der sich seinen eigenen Kultraum, seine Grabstätte, gebaut hat. 3. Definiert Goethe den Unterschied gesprochenes Wort – musikalische Interpretation, Schauspiel – Oper. Das Schauspiel erscheint gegenüber der Oper aufgewertet, doch im Gesamtzusammenhang des Goethe-Textes ist die Zeitlichkeit des gesprochenen Wortes gemeint, Schauspiel findet ausschließlich in der Gegenwart statt. Somit ist z. B. der antike Zeitraffer, der Botenbericht, im Schauspiel unmöglich, Schiller ersetzt ihn durch die Brief-Szene. 4. Goethe arbeitet mit dem Kontrast, 2 Granit-Sphinxe flankieren »schauerlich bedrohlich« den Eingang zum »Erinnerungsraum«: In welchem Kunst und Leben jede Erinnerung an Tod und Grab aufhoben ... Alle diese Pracht und Zierde stellte sich in reinen architektonischen Verhältnissen dar, und so schien jeder, der hineintrat, über sich selbst erhoben zu sein, was der Mensch sei und was er sein könne.
Im Kontrast zur »Heiterkeit« des »Erinnerungsraumes« läßt Goethe gleich nach dessen Besichtigung eine Figur des Romanes sterben. Zum Zeremoniell selbst erfolgt eine abgestimmte, künstliche Beleuchtung, die eigens die Erinnerung stimulieren soll. Somit ist die Wahrnehmung des perspektivischen Raums nicht mehr Anliegen, sondern dessen Auflösung, die durch die Musik vorangetrieben wird.

Musik ist Dämmerung, sagt Wagner, definiert damit seine Gegenposition zur betonten Zentralperspektive im Bühnenraum, die dort für die historische Überwindung, die Einordnung der Figuren steht. Wagners Kampf gegen die Zentralperspektive und ein Davon-nicht-Wegkommen bleiben aktuelles Problem jeder Tragödiendarstellung. Das erkennt auch Brecht, doch nur Hauptmann gelingt es, die Zentralperspektive aus seinen Bühnenräumen zu verdrängen. Sie bleibt aber stets als Bedrohung bestehen. Zeitweise nähert er sich ihr bewußt an, vor allem in seinen Historienstücken und Antiken-Nachdichtungen, doch auch diese definieren den Zugriff der Zentralperspektive auf Figuren und Raum als gewaltsamen, feindlichen Zugriff, der die »Rattenlöcher« und ihre Bewohner begradigen bzw. ausräuchern will.
Die 4. Wand, die das sich entwickelnde bürgerliche Theater für den Zuschauer wegnimmt, um in diese »Rattenlöcher« zu sehen, verwenden noch heute Tierfilmer, die sich für die Tiere unsichtbar eingraben, hinter Glasplatten mit Kameras lauern, um so das Balz- und Brutpflegeverhalten seltener Nagetiere zu erfor-

schen, als würde ein Fieberthermometer in die Erde gesteckt, um festzustellen, ob die Lava noch kocht, ob das scheinbar Feste unter den Füßen wegfließen kann. Die so ausspionierten Tiere kommen zu oft an die Glaswand, zeigen sich an deren Glätte unbeholfen ungeschützt, geben dem Zuschauer ihren Unterleib frei, den er bei diesen Tieren nie zu Gesicht kriegen würde. Ähnlich verhalten sich die Figuren des bürgerlichen Theaters, die nicht nur ihre körperlichen oder seelischen Eingeweide raushängen lassen, sondern in der Geschlechtsteil-Entblößung mehr über sich zu erfahren meinen. Je mehr man in das bürgerliche Theater eindringt, um so mehr erkennt man diese Entblößung als seine Bedingung, als unabdingbare Voraussetzung, als kündige sie die Leichenhaufen einer bevorstehenden gesellschaftlichen Entwicklung an. Dabei werden noch immer antike Figuren-Kompositionen kopiert, auch bei mir, als versichere man sich durch ihr Nachstellen auf der Bühne eines Mythoszuwachses, könne damit die bedrohliche Entwicklung harmonisieren. Als rufe man heidnische Götter auf, alle abgeschafften Götterfamilien, um das Resultat christlicher und damit verbundener Weltanschauungen abzuwehren. Als bildeten die angerufenen alten Götter ein Bollwerk, hinter dem ihre neuen Anbeter, die zuvor ihre Vernichter waren, überleben wollen.

Die bürgerliche Figur ist somit gekrümmt, zersetzt sich, ist in ihrer Senkrechten lächerlich, genau wie in ihrer Nacktheit, die nicht Lustgewinn für sie bedeutet, sondern ein Maßnehmen für den Leichenhaufen, auf dem sie sich mit anderen toten Nackten paart.
Ihre Nacktheit ist ständiges Thema, Ausdruck ihres Konfliktes, ihrer Paradiesverstoßung, ihres Aufgeklärtseins, ihrer Gottlosigkeit und Schuld. Das, was die Antike feiert, wird zum eigentlichen Feindbild, in dessen Gipskopien man sich zwar ergeht, aber weder als Geist noch als Körper neben ihm besteht und sich nur in seiner Zerstörung manifestiert.

Einige der Hauptmannschen Raumlösungen lassen sich unter dem Begriff Abendmahl summieren, ein großer Tisch-Aufbau parallel zu Bühnenkante und Zuschauerraum, der die Ausbildung einer Zentralperspektive im Auge des Zuschauers verhindert, indem der barrikadenhafte, rampenparallele Tisch das Auge des Zuschauers abfängt, bevor es in den dahinterliegenden leeren Raum eindringt. Die große Tafel, wie er sie in seinem ersten und seinem letzten Stück einsetzt, wird zum szenischen Höhepunkt, zum Tribunal, zum Gerichtsplatz, vor dem sich die Figuren wie vor einer imaginären richtenden Obrigkeit verteidigen. Die große Tafel beruft sich dabei auf den Altar, der zum bürgerlichen Gerichtstisch mutiert, so von Kleist im ZERBROCHENEN KRUG eingesetzt. Hauptmanns Tisch-Aufbau, der zunächst als Gegensatz zu den »Rattenlöchern« erscheint, betont nur noch mehr deren Existenz.

Leonardo setzt in seiner theaterhaften ABENDMAHLS-Version vorbildlich Tischbarriere und Zentralperspektive ein. Dieses Wandbild bestimmt lange Zeit das Verhältnis von Figur und Raum, läßt keine Korrektur zu.

Was zeigt der Maler: 1. Am Tisch den Dialog zwischen den Figuren: Wahrlich ich sage euch, einer unter euch wird mich verraten. Herr, bin ichs? Der mit der Hand mit mir in die Schüssel tauchet, der wird mich verraten. Die Gegenwart des Verrats, die bevorstehende räumliche Trennung von Verräter und Verratenem. 2. Im Raum den zentralperspektivischen Aufbau, ähnlich einer Gassenbühne, in der Rückwand befinden sich 3 Fenster-, Türausblicke in die Natur. Sie ist der Ort des Abschieds, des Bruderkusses, des Verrats und der Hinrichtung. Sie ist Erinnerung an einen harmonischen Zustand, der zwischen den Figuren war und nicht mehr eintreten wird, eine paradiesisch verlorene Landschaft der Bruderliebe. 3. Unsichtbar über den Figuren den Vater, seine Entscheidung, der bevorstehende Tod des Sohnes, der Mittelpunktsfigur am Tisch. Mit ihm verbunden der Tod der anderen anwesenden Figuren, die sich dieser Bedingung noch nicht bewußt sind. 4. Den Zusammenhang von paralleler, blockierender Tisch-Barriere, die den Unterleib der Figuren verdeckt, ihre Oberkörper und Köpfe parallel zur Bildkante ausrichtet, und der hinter den Figuren lauernden Zentralperspektive, die sie verschlucken, aufsaugen will. Auffällig ist die Diskrepanz in der Darstellung des Tisches als Barriere, der nach vorn drängenden Oberkörper und dem unter dem weit überhängenden Tischtuch sichtbaren Ornament der Füße, das ein späterer mittiger Türeinbau zerstört.

Im ZERBROCHENEN KRUG wird der Abendmahlstisch zum Gerichtstisch, der Richter als Täter überführt. Er verläßt seinen Platz am Gerichtstisch, der ihn schützt, und flieht in den Fluchtpunkt der Zentralperspektive. Ein Judas, der den Innenraum verläßt, in der »offenen« Landschaft Schutz sucht. Obwohl schuldig, ist es für die Figur eine Befreiung aus Muffenge in »frierende Kälte«.

Untersucht man Hauptmanns Räume, ergeben sich keine »naturalistischen« Lösungen, sondern eine Bewegung der Fluchtlinie im Bühnenraum, so vorstellbar, als wäre die Fluchtlinie eine völlig das Bühnenportal abdeckende Wand, deren linke Kante am linken Bühnenportal wie mit einem Scharnier befestigt ist, während die rechte Kante frei ist und bewegt werden kann. Bewegt man die Wand jetzt nach innen, in den Bühnenraum hinein, so ergibt sich eine winklige Raumöffnung, deren Ausschnitt vergrößert wird, je weiter man die Wand in den Bühnenraum öffnet. Die Wand kann auch rechts angebracht sein. Ebenso 2 Wände hintereinander, die eine links, die andere rechts fixiert, die sich nacheinander aufklappen lassen, so die Zentralperspektive abbilden. Sie können aber auch seitliche, schräge, winklige Gassen abbilden, zulaufende Gänge gotischer Städte, Großstadtschluchten.
Hauptmann arbeitet sehr oft mit dieser Raumbildung. Manchmal erscheint die Zentralperspektive in Trümmern, als sei ein großes Gedankengebäude zusammengestürzt, die Bruchstücke durcheinandergewürfelt, ähnlich Tempeldächern, deren Ornamente zwar Verbindung signalisieren, doch Fundstellen und Bruchkanten der Trümmer lassen kaum die räumlichen Ausmaße des Ganzen ahnen.

Trotz theatertechnischer Neuerungen wurde die vorherrschende strenge Raumstaffelung, wie sie die Gassenbühne mit langer und kurzer Bühne vorgibt, die durch ihre Gassen- und Zugführung ausschließlich zum Zuschauerraum parallele Räume abbildet, erst durch Hauptmann überwunden, der dagegen einen verwinkelten Raum setzt. Hauptmanns Eingriff definiert das Verhältnis von Abgebildetem und Betrachter neu, definiert die Einrichtung des Abgebildeten für den einen Platz, auf den die Perspektive ausgerichtet ist, als historisch überholt. Das Zerbrechen der Zentralperspektive ist ihm politische Aufgabe, was unter dem Stilbegriff Naturalismus eingeordnet wird.

Der Stummfilm nutzt seine Erkenntnisse, kann vor allem in einer gebauten Studiowelt das Verhältnis der Figuren noch eingehender definieren. DER LETZTE MANN findet eine zwingende Definition der Gegenwelten, das Hotel mit seiner Drehtür, durch die Figuren und Außenwelt in Segmentschnitten erscheinen, die in ihren Bewegungen verwischen. Sie ist Bindeglied zwischen Innen und Außen, zwischen Hotelhalle und Bürgersteig. Die Drehtür erscheint aber auch als Rad, angetrieben von einer Kraft, die die Figuren, die sie betätigen, ausspuckt, als kanalisiere sie deren Bewegungen, filtere sie, lasse sie nur nach einer Kontrolle zurück auf die Straße, die wenigen Meter, auf denen der Portier, der mächtige Hotel-Vorposten herrscht. Dem Hotel gegenüber ist die Straßenecke, von wo später der gekündigte Portier sein Hotel betrachtet, von wo ihm seine Familienangehörigen nachspionieren. Wenn der Portier, noch in Uniform, nach Dienstschluß die Straßenecke nimmt, in seine Welt eingeht, passiert er die winklige, zerstörte Zentralperspektive, die ursprünglich Tempelaufbauten zugehört, hier, in Trümmern, den Großstadtbildern. Geht durch ein dunkles Tor in einen weiten Innenhof, dann Stockwerke hoch zu seiner Wohnung. Der Film wiederholt diesen Gang, Vergleiche mit Wagners Anweisungen für die Verwandlungen zur GRALSBURG sind naheliegend. Auch der Portier kommt nach Hause zum Essen. Auch seine Geburtstagsfeier ist dort, das rituelle Zuprosten wird zur Wende. Am Schluß hat sich der letzte Mann, der Arme zum Reichen gemausert, reich geerbt, zelebriert er den Lebemann, lädt im Hotel zur Tafel, zur rituellen Demonstrations-Feier.

Der Hotelportier pendelt zwischen Hotel-Burg und Mietshaus-Kaserne. Das Bindeglied ist die Uniform, er verliert sie, die Uniform weist die Figur aus, nicht die Körperfülle. Diese sammelt die Erfahrung von 1871, wie der jetzt als Portier Entlassene, der immer noch seine Frau, die Mietskaserne morgens in Uniform verläßt, da er seine Entlassung nicht aussprechen kann, die Uniform zusammenlegt, zur Aufbewahrung abgibt, dann in die untere Etage des Hotels abdriftet, Toilettenmann wird, ist nicht bloß Armeleutetheater, nicht bloß Brecht-Anklang oder vorweggenommener Fellini, hier definiert ein Deutscher das Verhältnis von Körper und Uniform, das so in die Katastrophe mündet. Regisseur und Darsteller sind darin unerbittlich, mildern die beibehaltene Härte, als wüßten sie, was sie abbilden, als scheuten sie davor, greifen um so tiefer in die Wunde.

Dienen! ... dienen!, schreit der Portier, der deutsche Schauspieler schwankt wie ein trunkenes Schiff, er müßte jetzt gegen die Hotel-Burg anrennen, ein Pastor

Brüsewitz werden, eine stechende Flamme, statt dessen Kino: Der Klomann wird Millionärserbe.

Trotz einschneidender politischer Veränderungen hat sich die Zentralperspektive immer wieder auf der Bühne behauptet, war stets im Dienst der herrschenden politischen Anschauung. Man kann die betonte Zentralperspektive des absolutistischen Theaters mit dem betonten Ausstellen von Figuren und Vorgängen in Brechts Inszenierungen im Theater am Schiffbauerdamm vergleichen, seiner völligen Einordnung und Überwindung des Dargestellten, der Themen und seiner Figuren. Brechts »Ausstellen« meint tatsächlich ausstellen, das Ausstellen von ikonenhaftem Museumsgut zur Herleitung eigenen Machtanspruchs, in der Habhaftwerdung von materiellem und ideologischem Besitz und dessen repräsentativ würdigender Vorführung. Wie in einem Museum wird bei ihm Staub gewischt, dann glänzt ein Detail, eine Figur, ein überholtes Problem leuchtet. Für ihn ist Staub, das Grau, keine Metapher, sondern Ideologie, er setzt seine Ideologie Grau gegen die Ideologie Bunt, bis er in seiner KATZGRABEN-Verfilmung zu ihr überläuft.
Unabhängig davon, stehen seine Figuren in ihren krippenhaften Ausstattungen fremd, den Figuren ist eine Schrumpfung eigen, oft rumoren in ihnen ihre Vorbilder, die diesen Schrumpfungsprozeß nicht mitmachen, sich aufbäumen. Aber die Inszenierung, das kostbare Einbetten, läßt das nicht zu, genau wie teuerstes Museumsgut mit möglichst unsichtbaren Alarmanlagen gesichert ist.

Brecht gibt ab einem bestimmten Zeitpunkt seine Kapitalismusadoration auf, die ihn materiell reich gemacht hat. Nun parteipolitisch-ideologisch gebunden, stellt er den Kapitalismus als das strategisch zu Überwindende dar, nicht als das tatsächlich Herrschende.
Die in Aussicht gestellte Überwindung seiner Staatssysteme ist dabei nicht gesellschaftliche Utopie, sondern ziviler Faschismus, eine Weiterführung des 2. Weltkriegs mit »friedlichen Mitteln«. Für die Kapitalisten definierte Brecht richtig, daß deren Frieden das vernichtet, was deren Krieg übrig gelassen hat. Daß seine Formulierung genauso für die Verhältnisse im 1. Arbeiter- und Bauernstaat auf deutschem Boden zutrifft, wagte er nicht zu begreifen.
In diesem Staat mögen wenige einen Lichtblick gesehen haben, ein undeutliches Meerleuchten, als werde die gesamte Wasseroberfläche heller, leuchte, lasse den Horizont erkennen. Für die meisten aber bleibt er Schlamm und Nacht.

SPRACHE I

Wie stark Goethe seine Sprache sucht, zeigt URFAUST, das ist eine in sich geschlossene Sprachwelt voll Vertracktheiten und Altdeutschtümelei, aber diese Sprache paßt und ist das Stück selbst. Was er davon in FAUST 1 herüberrettet, bleibt matt, fremd, stört als Überbleibsel wie die vordem verwendeten Satzzeichen, alles stört, was an URFAUST erinnert. Die Harmonisierung von Wort, Schreibweise und Satzzeichen genügte Goethe nicht, die Szenen werden teilweise drastisch umgedichtet, AUERBACHS KELLER verläppert, die KERKER-Szene erstickt, der Eröffnungsmonolog wird zerstört:

URFAUST:
Hab nun ach die Philosophey
Medizin und Juristerey,
Und leider auch die Theologie
Durchaus studirt mit heisser Müh.

FAUST 1:
Habe nun, ach! Philosophie,
Juristerey und Medicin,
Und leider auch Theologie!
Durchaus studirt, mit heißem Bemühn.

In dieser Art Änderungen geht es weiter, man muß beide Eröffnungen laut lesen, FAUST 1 ist ein anderer Mensch, der schon nach dem »ach!« abknickt, müde aufseufzt, was für ein Ausbruch in der Urfassung, voll Geilheit, ebenso AUERBACHS KELLER, die SCHÜLER-Szene, selbst Kleinständerungen wirken grämlich: »kräfftig Wörtgen« in »kräftig Wörtchen«, es wird alles ins Ordentliche, ins Kraftlose gebracht. Dagegen bohren sich die Wortschöpfungen des URFAUST ein, die SCHÜLER-Szene purer Sex auf der Zunge, Sex im Mund:

Vertripplistreichelt eure Zeit

Als geht zu Frau Spritzbierlein morgen
Weis Studiosos zu versorgen

Und nicht etwa die Kreuz und Queer
Irrlichtelire den Weeg daher

Wagner geht anders ran, er schreibt »Sucht« in der Bedeutung von »Suche«. Oder wollte er beide Bedeutungen in einem Wort, wie etwa das dänische »Gift« sowohl Gift als auch Ehe, Mitgift bedeutet. So läßt er auch »Stamm« offen, sowohl für

Penis, Stamm im Geschlechtsverkehr, als auch für Stammbaum, Verwandtschaft, Zugehörigkeit. Wie Goethe und später Hauptmann versucht Wagner, durch die Sprache Distanz zu schaffen, Hauptmann ist dabei der Entschiedenste, der die Dialektfassung DE WABER für den Theatergebrauch egalisieren muß, womit schon eine der wichtigsten inhaltlichen Komponenten des Textes entfernt, das Bellen, Knauen, Keifen der Figuren in verstehbare Sätze gebracht, der szenische Anlaß reduziert wird.
Wagners Sprachfindungen gehen oft zum Unverständlichen, es ist eine Art von Verkürzung im PARSIFAL, die sich auch nach mehrfachem Lesen nicht einfach aufschlüsseln läßt, sie fordert Beschäftigung, bis sich die einzelnen Handlungsstränge ergeben. Versucht man diese mit den verschiedenen Leitmotiven in Zusammenhang zu bringen, ergeben sich neue Verwirrungen, da kommt der Punkt, wo man entscheiden muß, interpretiert man die Handlung aus dem Text, aus der Musik oder aus einer Kombination von beiden, bezieht man die Textfassungen mit ein oder Wagners anderweitige PARSIFAL-Äußerungen.
Wagner distanziert weniger durch die Wortfindung als durch deren Kombination »von starkem Bresten«, »Woher dies heimliche Gefäss?«, »der Zeugengüter höchstes Wundergut«, »der freisliche Knabe«, »keine Büssung«, »sein Stamm verfiel mir«, »die betörten Eigenbolde, zum Schutz ihres schönen Geteufels!«, »hat er auf neue Sucht sich fortgeschwungen«, und erzeugt eine ihm gemäße, eigene Sprachwelt, über deren künstlerische Qualität allgemein Einigkeit herrscht, sie sei schlecht, doch ist kaum vorstellbar, daß er einen Textdichter gefunden hätte, der ihm seine Handlungsgreuel zusammendichtet, darin hat Wagner barbarischen Geschmack, damit liegt er einsam an der Spitze.

Die Brutalität der WALKÜRE, welcher deutsche Sprechtext käme da mit, schnell ist man bei Kleist und einigen wenigen anderen Autoren, aber da fehlt die Musik, schon beginnt die Misere, die Vergleiche mit den Sprechtexten stimmen nicht, also muß man zurückgehen, zurück auf Wagners Vorbilder, ist bei Gluck, vermeint, im Trauerzeremoniell des Titurel das der Eurydike zu erkennen, selbst dessen kurze Wiedererweckung, die Wagner später streicht, ist dort vorgebildet.

Hauptmann war für mich etwas aus dem Deutschunterricht. Es wäre mir als Brechtanhänger nie eingefallen, Hauptmann ernst zu nehmen, geschweige etwas von ihm zu lesen. Die Hinwendung zu Hauptmann geschah ruckartig, nachdem ich durch von Appens Anregung VOR SONNENAUFGANG las, der das Stück in Moskau in einer Antialkoholpropagandakampagne herausbringen sollte, mich als russischsprechenden Assistenten benötigte. Plötzlich stoppte die sowjetische Seite die Arbeit, die Antipropaganda wurde nicht gestartet, sondern Wodka verbilligt, aber rationiert abgegeben. Ich besitze noch meine ersten Entwürfe, Menschen zwischen Bergwerken und Loren. Industrieaufschwung und schon Ende. Genau wie ich um Hauptmann einen Bogen machte, machte ich ihn um Wagner, ich mußte 50 Jahre werden, um in ihm zu versacken, anders kann man den Zustand nicht bezeichnen. Bach steht neben ihm. Wie ein Block.

So steht Hauptmann unter den deutschen Theaterautoren. Er hat das geschaffen, was vor und nach ihm kein deutscher Autor zustande brachte, eine Tragödie im Dialekt, nicht im schlesischen Dialekt, sondern in einer von ihm geschaffenen Kunstsprache, die in DIE WEBER ihren inhaltlichen Höhepunkt hat, in deren Urfassung DE WABER fast unverständlich ist. Wie folgerichtig Hauptmann die »Unverständlichkeit« einsetzt, sie zum eigentlichen Thema macht, irritiert angesichts moderner Sprachexperimente, mehr noch, daß er es tatsächlich schafft, so etwas wie »Volk« auf die Bühne zu bringen und dessen Tragödie.
Die Bezeichnung »Volk« ist genauso diffus wie alle Umschreibungen dieses Wortes oder Annäherungen in unserer Sprache. Auf dem Theater haben wir diese »Personengruppe« oder »Ansammlung« längst verdrängt, wenn bei Klassikern noch steht »Volk«, so hat es auf unseren Bühnen nichts zu suchen, ja es steht einem nahezu feindlich im Wege, was Hauptmann sehr gut zu nutzen wußte, enden doch DIE WEBER mit dessen Sieg, also historisch völlig falsch, man unterscheide hier die Qualität der beiden Fassungen, da ist nicht nur Provokation der tatsächlichen Sieger. Es ist bezeichnend, daß DIE WEBER heute nicht auf dem Spielplan stehen, die Theater versuchen, den gesellschaftlichen Zustand 1994-95-96 zu ignorieren, sich vor der Verantwortung zu drücken, beharren darauf Spaßmacher zu sein, es ist geradezu beängstigend, mit Theatermachern zusammen zu sein. Die ganz wenigen erhellenden Gespräche verletzen, schon davor hat man Angst, doch solche Auseinandersetzungen sind unausweichlich. Ebenso, daß diese Feststellungen jede Tätigkeit im Theater nahezu verbieten. Man hat dieser Situation wenig entgegenzusetzen, die, die es konnten, sind längst abgeschwenkt: Geld, Geld.

Die Selbstbefriedigungs-Wechselstube von Inhalt in Geld scheint eine Anfängersünde, im Westen scheinbar heftiger beklagt als im Osten. Vorzügliche Kommentare begleiteten jeden Kniefall im Osten, warum der für den und den gut ist, warum geradezu lebensnotwendig, könne er doch dadurch wieder das und das für uns alle erreichen, eine Litanei ohne Ende. Dem entzog sich die FAUST 2 entnommene Neugründung:

Kommt doch das Hügelchen heran! Es gelang, Abstand zu schaffen auf Lebenszeit.

SPRACHE II

Das Ostberliner Theater, meist in der Hand zurückkehrender Emigranten, belegt überdeutlich das Verhältnis von Sprache und Staat. Diese Personengruppe soll nicht nachträglich diffamiert werden, ihr ist weniger eine Verwicklung in die Naziideologie vorzuwerfen, als deren Opfer sie Deutschland verlassen, als daß sich nach ihrer Rückkehr die Ideologie, vor der sie fliehen mußten, gewollt oder nicht, einnistet und zunehmend installiert, doch bleibt die Frage, wieviel Nazischlacke und Nazikeime die zurückkehrenden Künstler und Parteikader mittransportieren, sodaß beide dazu beitragen, daß sich die von ihnen abgelehnte, bekämpfte Ideologie, zunächst unter anderem Vorzeichen, belebt. So scheinen viele neue Formmittel nur Althergebrachtes verfestigen zu wollen, scheint die intellektuelle Elite der DDR so vom Faschismus durchdrungen, daß man sich instinktiv gegen diese Wahrnehmung panzert, jedes Indiz dafür ablehnt, sich selbst zensiert. Der heftig vorgetragene Antifaschismus wird mit jedem meiner Grundschuljahre löchriger. Ich kann heute noch nicht zwischen dem Gruß der Jungen Pioniere und dem Gruß der Hitler-Jugend unterscheiden, die Körperhaltung, die man dabei einzunehmen gezwungen ist, bleibt eine Verkrümmung der Senkrechten, obwohl sie diese gerade im Grüßenden erzielen, dem Gegrüßten zur Verfügung stellen will.

Das bedrückende Problem, die Verkehrung eines erhofften Neuanfangs, ist den meisten Exilanten bewußter, als sie öffentlich zugeben. Brecht müht sich verzweifelt, dieser Entwicklung Herr zu werden, doch er wird Teil davon, wenn nicht zum treibenden Element. Für viele Exilanten wiederholt sich das, was Generationen von Exilanten vor ihnen feststellen mußten, daß sie das, vor dem sie fliehen, einholt, ihnen neue Heimat wird. Sodaß sich Jahre nach einer Flucht unerbittlich die Frage stellt, ob die persönlichen oder politischen Gründe hinreichend waren, seinem eigenen Leben diesen Schaden zuzufügen, seinen Familien, seinen Freunden, seinen Mitmenschen. Schon, indem ich »Familien« mit »Freunden« und »Mitmenschen« erweitere, verharmlose ich das Problem der Flucht, verunklare, welcher Personenkreis tatsächlich nachfolgenden Repressalien ausgesetzt ist.

Wie viele DDR-Flüchtlinge habe ich erlebt, daß das zurückbleibende Eigentum Freunden und Familienangehörigen als Trinkgeld für »verbotene Hilfeleistungen« und bevorstehende oder zu erwartende Repressalien galt. Selbst wenn diese nicht eintraten, wird der Anspruch der Flüchtlinge auf zurückgelassenes Eigentum stets abgewiesen, mit der Begründung, daß die Zurückbleibenden damit zu entschädigen seien, da man ja nicht freiwillig, sondern gezwungenermaßen habe zurückbleiben müssen, da man sich der Verpflichtungen gegenüber Eltern, Geschwistern, Kindern, Freunden nicht entledigen konnte, sodaß man keine Flucht riskieren durfte, um diesen Zurückbleibenden nicht zu schaden. Man beneide

den Flüchtenden sogar, daß er unter Einsatz seines Lebens sich habe erlauben können zu fliehen. Von solchen Überlegungen getrieben, fanden sich schnell »Freunde«, die die staatlichen Organe informierten, um Fluchtvorhaben zu unterbinden, die die Zurückbleibenden stets zu Schuldigen machten.
Mit welcher Brutalität Eltern ihre Kinder ans Messer lieferten, sah ich selbst, die nachträglich ausgelebte Rache eines nicht ausgetragenen Ehekrieges, der die Kinder vernichtete.
Freunde, engste Familienangehörige werden schuldig, werden zu Helfershelfern, zu Sachwaltern eines Staats, dessen Unterdrückungsapparat sie jetzt entschädigt, indem er sie sich bereichern läßt. Unter Berufung auf die Strafgesetze des Staats, der sie unterdrückt, ergaunerten sie die Hinterlassenschaften der Flüchtenden, nutzten geschickt deren Notlage, indem sie diese künstlich schürten, sodaß sich über Jahrzehnte jene bestialische Mentalität konsolidierte, die schon einmal ermöglichte, daß Teile des deutschen Volks einfach verschwanden, indem sie sowohl von ihren Mördern als auch von den angeblich Unschuldigen vernichtet wurden, die gemeinsam jede Erinnerung an sie auslöschten.

In Ostberlin ist eine neue Ideologie zu installieren, das ist zunächst nur über Sprache möglich. In der Sprachpflege sehen Ostberliner Theater ihre Überlegenheit, gehen auf Konfrontationskurs, auf Feindberührung mit dem zu bekämpfenden, zu überwindenden gesellschaftlichen System des Westens. In Westberlin herrscht Beckett, in Ostberlin Brecht, dessen internationaler Erfolg seine Erben zu einer Familie Krupp der Literatur macht. Brechts West-Erfolg ist eng an die Aufwärtsentwicklung der DDR geknüpft, hat in ihr Orientierung und Halt. Seine West-Popularität, die nach seinem Tod erheblich zunimmt, beeinflußt die DDR-internen Auseinandersetzungen ungünstig, sodaß sich der Konflikt zwischen bürgerlich intellektueller Elite und Parteikader verschärft, indem die bürgerliche Elite, an den Rand gedrängt, ausgeschieden wird. Die wachsende Konsolidierung des neuen Staats verlangt ein neues parteikonformes Abbild, schon durch den einsetzenden Generationswechsel in der Führungsmannschaft bedingt.
Großbürgerliche Vorstellungen, die mit den Emigranten nach Ostberlin zurückgekommen sind, werden noch ausgiebig unter betont »kommunistischem Aspekt« gepflegt, sodaß es unter den Emigranten zu einer Umgangskultur kommt, die sich zunächst erfolgreich gegen die einsetzenden Veränderungen zur Wehr setzt. Selbst wenn Emigranten ins Abseits gedrängt sind, werden ihre Vorstellungen erst durch ihr Absterben obsolet. So gibt es eine Vielzahl von Personen, die zur DDR-Elite gehörten und in einem Dämmerleben vegetieren. Löst der Tod das »Problem« nicht, isoliert man einzelne Personen brutal, der Parteikader nimmt dabei auf Heilige Kühe keine Rücksicht.
Die jung nachstoßende Funktionärsschicht hat weder Ausbildung noch Lebenslauf der alten Parteikader vorzuweisen, klammert sich deshalb um so ängstlicher an provinziell kleinbürgerliche Vorurteile, nährt die eigenen Minderwertigkeitskomplexe, erzieht sich so zu verkappten Faschisten. In den letzten Jahren der DDR planen sie Umerziehungs- und Isolierungsmaßnahmen, effektiv wie ihre Vorbilder. Daß sich ihre Pläne nach dem Mauerfall nicht realisieren, kann weder

zum Sieg über diese Kräfte umgebogen werden, noch davon ablenken, daß die DDR bewußt faschistisches Gedankengut fördert, daß sie Erkenntnisse des 3. Reichs ausbaut, daß der Parteiapparat dieses Wissen gegen die gesamte DDR-Bevölkerung einzusetzen beabsichtigte.

Zurück zu den 60er Jahren. Für die Abbildung des Sozialistischen Menschen sind neue Kriterien aufzustellen, die eine engere, noch unbewußte, ungewollte Bindung an das faschistische Vorbild eingehen. Legitimiert Pieck seine Biografie mit »Tischler und Hilfsarbeiter«, ist ein solches Aufpolieren für Ulbricht schwierig, für Honecker undenkbar, da die Verkleinbürgerlichung unaufhaltsam fortgeschritten ist. Spricht mein Vater abfällig über den »Neuen Menschen«, empfinde ich das sofort als lächerlich, er, mein Vater, hat in meinen Augen genug Dreck am Stecken. Meine Unkenntnis schützt mich zunächst, vertieft die Entzweiung im Elternhaus. Der Krieg, der zwischen meinen Eltern nach der Republikflucht meines Bruders ausbricht, ihr Leben zerstört, zwingt mich, meine Eltern zu verlassen. Berlin ist weit weg, nur wenige meiner Mitschüler entfernen sich so weit vom Elternhaus wie ich. Wir schreiben das Jahr 1964.

Trotz Exmatrikulation kann ich die Hochschule absolvieren, werde Meisterschüler bei Karl von Appen, dem Bühnenbildner Brechts, nachdem ich bei Heinrich Kilger, auch einem Mitarbeiter Brechts, studiert habe. Mit dem Brecht-Schüler Tragelehn beginnt die Inszenierungstätigkeit am Berliner Ensemble. Meine fast 20jährige Beschäftigung mit diesem Theater, mit den Arbeiten Brechts und seiner Nachfolger, mündete nicht in einer Brecht-Inszenierung, sondern 1974 in meinen 1. Theatertext BERLIN EIN MEER DES FRIEDENS, der den Untergang der geteilten Stadt in einer braunen Flut beschreibt. Die Abwicklung der Nazi-Altlasten verdeckt jahrelang das Wiedererstehen einer faschistischen Welt. Die Stück-Figuren ergeben sich dieser Flut, sie wissen, daß ein Entkommen unmöglich ist. Im Untergang setzen sie sich ein Ziel, sie wollen verantwortungsbewußt zum guten Humus der neuen Gesellschaft werden.

Die zunehmende internationale Aufwertung der DDR kann ihren inneren Zerfall nicht stoppen, der sich im Theaterbereich zunehmend als Bühnenraum- und Sprachverfall abzeichnet. Selbst Kräfte, die altgediente Parteizugehörigkeit und anhaltende Linientreue auszeichnen, oder die noch zum Emigrantenstamm gehören, können als überholte Fossile diesen Verfall nicht stoppen, sondern nutzen ihn geschickt, um über das westliche Ausland ihre DDR-Position zu stärken. Das gelingt ihnen zunehmend, vertieft aber die inneren Parteiungen, sodaß die Klassengesellschaft der DDR die Blüten treibt, die sie an anderen Staatssystemen geißelt, sie jetzt an Skurrilität und Unmenschlichkeit übertrifft. Ausgehaltene Staatskünstler werden herumgereicht, bestimmen weitgehend das Bild der DDR, indem sie mißliebige Kollegen mattsetzen, im westdeutschen Theaterwesen übelste Zustände schaffen, werden zu den Werkzeugen, die den DDR-Flüchtlingen endlich den Garaus machen.

Bis zum Jahr 1976 verfolge ich den inneren Verfall, suche mich dagegen in den Inszenierungen am Berliner Ensemble zu behaupten, indem ich mich sowohl auf die Wurzeln dieses Theaters berufe, auf meine Lehrer, als auch auf meine Beobachtungen des DDR-Alltags. Da ich aus einer Kleinstadt mit dörflicher Anbindung stamme, stehen meine Beobachtungen im heftigen Kontrast zu den in der DDR-Hauptstadt zugelassenen.
Fremd sind mir nicht die Reste »klassischer Sprachbehandlung«, sondern die verkappte Ideologie darunter, der ich mich doch so energisch zu entziehen suche, deren »Endsieg« jetzt bevorsteht, obwohl alles getan wird, damit er nicht eintritt.
Die Intendantin des Theaters fordert mich mit Tragelehn auf, an der 1. Mai-Demonstration teilzunehmen. Ich bin 13 Jahre in Ostberlin, ich habe bisher an keiner Demonstration teilgenommen. Ich konnte sie jedesmal umgehen, diesmal nicht, Erscheinen sei Pflicht. Der Nachwuchs solle Schilder mit den Titeln seiner Inszenierungen an den Tribünen vorbeitragen. Ich bin Nachwuchs. Als ich komme, ist kein Schild mit meinen Inszenierungen dabei, weder KATZGRABEN, noch FRÜHLINGS ERWACHEN, noch FRÄULEIN JULIE. Ducken, mitmarschieren, heißt es jetzt, Tragelehn sieht das gelassen, ich nicht. Ich soll stattdessen eine Rote Fahne nehmen. Ich prüfe mehrere, meine, sie seien zu schwer für mich, lege sie auf den Wagen zurück. Um mich die Schauspieler und das technische Personal. Mir wird schwindlig, dann kippe ich um, der Rettungswagen holt mich, bringt mich nach Hause. Mein Hemd ist voller Blut. Oben am Fenster meine Freundin: Ich wußte, daß du zurückkommst.

Keine Arbeit, aber marschieren. Sind 2 meiner Inszenierungen unliebsam abgesetzt oder verboten? Niemand weiß es. Auch später läßt sich nicht mehr rekonstruieren, wer meine Kündigungen einreicht, wer sie bestätigt, wer sie ausspricht.
Anfang 1976 ist klar, keine Arbeit mehr in der DDR. Ich erhalte einen Paß, bin Reisekader, billiger Mietsklave im Westen. Ich darf für meine »Familie« und mich einen Antrag auf Unterstützung im Kulturministerium einreichen, da ich keine finanziellen Einnahmen mehr in der DDR zu erwarten habe. Mitte Oktober, am Tag der Antragsabgabe, verlasse ich die DDR.
Ich bin in einer absolut hilflosen Situation, ich, der ich nie daran gedacht habe, die DDR zu verlassen, gehe freiwillig, nicht unter Druck, sondern ich lehne das Angebot ab, für Nichtarbeiten teuer bezahlt zu werden. Ich verweigere damit auch eine erlaubte innere Emigration. Man käme mir sogar so weit entgegen, meine Westkontakte zu konsolidieren.
Die Angebote gehen noch weiter, aber erst, nachdem ich im Westen bin. Offen bleibt, was bei einer Rückkehr eingetreten wäre, Verhaftung, mindestens 2 Jahre, wenn nicht 4, wie bei meiner in der DDR verbliebenen Freundin. Personen meines engsten Umgangs werden nach Westberlin geschickt, um sich mit mir zu treffen, um mir nahezulegen, daß ich zurückkommen soll, um meine inzwischen verhaftete Freundin vor weiterem Schaden zu bewahren, günstigenfalls ihre vorzeitige Entlassung zu erreichen.

Wiederholt wird mir versichert, daß man von einer Strafandrohung absehe, natürlich würde mein Paß eingezogen, damit müsse ich einverstanden sein, daß West-Reisen und andere Vergünstigungen für mich vorerst nicht mehr greifbar seien.* Ich kehre nicht um, nach 2 Jahren wird meine Freundin in den Westen entlassen.

Da ich nach einem Unfall sprachgestört war, erhielt ich Sprachunterricht, den 1. bei der alten Erzieherin des Prinzen Stolberg. Meine Beschreibung ist romantisch wie Heines Text über die Herkunft seiner Rhythmen. Jede Woche zweimal fuhr ich nach Nordhausen, in eine der zerstörtesten deutschen Städte. Vom Bahnhof bis zur neuen Siedlung, wo die Erzieherin wohnte, ein Trümmerhaufen. Dazwischen die Straßenbahn, rechts auf dem Berg das unversehrte Theater, ein Tempel, links gegenüber, von Trümmern umgeben, das neue Kino, ein großer gelber Bau. Dazwischen ich mit meinem »Lehrbuch«, einem dicken Heft mit Sprechaufgaben. Ist meine Stunde früher zuende, laufe ich in die Stadt zurück, stehe zuvor am Kinoaushang, doch Anfangszeiten und Zugfahrplan passen nicht. Im Sommer sitze ich zwischen den Trümmern, stöbere in den Kellern, spiele Verstecken, manchmal verpasse ich doch den Zug, für 30 Kilometer braucht er knapp 2 Stunden. Dann sitze ich im dunklen Abteil, mein Buch vor mir, lerne, draußen verlieren sich die Trümmer, gehen in Feld und Wasser über, dann erscheint rechts der Kyffhäuser, noch 45 Minuten. Jedesmal muß ich zu Hause das Buch vorlegen, abzeichnen lassen, Mutter kontrolliert, wieviel die Kasse zahlt, wieviel sie. Ich muß sprechen lernen, ich muß lernen. Heine verbindet seine Erinnerungen unmittelbar mit den Napoleonischen Kriegen, seine Rhythmen lernt er von einem Tambour. Ich versuche in den Ruinen Nordhausens sprechen zu lernen. Vergeblich, ich stottere noch immer. Die Sprachtrümmer würgen sich ab. Die Blockade läßt sich nicht lösen. Die Sprache hat sich in mir verbarrikadiert.

1995 kramt Heiner Müller einen Zettel mit den Aufgaben hervor, die ihm sein Logopäd nach der Operation stellt, um die Stimmbandbeschädigung einzudämmen. Müller liest stolz, es sind die Worte, die ich vor über 30 Jahren in der gleichen Reihenfolge gelernt habe. Das Sprachvokabular des Logopäden hat sich unbeschadet erhalten, kein neues Wort ist hinzugekommen, der Geist, den die Wortfolge transportiert, ist überdeutlich.

Als ich 1964 Sangerhausen verlasse, liegen oben im Weißen Schrank neben der Bodentür meine Tagebücher. Meine Kindheit, meine Oberschulzeit, das Jahr im Krankenhaus. Ich beginne in Berlin-Weißensee zu studieren. Die Jahre, die ich jetzt intensiv Tagebuch führe, legen sich als Hefte, Blätter, Kalender einträchtig nebeneinander. Sie vermehren sich, Klage und Anlaß, Tagebuch zu führen, gibt es genug.

* 1997 bestätigen die Stasi-Akten meiner Freundin die Angebote.

Schreiben ist für mich inzwischen die Hinwendung zur Muttersprache geworden, nicht zur Vatersprache. Mein Vater, in Frankfurt am Main geboren, sprach keine eingefärbte Sprache, sondern studiertes, kultiviertes Hochdeutsch, er kam weit herum. Meine Mutter dagegen, im Südharz geboren, verläßt nur für kurze Unterbrechungen ihre Sprachregion. Nach dem Tod meines Vaters verändert sich ihre Sprache merklich, sie wird wieder Prolet, nimmt regionale Einflüsse stärker auf. Mehr von meinen Freunden hingewiesen, als daß ich bewußt auf ihre sich verändernde Sprache reagiere, stelle ich fest, wie taub ich ihr gegenüber nach dem Tod meines Vaters geworden bin, so, als sei sie schon mit ihm gestorben.

Nach meiner Flucht stelle ich in Briefen und Telefongesprächen fest, daß wir Verständnisschwierigkeiten haben, es kommt häufig zu Reibereien, zunächst damit begründet, daß wir uns so lange nicht sehen können, kaum Zeit haben miteinander zu sprechen. Mutter sieht furchtsam nur das Geldproblem, daß das Telefongespräch so viel kostet. Sie scheue sich, sehe sich verfolgt. Ruft sie mich überraschend an, ist sie den ganzen Tag aus Sangerhausen nach Ostberlin unterwegs, um aus der Telefonzelle vor dem Ostbahnhof anzurufen, von dort bekomme man ganz schnell Anschluß nach Westberlin, nicht wie zu Hause auf der Post, wo sie stundenlang warten müsse, wo sie jeder sehe.

Bei meinem ersten Besuch nach dem Mauerfall verstehe ich sie nicht mehr. Ich bin ihrem Sprachfluß entwöhnt, kann die neuen Worte nicht deuten, die Nähe, die unsere Körper suchen, wird durch das Nicht-verstehen-Können unerträglich. Möglicherweise unterschätze ich ihre Abwehr, die sich hinter der Unverstehbarkeit ihrer Sätze verbirgt, ist sie doch inzwischen zu der Figur meines Buches geworden, das ich über sie schrieb. Vor mir steht nicht meine Mutter, sondern GERTRUD. So verteidigt sie sich, so müsse ich sie verstehen.

Der Ideologie-Sprache, die ich bis heute als Fremdsprache ansehe, entziehe ich mich durch einen Rückgriff auf meine lokale Sprache. Jeder Rückgriff, jede Erinnerung an ehemaliges, heimisches Sprachvermögen ist Wohltat und Erleichterung, ich bedanke mich bei jedem, der mich einige Zeit in dieser Ausdrucksform erträgt, es ist, als fielen Alter, Körperschwere, Bedrückung von mir. In einer fast kindlichen Sichtweise treten mir Dinge gegenüber, wollen benannt sein.
Für diesen Text habe ich lange nach einer ihm gemäßen Sprache gesucht, die mein Ausdrucksvermögen steigert. Doch das Gehirn bringt sich nicht auf den theoretischen Stand, planvoll einzelne Abschnitte zu gliedern oder aufzuschichten. Die einfachste Mauer feiert in jeder Fuge ihr Verbundsystem, Stein und Erbauer.

Muttersprache ist auch die Sprache Luthers, Münzers, Nietzsches, Novalis', Rankes, Wagners, Wezels, Bachs, Händels. Die Aufzählung vermag diese Autoren nicht zu vereinnahmen. Die Sprache bleibt leer, wenn sie nicht gefüllt wird, wenn nicht Bedeutung in die Sprache zurückgezwungen wird, wenn die Wörter nicht wieder benennen, wenn sich die Gedankengänge nicht zusammenfügen, jeder

Gliederung widerstehen, aufbegehren, keine Ordnung annehmen, damit endlich meine Sprache unter dem Alltagsschrott zusammenbricht.
Ich mußte 50 Jahre werden, um die Zusammenhänge zwischen Wagners Sprachführung, thematischen Sprüngen, Undeutlichkeiten und meiner Sprachführung festzustellen. Teilweise unter Verwendung gleicher Kompositionsprinzipien, so auch bei Münzer und Nietzsche, Gemeinsamkeiten, die weniger in den Personen, ihren Tätigkeiten oder Äußerungsanlässen liegen als vielmehr im regionalen Bezug, in Sprachmelodie und Satzbau, im Sound, dessen Erhaltung und Kultivierung engstens mit den bedrückenden Lebensumständen dieser Region verbunden sind, die zeitweise eine Kulturblüte hervorbringt, aber als Region Provinz bleibt, bis zum heutigen Tag und in Bedeutungslosigkeit zerfällt.

In den 9 Jahren, die ich zwischen 1976 und 1984 nicht am Theater arbeitete oder höchst eingeschränkt, festigten sich meine Formvorstellungen, die ich in unterschiedlichen Texten ausprobierte. Teilweise fertigte ich mehrere Fassungen eines Textes an, um Ausdrucksvermögen und Herangehensweise zu verbessern. Die ersten 250 Seiten von GERTRUD schrieb ich in 3 Fassungen: Eine in der 3. Person ohne Ich-Texte und Fremdeinschlüsse, eine in der 3. Person mit Ich-Texten und Fremdeinschlüssen, eine Monologfassung, die spätere Druckfassung.
Daß sich für GERTRUD der Monolog, die Ich-Form herauskristallisierte, ist keine Erinnerung an meine Mutter, die bekloppt vor sich hinbrütet, sondern der Monolog ist die Reaktion auf die Vielzahl von vor sich hin sprechenden Menschen, denen ich im Westen begegnete, denen ich nachlief, um sie zu verstehen, meinte ich doch zunächst, ich sei angesprochen und solle antworten.
Zwischen diesen Menschen und mir war eine größere Zusammengehörigkeit, als mir lieb war. Ich gehörte zu ihnen, ich sprach mit mir selbst, ich schien unter dem Druck der Erinnerungen zusammenzubrechen. Ich konnte mich weder an meinen eigenen Zustand gewöhnen, noch an die Monologisierenden, so fremd schienen mir diese Menschen, obwohl sie in den Momenten die gleiche Sprache sprachen wie ich, ich begriff nicht, daß so viele Menschen auf der Straße oder in der U-Bahn laut monologisierten oder im Dialog einen unsichtbaren Partner ansprachen.
Betrunkene hörte ich oft in einer anderen Sprache sprechen, stammeln, stottern. Ihre Schreie vermischten die Sprachen, blieben unverständlich. Noch als wütendes Keuchen, geladen mit einem Haß, der sich gegen jeden, der ihnen begegnete, richtete, der zu den anderen gehörte, denen sie sich verzweifelt entgegenwarfen. Ihre Ohnmacht herausheulten, ihrer nicht Herr werden wollten.
Darin unterschieden sich die Deutsch Monologisierenden, standen wie unter Drogen, ganz in sich gekehrt, wehmütig leise. Als sei noch in diesem Ton die Unterwerfung spürbar, zeige sich an, daß man nicht mit einem Aufmüpfigen zu verwechseln sei. Als wäre ein lauterer Ton schon Störung, als zeige man in diesem Tonverzicht an, daß man noch zu der Lebensgemeinschaft gehört, aus der man im Begriff ist, herauszufallen.

Laut-mit-sich-alleine-sprechen war auf der Bühne ein Kunstmittel, auf der Straße aber Ausdruck eigenen, unkontrollierten Unvermögens, bei älteren Personen Zeichen ihres »Verfalls oder Narrheit«. In Ostberlin waren solche Personen eine Ausnahme, auf dem Dorf waren sie Geächtete. Für Westberlin kam die Beobachtung hinzu, daß es zunächst nur ältere Personen, meist Frauen waren, dann zunehmend Männer, sodaß beide Geschlechter zahlenmäßig gleich vertreten schienen, dann kamen von Jahr zu Jahr jüngere Personen hinzu, die sich keiner Szene zuordneten. Ich versicherte mich wiederholt meiner Beobachtung, indem ich regelmäßig abends von Heuß-Platz nach Prinzenstraße fuhr, von dort bis Hermannplatz lief, wieder zurückfuhr. Ich benutzte 2 getrennte U-Bahnstrecken, auf denen sich die Fahrgäste jeweils neu zusammensetzten.

Auf einer meiner letzten Fahrten vor dem Mauerfall stand ich dicht neben einem jungen Mann, der versunken an der Tür lehnte. Obwohl er mich beim Einsteigen ansah, nahm er mich nicht wahr, er sah sein Gegenüber, das er heftig ansprach, dem er sich seinerseits nähern wollte, um sich verständlich zu machen. Vor mir, in unmittelbarer Nähe vollzog sich in einem monologartigen Dialog eine Auseinandersetzung in solcher Heftigkeit, die den Sprechenden umgab, ihn von dem ihn Beobachtenden abschottete, ihn wie Fluoreszenz umgab, wie eine Hülle, die keiner verletzen wollte. Selbst der Blick auf ihn verbot sich nach einiger Zeit, da alle, die ihn ansahen, meinten, er werde aufhören oder leiser sprechen, wenn er die Anwesenden wahrnehme, aber nichts von dem. Es war keine Inszenierung, sondern mit »verklärtem Blick«, in sich versenkt, argumentierte der junge Mann mit einem Gegenüber, das bald seine Passivität aufgab, daraus Kraft gewann, sich gegen den Sprechenden energisch wandte, als würde es ihn schütteln, als wolle sein Gegenüber ihn zur Besinnung bringen. Die Neuzusteigenden nahmen von diesem Vorgang wenig Notiz. Da ich den jungen Mann eine längere Strecke begleitete, meinte ich sein Gegenüber zu verstehen. Ich konzentrierte mich noch mehr, versuchte die Nebengeräusche auszufiltern, als wäre ich ein technisches Gerät, als gelänge mir die Konzentration auf die tieferen Geräusche, die das Gegenüber machte, als verschlucke sich der Sprechende, würge. Als begleite sein Sprechen eine 2. Stimme, die die Worte nicht ausformuliert, sondern sie anstößt und zurückschlürft, als sauge sie Luft ein. Ich hörte die Sprachführung deutlich, da wir beide an der Tür lehnten. Jeder auf seiner Seite, und da keiner unsere Tür benutzte, verharrten wir beide so, ohne daß mein Nachbar mich wahrnahm. Jeder von uns hatte sich in seine Ecke »gebaut«, den Körper so eingeschoben, als gehörte er hierher, als flankierten 2 Plastiken eine U-Bahntür, einander im Visier.

Da in mir oft Sprache tobt, gegen die Schläfen schlägt, nicht Ruhe geben will, sich nicht eindämmen läßt, ahnte ich, was in ihm vorging. In seinem eigenartig verzerrten Gesicht schien ich mich zu erkennen, nicht in den Äußerlichkeiten, sondern in der Konzentration, die sich auf einen bestimmten, unsichtbaren Punkt richtete. So sehr er sich auch an ihn hinwendete, von diesem Punkt schien eine Rückbewegung auszugehen, die ihn ergriff. Das war kein äußerlicher Vorgang, er verlief innerlich. Doch war eine Unterscheidung schwierig, da die Zugbewegung uns beide erfaßte, nicht zuließ, sich ihr zu entziehen. Das Zittern der Körper war identisch mit dem des stehenden Zugs, wenn er in den Stationen verharrte, die wenigen Fahrgäste vor den Fenstern vorbeiglitten.

Schemenhaft und gespenstisch wurde der Zug, so, als laufe er in ein Totenreich, als er Ostberlin unterirdisch durchschoß. Die Totenstationen, als verharre der Krieg in ihnen, lebe unterirdisch in seinen Trümmern, als gestatte er nur uns Blicke, den West-Begünstigten, den privilegierten Deutschen, zu denen ich jetzt gehörte. Die Namen der Stationen in Schwarz, in zerblätterten, zerbrochenen Kachelwänden, in dunklen Beobachtungshäuschen mit den uniformierten Kontrollen. Jahre hatte ich nicht mehr Ostberlin mit der U-Bahn unterquert. In der panischen Angst, man werde mich herauszerren, wegschleppen, in eine dieser Aufsichthäuschen sperren. Oder in der blödsinnigen Hoffnung auszusteigen, durch dieses Schlupfloch unerkannt zurückzukommen, wie Orpheus die tote Geliebte zu holen.

Der Zug raste weiter, als beschleunige die Bedrohung, als lasse sie kein Verharren zu, bis er plötzlich Schritt fuhr, anhielt. Das Licht ging aus, Türen wurden aufgerissen, mir war, als ob sie sich freiwillig im Dunkeln öffneten, als veranlasse das Zugpersonal diese Öffnung.
Die Türen schlugen wieder zusammen. Noch kein Licht, aber die Maschinen arbeiteten, der Zug zitterte, schien sich jeden Moment fortzubewegen, ich meinte, er bewege sich schon, da setzte das Geräusch aus, die Maschinen wurden abgestellt, der Zug stand.
Als ob ich eingeschlafen wäre, zuckte ich zusammen. Sabber rann in den Hemdausschnitt. Ich versuchte mir im Dunkeln die Backe abzuwischen, aber ob mir bewußt oder nicht, ich war wie gelähmt, ich schob mich dichter in meine Ecke, ich nahm wahr, daß es mein Körper tat, ich mußte zur Kenntnis nehmen, daß er schmerzte. Ich war mit dem Kopf gegen die Türumrahmung geschlagen. Noch Tage später spürte ich die Beule, versuchte ich mich erfolglos zu erinnern, was passiert war.
Der Sprechende neben mir war verschwunden. Irgendwann setzte sich der Zug in Bewegung, erreichte Westberlin, so als tauche er auf, schüttle dabei die Unterwelt ab, die den Zug freigab. Wasserrinnen überliefen die Fenster, sprangen in Wellen auf und ab, so, als treibe sie die Zugbewegung rückwärts, indem sie der Schwerkraft auswichen. Doch im nächsten Bahnhof hielt der Zug, rammte sich in die Gleise, als strahle er, das West-Licht fiel in die Wagen. Im Inneren schienen die Fahrgäste weit nach vorn gerückt, als zöge sie die Vorwärtsbewegung nach vorne, als hofften sie so schneller den nächsten Besatzungssektor zu erreichen. Sie sahen blicklos zu mir, ungläubig, müde, als könnten sie ihr Erschrecken verbergen, daß der Platz neben mir leer war. Als der Zug wieder hielt, setzte ich mich, inzwischen wach geworden, wie betäubt sah ich Ostberlin in der Ferne, so als wäre ich entkommen.

Ich sah im Monologisierenden mich, weniger meine von mir beschriebene Mutter, die, als ich mit dem Text begann, in dem Umfeld lebte, in das sie hineingeboren war, das sie nicht bereit war zu verlassen, in dem sie, zwar angefeindet, sich aber trotzdem behauptete, sich ständig gegen Nachstellungen und Bespitzelungen wehrte. Daß sie allein war, daß sie unter der Bevölkerung als Mutter von 2 republikflüchtigen Söhnen geächtet war, ständig mit diesem Schild um den Hals herumlief, schien sie bis zum Ende nicht verstehen zu wollen, so groß war ihre Abwehr. Sie war nicht bereit das Feld zu räumen, einfach wegzulaufen, wie sie es oft erträumt hatte. Bis zum Schluß kaute sie an diesem Problem. Nach ihren Worten wurde sie zu der Figur, die ich beschrieben hatte.

SPRACHE III

Tempoanziehen Tempodehnen. Bei den ausgedehnten Tischproben zu meinen Inszenierungen versuche ich die jeweilige Sprachmelodie des Autors aufzuspüren und diese dann bei den unterschiedlichen Sprechern herauszuarbeiten, damit das Sprachbild dieses speziellen Autors erscheint und sich von dem anderer Autoren absetzt. Ein Ideal für die Umsetzung eines Autors wäre, wenn alle Sprecher »eine« Sprache sprechen würden, die sich nur durch Färbung, Intonation und Sprachführung von einander unterscheidet, inhaltlich und darstellerisch aber gleich ausgerichtet ist. Daß dieses »Ideal« in einigen Theaterepochen angestrebt worden ist, belegt die Konzentration der Entwicklung des Sprechtheaters um bestimmte Autoren, die die jeweilige Theaterperiode mit ihrer Sprache und deren Darstellungsweise prägen.
Wie genau sich ein Autor seine Sprachvorstellung erarbeitet, möchte ich an Beispielen aus Hauptmanns VOR SONNENAUFGANG belegen. Der damals 27jährige hat danach über 50 Jahre an dieser Sprache weitergearbeitet, behielt jedoch die Notierung seit der Drucklegung seines ersten Theatertextes bei, eine enorme Leistung. Zunächst ist man von der Vielzahl der verwendeten Zeichen irritiert, kann man sie aber entschlüsseln, was zeitaufwendig ist, aber hat mans, dann liegt vor einem die Partitur, zu der man Zeitmaße wählt, die untereinander in enger Beziehung stehen. Man kann dann, sehr technisch, den Text »lesen«. Ist noch ein »Lexikon« seiner speziell verwendeten Worte und Bezeichnungen zur Verfügung, ist dieser Autor ausgezeichnet zu erarbeiten. Auch hierin sind Goethe, Wagner und Hauptmann kongruent:

... Pünktchen, Unterbrechung mit Tempoanzug:
Loth: Also, die Sache war folgende ...
Hoffmann: Ehe du anfängst – willst du denn gar nichts zu dir nehmen?
»folgende« hat keine Betonung, »Ehe« schließt sofort an und hat die Betonung, wird doppelt so stark betont wie eine normale Zäsur, da »Ehe« den Sprachfluß des anderen unterbricht

... Unterbrechung des eigenen Gedankengangs:
Ja ... von was sprachen wir doch? ... Richtig! – vom ...
Nach »Ja« Tempoanzug mit Verbindung, Hauptbetonung auf »von«, die Erregung klingt bis »doch?« nach, dann Tempoanzug mit »Richtig!«, danach Pause

Mehrfachbetonungen:
Ehe du anfängst –
»Ehe« und »anfängst« Hauptbetonungen, »du« wird unterbetont, bewußt leise

Ich, Frau Krause,
3 Hauptbetonungen hintereinander, wobei die mittlere stärker betont wird, auch durch die Pause zwischen »Ich,« und »Frau«

Nun, Mamma: Frieden!
3 Hauptbetonungen mit jeweiliger Steigerung

– Zäsur:
Du! – Schwiegersuhn! – inse Bergleute ...
   Pause   Pause

Betonung im Satzverlauf:
Mama, ich muß dich aber wirklich doch jetzt bitten.
H   H   a------------------a   H

H: Das Wort hat die Hauptbetonung.
a: Das Wort antippen. Es ist immer abgesetzt, vom vorigen Wort durch das Antippen selber, vom folgenden durch eine Winzigpause.
–: Die Worte auf einem Ton führen, fast wie ein Wort. Entweder schlagen die einzelnen Worte kurz hintereinander an oder sie werden bewußt langsam geführt.

Hat man von dieser Notierung keine Ahnung, so muß man laut lesen und sich selber zuhören, z. B. RÖMISCHE ELEGIEN. Man braucht überhaupt keine Ahnung vom Vers zu haben, beim zehnten laut Lesen wird man feststellen: 1. Daß die Anfangszeilen immer schneller als die Endzeilen sind, daß zum Ende hin eine Tempodehnung ist, so als müsse man jedes Wort einzeln aussprechen, ja die Worte in sich trennen, um sie bedeutsamer zu machen, denn auf jedem einzelnen Wort liegt die Bedeutung. 2. Daß die Stimme mit Tempoanzug hell werden muß, mit Tempodehnung dunkel, das kommt sowohl aus der Bedeutung des einzelnen Wortes als auch aus dem Gesamtgefüge, das besonders gegen Ende hin die Dunklung verstärkt:

Düstere Wege zu spän, still in Betrachtung versank.

Dulde mich Jupiter hier und Hermes führe mich später
Cestius Denkmal vorbey zum Orcus hinab.

Ehe den fliehenden Fuss schauerlich Lethe dir netzt.

Natürlich gibt es auch schnelle Enden, also genau das Gegenteil. Wagner geht sehr vom Vers aus, manchmal fällt er auf den Endreim, da gelingt ihm keine Betonung dazwischen, es macht dann hinten platsch und meist mehrmals hintereinander, das zeigt auch, daß man, fällt man auf den Endreim, musikalisch gar nicht so schnell davon wegkommt, also außerordentlich von diesem Reim be-

stimmt wird. Beim Lautlesen passiert oft dasselbe. Ist man auf den Endreim gefallen, muß man blitzschnell auf einen Bedeutungswandel innerhalb der Zeile zielen, sonst knallt man wieder auf den Reim, meist ist die Zeile dann schon zu Ende. Man hört sich selbst noch am Reim kleben, und im Kopf ist der Bedeutungswechsel da, Bruchteile, nachdem man seine Stimme gehört hat. Kurz, hier liegen die Probleme des Reims bei Vertonung und Sprechen eng beieinander. Es sei denn, der Reim blockiert etwas im Kopf oder Ohr, das länger nachklingt, als lieb ist, oder der Fall auf den Endreim wird schon als Fehler begriffen, und um sich von ihm zu lösen, werden noch mehr Fehler produziert, die sooft wiederholt werden müssen, bis im Gehirn die neue Bedeutungskonstellation, die den Endreim übergeht, gefunden worden ist. Im Kopf geht das schnell vonstatten, aufgeschrieben dehnt sich dieser Vorgang unerträglich. Er scheint sich durch das Notieren aufzulösen, obwohl das Fallen auf den Endreim nicht nur gedanklich, sondern auch körperlich vollzogen wird, als ob die Körperbewegung innehält, momentan erstarrt. Möglicherweise empfinde ich diesen Vorgang durch meinen Sprachfehler besonders stark, der Sprachfehler aber hat mit dieser Körperklemme nichts zu tun.
Zuspitzungen der Handlung und des Wortgefüges wurden von mir stets durch Tempodehnung und Tempoanzug kenntlich gemacht, wobei das eigentliche Tempo verlassen und später meist wieder aufgenommen wurde. H. J. Bauer zu PARSIFAL: Es zeigt sich weiter, daß eine wesentliche Gesetzmäßigkeit der Zeitorganisation darin besteht, szenische und inhaltliche Wendestellen des Dramas durch Beschleunigung oder Verlangsamung der musikalischen Zeit unmittelbar sinnfällig zu machen. Dadurch erweist sich die dynamische Zeitorganisation als eine Elementarstufe der Konfiguration von Text bzw. szenischer Vorstellung und Musik. Die Veränderungen durch Tempo und Metrum gliedern hörbar das dramatische Geschehen.

Außerdem arbeitete ich so, daß ich die Tempiwechsel verstärkte, also noch schneller oder langsamer machte, um sie dann im Probenprozeß langsam in das gewünschte Zeitmaß zurückfallen zu lassen. Häufig nicht mehr korrigiert, lag da noch der schnellere oder langsamere Impuls darunter, ähnlich dem heftigen Einsacken in den Endreim, weil die Erregung der Tempiwechsel spürbar bleiben sollte. So hatte auch ein Schauspieler, der an einem Abend nicht gut drauf war, die Möglichkeit, sich von einem Tempiwechsel zum nächsten zu hangeln, so fest war die Partitur verankert.

VORBILD II

Shakespeare. Trümmer und Sog. Interpretationen alter Texte sind mit einer Tempoverlangsamung verbunden, als verlangsame man bewußt das Tempo der eigenen Zeit, in der man lebt und arbeitet, um einen Blick zurück tun zu können. Dabei ignoriert man die Lebensumstände, in denen sich die handelnden Figuren befinden, meistens im Krieg. Durch Ignoranz versichert man sich eines langsamen Tempos, einer Behutsamkeit, einer Gepflegtheit, einer Gefühligkeit, die nur verfault, anstatt das Tempo anzuziehen, damit sich die inneren, die zu interpretierenden Verspannungen der Figuren abbilden. Praktisch heißt das, daß Tempodehnen und Tempoanziehen nicht nur Formmittel des Sprechens sind, sondern des gesamten szenischen Ablaufs, die man gern der Filmtechnik abtritt, damit der Theatertrott hinkend weiter hatscht.

Die Adaption Shakespeares im Deutschen scheidet die Reste des streng chorischen Theaters aus, um die Individualität jeder Figur nachdrücklich zu unterstreichen. Ebenso ist der Wirrwarr, die Vielzahl von Szenen- und Ortswechseln egalisiert, desgleichen die Personenvielfalt reduziert und gebündelt, sodaß eine bewußte Tempoverlangsamung eintritt.

ROMEO UND JULIA ist bei Shakespeare ein zweiteiliges Stück, das jeweils mit einem Chor aller Darsteller beginnt, der kaum in einer deutschen Übersetzung zu finden ist. Das zweifache Chor-Vorspiel greift entschiedener in den Handlungsverlauf ein, als man annimmt, sodaß die herkömmliche Interpretation, die Unmöglichkeit einer Liebe zwischen verfeindeten Parteien, ausgehebelt wird.

MACBETH ist stets im Umfang reduziert, die Szenen harmonisiert, ein zeitlich verfolgbarer Ablauf wird präsentiert. Shakespeare will aber genau das Gegenteil. Er zwingt den Zuschauer, sich dem Strudel, dem Sog auszusetzen oder sich zu absentieren. Genauso verfährt er mit den Figuren.

Faust hat es mit dem Teufel, Macbeth mit den Hexen, hat man sich nicht deren Tempo anzupassen, zwingen nicht diese Figuren zu einem anderen Tempo? Was suchen sie auf der Bühne? Was in den Köpfen? Daß unsere Bühnen keine Hexen, Teufel, Götter abbilden können, widerlegt doch nicht deren Existenz. Alle Glokken Berlins läuten den Sonntag ein.

In RICHARD III. wird die Tempobeschleunigung zum Sog, zur Stückidee, zu Richards Abschlacht-Plan. Im Frieden, »im Stillstand« kommt die Figur zum ersten Mal auf die Bühne, berichtet, daß der Krieg vorbei und Friede ist, der unter ihren Händen ein Privatkrieg wird.

Richards Eröffnungsmonolog beschreibt keine Mordbestie, sondern einen »individualisierten« Chor-Ausschluß. Der sich als Opfer des Chors Definierende richtet jetzt die Mitglieder des Chores einzeln, die so »individualisiert« werden.

Die szenische Realisierung dieser einmaligen Ausgangsidee ist schwierig, sodaß deutsche Interpretationen ab Stückmitte unbedeutend werden, was den Klassikern schon im Original angelegt erschien. Sie empfanden meist Shakespeares Tempobeschleunigung als barbarisch, obwohl sie selbst mit Tempobeschleunigungen arbeiteten. Für Goethe war sie Jugendsünde, Erinnerung, da er seine wichtigste Shakespeare-Adaption, die Urfassung des GÖTZ-Stoffes, bis ins hohe Alter nicht veröffentlichte. In anderen Werken verlangsamte er das Tempo, erzeugte »klassische Weihe«, sprich Leerlauf.

Tempoverlangsamung und -beschleunigung können nicht gegeneinander ausgespielt werden, beide stehen als gleichberechtigte Formmittel nebeneinander. Da aber die Tempoverlangsamung nervende Begleiterscheinung fast jedes Theaterabends geworden ist, keine inhaltliche Verlangsamung zur Konzentration, sondern schläfrige Ermattung, führten meine Inszenierungen die Tempobeschleunigung wieder ein, um die behandelten Probleme nicht völlig in Asche übergehen zu lassen, sondern sie, wenn nicht brennend, so doch glühend zu halten:

Dunckel brennt das Feuer nur augenblicklich und dampfet,
Wenn das Wasser die Glut stürzend und gähling verhüllt,
Aber sie reinigt sich schnell, verjagt die trübenden Dämpfe,
Neuer und mächtiger dringt leuchtend die Flamme hinauf.

Über das Tempo der Stücke ist meist aus der Position des Lebenden, des Fortschrittlichen, des Tempobeschleunigten gegenüber dem Toten, dem Überholten, dem Tempodisqualifizierten entschieden worden. Eine fehlerhafte, folgenreiche Entscheidung.

Das Sprechtheater wird heute ausschließlich zur Abrichtung einer Bürger-Schicht finanziert, die noch Jahre betreut werden muß, bis sie das Zeitliche segnet, und daß mit ihrem Ende jeder Anspruch auf ein Sprechtheater erlischt. Dieser Schicht ist keine Tempobeschleunigung zuzumuten, eher eine importierte Verlangsamung, die jede inhaltliche Erregung als Barbarei denunziert.

Der Ekel der meisten Interpreten vor Shakespeares eigentlichem Thema, dem Krieg, weicht jede Interpretation auf, mindert bewußt die behandelten Konflikte. Die Ausstoßung des Einzelnen durch den Chor wird durch den Krieg, durch die Kriegswirren selbst herbeigeführt. Das Wechselspiel von Beherrschbarem und Nichtbeherrschbarem »modernisiert« die antike Konstellation, in der sich der Einzelne gegenüber dem Chor befindet. Da man aber Shakespeares Figuren nicht als Chor-Mitglieder definiert, findet ein Vergleich mit antiken Konstellationen nicht statt, in denen letztlich auch der Krieg der eigentliche Zertrümmerer des Chores ist. Nicht die künstlich vorgenommene Individualisierung eines »fortschrittlichen« Autors zerstört den Chor, sondern der Krieg, in dessen Sog sich weder Chor noch Individuum behaupten. Das Schwarze, das Düstere dieser Auffassung hält die meisten Shakespeare-Stücke am Leben. Theoretisch mag bei vielen Theatermachern dieser Ansatz da sein, praktisch aber ist er nicht mehr auf der Bühne zu sehen.

Während meiner PARSIFAL-Vorbereitungen sagte der Dirigent beschwörend: Bitte nicht zuviel Militär! Der Satz war noch erbärmlicher. Man muß den Mut aufbringen, diese Stücke nicht anzusetzen, wenn man sie sich nicht leisten kann. Stücke, die in abgemilderter Form genau das Gegenteil von dem feiern, was der Autor bekämpfte: Anti-Kriegs-Stücke werden zu Wehrerziehungs-Veranstaltungen. In diesen Aufweichungen setzt sich immer wieder »Staat« durch, der streng kongruent schleift. Kongruenz wird von den meisten Interpreten als unverwechselbares Zeichen ihrer Individualität angesehen, so wie sich rote Soße von roter Soße unterscheidet.

Shakespeare wirft die Trümmer des antiken Chors in seinen Stücken hin und her, Höhepunkte bleiben die Kampf-Situationen: Richard III. mit Anna am Sarg ihres Mannes*, die sich des Mörders und zukünftigen Ehemannes zu erwehren sucht. Der Autor setzt die Latte hoch. Durch das richtige Anvisieren der Höhe gelingt vielen Darstellern ein außergewöhnlicher Sprung. Ein großer Vorteil, ein großer Nachteil. Nachteil für den weiteren Stückverlauf, der Autor scheint diese Höhe zu verlassen, der Ansatz, die Figuren »psychologischer« zu sehen, scheint aufgegeben, steht dem Schlacht-Bild, das die Szene eigentlich ist, im Wege. Aufgegeben die Kämpfe: Wer besiegt wen? Zu welchen Bedingungen und auf wie lange? Ein guter Darsteller spart hier Kraft für den weiteren Stückverlauf, obwohl er alle Register ziehen könnte. Doch er muß sich zurücknehmen, will er nicht den Stückverlauf, die Kampfposition, die der Autor ihm zugedacht hat, gefährden. Schon Szenen später zeigt sich, daß sie unterhöhlt ist, vom Darsteller nicht länger behauptet werden kann, da ihm jetzt die notwendige Kraft fehlt.
Das zu vermeiden, ist eher eine technisch-hygienische Maßnahme, doch davon abgesehen, zeigt sich, daß Darsteller und Stück auf Kriegsfuß stehen, daß Stück-Thema und individueller Anspruch der Darsteller nicht kongruent zu schleifen sind, daß man sich mit Unstimmigkeiten abzufinden hat. Auf Nichtkongruenz bestehen zu müssen, vermittelt der Darsteller ununterbrochen. Für ihn ist das zunächst Ausdruck seiner Individualität, letztlich versucht er aber eine Grunddifferenz zu verschmieren, die auch ihm schmerzhaft bewußt ist. Verschmieren deshalb, da direktes Angehen des Problems nicht möglich ist. Der Darsteller besteht auf Eigenwert, auf Individualität, und sieht sich als Transportarbeiter des Autors mißbraucht, sodaß Kampfrichtung des Autors und Kampfrichtung des Darstellers einander feind sind, sodaß Figur und Darsteller sich hassen, einander abstoßen.

* Schwiegervaters

ENTSCHEIDUNG II

Dialog und Mauer. Vor der Premiere meiner 1. Frankfurter Inszenierung MÜTTER bittet ein Kritiker um ein Gespräch. Das Theater oder ich verpassen den Termin, erschöpft, nach der Probe schmutzig, sitze ich ihm gegenüber. Was ich hier mache? Meine Unpünktlichkeit sieht mein Gegenüber als Beweis der Mißachtung des Kritikerstandes, seiner Person, als ein Nichtnachkommen meiner Verpflichtung gegenüber der Öffentlichkeit. Dem westdeutschen Kritiker stehen hierfür Definitionen zur Verfügung, die ich nicht kenne, als Ostdeutscher sitze ich vor einer Mauer, die sich langsam verfinstert, als ziehe ein Gewitter auf: Er habe von den Schwierigkeiten gehört, ob ich denn keine Rücksicht nehmen würde, warum ich so brutal mit den Darstellern umginge. Ich stocke. Ohne den Kritiker, den ich nicht kenne, abwerten zu wollen, sagt mein Kopf: Hier spricht die Funktionärskaste der DDR, hier spricht das NEUE DEUTSCHLAND. Nach Jahren der Theaterabstinenz pralle ich auf genau die Argumente, die mich beschädigten, die mich letztlich vertrieben, die sich, hier neu formuliert, gegen mich aufbauen. Dieses Gespräch, dem kein weiteres folgen wird, ist Anlaß einer jahrelang andauernden Kampagne, die dieser Kritiker gegen mich durchhält, sie stets mit neuer Energie befeuert, jede meiner Tätigkeiten verfolgt, kommentiert, niederzwingt. Obwohl mir diese Person Schmerzen bereitet, anerkenne ich das Interesse, anerkenne ich die Energie. Ich bin ihm dankbar, sehe ich doch seine und meine Verletzung nach unserem Gespräch als dauerhaft an, wiederholt sich seine Verletzung in jeder Begegnung mit einer Arbeit von mir. Ihm, wie den meisten meiner Kritiker, geht es um einen Verlust, den sie angesichts meiner Arbeiten empfinden und mir gegenüber sprachlich und inhaltlich in der brutalsten Form, die ihnen ihr Medium zuläßt, artikulieren, d. h. sie schöpfen die Möglichkeiten ihres Mediums voll aus. Eine inhaltliche Auseinandersetzung ist unmöglich.

Warum die Frauen soviel schrien, er habe darüber empörte Schauspieler gehört, die das nur mit Nazi-Theater vergleichen können. Daß 7 Mütter einen Tempel stürmen, dort die Königin gefangen nehmen, sie bedrohen, damit ihr Sohn sich der Forderung der Mütter annimmt, sie gegen die Stadt Theben durchsetzt und daß damit ein neuer Krieg angezettelt wird, obwohl alle ständig um Frieden barmen, soll Nazitheater sein. Ich kann seinen Ausführungen nicht folgen, stattdessen beschreibe ich ihm eine Frauendemo, die sich in Westberlin über eine Peepshow hermacht, berichte vom innigen Verhältnis hinzugerufener Polizisten und Peepshowbetreiber, wie die kreischenden, traktierten, beleidigten Peepshow-Mädchen von vermummten Frauen aus den Räumlichkeiten gezerrt werden, wie sich die Knallbunten gegen die Schwarzen wehren, sich dann nach innen verziehen, wo die Besitzer sie kujonieren, sodaß eine von ihnen hysterisch schreiend auf die Straße rennt, so laut habe ich noch nie einen Menschen schreien hören, sie rennt direkt in die Polizeiarme, die sie wieder ordnungsgemäß zu ihrem Brotherrn zurückführen.

Hier ist das Chor-Theater die Straße, auf die die antiken Götter von den »antiken Giebeln« des Theaters des Westens herabglotzen, die zwischen Pappeln grinsen, umgeben von Tauben, halb faul und verwest, aber nackt und weiß ihre Geschlechtsteile in den Himmel stellen.

In diesem Gespräch fällt zum ersten Mal der Begriff Nazi-Theater. Der Kritiker kennt meine Arbeit zunächst nur vom Hörensagen. Das Vokabular jedenfalls ist vor der Premiere fertig und wird bundesweit übernommen.

Die Entwicklung einer Theatersprache im deutschsprachigen Raum muß für die Zeit nach dem 2. Weltkrieg als fehlgeschlagen angesehen werden, kaum konnten Autoren der Bühnensprache neuen Sound, Wortfolgen, Worte hinzufügen, ohne daß der Schlendrian diese Einsprengsel langsam, aber sicher abtötete. Natürlich ist die gesamte politische Entwicklung dafür verantwortlich zu machen, aber die jeweilige Annahmeverweigerung, die daraus resultierende Zerstörung, ist zunächst kein »politischer Akt«, sondern Ausdruck eines Mißverhältnisses, eine Trübung der Beziehung von Theater und Gesellschaft, die sich zunehmend in der Weigerung manifestiert, auf die Gegenwart zu reagieren, sich versteckt, um im Unterschlupf die Gegenwart zu überwintern, völlig eingemüllt im überkommenen Plunder, damit nichts vom visionären Charakter des Theaters je wieder wahr werde. Richtig, diese Künstler befinden sich im Widerstand.

Ob historisches Stück oder Gegenwartsstück, der Definitionscharakter der Sprache ist verloren. Sprache ist nicht mehr Grund, sondern Begleiterscheinung. Sprache benennt nicht mehr, sondern umschreibt, verliert ihre Künstlichkeit, ein wichtiger Aspekt in der Unterscheidung zu Film und Fernsehen, sucht stattdessen Natürlichkeit, die die sprechenden Figuren nie haben, verliert in dieser Angleichung an Substanz, an unterwühlender Kraft. Damit werden die Figuren liquidiert, sowohl die toten als auch die lebenden. Die Behauptung der Senkrechten wird nur noch als umständlich angesehen, als lästiger Versuch Pathos zu behaupten, als Störelement, das eine allgemeine Duckung irritiert. Pathos wird als falsch, überholt, verlogen, leer, dumm bezeichnet, dagegen eine Menschelei behauptet, die die Künstlichkeit des Pathos bewußt niederknüppelt. Damit hat die Theatersprache, die Sprache, die sich gegenüber Zuschauern artikuliert, im Voraus verloren. Die Diskreditierung des Pathos, die verständlicherweise aus den politischen Gegebenheiten resultiert, ist jetzt reaktionär geworden, genauso wie sich die Pathos-Behauptung in anderen politischen Gegebenheiten als reaktionär erwies. Diese Beobachtung, Feststellung ist für Darsteller und Autor von Wichtigkeit, da sie eine Korrektur der theaterpraktischen Mittel notwendig macht, genauso wie man sich technischen Neuerungen anpaßt, seine Werkzeuge nachrüstet.

Meine ausgeprägte Chor-Form ist keine Abreaktion einer DDR-Vergangenheit, keine Imitation von Marschkolonnen, Kriegsspielen und Appellen, sondern eine Formulierung der Vorgänge im Westen, meine Antwort auf Polizeiaktionen,

Überfälle, Plünderungen, Demonstrationen, Menschenansammlungen, denen ich ausgesetzt bin. Sicher begegne ich diesen Vorgängen nach meiner Flucht, mit noch unsicherem Stand im Westen, wesentlich empfindlicher als andere.

In den Frankfurter Arbeiten wird mein Ansatz deutlicher, der mich schon in der DDR zu einem Außenseiter stempelte, der meine Arbeiten zu den meistgehaßten im Theater gemacht hat. Die Außenseiterposition ist weder angestrebt noch beabsichtigt, sondern wird mir stets neu zugewiesen. Das kann jedoch nicht verhindern, daß sich viele der von mir verwandten Formmittel, zunächst bekämpft, um so entschiedener durchsetzten, Teil des derzeitigen Theaters geworden sind, ohne daß ihre Herkunft deutlich ist, ohne daß sie von mir noch in Anspruch genommen werden dürfen.

PERSPEKTIVE I

Augenpunkt Fluchtpunkt. Im Zusammentreffen von Bühne und Zuschauerraum begegnen sich Autor und Publikum. Beide trennen räumlich Rampe und Portal. Der Zuschauer nimmt vom Zuschauerraum den Fluchtpunkt in der unteren Mitte der Bühnenrückwand an und sieht, wie die von dort ausgehenden Linien auf das Portal treffen, von dem reflektiert, sich in seinem Augenpunkt vereinen. Nehme ich als angenommenen Fluchtpunkt den Autor an, so gilt für ihn der gleiche Blick von der Bühne in den Zuschauerraum, wie umgekehrt für den dort befindlichen Zuschauer. Bis zum Portal haben Zuschauer und Autor jeweils ein Dreieck aus Fluchtlinien vor sich. In der Mitte berühren sich die beiden Dreiecke, ihre gemeinsame Kante ist die Rampe

Bühnenrückwand – Autor

Rampe I---------------------I und Portal

Zuschauer im Zuschauerraum

Der Autor schickt jetzt aus sich, dem Fluchtpunkt, die Figuren in die Fluchtlinien, bewegt sie zu sich und von sich, läßt sie bis an die Rampe vor und nimmt sie wieder zurück, er läßt Verschiebungen des Dreiecks zu, Ausweitungsversuche, alles das sieht der Zuschauer in den auf den Fluchtpunkt zustürzenden Linien. Deshalb sind für ihn rampenparallele Vorgänge weniger verfolgbar, da diese Bewegungen scheinbar nur an der äußersten Rampenkante sinnhaft ausgeführt werden können, gleiche Bewegungen in Bühnenmitte oder im hinteren Bereich verlieren an Bedeutung. Eine Feststellung, die jeder Perspektive einsetzende Maler berücksichtigt.

Wie der Autor die Figuren aus sich herausschickt, so auch deren Sprachen, die alle einem Autor gehören, alle einem Sprachvermögen, alle eine Sprache sprechen. Der normale Sprechtheaterbetrieb ignoriert bewußt diese Zugehörigkeit, die Verbindung der Figuren untereinander, umgeht eine gemeinsame Sprache, versucht die Figuren brutal zu individualisieren, sie damit ihres zusammenhängenden Sprachkörpers zu berauben und untereinander zu isolieren. Die so hergestellten »Kunstmenschen« gehören zwar dem Titel nach noch dem Autor, möchten aber als Sprache, als Figur autonom erscheinen. Diese falsche Autonomie ist zerstörerisch. Die Existenz des Vers-Dramas verbietet solche Individualisierungen. Jedem Darsteller müßte das klar sein, trotzdem wird der Sprachleib egoistisch zerstückelt, die vorgegebene, streng durchzuführende Vers-Form aufgebrochen. Diese Fehlversuche verursachen Splitter, mahlen willentlich die großangelegte Kontur eines Werkes, eines Gedankengangs klein. Der Autor wird von den Darstellern vernichtet.

Die falsch verstandenen Individualisierungsversuche haben letztlich die Theatersprache ruiniert, jeden Behauptungsversuch dagegen als unerträglich abgestempelt, jeden sprachbauenden Gegenwartsautor diskreditiert. Da Sprachkraft, Sprachmächtigkeit und Abbildkraft zusammenhängen, können gesellschaftliche Utopien diesen Verlust nur beheben, indem sie der Bühne neue Figuren und Handlungen zuführen, die wieder Bausteine werden, jenen Sprachkörper ausbilden, der sich mit der antiken Tragödie, ihrer Umformung bis heute, messen kann. Für den großen, gegliederten, zusammenhängenden Sprachkörper bedarf es des Chor-Stücks, der Chor-Idee, so wie sie das Gegenwartsstück DIE RÄUBER zum ersten Mal praktiziert.

BAUSTEINE I

Motiv Abschnitt Aufbau. In FAUST 2, 5. Akt tapert der von der Sorge um seinen Besitz blind gemachte Faust aus seinem Palast in die Nacht, für ihn, den immer noch Gierigen, ist kein Ende, keine Dunkelheit:

Die Nacht scheint tiefer tief hereinzudringen,
Allein im Innern leuchtet helles Licht,
Was ich gedacht, ich eil es zu vollbringen,
Der Herren Wort, es hat allein Gewicht.
Vom Lager auf, ihr Knechte! Mann für Mann!
Laßt glücklich schauen, was ich kühn ersann.
Ergreift das Werkzeug, Schaufel rührt und Spaten!
Das Abgesteckte muß sogleich geraten.
Auf strenges Ordnen, raschen Fleiß
Erfolgt der allerschönste Preis,
Daß sich das schönste Werk vollende,
Genügt EIN Geist für tausend Hände.

Wie das Geklirr der Spaten mich ergetzt!
Es ist die Menge, die mir frönet,
Die Erde mit sich selbst versöhnet,
Den Wellen ihre Grenze setzt,
Das Meer mit strengem Band umzieht.

Faust:
Aufseher!

Mephisto:
Hier!

Faust:
Wie es auch möglich sei,
Arbeiter schaffe Meng auf Menge,
Ermuntre durch Genuß und Strenge,
Bezahle, locke, presse bei!
Mit jedem Tage will ich Nachricht haben,
Wie sich verlängt der unternommene Graben.

Mephisto:
Man spricht, wie man mir Nachricht gab,
Von keinem Graben, doch vom Grab.

Selbstverständlich hat Goethe das Wort »tief« nicht gepachtet. Es verstört schon, daß ein alter Mann, nachdem er 4 Akte eigenen Textmüll sortiert hat, im 5. zu einer Höhe kommt, wo man nur in die Knie geht. Im Gegensatz zu mir hat Wagner diese 4 FAUST-Akte geliebt, abgeleckt, so konnte er sie verwerten: Verdauen, umformen, ausscheiden.
Das konnte Eichendorff in seinem Gedicht AUF MEINES KINDES TOD auch, der das Wort »tief« zu einem Montageteil seiner lyrischen Sprache macht. Was bei Goethes greisem Faust unerträglich aktiv wirkt, wird bei ihm ins Passive gewendet, fast Musik. Während bei Goethe die Finger des Blinden dennoch raffen und kratzen, ruht man hier aus, in einem Schoß, in dessen Schlaf man sich begibt.

AUF MEINES KINDES TOD

2
Als ich nun zum ersten Male
Wieder durch den Garten ging,
Busch und Bächlein in dem Tale
Lustig an zu plaudern fing.

Blumen halbverstohlen blickten
Neckend aus dem Gras heraus,
Bunte Schmetterlinge schickten
Sie sogleich auf Kundschaft aus.

Auch der Kuckuck in den Zweigen
Fand sich bald zum Spielen ein,
Endlich brach der Baum das Schweigen:
Warum kommst du heut allein?

Da ich aber schwieg, da rührt er
Wunderbar sein dunkles Haupt,
Und ein Flüstern konnt ich spüren
Zwischen Vöglein, Blüt und Laub.

Tränen in dem Grase hingen,
Durch die abendstille Rund
Klagend nun die Quellen gingen,
Und ich weint aus Herzensgrund.

3
Was ist mir denn so wehe?
Es liegt ja wie im Traum
Der Grund schon, wo ich stehe,
Die Wälder säuseln kaum

Noch von der dunklen Höhe.
Es komme wie es will,
Was ist mir denn so wehe –
Wie bald wird alles still.

4
Das ists, was mich ganz verstöret:
Daß die Nacht nicht Ruhe hält,
Wenn zu atmen aufgehöret
Lange schon die müde Welt.

Daß die Glocken, die da schlagen,
Und im Wald der leise Wind
Jede Nacht von neuem klagen
Um mein liebes, süßes Kind.

Daß mein Herz nicht konnte brechen
Bei dem letzten Todeskuß,
Daß ich wie im Wahnsinn sprechen
Nun in irren Liedern muß. Noch immer nicht »tief«!

5
Freuden wollt ich dir bereiten,
Zwischen Kämpfen, Lust und Schmerz
Wollt ich treulich dich geleiten
Durch das Leben himmelwärts.

Doch du hasts allein gefunden,
Wo kein Vater führen kann,
Durch die ernste, dunkle Stunde
Gingst du schuldlos mir voran.

Wie das Säuseln leiser Schwingen
Draußen über Tal und Kluft
Ging zur selben Stund ein Singen
Ferne durch die stille Luft.

Und so fröhlich glänzt der Morgen,
S war als ob das Singen sprach:
Jetzo lasset alle Sorgen,
Liebt ihr mich, so folgt mir nach!

6
Ich führt dich oft spazieren
In Wintereinsamkeit,
Kein Laut ließ sich da spüren,
Du schöne, stille Zeit!

Lenz ists nun, Lerchen singen
Im Blauen über mir,
Ich weine still – sie bringen
Mir einen Gruß von dir.

7
Die Welt treibt fort ihr Wesen,
Die Leute kommen und gehn,
Als wärst du nie gewesen,
Als wäre nichts geschehn.

Wie sehn ich mich aufs neue
Hinaus in Wald und Flur!
Ob ich mich gräm, mich freue,
Du bleibst mir treu, Natur.

Da klagt vor tiefem Sehnen
Schluchzend die Nachtigall,
Es schimmern rings von Tränen
Die Blumen überall.

Und über alle Gipfel
Und Blütentäler zieht
Durch stillen Waldes Wipfel
Ein heimlich Klagelied.

Da spür ichs recht im Herzen,
Daß dus, Herr, draußen bist –
Du weißts, wie mir vor Schmerzen
Mein Herz zerrissen ist!

8
Von fern die Uhren schlagen,
Es ist schon tiefe Nacht,
Die Lampe brennt so düster,
Dein Bettlein ist gemacht.

Die Winde nur noch gehen
Wehklagend um das Haus,
Wir sitzen einsam drinne
Und lauschen oft hinaus.

Es ist, als müßtest leise
Du klopfen an die Tür,
Du hättst dich nur verirret,
Und kämst nun müd zurück.

Wir armen, armen Toren!
WIR irrten ja im Graus
Des Dunkels noch verloren –
Du fandst dich längst nach Haus.

9
Dort ist so tiefer Schatten,
Du schläfst in guter Ruh,
Es deckt mit grünen Matten
Der liebe Gott dich zu.

Die alten Weiden neigen
Sich auf dein Bett herein,
Die Vögel in den Zweigen
Sie singen treu dich ein.

Und wie in goldnen Träumen
Geht linder Frühlingswind
Rings durch die stillen Bäume –
Schlaf wohl mein süßes Kind!

10
Mein liebes Kind, Ade!
Ich konnt Ade nicht sagen,
Als sie dich fortgetragen,
Vor tiefem, tiefem Weh.

Jetzt auf lichtgrünem Plan
Stehst du im Myrtenkranze,
Und lächelst aus dem Glanze
Mich still voll Mitleid an.

Und Jahre nahn und gehn,
Wie bald bin ich verstoben –
O bitt für mich da droben,
Daß wir uns wiedersehn!

Man muß sich selbst Ruhe und Möglichkeit des Eintauchens verordnen, des mehrmaligen Lesens. Weg von einem rein informativen Lesen, das kann uns den Gebrauch des Wortes »tief« ab Zeile soundso auszählen, dafür haben wir zählen gelernt, mehr aber auch nicht. Bei diesem Text beobachtet man das Schwanken der Betonung, fällt man auf den Endreim oder nicht und wie baut oder verbaut der Autor diesen Weg, warum läßt er uns bewußt darauf fallen und warum nicht. Mit diesem Autor ist man scheinbar weit weg von Wagner und Goethe, nahe an Schubert. Eichendorff setzt durch unterschiedliche Tempi die einzelnen Abschnitte voneinander ab. Ebenfalls variieren die Tempi von Strophe zu Strophe, manchmal auch innerhalb derselben, nicht immer in gleichbleibender Qualität, was der Autor möglicherweise als zusätzliche Anspannung und Entspannung meint, zum Vergleich in 9 der Unterschied zwischen 1. und 2. Strophe. Erst mit der 3. Verwendung von »tief« gelingt eine Fundierung des Schmerzes, die aber in der 2. Strophe von 9 nicht durchgehalten werden kann, erst recht nicht in der 3. Also verwendet er in 10 den antiken Schrei und bringt die folgenden 3 As aktiv und läßt einen zum Ende von Wort zu Wort »einsacken«, wollte man den Schritt von Wort zu Wort beschreiben, da jedes Wort nochmal in sich nachgibt wie nasser Boden, mit einem völlig konturierten Schuhabdruck.
Das gelingt ausgezeichnet, ebenso die Kurve, die der Blick macht, der aus der Tiefe ganz nach oben geht, mit einem Verzückungsschrei endet, man kann ihn auch als entrückt, leise hören.
Der Umschwung der Kurve vom tiefsten Punkt in einzelnen Schritten: Vom dunklen O des »verstoben« zum hohen »O« Pause »bitt« im Doppel-T kräftige Betonung, mit dem F harmonisierter Übergang »für mich da«, betonte Vokaländerung »droben«. Wiederholung der Vokaländerung »Daß« Pause »wir uns wiedersehn!« die 3 letzten Worte mit einem Gefühl der Erleichterung und dem Schmerz einer ungewissen Wiederbegegnung, muß man doch zuerst »durch die ernste, dunkle Stunde«.

Eichendorffs 5 verschiedene Verwendungen von »tief«:

7
Da klagt vor tiefem Sehnen
Schluchzend die Nachtigall,
Es schimmern rings von Tränen
Die Blumen überall.

8
Von fern die Uhren schlagen,
Es ist schon tiefe Nacht,
Die Lampe brennt so düster,
Dein Bettlein ist gemacht.

Völlige Aussprache- und Betonungsänderungen der beiden Verwendungen, z. B. hell zu dunkel.

9
Dort ist so tiefer Schatten,
Du schläfst in guter Ruh,
Es deckt mit grünen Matten
Der liebe Gott dich zu.

Jetzt mit Druck auf dem Wort und Dunklung im Übergang zu »Schatten«, dann Beibehaltung des Drucks und Weiterführung über »schläfst« zu »Matten«, Druck festhalten und Endung nicht wegrutschen lassen, kleine Welle von »liebe« zu »Gott«, hier klingt die Fundierung im Doppel-T nach und wird dann entspannt, darf aber nicht wegrutschen, sondern der Gesamtbogen vom Eröffnungs-»Dort« bis »dich zu« muß hörbar bleiben.

10
Mein liebes Kind, Ade!
Ich konnt Ade nicht sagen,
Als sie dich fortgetragen,
Vor tiefem, tiefem Weh.

Jetzt auf lichtgrünem Plan
Stehst du im Myrtenkranze,
Und lächelst aus dem Glanze
Mich still voll Mitleid an.

Die Glorifizierung will nicht aufgehen, bleibt rosa-hellblau-lindgrün, der Klang gelingt nur über die Ms, Eichendorff sitzt in seinen Werkstoffen fest.

Und Jahre nahn und gehn,
Wie bald bin ich verstoben –
O bitt für mich da droben,
Daß wir uns wiedersehn!

Ähnlich wie auf »tief« in 9 wird auf »nahn und gehn« Druck, Dehnung und Dunklung ausgeübt, auf »gehn«, da es zu kurz ist, mehr als auf »nahn«.
Wie wichtig die inhaltlichen Blickbewegungen sind, die damit den Gesamtzusammenhang intensivieren, zeigt der »systematische« Übergang der Strophen in 8, die

kräftig im Schmerz anfangen, dann sich entspannen, Linderung erfahren, in »einsam drinne und lauschen oft hinaus« sehr leise werden, hörend, das doppelte Du leise nehmen und in »kämst« und »müd zurück« sehr schmerzhaft ausklingen. Sehr leise. Dann mit einem Schlag beginnt »Wir armen, armen Toren WIR«. Eichendorff setzt jetzt den antiken Schrei und sein Schmerzersticken in »WIR irrten ja im Graus« ein, der nun von Wort zu Wort in das Pausenzeichen nach »verloren« stürzt, so wie das Ende 8 über die Os auf 9 »Dort ist so«, und jetzt setzt das Thema ein »tiefer Schatten, Du«, zusammen mit dem doppelten Du aus 8,3. Er kriegt über die Os die Festigkeit, sofort anschließend die Fundierung und faßt beides in der Schlußzeile im Wort »Gott« zusammen, läßt es im O und Doppel-T nachklingen.

Im Kontrast die RÖMISCHEN ELEGIEN:

Ahnd ich die Wege noch nicht durch die ich immer und immer
Zu ihr und von ihr zu gehn, opfre die köstliche Zeit.
Noch betracht ich Palläst und Kirchen, Ruinen und Säulen,
Wie ein bedächtiger Mann sich auf der Reise beträgt.
Doch bald ist es vorbey, dann wird ein einziger Tempel,
Amors Tempel nur sein der den Geweihten empfängt.
Eine Welt zwar bist du, o Rom, doch ohne die Liebe
Wäre die Welt nicht die Welt, wäre denn Rom auch nicht Rom.

Beachtlich die Komplizierung in der 1. Zeile, deren Fortdauer in der 2. und der Aufprall auf »opfre«, das sich sogleich entspannt. Im A bei »betracht« nachklingt und »Palläst« lang nehmen läßt, eine genaue Ausformung des Wortes, der Silben Pal-läst verlangt, danach eine Pause und dann die Addition »und Kirchen, Ruinen und Säulen«, wieder mit Ä und über das Ä in »bedächtiger« und »beträgt« Ordnung und Ruhe herstellt. Von der temporeichen 1. und halben 2. Zeile geht es bis zur Beruhigung, einem festen Punkt, der dann mit der 5. Zeile fast schreiend aufgehoben wird. Dieser Tempoanzug ist genau gearbeitet, der fast-Schrei auf »Amor«, die Raffung in »der den Geweihten empfängt«, vor allem die ersten drei Silben. Der Schrei wiederholt sich im »zwar«. Auf dieses Wort legt Goethe schon im URFAUST stereotyp den Schrei.

Faust:
Zwar bin ich gescheuter als alle die Laffen
Docktors, Professors, Schreiber und Pfaffen

Student:
Soll zwar ein Mediziner werden.

Mephisto in Fausts Gelehrten-Kostüm:
Zwar Noes Arche war saubrer gefacht,
Doch ists einmal so hergebracht.

Mephisto nimmt das »zwar« von Faust ab, der Student vom als Faust verkleideten Mephisto, ihn sowohl nachäffend, als sich auch vor ihm brüstend, daß er exakt den Ton trifft.
Goethe ändert das »zwar« in FAUST 1, normalisiert den Schrei des jungen Faust, den Widerspruch, der das »zwar« ausgebildet hat:

Zwar bin ich gescheiter als alle die Laffen,
Doktoren, Magister, Schreiber und Pfaffen.

Er läßt jetzt deutlich auf den Endreim fallen. Die Schnoddrigkeit von »Laffen Docktors« ist aufgegeben, »Laffen, Doktoren« wirkt schwerfällig, die temporeiche Eröffnung der ursprünglichen Gelehrtenverfluchung mit »Laffen Docktors« wird bloße, hinkende Aufzählung. Durch den Tausch von »Professors« in »Magister« wird die Aggression der 4 aufeinander folgenden Os in »Docktors, Professors« harmonisiert, »Magister« erleidet als 2. Wort in der Zeile Inhaltsverlust und vermatscht. Goethes Änderung möchte zwar den Ausgangsgedanken beibehalten, doch dem widerspricht jetzt Fausts Alter, aus dem jungen Mann ist ein alter geworden. Diesen Wechsel will der egalisierte Text stützen, tatsächlich aber wertet er ihn ab, macht ihn matt.

Zurück zu den RÖMISCHEN ELEGIEN:

Doch bald ist es vorbey, dann wird ein einziger Tempel,
Amors Tempel nur sein, der den Geweihten empfängt.
Eine Welt zwar bist du, o Rom, doch ohne die Liebe
Wäre die Welt nicht die Welt, wäre denn Rom auch nicht Rom.

Wie die Wendung vom Ä bei »empfängt« auf die Os erfolgt, dann zu den 4 Ws übergeht und dann unten in den 2 »Roms« tobt. Sehr gut ist dann Goethes geänderter Übergang von I auf IV, aus den beiden »Roms« kommt die Unmutsbekundung hoch: Ehret wen ihr auch wollt! Nun bin ich endlich geborgen! Leider wird die Unmutsbekundung einer bloßen Aufzählung und bald ganz der Lyrik geopfert. Bedauerlich, denn dieses Kochen hätte die Intensität der gesamten ELEGIEN länger befeuert und fehlt vor allem dann, wenn antiker Stoff nur als Füllung herhalten muß, vor allem zum Ende. In XIII ist er schlecht behandelt, in XXI sackt er vollkommen ab, die Folgen trägt der Schluß XXII. Der Sprecher hat nun die Schwierigkeit, sich gegen den zusammengeklaubten antiken Füllstoff und dessen breiten Aufbau zu behaupten, die zu Beginn vorgegebene Höhe nicht zu verlassen, sich gegen den zunehmenden inhaltlichen Verfall zu schützen. Voll Bedauern denkt man an den Anfang, an die Hammerschläge: Saget Steine mir an, o sprecht ihr hohen Paläste, Strassen redet ein Wort! Selbstverständlich ist diese große Eröffnung nicht Goethe eigen, sondern nachempfundener Beginn der ODYSSEE.
Daß ein deutscher Autor seine Fick-Tour mit der ODYSSEE beginnt, ist ein Hammer. Welchem literarisch hochstehenden Bangkok-Urlauber würde man das

zubilligen. Goethe ändert instinktiv die Abfolge der ELEGIEN zugunsten des antiken Mülls, zensiert aus sittlichen Gründen Textteile und formuliert um. Er verbrämt den Sextourismus noch mit politischen Vorhaltungen, die man dreimal, viermal lesen muß, um überhaupt ihren Stellenwert zu erkennen, man vergleiche nur, wieviel Zeilen der Autor diesem wichtigen Sachverhalt beimißt und wieviel dem Wiederholungsaufguß antiker Mythen, in den Tausende von Autoren ausbrechen, auch mein Text kann sich dagegen nicht abschotten. Goethes Herausgeber haben an den RÖMISCHEN ELEGIEN gefeilt, bis der eigentliche Anlaß Nebensache wurde.
Eine Fick-Tour als ODYSSEE. Eine Beschreibung Roms und der realen politischen Zustände, vor denen dieser Mann ins Ausland flieht, dort mit 2 Frauen/Männern lebt, die ihn wie eine der Goya-Figuren ausnehmen. Das Leben einer Stadt, in der sich Tausende von europäischen Touristen zur Paarung treffen. Rom, das Bangkok von 1788.*
EROTICA ROMANA, der ursprüngliche Titel: Das wäre eine Bresche in die versifften, deutschen Verhältnisse und Vorstellungen gewesen, doch Goethe wußte zu genau, daß ihn nur eine Antikenbetrachtung rettet, seine politische Machtfunktion untermauert.

Zurück zu Wagner. Warum das alles. Zunächst, um auf die Wagner-Texte eine andere Sicht zu ermöglichen. Sein rhythmisches Gefüge ist viel fester, komprimierter, eigentlich ein gestoßenes Staccato, das mehr oder weniger entspannt wird, wobei das »Stochern« innerhalb der Zeilen und das »Zerreißen« von Zeile zu Zeile deutlich zu unterscheiden sind. Manchmal klingt es wie aus einem meiner Texte, doch purer Wagner: Da lach ich – lache – kann nicht weinen, nur schreien, wüten, toben, rasen. Eine Anhäufung von Fehlbegriffen, wenn die Erregung weder artikulierbar noch formbar ist. In fast jedem PARSIFAL-Text ist das »Stottern«, das ruckartige Sprechen, was ich auch mit »Stochern« umschreibe und das in diesem Zusammenhang noch etwas anderes bedeutet. Trotz meiner Umschreibung wäre eine Definition als gestoßenes Sprechen besser, da, spricht man Wagner-Text laut und will die Endungen voll beibehalten, sich das Mundwerkzeug anspannt, man das einzelne Wort, wie um den Mund endlich zu entspannen, herausstoßen muß.

Ein Beispiel, wie rhythmisch Goethe in den ELEGIEN Stottern formulierte:

Blicke, Händedruck und Küsse, gemütliche Worte,
Sylben köstlichen Sinns wechselt ein liebendes Paar.
Da wird ein Lispeln Geschwätze, da wird ein Stottern zur Rede.

Spannend die Stockung zwischen »Lispeln« und »Geschwätze«, die Anspannung auf »Stottern«, fast ein Hängenbleiben auf dem Wort, das »zur« wie eine Lösung der Erstarrung, dann die Entspannung auf »Rede«, mit einer gewissen Hetze wird

* 1997. Berliner U-Bahn-Werbung: Auf nach Rom, aber nicht ohne Kondom.

Stockung, Anspannung, Entspannung gut vorbereitet, das Doppel-R, spreche man zum Vergleich die Zeile ohne »zur«, sie fällt hinten ab, erst das Doppel-R setzt den Schluß.

Zurück zu Eichendorffs Aufbau. AUF MEINES KINDES TOD beginnt mit einer nicht zitierten Einleitung, einer Beschreibung des Kindes, seines Todes, eines Zwiegesprächs, genau die Motive, die nachher in den Abschnitten 2-10 abgehandelt werden, man könnte die Einleitung als breit ausgebautes dreiteiliges Vorspiel ansehen.
Daß die Verwendung von »tief« leitmotivisch ist, ist nicht zu übersehen. Auffällig ist weiter, daß Eichendorff, obwohl das Gedicht einen außerordentlich privaten Vorgang behandelt, in seine Lyrikkiste greifen und mit vorgefertigten Konstruktionsteilen, Leitmotiven, arbeiten muß, die er in anderen Gedichten in gleicher Bedeutung verwendet, eine Technik, die auch Heine vorzüglich handhabt, doch unterscheidet sich die Sogwirkung, die beide Autoren herzustellen vermögen.

Das Studium der FAUST-Monologe prägt Nietzsche und Wagner, wie sie mußten sich viele Autoren unter der Knute dieses »Deutschesten« Sprechtextes ducken. So wirkt Nietzsches Verwendung des Wortes »tief« im ZARATHUSTRA-Schluß bis zu Heym, bis zum 1. Weltkrieg:

Oh Mensch! Gieb Acht!
Was spricht die tiefe Mitternacht?
Ich schlief, ich schlief –,
Aus tiefem Traum bin ich erwacht: –
Die Welt ist tief,
Und tiefer als der Tag gedacht.
Tief ist ihr Weh –,
Lust – tiefer noch als Herzeleid:
Weh spricht: Vergeh!
Doch alle Lust will Ewigkeit –,
– will tiefe, tiefe Ewigkeit!

Von Heym 2 unterschiedliche Beispiele aus INFERNALISCHES ABENDMAHL und SCHWARZE VISIONEN, ersteres wie eine sachliche Bestimmung, positiv, wobei das »tief« durch »Schwermut« verstärkt wird, durch die Weiterführung »wie die Hölle schön« nicht absackt, im 2. Beispiel wird der schwere Ton gleich zu Beginn des Gedichtes durch die 3 Us eingeführt, dem sich die beiden Worte mit Vokalbeginn »Askesen« und »Eremit« entgegenstellen, aber so, daß sie mit der Vokalbetonung die Spannung verschärfen, »Askesen« wie ein Nagel im Fleisch. In der 3. Zeile wird abgedunkelt, bis in »tief« auch der tiefste Ton erreicht ist, ein Einsacken im Ton und danach ein Sprung, ein Hochkommen auf »dein«, »eingesunknes« nochmaliges Einsacken, »Lid« als Ausklang in der Mitte, schmerzhaft, da das Einsacken noch bewußt ist.

Aus INFERNALISCHES ABENDMAHL:

Tiefer als tausend leere Himmel tief
Ist seine Schwermut, wie die Hölle schön,
Wo in den roten Abgrund sich verlief
Ein bleicher Sonnenstrahl aus Mittagshöhn.

Aus SCHWARZE VISIONEN:

Du ruhst im Dunkel trauriger Askesen
In deinem weißen Tuch, ein Eremit,
und deine Locken, die in Nacht verwesen,
Bedecken tief dein eingesunknes Lid.

Heym verwendet auch bei einer Arbeit mit einer Vielzahl von Strophen das Wort »tief« sparsamst, so daß die alte Melodie, die dieses Wort begleitet, für diesen einen Moment wirkt und weitertransportiert ist.

Wagners musikalische Abschnittsgliederung ist oft im Text erkennbar vorgebildet. Der musikalische Abschnitt beginnt meist laut und endet leise. Ebenso gibt es laute Enden mit leisem Beginn des neuen Abschnitts, auch leise Enden mit leisem neuem Beginn, ebenso laute Enden mit lautem Beginn, doch hauptsächlich bewegt sich der Abschnitt von laut zu leise.
Normalerweise würden die Abschnitte mit Auftritt oder Ziffer bezeichnet sein, doch Wagner verwendet für seine Abschnitte einerseits die bekannte Auftrittstechnik, eine Figur betritt die Bühne, der neue Abschnitt beginnt, andererseits übergeht er auch deren Auftritt strikt und fügt im PARSIFAL Figuren dem Bühnengeschehen so bei, als habe das Bühnengeschehen vor dem Auftretenden Vorrang, als hätte sich die neue Stimme dem bestehenden musikalischen Geflecht zuzuordnen.
Musikalisch verhalten sich die Wagner-Abschnitte genauso wie die Eichendorffs, sie grenzen sich voneinander ab oder überlappen sich oder führen, trotz Unterteilung, eine gemeinsame Linie weiter.

Warum der Eichendorff-Vergleich. Zunächst um Aufbau, Wortwahl, Tempi, Inhaltskonstruktion an einem mehrteiligen Text zu analysieren. Die gewonnenen Kenntnisse lassen sich leicht auf Wagners Aufbau in Abschnitten übertragen, ebenso auf seine sprachliche Formulierung, nicht die der Wortwahl, sondern die des Spannungsanzugs und -abbaus innerhalb einer Zeile, einer Replik, eines Textabschnitts.

Daß Wagner probentechnisch vom gesprochenen Wort ausgeht, daß er mit den Darstellern deklamierend Tonfall und Betonung erarbeitet, um schon im frühesten Stadium die Figur zu umreißen, sie direkt vom Schauspiel abzuleiten, will heute aus guten Gründen unbekannt sein, ebenso, daß Wagner die Proben anschließend mit Klavier erweitert, jedoch erst singen läßt, wenn Deklamation und Klavier rhythmisch übereinstimmen. Diese Probentechnik ist eingehender überliefert als hier wiedergegeben, sie zeugt vom technischen Stand Wagners, zugleich von einer für diese Art Gesang natürlichen Erarbeitungsweise, die Bach verwandt ist. Von dieser Arbeitsweise ist nahezu nichts übriggeblieben, die meisten Darsteller lehnen, auch aus Unkenntnis, eine Annäherung mittels Sprache ab, ich meine jedoch, sie wittern, was Kritiker Wagner schon 1876 vorwarfen, es werde mehr gesprochen als gesungen. Daß Wagner wiederholt auf die rhythmische Spracherarbeitung hinweist, zeigt, wie unverzichtbar ihm das Sprachkorsett für die Darsteller war, Grundlage einer sängerischen und schauspielerischen Interpretation. Daß er das Korsett fest anmißt, mit Darstellern paukt, belegt sowohl seinen Perfektionismus als auch den Versuch, eigene Gesangsvorstellungen durch eingehende Probenarbeit zu erweitern. Vielen Darstellern ist solche Erarbeitung heute unerträglich, da sie scheinbar persönliche Freiheit einschränkt, ihre Individualität verletzt. Genau das Gegenteil ist der Fall.

Um Gischt zu erzeugen, braucht es Sandbank oder Bollwerk, die sich der Wassermasse entgegenstemmen. Daß die Welle auch fauliges Treibgut mitbringt, das kann nach dem Sturm am Strand gesucht werden. Anzeichen des Sturms sind zunehmender Wind und stärker werdende rhythmische Stöße der Wellen, in deren Abfolge die 7. Welle Kraft gewinnt. In der Sonne aufspritzende Gischt oder dunkel blaugrün, nur unwesentlich von der Welle unterschieden, unter schwarzblauem Gewitterhimmel, der gegen Sonnenuntergang an den Rändern rot flammt, als würde der Schacht großer Koksöfen geleert, Glut sich ins Wasser werfen. Um Land nicht wegreißen zu lassen, baut man Buhnen, selbst das Meer reguliert sich, indem es Sandbänke vor sich herschiebt, anlandet.

Wenn bei Bach der Sänger nicht deklamieren kann, erscheint der Tonfall des Satzes, der Replik nicht. Es leidet nicht nur die Wortverständlichkeit, sondern die Notenwerte stimmen nicht, eben jenes Gefüge, das der Komponist nicht mehr festzulegen vermag. Obwohl der einzelne Notenwert feststeht, ist seine Ausführung dennoch davon abhängig, wie der betreffende Sänger ein Schluß-M, -N, -T oder -D ausspricht, den Wortabschluß mit dem Beginn des nächsten Wortes verbindet oder trennt. Obwohl der Notenwert dieses nicht zuzulassen scheint, muß das Wort ausgesungen werden, müssen die Notierungen flexibel gehandhabt werden, passiert das nicht, heißt das, auf Wagner übertragen, kurz, ewige Anbrüllerei. Wagner kennt die Gefahr und weist in DAS BÜHNENWEIHFESTSPIEL IN BAYREUTH 1882 auf die unbedingte Einhaltung der Wortendungen hin, er mißt diesen den eigentlichen Bedeutungstransport zu, eine Erfahrung, die man erst nach intensiver Spracharbeit macht, denn zunächst hält man sich mit den Worteröffnungen und Vokalen auf. Wagners Text mit vielen seiner scheinbar überholten Forderungen ist heute noch Meßlatte einer Interpretation, sieht man von seiner zeitgebundenen Einkleidung ab.
Viele Vorstellungen Wagners sind einfach praktisch, auf der Höhe eines Küchenrezepts, nimm 2 Eier oder 2 Schritte, dreh dich nach links, mische Mehl und

anschließend Zucker, aber vergiß nicht, niemals Hefe und Fett zusammenkommen zu lassen. Daß man diesen praktischen Anweisungen weder Gehör noch Probenzeit einräumt, geschieht im ohnmächtigen Eingeständnis, daß man, bevor man ein Kochbuch aufschlägt, kochen können muß, sonst bleiben beste Zutaten Pappe und eine margarinegestrichene Aldi-Stulle Genuß.

Daß Ausformulieren von Sprache etwas mit Genuß zu tun hat, auch mit schmerzvermehrendem, nämlich wie schmerzvermehrend man den Nagel ins Fleisch treibt, auch ins eigene, auch dieses Genusses haben uns Autoren wie Hölderlin, Heine, Heym und Huchel teilhaftig werden lassen.

Will man Wagners Rückgriff und Wiederbelebungsversuch der Antike nicht nur herbeten, sondern praktizieren, muß man auf die Quellen zurückgehen, die Wagner inspirierten, und diese mit seiner Umsetzung vergleichend erarbeiten. Es kann nicht von antiken Konstellationen gesprochen werden, wenn sich nur kostümierte Müllhaufen auf der Bühne bewegen, gar noch singen. Es ist Qual, das zu beschreiben, einen sachgemäßen Ton zu finden, wenn sich das, was man auf der Bühne gesehen hat, völlig dagegen sträubt. Vielfach wird in den Wagner-Interpretationen eine Welt gefeiert, die einfach nicht mehr da ist, die vom Komponisten selbst ad acta gelegt ist. Jetzt muß ausgerechnet ein heiliggesprochener Barrikadenmann herhalten, marode Zustände repräsentativ zurückzuholen, das war falsch 1965, als ich zum ersten Mal in die Deutsche Staatsoper unter den Linden ging, genauso falsch 1995. 30 Jahre sind vergangen, 30 Jahre keine Spracharbeit. Das nicht nur in diesem Institut, Bayreuth kann sich anschließen.

SOUND-SOG

Wagner verwendet die Bezeichnung Motiv, Nietzsche ersetzt sie durch Symbol, Wolzogen sagt Leitmotiv. Ob die Einführung dieses Begriffs für die Analyse von Wagners musikalischem Aufbau wirklich nützlich ist, ist zu bezweifeln. Durch diese Benennung der verschiedenen Notenzusammenballungen, die ein Leitmotiv abgeben sollen, wird nichts anderes bezweckt, als diese inhaltlich eindeutig festzulegen, indem man bewußt sich vor den Untiefen, den inhaltlichen Veränderungen dieser Motive schützt, einfach Wagners Sumpf melioriert. Außerdem erzeugt man künstlich eine Kennerschar à la Volkshochschule, die, vorausgesetzt in Kenntnis »aller« Leitmotive, das betreffende Werk in- und auswendig kennt, sich dessen Besitzes versichert hat, eine trügerische Vorstellung. Die alte Baucis mahnt: Traue nicht dem Wasserboden, halt auf deiner Höhe stand!

Wagner läßt sich nicht festlegen und sondert wie bestimmte Tiere Sekret ab oder im Wasser Farbe, um sich einzunebeln, um sich einer Verfolgung zu entziehen. Diese Verneblungstaktik ist nicht das Ergebnis von zielstrebigen Überlegungen, sondern notgedrungene Praxis. Wagners Flucht, Distanzierung zu Vorhergehendem, der er sich sowohl aus biografischen wie aus werkbezogenen Gründen befleißigt, schlägt sich zunehmend in seinen Arbeiten nieder, teilweise ein altersbedingter Vorgang, der sich sowohl bei Goethe als auch Hauptmann belegen läßt. Goethe mußte 80 werden, um seine Urfassung GESCHICHTE GOTTFRIEDENS VON BERLICHINGEN MIT DER EISERNEN HAND DRAMATISIRT herauszugeben, ein Werk, das in entschärfter, überarbeiteter Fassung längst publik war. Da die Werkkenner wußten, daß es diese Urfassung gab, ist seine Weigerung, sein Jugendwerk zu drucken, unverständlich, möglich, daß er bis ins hohe Alter seinem Fürstenhaus gegenüber pro forma loyal erscheinen wollte. Wagner, der Barrikadenmann, kommt sogar in die Lage, daß ihm ein Jung-König Befehl erteilt, seiner Frau seine Lebenserinnerungen zu diktieren, worin der König wie in einem offenen Buch zu blättern wünscht, um sich seines Günstlings zu vergewissern. Was trotzdem herauskommt, ist beachtlich, kann nicht nur als Dienern weggewischt werden, obgleich die stark gefilterte Darstellung Goethes Titel DICHTUNG UND WAHRHEIT in die Tat umsetzt, man muß nicht erst die Cosima-Kommentare lesen, vieles ist einfach erstunken und erlogen. Nicht nur der dauernde Umdeutungsversuch politischer Praxis und seiner Werkvorstellungen macht nervös, sondern der Harmonisierungsdruck, unter dem dieser Autor leidet, der sich bis in sein letztes Werk und dessen Inszenierung behauptet, endlich doch den Erfolg bringt.

Zurück zu Eichendorff. Was bei ihm angreift, ist der Sound, gegen den man nicht gewappnet ist, die »unendliche Melodie«, ein Sog, der in jedem seiner WANDERLIEDER schmerzhaft ist, ein Sich-fort-Sehnen, ein Mitgehen-Wollen. Hier wird die Melodie, der Sog sowohl durch die Bezeichnung »Lieder« als auch durch die beschriebene Fortbewegung »wandern« definiert. Durch diese Kombination, die inhaltliche Konsequenzen hat, unterscheiden sich die WANDERLIEDER von den anderen Arbeiten Eichendorffs, obwohl er deren Tonfall wiederholt zitiert, was nur bedingt gelingt.

In den einzelnen Gedichtkompositionen der WANDERLIEDER kann man die Bauteile der »unendlichen Melodie« sezieren und stellt fest, daß es sich um vorgestanzte Teile handelt, die fast Standardmaß besitzen und immer neu zusammengesetzt werden. Heine ist darin äußerst erfahren, erreicht einen anderen Sound. Hat man Eichendorffs Bauteile in der Hand, wollte man sie neu zusammenstecken, diesen Versuch muß man zur eigenen Überprüfung machen, dann stellt man fest, daß das nicht geht, beim Puzzle würden die Verzahnungen abbrechen oder müßten neu zugeschnitten werden, was das abgebildete Motiv, das man zusammensetzen will, verbietet.
Man kann aus dem Gesamtgefüge eines Gedichtes von ihm Worte, Verszeilen herausnehmen, ohne diesen Sound zu zerstören, er hat dann einen Riß wie eine Glasscheibe, aber das Gesamtbild ist ohne Verzerrung sichtbar. Über diese Eigenart haben sich Germanisten den Kopf zerbrochen, ohne Antwort zu finden. Für die rein technische Handhabung der Bauteile besitzt nur der Autor das alchemistische Rezept, den Geheimkleber, mit dem er baut. Die »unendliche Melodie«, im Gegensatz zum »Leitmotiv« eine Wagner-Definition, entwickelt sowohl bei Eichendorff als auch bei Wagner Sog, derart, daß er mit dem angeschlagenen Ton, den ersten Takten einsetzt, bei Eichendorff nach den ersten 3 Worten. Manchmal benötigt er noch das 4. und 5. Wort, jedoch nicht, um die 1. Zeile abzuschließen, sondern die Strophe zu eröffnen. Der Sog ist dann beim Übergang in die 2. Zeile da, spätestens nach dem 2. Wort der 2. Zeile:

Dort ist so	Pause	tie-fer Schat-ten:
Du schläfst	Umlaut lang, Sog voll da	in guter Ruh

oder

Und wie in goldnen Träumen:	Verbindung zum nächsten Wort
Geht linder Frühlingswind	Tonhöhe bleibt

Der Sog entsteht aus der 1. Zeile, so als hätte sie an ihrem Ende einen Doppelpunkt, und dann setzt Sog ein. Man kann sagen, daß mit der 1. Zeile der Sog, die Art des Sogs definiert wird, fast wie eine Überschrift, wie beim PARSIFAL-Vorspiel zum 1. Aufzug. Setzt man bei Eichendorff die 1. Zeile als angenommene Gerade, so ergeben sich die folgenden Zeilen als Windungen wie eine farbige Papierschlange, die nach unten fällt, in immer neuen Kreisbewegungen, bis sie, das Gedicht enden. Das ist der Sog, die unendliche Windung nach unten, unten als Schwerkraft-Richtung. Diesen Sog verhindern, heißt praktisch, die Papierschlange vorsichtig wieder zusammen zu rollen, ihre Enden zu fixieren, damit sie nicht von selbst aufspringen.

Sich dem Sog des Gedichtes, der Musik zu widersetzen, verhindert Genuß, schränkt ihn ein. Sogwirkung heute als faschistisch zu bezeichnen, ist Unsinn, wer nicht Objekt sein will, meide den Sog. Meistens laborieren diejenigen am Sog, die zwischen Objekt und Subjekt nicht unterscheiden, nicht verstehen, was es heißt, die Welle entweder zu teilen oder von ihr getragen zu werden, dazu muß man schwimmen können oder auszuwerfendes Treibgut sein.

Sog entwickelt auch Dostojewski, derart, daß man nach etwa 50 Seiten RASKOLNIKOW, wie der mit dem triefendem Beil dasteht, der Roman hält nicht diese Höhe, aber beim VERHÖR ist man die gepeinigte Person, ist Raskolnikow, der überführt werden soll. Vergewaltigt hier ein Autor seinen Leser, reißt er ihn willentlich in den Sog, will er dessen Untergang wie ein antiker König genießen? Man muß in einer guten inneren Verfassung für die ersten 50 Seiten dieses Romanes sein.
Für den Übersetzer ist der 1. Satz derart schwer, muß hier doch Sog einsetzen, eine außerordentliche Hürde, da sich die russische Konstruktion nicht deutsch übertragen läßt, also kämpft man damit, wie man diesen 1. Satz, ein langes Gewinde, unterteilt, kürzt, inhaltlich alles unterbringt, und dann hat man das, womit die meisten Übersetzungen beginnen, ein kleingedroschenes Monument. Mit diesem 1. Satz baut Dostojewski eine Barriere, eine Abschreckung, ähnlich Eichendorff, so wie jeder Sog sie anzeigt, abschreckende Schönheit. Will man dieser teilhaftig werden, muß man sich in den Sog begeben, genauso in die Musik. Überall stehen Schilder: BADEN VERBOTEN!

Daß Sog Sog ist, erfährt jeder, wenn er nicht mehr Subjekt, sondern Objekt der Welle ist. So war ich in Teneriffa längst aus dem Wasser, als mich jene 7. Welle einholte, mit sich zog, die nächstfolgende mich so über das steinige Ufer schleifte, daß ich genauso blutend und zerrissen aus dem Wasser kam wie die vorher von mir belächelten kleinen Engländer, die mit blutigem Rücken ihre Surfbretter präparierten, meinte ich doch, es besser zu können. Selbst beim nächsten Baden hatte ich Angst, der Sog trieb mich nicht aufs Ufer, sondern gegen die Felsen, so daß ich schon aus Angst, mich wieder zu verletzen, wie ein Unsinniger strampelte, dennoch nicht ans Ufer kam, mich endlich ruhig verhalten mußte, bis die Wellenbewegung es zuließ, mich aus dem Wasser entließ.
An einem anderen Felsen konnte man nur an einer Leiter ins Wasser, das Meer kam 2 Meter über den Leiterzugang, man mußte sich in diesem Augenblick schnell der Leiter nähern, sich festklammern, damit man vom Sog nicht mitgerissen wurde, die nächste Welle über sich ergehen lassen, ihr standhalten, um schnell auf die Sprossen zu kommen, sich gegen die nächste Welle zu stemmen, sich ganz dicht an die Leiter pressen, um sich dann der abfallenden Welle anzupassen, mit ihr plötzlich 2,5 m tiefer als der Leiterzugang zu fallen, um sofort zu schwimmen, damit die folgende Welle einen nicht gegen die Leiter zurückschlug. Das gelang, doch erreichte ich nicht die Fertigkeit einer Engländerin, die in vollem Ornat: Schmuck, Sonnenbrille, Zigarette und Sonnenhut auf der Welle lag, sich genau über dem gefürchteten Fels hin- und hertreiben ließ, sich völlig der

Welle anglich, langsam, ja majestätisch von dieser über den Fels getragen, auf der anderen Seite abgesetzt wurde, wo die Dame mit wenigen Armbewegungen sich in die Position brachte, um von der Welle erneut aufgenommen und zurückgetragen zu werden, damit das Spiel von neuem begann. Sie meinte, das bekomme ihrem Teint besser als der Sonnenstuhl, den sie verabscheue, dabei holte sie aus ihrem Hutband die Zigarettenschachtel, steckte den Stummel geschickt in ein Silberdöschen, das sie ebenfalls hinter dem Band versteckte, und zündete sich eine neue an, dies bei einer Wellenbewegung, die mir Neuling nicht mal den Abstoß von der Leiter gelingen lassen wollte.

Sog, diese Bewegung muß man kennen und sich ortskundig erweisen, das geht nur, indem man mit dem Sog arbeitet, sich dessen Gefahr bewußt wird, so daß man bei hohem Wellengang den Richtungssog richtig einschätzt, sonst landet man blutend zwischen den Buhnen statt auf einer fern liegenden vorderen Sandbank, wo man bequem das Wasser verlassen kann. Bei hohem Wellengang dort herauskommen zu wollen, wo man hineingeht, also gegen den Sog anzuschwimmen, bezahlt jeder.

ANRUFUNG I

3 Anschläge. In einem Horowitz-Porträt erklärt der Pianist Amerikanern die Arbeit am Klavier. Nach 12jähriger Konzertpause hält er eine Art Volkshochschule zu einzelnen Komponisten ab, spielt diese an, ohne Vorbereitung, ohne Schlußgrimasse. Nach 3 Anschlägen hat er das Werk. Die Anrufung, die Zeitänderung, das Hinübertreten sind ohne sichtbaren Übergang, man ist überrumpelt, schraubt die Ohren innerlich nach, beim 5. Anschlag ist der Komponist »sichtbar«. Er ist längst anwesend. Man hat Schwierigkeiten, in diesem Tempo zu unterscheiden, sich nur auf den Anschlag zu konzentrieren.
Der Übergang in die andere Zeit, in das andere Tempo kommt nicht aus dem Mann, es kommt aus den Tasten. Kein Konzert. Horowitz ist zu Hause, hemdsärmlig, die Gegenwart der unsichtbaren, angerufenen Komponisten ist unerträglich. 3 Anschläge braucht der dazu.

Goethe braucht 5 bis 6:
Saget Steine mir an, o sprecht ihr hohen Pal-läste

Heine 3:
Im Traum sah ich die Geliebte
oder 4:
Mein süs-ses Lieb, wenn du im Grab

Eichendorff bis 5:
Dämm-rung will die Flü-gel spreiten
oder 3 bis 7:
Dort ist so tiefer Schat-ten

Heym 2 bis 8:
Du ruhst im Dunkel trauriger Askesen
oder 5:
Hoch wo das Dunkel seine Schatten türmt
oder 4:
Tre-tet her-an. Sein Mund ist süß wie Frucht

Goethe: Eine zweisilbige Trennung von »Stei-ne« geht nicht, der Ton bricht weg, das »mir«, der 3. Anschlag wäre schon verwaschen, »Steine« muß kurz, fast einsilbig gesprochen werden. Das Vorbild ist Homer. Hier klärt der Interpret, ob er den Text mit 3 Anschlägen beginnt oder den 4. und 5. benötigt. Der ODYSSEE-Abklatsch Goethes bereitet Schwierigkeiten.
Heym: Nach 5 Anschlägen ist die Melodielinie vollständig da, bleibt in ihrer Intensität, variiert, erlischt nur, wenn die Formulierungen in DAS INFERNALI-

SCHE ABENDMAHL nicht packen, wo oft 3. und 4. Zeile einer Strophe wegsakken, bei einem Vortrag fast zu streichen sind, um die Komposition nicht zu zerstören.
Eichendorff, Heine: Der 3. Anschlag muß öffnen, die 2 vorhergehenden kurz, der 3. lang. Heine zieht, reißt das Tempo an: »Mein süßes Lieb«, »süßes« innen weich, hinten mit S-Verstärkung: süs-seß, diese Verstärkung durch die Aufweichung von Lieb führen, in der B-Formulierung abschließen, man beobachte, was mit den Lippen bei der Konsonantenformulierung passiert, die beiden gegensätzlichen Bewegungen ß und b voll ausführen und klar voneinander absetzen.
Goethe wendet in RÖMISCHE ELEGIEN 1. eine rhythmische Konsonantenverdopplung an, teilweise bedingt durch unentschiedene Rechtschreibung, doch rhythmisch sitzt die Dopplung richtig, ohne Dopplung klingt das Wort falsch: Wölfinn, Göttinn, Fürstinn, Freundinn, indem hier die Verdopplung den Ton festhält, verlängert oder mit Nachdruck formuliert, als sperre ein Wehr den Redefluß, das verlangsamt, passiert werden muß. 2. Konsonantenverdopplung mit Bedeutungswechsel: und biss die glühende Lippe ... Noch so lange biss Nacht! 3. Silbentrennung – mit Verdopplung: Pal-läst, wie 2 Worte zu sprechen. 4. wird durch die Betonung des Endungs-S der »lispelnde« Wind im Schilf imitiert: Eines glücklichen Paars schönes Geheimniss zuletzt.
Eichendorff dehnt oft: Dämm-rung will die Flü-gel sprei-ten. Oder er eröffnet eine Melodie, die weitergeführt wird.
Heines rhythmisches Material, das Kritiker als Militärmusik abwerten, gehört der Tanzmusik zu, die nicht nur häufig thematisiert wird, sondern die tänzerische, rhythmische Bewegung, der Tempoanzug bestimmen die Zeile, die oft nur aus 3 Schlägen besteht:

Die Toten stehn auf, die Mittenacht ruft,
Sie tanzen im luftigen Schwarme

Die Toten stehn auf, der Tag des Gerichts
Ruft sie zu Qual und Vernügen

Hast einst mir den Tanz versprochen,
und hast gebrochen dein Wort,
und heut ist Ball auf dem Kirchhof,
komm mit, wir tanzen dort.

Heines europäisches Echo ist bei den Beatles zu hören, denen selbstverständlich die Militärmusik Großbritanniens Fundgrube ist. Ihre so inspirierten Titel konnten sich international durchsetzen, da ihre Anleihe durch den 2. Weltkrieg nicht diskreditiert war, sondern positiv eine Siegermacht repräsentierte. Heines Erklärung, daß er seine Rhythmen von einem Tambour Napoleons lernt, mit dem er sich über die Trommel verständigt, betont den Schlagzeug-Charakter seiner Rhythmen, den Einsatz von Wirbel, Tempoanzug, Trauermarsch und großer Pause. Selbst, wo seine Wort-Formulierung matt bleibt, packt sein Schlagzeug-Sound.

Sound heißt bei Eichendorff Melodie, damit wird aber der Sog-Charakter unterschätzt, den seine Romanzen inhaltlich und musikalisch streng durchführen, wobei heute mehr der musikalische Sog angreift, die Romanzen-Inhalte dagegen weggerückt scheinen.

Horowitz gelingt es, den Komponisten mit 3 Anschlägen hinzustellen. Es war hemdsärmlig beängstigend, man konnte gar nicht so schnell hören, wie er sie parat hatte. Man mußte Tempo vorlegen, noch schneller schalten, was bei ihm fast gedehnt, wie nebenbei erschien, ohne Mühe, ohne körperliche Anzeichen, keine Mimik, nur Fleischerhände. Zu diesen Händen konträr der Ton.

Sind die Autoren anwesend? Man kann solche Wahrnehmungen abtun, doch Horowitz ruft sie an, selbst im flimmernden Fernseher stehen die Autoren vor einem. Mozart scheint Horowitz wiederholt verbessert zu haben. Horowitz stockt, versucht ihm zuzuhören und schlägt entschiedener an, man meint, dies sei »falsch«, es ist auch »falsch«, aber als gesamte Tonabfolge klingt es »richtig«.

Entweder wußte Mozart, was eine Synkope ist, oder Horowitz meint sie jazzig einführen zu müssen. Sieht er doch aus seinem Fenster New York, nicht Salzburg.

SCHMERZEN

Klagegeheul Stöhnen Siegesgeheul. Den 4 Bausteinen Text, Musik, Bewegung, Licht fügt Wagner einen 5. bei, das Wehgeschrei, das zwischen freier Improvisation und musikalischer Festlegung pendelt und stets unterlassen wird. Die Hemmschwelle ist mit den Kundry-Schreien schnell erreicht. Ich fand keine Einspielung, die Wagners Interpretationsanweisungen auch nur ahnen läßt, es gibt einzelne sehr gute Schreie, besonders die Mödl, aber keine durchgeführte Kundry-Figur, da Wagner hier scheinbar wider die eigene Musik angeht, einen wie auch immer gearteten Wohlklang der Opernpraxis zerbrechen will, Koloraturen in ihr Gegenteil verkehrt, so daß sie wie abgewürgte Koloraturen erscheinen. Daß es Wagner bewußt war, kann ich nicht nachweisen, dies könnte erst eine auf das Wehgeschrei* ausgerichtete Aufführung zeigen, mit der tatsächlich Neuland betreten würde, sowohl für die Zuschauer als auch für die Sänger. Dann, nur dann könnte sich Amfortas im Zentrum der Handlung behaupten, wie es einer Äußerung Wagners zufolge sein sollte.

In keinem deutschsprachigen Werk ist das Klagegeheul, Jammern, Röcheln, Schluchzen, Stöhnen so präsent wie in diesem Werk, ja es ist dessen eigentlicher Ausdruck. Wie konsequent Wagner ihn einsetzt und wie konsequent dieser von seinen Interpreten vernachlässigt wird, diese Feindschaft zwischen Interpreten und Werk wird hier augenfällig, sie wohnt unserem Theatersystem inne. Natürlich beruht eine gelungene Interpretation auch auf Mißverständnissen, man lasse einen guten Darsteller erklären, was er in seiner Rolle macht, und es sträuben sich einem die Haare, und da diese Mißverständnisse Normalität sind, hat es wenig Zweck, auf allseits verständlichen, mündlich oder schriftlich abgelieferten Interpretationsabsichten einer Konzeption zu bestehen oder diese vorauszusetzen, doch daß es für PARSIFAL nur heiligen christlichen Weihekitsch als Interpretation geben soll, kann einfach nicht mit Wagners Absichten in Übereinklang gebracht werden.
Woher das Klagegeheul eigentlich kommt, wer die Anregungen gab, bleibt mit Sicherheit Vermutung, möglicherweise ein Verdi-Import, denn Violetta markiert einen Einschnitt in der Geschichte der Arieninterpretation, natürlich nicht auf unseren Bühnen, die bringen LA TRAVIATA im Schonwaschgang, da Violetta, ihr Krankheitsbild, das zur Zeit der Entstehung und Handlung der Oper allseits bekannt war und in die noch konventionell aufgebaute Oper ein starkes naturalistisches Element einführte, weder die Darstellerin noch ihren Dirigenten interessiert.
Verdi und Wagner machen, und das nur einmal, einen vergleichbaren Schritt, der eine vorwärts in den »Gegenwartsstoff«, der andere rückwärts in den »Mythologischen Stoff«.

* auch Wehegeschrei

Auch in Kundry, in den klagenden Rittern, in ihrem Entsetzen und Wehgeschrei beim Tod des Schwans, bei der Leiche Titurels, im Stöhnen des Amfortas und der Knappen bricht »Gegenwart« durch, es stöhnen nicht die Figuren in ihrer Kostümzeit, Nord- oder Südspanien auf dem und dem Berg in weißen Lappen mit weißer Taube statt rotem Kreuz, nein, Wehgeschrei und Waffenlärm stehen für Wagners Zeit, für seine Gegenwart, und in diesem Punkt führt er das naturalistische Drama ein, bringt seine Auffassung des Dramas zuende, das Ritual ist und auf dieser Höhe in den Naturalismus umkippt. Thomas Mann dazu: Symbolik und Zeremoniell, – einen Schritt weiter noch, oder kaum noch einen Schritt, und wir haben die szenische Handlung auf dem Punkte, wo sie rituell und Weiheakt wird, wir haben das Theater auf seinem Gipfel – nämlich auf dem Hügel von Bayreuth, wir haben das Schauspiel dort, wo es PARSIFAL heißt. Das letzte Werk Wagners ist auch sein theatralischstes, und nicht leicht war eine Künstlerlaufbahn logischer als seine. Dieses Zitat schmückt den Umschlag der derzeitigen Reclamtextausgabe. Ich erinnere mich noch der Äußerungen meines Dirigenten über diese Mann-Sätze, doch dem Alten muß mehr Licht aufgegangen sein als dem Herrn über 120 Instrumentalisten. Einen anderen Reclamumschlag schmückt das Bölsche-Zitat: Reclam bedeutet eine Station der Volksbildung auf der Erde.

Es gäbe überhaupt keine Schwierigkeit, wäre die behandelte Religion nicht das Christentum, sondern eine andere, weit entlegene, die wir dann mit dem Wissen über die Griechen und andere untergegangene Völker bereichern und zelebrieren. Daß aber Wagners letztes Werk sich ausgerechnet mit dem Christentum beschäftigt und beschäftigen sollte, wird uns heute zur Qual, da wir uns vom vorgegebenen Thema trotz Atheismus nicht distanzieren können, noch nicht einmal auf die Höhe von Wagners Stoffbehandlung kommen. Das Klagegeheul, der Jammergesang, die Aufforderung zur Tötung, alle diese Momente scheint man inzwischen mit dem Gattungsbegriff Bühnenweihfestspiel austilgen zu dürfen.

In der christlichen Musik, in der deutschen Kirchenmusik, in den Oratorien und Passionen sind klagendes Volk, klagende Einzelpersonen dargestellt und fixiert. Hier ist die Meßlatte, an der Wagner sich mißt und messen läßt. Hier liegen die Quellen von Goethe, von Wagner, von Hauptmann, eigentlich von der gesamten deutschen Klassik, die sich in ihrer Auseinandersetzung mit dem Christentum natürlich auf antike Vorbilder bezieht, aus deren Kenntnis ebenso das Trio Bach-Händel-Gluck seine Kraftzufuhr erhält, denn die Hauptperson des antiken Theaters ist der Chor.
Wagner studiert das Verhältnis von Chor und Einzelperson, übernimmt die aus dem Chor ausgestoßene Einzelperson nebst deren Konflikt, Ödipus – Amfortas. Schon wenn ich beide Namen mit einem Gedankenstrich nebeneinander setze, stimmt das nicht, Wagner setzt nicht 1 zu 1 um, sondern er verdaut, er gibt dem Konflikt Ödipus und das pestkranke Volk, bei ihm Amfortas und die vor Hunger revoltierenden Ritter, seine Farbe, seine Interpretation.

Zurück zu Verdi, sein Griff in den »Gegenwartsstoff« bringt zwangsläufig moderne Probleme, hier das Krankheitsbild der Violetta, das eigentlich durch die Form der Oper nicht mehr zu bewältigen ist. Das Röcheln und Husten Violettas hinterläßt, wird es wirklichkeitsnah ausgeführt, einen Mißklang, stört das Sichhineinhören, stellt die Oper selbst in Frage, noch verstärkt durch das Schlußbild. Das, was für Tradition steht, Arzt, Liebe, Ehre, haben versagt, der moderne Mensch stirbt. In diesem Punkt ist LA TRAVIATA Hauptmanns WEBERN verwandt, zwangsläufig kommt es zu Parallelen in den Schlußbildern.
Wie Puccini ein Krankheitsbild auf den Kopf stellt, es als Begleiterscheinung des von ihm beschriebenen Lebens interpretiert sehen will, zeigt seinen konservativen Ansatz fast 40 Jahre nach Verdi, macht diese Oper über das Künstlerlotterleben zu einer der meistgespielten, wenn nicht zur meistgespielten, neben CARMEN.
Bei Verdi und Hauptmann das gleiche Gestaltungsmittel in den Schlußszenen, bei ersterem draußen Knallerei und Maskenzug, bei letzterem Schüsse und kämpfende Weber, vor diesem Hintergrund definieren beide das Sterben. Verdi kommt mit seiner Krankheitsbeschreibung an die Operngrenze, und bewußt übertritt er sie nicht, während Puccinis Krankheitsbeschreibung diese Grenze gar nicht erkennen lassen will, so hat sich die Oper inzwischen reformiert, hier stört kein Husten und Röcheln mehr, ja es wird bei dieser Komposition geradezu als Voraussetzung angesehen, auch meine Tante Hilde sang beim Bügeln: Wie eiskalt ist dein Händchen.
Für die bürgerliche Beliebtheit dieser Oper spricht die Erinnerung an eigene gescheiterte Ausbruchsversuche, die Erinnerung an beängstigende musische Träume, die das Publikum das Scheitern der Figuren genießen läßt und Mimis Tod als Bühnentod, als kurze Unterbrechung definiert, da Mimi gleich, nachdem sich der Vorhang geschlossen, aufsteht und die Huldigungen entgegennimmt. So kann es nicht zur Entstehungszeit der Oper gewesen sein, doch so hat LA BOHEME sich im Spielplan behauptet.

Violettas Tod dagegen ist grausam, da sie eine Identifizierung verweigert, sie bleibt eine »arme« Hure auch am Schluß, die endlich ausgeröchelt hat. Daß sie »menschliche Größe«, über ihre »Klasse« hinaus, zeigen wollte, wirkt im nachhinein nur lächerlich, ja bigott, verurteilt sie nachträglich. Auch die Darstellerin, die sich dann verbeugt, kann sich davon nicht frei machen.

Wie aber verhält es sich mit Parsifal? Ist ein Zuschauer heute noch bereit, eine veränderte Interpretation dieser Figur zu akzeptieren, wird er überhaupt mit dem Killer, dem Schlagihntot fertig? Welche widersprüchlichen Gefühle werden durch diese Figur in ihm geweckt? Wie ist Parsifals Morden darstellbar? Seinen Schlußsatz des 2. Aufzugs: Du weißt – wo du mich wiederfinden kannst!, sagt er unter der Regieanweisung: Er hat den Speer im Zeichen des Kreuzes geschwungen, wie durch ein Erdbeben versinkt das Schloß. Der Garten ist schnell zur Einöde verdorrt, verwelkte Blumen verstreuen sich auf dem Boden. Kundry ist schreiend zusammengesunken. Parsifal hält im Enteilen noch einmal an und wendet sich von der Höhe der Mauertrümmer zu Kundry zurück: Du weißt – wo du mich wiederfinden kannst! Er enteilt, Kundry hat sich ein wenig erhoben und nach ihm geblickt. Kundry sinkt ganz zusammen. Vorhang schnell zu.

Diese Angaben lesen sich im Reclam anders als in den Klavierauszügen und anders in den unterschiedlichen Partituren, unverzichtbar bleiben deshalb Text- und Notenvergleich, auch eine kritische Ausgabe ist nur Hilfsmittel. Daher ist die Herstellung einer verbindlichen Ausgangspartitur für Regisseur und Dirigent, bedingt durch die auseinanderdriftende Arbeitsweise, unverzichtbar, ähnlich der Textfassung im Schauspiel, die ich mit meinem dramaturgischen Berater anfertige.

Bei Goethe-Texten sei nur an die vielen Germanisten erinnert, die in jahrelanger Arbeit seine Orthographie korrigieren, endlich die Entdeckung machen, daß der Autor die Zeichensetzung rhythmisch verwendet und daß die nach Duden korrigierte Zeichensetzung den Inhalt völlig verändert. Eine Unzahl von deutschen Wissenschaftlern scheint dieses »deutscheste« Sprachwerk nie laut gelesen zu haben, sonst hätten ihnen ihre Verfälschungen in den Ohren geklungen.

Die jahrzehntelang betriebene wissenschaftliche Aufarbeitung brachte die Texte jeweils auf den Stand ihrer Zeit. Die Frage, warum kann ich in keinem Geschäft für einen Preis unter 10 DM Goethe im Original kaufen, also den Text, den Goethe geschrieben hat, einfach seine Handschrift in eine Setzmaschine übertragen, findet auch heute keine Antwort.*

Ich erinnere mich mit Dank an den verstorbenen Hauptmann-Herausgeber Machatzke, der nach der Premiere von VOR SONNENAUFGANG meinen abwegigen Unterstellungen zum Text keinen Glauben schenken wollte, bis er sich mit dem Text erneut hinsetzte, Quellenmaterial studierte und zu ähnlichen Überlegungen kam, mir deshalb überaus behilflich bei der Vorbereitung von VOR SONNENUNTERGANG war, deutlich auf das verwies, was Reinhardt ausschließlich aus politischer Rücksichtnahme unter den Tisch fallen ließ, was einen schweren Eingriff in das Inhaltsgefüge des Stückes bedeutete. Der wichtigste deutsche Dramatiker, altgeworden, ließ das unwidersprochen mit seinem letzten »Aufschrei« machen.

Möglicherweise ist Hauptmanns Verhalten mit dem Wagners vergleichbar, der lange wußte, daß PARSIFAL seine letzte Arbeit würde, deren Inszenierung er unter Mühe fertigstellte. Vielleicht war Wagner daher ein opulenter, harmonisierender Schlußstein wichtiger, als das Werk in seiner Brutalität zu zeigen, ja es nach der finanziellen Misere der Bayreuth-Eröffnung in ein möglichst günstiges Licht zu stellen.

Auch Goethe hat die WALPURGISNACHT nicht so übermittelt, wie er sie konzipierte, mit dem deutlichen Hinweis darauf, daß sich alle, die seinen WALPURGISSACK öffnen, ärgern und ihn verfluchen würden.

* 5 FAUST-Ausgaben unterschiedlich in Zeichensetzung, Groß-, Klein-, Rechtschreibung, Wortlaut.

Zurück zu PARSIFAL. Daß fast alle Figuren stöhnen und schreien, legt Wagner in seinen Anweisungen fest, dabei bezieht er sich nicht nur auf das Oratorium, sondern direkt auf die antike Tragödie, die mit IO-Schreien und formellem Klagegesang den Textaufbau rhythmisch gliedert, so wie Bach durch den sich wiederholenden Grundton der Choräle die individuellen Textmassen gliedert, die aufgespaltenen Handlungsparteien wieder vereint, um sie erneut auseinanderzureißen.

Das Klagegeheul, das sich um Amfortas und Kundry konzentriert, sich in den Chorauftritten wiederholt, beschränkt sich bei heutigen Interpretationen sparsamst auf Kundry. Die überlieferten Anweisungen von Wagners Mitarbeitern Porges, Kniese und Mottl belegen, daß Wagner die Klage- und Schmerzäußerungen in seiner Inszenierung gegenüber seinen Partituranweisungen wesentlich verstärkt hat, sie allerdings durch eine opulente Ausstattung mindert.

Kundrys Anweisungen charakterisieren ihren Wechsel von Klagegeheul über Wehgeschrei zu Stöhnen überdeutlich. Ihre Verjüngung nimmt sich in den Anweisungen wie ein Fremdkörper aus. Wagner nimmt Kundry nach der ohnmächtigen Verfluchung 2. Aufzug Takt 1447 bis 1476 völlig zurück, läßt sie den 3. Aufzug stöhnend beginnen und dann verstummen.

Amfortas' ersten Auftritt im 1. Aufzug Takt 253 leitet Gurnemanz mit: Hört, der König stöhnt, ein. Für die 1. GRALS-Szene weist Wagner 1/1259 an: Amfortas im Ausbruche qualvollster Verzweiflung sich halb aufrichtend:

Wehe! Wehe mir der Qual! –
Mein Vater, oh! noch einmal
verrichte du das Amt!

Wagner kombiniert hier den antiken Angst- und Schmerzschrei, den er bei den Blumenmädchen genauso einsetzt. Zusätzlich überliefert Porges für Amfortas 1/1331: Ein Seufzer dazwischen, der aber nicht übertrieben werden darf, für 1/1371: Mit außerordentlich gesteigertem Ausdruck, für 1/1379: Amfortas stark steigern, für den 3. Aufzug Takt 1027: Amfortas ganz außer sich, in höchster Verzweiflung, wie mit wahnsinnig schwankender Haltung und Stimme.
Für 3/1027 weist Wagner in der Partitur 1883 an: Alle sind scheu vor Amfortas gewichen, welcher in furchtbarer Ekstase, einsam steht.
In der Dichtung 1877 heißt diese Anweisung jedoch: Alle sind scheu vor ihm gewichen, Amfortas steht, in furchtbarer Ekstase, einsam.
Ihr Unterschied wird erst gesprochen deutlich, bis hinter »einsam steht« ein Doppelpunkt hörbar wird, die Öffnung, die Aufhellung und Weiterführung. Dem stelle man »einsam« mit der Krümmung, Dunklung in »sam« und der Beharrung auf dem M, auf dem Punkt gegenüber.
Dadurch entstehen 2 verschiedene Figuren, 2 verschiedene Denkweisen, 2 verschiedene Handlungsausrichtungen. Die eine, die aktive Figur, für die ihr glänzender Schweiß nur eine vorübergehende Ausdünstung ist, die andere, die

passive, die zerbrochene, die ihres Zerbrechens schmerzhaft und »furchtbar« bewußt, in ihrer fluoreszierenden Schweißaura bis zur Ermattung kämpft. Heym formuliert diesen Zustand in DAS INFERNALISCHE ABENDMAHL:

Sein Leid ist wie ein Leuchter in der Nacht,
Schauet die Flamme, die sein Haupt umloht,
Und doppelhörnig in der düstren Pracht
Aus seinem Lockenwald ins Dunkle droht.

Sein Leib trägt eines Schattenwaldes Duft,
Wo großer Sümpfe Trauervögel ziehn,
Ein König, der durch seiner Ahnen Gruft
Nachdenklich geht in weißem Hermelin.

Tretet heran, entflammt von seinem Gram.
Trinket seinen Atem, der so kühl wie Eis,
Der über tausend Paradiese kam,
Voll Duft, der jeden Kummer weiß.

Er lächelt, seht. Und eurer Seele Bild
Wird wie ein Weiher, der im Schilfe schweigt,
Wo leis des Hirtengottes Flöte schwillt,
Der durch die Lorbeerschlucht heruntersteigt.

Schlaft ein. Die Nacht, die schwarz im Dome hängt,
Verlöscht die Lampen an dem Hochaltar.
Der große Adler seines Schweigens senkt
auf eure Stirn sein dunkles Schwingenpaar.

Schlaft, schlaft. Des Gottes dunkler Mund, er streift
Euch herbstlich kühl, wie kalter Gräber Wind,
Darauf des falschen Kusses Blume reift,
Wie Mehltau giftig, gelb wie Hyazinth.

STERBEN

Blumenmädchen und Gralsritter, Männerchor contra Frauenchor: Für beide gilt, daß die noch in der Dichtung 1877 vorgesehenen Handlungen und deren inhaltliche Umschwünge bei den musikalischen Einstudierungen keine Beachtung finden, weder von Bühne noch von Einspielung berücksichtigt werden.
Eine ZUSAMMENSTELLUNG LAUT GEWORDENER BEOBACHTUNGEN UND BEMERKUNGEN SEITENS BETEILIGTER UND ZUSCHAUENDER ZEUGEN DER AUFFÜHRUNGEN DES BÜHNENWEIHFESTSPIELES PARSIFAL IN DEN JAHREN 1882 UND 1883 verzeichnet die Schwankungen der Inszenierung: Die Szene mit dem Schwane müßte auf das Sorgfältigste probiert und gleichsam neu einstudiert werden. Im Jahre 82 war das Heranstürmen der Ritter und Knappen ein wirklich mächtiges und erschreckendes, im Jahre 83 nahm es sich wie ein ungeordnetes Hereinlaufen aus. Die Frage des Gurnemanz: Wer schoß den Schwan?, muß ungeheuer deutlich vernommen werden, auf diese und mit dem Hereintragen des Schwanes tritt Ruhe ein, und der eine Ritter kann seine Mitteilung machen.
Hier wird der erste Auftritt des Männerchors, ein teilweise komponierter Chortumult hinter der Bühne, beschrieben. Wagner weist für die Schwantötung 1/742 an: Vom See her vernimmt man das Geschrei und das Rufen der Ritter und Knappen – Gurnemanz und die 4 Knappen fahren auf und wenden sich erschrokken um.
Dieser Tumult, Parsifals Auftritt vorausgehend, ist szenisch kaum zu realisieren, schon Wagners Inszenierung litt darunter. Für einen zahlenmäßig schwachen Männerchor ist dieser Beginn eine schwere Belastung, die Schwierigkeit wiederholt sich 3/933 mit einem nicht komponierten »Wehgeschrei« der gesamten männlichen Besatzung der Gralsburg: Beim Anblick der Leiche Titurels bricht alles in einen jähen Wehruf aus. Porges überliefert für 1/1392 eine stumm auszuführende Anweisung: Jammernde Bewegungen der Knappen und Ritter. Alle erheben die Hände und verhüllen das Gesicht mit Händen. Das ist der Hauptmoment von allem, was Parsifal hier miterlebt, um es erst später zu verstehen. In Wagners Anweisungen fehlt zu dieser wichtigen Angabe jeder Bezug. Nach 1/1392 kippt der von seinem Vater getriezte Amfortas wie bewußtlos um:

Erbarmen! Erbarmen!
Du Allerbarmer! Ach, Erbarmen!
Nimm mir mein Erbe,
schließe die Wunde,
daß heilig ich sterbe,
rein Dir gesunde!

Wagner sah beide Angaben, die stumme Gruppen-Bewegung 1/1392, die Amfortas gilt, und die laute Gruppen-Bewegung 3/933, die Titurel gilt, in enger Beziehung, sie entsprechen einander, sind voneinander abgeleitet. Eine Gruppierung in Trauer wiederholt sich ebenso bei den Blumenmädchen, die sich emotional schnell ändert, aber mit: Jede einzelne muß eine Donna Anna sein, als Gruppierungshinweis deutlich gekennzeichnet ist. Damit wird die Verbindung zu Glucks ORPHEUS UND EURYDIKE deutlich, der allerdings viel strenger vorgeht, zweimal hintereinander die fast gleiche Gruppierung einsetzt, die der Trauer: BEGRÄBNIS und UNTERWELT, die der Freude: PARADIES und AMOR-TEMPEL.

Für den Frauenchor verzeichnet die zitierte ZUSAMMENSTELLUNG: Der merklich große Unterschied zwischen den Aufführungen 82 und 83 bestand darin, daß im Jahre 83 die Blumenmädchen anstatt ihre Aufmerksamkeit lediglich auf Parsifal zu wenden, des häufigen sich um das Publikum kümmerten. Der Zauber dieser Szene, welche im Jahre 82 beinahe als die vollendetst gelungene galt, erschien dadurch in etwas zerstört. Beim Erscheinen Kundrys haben im Jahre 83 die Blumenmädchen Drohbewegungen gegen sie ausgeführt, vorgeschrieben steht aber, und also wurde es auch im Jahre 82 befolgt: Die Mädchen sind beim Vernehmen der Stimme Kundrys erschrocken und haben sich alsbald von Parsifal zurückgehalten. Auch der Abschied von Parsifal fand im Jahre 82 zaghaft, und schüchtern widerstrebend, statt. Keine zudringliche Annäherung war mehr zu gewahren, man verstand, daß Kundry hier zu befehlen vermöge, und daß die Mädchen, wenn auch noch so ungern, zu gehorchen haben.

Für die Blumenmädchen ist das Eindringen Parsifals ein Überraschungsangriff, Klingsor, ihr Herr, erfreut sich an ihrer Hysterie. Den Mädchen, die, aus den Betten gescheucht, ihre Männer tot oder schwer verwundet auffinden, von denen sie sich untreu verlassen meinten, weist Porges für 2/447 an: Alles mit wehklagend jammerndem Ausdruck. Jede einzelne muß eine Donna Anna sein, für 2/486: Hier erschrecken sie, ein furchtbarer Schrei, für 2/488: Wie Parsifal heruntergesprungen, sind sie so erschrocken, daß sie zur Seite weichen. Parsifal bleibt, nachdem er heruntergegangen, einen Moment stehen.

Ihrem Wehgeschrei 2/459 bis 480 folgt Lachen, Wagner weist an: Die Mädchen sind von Verwunderung in Heiterkeit übergegangen und brechen jetzt in lustiges Gelächter aus. Kniese weist für 2/527 an: Lachen bis hierher.

Konträr weist Wagner für Kundry die umgekehrte Abfolge 2/344 an: Kundry gerät in unheimliches ekstatisches Lachen bis zu krankhaftem Wehgeschrei.

Dem Lachen der Mädchen folgt ein Lust-Schrei 2/661 bis 693, der in den Streit um Parsifal übergeht, der sie abweist und darum von ihnen 2/712 bis 781 verhöhnt wird.

Kundry, Parsifal und dem Frauenchor steht Klingsor in seinen Ohnmachts-Zuständen gegenüber. Für 2/227 bis 229 weisen Mottl und Porges an: Klingsor verfällt in Zittern, für 2/265 bis 268 überliefern beide: Klingsor stützt sich, wie von krankhafter Schwäche ergriffen, auf den Tisch.

Mit dem Stöhnen verbunden, überfällt die Figuren ein stereotyp eingesetztes Zittern, das als Ankündigung einer Zustandsänderung anzusehen ist. Klingsor zittert 2/228, Parsifal 1/1027; Kundry 1/1064, wobei Porges für 2/1412 außerdem mitteilt: Hier kommt ein Moment des Schauerns über Kundry.
Das stereotype Zittern, das als gleichberechtigter Ausdruck neben der Ekstase steht, ist ein Zustand, der, unabhängig von der Individualität der Personen, diese überfällt, wie die Ekstase.
Nah zur Ekstase wird das Lachen eingesetzt, wobei Kundry am häufigsten lacht, vom Schmerz zum Lachen und umgekehrt. Auch Häme wird angewiesen, Schadenfreude, grelles Lachen, mehrmals wilde Freude, ungeheurer Freudentaumel.
Die Blumenmädchen lachen sowohl während der Szene wie angegeben, ebenso bei ihrem Abgang. Ihr Lachen ist die Umkehrung ihres Geschreis, rasch erstickte Trauer, sehr modern aufgefaßt, die Befehlsempfängerinnen lachen den Mann kus, Kundry befiehlt ihren Abgang:

Geht heim, pfleget der Wunden!
einsam erharrt euch mancher Held.

Gurnemanz lacht mehrmals, für 1/557 weist Mottl an: Gurnemanz faßt an die Stelle der Wunde. Wagners Mitarbeiter kennzeichnet damit die unhaltbare Ausgangssituation des Alten. Das 1. Lachen weist er für 1/639 an: Höhnisch lachend. Mit »höhnisch lachend« schließt Gurnemanz seine Beschreibung der Selbstentmannung Klingsors ab: Ja heilig werden! 1/992 lacht Gurnemanz das 2. Mal, Anweisung Wagners, jetzt über Parsifals Frage: Die mich bedrohten, waren sie bös? Gurnemanz kommentiert zweimal, verärgert seine Verwundung verbergend, »bös« und »heilig«, das ist er selbst.

Außer den Äußerungen körperlicher und seelischer Schmerzen beabsichtigte Wagner im 2. Aufzug ein Kampfbild, den Kampf Parsifals gegen die zu Klingsor übergelaufenen Gralsritter. Auf seinem Turm stehend, befiehlt Klingsor ihnen den Angriff. Die später von Wagner gestrichene Kampf-Anweisung: Außen wachsendes Getöse und Waffengeräusch, war szenisch kombiniert mit der Anweisung für Klingsor: Stößt, nach außen gewandt, in ein Horn, und denen für Kundry: Gerät in unheimliches ekstatisches Lachen bis zu krampfhaftem Wehgeschrei, und: Schrei. Sie verschwindet.
Klingsor zieht freudig Bilanz des Kampfs, in dem die Überläufer durch Parsifal besiegt wurden:

Möge denn so
das ganze Rittergezücht
unter sich selber sich würgen!

KUNDRY

Mit Sicherheit ist keine Dramenfigur vor Hauptmann mit so vielen Regieanweisungen wie Kundry ausgestattet, unter den Wagner-Figuren auch nicht, sieht man die RING-Teile als separat an. Wagners Anweisungen sind in Partituren und Klavierauszügen mit großen Abweichungen in Formulierung und Taktzugehörigkeit angegeben, manchmal eine Unstimmigkeit von bis zu 10 Takten. Zwischen ihnen und den durch seine Mitarbeiter für die Inszenierung überlieferten herrscht ebenso Unstimmigkeit in der Taktzugehörigkeit.
Anweisungen sowie die Taktzählung je Aufzug sind der Ausgabe Sämtliche Werke Band 30 1970 entnommen und dem Klavierauszug Peters. Die Anweisungen unterscheiden sich, indem Porges der musikalischen Umsetzung das Augenmerk gibt, Kniese dem szenentechnischen Ablauf. Kommen beide den Anweisungen Mottls nahe, gebe ich diesem den Vorzug, da seine Anweisungen die Szene inhaltlich bestimmen.
W = Wagner M = Mottl K = Kniese P = Porges

1. Aufzug

216	M:	Hier erscheint Kundry
219	W:	Kundry stürzt hastig, fast taumelnd herein. Wilde Kleidung, hoch geschürzt, Gürtel von Schlangenhäuten lang herabhängend, schwarzes, in losen Zöpfen flatterndes Haar, tief braun-rötliche Gesichtsfarbe, stechende Augen, zuweilen wild aufblitzend, öfters wie todesstarr und unbeweglich. Sie eilt auf Gurnemanz zu und dringt ihm ein kleines Kristallgefäß auf
	M:	Kundry ganz nahe bei Gurnemanz
222	P:	Kundry steht hart neben Gurnemanz und hält seine Hand
223	M:	Geheimnisvoll, atemlos
	P:	Kundry geht langsam, weil sie erschöpft ist, etwas geheimnisvoll wie atemlos
227	M:	Langsam, weil sie erschöpft ist
235	M:	Kundry wendet sich ab. Nicht heftig, aber mit abwehrender Handbewegung
236	W:	Sie wirft sich auf den Boden
	P:	Keine Rezitation, Pausen ruhig halten
241	W:	Ein Zug von Knappen und Rittern, die Sänfte tragend und geleitend, in welcher Amfortas ausgestreckt liegt, gelangt, von links her, auf die Bühne. – Gurnemanz hat sich, von Kundry ab –, sogleich den Ankommenden zugewendet
242	K:	2 Soloritter gehen nach rechts an das Lager der Kundry
348	W:	Kundry weigert sich und bleibt am Boden

351 M: Kundry hat von ihrem Verhältnis zu Amfortas kein Bewußtsein. Dieses kommt ihr nur im 2. Aufzug bei den Worten: Zeigest du zu Amfortas mir den Weg, deshalb soll Kundry hier nicht aufmerksam zuhören

352 K: Kundry nicht zuviel zuhören

360 W: Unruhig und heftig sich am Boden bewegend

K: Amfortas gibt das Fläschchen einem Knappen, sinkt zurück

375 K: 3. und 4. Knappe gehen mit dem Zug ab, 1. und 2. Knappe gehen langsam nach, nachdem sie sich noch nach Kundry umgesehen

381 K: 3. und 4. Knappe kommen wieder

P: Mit Heftigkeit an Kundry herantretend

382 M: 2. Knappe heftig an Kundry herantretend

383 K: Kundry etwas erheben

395 K: Körper wieder schlaff

415 M: 3. Knappe mit bösartigem Ausdruck

418 K: Kundry Bewegung beginnen

422 K: Kundry »hämisch blickend«

429 K: Kundry niederlegen

483 P: Kundry hört auf dies alles kaum hin

487 M: Kundry scheint die Frage kaum zu hören

W: Schweigt düster

490 K: Kundry Kopf auf

491 M: Kundry sich am Boden windend

492 M: Wie in sich versunken

494 K: Kundry Kopf ab

647 K: Kundry bewegt sich unheimlich, ohne jedoch die Erzählung zu begreifen, sie darf die Aufmerksamkeit der Zuschauer nicht zu sehr auf sich lenken

649 M: Kundry, wie von wilden Träumen gepeinigt

P: Gurnemanz sieht die andern an. Kundry Bewegung

661 P: Hier macht Kundry eine Bewegung tiefen Abscheues und Widerwillens, als wollte sie davon nichts hören

666 P: Kundry muß immer, wie in gräßlichen Träumen, sich unruhvoll bewegen, aber nicht, als wenn sie von ihrer Doppelexistenz Gewißheit hätte

669 P: Bewegungen Kundrys wie bisher

700 W: Hat sich in wütender Unruhe heftig umgewendet (Die Anweisung wurde während der Inszenierung von Wagner gestrichen)

938 K: Kundry sieht auf Parsifal

955 W: Kundry, welche während der Erzählung des Gurnemanz von Amfortas' Schicksal oft in wütender Unruhe heftig sich umgewendet hatte, nun aber, immer in der Waldecke gelagert, den Blick scharf auf Parsifal gerichtet hat, ruft jetzt, da Parsifal schweigt, mit rauher Stimme daher

958 P: Hastig, aber doch nicht zu schnell, der Deutlichkeit wegen

K: Parsifal horcht erstaunt auf

959 M: Hastig, aber deutlich

966 W: Sie lacht

971 K: Kundry halb aufgerichtet

974 M: Kundry erhebt sich nach und nach vom Boden

982 W: Kundry hat sich erhoben und ist zu den Männern getreten

M: Kundry bleibt in kniender, halb aufgerichteter Stellung

983 W: Eifrig

P: Sehr plötzlich. Selbst Kundry kommt in eine wilde Freude

985 M: In wilder Freude aufjauchzend

M: Das Wort »fürchten« macht auf Parsifal Eindruck

988 W: Parsifal verwundert

990 M: Parsifal nachdenkend, aber ohne Trauer

1008 W: Parsifal springt wütend auf Kundry zu und faßt sie bei der Kehle, Gurnemanz hält ihn zurück

P: Kundry bleibt auf der rechten Seite

1017 W: Nachdem Gurnemanz Kundry befreit, steht Parsifal lange wie erstarrt

1027 W: Parsifal gerät in heftiges Zittern

P: Parsifal wird noch matter

1031 W: Kundry ist sogleich, als sie Parsifals Zustand gewahrte, nach dem Waldquell geeilt, bringt jetzt Wasser in einem Horne, besprengt damit zunächst Parsifal und reicht ihm dann zu trinken

K: Links in die 2. Kulisse

1034 K: Zurück

1038 K: Reicht ihm zu trinken

1041 P: Hier trinkt Parsifal

1045 K: Kundry halbe Wendung nach links zu gehen, Schritte

1046 W: Düster

1047 W: Sie wendet sich traurig ab und, während Gurnemanz sich väterlich um Parsifal bemüht, schleppt sie sich, von beiden unbeachtet, einem Waldgebüsche zu

1054 M: Kundry kehrt sich langsam, nach hinten zu, um

1058 W: Scheu auffahrend

K: Kundry hier am Baum sich haltend

1060 P: Kundry geht immer nach rückwärts

K: Hände allmählich kreuzen

1064 W: Sie verfällt in heftiges Zittern, dann läßt sie die Arme matt sinken

K: Arme zitternd auf

1066 K: Arme ab

1068 P: Kundry geht gebeugt mit stockenden Schritten nach hinten und verschwindet in der 2. Kulisse

1071 W: Kundry sinkt hinter dem Gebüsch zusammen und bleibt von jetzt an unbemerkt

M: Kundry mit stockenden Schritten und gebeugt

K: Kundry verschwindet in der hinteren Kulisse

2. Aufzug

98 W: Klingsor setzt sich wieder vor die Zauberwerkzeuge, und ruft, mit geheimnisvollen Gebärden, nach dem Abgrunde

127 K: Dampf hört auf, sobald Kundry nach oben

128 W: In dem bläulichen Licht steigt Kundrys Gestalt herauf. Sie scheint schlafend

130 W: Sie stößt hier einen gräßlichen Schrei aus

132 M: Hier wird Kundry sichtbar

141 W: Sie macht die Bewegung einer Erwachenden

143 P: Ein abnehmender, sich in Wimmern verlierender Schrei, von einem Zustand in einen ganz anderen überzugehen. Wagner machte das, wie ein armes Tier, das zur Schlachtbank muß

149 W: Kundry läßt ein Klagegeheul, von größter Heftigkeit bis zu bangem Wimmern sich abstufend, vernehmen

165 W: Rauh und abgebrochen, wie im Versuche, wieder Sprache zu gewinnen

166 M: Atemlos, ringend

P: Kundry nach Sprache ringend ganz dumpf und atemlos, sie kann nicht sprechen

168 P: Sie ist eigentlich noch nicht vollständig belebt

186 P: Noch immer nicht hell und stark

191 P: Kundry muß sich gleichsam besinnen

220 P: Das ist ein furchtbarer Dialog

221 W: Grell lachend

225 K: Klingsor auf Kundry zustürzend, in äußerst heftigen Tritten.

228 P: Hier verfällt Klingsor in Zittern

251 K: Schritt zu Kundry

281 P: »Du« dies sang Wagner mit jammerndem Ton

290 P: Dies nicht zu schnell, ist mit großer Bedeutung zu sagen. Geheimnisvoll. Klingsor sucht Kundrys Spannung zu wecken. Wenn du einen nicht heute umbringst! Klingsors große Niederträchtigkeit. Wichtige Stelle, darauf geht die ganze Katastrophe los, p im Orchester

296 P: Kundry, die wie zum ersten Mal ein bißchen zu Kräften kommt, will einem Zwange widerstehen. Wagner sang diese Stelle wie mit neuem Drängen

312 P: Parsifal gefällt ihm selbst, er sagt es nicht bloß zu Kundry

325 M: Von hier ab preßt Kundry die Hände schluchzend auf die Brust

333 P: Es ist ein Krampf, wo Schmerz ins Lachen übergeht in einem ungeheuren Freudentaumel

344 W: Kundry gerät in unheimliches ekstatisches Lachen bis zu krankhaftem Wehegeschrei

348 W: Schrei

349 W: Sie verschwindet

739 W: Parsifal will fliehen, als er aus dem Blumenhage Kundrys Stimme vernimmt und betroffen still steht

741 P: Ist sie da?, sagen sich die Blumenmädchen

748 K: 2 Blumendekorationen, die Kundry verdeckt hielten, gehen nach oben. Hier sichtbar

750 W: Die Mädchen sind beim Vernehmen der Stimme Kundrys erschrocken und haben sich alsbald von Parsifal zurückgehalten. Kundry allmählich sichtbar werdend

757 K: Bewegungen der Mädchen nach Kundry, betrübt weggewandt

758 P: Kundry bleibt immer liegen. Parsifal darf Kundry nicht sehen

771 W: Die Mädchen entfernen sich jetzt zaghaft und widerstrebend von Parsifal und ziehen sich nach dem Schlosse zurück

781 W: Kundry, in durchaus verwandelter Gestalt auf einem Blumenlager, in leicht verhüllender Kleidung, annähernd arabischen Stils, sichtbar geworden

784 P: Parsifal wendet sich dahin, woher die Stimme gekommen war

788 P: Das Haupt auf die linke Hand gestützt, recht vornehm

K: Elektrisches Licht auf Kundry

790 P: Recht geheimnisvoll

792 P: Mit Seele

793 P: Geheimnisvoll

821 P: Bloß wie erzählend, kein großes Gefühl. Kundry spricht wie zu einem Kinde, nicht mit Schmerz

846 P: Von hier nicht mehr lieblich, sondern etwas mit Schmerz

902 P: Parsifal muß immer mit ausdrucksvollem Spiel der Erzählung Kundrys folgen, wie mit der einen Frage: Was sagst du mir da?

906 W: Parsifal immer ernsthafter, endlich furchtbar betroffen, sinkt, schmerzlich überwältigt, bei Kundrys Füßen nieder

909 P: Kundry muß vermeiden, als wenn sie wirklich Schmerz empfände

912 P: »Herz« das z scharf

934 M: Parsifal sinkt wie ohnmächtig neben Kundry nieder

936 K: Kundry faßt den Schleier

937 M: Kundry hält die Hand über Parsifals Haupt, ohne sie darauf zu legen

946 K: Kundry läßt die Hand über seinen Hals gleiten

948 M: Kundry legt den Arm um Parsifals Hals

955 W: Kundry noch immer in liegender Stellung, beugt sich über Parsifals Haupt, faßt sanft seine Stirn und schlingt traulich ihren Arm um seinen Nacken

957 P: Vornehm in Ton und Tempo, wenn so eine Frau mit ungeheurer Geistesüberlegenheit singt

965 K: Schleier mit der rechten Hand an Parsifal

966 M: Kundry neigt sich zu Parsifal

972 P: Ganz geheimnisvoll

K: Kundry umschlingt nach und nach Parsifal mit der rechten Hand, die linke noch unten

973 M: Geheimnisvoll

974 M: Kundry umschlingt Parsifal nach und nach

975 P: Immer wie eine geheimnisvolle Zauberin

977 K: Hebt die linke Hand und faßt bei »Liebe« den Schleier, so daß Parsifal ganz eingeschlossen ist

978 P: Parsifal muß mit ganz geschlossenen Augen daliegen, er weiß nicht, was vorgeht

P: Die letzte Verführung, sie fängt ihn durch die Mutter

979 P: Hier hält Kundry den Parsifal schon lange umschlungen

983 W: Sie hat ihr Haupt völlig über das seinige geneigt und heftet nun ihre Lippen zu einem langen Kusse auf seinen Mund

993 P: Parsifal geht mit energisch stockenden Schritten nach vorwärts, Kampf im Innern Parsifals, ist durch Laute kundzugeben

994 P: Parsifal sieht Amfortas nun vor sich stehen

P: Furchtbar heraus mit einem Schrei

997 M: Kundry richtet sich halb auf

1045 W: Während Kundry in Schrecken und Verwunderung auf Parsifal hinstarrt, gerät dieser in völlige Entrücktheit

1087 M: Während dieser Rede Parsifals hat sich Kundry halb erhoben

K: Kundrys Aufstehen beginnt

1090 P: Aus der Verführerin entwickelt sich die Liebende

K: Kundry steht auf, alle halbe Takte einen Schritt nach Parsifal zu. Schleier

K: Diese Bewegungen der Kundry dürfen aber nicht erst mit den Worten zusammenfallen, sondern müssen den Worten vorausgehen

1091 W: Kundry, deren Erstaunen in leidenschaftliche Bewunderung übergegangen, sucht schüchtern sich Parsifal zu nähern

1095 M: Kundry legt die Hand auf Parsifals Haupt

W: Parsifal immer in gebeugter Stellung, starr zu Kundry aufblickend, während diese sich zu ihm neigt und die liebkosenden Bewegungen ausführt

1109 M: Kundry umarmt ihn

K: Kundry gleichsam triumphierend

1113 P: Hier kommt die Steigerung. Von hier fängt Kundry an, sich des Amfortas zu erinnern

1118 P: Hier hat Parsifal den Blick in die Welt getan, wie sie ist, die Aktion muß dabei sehr »bedeutend« heraustreten

1119 K: Kundry aufzucken

1123 W: Parsifal hatte sich allmählich erhoben und stößt Kundry von sich

1126 W: In höchster Leidenschaft

P: Kundry ergreift hier das höchste Entzücken, Amfortas war ihr gegenüber schwach, jetzt sieht sie etwas Neues, nie Erlebtes. Wagner sang dies mit einer Art entzücktem Vorwurf

1128 K: Mit großer Passion

1132 P: Langsam, ganz weich und verändert im Ausdruck

1142 P: Parsifal überkommt der Gedanke, daß er Kundry retten könne

K: Parsifal wendet sich zu Kundry, Schritte zurück

1145 M: Visionärer Ausdruck

1146 P: Jetzt ist Kundry für sich allein, sie steht in schräger Stellung zu Parsifal und nicht zu nahe. Wenn man zu jemandem etwas sagt, tritt man etwas zurück, große wichtige Regel

1150 P: Kundry verfällt hier in die Illusion, daß sie Parsifal mit dem Heiland verwechselt

1154 P: Eine furchtbare Erinnerung

1159 P: Nun verfällt sie in die Vision, hier verwechselt Kundry Parsifal mit dem Erlöser

1175 M: Die ganze Stelle geheimnisvoll verschleiert

W: Sehr langsam und feierlich

W: Sehr leise, aber schwer

P: Man sieht entweder in den Himmel oder auf die Erde, nur nie ins Publikum

1177 W: Ausdrucksvoll

P: Kundry tut einen Schritt vorwärts, am Boden sehend

1178 P: Kundrys Vision, tiefgebeugt, muß alles wie aus schauerlicher Ferne, wie durch einen Schleier klingen

K: Wie über Jahrtausende zurückblickend

1179 P: Stehen bleiben. Hier wird sie ganz entrückt, wie im Traum

K: Schritt vor, Hand heftig vor

1182 K: Übergang in die Gebärde, der nie richtig gemacht wurde

1183 P: Das ist der Kampf, an dem sie leidet

1188 P: Jetzt geht er – der Erlöser – in der Vision an ihr vorüber

1192 P: Bis hierher war Kundry wie geistesabwesend, von hier wird das Auge wieder natürlich

1193 K: Kundry sehr heftig atmend

1195 M: Kundry nach dem Herzen fassend

1197 M: Dann die Arme ausbreitend

1198 K: In furchtbarer Sehnsucht, sehr ausdrucksvoll im Ton, mit vollem Ton

1199 P: Die Stimme muß über das Orchester dominieren, mit gleichem Ton singen. Die großen, halben Noten mit ungeheurer Wucht singen

1206 M: Kundry heftig bewegt

1208 K: Alles durch den Ton, wenig Gebärde

1221 M: Krampfhaftes Schluchzen Kundrys

K: Gebärden – Übergang

1223 P: Nicht zu heftig, Zeit lassen zur Deutlichkeit

K: »das verfluchte Lachen« furchtbar

1226 P: Mit großem Jammer, wie über ein grenzenloses Unglück

1227 M: Mit dem Ausdruck tiefster Trauer

P: In tiefer Trauer, dies verzweiflungsvoll

1230 P: Die oberen Töne sollen nicht zu heftig sein. Kundry geht dabei nach hinten

1234 M: Mit leidenschaftlichen Bewegungen

1238 P: Die melodische Figur wirklich singen, nicht die Extreme des Ausdrucks, – kommt von selbst heraus

1242 P: Trauer

1246 M: Kundry wendet sich zu Parsifal und faßt alle Kraft zusammen

1247 P: Nun faßt sich alles Vorangegangene in Kundry zusammen

1248 K: Kundry nach dem Herzen ringend

1259 M: Kundry ganz nahe an Parsifal

K: Bittend zu Parsifal

1274 M: Demütig

1276 P: Hier wird nicht bloß gesungen, da handelt es sich um intensivste Leidenschaft

K: Parsifal zurücktretend, 2 Schritte

1280 P: Parsifal mit äußerst hart drängender Heftigkeit

1281 P: Das ist eine ungeheure, ekstatische Stelle, die nur von innen heraus gemacht werden kann

1286 K: Parsifal sich Kundry wieder nähernd

1287 P: Kundry tritt etwas von Parsifal zurück. Parsifal steht nicht zu nahe an Kundry. Alles mit großen Bewegungen

1291 P: Das versteht Kundry nicht

1299 K: Schritt nach Kundry

1338 K: Kundry Schleier fassen, in die Höhe

1342 M: Kundry mit großen Schritten in Ekstase sich Parsifal nähernd

W: In wilder Begeisterung

1343 P: Nicht zu nahe an Parsifal

K: Schleier los, Arme hoch, in höchster Ekstase

1345 P: Jetzt überkommt Kundry eine ungeheure Verzückung, jetzt sieht sie den Menschen vor sich, den sie in voller Liebe ans Herz schließen könnte. Vorher war Parsifal ein Tor, jetzt weiß er, wie es um die Welt steht

1353 P: Auf Parsifal singen. Parsifal sieht nun viel mehr, als selbst Kundry sieht und weiß

1357 P: »Gottheit« die ganz ungeheure, ekstatische Wendung. Kundry sagt: Umfange mich ganz, dann bist du Gott selbst! Erlöse die Welt, mich laß vergehn im Jammer! Mit dieser Wunde im Herz bin ich glücklicher als ohne sie

K: Schleier fallen lassen, Arme hoch

1362 P: Nicht etwa verachtungsvoll zu singen

1368 P: Kundry darf nicht ganz an Parsifal herantreten

1370 P: Das singt sie wie lächelnd. Soll nicht geschleppt werden. Kundry sagt: Ich gebe mich auf.

1374 K: Parsifal Schritt zurück

1380 W: Drängend

P: Da unterbricht ihn Kundry gleichsam. Kundry nicht zu nahe an Parsifal herantreten. Mit sehr intensiv drängender sehnsüchtiger Empfindung

1381 M: Mit ausgebreiteten Armen

1386 P: Da schreit Parsifal. Das würgt Parsifal

1387 P: Was Parsifal unter Liebe versteht, wird sich finden, hier liegt die große Entscheidung. Hier ist die Wendung, wo er von Amfortas anfängt. Parsifal ist in Verzweiflung, da er sieht, wie ihn Kundry nicht versteht

1388 M: Kundry gespannt zuhörend. Hier ist der ganze Wendepunkt der Entwicklung

1395 W: In Wut ausbrechend

K: Kundry zurück, entsetzt: Kommst du mir mit dem?

1396 P: Bei allen unterstrichenen Worten sind die kleinen und tiefen Noten enorm deutlich hervorzuheben: »finden«, »Unselgen« hier handelt es sich um Deutlichkeit, es soll nicht alles in Akzenten untergehen »Schmachlüsterne«, »Verlachte«, »lachte«

1399 M: Wütende Gebärden Kundrys

1406 K: Kundry 2 Schritte vor

1412 M: Geheimnisvoll

P: Hier kommt ein Moment des Schauerns über Kundry

K: Kundry zurück, geheimnisvoll

1417 P: »sein Fluch« hier den Akzent setzen

1418 K: Halben Schritt wieder vor

1419 M: Etwas zurückhaltender

1420 P: Kundry sagt sich: Was bin ich selbst?

1423 K: Wer bedarf des Mitleids mehr als ich?

1424 W: Zögernd

1427 W: Flehend

1429 W: Dehnend

1430 W: Zurückhaltend

1431 P: Steht ganz nahe bei Parsifal und neigt sich etwas zu ihm

1433 M: An Parsifal herantretend

1435 M: Neigt sich zu ihm, fast kniend

1437 P: Diese ganze Phrase nicht zur kurz, aber furchtbar fest

1440 W: Sie will ihn umarmen. Er stößt sie heftig von sich. – Sie rafft sich mit wildem Wutrasen auf und ruft dem Hintergrunde zu

1441 K: Sie liegt halb

1444 M: Parsifal eilt nach hinten und will fort, dort, wo er hergekommen ist. Kundry vertritt ihm auf der Treppe den Weg

1457 M: Kundry von der Treppe herab

1458 K: Schleier abwerfen, Wendung nach vorn

1459 K: Schritt zu Parsifal
K: Mit sehr scharfen Akzenten
1475 K: Kundry nach hinten
1476 M: Mit Gebärden nach verschiedenen Richtungen
1480 M: Kaum ihrer mächtig
K: Ohnmächtigen Schrittes nach vorn
1482 K: Energische Schritte nach vorn
1484 M: Sehr energisch
1506 K: Kundry sinkt mit einem Schrei zusammen
1511 W: Kundry ist schreiend zusammengesunken
1522 K: Kundry Kopf wenig heben
1526 K: Blick zu Parsifal
1532 K: Kundry erhebt sich halb, blickt Parsifal nach, Sehnsucht, Verzweiflung, Tod im Blick, und bricht dann zusammen
1535 M: Kundry sinkt ganz zusammen

3. Aufzug

40 W: Gurnemanz, zum hohen Greis gealtert, als Einsiedler nur in das Hemd der Gralsritter gekleidet, tritt aus der Hütte und lauscht
46 M: Leises Stöhnen Kundrys
57 W: Dumpfes Stöhnen von Kundrys Stimme
58 P: Hier stöhnt Kundry, muß wie ein Seufzer klingen
60 W: Er schreitet entschlossen einer Dornenhecke auf der Seite zu, diese ist gänzlich überwachsen, er reißt mit Gewalt das Gestrüpp auseinander, dann hält er plötzlich an
67 P: Hier hat Gurnemanz Kundry entdeckt
71 M: Gurnemanz freut sich Kundry wiederzufinden. Er singt diese Stelle sehr fröhlich und mit Ekstase
P: Gurnemanz ruft, als wenn Kundry kommen sollte. Er freut sich, Kundry wieder zu sehen, lustig und mit Ekstase und nicht eigentlich zu Kundry zu singen
74 W: Er zieht Kundry, ganz erstarrt und leblos, aus dem Gebüsch hervor und trägt sie auf einen nahen Rasenhügel
75 P: Kundry darf nicht gehen, sondern muß von Gurnemanz wie ein lebloser Körper geschleppt werden.
84 K: Kundry liegt auf einem Rasenhügel an der Quelle
K: Als sie die Augen öffnet, stößt sie einen Schrei des Erwachens aus. Nicht über Gurnemanz
88 W: Gurnemanz reibt der erstarrt vor ihm ausgestreckten Kundry stark die Hände und Schläfe, und bemüht sich in allem, die Erstarrung von ihr weichen zu machen
90 K: Reibt die Hände
93 K: Reibt die Schläfe

96 W: Endlich scheint das Leben in ihr zu erwachen

96 P: Gurnemanz muß Kundry stark reiben, den Kopf bespritzen

97 K: Sie atmet

100 K: Etwas die Hände regen

105 W: Sie erwacht völlig, als sie die Augen öffnet, stößt sie einen Schrei aus

K: Regen des ganzen Körpers

106 K: Augen auf

107 P: Kundry darf nicht deshalb erschrecken, weil sie Gurnemanz sieht, sondern weil sie aus dem Schlafe erweckt wurde

108 W: Kundry ist in rauhem Büßergewande, ähnlich wie im 1. Aufzuge, nur ist ihre Gesichtsfarbe bleicher, aus Miene und Haltung ist die Wildheit verschwunden

111 P: Hier sieht Kundry Gurnemanz erstaunt an, hier Kleid richten

112 P: Hier macht sie den ersten Schritt. Kundry muß gleich einer Magd, die sich verschlafen hat, wie stupid gehen, ganz naiv und ohne jeden Anflug von Tragik

114 W: Sie starrt lange Gurnemanz an. Dann erhebt sie sich, ordnet sich Kleidung und Haar und läßt sich sofort wie eine Magd zur Bedienung an

K: Kundry ohne Rücksicht auf Gurnemanz, als ob sie ihn alle Tage gesehen hätte

115 P: Kundry wieder einen Schritt

117 M: Kundry, wie sich besinnend. Sie sieht Gurnemanz gar nicht an

118 P: Nun ist Kundry frei

119 K: Gehen

122 K: Halbe Wendung zu Gurnemanz

123 P: Da steht Kundry in der Mitte. Kundry hat keine Erinnerung, kein Wissen des Zusammenhanges dieser Welt mit jener Klingsors

126 M: Hier wendet sich Kundry und blickt Gurnemanz teilnahmslos an. Sie hat keine Erinnerung des Vergangenen

129 P: Bei solcher die stumme Aktion begleitenden Musik im Orchester nie schleppen. Klarinettenmotiv, bei dieser Figur Kundry immer ein Schritt

130 W: Kundry neigt langsam das Haupt

131 K: Schritt

132 P: Kundry scheint sagen zu wollen: Ich weiß schon, was ich soll.

135 W: Dann bringt sie, rauh und abgebrochen hervor: Dienen – dienen.

P: Kundry muß sich besinnen

K: Zu Gurnemanz gewendet. Hände zu Gurnemanz

136 P: Ist jetzt als Büßende da. »Dienen« ganz kurz und zugleich sehr naiv

138 P: Kundry wendet sich langsam und bleibt noch etwas stehen

143 K: Kundry umsehen. Kundry geht ganz langsam, traurig, nach der Hütte

146 W: Kundry hat sich währenddem umgesehen, gewahrt die Hütte und geht hinein

160 W: Kundry kommt wieder aus der Hütte, sie trägt einen Wasserkrug und geht damit zur Quelle. Sie gewahrt hier, nach dem Walde blickend, in der Ferne einen Kommenden und wendet sich zu Gurnemanz, um ihn darauf hinzudeuten

165 P: Hier hebt Kundry den Kopf und sieht dabei, wie ein Zeichen gebend, Gurnemanz an

K: Kundry auf dem linken Knie, das Hindeuten mit der linken Hand, Krug in der rechten

169 M: Kundry geht, nachdem sie Wasser geschöpft hat, zurück zur Hütte

P: Und sieht sich dabei um

171 W: Während des folgenden Auftretens des Parsifal entfernt sich Kundry mit dem gefüllten Kruge langsam in die Hütte, wo sie sich zu schaffen macht

230 K: Kundry an der Tür wieder sichtbar

243 W: Gurnemanz winkt Kundry herbei, welche soeben wieder aus der Hütte getreten ist

250 W: Gurnemanz leise zu Kundry

252 W: Kundry bestätigt mit einem leisen Kopfnicken

260 W: Kundry blickt starr, doch ruhig auf Parsifal

264 K: Gurnemanz zurück. Kundry zurück

270 W: Kundry hat ihr Gesicht abgewendet

299 P: Wenn die Sänger etwas zu sagen haben, nicht ins Publikum hineinsingen, die kleinen Noten für die Musik, die vom Publikum absehende Aktion für die Darstellung, auf diese Weise erringen wir einen Stil, entweder man blickt zum Himmel oder zur Erde

339 K: Kundry in die Hütte

430 W: Parsifal droht ohnmächtig zu werden

443 P: Kundry beeilt sich, Parsifal zu helfen, und führt ihn mit Gurnemanz zur Quelle

445 W: Kundry holt hastig ein Becken mit Wasser, Parsifal damit zu besprengen

449 K: Gurnemanz löst Parsifal am Hals den Harnisch auf. Kundry kommt mit dem Becken heraus zu Gurnemanz und Parsifal

452 W: Sie kehrt zurück

M: Wendet sich fragend an Gurnemanz

455 K: Sieht Gurnemanz bittend um Erlaubnis an

457 W: Gurnemanz, Kundry sanft abweisend

P: Kundry geht näher zu Gurnemanz, ihre stumme Frage gleichsam wiederholend

460 M: Kundry trägt das Becken zurück in die Hütte und wendet sich noch einmal um, zu hören was Gurnemanz sagt

467 M: Jetzt geht Kundry in die Hütte, kommt aber gleich wieder zurück

470 K: Kundry kommt langsam wieder

475 K: Kundry hier am Rasenhügel, kniet

477 K: Gurnemanz nimmt ihm die Armschienen, Kundry die Beinschienen ab, Kundry wechselt Parsifal die Schuhe

482 W: Parsifal wird von den beiden sanft zum Rande der Quelle gewendet. Unter dem Folgenden löst ihm Kundry die Beinschienen, Gurnemanz nimmt ihm den Brustharnisch ab

497 P: Währenddem hat Kundry dem Parsifal die Beinschienen abgenommen

502 K: Gurnemanz und Kundry ziehen den Harnisch ab

504 M: Kundry kniet halb zu Parsifals Füßen

510 W: Kundry badet ihm mit demutsvollem Eifer die Füße, Parsifal blickt mit stiller Verwunderung auf sie

P: Was zwischen allen vorgeht, ist ein ungeheures Geheimnis, man weiß nicht, erkennt Parsifal Kundry oder nicht, alles mit großer Wehmut und Sanftmut

513 K: Gurnemanz sieht, ein wenig zurückgetreten, ergriffen zu

516 M: Gurnemanz ist, ergriffen zusehend, etwas zurückgetreten

519 M: Kundry blickt zu Parsifal auf

521 M: Was zwischen allen vorgeht, ist ein ungeheures Geheimnis, man weiß nicht, ob Parsifal Kundry erkennt oder nicht

522 P: Parsifal mit sanftem Lächeln. Das ruhige Lächeln der Kunst: eine sanfte Rührung in der Miene ohne Ernst: ein hohes Ziel der Kunst

533 P: Kundry, halb kniend und halb sitzend, blickt ruhig auf Parsifal

541 W: Während Gurnemanz feierlich das Wasser sprengt, zieht Kundry ein goldenes Fläschchen aus ihrem Busen und gießt den Inhalt auf Parsifals Füße aus, jetzt trocknet sie diese mit ihren schnell aufgelösten Haaren

547 M: Hier löst sie die Haare

550 P: Spiel des Blickes, Demut, Angst und Bangigkeit

555 P: Kundry wie mit inneren »Achs« ganz demütig

557 M: Kundrys Blick auf Parsifal gerichtet. Dann das Haupt senken

W: Parsifal nimmt Kundry sanft das Fläschchen ab und reicht es Gurnemanz

560 P: Die Demut gefällt Parsifal

596 K: Parsifal unbewegt. Kundry in demütig anbetender Haltung, Arme nicht nach oben

602 W: Parsifal schöpft unvermerkt Wasser aus dem Quell, neigt sich zu der vor ihm noch knieenden Kundry und netzt ihr das Haupt

608 P: Ein ganz intimer Akt. p singen

609 M: Parsifal breitet die Hände über Kundry

615 P: Kundry muß ganz auf den Boden sinken

W: Kundry senkt das Haupt tief zur Erde, sie scheint heftig zu weinen

P: Heftig weinen, aber nicht zu laut

623 K: Kundry sinkt ganz nieder

624 P: Hauptmoment für Kundry. Hier weint Kundry
K: »Reuemusik«
638 P: Hier ist Kundry wieder niedergebeugt, es ist nicht mehr von ihr die Rede
660 P: Kundry sieht zur Seite – nach vorne – auf, abgewendet von Parsifal
698 P: »ihr Gebet«
703 P: Kundry darf ja nicht kokett aufblicken
705 P: Jetzt erst soll Kundry wieder ganz zu sich kommen
710 P: Kundry blickt mit gefalteten Händen nach oben
K: Kundry hebt sich allmählich bis zur Hälfte
721 K: Kundry senkt sich wieder
748 K: Kundry hat bis hierher gelegen, erhebt sich hier allmählich
P: Kundry darf nicht zu nahe an Parsifal liegen
756 K: Kundry hier kniend
760 W: Kundry hat langsam wieder das Haupt erhoben und blickt feuchten Auges, ernst und ruhig bittend, zu Parsifal auf
777 M: Kundry blickt mit verweinten Augen zu Parsifal auf
778 K: Hand über Kundry
790 W: Er küßt sie sanft auf die Stirn
804 W: Gurnemanz hat seinen Gralsrittermantel herbeigeholt, er und Kundry bekleiden Parsifal damit
806 W: Parsifal ergreift feierlich den Speer und folgt mit Kundry dem langsam geleitenden Gurnemanz
1020 K: Amfortas ganz vorn. Gurnemanz, Parsifal, Kundry hier heraus. Parsifal voraus
1030 W: Parsifal ist, von Gurnemanz und Kundry begleitet, unvermerkt unter den Rittern erschienen
1032 P: Kundry steht vorgebeugt zur Seite
1035 K: Speer an die Wunde. Kundry bleibt zurück
1050 P: Kundry mit dem Ausdruck der Verklärung im Angesicht: Das ist der, den du gesucht hast von Welt zu Welt.
1066 K: Kundry an ihrem Platz knien. Erglühen des Speers. Alle Hände gefaltet, Amfortas auch, nach oben
1093 K: Gurnemanz betet am Sarge Titurels
1102 K: Kundry auf den Knien nach den Stufen
1123 W: Kundry sinkt, mit dem Blick zu ihm auf, langsam vor Parsifal entseelt zu Boden
1124 K: Ritter anbetend. Kundry tot
1125 K: Vorhang langsam, nachdem die Taube steht

Die alptraumhafte Atmosphäre um Kundry bleibt bis zu ihrem Tod. Kundry lebt in einer Welt, ähnlich wie Dickens und Zola Elendsquartiere beschreiben, man blickt in etwas, was man vorher nicht gesehen hat und so nicht wieder sehen wird. Eine phantastische Welt wie Kubins DIE ANDERE SEITE, das Reich des ehemaligen Mitschülers Patera in Traum, Nebel und Dunkelheit. Nimmt man die Eigenheiten der PARSIFAL-Figuren weg, kommt man ebenso schnell in die Nähe von Hauptmanns VOR SONNENAUFGANG wo sich nur in Dämmerung, Zwielicht, bei Nacht Vertierte treffen, die das Licht scheuen müssen, die Augen nicht aufkriegen, müde verquält ihre Sexualität durchexerzieren. Der abgehalfterte König Titurel ist hier der degenerierte reiche Kohlebauer Krause, Schnaps-König in seiner eigenen Kneipe, der seine Tochter vergewaltigt und möglicherweise Vater der Totgeburt der anderen Tochter ist, ein wahrer Lot. Zwischen beiden Premieren 1882 und 1889 liegen 7 Jahre, Jahre, in denen der Naturalismus zur führenden europäischen Kunstrichtung wird.

Kundry wird durch einen Fluch bestimmt und bestimmt ebenso andere durch ihre Verfluchung. Der Grund, sie habe Jesus auf der via dolorosa oder unterm Kreuz ausgelacht, deshalb sei sie verflucht, deshalb warte sie auf Erlösung, nur ein Mann, der ihrer Versuchung standhält, könne sie erlösen, soweit ihre Biografie. Wodurch Klingsor über sie Macht gewinnt, wird nicht berichtet. Er hat sie, und sie muß sich fügen, sie verfällt ihm im Schlaf, beider Codewort: Die Zeit ist da. Von ihm aus diesem Schlaf gezwungen, wird sie sein Werkzeug. Sie ist ferngesteuert, fremdbestimmt. Fremdbestimmt wie die Weber, die von Stückbeginn im Abseits sind, ohne Chancen, chancenlos wie Kundry, die 1. fremdbestimmte Figur des modernen Theaters. Beide werden zum Stückschluß »erlöst«, Kundry, indem sie stirbt, endlich sterben kann, was sie nach ihrer Aussage immer will, die Weber, indem sie einen Theatersieg erringen, in Realität aber krepieren. Kundrys Dienen . . . Dienen! steht erbarmungslos über den WEBERN und führt direkt zum schmiedeeisernen Torspruch: Jedem das Seine.

Jetzt fließt Blutt, sagt der alte Hilse vor seinem Tod zu dem Schlachtfest, dem Kampf der revoltierenden Weber gegen die Soldaten auf der Bühne. Blut fließt auch in PARSIFAL am Ende. Hilses Frau spricht die letzten Worte des Stückes: Nun mach ock, Mann, und sprich a Wort s kann een n orntlich angst werd n. Das letzte Wort im PARSIFAL hat der Chor: Erlösung dem Erlöser!

Wollte der abgedankte König Parsifal segnen? Wollte er seinen Sohn, der ihn umgebracht hat, segnen? Die gestorbene Kundry? Sein eigenes Versagen entschuldigen? Über allen das Zeichen machen, das Parsifal über Klingsors Reich macht, das Kreuz, daß alle mit ihm verlöschen, so wie Klingsors Reich in Asche fällt? Wollte Wagner Lacher vermeiden? Wollte er sein Weihfestspiel auf den Kopf stellen? Was ist diese Auferstehung auf dem Theater, Bühnenzauber? Zwischen all der Pappe und Schminke, den stumpfen Theaterschwertern, dem Gral mit eingebauter Lampe? So könnte ich weiterfragen, ziellos suchen, in der Hoffnung, dieses Endstück, diesen Schlußstein lebendig werden zu lassen.
Die Weber sind verflucht, keine Verfluchung à la Kundry, sondern tief, zu tief in ihrer Kreatürlichkeit von Alkohol – Ficken – Kinderkriegen. Als würden Herden von Weber-Müttern ihre blutige, verkrümmte Frucht auswerfen, wie Kot in ge-

krümmter Haltung am Webstuhl. Wie ekelhaft Hauptmann in diesem Punkt verfährt, fast die Haltung der Kritik an den WEBERN vorwegnimmt, zeigt schon der 5. Akt von VOR SONNENAUFGANG. Totgeboren!, schreit Helene in Triumph über ihre gebärende Schwester, während ihr der ewig betrunkene, alte, geile Vater mit seinem : Dohie hä!, an die Wäsche will. Zu Ende! Zu Ende!, jammert sie, den Brieffetzen des sie verlassen habenden, alternden Sozialdemokraten in der Hand: Niemals wieder!

MARGARETHE

URFAUST: Kerker. Goethes Anweisungen für Margarethe, um die sich die Szene konzentriert, sind Wagners Regiefundgrube. Obwohl er weder einen Kerker noch die Ausgangssituation plakativ verwendet, findet Wagner in seiner Übersetzung, die Kundry ebenfalls in einem Gefängnis zeigt, im Gefängnis ihres Fluches und in dem ihres Herrn Klingsor, eine tiefe Entsprechung zu seinem Vorbild, vereinigen sich in Klingsor szenisch die »Zwillingsbrüder« Faust und Mephisto, vor denen Kundry die gleiche Abscheu empfindet wie Margarethe.
In der Auseinandersetzung mit den Knappen und Gurnemanz steht Kundry wie vor ihrem Richter, der sie hervorholt, wissen will, warum sie nicht da war, sich nicht zu seiner Verfügung bereit hielt. Gurnemanz kommt in seiner Verzweiflung, seinem eigenen Schuldgeständnis nah an Kundrys für ihn nicht sichtbares Leben. Mit seiner Frage soll das innerlich so verstrickte, teuflische Paar unbehelligt bleiben. Er ruft seinem alten Hund Kundry zu:

He! Du! – Hör mich und sag:
wo schweiftest damals du umher,
als unser Herr den Speer verlor?

Amfortas verlor gerade seinen in ihr. Wieviel weiß Gurnemanz? Nagen eigene Zweifel? Warum fragt er? Daß sich beide nicht erinnern, versucht Wagner festzulegen, doch stoppt das kaum andere Interpretationen. Wie sich Kundry gegen die Knappen wehrt, wehrt sich Margarethe gegen jeden Zugriff der beiden Männer, die sie befreien wollen. Das gleiche Dreieck: Die Frau, 2 Männer, die sie bedrängen, dazu die übergeordnete Instanz, die sie zu Hilfe ruft. Margarethe sieht sich vor Gott, Kundry vor Jesus, dessen Verfluchung sie zwar stöhnend erträgt, unter deren Last sie sich beugt, haushaltend mit ihren Kräften, fast mütterlich werdend mit sich selbst, besorgt, von eigener Schwere befangen, kaum die Lider auseinander kriegend, kaum einer Bewegung unter dem unsichtbaren Kreuz fähig, fast erdrückt wie Jesus, der in den Stationen zusammenbricht. Man hört in Kundry ständig die veränderte, jenseitige Margarethe: Die Glocke ruft! – Krack das Stäbgen bricht! – Es zuckt in jedem Nacken die Schärfe die nach meinem zuckt! – Die Glocke hör. Wie eine Erinnerung leuchtet URFAUST in FAUST 1 auf:

Die Glocke ruft, das Stäbchen bricht.
Wie sie mich binden und packen!
Zum Blutstuhl bin ich schon entrückt.
Schon zuckt nach jedem Nacken
Die Schärfe die nach meinem zückt.
Stumm liegt die Welt wie das Grab!

Die Parallelen im Abschied: Kundrys Abschied im 1. Aufzug, ihr Hinübertreten in die Klingsorwelt, gleicht Margarethes Abschied, Kundry düster:

Nie tu ich Gutes, – nur Ruhe will ich.
Sie wendet sich traurig ab und während Gurnemanz sich väterlich um Parsifal bemüht, schleppt sie sich, von beiden unbeachtet, einem Waldgebüsch zu.
Nur Ruhe! Ruhe, ach der Müden! –
Schlafen! – Oh, daß mich keiner wecke!
Scheu auffahrend
Nein! Nicht schlafen! – Grausen faßt mich!
Sie verfällt in heftiges Zittern, dann läßt sie die Arme matt sinken, neigt das Haupt tief und schwankt matt weiter.
Machtlose Wehr! Die Zeit ist da.
Vom See her gewahrt man Bewegung und endlich den im Hintergrunde sich heimwendenden Zug der Ritter und Knappen mit der Sänfte des Amfortas.
Schlafen – schlafen – ich muß.
Sie sinkt hinter dem Gebüsch zusammen und bleibt von jetzt an unbemerkt.

Margarethes Abschied im URFAUST:

Faust mit einem Bund Schlüssel und einer Lampe an einem eisernen Türgen ... er fasst das Schloss es singt innwendig ... zittert wankt ermannt sich und schließt auf, er hört die Ketten klirren und das Stroh rauschen.
Margarethe sich verbergend auf ihrem Lager.
Faust leise ... erfasst ihre Kette sie aufzuschliessen.
Margarethe wehrend ...
Margarethe wälzt sich vor ihn hin.
Faust der sich zu ihr hinwirft.
Margarethe die sich aufreist ... Sich vor ihm niederwerfend.
Faust erfasst sie wütend um den Hals.
Margarethe sinckt ihr Haupt in seinen Schoos verbergend.
Er schliesst über ihrer Betäubung die Arm Kette auf.
Margarethe angelehnt.
Sie fällt ihn an.
Sie setzt sich und bleibt eine Zeitlang stille.
Faust will sie weg ziehen.
Faust ergreifft sie und will sie wegtragen.
Mephisto erscheint.
Faust sie umfassend.
Mephisto ... verschwindet mit Faust, die Thüre rasselt zu man hört verhallend: Heinrich! Heinrich!

Richtig ist, daß keine Darstellerin oder Sängerin der jeweiligen Aufgabe gewachsen ist und daß heutige Kundry-Interpretinnen und ihre Dirigenten genau den Weg gehen, den Goethe vom URFAUST zu FAUST 1 mit der KERKER-Szene ging, indem er sie gründlich versaute. Richtig ist aber auch, daß hier die Meßlatte der jeweiligen Gattung erreicht ist und daß sich Interpreten: Dirigent, Regisseur, Darsteller, Sänger ausschließlich bewähren, indem sie das so vorgegebene Verhältnis, die Unerreichbarkeit, die Nichtdarstellbarkeit, anerkennen, sich zu ihr in Beziehung setzen.

Wagner gelingt hier durch die Musik ein Schritt über Goethe hinaus, doch verbindet sich mit diesem Schritt eine textlich inhaltliche Vergröberung, die Wagner bei allen Übernahmen zwangsläufig unterläuft, die Figuren lassen sich nicht exakt konkretisieren, verwischen in sich, sind in dem einen Moment das und im anderen das, so chamäleonhaft schnell wechseln Motiv und Gegenmotiv.
Bleibt die Frage, ob nicht der chamäleonhafte Rollenwechsel der textlich richtige ist, so wie Goethe Faust in Mephisto in Margarethe changieren läßt, das geht auf dem Papier, nicht auf der Bühne, wollen die Interpreten wissen.

Das letzte Mittel ist Demut, das einzige Mittel, um an ein Werk heranzukommen, es zu berühren. Mehr ist mir nicht gelungen, die Berührung hat mich verbrannt.

Selbstverständlich könnte ich meine Äußerungen, die Werkabsichten betreffend, in eine andere Sprache bringen, schon durch einen verfeinerten Ausdruck sie gegen Angriffe widerstandsfähiger machen, dies hieße aber, sich von den Verletzungen, die diese Werke zufügen, wegzureden, hieße dickhäutiger zu werden, unempfindlicher, um sich vor einem erneuten Anlauf zu drücken oder den Anstieg zu harmonisieren, um dann vielleicht ganz in ihm steckenzubleiben.

Daß Wagner vor allem Schauspieler sei, tadelt Nietzsche, wohlwissend, daß diese Fähigkeit dem Gescholtenen während seiner Bayreuth-Einstudierungen heftiges Lob einbringt, doch Nietzsche pocht darauf, diese stehe im krassen Kontrast zur Mächtigkeit der Musik, die er sich keinesfalls aufgelöst durch szenische Aktionen wünscht, das hieße, ihre Bedeutung wegzuspielen, wie ein Nebenbeisprechen oder Beiseitesprechen, ein Formmittel des höfischen oder Intrigen-Stücks, das dort völlig berechtigt, aber z. B., ins bürgerliche Schauspiel übertragen, Aussage wegbricht, die Figuren nach innen verweist, statt nach außen, gegen die Konvention, die ihnen im Parkett gegenübersitzt, anzugehen. Diese allseits eingebürgerte Sprechtechnik, die nur aus Angst vor Pathos weiterbesteht, kennzeichnet das Kleindenken von bescheidenen Theatermachern, die längst ihren Schwanz eingezogen haben und über diesen Verlust öffentlich-subventioniert nachdenken dürfen.

Unter Zweifeln feiert Nietzsche Wagners Pathos: Die Wirkung der Wagnerischen Kunst ist tief, sie ist vor allem s c h w e r: woran liegt das? Zunächst nicht, wie angedeutet, an der Musik: man hielte diese Musik nicht einmal aus, wenn man nicht bereits durch etwas Anderes überwältigt und gleichsam u n f r e i geworden wäre. Das Andere ist das Wagnerische P a t h o s, zu dem er sich seine Musik nur hinzuerfunden hat. Es ist die ungeheure Überzeugungskraft dieses Pathos, sein Athemanhalten, sein Nicht-Mehr-loslassenwollen eines extremen Gefühls, es ist die erschreckende Länge dieses Pathos, mit der Wagner über uns siegt und immer siegen wird: – so daß er uns zuletzt noch gar zu seiner Musik überredet ... Ob man mit einem solchen Pathos ein Genie ist? Oder auch nur sein kann? ... Man hat bisweilen unter Genie eines Künstlers seine höchste Freiheit unter dem Gesetz, seine göttliche Leichtigkeit, Leichtfertigkeit im Schwersten verstanden. Dürfte man sagen: Wagner ist schwer, centnerschwer: folglich – kein Genie? Aber vielleicht hat man unrecht, die leichten Füße zum Typ des Gottes zu machen.

Ob Wagner gerade mit einem solchen Pathos deutsch ist? ein Deutscher ist? Nie und nimmermehr! Vielleicht eine Ausnahme aller Ausnahmen!

Wagners Protestantismus ist identisch mit Luthers, nicht vom »Glauben«, sondern von der Holzkopfigkeit her: Hier stehe ich, ich kann nicht anders. Damit hebelt Luther ein Gericht aus. Der Holzkopf rettet, ebenso die Figuren Wagners auf der Bühne. Das anhaltende Pathos, die Halsstarrigkeit, die Bockbeinigkeit, all das kritisiert Nietzsche, der damit einen Wesenszug des Menschenschlags definiert, dem er angehört. Sturheit bei höchster Empfindlichkeit, wie man das Zicken nachsagt.

VISIONEN

1. Vision: Kundry stürzt hastig, taumelnd herein. Wilde Kleidung, hoch geschürzt, Schlangenhäute, langes, schwarzes, flatterndes Haar, braunrotes Gesicht, stechende schwarze Augen, wild aufblitzend, öfters todesstarr, unbeweglich. Geheimnisvoll, atemlos, erschöpft, abwehrende Handbewegung. Sie wirft sich auf den Boden. Unruhig, heftig sich bewegend, sich etwas erhebend, Körper wieder schlaff, hämisch blickend. Düster, schweigend. Kopf auf, sich am Boden windend, wie in sich versunken. Kopf ab. Kundry bewegt sich unheimlich, ohne zu begreifen, von wilden Träumen gepeinigt. Eine Bewegung tiefen Abscheus und Widerwillens, in gräßlichen Träumen, sich unruhvoll bewegend, ohne Gewißheit einer Doppelexistenz, in wütender Unruhe heftig umgewendet.
Kundry sieht Parsifal.
In der Waldecke gelagert, den Blick scharf auf ihn gerichtet, ruft sie, da Parsifal schweigt, mit rauher Stimme daher. Parsifal horcht erstaunt auf. Sie lacht halb aufgerichtet, erhebt sich nach und nach vom Boden, hat sich erhoben, bleibt, sehr plötzlich, in kniender, halb aufgerichteter Stellung, kommt in eine wilde Freude. In wilder Freude aufjauchzend. Parsifal verwundert nachdenkend, aber ohne Trauer, springt wütend auf Kundry zu, faßt sie bei der Kehle. Parsifal lange wie erstarrt, gerät in heftiges Zittern wird noch matter. Kundry bringt Wasser, besprengt ihn. Parsifal trinkt. Kundry halbe Wendung nach links, Schritte. Düster.
Sie wendet sich traurig ab, schleppt sich, unbeachtet, einem Waldgebüsch zu, kehrt sich langsam, nach hinten zu, um. Scheu auffahrend, hier am Baum sich haltend, geht immer nach rückwärts, Hände allmählich kreuzen, verfällt in heftiges Zittern, läßt die Arme matt sinken, Arme zitternd auf, Arme ab, gebeugt mit stockenden Schritten nach hinten, sinkt im Gebüsch zusammen. Von jetzt an unbemerkt. Mit stockenden Schritten, gebeugt, verschwindet sie in der hinteren Kulisse.

2. Vision: Abnehmender, sich in Wimmern verlierender Schrei Kundrys, von einem Zustand in einen anderen, wie ein armes Tier, das zur Schlachtbank muß. Die Verführerin wird die Liebende. Kundrys Erstaunen geht in leidenschaftliche Bewunderung über, sucht schüchtern sich Parsifal zu nähern. Hier hat Parsifal den Blick in die Welt getan, wie sie ist. In höchster Leidenschaft, das höchste Entzücken, jetzt sieht Kundry etwas Neues, nie Erlebtes. Mit großer Passion. Parsifal überkommt der Gedanke, daß er Kundry retten könne. Kundry ist für sich allein, verfällt in die Illusion, daß sie Parsifal mit dem Heiland verwechselt. Eine furchtbare Erinnerung. Die Vision: Parsifal ist der Erlöser. Geheimnisvoll verschleiert. Sehr langsam und feierlich. Sehr leise, aber schwer. Kundrys Vision, tiefgebeugt, muß alles wie aus schauerlicher Ferne, wie durch einen Schleier klingen. Wie über Jahrtausende zurückblickend, ganz entrückt, wie im Traum. Schritt

vor, Hand heftig vor. Das ist der Krampf, an dem sie leidet. Jetzt geht er – der Erlöser – in der Vision an ihr vorüber, wie geistesabwesend, von hier wird ihr Auge wieder natürlich. Arme ausgebreitet, in furchtbarer Sehnsucht, sehr ausdrucksvoll im Ton, mit vollem Ton, die Stimme muß über das Orchester dominieren. Mit ungeheurer Wucht singen. Krampfhaftes Schluchzen. Das verfluchte Lachen furchtbar. Mit dem Ausdruck tiefster Trauer, verzweiflungsvoll. Trauer. Demut. Intensivste Leidenschaft. Parsifal zurücktretend. Kundry mit großen Schritten in Ekstase sich ihm nähernd. In wilder Begeisterung. Kundry überkommt eine ungeheure Verzückung, jetzt sieht sie den Menschen, den sie in voller Liebe ans Herz schließen könnte. Vorher war Parsifal ein Tor, jetzt weiß er, wie es um die Welt steht. Gottheit. Eine ganz ungeheure, ekstatische Wendung: Umfange mich ganz, dann bist du Gott selbst! Erlöse die Welt, mich laß vergehn im Jammer! Mit dieser Wunde im Herz bin ich glücklicher als ohne sie. Ich gebe mich auf! Sie will ihn umarmen. Er stößt sie heftig von sich. – Sie rafft sich mit wildem Wutrasen auf, sinkt mit einem Schrei zusammen, erhebt sich. Sehnsucht, Verzweiflung, Tod im Blick, und bricht zusammen.

3. Vision: Leises, dumpfes Stöhnen Kundrys. Ein lebloser Körper. Sie erwacht völlig, öffnet die Augen, stößt einen Schrei aus. Ihre Gesichtsfarbe bleicher, aus Miene und Haltung ist die Wildheit verschwunden. Sie macht den ersten Schritt, gleich einer Magd, stupid naiv. Dann bringt sie, rauh und abgebrochen, hervor: Dienen – dienen.
Kundry badet mit demutsvollem Eifer Parsifal die Füße, der blickt mit stiller Verwunderung auf sie. Was zwischen allen vorgeht, ist ein ungeheures Geheimnis, man weiß nicht, erkennt Parsifal Kundry oder nicht, alles mit großer Wehmut und Sanftmut. Parsifal mit sanftem Lächeln. Das ruhige Lächeln der Kunst: Eine sanfte Rührung in der Miene ohne Ernst. Ein hohes Ziel der Kunst. Parsifal neigt sich zu der vor ihm noch knieenden Kundry und netzt ihr das Haupt. Ein ganz intimer Akt. Es ist nicht mehr von ihr die Rede. Sie erhebt langsam das Haupt, blickt feuchten Auges, ernst und ruhig bittend, auf, mit dem Ausdruck der Verklärung im Angesicht: Das ist der, den du gesucht hast von Welt zu Welt. Kundry sinkt mit dem Blick zu ihm auf, langsam vor Parsifal entseelt zu Boden. Tot.

3 Visionen, 3 Verwechslungen: Eine Vision Christi. Der dreimalige Versuch einer weiblichen Figur in das Zentrum der Handlung vorzustoßen, ist von Wagner exemplarisch dargestellt, detaillierter, grausamer als in anderen Werken. Ausgehend von ihrem Sturz, bleiben ihre Bewegungen dem Boden verhaftet, vorahnend, wie eine Schlange die Erdbewegungen spürt, spürt sie Parsifals Ankunft. Nach der vergeblichen Berührung kriecht sie in ihr Gebüsch, sich nach ihm umblickend, erledigt.
Die Nichteinnahme des Zentrums, das männlich besetzt ist, ist schmerzhaft, muß diesem Zentrum doch Gottähnlichkeit zugestanden werden, so wie sie das weibliche Zentrum beansprucht.
Kundrys dreimaliger Versuch, das Zentrum der Handlung einzunehmen, endet mit ihrem Tod, jeder Versuch »endet« so. Der Sturz auf die Bühne, in das Zen-

trum der Handlung, bedeutet den Tod. Der Schwan wird dem Nichtinthronisierten geopfert, Kundry dem Inthronisierten.
Die Bühne ist in PARSIFAL der Opfertisch. Das Theater der Kultraum. Die Außenwelt ist ausgesperrt, kommt nur in Erinnerungen hoch, die sich nicht verselbständigen können. Eine kultische Totenfeier. Für alle, für das gesamte Personal vor und hinter der Bühne. Nur als Totenweihe kann PARSIFAL Bühnenweihfestspiel heißen. Die Aussegnung der Toten.
In einer Zeit, die männlichen Triumph feiert, gelingt es einer weiblichen Figur nicht mehr im Zentrum Fuß zu fassen. Kundrys Geschrei füllt die Prachtstraßen Europas.

Beklemmende Städte, deren Boulevards kotzige Sphinx- und Medusenhäupter, antik-heidnische Götzinnen schmücken, gekettete weibliche und männliche Sklaven, voll hervorquellender Euter und Muskeln, voller unter Lappen und Gewinden versteckter, wartender Geschlechter niedergezwungener Titanen einer anderen Zeitrechnung, daß diese Städte heute als die kulturträchtigen Europas gelten und gerade angesichts dieser versteint gebannten Versklavung Frauen und Männer so diskutieren, als wäre diese Massivarchitektur bloße Pappe. Diese Prachtboulevards europäischer Städte feiern mit ihrem Lichterglanz, ihren magischen Nächten die Unterwerfung, den Sieg der modernen Welt über die alte, aus der Figuren wie Kundry herüberweisen und stumm machen. Die unseligen Häupter heben sich zum: Dienen ... Dienen!, das im hereinbrechenden Morgen leise verebbt.

In der Mitte Europas bombt der 2. Weltkrieg unter Stalinorgeln ein neues Frauenbild ein, Berlins Karyatiden-Fassaden stürzen zusammen und wiedererstehen in den Trümmerfrauen. Mit doppelten Hosen unter dem Rock hacken sie Steine, Kulturarbeit unter brandschwarzen Karyatidenbrüsten.

Der ELFENREIGEN hat überlebt, ist nicht verbrannt und ziert die Tapete überm Bett meiner Tante, jene nackerte Lust von Wasser, Gerüchen und Fleischfressen, vor allem Geruch sich öffnender Schenkel, egal ob Mann ob Frau, die sich dazu vorbereiten »einzugehen«, den Elfen in ihr Element Wasser folgen.
Das sich Hingeben erscheint als der zu erstrebende Zustand, dem Wasser verwandt, obwohl die tiefen verschleierten Farben versteckt an Blut und Fleischbatzen erinnern, an Stämmen, welken Blättern, in blumengekröntem Haar. Als wären die sich liebenden Tauben, die an seidenen Bändern kahnziehenden Schwäne, die musizierenden, schlummernden, halbtrunkenen Figuren in ihren griechischen Kostümen und ihren auf der Bildfläche tapezierten Körpern Vorwand, eine schmatzende Vagina darzustellen, den bacchantischen Brunstschrei der besessenen Mutter, die ihren Sohn zerreißt und der ein Geheul von Dionysosdienerinnen antwortet, die sich seiner Schenkel bemächtigen, während die Anführerin-Mutter dem Echo vortanzt, sich mit dem triefenden Haupt ihres Sohnes wichst.

Der ELFENREIGEN. Das Bild zu Häupten des Ehepaares überm Doppelbett. Der Mann blieb im Krieg und seine Witwe, meine Tante, schnarcht ihren gerechten Schlaf, nachdem sie in entnazifizierender Arbeit im Aue-Uran unserem Brudervolk, der Sowjetunion, half, dem Sieg über den Kapitalismus eine Stufe näher zu rücken.

Wagner, Böcklin und Feuerbach stemmen eine vertierte Frau, mit der Bezeichnung »Weib«, in eine sich zementierende moderne Welt, deren Stumm-Schrei noch heute von den Fassaden dröhnt, wie ein böses Signal in leeren, aufgerissenen Augen, als ob dieses Tier erwachte und marschierte. Der Begriff »Tier« könnte ausgetauscht werden: Furie, Hexe, Kannibalin. Trotz Jugendstil und Nachbarock ist unverkennbar die Drohgebärde eines Frauenbildes, das von der Antike her aufschreit.

ANRUFUNG II

Antike Nacht und Dämmerung. Wenn ich im antiken Darsteller die Behauptung der Senkrechten beschrieb, so ist das nur ein Teil seines Kampfes gegen die Krümmung der Figur, er kämpft ebenso gegen den sich verdunkelnden Himmel an. Die antiken Spiele waren so angelegt, daß mit zunehmender Verdüsterung der Handlung gleichzeitig der Himmel über den Zuschauern und den Figuren in Nacht überging, nicht nur ein naturnotwendiger Vorgang, sondern der inhaltlich angestrebte. In der künstlichen Beleuchtung durch Feuer, unter dem Mond mußte sich die Figur gegen ihr Ende behaupten.
Wagner spekuliert in Bayreuth mit dem Sonnenuntergang in der Pause, will diesen Effekt um jeden Preis einsetzen, eine Begleiterscheinung, die er sinnig kommentiert, doch für den Sänger, der nach der letzten Pause seine Figur zum Abschluß bringen muß, eine ungeheure Konkurrenz. Für den heutigen Besucher einer normalen Wagner-Vorstellung völlig unverständlich. Er sieht die Ermattung des gesamten Ensembles nach der letzten Pause oder, selten genug, das Gegenteil, daß das gesamte Ensemble endlich auf die Höhe des Abends kommt.

Für DIE WALKÜRE z. B. wiederholt sich der Sonnenuntergang, den man nach Wagner in der Pause genießt, im Schluß, prophetisch in den Flammen um Brünnhilde. Beide Figuren, sie und ihr Vater, sind am Ende »geknickt«, sie in dauerndem Schlaf, er als Mann und Gott, Nacht umgibt beide. Die Flammenmusik hingegen macht auf Ballett, verhält sich konträr zum Erlittenen der Figuren, als wären die Flammen autonom, davon unberührt, fröhlich.

Die Größe des Bühnenraums und die Wegrückung des Sängers unterstützen die antike Konstellation, dazu die unsichtbare Musik, gegen die der Sänger anrennt wie gegen eine Mauer, denn der allwissende Kommentator, der eigentliche Partner, der Sprecher der Gedanken, die man nicht ausspricht, dieser ist weder sichtbar noch greifbar, also ist der Sänger, der Darsteller völlig ausgeliefert, muß kämpfen. Seine Zuckungen, seine vergeblichen Versuche, vom Schlachtbrett wegzukommen, sind Biografie sowohl der antiken als auch der Wagner-Figur. Daß die Zuckungen der Figur von ihm betont sexuell interpretiert werden, prangert eine Unzahl von Kritikern an, die das als puren Materialismus, als ungeheuerlichen Naturalismus interpretieren.
Wagner setzte Orchester gleich Chor, doch das Individuum, das sich gegen den allwissenden Kommentator seiner eigenen Gedanken zu behaupten sucht, sieht sich in dieser Konstellation eher den Unsichtbaren, den Göttern ausgeliefert, statt einem orchestralen Chorersatz.

Zurück zur antiken Nacht. Indem der Darsteller gegen den unermeßlichen Raum angeht, gegen die Sterne, die in antiker Vorstellung belebt sind, kämpft er als

Individuum, das die schützende Gemeinschaft nicht mehr integriert, die sich von ihm sogar bedroht fühlt und ihn noch weiter von sich zu distanzieren sucht oder umgekehrt. Dieser Kampf um den Mittelpunkt der Szene offenbart das herrschende Kräfteverhältnis. Wird die Figur aus dieser Position verdrängt, wird sie sie auch nicht wieder erreichen, sie ist endgültig im Abseits. So betreten Wagners weibliche Figuren ausschließlich die Bühne, um auf ihr exekutiert zu werden. Sie verlieren im Bühnenraum ihre Autonomie, die zwar als Erinnerung angerufen wird, sich aber im weiteren szenischen Verlauf weder behaupten noch einstellen kann. Diese weiblichen Passionen sind identisch mit den antiken Vorbildern, in denen die Frau meistens für das Untergegangene steht, das beschworen, bewahrt, verteidigt werden muß, aber unwiederbringlich verloren ist. Selbst wenn der antike Frauenchor noch in Triumphgeschrei ausbricht, definiert er den Bruch der Welle, nicht ihren Aufschwung. Die Majestät der Verwesung umgibt diese Figuren. Daß sie von Männern dargestellt wurden, erhöht sie um so mehr. Zwischen Heulen, Jammern, Zähneklappern und stoischer Klage pendelt die antike Figur, vom Aufschrei zum verstummenden Röcheln, von der Liebkosung zum blutrünstigen Brunstschrei, wie Wagner anweist: Leise ... immer leiser ... sehr leise oder: Kaum hörbar leise.

Das brüllen heutige Orchester in einer unregulierten Lautstärke los. Es gelingt kaum eine Lautstärkenmodulation. Bei allen PARSIFAL-Einspielungen das gleiche. Wo Wagner ein langsames Unhörbarwerden vorschreibt, kracht es bis zum letzten Ton, der in voller Hörkonzentration nur noch ahnbar sein sollte. Worum es eigentlich geht, daß sich die Orchester, selbst die besten, in einem mittleren Bereich eingependelt haben, der weder Leise noch Laut zuläßt, sondern sich in einem in der Mitte bewegenden An- und Abschwellen ausdrückt. Selbst das Überdonnern der Singstimme wird als völlig normal angesehen, wohingegen Wagner die Wechselbeziehung, ob der Sänger das Orchester führt oder der Sänger dem Orchester folgt, festlegt, auch wie er eingeholt und verschluckt wird. Diese vorgegebenen Wechsel zu erarbeiten, ist Freude, Genuß, wie z. B. Goethes SCHÜLER-Szene, ob Mephisto den Schüler überlistet oder der ihn. Kein ganz stimmiger Vergleich, doch stehen sich 2 Prinzipien gegenüber, wobei das eine, der Teufel, zwar am längeren Hebel sitzt, jedoch der Schüler die Situation in den Griff kriegt und meistert, obwohl er der Verlierer ist. Um diese Konstellation völlig auszukosten, wiederholt Goethe die Szene in FAUST 2. Wieder kriegt er nicht die Kurve, den Teufel siegen zu lassen, dieser muß sich sogar am Ende altväterlich ans Parkett wenden, den drohenden Zeigefinger heben, er ist diesmal nicht nur stark gealtert, sondern auch noch zu dem von ihm verabscheuten Faust geworden, den er in der FAUST 1-Szene doch karikierte, indem er sich in Fausts Perücke und mottigem Pelz zeigte.

Die Schnittstelle, wo das Orchester dem Sänger in die Deklamation fällt, der Sänger in der Tonwelle ertrinkt, in diesem wichtigen Moment muß sich die Singstimme behaupten können. Es kann keinen Orchesterkrach geben, sondern ein Inhaltsschnitt muß sich artikulieren, so wie der Chor dem Individuum das

Wort abschneidet, wenn das »Wissen« beider Parteien ins Ungleichgewicht kommt. Schnittstellen sind Schmerzstellen. Daß heutige Orchester nicht leise werden können, nicht laut, daß die Decke scheppert, liegt vollkommen in der Inhaltstilgung begründet, religiöse und tragische Ansätze sind verloren, die Nicht-Rückkehr des Tragischen organisiert der Musikbetrieb meisterhaft, die wenigen Ausnahmeerscheinungen nehmen sich wie vorsintflutliche Ungeheuer aus. Diese Dinos also leben noch! Noch immer, stöhnt der Musikbetrieb. Noch immer kann die Rückkehr des Tragischen durch einen Einzelnen erzwungen werden. Jede dieser vorsintflutlichen Erscheinungen in der Kulturlandschaft wird adoriert oder gegeißelt, verbreitet durch pure Existenz Schrecken. Noch immer kann sich Denken, Schmecken, niedergebügelte Phantasie behaupten, sich in einem Produkt artikulieren.

Ich will die heutigen technischen Bedingungen für die Orchesterarbeit nicht erörtern, Wagner und sein Ensemble sind auch hierin unübertroffen. Daß heutige Orchester und Sänger, die erst im Schlußspurt der Inszenierung zusammen kommen, keine Abstimmung mehr untereinander erfahren, liegt an der knappen Zeit, die man dieser Zusammenführung zubilligt. Immer wird das Geldargument herangezogen, damit es die inhaltliche Misere verdeckt, die lange vorbereitet wurde. In vielen Fällen wäre es daher besser, die Zusammenführung von Orchester und Sänger ganz zu unterlassen. Da eine inhaltliche Erarbeitung kaum mehr ahnbar ist, ist man genauso ratlos wie vor den Kühltruhen mit vakuumverpackten Lebensmitteln. Mit der Frage: Was ißt man heute?, steigt Ekel hoch, sodaß man die Kaufhalle verläßt, sich bewußt, daß Schmecken eine Erinnerung ist, die auch Importe nicht zurückholen, die den Verlust nur noch spürbarer machen. Den Wohlgeschmack, das Wohlsein im Körper, das eine einzige richtige Kartoffel erzeugt, die noch immer in der Lüneburger Heide wächst, ist ein Innehalten, ein Bewußtwerden von Schmecken, Erinnerung und Gegenwart.

Daß Wagner wochenlang die Zusammenführung von Orchester und Sänger probt, Abstimmung untereinander stattfindet, an der er detailbesessen arbeitet, kann von heutigen Opernpraktikern nur so interpretiert werden, daß Wagner überhaupt keine Ahnung von Orchester und Sänger hatte, sich deshalb in diese Arbeit vertiefen mußte, da er sie nicht beherrschte. Teilt man diese Negativbehauptung nicht, muß man ihm folgen, nur was wird dann mit unseren Opernhäusern? Müssen alle geschlossen werden? Nach Wagner: Ja!

Oper und Konzert sitzt man in den meisten Fällen ab, und das wars. Die Nachbarn, die sich genauso langweilen wie ich, sind interessanter als die 200 Mann auf der Bühne. Ich bin über meine Naivität erschrocken, nahm ich doch an, daß der Inhaltsverlust, der das Sprechtheater endlich zum Veröden gebracht hat, den musikalischen Bereich verschont hätte. Stattdessen erlebte ich Zustände, die im Schauspiel undenkbar sind, der Dirigent kannte nicht den Namen seiner Hauptdarstellerin an diesem Abend, weder begrüßten sie sich, noch sprachen sie ein Wort über die bevorstehenden 4-5 Stunden.

Vakuumverpacktes Material, das Flughäfen umladen und weiter transportieren. Flughafenatmosphäre, ab und zu eine halb verständliche Mitteilung von Bühne und Graben, sonst Rauschen.

Daß die »Betriebsamkeit« letztlich Barbarei heißt, darüber nachzudenken verweigern auch die Kollegen der Musikbranche. Stattdessen ist der gut, der keinen Termin frei hat, aber Ausschuß der, der es sich leistet, eine Partie vorzubereiten. Dieser Kollege hat Ansprüche, der Friedensstörer scheidet sofort unter den Schnellverdienern aus.

Dieser »Entortung« stemmt sich Wagner mit allen Mitteln entgegen, er bietet ein für einen Komponisten ungeheures Textopus auf, immer neu Untermauerungen des eigenen Standpunkts, oft erdrückend, die Fakten bleiben dieselben. Erdrükkend nicht weil er sich wiederholt, das Problem ein wenig in ein anderes Licht rückt, sondern die dauernde Anbiederung, die an die eigene erinnert, ist in seinen Texten deutlich und Qual. Selbtverständlich, daß er die antike Figur anruft, die dieses Dienern von sich weist, stattdessen die Fäuste gegen den Himmel hebt, aufstampft, mit den Füßen die abgewirtschafteten, verbannten Erdgötter anruft, laut stampfend die Mutter Gäa wachrüttelt, damit sie die Kraft des Anrufenden mit ihrem Widerstand stärkt. Diese für uns unsichtbare Verlängerung der menschlichen Senkrechten sah der antike Zuschauer, hier wuchs die Figur über ihr Maß. Tanzten die Figuren, so »tanzten« sie nicht, sondern riefen auf hergerichteten Plätzen, Kräuter, heiliges Blattwerk, Essenzen und Öle zerstampfend, die Götter an, die von unten in ihre Körper fuhren, sie fruchtbar zu machen. Fruchtbarkeit war hier Zeichen menschlicher »Ganzheit«, ein Aussetzen des Konfliktes Mann und Frau, die Feier ihrer Zugehörigkeit, ihrer gemeinsamen Freude, aber genauso Saat des neuen Konfliktes, des neuen Krieges. Im LYSISTRATA-Schluß ist der Bote Spartas Anführer der Orgie, er gibt Anweisungen für ihren Vollzug. Die Feind-Parteien kommen zur Zeugung zusammen, um Zeugung zu feiern, um sich danach aber wie ein Paar zu entzweien, um über ihre Kinder neue Konflikte auszulösen, neue Kampftechniken auszuprobieren. LYSISTRATA ist keine Komödie über die Herstellung puren Friedens durch Frauen, vielmehr eine Komödie über die Erzeugung von Soldaten, über Wehrhaftigkeit. Wehrhaftigkeit, Staatsverteidigung, Wiederaufrüstung sind die meisten Anlässe für die antike Theaterproduktion.
7 GEGEN THEBEN nimmt dabei betont den männlichen Standpunkt ein, definiert sich eindeutig gegen die Frauen, sieht in ihnen den eigentlichen Feind, vertreten in den beiden Ödipus-Töchtern, die den Krieg ihrer Brüder fortsetzen. Vorzug ist aber, daß der männliche Standpunkt als schon beschädigt gezeigt wird, der Untergang der Brüder beweist, daß er nicht haltbar ist. Anders definiert Euripides die Fortsetzung dieses Krieges in DIE BITTFLEHENDEN MÜTTER. Hier verlangen die Mütter der 7 Angreifer Rache für ihre toten Söhne, einen neuen Krieg. Der König von Athen, den sie damit in die Enge treiben, übernimmt ihre Argumente, beginnt den Krieg aber, um seine politischen Interessen durchzusetzen, die Mütter werden mit den Knochen der

Toten und einer Feier abgefunden. Der männliche Standpunkt siegt, Mütter sind seine Tiebkraft.

In unseren Inszenierungen sind die antiken Kriege jedoch Kriege mit Pappschwertern und Plastikpanzern. Daß sich ihre Verheerungen, ähnlich beschreibt die Bibel die Vernichtung Jerusalems, nicht auf unseren Bühnen lokalisieren, zeigt, wie aufgeweicht unser Antikenverständnis ist. Daher wird jeder Versuch, die antike Tragödie auf unseren Bühnen doch als Tragödie sichtbar zu machen, geahndet, vor allem wenn sie roh, ungeschönt und grausam die alten Zustände beschreibt, die dann, trotz der historischen Distanz, unsere Ohnmacht und unser Ausgeliefertsein besser definieren als der genaueste, wissenschaftlichste Kriegsbericht. Die Ähnlichkeit antiker Beschreibungen mit Bibeltexten wird zwar studiert, ihre Umsetzung bleibt dennoch ungenügend, nicht, weil man die Tragödie nicht ertrüge, sondern, um die Themen, mit denen wir uns auseinandersetzen müßten, bewußt auszuklammern. Denn die antike Theaterproduktion ist uns nicht Summe menschlichen Lebens, die wir ständig kopieren und als Meßlatte benutzen, sondern Unterhaltungs- und Bildungsstoff, in unseren Theatern Füllstoff, der zwar erschüttert, aber völlig distanziert erscheint. MEDEA ist nicht meine Nachbarin, die 2 vietnamesische Kinder annimmt, sich von ihrem Mann trennt, um die Kinder zu behalten, er verbleibt in der Nachbarschaft, die die Kinder nicht will, nimmt eine neue Frau. Ältergeworden bereiten die beiden vietnamesischen Kinder der neuen Frau ihres »Vaters« die Hölle.

Sie ist nicht jene Mutter in der Lüneburger Heide, die ihre Kinder umbringt, weil ihr Mann mit einer anderen als Schützenkönigin den Schützenkönigsball eröffnet. Die dann flieht, sich versteckt, umzubringen versucht, neben ihren toten Kindern halbwahnsinnig wird. Nein, MEDEA ist eine Übersetzung von Buschor, sprachlich hervorragend, meinen MEDEA-Interpretinnen. MEDEA ist ein Stück Krieg. Medea stünde nicht vor uns, wäre sie nicht einem Eroberer gefolgt, wäre sie keine Kollaborateurin, die nun von ihrem eigentlichen Feind gedemütigt wird, den sie zu vernichten sucht, um sich, ihre Familie, ihr Volk zu rächen. Zu spät, sagen die Götter, die auf der Seite ihres Feindes sind. Doch jedem neuen antiken Krieg steht die Orgie bevor, die Zeugung von Soldaten und Opfern, der LYSISTRATA-Schluß.

PAAR I

Die Kontrahenten. Richtig ist, daß Wagner die Zentralperspektive und ihre Auswirkungen bekämpft, Cosima dagegen die niedergerissene Zentralperspektive sortiert und neu installiert, sodaß sie die Voraussetzungen für die historische Aneignung Wagners schafft. Daß die Verteidigung von Einriß und Aufbau bei beiden wechselt, jeweils vom anderen Partner betrieben wird, nicht nur, um den anderen zu stützen, sondern ihn auch von hinten anzugehen, ist Alltag jeder Ehe. Das ist weniger ein Kriegszustand als ein Normalzustand, indem einer der Partner dem anderen das Heft aus der Hand nimmt und über ihn entscheidet. Oft klären sich so die Grundpositionen jeder Partnerschaft, die immer einen Unterlegenen braucht. Meist korrigiert dann der Tod die Positionen. Das Paar Wagner verliert jedoch den Überblick, verwirrt sich in der Zentralperspektive. Der Ehemann notiert im Tagebuch: Und so – muß ich mir das ganze Leben zum Traum machen! Es wird gehen, und ich werde alle meine Werke schreiben, wenn ich nie aus meinem Traume über die Welt gerissen werde. Ich darf ihre Wirklichkeit nicht wahr sehen: ich kann nicht mehr. Aber – im Traume nimmt sie sich erträglich aus, und der Traum Zustand selbst ist schön, eben weil er Traum ist. In diesem Traum nun schließ ich mich mit Dir an, meine Cosima!
Sei immer bei mir, immer mit mir träumend. Leiden, aber immer träumend. Nie mehr sprechen, nie von Liebe, nie von unsrer Liebe sprechen, – sondern lieben und – träumen. Und in diesem Traume wollen wir schaffen, was die Welt in Traum wiegen soll. Wie wundervoll wird das Sterben sein, das in Schlafsinken aus diesem Traume!

Der Ehemann diktiert seiner Frau seine Lebenserinnerungen für seinen König: Am Karfreitag erwachte ich zum ersten Male in diesem Hause bei vollem Sonnenschein, das Gärtchen war ergrünt, die Vögel sangen, und endlich konnte ich mich auf die Zinne des Häuschens setzen, um der lang ersehnten, verheißungsvollen Stille mich zu erfreuen. Hiervon erfüllt sagte ich mir plötzlich, daß heute ja Karfreitag sei, und ich entsann mich, wie bedeutungsvoll diese Mahnung mir schon einmal in Wolframs PARZIVAL aufgefallen war. Seit jenem Aufenthalt in Marienbad, wo ich die MEISTERSINGER und LOHENGRIN konzipierte, hatte ich mich nie wieder mit jenem Gedichte beschäftigt, jetzt trat sein idealer Gehalt in überwältigender Form an mich heran, und vom KARFREITAGSZAUBER aus konzipierte ich schnell ein ganzes Drama, welches ich, in 3 Akte geteilt, sofort mit wenigen Zügen flüchtig skizzierte.

Die Ehefrau kommentiert ihren Mann: R. gedachte heute des Eindruckes, welcher ihm den KARFREITAGSZAUBER eingegeben, er lacht, und »eigentlich alles bei den Haaren herbeigezogen wie – meine Liebschaften, denn es war kein Karfreitag, nichts, nur eine hübsche Stimmung in der Natur, von welcher ich mir sagte: So müßte es sein am Karfreitag«, habe er gedacht. Die betrogene Ehefrau spinnt weiter: R. erfreut sich des hohen, geheimnissvollen Umstandes, daß er kein Wort im PARSIFAL umzustellen und zu verändern hat, es stimmt die Weise und das Wort – wie er es im Vorspiel niedergeschrieben, so enthält es alles, was er braucht: Wie die Blume aus der Knospe entwickelt es sich dann.

Alles schreit, sagt angeblich Wagner, das Blut tropft von der Decke.

Trotz detaillierter Buchführung beider Partner ist ihre Verwirrung nicht zu entwirren, aus dem Labyrinth führt kein Faden. Von dieser Qual berichten die PARSIFAL-Figuren, in ihr versuchen sie sich auf der Bühne vor uns zu behaupten. Selbst die Götterfiguren Wagners verteidigen keinen Himmel mehr, sie sind längst auf die Erde geworfen, wie Kundry auf die Bühne geschmettert, vergeblich hoffen sie sich aufzurichten, sie kippen um, verkriechen sich, winden sich. Eigentlich nackt und bloß, spaltet sich Kundry in die häßliche Nackte und in die schöne Nackte, beide furchtbar. Verflucht von Jesus, der als Kind Fluchtpunkt der Zentralperspektive war und am Kreuz wieder zum Fluchtpunkt wird.
Leonardo sieht die Jesus-Figur am Tisch als Dreieck, als die zentrale, in sich ruhende Form. Jesus breitet die leeren Hände aus, er nimmt nichts mit von dieser Erde, er gibt sich: Trinket alle daraus, das ist mein Blut des Neuen Testaments, welches vergossen wird für viele, zur Vergebung der Sünden. Ich sage euch: Ich werde von nun an nicht mehr von diesem Gewächs des Weinstocks trinken, bis an den Tag, da ichs neu trinken werde mit euch in meines Vaters Reich.

Diesen Text, von Bach komponiert, kann Wagner nicht aushebeln, ebenso nicht nachfolgende Komponisten seine TODESVERKÜNDIGUNG. Beide, Wagner und Bach, jeder hat den Nagel eingeschlagen.

PAAR II

Der Gleichschritt. Das Paar schreibt Geschichte. Wie Cosima am Heros Wagner arbeitet, so arbeitet Lotte am Mensch Ulbricht, beide vermitteln, was ihre Führer denken. Die Vermenschlichung Ulbrichts ist erklärte Gegenposition zum Stalinismus, der die Führungsposition künstlich entrückt.

Die DDR übernimmt früh seinen byzantinischen Ikonenkult, übersetzt ihn später DDR-gemäß, kann ihn aber nicht abschütteln, sondern forciert ihn unter Honekker, sodaß bis zum Zusammenbruch der DDR unzählige »Porträtierte« Marschkolonnen abnehmen, die an ihren Tribünen vorbeiziehen, und sich vergrößert auf Porträt-Transparenten wiedererkennen, also von den Tribünen in ein Wasser blikken, sich darin spiegeln, wie der antike Narziß, und sich von diesem Anblick der johlenden Masse, in der ihr »Ebenbild« schwimmt, nicht losreißen können, bis sie in ihm ertrinken.

Diese antike Konstellation, von oben herabzublicken, in eine »Masse«, in ein »Meer«, in sein eigenes, vergrößertes Abbild, das ununterbrochen den eigenen Namen ruft, ihn hochleben läßt, unter Freudengesängen, wie dieses Bild, das eigene, in den Wellen schwingt, sich langsam entfernt, bis ein neues Spiegelbild vor einem, tief unten erscheint, das wieder hochleben läßt, wie eine Welle zu einem hochspritzt, den eigenen Namen ruft, herabfällt, um einem neuen Abbild Platz zu machen. So sahen Könige in eine Flut, warfen ihren Ring hinein und mußten sterben.

Die Geheimnisse des Personenkults der SU zuzurechnen, war nach der Niederlage des 2. Weltkriegs einfach, hatte man doch kurzentschlossen zu Hause seine Hitler-Ecken verbrannt und durch eine Thälmann-Ecke die Spuren verwischt.

O heilige Wonne! Wie hell grüßt uns heute der Herr!, so könnte auch Lotte singen, wenn sie überlegt, wie strategisch gesiegt wird, indem sie die Garderobe des Staatsratsvorsitzenden mustert, es ist nicht ihr Mann, sondern das Staatsoberhaupt, das sie im Kampf gegen den Klassenfeind unterstützt: Kein Wunder! Die verzweifelten und oft grotesken Bemühungen der Bonner Regierung, die Reise des Staatsratsvorsitzenden in die VAR zu verhindern, hatten die ganze Welt und in erster Linie natürlich unsere Bürger auf die Reise aufmerksam gemacht. So gut hätten wir das mit der besten Propaganda nicht geschafft. Man spürte an den von Herzen kommenden Wünschen der versammelten Berliner: Diese Reise hat eine ganz besondere, wenn nicht gar geschichtliche Bedeutung! Auch ich bin erregt. Sätze später: Die immer komischer werdende Bonner Hilflosigkeit war für mich während der Reisevorbereitungen eine ungetrübte Quelle der Heiterkeit. Die hatte ich auch nötig, denn vieles war zu bedenken. Die Garderobe sollte nicht nur für Minusgrade, sondern auch für Temperaturen über 30 Grad berechnet sein. Wie würde es sein mit dem Klimawechsel, wie mit dem Essen? Wie würde die sprachliche Verständigung sein? Russisch half hier wenig. Würde ich mit meinem

Schulenglisch und dem halbvergessenen Französisch auskommen? Sätze später: Aber, wie gesagt, meine Unruhe wurde stark gemildert durch die sich täglich immer mehr festigende Überzeugung – dazu verhalfen mir auch die Bonner Purzelbäume –, daß der Besuch in der VAR eine gute und politisch wichtige Sache sein wird. Jetzt ist alle Unruhe vergessen, und ich empfinde nichts als freudige Erregung. Wir fliegen über einem dichten Wolkenmeer. Wie wird die Landung sein?

Im sozialistischen Jugoslawien wird auf die Völkerfreundschaft umgestiegen, die das Paar samt Begleitung nach Alexandria bringt. In EINE UNVERGESSLICHE REISE notiert Lotte Ulbricht die Ankunft in Kairo: Frauen kann ich nicht entdecken. 2 kräftige Arbeiterfrauen habe ich zunächst am Ende der 1. Reihe gesehen, sie haben mein Winken lebhaft erwidert, aber dann sind sie abgedrängt worden. Ich sehe nur Männer, junge und alte. Sätze später: Unter dem begeisterten Beifall der Menge setzt sich der Zug in Bewegung. Der Jubel klingt nicht ab, solange wir das langgestreckte Hafengelände durchfahren. Wir sind uns einig: Eine solche Begeisterung kann man nicht organisieren. Der Eindruck von diesem herzlichen Empfang auf ägyptischem Boden prägt sich mir unauslöschlich ein. Die uns zujubeln, sind arbeitende Menschen wie wir, sie sehen in uns die Vertreter des deutschen Staates der Arbeiter und Bauern. Darum öffnen sich uns ihre Herzen. Und wir fühlen uns reich beschenkt. Sätze später: Unser letzter Tag in Ägypten! Als ich aufstehe, habe ich etwas Halsschmerzen. Eine leichte Entzündung, konstatiert der Arzt. Bis zum Abend entwickelt sie sich zu einer leichten Grippe, so daß ich von der Seereise auf dem Rückweg nichts habe.

Inzwischen hat die Geschichte dieses Paar eingeholt, die Familie zernichtet.

Meine Kindheit war von Hilde Benjamin geprägt, Justizministerin. Es zählte nur dieser Name, mit dem nur Grauenhaftes verbunden war, ein Teufel in der weiblichen Maske. Die Bilder, die ich von dieser Frau sah, klein, etwas gedrungen, üppiger als Lotte, aber mit dem gleichen Durchhalteblick, dem meiner Tante, dem Ilse Kochs, dem vieler DDR-Frauen, der aus dem Krieg kommen mußte.
Was sich erwachsene Männer erzählten, wenn mein Vater zusammenzuckte, was wußte ich, ich war Kind, hatte hinauszugehen, wenn darüber gesprochen wurde, einen Namen gab es, der war schlimmer als alles: Benjamin.

Während des Studiums lernte ich die Kinder von DDR-Größen kennen, die sich von der geistigen Versklavung ihrer Eltern frei machten, selbstverständlich deren Vorrechte genossen, aber politische und geistige Tribute, die dafür zu entrichten waren, verneinten, in der Hoffnung, daß das so offen vorgetragene andere Denken ihnen auch tatsächlich abgenommen würde. In ihren Wohnungen, Ateliers, Häusern saß man rum, fremd, als gehörte das alles einer anderen Elite, der besitzenden Partei, deren Angehörige dafür auch zahlten oder gezahlt hatten. Daß man nicht zu ihnen gehören wollte, machte den Umgang mit ihren Kindern, die angeblich ganz anders dachten, unmoralisch. Der innere Vorwurf war nicht matt zu setzen, daß sich hier kein anderes Denken manifestierte, sondern nur die jugendliche Variante eines altgewordenen, dem man in verdunkelten Tschaikas begegnete. In gespenstischen Auftritten mitten im Wald, wenn Dorfbevölkerung einem erklärte, daß da hinten ein Zaun anfange, hinter dem die Autokolonne verschwinde, daß man nicht wisse, was da los sei, das sei alles Verbotenes Gelände, eine junge Dame von hier, ein Schimpfwort folgte, sei da Sekretärin gewesen und habe sich im Westen erhängt.

PERSPEKTIVE II

Leonardo und Dürer wenden zuerst die mathematische Gesetzmäßigkeit der Zentralperspektive an. Über religiöse Vorstellungen hinaus, scheinen Leonardo entschieden theatralische Vorstellungen geprägt zu haben, die möglicherweise mit den religiösen enger verflochten waren, als wir heute annehmen wollen. Der strenge Aufbau gliedert die Zerreißprobe des antiken Chores, definiert die Ausstoßung des Chor-Führers und den Untergang der Beteiligten. Die eingesetzte Zentralperspektive scheint engstens mit dem Untergang des Chor-Gedankens verbunden zu sein, da sich nur ein Individuum in ihren Fluchtlinien bewegen kann, keine Gruppe.
So geben alle perspektivischen Darstellungen der Renaissance nicht Gruppen, sondern Figurenkompositionen wieder, in denen der Dargestellte für sich allein steht, allein in einer Fluchtlinie, ähnlich den Opfern einer Spinne im Netz.
Die Schlachtenbilder des Barock blockieren die Perspektive, versuchen den Betrachter in die kämpfende Gruppe einzubeziehen, ihn aufzusaugen, ihm »künstlich« den räumlichen Abstand zur Ausbildung der Zentralperspektive zu nehmen. Leonardo dagegen bringt sein Wandbild in gewisser Höhe an, setzt den Abstand des Betrachters voraus, damit sich von dessen Augenpunkt die Zentralperspektive ideal aufbaut.
Erst die romantische Schlachtenmalerei zeigt Individuum und kämpfende Truppe in der Perspektive, in der das Individuum, ausgerichtet auf den Fluchtpunkt, in dem die Sonne aufgeht, zu Humus verwest, etwas anderes steht ihm nicht zu.
Leonardo sammelt in der Ausrichtung der Jünger auf Jesus alle Möglichkeit der Bewegung von Figuren, Darstellern im Raum, ebenso der vorteilhaften Trennung von Profil, Oberkörper, Becken und Füßen. Obwohl sich für den Betrachter alle Fluchtlinien im Fluchtpunkt vereinen, kann man sie auch als vom Fluchtpunkt ausgehende Strahlen annehmen, die in die Figurengruppe treffen und diese spalten. Die Aufsprengung der Gruppe in die Einzelnen kann auch als Ankündigung des bevorstehenden Sendungsauftrags interpretiert werden, in dessen Fluchtpunkt sich Jesu Tod, Auferstehung und Himmelfahrt vereinen. Damit sind die bedrohlichen Linien, die in die antike Gruppe einfallen, vom siegreichen Christentum ausschließlich positiv besetzt.

Doch bis heute herrscht Zwiespalt: Gestern stand ich im Havelberger Dom. Vor mir der Taufstein, genau in der Mitte ein Satyr mit umwundenem Geschlecht und Hörnern, Arme vor der Brust verschränkt, über mir, zwischen Säulen, der holzgeschnitzte Jesus am Kreuz, flankiert von junger Maria und jungem Johannes. Der Stamm des Kreuzes wiederholt sich im ornamentalen Fuß des Satyrs. Seine Hörner im Kreuz. Sein umkränztes Geschlecht in den Lappen um den Gekreuzigten.

Daß sich mit Leonardos groß angelegtem Wandgemälde die Zentralperspektive durchsetzt, fortan jede Darstellung bestimmt, scheint Maler nicht abgeschreckt zu haben, sich gegen diese Darstellung zu behaupten. Michelangelo ignoriert im JÜNGSTEN GERICHT die Zentralperspektive, formal dem Barock nahe, versucht er die einzelnen Figurengruppen zu einer Gesamtkomposition zu vereinen, was mißlingt. Ein ähnliches Problem wie bei Wagner, nicht die formalen Mittel versagen, sondern die ideologischen Vorstellungen trennen sich von ihrer Umsetzung. Michelangelo gibt ein JÜNGSTES GERICHT, es gilt aber dem antiken Menschen, der Zerreißprobe des Chores, des antiken Systems. Die Zuordnung der einzelnen Gruppen zur Komposition besteht, aber der vereinende, bindende Gesamtzusammenhang fehlt. Der Gegenentwurf einer neuen Zugehörigkeit des Einzelnen ist behauptet, aber nicht eingelöst, stattdessen wütet hinter dem Wandbild die Zentralperspektive. Als befinde sie sich mittig an der unteren Schnittkante des oberen Drittels, als sauge sie alles ein, lasse alle Partikel, die in ihr verschwinden, letztmalig aufleuchten, zeige deren Aura in den um sie kreisenden Bewegungen. Jedesmal, wenn ein Partikel die ausgeworfenen, lichthellen Fluchtlinien schneidet, blitzt die jeweilige Stelle auf, als sei sie selbst Sonne.
So als wäre das gesamte Bild eine sich drehende, gewaltige Monstranz, in deren dunkler Mitte, der eingeschwärzten, kaum mehr erkennbaren Reliquie, sich das vielfältig gegliederte Gold der kunstvollen Umrahmung spiegelt und auflöst. DAS ABENDMAHL und DAS JÜNGSTE GERICHT behaupten die Auflösung des antiken Chores, die Spaltung in Opfer und Täter. Heym in DAS INFERNALISCHE ABENDMAHL: Und ihr Geschrei erfüllt das Riesenhaus.
Zu Füßen des JÜNGSTEN GERICHTS baut sich in der Sixtinischen Kapelle der irdische Altar, der irdische Gerichtstisch auf. Leonardos Tisch-Szene scheint zunächst durch die Zentralperspektive in Ruhe und Ordnung gebracht, aber jede dieser Figuren peinigt die gleiche Frage, die im JÜNGSTEN GERICHT brachial gehandhabt wird: Herr, bin ichs? Läßt Michelangelo die Ausbildung der Senkrechten zu, scheint sie erstrebenswerter innerer Zustand seiner Figuren zu sein, zeigt Leonardo ihre erbarmungslose Krümmung, in jedem den Ansatz zu Stasi-Mentalität, Niedrigkeit, korruptem Haß, er porträtiert funktionärshafte Wendehälse, die unter jedes Parteiabzeichen passen. Daß sich der Verräter offen behauptet, indem er gemeinsam mit Jesus sein Brot »in die Schüssel taucht«, beweist seine Bevorzugung beim Essen, seine vertraute, unmittelbare Nähe zu seinem Gott-Opfer. Judas umgibt zwiespältige Heiligkeit. Er durchlebt den antiken Konflikt, an ihm wird die ökonomische Macht, die die antiken Zusammenhänge zerreißt, abgehandelt. Deshalb stirbt er, er will keine Bezahlung, er bezahlt. Als Mensch. Er geht seinem Herrn voraus.

Leonardos Tisch-Szene versammelt die zukünftigen Opfer wie Agatha Christie die 10 KLEINEN NEGERLEIN, die einer nach dem anderen zerbrechen, Symbol für den Tod eines der 10 Gäste. Auch hier die Frage nach der inneren Senkrechten, der Unschuld: Bin ichs? Die Christie hat die einfachste Umsetzung, indem sie die Opfer auf einer einsamen Insel versammelt, die gegen Himmel und Meer, gegen den Horizont ihre innere Senkrechte ausbilden müssen. Da die Opfer lügen, wird ihre behauptete Senkrechte lächerlich, sie wird unerbittlich gekrümmt. Das beweist ihre Schuld, die Überlegenheit ihres Mörders, der über sie Gericht hält und ihnen schließlich in den Tod folgt.

Leonardos Tisch-Szene ist oft variiert und kopiert worden, wobei die Nachahmer weniger die Figuren am Tisch veränderten als ihre Einbeziehung in die Perspektive. Die Änderungen des Hintergrunds mögen unbeachtet geblieben sein, jedoch definiert gerade er die Theaterhaftigkeit der Szene, möchte sie verleugnen oder besonders hervorkehren. Schon die Häufigkeit der Kopien läßt darauf schließen, wie verbreitet das Bild in Anordnung und Details war. Auch wenn Änderungen vorgenommen wurden, blieb der nur durch Architektur gegliederte Raum hinter den Jüngern leer. Leonardo gibt zu beiden Seiten dunkle Teppiche, sodaß der Raum einer Gassenbühne ähnelt. Viele Kopien fügen stattdessen weitere Türen und Fenster ein, einige scheinen eine Art Bunkersituation wiederzugeben. Bei Einbeziehung des gesamten Raums, in dem sich das Wandbild befindet, stellt man fest, daß sich die Figuren zu den seitlichen Bildkanten wie zu einem Bühnenportal verhalten. Im Raum erinnert das Wandbild an einen übergroßen Fernsehschirm, an eine riesige Werbefläche mit einem flackernden, in sich glimmenden Abbild. Die Architektur, die eine Portalumrahmung gibt, nutzt Leonardo geschickt, steigert damit die Wirkung der Zentralperspektive.

ABENDMAHL II

Blut und Tisch. Die Aufnahme in die Gemeinschaft der Erwachsenen: Ich durfte zum 1. Mal den verwandelten Leib Christi essen, zum 1. Mal offiziell Alkohol trinken. Mein 1. Abendmahl. Meine Eltern setzten durch, daß ich nach einem Gottesdienst allein die Konfirmation erhielt, nachdem ich die staatliche Jugendweihe erhalten hatte. Der Gewinn, den ich aus beiden Riten zog, war Null. Weder die eine noch die andere »Weihe« war aus der Sicht meiner Eltern festlich zu begehen.

Konfirmation war ein Fest, das nur nach Wertgeschenken und Hundertmarkscheinen berechnet wurde, nach dem, was man tatsächlich sparen konnte. Hier wurde der Grundstein gelegt. Nicht bei mir, weder Geld noch Geschenke. Der Anlaß war nicht dazu, so meine Mutter. Es erfolgten keine Einladungen. Wen hätten meine Eltern in dieser Situation einladen können. War dieser Tag nicht Zeugnis eines Kniefalls, sich nicht gegen den Staat behauptet, sich den drakonischen Zulassungsbedingungen zur Oberschule gebeugt zu haben? Die evangelische Kirche reagierte prompt, verweigerte den Eltern, auf die sie zählte, dieses Zugeständnis nicht. Mein Vater zählte, er richtete jahrelang den ständig schiefer werdenden Kirchturm. Verstört versuchten sich meine Eltern in der politischen Realität der DDR durchzuwursteln. Ihre Demütigung übertrug sich auf mich, wurde mein Stigma.

Jugendweihe und Zulassung zur Oberschule waren damals gekoppelt. Selbstverständlich wollte ich konfirmiert werden, aber die näheren Umstände waren so abschreckend, daß ich meine Verachtung und Abscheu auf das Kleidungsstück übertrug, das ich zu diesem Anlaß tragen mußte. Ich haßte den braunen Anzug.

Das Kleidungsstück blieb auf dem Bügel, ich nahm es später mit nach Berlin, es hing noch im Schrank, als ich die DDR verließ.

Manchmal zog ich den Anzug an, wenn ich allein war, bewegte mich damit in meiner Wohnung, erinnerte mich, setzte mich, aber ich war dicker geworden, umständlich versuchte ich, die gequetschte Bügelfalte zu richten, unordentlich hängte ich ihn zurück, sah in ihm ein Relikt einer nicht überwundenen Demütigung.

Der Akt der Jugendweihe war genauso »einstudiert, vorprobiert« wie der Akt der Konfirmation. Als Reihe durchschritten wir das Spalier der sitzenden Eltern, Funktionäre, Lehrer, zukünftigen Ausbilder von Betrieb und Armee. Dann bildeten wir eine Reihe in Front, unter den Bildern von Lenin und Marx. Links Papptauben in weiß, vom Fliegendreck gesäubert, rechts verschmierte Fahnenensembles, die nach Fußbodenöl und Mottenkugeln rochen. Daß sich auch zu diesem Akt »freudig erregte« Eltern versammelten, wie der Redner hervorhob, daß selbst meine Mutter mit ihrer ältesten Schwester samt Tochter anwesend war, war mir unerträglich. Daß sie meiner Demütigung beiwohnten, mich nicht davor beschützt hatten, sondern ihre Ohnmacht herausposaunten, sich vor mir, voreinander rechtfertigten, daß das alle so machten, das »so« fast freudig, nicht mit Verachtung, sondern mit der Betonung des inneren Umschwungs, vertiefte einen Riß, der noch heute da ist. Daß selbst in einer Familie, unter wenigen Personen, keine Einigung zu erreichen war, daß der Krieg die Generation unserer Eltern gespalten hatte, die nun in der neuen Situation mit ihrer Verstrickung nicht mehr zurecht kamen, sich gegenseitig diffamierten, manchmal in uns Kindern Halt suchten.

Ihre Zusammenbrüche zu beobachten, ermutigte. Jetzt zwang man die in die Knie, die uns in die Knie zwingen wollten. In manchen Elternhäusern versöhnte man sich, in ihrer inneren Ruhe sah ich ein Vorbild, etwas, was es bei uns zu Hause nicht gab.

Der Akt der Jugendweihe und das Verhalten meiner Eltern dazu haben unsere Beziehung tiefer beeinträchtigt, als ich wahrhaben wollte. Zur Staatsfeier gab der Staat ein Geldgeschenk und das Buch WELTALL ERDE MENSCH. Ich fühlte mich in meinem braunen Anzug schäbig, wie ein Verlierer, der mit einem Buch in der Hand, einem Briefumschlag durch das Spalier der sitzenden Erwachsenen hinausgeht. Da stand ich, erwachsen, entmündigt. Mein Anzug war die Sträflingsklamotte, ein übertriebener Ausdruck, viel zu salopp, er war Zeichen für das Ende der Kindheit. Jenes Zustands, den mein Vater, auf dem Sofa liegend, mit unserem Dackel im Arm, pries, als läge das Land seiner Kindheit in leuchtender Ferne, Vater benutzte Ehm Welk.

Nach Vaters Tod las ich DAS LAND, DAS FERNE LEUCHTET. Für Augenblicke entstand eine ungewohnte Nähe zu meinem Vater, die nun nicht mehr nachließ, sondern sich aus vielen Details speiste, stärker wurde, in mir ein Umdenken auslöste, als gäbe mir erst sein Tod die Möglichkeit mit ihm ins Reine zu kommen, ihn als Vater zu lieben.

Zu Hause hatte ich das Trinken probiert. Jahrelang ekelte ich mich, vermied, mit anderen aus einem Glas oder einer Flasche zu trinken. Jetzt mußte ich es. Der Wein tropfte auf Hemd und Pullover. Der Kelchrand kam so falsch zwischen Lippen und Zähne, daß ich mich daran stieß, aber die Hand, die ihn hielt, gab nicht nach, auch der kontrollierende Blick des Pastors lockerte die Stellung des Kelchrandes nicht. Meine überstehende Zähne taten weh. Mir war nicht bewußt, daß ich mich verletzt hatte, bis mir Blut übers Kinn lief, der Pastor eine Bewegung wie meine Mutter machte, wenn sie mir zu verstehen gab, daß ich schon wieder Dreck im Gesicht hatte.

Mit einer so angewiderten Handbewegung, mit solchem Ekel, daß ich meinerseits schreiend reagierte, roch ich doch schon ihren Speichel, mit dem sie ihr Taschentuch naß machte und mir ins Gesicht fuhr. Alles Körperliche, alles an meiner Mutter liebte ich, aber diesen Übergriff, verbunden mit ihrem Geruch, haßte ich und rieche ihn noch heute.

Das Blut rann über das Kinn, mein Blut vermischte sich mit der Marke Stierblut.

Ich leckte die Lippen, konnte aber das austretende Blut nicht aufhalten. Als die Bewegung des Pastors nachdrücklicher wurde, schmierte ich die Flüssigkeit übers Gesicht, ich meinte mich abzuwischen. Statt das gebügelte Taschentuch zu nehmen, strich ich mit der flachen Hand übers Gesicht, wischte das Blut breit. Die Mischung Blut und Alkohol, die ich zu beschreiben versuche, bedingte, daß ich die Finger ableckte. Ich nahm nicht das Taschentuch heraus, um mir sorgfältig die Finger zu putzen, sondern ich leckte sie in aller Ruhe ab, so, als könne ich damit mein Blut beruhigen, dessen rhythmisches Austreten verzögern. Ich schien wie entrückt, nicht anwesend, sodaß ich die weiteren Bewegungen des Pastors nicht wahrnahm. In meinem Rücken meine Mutter, vor mir der breite Rücken des Pastors, nur ein schwarzes Loch, umringt von Altargold und Farbfetzen, blauem Glas, dem Astwerk dahinter, das der Wind im wechselnden Licht über die Chorwand trieb. Das Blut schmeckte. Ich war sofort benommen, betrunken. Ein Zustand, der sich oft wiederholte.

Mit kleinsten Alkoholmengen spielen sich in mir Vorgänge ab, die ich heftig unterdrücke, um die Veränderungen nicht zuzulassen, das Zerreißen meines Sprechvermögens, daß Worte abbrechen, der schon schwierige Sprechvorgang verworren wird, da die »Gedankenenden« nicht mehr zueinander passen, ich Gefahr laufe, daß die anderen meinen Zustand, der sich doch körperlich sichtbar ausdrücken muß, wahrnehmen und danach handeln.

Lange vermied ich es daher, in der Öffentlichkeit zu trinken. Es war mir nie Genuß, aber ich genoß es, mit der leeren Flasche in der Hand auf dem Boden zu liegen, langsam seine Kälte zu spüren, schweißnaß ins Bett zu kriechen, den Druck meiner Schläfen zu spüren, als wären sie in einer Zwinge, die sie nun zusammenpreßte. Ich genoß, in diesem Zustand allein zu sein, nicht beobachtet zu werden.

Das Auf- oder Ablecken von Blut schien mir früher eklig. Ich sah Kinder, die ihren Popel aßen, ihren Eiter ableckten, sah Erwachsene sich mit Urin einreiben, ihn trinken, ihre Haare damit waschen, sah sie ihren Kot essen. Beim Schlachten ging ich weg. Ich sah nur die ausblutenden Tierhälften, manche »rauchten« noch.

Daß ich mein Blut ableckte, daß es mir sogar über die Hand in den Ärmel floß, getrocknet in den Manschettenknöpfen klebte, schien mir eine »Übertretung«, die eigentliche »Weihe«. Meine Zähne schmerzten tagelang. Es war mir nicht bewußt, daß mich der Pastor verletzte, daß er mir den Kelche zwischen die Zähne rammte, als stoße er mich damit von sich, willentlich oder nicht, vielleicht nur seine Brille, konnte er den Abstand nicht überblicken.

Daß mich meine Mutter abputzen wollte, daß sie es wiederholt vor den anderen versuchte, daß sie zeigte, daß ich noch immer ihr zu gehorchen hatte, verletzte mich.

Ich lief auf dem Heimweg allein. In der Kirche war ich allen ausgewichen, die mir gratulieren wollten. Als ich aus der Kirche trat, kam ich mir vor wie ein Tier, das nun freiwillig zur Schlachtbank geht, sich zwar am Strick wund scheuert, doch keinen Versuch unternimmt, seinem Ende zu entkommen. Wie wir in unsere

Straße einbogen, lief ich wie mein Großvater krumm, vorgebeugt mit den Händen auf dem Rücken. Was in mir passierte, wußte ich nicht. In meinem Zimmer schmierte ich das noch immer austretende Blut ans Bettgestell, ein weiß lackiertes Gestell, das aussah, als sei es aus einem Krankenhaus.
Im angetrockneten Blut sah ich den Fingerabdruck, die dunkleren Papillen, in denen sich das Blut zusammenzog. Blut. Alkohol. Ich kam vor Kopfschmerzen nicht mehr zu mir. Ich lag auf dem Bett, biß auf die Lippen, damit das Blut stärker austrat, ich biß noch mehr, bis es aufs Kopfkissen lief, bis ich einschlief.

BLUT-DROGE

Mephisto will Blut als Garantie. Faust, der die Folgen dieses Paktes längst akzeptiert hat, geht es nicht schnell genug. Du unterzeichnest dich mit einem Tröpfchen Blut, höhnt Mephisto, als wolle er Faust eine Frist einräumen, als könne er noch zurück, wenn er es sich recht überlege. Der Teufel erteilt auch in dieser Szene dem Studierten eine Lektion, doch Professor Doktor Faust kontert großkotzig:

Wenn dies dir völlig Gnüge tut,
So mag es bei der Fratze bleiben.

Der Teufel erinnert ihn großzügig: Blut ist ein ganz besondrer Saft. Faust, »toll« in seiner Verkennung, genauso wie in seinem selbstverschuldeten Tod:

Nur keine Furcht, daß ich dies Bündnis breche!
Das Streben meiner ganzen Kraft
Ist grade das was ich verspreche.
Ich habe mich zu hoch gebläht,
In deinen Rang gehör ich nur.
Der große Geist hat mich verschmäht,
Vor mir verschließt sich die Natur.
Des Denkens Faden ist zerrissen,
Mir ekelt lange vor allem Wissen.
Laß in den Tiefen der Sinnlichkeit
Uns glühende Leidenschaften stillen!

Faust weiß, was mit ihm passiert ist, daß er sich verloren hat, daß der Faden gerissen ist. Der Schmerz darüber scheint unerträglich. Der Kopf ist schon gespalten, das muß keine Droge mehr tun. Sein Gehirn liegt offen. Die verlorengegangene Einheit, die Nichtaufspaltung heißt es nun zurückzugewinnen. Mit dem Teufelspakt bringt Goethe Blut ins Spiel.
Ab da geht es nur noch um Blut. In den verschiedensten Interpretationen. Als kulturelle Errungenschaft bringt Goethe die Droge hinzu, um ein »Blutsaufen« zu ersetzen, das schon AUERBACHS KELLER nahelegt. Da Goethe den kannibalischen Exzessen nicht folgt, überwiegen die Visionen der Rausch-, Dämmer-, Traumzustände, scheinen ab Stück-Mitte jede realistische Auffassung zu konterkarieren, obwohl sie eine Interpretenarmee immer wieder bestätigt. DOM, WALPURGISNACHT, WALPURGISNACHTSTRAUM, TRÜBER TAG. FELD, NACHT. OFFEN FELD, KERKER, Wahn-Szene auf Wahn-Szene. Die Margarethe im KERKER ist die Margarethe im DOM, die wiederholt eine »Flasche« verlangt? Wer ist ihre Nachbarin? Marthe? Eine Hexe? Eine Gläubige?

Die Trankeinnahme in DOM ist nicht freiwillig, der Böse Geist scheint Margarethe dazu zu zwingen, nur so entkommt sie ihm. Möglicherweise ein Zusammenhang mit ihrer Blitzschwangerschaft, mit dem Tod ihres Bruders, der vor ihren Augen abgestochen wurde?
URFAUST sieht eine andere Abfolge vor, hier kommt nach der DOM-Szene NACHT. VOR GRETGENS HAUS, doch FAUST 1 ändert, dem ZWINGER folgt NACHT. STRASSE VOR GRETCHENS THÜRE mit Valentins Tod, dann DOM und WALPURGISNACHT.
Ob Margarethe den Mörder, die Täter erkannte, ist ungewiß. Sie hat sich verändert. In DOM ist sie zwar die vom Bösen Geist verfolgte, aber sie entzieht sich. Daß es der Teufel hinter der Säule ist, der sie auf den Blocksberg ruft, kann angenommen werden, doch scheinen Böser Geist, Mephisto und Satan nicht identisch.

In FAUST 1 ist die Drogeneinnahme szenengebunden. Eine eindeutige Droge kann nicht bestimmt werden, sie wechselt, scheint pharmazeutisch oft von Fausts Vater hergeleitet zu sein.
1. Das Gift, die Rausch- und Sterbedroge in NACHT, STUDIERZIMMER ist es gewiß. Faust beschreibt Anlaß und Anwendung derselben. Die Wirkung des bloßen Geruchs demonstriert Goethe am sich verändernden Faust, dessen Rausch und Visionen denen einer modernen Droge gleichzusetzen sind.
2. Ebenso wird die Adorationsdroge im OSTERSPAZIERGANG auf Fausts Vater zurückgeführt, der zusammen mit seinem Sohn viele der Kranken wissentlich vergiftete. Die Tanzwut der Kranken, als »Bauern« bezeichnet, wird von Goethe nicht als mittelalterliche »Krankheit« dargestellt, sondern als Folkloreveranstaltung, und so von Inszenierungen abgebucht.
Eine Adorationsdroge ist auch der in AUERBACHS KELLER verabreichte »Wein«, der aus dem Tisch entspringt. Ungewiß ist, ob er trinkbar oder nur Einbildung ist. Unklar weiterhin, ob Faust und Mephisto tatsächlich in Leipzig sind, ob die Szene nicht nur ein Wahn-Bild ist, das im Drogenrausch Realität scheint. Auch der Flug der beiden, die Tempobeschleunigung, mit der man von Ort zu Ort kommt, gehört zur Drogeneinnahme.
3. In der HEXENKÜCHE wird die Drogeneinnahme wiederholt, die Dosis sichtlich erhöht. Sie scheint mehrfach zu wirken, als Potenz-, als Verjüngungs- und Jugenddroge.
Jede der Drogeneinnahmen geschieht in genauer szenischer Festlegung. In STUDIERZIMMER ist Faust nachts allein. Es dämmert. Unter Einfluß der Droge hört er Engel- und Weiberchöre im Wechsel. Anschließend ergeht er sich in einer Frühlingslandschaft, unter grobem und feinem Volk, einer festlich-borniert-freudig gestimmten Ostergesellschaft, die sich auch durch das Erscheinen von Krüppeln und Kranken nicht stören läßt, sondern sich in aller Ruhe auf die nächste militärische Okkupation vorbereitet. Auch die Einmütigkeitsbekundung scheint Nachhall der Droge, selbst Droge zu sein. Goethe ist mit dem Kriegs-Thema nicht zimperlich, doch im Humanismusgedudel der Folklore geht die militärische Drohgebärde unter, die von Goethe behauptete Gegenwelt will nicht wahrge-

nommen werden. Wagner komponierte den Soldatenchor, helle, junge Siegfriede. Schreien und sterben.
4. Die im Freien eingesaugte, von Quellen und Kräutern, Beeren und Früchten stammende Naturdroge, deren Studium sich Faust in seiner Stadt- und Weltflucht widmet, wird von Mephisto gestört, der ihn zurückholen will, das gelingt, da die Naturdroge offenbar nicht genug wirkt, ein deutlicher Unterschied zur Chemiedroge. Für den in die Natur geflüchteten Faust stellt die Wiederbegegnung mit Mephisto außerdem eine Erhöhung des Drogenkonsums in Aussicht. WALD UND HÖHLE steht nicht nur inhaltlich quer zu den vorherigen Szenen, WALD UND HÖHLE will sich auch in den weiteren Szenenverlauf nicht integrieren, bleibt separat. Nach Fausts Zurückholung geht es Schlag auf Schlag.
In MARTHES GARTEN verabreicht Faust Margarethe eine Schlafdroge für ihre Mutter, die daran stirbt. Margarethe wird blitzartig schwanger, obwohl es keine direkte Beischlaf-Szene gibt, noch Hinweis auf eine Vereinigung. In NACHT. STRASSE VOR GRETCHENS THÜRE tötet Faust unter Anleitung Mephistos Margarethes Bruder, einen Besoffenen. In DOM verlangt Margarethe zusammenbrechend nach dem Fläschchen, wobei sie Geruch oder Einnahme sofort auf den Blocksberg versetzen.

In FAUST 2 altert Faust trotz Drogeneinnahme-Verjüngung von Akt zu Akt. Schon Helena sieht ihn als alternden Mann, der 5. Akt zeigt ihn als Greis. Fragen: 1. Verzichtet Goethe im 2. Teil auf den Rückverweis der Drogeneinnahme? 2. Läßt die Droge mit fortschreitender Handlung nach? 3. Ist in der HEXENKÜCHE eine Droge eingenommen worden? 4. Ist eine Verjüngung eingetreten? Auch äußerlich?
Gurnemanz und Titurel sind ebenfalls gealtert, die gleichen Fragen. Welche Wirkung haben Gral und Droge?

Wagner vereinigt die FAUST-Drogen zu einer PARSIFAL-Droge, zu Blut, das in der 1. Textfassung der 1. GRALS-Szene verabreicht wird. Die 3. Textfassung sieht das anders, läßt Wein statt Blut ausschenken. In der 2. GRALS-Szene verspricht Parsifal die Einsetzung der »alten Ordnung«, die Drogeneinnahme in Gruppe, doch dazu kommt es nicht.

Da Wagner das Erscheinen der Speisen, das »Speisewunder« von der 1. Textfassung zum Partiturtext 1883 ändert, ergeben sich Unklarheiten, wie sich Blut und Brot zuordnen. Verwandelt sich im christlichen Sinne Blut in Wein oder Wein in Blut? Verwandelt sich der ausgeschenkte Wein in den Bechern in Blut?
Interpretiert die 1. Fassung die Speisung, das Erscheinen der Speisen, wunderhaft als Höhepunkt des Gralsritus: Stimmen aus der Höhe ertönen. Titurel spricht den Segen: Dämmerung lagert sich über den ganzen Saal: nur der Gral leuchtet hell. Als es wieder hell wird, sind die Tische mit Wein und Brod versehen, der Gral ist erbleicht und wird wieder im Schrein verwahrt. Während des Gesanges, welcher die heilige Bruderliebe feiert, speisen die Ritter. Nur Anfortas fühlt sich leidender als zuvor.

Der Partiturtext »entwundert« jedoch das Erscheinen der Speisen, macht es zu einer dem Abendmahl entnommenen Begleiterscheinung des Gralsritus: Amfortas setzt den Gral wieder nieder, welcher nun, während die tiefe Dämmerung wieder entweicht, immer mehr erblaßt: hierauf schließen die Knaben das Gefäß wieder in den Schrein und bedecken diesen wie zuvor. – Hier tritt die frühere Tageshelle wieder ein. Die 4 Knaben verteilen während des Folgenden aus den 2 Krügen und Körben Wein und Brot ... Die 4 Knaben, nachdem sie den Schrein verschlossen, nehmen nun die 2 Weinkrüge sowie 2 Brotkörbe, welche Amfortas zuvor durch das Schwenken des Gralskelches über sie gesegnet hatte, von dem Altartische, verteilen das Brot an die Ritter und füllen die vor ihnen stehenden Becher mit Wein. Die Ritter lassen sich zum Mahle nieder.
Während des musikalischen Ablaufs bleibt kaum Zeit zu trinken, geschweige zu essen, für letzteres fehlt die Anweisung, selbst eine Andeutung, außerdem wird gesungen. Wie ißt, wie schluckt man dabei? In beiden Fassungen jedoch stünden die Ritter, vorausgesetzt, sie trinken, mit blutverschmierten Lippen da. Welche Inszenierung zeigt die Gralsinsassen als blutrünstige Bestien?

Wagner und Hauptmann bewegen sich in den von Goethe vorgegebenen Grenzen, aktualisieren seine Drogeneinnahme. Beide geben dem Vorbild Abendmahl politische Bezüge, Hauptmann bindet sein Gesamtwerk in diese ein: Von VOR SONNENAUFGANG zu VOR SONNENUNTERGANG. Eine Einbindung, die Wagner mit seinem Frühwerk LIEBESMAHL DER APOSTEL und mit seinem Schlußwerk PARSIFAL vorgebildet hat.

In VOR SONNENAUFGANG feiert die Frau des plötzlich reich gewordenen Kohlebauers, er selbst befindet sich ständig in seiner hauseigenen Kneipe, ihr kotziges Abendmahl mit Nachbarspusi, der ihre 2. Stieftochter heiraten soll. Frau Krause-Neureich tafelt wie in Paris, noch den Kohledreck ihrer Kontrollgänge unter den Fingern, sie ist nicht untätig, diese Frau, sondern kujoniert ihre Leute beim Abbau. Sie bewirtet mit ihrem Schwiegersohn den herumreisenden Sozialrevolutionär Loth, dessen ehemaligen Kumpan. Der Gast ist eine Mischung aus Moralpauke und krimineller Karriere mit Terroristen-Image, was der Eingeheiratete längst abgestreift hat. Dieser rät ihm, sich auch im Kohlegeschäft nützlich zu machen, es wäre noch eine freie Tochter da, sie könnten so beide zusammen die Grube ausbeuten. Im Hintergrund kotzt seine schwangere Frau, ein versoffenes Ungeheuer, das man nicht zu Gesicht kriegt. Der Sozialrevolutionär findet die Zustände katastrophal und beginnt zu agitieren. Während Jesus Alkohol an seine Jünger austeilt, wettert der Gast gegen Konsum und Ausschank. Wand an Wand mit der Kneipe, schreit der besoffene alte Bauer Krause, der Grubenbesitzer, seine stotternden Schnapssklaven an, läßt sie Kunststücke vorspringen, während im Salon nebenan die feingewordene Gesellschaft bei Champagner feiert. Die Feiertagsidylle kippt um. Während sich die Herrschaft um den Verstand säuft, schuften Tagelöhner, ehemalige Bauern, Ruinierte, Kinder, Halbtote um noch mehr Gewinn. Am nächsten Morgen ist die Erde aufgebrochen. Risse. Erde sackt nach in die Grube.

In VOR SONNENUNTERGANG vereinigt Hauptmann teilweise das Personal seines Erstlings, älter und saturierter geworden, getreu seinem Vorbild Schiller, der einen 2. Teil der RÄUBER schreiben wollte. Der Fabrikbesitzer und Witwer Clausen bittet seine Kinder zu einem Familienfrühstück, um ihnen seine zukünftige Frau vorzustellen. Die erwachsenen Kinder wissen von dem Verhältnis und revoltieren. Ein anderer, EIN NEUER LEAR, so der Untertitel, bricht hier zusammen. Die Standpunkte seiner Kinder werden unversöhnlich nebeneinandergestellt, die »Familie« zersplittert, ihre gemeinsame Herkunft erscheint unbegreifbar. Das Eingangsbild, in dem sich alle zum Gruppenfoto um ihren Vater, den Ehrenbürger und Jubilar, versammelten, scheint weggerückt, wie in einem anderen Jahrhundert.
Hauptmann beschreibt hier mit einfachsten Mitteln den Weg vom antiken zum modernen Theater, beschreibt die Bedingungen der »pestkranken« Gemeinschaft, der Familie, die, um weiter bestehen zu können, sich zu einem Opfer, zu einem Chor-Ausstoß gezwungen sieht. Hauptmann gelingt es mit mehreren Stükken, politischen Sprengstoff so einzusetzen, daß Tragödienform und -material sich zu einer klotzigen Einheit zwingen lassen, die, jenseits von Theaterverträglichkeit, weder zuschauer- noch schauspielerfreundlich ist, sondern sich an einer Meßlatte orientiert, die Rücksichtnahmen verbietet. In diesem Punkt hat Hauptmann den Kampf mit seinem Vorbild Goethe bestanden.

Mehrfacher Ausschluß: Der Frühstückstisch steht bereit. Schon vor Erscheinen des Vaters haben sich die Kinder polarisiert. Es geht um das 9. Gedeck, das sie abräumen lassen. Die zukünftige Frau ihres Vaters, ihre zukünftige Stiefmutter soll nicht mit ihnen am Tisch Platz nehmen.
Der Vater tobt, die Vorzustellende entfernt sich, pariert aber genau, verwendet die Sprache seiner Kinder. Die Geliebte benimmt sich borniert und kleinkariert, so wie sie sich im nächsten Akt entwickelt. Der Vater sollte hier auf seine Kinder hören, die ihn entmündigen wollen, doch er kann es nicht. In die Enge getrieben, ohne Vermittlungsversuch, wirft er seine Kinder plus Anhang hinaus.
Bis zuletzt könnte man sich an den Tisch setzen, essen. Die Kinder wollen das ununterbrochen, um im Kauen das Problem runterzuwürgen, als würde es sich durch Verdauung beheben. Eine Entmündigung des Vaters, ihre Lösung, kann noch nicht praktiziert werden, sie zucken zurück, in der Hoffnung, es könne gegessen werden, doch dazu kommt es nicht, die Figuren setzen sich vorerst nicht, umkreisen den Tisch. Ihr Vater rennt seiner jungen Frau nach, ihre Vorstellung ist gescheitert.
Unerwartet kommt er wohlgelaunt zurück, bittet Platz zu nehmen. Die Kinder verschlucken sich an diesem unberechenbaren Umschwung, aus dem nebensächlichsten Geschwätz kommt dann der Hammer.
Der Vater rennt gegen die Kinder-Front an. Vergleichbar einem Kind im Laufstall, das gegen die Sicherheitsstäbe anschreit, umfällt, noch lauter schreit, bis es herausgenommen wird und ruhig an der Brust einschläft. Clausens Kinder geben nicht nach. Er ist unfähig sich zu artikulieren. Auch Hauptmann versagt, er ist zu nah an seinem privaten Thema, benutzt nur Füllworte, die jedoch Klima und

Unvereinbarkeiten transportieren. Den politischen Zerreißzustand wagt er nicht detaillierter zu beschreiben, doch er ist überdeutlich.
Bei Tisch erkundigt sich Clausen angelegentlich bei seinem Familien-Nazi: Was gibt es Neues aus Genf, Herr Klamroth? Der antwortet: In Genf? Das weiß ich im Augenblick wirklich nicht. Die Kinder blocken gekonnt ab, doch der Ausbruch läßt sich nicht vermeiden. Obwohl dieser nicht politisch definiert ist, ist er politisch plakativ gemeint. Ein Vater sieht seine Kinder in den Fängen der Nazis. Er kündigt sein Exil an. Wütend will er sie enterben: Ich lasse mir nicht das Lebenslicht ausblasen!
Sie müssen sein Haus verlassen. Er vertreibt sie. Fast eine Bibel-Szene: Der eingeheiratete Nazi räumt das Haus, bevor er dessen Besitzer zu Matsch macht. Clausen hat die Front gegen sich aktiviert, kampfbereit wird sie ihn vernichten.

Autoren nach Hauptmann geben das Abendmahl auf, es verkümmert wie die damit behandelten Themen. Die Drogeneinnahme erscheint nur mehr partiell, im kleinen Kreis, sehr vermindert, bleibt weit hinter der in KABALE UND LIEBE zurück. Feststeht, daß Autoren mit dem Einsatz des Abendmahl-Motivs ihre Themen aufzuladen versuchten, daß aber nach Hauptmann das Motiv sich gegen diesen Einsatz sträubt, nicht mehr kongruent zu schleifen ist. Die sich um Fleisch und Blut versammelnden Kannibalen taugen nicht mehr, ebenso ihre wenig christlichen Nachfahren. Als hätte das Motiv eine Kraft, die jede Verunreinigung abstößt, eine »heilige Unverletzbarkeit«, als würde sich in ihm Beginn menschlichen Zusammenlebens über alle Zeitveränderungen manifestieren.

Brecht benutzt in mehreren Stücken das Motiv vom »Letzten Essen«, ohne an Hauptmanns Verarbeitung heranzureichen. KLEINBÜRGERHOCHZEIT ist das Zerrbild vom Abendmahls-Tisch, um den sich die Gäste versammeln. Das neugetraute Paar sitzt am Ende in den Trümmern seiner Wohnung. Man möchte das Stück mit Stücken von Valentin vergleichen, doch Brecht mißlingt der Zugriff, der eine religiöse Definition der Figuren erfordert hätte. Für Valentin kein Problem, da er stets die Szene VOR DEM PALAST spielt, die Diskrepanz zwischen sich und den abwesenden Göttern erschreckend artikuliert. Brecht ist sich dessen bewußt, aber die Aufladung, die »religiöse« Dimensionierung seiner Figuren findet nicht statt, eine Ideologisierung, eine Umfunktionierung des christlichen Vorbildes, so wie es Gorki in der MUTTER gelang. Brechts Mutter ist insektenhaft klein. Sie liegt auf dem Rücken. Sie kann nicht mehr. Eher eine HEILIGE THERESE, die dem sie durchbohrenden Pfeil entgegenzuckt. Einige Stücke, in denen das Proletariat der eigentliche Gegenspieler der Hauptfiguren ist, räumen diesem kaum Text, kaum Platz, kaum Aktion ein, zu bedingungslos ist Brechts Figurenaufbau am Staatstheater orientiert. Man fragt sich, wozu Brecht Proleten-Folklore wie Häkelkante an seine Texte ansetzt, als wolle er sie damit den jeweiligen Machtverhältnissen anpassen. Die Untere Klasse hat auf seiner Bühne wenig zu suchen.

Eva Puntila, die Gutsbesitzertochter, wird vor dem Abendmahls-, dem Gerichts-Tisch, verurteilt. Sie darf sich weder gegen ihren Vater noch gegen seinen Knecht verteidigen. Sie verliert. Keiner der Anwesenden hilft. Kundry stirbt, keiner rührt die Hand. Matti, der Knecht, schwenkt den Hering, die proletarische Kost, vor den versammelten Honorationen wie Parsifal den Blutkelch, agitiert wie Loth, der Abstinenz und Verzicht in einer menschlichen Schlammschlacht hochhält. Als wären die Bekundungen der 3 Figuren Proklamationen ihres Abschieds, Zeichen ihres Untergangs, als wären ihre erhobenen Hände, mit den jeweiligen Insignien, dem Heringsschwanz, dem Kelch mit Blut, dem Glas mit Wasser »heilige Insignien«, als wiederhole sich die darreichende Hand Jesu, die, endlich in die Figuren vorgedrungen, sie der Vernichtung preisgibt. Als präzisiere sich hier nochmals in anderer Form der Chor-Ausschluß. Zeitlich ist die Geste Mattis spät, in Szene 9 von 12. Die Figur hat aber schon lange nichts mehr zu sagen, sein Examen der Haustochter ist lächerlich beendet. Notgedrungen muß er abtreten. Parsifals Geste ist am Schluß, Loths zu Beginn des Stückes. Es bleibt eine Abschiedsgeste, als gäbe die Figur mit ihr ihren »Verrat«, ihre »Schuld« zu erkennen, die Rechtmäßigkeit ihres Ausschlusses.

Buñuel feiert in VIRIDIANA das Abendmahl mit verkommenem Gesindel. Mit Proleten und Lumpen erreicht er die Nähe zum NEUEN TESTAMENT, führt das Abendmahl auf seine vorchristlichen Ursprünge zurück. Buñuel gelingt es, einen Chor abzubilden, in dem das Individuum aufgehoben wird. Neu ist, daß Buñuel mit Viridiana eine Frau am Tisch zelebrieren läßt, die trotzdem nicht thematische Mitte des Tischgeschehens ist. Viridiana kommt deutlich in die Nähe Kundrys, versinnbildlicht eine eigene Welt, die zwar zeremoniell dient, aber unangetastet neben dieser Zuordnung bestehen bleibt.

Zurück zu Goethe Wagner Hauptmann. Trügerisch sind die Schlüsse, die die Autoren ihren Werken geben. FAUST 2 endet mit der Himmelfahrt eines Massenmörders, der von einer Familienmörderin in die Höhe geholt wird. PARSIFAL endet mit dem erneuten Machtanspruch einer Mordarmee, DIE WEBER mit einem Theatersieg.

3 Schlüsse, 3 Kompromisse, fatale Folgen der abgehandelten Probleme, die aber im sichtbaren Zwiespalt genug Sprengstoff besitzen, um Interpreten und Zuschauer in Unruhe zu versetzen. Die Schlüsse wiederholen die Frage nach der Berechtigung des Individuums. Ob es überhaupt Sinn macht, selbständig zu denken, ob das nicht Täuschung ist, ob nicht Individualität, langsam gesprochen, Konformität heißt.

Bei jeder Stückvorbereitung dasselbe Problem, der Vergleich mit den antiken Lösungen, mit den antiken Konstellationen, die, modern formuliert, nur noch matt erscheinen. Kraftvolle Gegenbelege sind kaum zu finden. Antike Theaterformen auf postmodern, wie sie das Fernsehen einführt, sind unter Theaterleuten desavouiert oder läppisch nachgeahmt. Das Sprechtheater geht jetzt weit zurück, vor allem Jüngere kramen längst überholt geglaubte Formen hervor, die den Älteren wie schöne Erinnerungen erscheinen, wie ein Jugendglück, das nun ängstlich gehütet, mit Intendanzen festgeschrieben wird, als wollten sie sich damit eine Langlebigkeit, eine über das eigene Lebensende hinausreichende Wirkung sichern. Als wolle man die Leiche unterkühlt für eine Auferstehung bereithalten. Matti, Parsifal und Loth gehen unter. Die Endlichkeit ist Vorzug ihrer Figuren. Deshalb erscheinen ihre erhobenen Hände, die Untergangs-Gesten so berührend, als zeichne sich in ihnen auch eigenes Leben ab, das, wenn man aus dem Theater nach Hause kommt, nur noch ins Bett kriechen läßt, vor Verzweiflung und Ohnmacht.

VATER

Die 4. Wand. 1963 sehe ich zum ersten Mal eine Vorstellung des Berliner Ensembles. Die Reste des Epischen Darstellungsstils, die sich dort noch behaupten, suggerieren die 4. Wand. Bühne und Zuschauer sind durch eine »Glaswand« getrennt, durch die die Zuschauer die künstliche, höchst künstlerische Anordnung eines Schaukastens mit bewegten Figuren erblicken, eines Schaukastens, der von einem krönenden, goldenen Portal und Logen umgeben ist, ähnlich einer barocken Krippe. Im Gegensatz zu der meist üppigen Ausstattung der Stallräumlichkeit läßt Brecht seine Bühne, ihren Mittelpunkt leer. In jeder Krippe manifestiert sich dort die Heilsbotschaft. Das Brecht-Theater ist ein leerer Raum, der nur von der »Idee« gefüllt wird.
Daß diese Auffassung des Epischen Theaters engstens mit dem Theaterbau am Schiffbauerdamm verknüpft ist, liegt nicht an der Übergabe dieses Theaters an Brecht, in das er 1954 aus dem Deutschen Theater mit seinem Ensemble übersiedelte, sondern an der Prägung der Brechtschen Theatervorstellung durch den Erfolg der DREIGROSCHENOPER 1928 in diesem Theaterraum. Konsequent knüpft Brecht nach dem Krieg an seine damaligen Erfahrungen an. Seine ersten Arbeiten zeigen, daß seine Theatervorstellung nicht erst in diesem Raum erarbeitet wird, sondern fest umrissen, vorgefertigt vorliegt.
Im Theater am Schiffbauerdamm stehen Bühne und Zuschauerraum in einem eigenartigen Wechselverhältnis, das von Brecht stets betont wird, indem der Übergang beider Räume ineinander blockiert wird, die Schnittkante streng gehalten wird à la Wagner. In den Jahren nach Brecht versuchten Bühnenbildner den üppigen Zuschauerraum auf der Bühne »umgesetzt« fortzuführen, was jedesmal ein Mißgriff war. Brecht betont den Kontrast der protzig maroden Farbigkeit, betont das Gold und Rot des Zuschauerraums gegen das Grau seiner Ausstattung. Der Zuschauer erblickt Staub, den Staub der Geschichte, den Staub seiner Biografie, den zurückgelassenen Staub seiner Entwicklung. Nicht der Zuschauer sitzt in Sack und Asche, sondern die Figuren der Bühne.
Brecht definiert das eingesetzte Bühnengrau als seine Farbe, als Formmittel seiner Abbildungsweise. In Äußerungen dazu umgeht er jedoch die ideologisch bedingte Egalisierung. Seine Grau-Definition gerät zunehmend in Konflikt mit der aufbauorientierten Polit-Bürokratie, die krudes Heimkehrer-Theater nicht hinnimmt.
Um die Wellen zu beschwichtigen, greift Brecht zum Farbtopf und koloriert nachträglich. Zunehmend gibt er seine Grau-Definition auf, gerät in den Polit-Sog. Was er theoretisch noch ablehnt, sieht auf seiner Bühne praktisch schon »bunt« aus. Seine Umsetzungen verlieren an Stabilität. Immer mehr Kunstgewerbe bevölkert die Bühne, der angestrebte Darstellungsstil verkommt.

Das rituelle Armeleute-Theater, das sich um das Kind in der Krippe vollzieht, ist zugunsten einer Hauptmannschen 4. Wand aufgegeben, die sich zunehmend festigt. Dahinter wird der Bühnenraum unübersichtlich, die einfachen Gruppierungen der Krippe werden zu komplizierten Gebilden.
Brechts Vorstellungen verzerren sich genauso wie die Wagners. Beider Anpassung und Durchsetzungswille machen den eigentlichen Ansatz zu einer Nebensache, müssen ihn stets herunterspielen. Anstatt daß Brecht die Wirkung politischer Denkweisen klarlegt, ihre erbitterte Verstrickung, wird ein Märchentheater kultiviert, das seine Truppe als künstlerische Avantgarde des europäischen Theaters ausweist. Der Märchencharakter seiner Inszenierungen tröstet über den Zusammenbruch Europas, tröstet inmitten des überall herrschenden Ideologie-Grau, läßt einen Optimismus zu, den Brechts erste Arbeiten demonstrieren, in denen der Heiligenschein seiner Armeleute-Darstellung noch nicht da war. Jetzt ist er aber da und wird weder verändert noch angekratzt. Die Armeleute-Vorstellung wird so zementiert, daß sie ideologisch nutzbar auf Krippe und Krippenspiel zurückverweist. Hier ist Brecht bewußt katholisch und bleibt es. Der Arbeiter, wenn er die Bühne betritt, ist eine romantische Figur, wie die dumme Mutter des Revolutionärs Wlassow. Klar definiert wird dieser Konflikt, wenn die Darstellerin der Mutter im Teuer-Pelz in einem alten, betriebseigenen Mercedes zur Vorstellung gefahren wird, dann ihre Teuer-Garderobe gegen eine Teuer-Lumpe eintauscht, in ihr die Bühne betritt und mit einem leeren Topf an die Rampe kommt, kümmerlich gebeugt, sie könne ihrem Sohn kein Fett in die Suppe geben.

Eine ähnliche Darstellungsweise wie die meiner Russischlehrerin, einer Parteiaktivistin und Katholikin, die ihr Kostüm, das sie zu Staatsakten trägt, gegen das Blaurot der Mutter Gottes eintauscht, die sie im Krippenspiel der Katholischen Kirche vorstellt. Dabei über ihre Brille äugt, als lese sie ein Parteiprogramm und könne dazu noch singen und beten.

Indem Brecht zunehmend die DDR frisiert, politisch zurechtgerückt darstellt, scheiden wichtige Alltagserfahrungen aus, die zunehmend zum Störfaktor werden. Es scheint, als ziehe sich das Theater in einen Zustand zurück, der die äußeren Veränderungen bewußt ignoriert. Lange, bevor es zum »Brechtmuseum« wird, ist es das schon. Nach Brechts Tod setzt ein Erinnerungskult ein, der noch Jahre die Veränderungen in der DDR vom Theater fernhält. Trotz der wechselnden Intendanten, der wechselnden internen Machtverhältnisse wird die Ansicht einer geistigen Elite repräsentiert, die sich nur mit der Staatsführung selbst ins Benehmen zu setzen hat, was auch tatsächlich zutrifft. Damit hat sich aber das Theater nicht der DDR-Bevölkerung geöffnet, sondern wird zum fossilen Tournee-Theater, das eine DDR-Welt zusammenlügt, daß die Balken brechen. Sie brechen auch tatsächlich, aber es wird noch Jahre dauern.

Brechts DIE EIGENARTEN DES BERLINER ENSEMBLES von 1952 ist Programm. Ähnlich den 10 Geboten gibt er eine Arbeitsvorgabe für sein Theater. Er erwartet und erhofft ungeheure Umwälzungen der Produktions-, Denk- und Lebensweise im Sozialistischen Lager. Er bemüht sich, in seinem Programm die Eigenarten seiner Inszenierungen, die allgemein befremden, verständlich zu machen, sie als die wesentlichen Vorzüge seiner Theaterauffassung zu reklamieren. Gesellschaft und menschliche Natur sind für ihn veränderbar darzustellen, der Mensch als abhängig von seiner Klassenzugehörigkeit, Konflikte als gesellschaftliche Konflikte. Charaktere, Zustände und Ereignisse sollen als sprunghaft gezeigt werden. Daraus ergibt sich für ihn, daß die so vorgeführte dialektische Betrachtungsweise reines Vergnügen sei. Damit könne man nun auch die Errungenschaften der Klassik im »dialektischen Sinne« abheften und weglegen. Ziel sei, aus Realismus und Poesie eine Einheit herzustellen. Abschließend bittet er, sein Theater nach diesen Kriterien zu beurteilen, auch das Ineinandergreifen von alten und neuen Kunstmitteln zu würdigen. Er weist darauf hin, daß er den Kunstgenuß der Zuschauer nicht schmälern, sondern wesentlich erhöhen will. Eine abschließende Hauptaufgabe bleibt, Schauspieler à la Wagner auszubilden, die seine Thesen umsetzen und beleben können.

Die Mischung aus Professor Unrat, Rechthaberei und Positivismus schüchtert noch heute ein. Brecht beurteilt das unter ihm liegende Land von einer Fortschrittswarte aus, das, zurückerobert, friedlichen Zeiten entgegendämmert und im Morgengrauen melioriert wird. Selbstverständlich von Sträflingen. FDJ-Brigaden sind nur zur Erhöhung ihrer Fortpflanzungsfähigkeit einzusetzen, damit die frische Luft den jungen Leuten gut bekommt.
Ein Staat, geschaffen von einem Staatsvolk, von Fausts Lemuren. Werktätigen, Arbeitern und Bauern, denen angeblich dieser Staat gehört. Die bei seinem Untergang genauso beschissen werden wie beim Untergang des vorherigen, der alles in Trümmer legte. Die geistige Elite rettet sich in die Faust-Position, 2. Teil 5. Akt: Wieder wird ein Gedankenbau errichtet, ein Staat, ein Theater.
Ein Kritikansatz in der DDR, nämlich, daß man den eigenen Staat mit den Kriterien messen soll, mit denen der Staat den Klassenfeind mißt, unterbleibt. Diese Forderung wird unumgänglich, außerdem die Überprüfung, ob der DDR-Staat den von Ulbricht aufgestellten 10 Geboten der Sozialistischen Moral standhält, die erbittert Zustände kritisieren, die in der DDR gang und gäbe sind. Die Revision der DDR, die sich als der dem Klassenfeind überlegene Staat definiert, wird fällig.

1987: Im Fernseher sehe ich das Politbüro Festivitäten abhalten, eine Altmuttchen-Veranstaltung mit Toast und Hochrufen, mit dünnem Gesang, mit Drogeneinnahme in Gruppe, leider keinem Klassenfeind-Blut, sondern mit einem Westgesöff, das Leuna-Arbeiter erschinden. So feiert sich das bessere Deutschland. Entweder ist das Fernsehbild blaß und ausgeblutet oder es ist tatsächlich etwas dran, daß hier eine Veranstaltung von Zombies einen Einblick gewährt in eine okkulte Machtdemonstration, die sich langsam ins Grab singt, mit dem Bitterbeigeschmack einer doch gescheiterten Staatsgründung. Aber im letzten Augenzucken des staatstragenden Paares doch ein Faust-Durchhalteblick, zwar blind, doch für den Fernsehzuschauer liegt das zu meliorierende Land in unmittelbarer Nähe, es heißt Westdeutschland. Ob Tod oder Teufel böse mitspielt, daß wieder Grab mit Graben verwechselt wird, daß sich ein Auferstehungstag, ein neuer 17. Juni anbahnt?

Während meiner Arbeit in den 70er Jahren ist das Vordringen in den Zuschauerraum, in die Stadt, in das öffentliche Interesse Ziel jeder Inszenierung, die aber den Front-Charakter Ostberlins unterstreichen muß und weitgehend davon bestimmt ist, mehr als man sich damals und heute eingesteht. In den Jahren 1964 bis 1970 besucht keiner meiner Mitstudenten das Berliner Ensemble, als Theater ist es aus dem Interesse gerückt. Kommt man in seine Nähe, sieht man Westdeutsche, denen man als Paßloser unterlegen ist, die hier ein Bildungsprogramm absolvieren, dem das Theater hervorragend nachkommt. Für die DDR-Bevölkerung ist es tot. Versuche, Betriebsgruppen einlullende Programme anzubieten, scheitern. Das Theater gerät in einen bedrohlichen Zustand, den auch keine noch so bemühte Erinnerungsarbeit abwendet. Mit dem Tod der Weigel und der Intendanz Berghaus tritt eine Veränderung ein, die sich nur langsam in Ostberlin, trotz Widerstand, durchsetzt.

Viele Politdebatten im Studium, im BE sind Einschwörungen auf Parteilinie, auf bewußte Hörigkeit. Im Theater brutale Verstöße gegen die Brechtsche Vorgabe, dessen Programm man strenggenommen auch als Kritikansatz an der DDR verstehen kann, als Aufforderung, auf jeden Fall jetzt die Augen offen zu halten. Dafür Augen zu und ducken, ducken.

Heute ist die damals errichtete »Glaswand« obsolet, die die Bühne vor der Realität schützte. Heute erscheinen die Ost-Darsteller dahinter gebremst, nicht mehr greifbar, oft fahrig, was sich zunächst für den aus dem Westen Zurückkommenden als typisches Ost-Problem artikuliert. Der West-Darsteller hingegen hat diese Glaswand weder kennengelernt, noch ist er fähig sie zu errichten. Die Mischung der Darsteller aus Ost und West fällt jetzt zu seinen Gunsten aus, vor allem, wenn es ihm gelingt, über die Rampe in den Zuschauerraum »ideell« vorzudringen. Das Ost-Personal des Theaters erleichtert das, da es mit 2 Problemen kämpft: 1. Mit der gewinnbringenden Eingliederung in den Westen, mit der gesamten geschäftlich-seelischen Umstellung, mit einer drohenden Entlassung bei mangelnder Präsenz. 2. Mit der bisher gesprochenen Sprache, die weder inhaltlich noch akustisch greift, sich auch nicht aufpolieren läßt, sondern als Relikt, wie eine überalterte Haut abzustreifen ist. Völlig ausgeblendet wird, daß Sprache das jeweilige Ding beschreiben muß, wenn nicht mit Händen, dann mit Füßen, mit dem ganzen Körper. Diese »Verständigung« ist fällig, wenn einer die Sprache des anderen nicht spricht und sich dennoch verständlich machen muß.
Für jeden Republikflüchtling war es ein Schock, daß Eine Sprache gesprochen wurde, daß aber das jeweilige Wort in »Ostdeutsch« etwas anderes als in »Westdeutsch« bedeutete. Diesen Sprachdifferenzen, mit Folgen für das Innenleben, weicht der Ost-Darsteller mit der Begründung aus, daß es ja keine Verständnis-

schwierigkeiten mit dem Ost-Publikum gab, daß man zwischen den Zeilen sprechen konnte, daß man schon verstanden wurde, wenn nicht gar verboten. Das klingt gut, ist aber so nicht zutreffend. Richtig ist, daß so ein Parteimitglied Kritik an der Partei anbrachte zur Unterhaltung von 99% Stimmvieh.
In dieser Zeit arbeite ich. Ich sehe noch die Alten, die Wracks, die Trümmer, die dieser Theaterapparat hinterläßt, ich sehe die Neuen, die schon alt geworden sind, die Assistenten, Brechts ehemalige Frauen, das Kantinenvolk. Dazu gehören will ich nicht.

Das Verlassen der Bühne
Es kündigt sich in Kleinigkeiten an, drastisch in meinen wiederholten Entlassungen, die aber alle nicht vermögen, mich einzusargen. Während der Proben zu FRÄULEIN JULIE stehe ich mit der Darstellerin an der Bühnenkante, und wir probieren das Verlassen der Bühne über die Köpfe der Zuschauer. Es ist der wichtigste Moment der Aufführung, der Schluß. Zum ersten Mal erkläre ich stotternd einer Darstellerin, daß sie nackt über die Zuschauer gehen möchte.
Für beide, Regisseur und Darstellerin, fällt unbewußt eine Lebensentscheidung. Mein Kollege ist nicht dabei. Wir sind allein. Zunächst ist dieser Moment für mich die Absage an die auf dieser Bühne behandelten Probleme, Pseudoprobleme der DDR, die die Darstellung eines ungeschönten DDR-Alltags verbieten. Julies Verlassen der Bühne, die nicht in den Tod, sondern in eine Ungewißheit abgeht, ist unbewußt meine Republikflucht.

Als meine Eltern der DDR den Rücken kehren wollten, verteidigte ich ihnen gegenüber meine angestammte künstlerische Heimat, die ich in den Augen meiner Mitarbeiter und Kollegen 1976 verrate. Daß sich die Nichtflüchtlinge nach der Wende noch immer in dieser Position sonnen, stur die Parteilinie durchhalten, auch wenn sie nicht in der Partei waren, sich tagtäglich dieser Abstinenz versichern, kann nicht darüber hinwegtäuschen, daß auch sie, indoktriniert, die DDR als Bedrohung weiterleben.

1996. Ein Verbleib auf dieser Bühne ist unmöglich. Es folgt die wievielte fristlose Entlassung. Wieder mit der gleichen Darstellerin an der Hand, die sich endlich »überwand«, als Gast an ihr ehemaliges Theater zurückkam. Sie hatte als einzige die Biermann-Unterschrift geleistet. Wir saßen im gleichen Boot.

BAUSTEINE II

Jede Bühne ist normalerweise leer. Man steht, sitzt oder liegt. Fliegen kann man nicht, es sei denn, es gibt Vorrichtungen. Kein deutschsprachiger Klassiker sieht in einem seiner Gegenwartsstücke fliegende Figuren, größere Bühnenaufbauten oder Raumstafflungen vor. Mit der Annäherung an die Oper, die Antike, die Historie verwischen die Formmittel des Sprechtheaters. Erst Hauptmann definiert einen neuen Raum, den in sich gestaffelten, asymmetrischen, winkligen Raum. In der Übergangszeit zwischen Schiller und Hauptmann versucht sich der Bühnenraum zu gliedern, bleibt aber unentschieden, da das bürgerliche Theater, in den absolutistischen Sälen eingenistet, diese nicht mehr verläßt, nicht mehr verlassen kann, da es von ihnen, in ihnen erstickt wird.
Dagegen kämpfen die antiken Formmittel an, die sich einer Einverleibung widersetzen. 3 seien kurz beschrieben: Bote Roter Teppich Fenster/Mauerschau, ihre Veränderungen bis heute.

Der Bote: Im antiken Theater tritt er auf und berichtet. Die Zeit, die zwischen der Szene davor und der seines Auftritts liegt, oder zwischen Abgang und Wiederauftritt, ist für den Zuschauer kurz, für den Handlungsverlauf meist von langer Dauer, von dem, was in diesem Zeitsprung für den Zuschauer nicht sichtbar passiert, berichtet der Bote im Zeitraffer: Von Schlachten, Katastrophen, vom Untergang eines Volkes.

In 7 GEGEN THEBEN jubelt er, schleift Beutegut vom Kriegsschauplatz, schwadroniert froh vom Tod der 7 Angreifer, von Eteokles, dem verhaßten Ödipus-Sohn, der sich seinem angreifenden Bruder entgegenstellte, siegesgewiß seinen prophezeiten Tod empfing. Dem Boten, der meint, die Stadt sei nochmal gut weggekommen, stellen sich die beiden Ödipus-Töchter entgegen, die im ausbrechenden Konflikt mit der Stadtobrigkeit, die ihre beiden Brüder nicht respektvoll zusammen begraben will, den Bürgerkrieg ausrufen. Im von draußen »importierten« Krieg spaltet sich die Bürgerschaft in die Lager der Brüder, jetzt in die Lager der Schwestern, die sich untereinander fertigmachen.

Den Zeitraffer, den Zeitsprung, der Handlung und Textaufbau rhythmisiert, akzeptiert der antike Zuschauer. Ebenso akzeptiert er ein weiteres Formmittel, die Mauerschau. Eine Figur beschreibt, auf einer Mauer stehend, den Zuschauern die außerhalb der Mauer stattfindenden Vorgänge. Dieses Formmittel nutzen die deutschen Dramatiker und bauen es aus, während sie Zeitraffer und Boten, die das deutsche Oratorium längst übernommen hatte, ablehnen. Pure Abwehr, da Bach und Händel ihren Formenkanon aufzuladen vermochten, eine religiöse Aufladung, die die Klassiker in Frage stellen, letztlich vergeblich berennen. Es gelingt ihnen nicht, Bach zu ignorieren. Von allen Versuchen, sich dem antiken

Theater zu nähern, wagt seiner sich am weitesten vor. Seine Oratorien und Kantaten definieren das Wechselspiel zwischen Gemeinde und Opfer, zwischen Chor und Ausstoßung.

Der Rote Teppich: Goethe hält AGAMEMNON für die bedeutendste antike Tragödie, die mit dem schicksalhaften Bericht des Wächters auf dem Turm beginnt, der nach Jahren endlich das Feuer sieht, das die Ankunft Agamemnons meldet, der nach langer Abwesenheit heimkommt, zu Frau und Kindern, dort jedoch von der Axt erwartet wird.
Der Wächter ahnt all das, sieht, wie die Meldefeuer sich nähern, wie sich das Haus bereit macht, wie die Königin den Roten Teppich ausrollen läßt. Seit diesem Text ist der Rote Teppich, die leckende Blutzunge nicht mehr aus dem Bewußtsein zu streichen. Die Frau wird ihren Mann empfangen. Der Wächter steht nicht umsonst Jahre hier oben, zwischen Wolken und Wind, hört die verfluchten Schreie, sollte lieber taub sein, nicht wissen von dem, was sich unter ihm zusammenbraut, zu einem Komplott der Rache. Die gekränkte, gedemütigte Frau und Mutter rächt sich, sie rollt einen Roten Teppich aus, eine Blutzunge bis an die Badestelle, wo sie das Gehirn aus dem geliebten Schädel schlägt. Doch bevor das passiert, streitet das nach Jahren sich wiedersehende Paar über die Recht- und Zweckmäßigkeit eines Roten Teppichs. Der Mann gibt endlich nach, er will nach Hause, ins Bett, zu seiner Frau kriechen. Sie riecht seinen Schwanz, wie er sich aus der Uniform schält. Wie er sich ins Zuhause einrammen will, seine Verluste vergessen. Sie hat die Axt parat, sich Jahre darauf vorbereitet.
Nur einen Zentimeter zurückweichen, den Teppich einrollen lassen, hieße den Tod stoppen. Agamemnon weiß das, er betritt ihn, er geht hinein. Er ist zuhause.

Das Gezänk um den Teppich haben viele Autoren übernommen, ein kleinlicher Streit mit zunehmend politischer Dimension aus Familienfehde, Mord, wiederholtem Mord, Strafe, Wahnsinn, Liebesverlust und Rache.

Der antike Zuschauer sieht das Tageslicht, wie sich alles langsam in Nacht verwandelt. In diesen Lichtänderungen sind Tristan, Sieglinde und Siegmund zu Hause, in der Stunde, wenn die Tiere aus dem Wald kommen. Aischylos bündelt seine Themen in einem kleinen Vorgang. Den Teppich knüpft eine Vielzahl von Knoten.

Das Fenster: Büchner setzt in DANTONS TOD und WOYZECK das Fenster zentral ein, den Monolog am Fenster. Eine Figur in Betrachtung eines Fensters von außen oder eine Figur, die aus dem Fenster nach draußen blickt. WOYZECK verwendet betont ersteres, DANTONS TOD letzteres. Büchner geht von der Annahme aus, daß immer der Gesehene, der Beobachtete der zu tötende ist. Der Autor versucht, trotz Abweichungen, strikt an dieser Annahme festzuhalten. In DANTONS TOD gelingen ihm damit bedeutende Szenen. Außerdem stellt er mit dem Fenster Lichtverhältnisse her, die, äußerst einfach, nochmals die Tötungsabsicht unterstreichen. Der Blick trifft eine Person wie ein Urteil. Folgt man dieser Annahme, ergeben sich Lösungen, die in die Nähe seiner kaum »übersetzbaren« Regieanweisungen kommen. Büchner gelingt mit dem Licht eine Raumdefinition, an der Goethe laboriert, die er in einigen Stücken löst, ohne jedoch Büchners Schärfe zu erreichen. Hier zeichnet sich überdeutlich eine »technische« Entwicklung ab, eine Stafettenübergabe. Obwohl der »technische« Stand beider Autoren unübersehbar ist, bildet er sich nicht auf unserer Bühne ab. Goethes meist »trübes« Licht weicht einem grellen Licht, in dem Büchner einen Raum klar definiert und streng begrenzt. Eine Errungenschaft Büchners ist es, daß er diesen Raum auflösen kann, seine Grenzen fließend macht, ihn verdüstert, bis in Nacht senkt und dann blitzartig wieder hell und klar begrenzt. Er stellt den Raum her, so wie er vorher war. Hilfsmittel ist ihm das Fenster, es geht nur mit dem Fenster, nur durch das Licht.

Maeterlinck hat Büchners »Fenster« übernommen, arbeitet damit in mehreren Stücken.

Viele Filme verwenden den bedeutungsgeladenen Blick, der dem Tod der gesehenen, der ausspionierten Person vorausgeht. PSYCHO beginnt: PHOENIX, ARIZONA Bildwechsel FRIDAY, DECEMBER THE ELEVENTH 2 Bildwechsel TWO FORTY THREE P.M. Man sieht Betonwüste, dann in eines der Fenster, das amerikanische Paar im Bett, er in Hose, sie im Unterrock, das muß schiefgehen. Das ist »Psycho«. Was dann passiert, notwendiges Übel. In den wenigen Bildwechseln von Mensch und Beton ist modernes Leben definiert, das geht so in keinem Theater. Der Zuschauer, die Kamera übernimmt den Blick des Mörders, der die Frau als Opfer definiert. Sie muß nur noch mattgesetzt werden. Die Frau wird für die Amoure bestraft, fährt ihrem Mörder entgegen. Nochmal wird dieser Blick eingesetzt. Durch ein Loch in der Tapete beobachtet X die sich duschende Frau. Jetzt kommt die Mord-Sequenz.

In TARGETS setzt Bogdanovich zweimal diesen Blick ein: 1. Der Blick des Schützen von einem Öltank auf die vorbeirasenden Autos, auf die er schießt. 2. Der Blick des Schützen durch die Leinwand des Autokinos, in dem der Karloff-Film läuft, er visiert die Paare in den Autos und trifft.
Als Karloff*, im Film der alternde Horrordarsteller Orlok, mit Sekretärin zur Vorführung seines Films fährt, sagt er: Es ist merkwürdig, wenn man überhaupt keine Reaktion hört. Neben ihm kriecht ein Angeschossener aus einer Telefonzelle. Am Schluß stellt der alte Mann den jungen Schützen, schlägt ihn mit dem Stock zu Boden, zusammengekrümmt liegt er da wie eine der nackten Figuren des JÜNGSTEN GERICHTS. Als ihn die Polizei abführt, fragt er: Ich habe fast immer getroffen, nicht wahr?

* Karloffs letzter Film

Der Blick ist Voraussetzung für gezeigte Lust. Er wird sowohl im Einverständnis mit der beobachteten Person als auch gegen ihr Einverständnis eingesetzt. Ebenso kann der Blick von der beobachteten Person genutzt werden, indem sie sich extra für ihn herrichtet. Dabei muß der Beobachter nicht unbedingt anwesend sein. Vielleicht befindet er sich auch im Nebenraum. Kommt es in dieser Situation zu einem Orgasmus, so gilt die Todesbedeutung sowohl dem Beobachter als auch dem Beobachteten.

SPANIEN I

El Paral. Das Kloster lag außerhalb im Tal. Ich hatte nur eine Postkarte gesehen, das Informationsbüro war geschlossen. Fragen wollte ich nicht, ich lief einfach los. Den Acker hatte ich noch in guter Erinnerung. Noch immer klebte der nasse Boden an meinen Schuhen. An den Rändern trocknete er rot ab. Er blieb rot, auch als ich ihn im Zug nach Madrid abkratzte und gelangweilt meine Füße massierte.
Nachdem ich dem Acker gefolgt war, an seinem Ende auf die Nervenklinik hinter dünnen Pappeln stieß, von da auf eine Straßenkurve, die einen kleinen, kahlen Bergbuckel umgab, auf dem Kreuze standen, aus Gußbeton, wie ich meinte, und Wochen später zu Hause las, daß es einer der ältesten Kalvarienberge Spaniens sei. Für mich stand fest, Gußbeton, daran änderte auch nichts ein braun und brüchig gewordenes Spanienbuch, das ich zwischen meinen Büchern fand. Ich schlug es auf. Genau von der Stelle, auf der ich stand, hatte der Fotograf die gegenüberliegende Stadt aufgenommen.
Ich krepelte auf den Berg, sah von oben ins Tal, stand wie auf einem Plateau, gegenüber die Kathedrale, dahinter die Burg mit 2 Türmen und einem weitläufigen Anbau, der aussah, als habe man hier Neuschwanstein nachgebildet. Vor der Hauptstadt Kastiliens stand ich auf diesem Bergbuckel, zwischen Bierdosen und Präservativen. Vor einem Madonnenhäuschen ein nasses Pornoheft, genau an der richtigen Stelle aufgeschlagen. Der Himmel inzwischen grau überzogen, das Fleisch gelborange leuchtend, ich kam mir ziemlich blöd vor. Mir gegenüber die Kreuze, die wie angefahrene, von einem Unfall ramponierte Verkehrshinweise aussahen, so gesplittert und zerborsten, als sähe man jetzt innen das rostende Eisen, das sie zusammenhielt. Hier war ich allein. Die wenigen Autos, die unten vorbeifuhren, nahmen von mir keine Notiz. Kein Hupen. Man beachtete mich nicht.

Vom Buckel stolperte ich müde, ein bißchen frierend in den Pinienwald, der an die Fahrbahn anschloß, fast einen Gegenbuckel zu dem der Kreuze bildete. Auch dort nur Tempos, Papier, Dosen, Präservative. Diese Fahrt hatte mich bis jetzt weder beunruhigt noch erstaunt. Bis der Zug die Wolkengrenze erklomm, sah ich desinteressiert aus dem Fenster. Das biblische, katholische Elend als Einsprengsel in eine fast paradiesische Landschaft, mit Tieren, viel Zäunen und blühenden gelben Berghängen, zwischen Felsen und Nebelwänden. Ein Panoramabild. Ich nahm die Reise wie eine Belohnung.
Stunden lief ich am Ackersaum, sah in der Ferne die Stadt, wie sie sich über den Furchen aus rotbrauner Erde aufbaute, sah den flimmernden Morgen, die sehr klare Luft, die wie dünne Platten über den Himmel sich schiebenden Wolken. Beobachtete wie ein Rentner die Vögel in der Luft, folgte ihnen, sah 2 Frauen von ferne, die einen anderen Weg nehmen wollten, sich aber dann besannen und wieder verschwanden, zur Stadt zurückstiegen. Ich war allein.

Die Pinien rochen nicht. Die Präservative naß. Als ob sie vor kurzem gebraucht, an den weißen Plastikbechern Lippenstift, Kauränder. Ich bückte mich, was war hier passiert. Zwischen den dünnen Stämmen, auf dem dicken Nadelteppich. Ich folgte dem Trampelpfad zwischen Flaschen, Bierdosen und Papier.
Vorsorglich hatte ich meinen Fotoapparat mit, für die Kreuze, das einladende Pornoheft. Wenn ich das aufschreibe, klingt das falsch, als ich davorstand, meinte ich, hier vor der Maria hinter ihren trockenen Blüten, dem Kunststofflametta würde ich richtig stehen, indem ich jetzt meine Hose aufmachte.
Durch die letzten Pinien und niedriges Gebüsch kam ich zum Anstieg der Burganlage, traf auf andere Touristen, die sich aber genauso versteckten, schnell in eine andere Gasse tauchten, als wären sie jemandem begegnet, dem man nicht begegnen darf. Die Kathedrale war groß und kahl. Ein riesiger unterteilter, leerer Kasten. Heute kann ich mich nicht mehr erinnern. Toledo dagegen strotzte. Der Wucht, die Gründonnerstag einem um die Ohren schlug, mußte man standhalten. Man mußte sich unter diesem Hieb ducken. Das mußte verkraftet werden. In Segovia blieb mein Kopf leer. Ich suchte etwas zu essen. Bestieg wie andere Touristen den Turm des Kastells, sah die pompöse Innenausstattung eines spanischen Neuschwanstein, die maurischen Decken, vor denen man nur in die Knie gehen kann, sich in ihnen verlieren, ihnen folgen wie die bloßen Füße den roten Teppichblumen, die, ineinander verschränkt, sich in immer neuen Windungen ergehen, bis sie in ihrer Mitte zusammentreffen, da wo man still steht und das Gras des Teppichs zwischen den Zehen fühlt.
Auf dem Turm war ich ängstlich, ich fotografierte, schuldbewußt wie ein Tourist. Als müsse ich etwas festhalten, was ich nicht sah, ich knipste drauflos, ich wußte nicht, was sich in diesen alten Orwo-Film einbrennen sollte, der inzwischen 4 Jahre überlagert war.
El Paral, wo ich die Postkarte gesehen hatte, ich weiß es nicht. Der schmale hochgestreckte Altar, vielleicht, daß ich die Karte nicht richtig erkannte. Damals trug ich noch keine Brille ständig bei mir, damals erkannte ich noch die Schrift, wenn ich mich konzentrierte, es war hell genug auf dem Hochplateau.
Nachdem ich etwas zu essen gekauft hatte, umständlich wie die anderen Touristen vor mir, mühte ich mich, das Kloster zu finden, doch jede Tür, die ich aufmachte, schien es nicht zu sein. Irgendwie war mir auch bewußt, daß ich es so nicht finden würde. El Paral, als hätte ich den Namen schon einmal gelesen, als wäre er mir nicht so unbekannt, wie ich mich hier anstellte, als wüßte ich nicht, wonach ich suche.
So stieg ich durch andere Kirchenbefestigungen, hoffte auf einen Hinweis zu treffen, auf ein Schild. Aber nichts. Hierher waren mir keine Touristen gefolgt. Ich versteckte meinen Fotoapparat, gab mich unschuldig, so als müsse ich ausgerechnet hier durch. Fußballspielende Jungs konnte ich fragen, Männer, die ein Auto reparierten und die Straße blockierten, sodaß ich mich durchquetschte, während der Typ drin Gas gab.
Endlich kam ich ins Tal, hinter mir die Anhöhe mit dem Kastell, die Kathedrale. Ich war mir nicht sicher, ob ich weiter suchen sollte. Die Mauer, die die Umgehungsstraße gegen das Wasser abstützte, schien alt, dahinter nur Trümmer,

niedrige Bauten, Bäume. Ich zögerte. Autos rasten vorbei. Hier konnte ich nicht stehenbleiben, bis sich links ein Eingang öffnete, dem ich folgte. El Paral, ein altes Holzschild, schwarze gotische Buchstaben auf weiß geplatztem Grund. El Paral. Die Brücke über das Wasser ebenso morsch. Die Bauten, gegen die sich die alten Bäume behaupteten, kahl, die Fenster zertrümmert, zerbrochene Wände, Durchblicke in leere Höfe, wie ein Trümmerfeld. Dann ein mit Buckelsteinen gepflasterter Anstieg, Zufahrten, Fronten ohne Fenster. Hier mußte das Kloster sein.

Vor mir öffnete sich ein Platz, der aussah, als hätte man eben den letzten Steinschlag abgeräumt, ihn zusammengetragen, damit Löcher zugekippt, als wäre das eine der DDR-Landstraßen, auf denen jeder Bergarbeiterbus Achsenbruch macht, um zu demonstrieren, daß die Lebensverhältnisse der DDR mangelhaft, die Straßenverhältnisse noch schlechter und daß man deshalb nur unpünktlich die auswärtigen Brigaden zum Dienstantritt ankarren könne.

Ich trat näher. Links der steil ansteigende Berg, rechts eine verschlossene Torfahrt mit vergittertem Fenster, in der Mitte der Kirchenzugang. Alles in einem so ruinösen Zustand, daß ich mich nur unentschlossen näherte, so als wiche ich eigentlich davor zurück. An der Torfahrt das Schild: Öffnung 16 bis 18 Uhr. Ich war allein. Ich stand wie in einer Senke.

Diesmal hatte ich eine Uhr mit. Eine der wenigen Reisen mit einer Uhr. Ich berührte sie jetzt, versicherte mich ihrer, ich hatte Zeit, das wußte ich. Ich stand in einem Bild von Blechen. Nur karger, noch unzugänglicher. Der Himmel inzwischen fast weiß. Der romanische Zierat der Kirche geplatzt, als ob der Stein mehrere Schichten habe, stets eine neue freilege, in der die Konturen der einstigen Form noch erkennbar. Ob mich jemand beobachtete. Ich war unschlüssig. Bis hierher war ich gekommen. Jetzt verließen mich die Kräfte.

Am Berg wand sich ein steiler Tritt. Irgendwie mußte ich die Zeit rumkriegen. Ich band mir die Schnürsenkel fester, kraxelte bergauf. Ich japste, versuchte mich an der bröselnden Erde festzuhalten. Langsam. Ich paßte mich mit dem Oberkörper der Hanglage an. Meter um Meter.

Ich hatte keine Angst, aber ich wollte so sicher wie möglich vorgehen, wie damals im Harz, als ich von der Roßtrappe im Gewitter abstieg, völlig nackt, meine Klamotten in einer Plastetüte. Nur schrittweise vorwärts kam. Mich unter die überhängenden Bäume setzte, schwitzte, wie mich ein Brodem umgab, der von meinem Körper ausging, eine unerträgliche Hitze, die mich fast abklemmte, wie ich sorgsam jeden Tritt überprüfte, nur in Angst abzustürzen, liegenzubleiben. Bis hier jemand kam, mich finden würde. Ich verscheuchte die Gedanken, kauerte, umklammerte meine Knie, hockte und rauchte. Wie ich es fertigbrachte, bei einem fast senkrechten Abstieg auch noch zu rauchen. Mitten im Gewitter. Die Felsenwände ragten schwarz, flammten blau im Blitz, zuckten weißgelb an den Kanten. Vorsorglich hatte ich mich im Hotel erkundigt, ob Regen kommt. Ich war losgewandert, statt den Bus zu nehmen. Auf der Roßtrappe verkrochen sich die Leute, ich aber wollte den Rundblick genießen. Plötzlich brach Regen aus, ohne Vorwarnung, es goß aus Eimern. Unter einem Vorsprung duckte ich mich, konnte weder zurück noch vorwärts, bis ich mich auszog. Wenn ich mich bewegte,

würde ich mich nicht erkälten, wie damals in der Schweiz, als ich barfuß im Schnee aufstieg.
Ich kam ins Tal. Ich zog mich an. Pitschnasse Schülergruppen auf dem Bode-Weg. Einige humpelten, ausgerutscht, am Kopf Beulen. Ich hatte es geschafft, aber die Klamotten klebten, sie wollten nun nicht mehr zum Körper gehören, waren seiner überdrüssig. Rote Striemen bildeten sich, schmerzten. Viel später, als ich im Zug nach Hause saß, zog ich Hose und Hemd aus. Sah den nachtschwarzen Kyffhäuser, seine Kontur im dunklen Stausee. Sah, auf der anderen Seite des Gangs, hinter mir hoch im Harz das Gewitter leuchten. Vor hellstem Blau entluden sich weiße Blitze. Die Echos schlugen zwischen den Felsen, ich hörte sie noch, als ich auf dem düsteren Bahnsteig stand und nach dem Schlüssel meines Elternhauses suchte.
Warum war ich hier. Warum war ich nach Spanien gefahren. Eine Einladung anzunehmen, sich demütigen zu lassen. Der Vortrag war längst vorbei. Ich hatte ihn unbeschadet überstanden, merkte nicht, was um mich geschah, tranig war ich froh, wieder im Hotel anzukommen, mich hinlegen zu können, kein Fieber mehr zu haben, allein zu sein. Im Fernseher spritzte das Blut jeden Abend. Ich stand unter der Dusche, um einen klaren Kopf zu kriegen. Berlin lag hinter mir. Nachts ging ich auf die Straße. Bis um drei war Betrieb. Ich war gestrandet. Sah die erleuchteten Paläste, die Allee von der Columbus-Säule zum Prado zum Bahnhof. Saß vor dem Stierkampfhotel, wo ich die ersten Tage wohnen sollte. Trank ein Bier aus der Dose. Langweilte mich, genoß jede Stunde allein zu sein, nicht sprechen zu müssen, einfach zu laufen, kein Gesicht, das mich beunruhigte.
Madrid. Ich war gestrandet. Ich kaufte auf dem Bahnhof Atocha ein Billett für den ersten Zug, stieg in Segovia aus und stand vor einer Zeitungswand mit Homopornos. Die Buntdruckleiber spreizten sich in katholischen Gebärden, als bilde diese Zeitungswand einen Altar, wachse nach oben, suche im Bahnhofdach Halt. Verwirrt stand ich unter der Versammlung von Märtyrern und Heilanden. Als ich die Halle verließ, auf dem Vorplatz mich orientierte, lief ich stur geradeaus, nur um vorwärts zu kommen, links zwischen Häuserblöcken eine gelbrote Wand, Erde, Acker, nur hin, hochkommen und laufen. Oben streckte sich das Plateau hinter den Neubauhäusern.
Ich sah meine Mutter, wie sie vor mir im Sarg lag, ich erschrocken zurückwich, fast schrie, mich nicht beruhigen konnte, die Angst, nein, das ist nicht das richtige Wort, was da aus mir herausschrie, ich wich zurück, schon vom Geruch schwindlig, machte die Tür zu und floh.
Bis ich mich beruhigte. Zurückging. Für die Aufbahrung hatte ich bezahlt, wie sich später herausstellte. Ich hatte für das Kämmen meiner Mutter bezahlt.
Mutter kämmte Vater im Sarg, wie sie mir erzählte, während sie sich fest an mich klammerte, bat, ich sollte noch einmal mit hinein, mir den toten Vater ansehen. Nein. Ich weigerte mich, ich brachte die Kraft auf, meinte wenigstens jetzt mich entscheiden zu können. Ich sah meinen Vater nicht. Jahre beunruhigte es mich nicht, plötzlich peinigte es mich, meinen Vater nicht gesehen, nicht neben ihm gestanden zu haben. Jetzt empfand ich diese Qual. Mutter sagte, sie verabschiede sich, wenn sie neben ihm stehe.

Jetzt wollte ich neben meiner Mutter stehen, meinte, einen Stuhl gegen die Glaswand, hinter der sie lag, schmeißen zu müssen, bis ich mich beruhigte, auf dem Stuhl zusammensackte, drohte einzuschlafen. Ich war allein. Vor meiner Mutter begriff ich es: Alleinsein. Sie lag da prächtig und schön, ihre Haare wuchsen und mußten schwarz geworden sein. Die Haare meines Vaters wuchsen aus dem Spalt des Sargdeckels.
El Paral. Bis hierher war ich gekommen. Steinige, steil abfallende Hänge, kaum Gras, eher eine Wüste, in der der Teufel Jesus versucht. Fern die Stadt, eine prächtige Kulisse, in der Senke eingeklemmt das Kloster, das ich nun überblickte. Innen renovierte Gebäude, viel Technik, dahinter ein aufsteigender Garten. Biblisch. Hackende Mönche einer Miniatur: Ein Stundenbuch des Herzogs von Berry. Direkt über mir der Himmel jetzt dunkelblau. Intensiver als ich ihn jemals sah. Ich lief heraus, stets neue Abhänge, tiefe Spalten oder Falten. Warum war ich hier. Der Weg zum Bahnhof stand mir sowieso bevor, warum dehnte ich jetzt die Zeit. Noch 2 Stunden. Ich müßte den letzten Zug erreichen. Ich hockte mich hin und überlegte. Ich kam zu keinem Entschluß, ich wartete. Noch war es nicht vier.

10 vor vier. Ich stieg langsam den Berg hinab. Nach unten blickend, schien mir unvorstellbar, daß ich hier heraufgekommen war, ich versuchte, meine Unruhe abzuschütteln. Meine Hände waren schweißnaß. Ich lehnte mich zurück, setzte einen Fuß vor den anderen, so daß ich mit jedem Stück abwärts die ganze Höhe wahrnahm. Lieber drehte ich dem Abhang den Rücken zu, sah nach oben. Ich würde hier nicht abstürzen. Ich blieb sicher. Ich hörte noch die Stein sägenden Männer, eine Stimme erklärte mir, daß aus dem Abbau dieses Gesteins und seiner Zurichtung die ganze Stadt erbaut worden war und vor allem das neue Schloß, die Stammburg Kastiliens, und daß von hier die spanischen Könige ausgezogen wären. Eine weibliche Stimme. Ich war allein. Ich versuchte mich zu konzentrieren, mich innerlich taub zu stellen. Unter mir bröselte die Erde, bildete Rinnen, in denen sie, fein gemahlen, nachrutschte, als Staub von der Wand wehte, an der ich herunterkam. Mir übers Gesicht, ins Hemd, in die Haare, sodaß ich sie, selbst als ich in Madrid unter der Dusche stand, nicht abbekam. Die andere Stimme sang: Irre! Irre! Es waren 2 Stimmen in mir.
Manchmal halte ich mir den Mund zu, beiße auf die Lippen, wenn ich innerlich zuviel spreche, wenn mir die Worte gegen die Schläfen hämmern, wenn ich sie bei mir behalten will, nicht zu einem Monologisierenden werden möchte, Angst davor habe, mich nicht mehr zu kontrollieren, nicht mehr bemerke, daß ich laut spreche. Oft nehme ich die Reaktionen der mir Begegnenden wahr, ihre Irritation, als würde ich ihnen den Weg verstellen. Obwohl sie weit genug entfernt sind, berührt sie die Begegnung unangenehm. Sie weichen aus, wenden sich ab. Oft wie eine Verstörung, das Eingeständnis einer Berührung. 2 Stimmen, die ich zur Ruhe bringen mußte, um nicht abzustürzen. Je mehr mir das bewußt, je lauter wurden sie in mir, so als wollten mich beide unterschiedlich, aber mit dem gleichen Ergebnis nach unten bringen.

Ich sah nicht die Senke, ich war in einer anderen Situation, spürte mein Knie, sah mich springen, als wollte ich eine niedrige, durchhängende Kette überspringen, und da ich nicht hoch genug sprang, blieb ich hängen, überschlug mich, landete auf dem Zementboden. Ich schlug krachend auf, aber bevor ich aufschlug, flog ich, sah mich fallen, so langsam, als könnte ich den Moment anhalten, als würde ich ihn beherrschen, und wie ich aufschlug, merkte ich, daß dieses Aufschlagen Realität war, nicht Traum. Daß ich zunächst nicht aufstehen konnte, der Schmerz mich betäubte, sodaß ich liegen blieb, um durchzuatmen, um meine Knochen von innen zu checken, ob alle noch ihre Verbindung zu meinem Gehirn hielten. Als könnte ich diesen Fall rückgängig machen, indem ich meinen Knochen befahl, sich bei mir zu melden. Als würde dieses innere Rückbeordern das Aufschlagen mildern, noch besser, den Aufprall ungeschehen machen.
Bei diesem Sturz gelang mir das nicht, mein Knie war gebrochen. Erst beim zweiten. Als mich das Auto seitlich erwischte, ich im hohen Bogen durch die Luft flog, in das entgegenkommende Auto. Fliegend wußte ich, daß mir diesmal nichts passierte. So war es. Ich überschlug mich, das Fahrrad völlig kaputt, aber mir war nichts passiert, die Leute im entgegenkommenden Auto waren hysterischer als ich. Der Mann, der mich angefahren hatte, weinte. Ich war ruhig und benommen. Mir tat nichts weh. Ich hatte zugelassen, daß die Stimmen in mir die Überhand gewannen, daß ich zwar das Fahrrad bediente, aber meine Beine gehörten den anderen. Denen, die in mir tobten. Die Schwierigkeit, die mir diese Beschreibung macht, die Vielzahl unstimmiger Worte belegen, daß ich nur als eine angenommene Figur, als angenommenes Kostüm Sprache zur Verfügung habe, die ich zwar erarbeiten muß, die sich aber völlig anders darstellt, als ein Werkzeug, nicht als Hemmnis und Marter wie hier.

El Paral. An diesem Abhang hielt ich inne, versuchte mich zu konzentrieren, die Zeit dehnte sich, als wäre es nicht vier, sondern erst zwei, als wäre das die eigentliche Wartezeit. Die Probe. Sich schweißnaß an der Wand festzuhalten, zu sehen, wie der Tropfen vom Haar auf die Nase rollt, von dort zu den Lippen und langsam ins Hemd, wie seine Spur am Hals kalt wird, ich meinte, die Haut zöge sich vor Schmerzen zusammen.
Ich war unten. Die Stimmen hörte ich nicht mehr. Meine hohen, schwarzen Schuhe hatten sich bewiesen. Ich war nicht abgerutscht. Ich sprang von einem Bein aufs andere, als müsse ich mir Wasser aus den Ohren schütteln. Punkt vier. Der Kirchenzugang öffnete sich. Ein Spalt, eine Hand, ein weißer Kuttenärmel. Ich hatte die Mönche im Garten von oben gesehen. Hier öffnete ein Inder, er trat nach einiger Zeit heraus, die Hände im Tuch, hager, aufgeschossen, Brille, einen Kranz schwarzer Locken. Ein Inder. Ich war sicher wie bei den Gußbetonkreuzen. Er verschwand, die Tür blieb offen. Ich machte mir die Schuhe sauber, setzte mich auf eines der Trümmerkapitelle, brachte meine Klamotten in Ordnung. Dann ging ich hinein. 3 Tage blieb ich.

An den Kirchraum, in dem ich zusammenklappte, mich später einfach in die Bank legte, weil ich nicht mehr konnte, schloß sich ein Aufgang an, den ich nicht

wahrnahm. Als ich mich erholt hatte, zu frieren begann, hinausgehen wollte, bemerkte ich ihn, folgte ihm durch das offene Gitter. Stufen führten nach oben in Vorräume, in weitere Räume, alle in kirchlichem Schmuck, mit Bildern, trockenen Blumen, bespannten Wänden, viel Gold, bis zu den Ruheräumen der Mönche, wie ich annahm. Ich stand zwischen einfachen, schmalen Betten, ganz aus Holz mit braunen Decken und frischer Bettwäsche. Dieser Raum mußte den Mönchen gehören. Fenster zum Berg hin, holzgetäfelte Wände, dazu ein Christus am Kreuz in Holz mit dunkelblauroten Schleifen, goldenen Strahlen, darunter ein zugehängter Altar. Der ZINSGROSCHEN als Kopie, wie ich annahm. An der Wand gegenüber kleine Heiligendarstellungen braunschwarz wie Momentaufnahmen aus einem Film, Ausschnitte wie bei den Impressionisten, ein katholischer Maler? Ich sah mir jedes Bild an. War das ein zerschnittenes Bild, das man einzeln gerahmt hatte? Ich war nicht bis an die Tür in der Stirnwand gekommen, als sich daneben eine hölzerne Schiebetür öffnete. Ich sah keine Hand, nur eine sich dahinter schließende Tür und zwischen beiden stand mein Essen. Man bewirtete mich. Ich nahm es so selbstverständlich an wie den Raum, in dem ich mich befand. Als es dunkel wurde, legte ich mich hin. Ganz gegen meine Gewohnheit. Die Türen standen offen, ich zog mich nicht aus, erst später, nachdem ich wieder wach wurde, mich im Dunkeln zu orientieren hoffte, dann aber doch meinem Schlafbedürfnis nachgab und einschlief.
Als ich aufwachte, lagen Hose, Hemd und Strümpfe unter dem Bett, ich hatte mich ausgezogen, aber wie, daran erinnerte ich mich nicht.
Fast ängstlich stand ich auf. Hatte ich die Glocken überhört, den Beginn des Klosterlebens verschlafen. Wenn ich das schreibe, klingelt mein Wecker auf dem Bett, den ich so hinstelle, daß ich ihn stets im Auge habe. Er klingelt, egal ob fünf oder drei, er klingelt so lange, bis ich ihn abstelle. Manchmal auch nachts, sodaß ich mich in die Küche setze, an ihm herumlaboriere, bis ich den Mechanismus in Ordnung kriege, das hält dann 3 Tage, dann beginnt es von vorn.

Neben dem großen Kruzifix war eine niedrige Schiebewand in der linken Ecke so eingelassen, daß man sie nicht erkannte, die nun Zentimeter offen stand, als habe jemand von innen kenntlich gemacht, daß sich diese Wand bewegen ließe. Ich stieg durch die Öffnung und befand mich in einem Brettergang, der zu einem Waschraum führte, Steinboden, ein großes Becken mit mehreren Hähnen, auf einem Holzbord 2 Handtücher. Ich zog mich aus und wusch mich so ausführlich, als erreichte ich dadurch Ruhe, brächte die Stimmen zum Schweigen. Dem war nicht so. Kaum war ich richtig wach, drohten sie mir. Ich rieb mir minutenlang die Ohren, schluckte, massierte den Haaransatz. Erfolglos. Benommen torkelte ich die Stufen hinab zur Kirche. Ich saß da, ließ den Kopf hängen, der Speichel floß übers Kinn ins Hemd, dann kippte ich zur Seite.
Als ich wach wurde, war das Hemd naß. Als läge Eis auf mir. Ich fror auch im Sommer, blieb tagelang im Bett, um mich beisammen zu halten. Ich war krank. Ich hatte mich nicht erholt. Warum war ich überhaupt losgefahren. Die Tage im Hotelzimmer kamen mir wie eine freiwillige Gefangenschaft vor, keiner störte mich, niemand brachte Essen, ich aß nichts. Ich war froh, wenn ich nicht nach

unten mußte. Die Stimme ging mir nicht aus dem Kopf. Gab ich ihr Worte. Waren das von mir hinzugefügte, um dem Ton einen Sinn zu geben. Um ihn zu begreifen. Irre! Irre! Die Aufforderung loszulaufen. Die andere Stimme war eindeutig ich, aber ich sprach nicht. Ich stand vorm Spiegel, betrachtete mich, das Wasser tropfte an mir herunter, aber ich sprach nicht. Als ich mich sah, war der Ton so laut, als brächte ich ihn nicht mehr unter Kontrolle.
Aus der Kirchenbank ging ich in den Schlafsaal, ich wollte Strümpfe und Schuhe anziehen. Als ich eintrat, war die Tür der Stirnwand offen, in der Durchreiche daneben stand mein Frühstück. Ich wartete, der, der die Tür geöffnet hatte, würde schon kommen, er kam nicht. Ich hörte kein Geräusch. Ich aß. Ich hörte mich die große Tasse Tee schlucken. Ich streckte mich aus, sah zur Kassettendecke, folgte den eingedunkelten Vergoldungen. Ich stellte Teller und Tasse zurück. Probierte den Schiebemechanismus aus, ich zog die Tür zu, doch auf der anderen Seite öffnete sich nichts, keine Hand, kein Geräusch.
Ich ordnete das Bett, kam mir wie im Ferienlager vor, als kontrollierte auch hier ein unsichtbares Auge meinen Verteidigungsstand gegen die Feinde des Sozialismus. Ich sah mir das Bett aus einigem Abstand an, meinte vom Kirchenraum ein Geräusch zu hören, doch niemand kam. Ich zog die Decke nochmals gerade, kantenparallel, hieß das im Ernteeinsatz. Dann ging ich nach nebenan. Der Fußboden knackte, keiner meiner Schritte blieb den anderen verborgen.
Ich stand in einem kleinen Audienzsaal mit roten Kordeln um silberne Absperrungen, goldenem Gestühl und samtrot gerahmten Heiligenbildern. Bärtige, hagere Männer, die aufgerissenen Auges nach oben starrten, dort über dem Bildrand etwas erkannten, das ich nicht sah, dessen Anwesenheit ich jedoch spürte. Unter einem Baldachin ein braunes, schmuckloses Holzkreuz, Kopf, Hände und Füße übergroß, starr in der Schmerzverzerrung. Über mir Malerei, Heilige, die sich an den Deckenrändern plazierten, zur Mitte strebten, wo sich zwischen Rissen und braunen Flecken etwas ereignete, was unkenntlich geworden war. Lag es an meiner fehlenden Brille, am Licht, an meiner Unruhe. Ich erkannte die Mitte nicht, war sie während einer Renovierung vorübergehend abgedeckt. Ich ging langsam weiter. Der nächste Raum kurz, mit Türen zu beiden Seiten, eine Art hölzerner Durchgang zu einer Bibliothek. Größer als der vorherige Saal, hell, streng, mit Arbeitstischen in der Mitte, Lampen. Eine richtige Bibliothek. Erschöpft setzte ich mich, lehnte mich an, sah um mich. Teppiche, Leuchter, Lampen. Elektrisches Licht. In den anderen Räumen war es mir nicht aufgefallen, hier schien es fremd.
Während der nächsten 2 Tage blieb die Bibliothek leer. Ich saß alleine dort, traute mich am nächsten Tag auch an die Bücher. Ich saß wie vor 30 Jahren im Kupferstichkabinett der Nationalgalerie Ostberlin vor den SÜDSEEAQUARELLEN von Nolde, den Arbeiten Pechsteins und Molls. Ich verbrachte Stunden, wenn ich vor den einzelnen Blättern döste, sie mir im richtigen Abstand auf die Vorrichtung stellte, sie lange genug ansah. Purrmann. Den KRIEG von Dix. Von Kollwitz BAUERNKRIEG und WEBER. Jetzt saß ich in Segovia. Ohne Wäsche, Unterzeug und so weiter.

Ich ging zurück, um mir nochmals die Hände zu waschen. Dann saß ich vor dem schönsten Buch. Ich griff einfach ins Regal, ich hatte noch feuchte Hände. Miniaturen blauweißer Engelheere. Ich erinnerte mich, ich war erschrocken, sah mich als Kind eines der Geschichtswerke durchblättern, das meinem Vater gehörte und jetzt bei mir stand.
Vor mir hatte ich das Original. Genau wie in Mainz. Ich sollte dort TRISTAN UND ISOLDE ansehen, da ich zu früh da war, ging ich in den Dom, ich wußte nicht, daß Mainz einen Dom hat. Ich hätte nur einmal zu Hause die Unterschriften richtig lesen und speichern müssen. Stattdessen fuhr ich herum und stand vor Abbildung Seite 513 Sifrid von Eppstein, Erzbischof von Mainz, mit den Deutschen Königen Heinrich Raspe und Wilhelm von Holland. Dem Grabmal folgten weitere Abbildungen. Große Reliefs eingefügt in die Domwände. Meine Unwissenheit kam mir wie ein Boykott vor, als weigerte ich mich noch immer, meine neue Heimat anzunehmen, als herrsche noch in mir der DDR-Trott, der mir befahl, Abstand zu halten, in klassenkämpferischer Kritik zu beharren.
Stunden blieb ich vor dem Buch sitzen, Stunden am nächsten Tag. Stunden lief ich um Segovia, folgte dem ausgetretenen Weg über das Plateau, sah die Stadt von allen Seiten, umrundete den Bahnhof, der sich klein an die Neubauten streckte, sah wiederholt innen, in der tiefer gelegenen Stadt, die römische Wasserleitung, wie eine der großen Einsenbahnbrücken. Ich beobachtete den Steinabbau, das Zersägen riesiger Quader. Kauerte vor Höhlen, suchte Obst. Immer im Abstand. Menschen verschwanden, wie sie auftauchten, vielleicht eher ich, der ihnen davonlief.
Den letzten Morgen verbrachte ich vor dem Buch, ich hatte sehr lang geschlafen, sodaß ich das Geräusch, das das Öffnen der Schiebetür machte, nicht wahrnahm, sondern meinte, es sei ich, der sich nicht an die mit Holz ausgelegten Betten gewöhnte. Das Frühstück stand schon da, mehr Brot als am Vortag.
Waschen war gut, Lesen war gut, aber ich erkannte die Miniaturen nicht, sie verwischten, ich rückte zum Licht, versuchte eine der Lampen anzumachen. Trotzdem erkannte ich nicht mehr. Ich rieb die Augen, die Stirn, den Nacken, für Minuten sah ich besser, dann verschwamm das Bild.
In den Opferstock steckte ich, sonst kleinlich, einen Betrag. Obwohl ich diesen Vorgang ausklammern wollte, konzentrierten sich die 3 Tage auf ihn. Ich opferte buchstäblich. Ich war gut bei Fuß. Stunden über das Plateau, zum letzten Mal an Neuschwanstein vorbei, Jogger kamen mir entgegen, riefen, ich solle höher gehen, von dort fotografieren. Im Kloster benutzte ich meinen Apparat nicht. Er war einfach auf dem Bett liegengeblieben, ich vergaß sogar, daß ich ihn mithatte.
Später stieg ich in die Stadt, hungrig, nur Brot, ich wollte mampfen und laufen. Zwischen den porösen Ockerkirchen, Säulenhallen und Tempeln, den romanischen Klosterbauten, deren Zierat geplatzt, geborsten, verwittert, die eine Zersetzung freigaben, die sich nach innen fortsetzte, als käme aus dem sich auflösenden Stein ein Licht, als leuchteten diese Gebäude. Als wären sie Wüstengebilde, die sich hier aus Sand zusammenhäuften und sich wieder in diesen Zustand fallen ließen, als behielten sie nur vorübergehend ihre Form, die sie

Jahrhunderte zu Stein preßte und als wäre nun endlich diese Zeit vorbei. Als könnten sie sich einer uns nutzlos erscheinenden Formlosigkeit hingeben, die ihnen aber erst wieder Leben bedeutete, als könnten all diese Figuren, Pferde, Adler, Rankenkapitelle ihren Standorten entweichen und sich dem Sandsturm, der sie bis hierher gebracht, zugesellen und heimkehren, wieder nach Afrika.

Zu beiden Seiten des Altares von El Paral Fahnen mit den Stationen Christi, ein nackter weißer Leib vor schwarzen Männern.

Ich erreichte den letzten Zug voller Touristen, mir gegenüber eine Japanerin. Eine völlig andere Art Mensch, nicht Mensch wie ich, grob, gedunsen, in sich verquält, sondern mit klaren Augen, sehr hell, die sich langsam unter ihrem Anorak zurückzog, als schließe sich eine Schiebetür, als schütze sich dieser Mensch vor meinen Stimmen.
Irre! Irre! flüsterte es in der Dunkelheit, ich lehnte mich an, sah aus dem Fenster. Hielt der Zug, huschten die Menschen frierend vorbei. Ich versuchte einzuschlafen. Der Mond riesig groß über den Wolkenwänden, giftgrün leuchteten die gelben Hänge. Aus den Tälern manchmal ein Licht, an den Gleisen Esel und Ochsen. In den Kurven der Talfahrt kreischte der Zug. Dann wurde er ruhiger, gewann Tempo.

Blick. Ich sollte die Zigeuner hinter dem Bahnhof suchen. Eines Morgens, Sonntag, machte ich mich auf. Aber nachdem ich das weitläufige Bahnhofsgelände Atocha abgesucht hatte, meinte ich, ich solle noch weiter Richtung Vorstadt gehen. Ich kam zu einer um eine Anhöhe ausgebauten Parkanlage, in deren Mitte ein modernes Observatorium, so nahm ich an, eine Architektur so modern, wie ich sie noch nie aus der Nähe gesehen hatte, aber keine Zigeuner.
Zu einer Seite unten die Neustadt, die in siedlungsähnliche Viertel überging, in der Ferne die Bahnstrecke Toledo mit dem Klosterberg zur linken Seite. Unter mir im Tal die aufeinanderstoßenden Umgehungsstraßen, dazwischen kleine Parkanlagen mit Seen, hinter mir ein von Gras überwachsenes, verfallendes Amphitheater mit Säulengang. Ein Stück weiter der Bahnhof in Sicht, mit der sich darüber auftürmenden Altstadt, ein von Zäunen umschlossenes, altes Rangiergelände, möglicherweise zu Museumszwecken erhalten, dazwischen moderne, neue Zugänge in einen unterirdischen Bereich, doch keine Zigeuner. Müde wollte ich zurück, stieß auf eine Brunnenanlage mit der Büste eines ehemaligen Madrider Bürgermeisters, in dessen Auftrag der Park angelegt worden war. Ich versuchte zwischen Industrieanlagen in Richtung Bahnhof durchzukommen, da ich nie einen Stadtplan benutze, sondern mich ausschließlich nach Gebäuden und Straßenzügen orientiere, mußte ich doch auf eine der Umgehungsstraßen ausweichen, die mich, so meinte ich, eher vom Bahnhof wegführte. Doch dem war nicht so, ich hatte nur ihre Länge und Krümmung unterschätzt. So lief ich weiter an aufgegebenen Industrieanlagen, Lagerhäusern, Bahnanlagen vorbei, die alle halbzerfallen, dunkel gegen den Himmel standen. Dann kam ich an eine Mauer. Ich erinnerte mich plötzlich, »Mauer«, das hatte ich vergessen, »direkt hinter der Mauer«. Während ich mir überlegte, ob ich nicht besser aufpassen sollte, wenn mir jemand etwas erklärt, lief ich weiter, die Mauer brach ab, und ich stand vor den Zigeunern. Sicher genauso erschrocken wie ich.
Die Kinder schrien, wollten mich wegjagen. Frauen, die aus den Behausungen, die sich rückwärtig an die Mauer anlehnten, herauskamen, fuchtelten, ich machte unwillkürlich eine Rückwärtsbewegung, sie kamen näher, und ich immer noch ungläubig vor den biblischen Zuständen, nur so kann ich das benennen, was ich sah, machte genau das, was ich tue, wenn ich im Fernseher das Programm wechsle. Ich durfte das nicht gesehen haben. Die von mir Gesehenen hatten recht. Um mich ihnen gegenüber eindeutig zu verhalten, machte ich eine Kehrtwendung, aber keinen Schritt, mein Körper zeigte ihnen an, daß ich weggehen wollte, mein Kopf, meine Augen wollten trotzdem alles festhalten, aber es gelang mir nicht. Jetzt schrien auch die Frauen, verlumpte, zahnlose, altgewordene Frauen.
Ich ging, ich war froh weiterzugehen, sicher drehte ich mich um, nicht aus Angst, aber doch in Gewißheit der Lücke, die in die Mauer gebrochen worden war. Die

Mauer selbst, in Stadtrichtung zunehmend höher werdend, demonstrierte Festigkeit. Schon näherten sich die Atocha-Bahnanlagen. Ich war müde, ich hätte genauso umkehren und am Fuß der Parkanlage zur ersten Station Richtung Toledo laufen können, ich wollte lieber in mein Hotelzimmer, in dem ich die ersten Tage im Bett verbracht hatte. Die Mauer wollte nicht enden, sie wurde noch höher, jetzt war ich nicht mehr weit vom Bahnhof entfernt. Die große Einfallsstraße neben mir war noch immer leer, kein Auto. Plötzlich blieb ich stehen. Vor mir am Straßenrand eine Zigeunerin, auf die 60 zugehend, braungebrannt, in traditoneller Kleidung, ganz in schwarz, auch der Kopfputz, unter dem das Haar verschwand, sie sah mich an, ich sah sie an, sie stand wie ein Fels, über und über mit Gold bestückt, Ohren, Hals, Brust, die Finger unter Ringen, in der rechten Hand einen großen glänzenden Schraubenschlüssel, in der linken ein längeres Stück Eisen mit gebogenem rundem Haken. Mit dem hatte sie die gußeiserne Platte der Wasserleitung herausgehoben, mit dem Schraubenschlüssel diese geöffnet, die aufspringende Fontäne mit einem blauen Plastikschlauch in einen Plastikkanister zu ihren Füßen abgeleitet. Mehrere Plastikkanister standen auf einer gummibereiften Karre zum Füllen bereit. Keiner machte eine Bewegung. Das überschießende Wasser floß auf der Teerstraße zwischen den Karrenrädern ab.

Wenn ich dies beschreibe, jetzt mit Abstand, so ist es der gesamte Aufbau der Szene, der mich beeindruckte, ihre aufrechte Haltung, das Standhalten, ihre beiden Hände, der übergroße, glänzende Schraubenschlüssel, nur mit einem Zepter vergleichbar. Vor allem ihre Kleidung, wie sie angezogen war, drückte eine Würde aus, eine Berechtigung, vor der ich nur wach werden konnte. Unser Blick konzentrierte sich, und ich meine, daß sich die ganze Person, die gesamte Szene, in ihren Augen konzentrierte. Auch in den meinen. Alles war unwesentlich geworden. Wir erkannten uns, ich wurde erkannt.

Kundrys Blick stigmatisierte. Es müßte eine Reihe intimster Erlebnisse berichtet werden, um das, was sich in diesem Blick erkannte, zu beschreiben. Keiner bewegte sich. Das Wasser lief.

Während ich die PARSIFAL-Texte korrigiere, stehe ich jede Nacht in Dänemark und suche das Siebengestirn am Nachthimmel, der, bei Vollmond von weißen Wolkentürmen überzogen, nur ab und zu einen Blick auf die Milchstraße und das darunter liegende Gestirn freigibt, in dem nicht alle Sterne gleichzeitig sichtbar sind, sondern nur nach längerer Beobachtung die Standorte der einzelnen Sterne festgemacht werden können. In Nächten, wenn der Himmel klar, gegen 2 Uhr, blendet das Gestirn wie ein funkelndes Schmuckstück, jeweils neues Licht reflektierend. Dann überspannt die Milchstraße den Himmel von einem Horizontende zum anderen, und in die dunkle Kälte feuern die Sterne Licht. Im Mondlicht erschreckt der eigene Schatten, hat man ihn angenommen, starrt man in die Milchstraße, die sich wie ein gewaltiger Bogen wölbt, in dem immer neue Flugkörper aufblitzen, sich verdunkeln, wieder aufglimmen und ihren Weg fortsetzen.

In Madrid begann ich meinen Füßen zu folgen, ich lief ihnen hinterher. Als ich im Hotelzimmer etwas essen wollte, konnte ich es nicht. Ich zog mich aus, stellte mich unter die Dusche und versuchte zu vergessen. Vergessen, das war das Problem nach dieser Reise, die erste, die ich ohne meine Freundin, allein unternahm, nachdem ich lange krank war, mich hochrappelte, um diesmal nicht schon wieder eine Einladung in letzter Minute abzusagen, sondern um unbedingt zu fahren. 5 Tage verbrachte ich im Bett, bevor ich aufstand und loslief.

Sie stand vor mir, jetzt im Abstand DIE HERZOGIN VON ALBA, DIE KÖNIGIN IN SPANISCHER TRACHT, aber das sind Erklärungen aus dem Prado, richtiger aus meinem Bücherregal. Vergessen, ich litt genauso unter den Erinnerungen, wie ich vorher krank gewesen war. Ich kriegte Spanien nicht mehr aus dem Kopf. Ich erinnere mich, wie ich niedergeschlagen, zermürbt vor dem Fernseher saß und immer nur »Spanien« sah. In jedem Beitrag glomm »Spanien« auf, in unvorstellbaren Zusammenhängen »Spanien«, als wäre der Fernseher die Direktleitung zu dem, was ich verlassen hatte. Eine Serie »Unbekanntes Spanien« sah ich gar nicht an, schon bei deren wiederholter Ankündigung ging ich innerlich in die Knie. 3 Wochen brauchte ich, 3 Wochen für diesen Blick, die Nächte in Toledo, meinen Gang um Segovia, um im Kloster El Paral endlich aufzugeben, im Gestühl zusammenzusacken, allein zu sein. Dieses Geschenk hatte ich mir zu meinem 50. Geburtstag versprochen.

KUSS I

Mutter-Kuß. Erneuter Versuch, einen Kuß zu beschreiben, den Kuß mit innerem Absturz, den Kuß des Parsifal. Mit allen Vorbereitungen gelingt Kundry der Kuß. Diese Szene ist eine so vertrackte Steigerung gegenseitiger Mißverständnisse, die bis zum Schluß unaufgeklärt bleiben, notwendigerweise in Kundrys Fluch enden müssen, der für Parsifal nicht Entmannung, sondern Tod bedeutet, hülfe Gott nicht.

Der Kuß, mit dem Parsifal nach Kundrys Aussage Welthellsichtigkeit, Gottähnlichkeit und Mannserfahrung gewinnt, ist der Kuß der ihren Sohn zum Geliebten habenden Mutter, die ihren Mann auf Kreuzzug schickte und der in A R A B I A, so singt man in diesem Werk von Schlachtfeld, wo man verfault, verschied, während daheim die Mutter-Geliebte die Schwanzwut aus ihrem Sohn lockt. In verzweifelter Liebe, eine Ausgestoßene, will sie ihren Sohn, ihren Mann nicht erneut hergeben und verliert ihn dennoch an jene kriegswütigen Männer, vor denen sie angeblich mit ihrem Kind floh. Und wie mustergültig unterdrückte Schwanzwut in Kriegswut umschlägt, dafür ist die Gralsburg bekannt.

Deshalb ist die durch den Kuß in Parsifal ausbrechende Angst, Angst vor der Frau, ein Aufschrei, sich nicht an und in diese zu verlieren, sich um so fester an die Männerwelt zu klammern, aus der ihn dieser Kuß brechen will. Obwohl der Speer noch nicht in seinem Besitz ist, er noch nicht wissen kann, wie er ihn hinterrücks an sich bringt, beginnt er, geschickter als Kundry, mit ihr zu schachern:

Parsifal:
Erlösung, Frevlerin, biet ich auch dir.

Kundry drängend:
Laß mich dich Göttlichen lieben,
Erlösung gabst du dann auch mir.

Parsifal:
Lieb und Erlösung soll dir werden,
zeigest du
zu Amfortas mir den Weg.

Kundry in Wut ausbrechend:
Nie – sollst du ihn finden!

Das ist alles andere als unerfahren oder töricht, sondern skrupellos ausgebufft. Jede Replik macht der nächsten Fehldeutung Platz, so lockt nicht sie ihn, sondern er sie ins Netz.

Warum ist Kundry ihm unterlegen, soll Klingsors Rechnung nicht aufgehen, weigert sich Kundry, Parsifal auf seinen Befehl mattzusetzen? Demonstriert dieses Verhalten doch ihre innere Überlegenheit, ihre Unabhängigkeit.

Für den Mann Parsifal ist die Kuß-Szene eine Parade-Szene, wie ein Macho eine heißgelaufene Frau abfahren läßt. Ohnmächtig bezeichnet das Lachen Kundrys ausweglose Situation:

Da lach ich – lache –
kann nicht weinen,
nur schreien, wüten,
toben, rasen
in stets erneueten Wahnsinns Nacht,
aus der ich büßend kaum erwacht.

Die Todesnähe des von ihr verhöhnten Jesus wird jetzt identisch mit der eigenen, mit der Parsifals. Hier ist es der Blick, Auge in Auge mit Jesus, die Blick-Konstellation, die Wagner häufig benutzt, meist in bannender Funktion, ein Insichverharren, ein Aneinanderverharren, ein zitternder Stillstand. Dieser Blick überträgt die Verfluchung auf Parsifal, die Kundry durch ihre Verhöhnung Jesu auf sich gezogen hat, ohne daß sie dadurch erlöst würde. Hier läßt sich ahnen, warum Kundry sich vom 2. zum 3. Aufzug so entschieden, so nicht mehr erkennbar, verändert. Im Blick fand eine Kreuzübernahme statt, so wie sie die 3 Evangelisten beschreiben. Matthäus: Und indem sie hinausgingen, fanden sie einen Menschen von Kyrene, mit Namen Simon, den zwangen sie, daß er ihm sein Kreuz trug. Markus: Und zwangen einen, der vorüberging, mit Namen Simon von Kyrene, der vom Felde kam (der ein Vater war des Alexander und Rufus), daß er ihm das Kreuz trüge. Lukas: Und als sie ihn hinführten, ergriffen sie einen, Simon von Kyrene, der kam vom Felde, und legten das Kreuz auf ihn, daß ers Jesu nachtrüge.
Kundry trägt Jesu Kreuz. Wie die Römer Simon zwangen, zwingt Jesus sie durch seinen Blick. Weit stärker als alle anderen Figuren ächzt sie unter der aufgeladenen Last, der sie sich zu entledigen trachtet, und je mehr sie das versucht, um so stärker drückt sie. Obwohl Wagner wie auch seine Interpreten lieber Amfortas oder Parsifal in Jesu Nähe, Verwandtschaft bringen und so interpretieren, ist die liturgische Form des Kreuzwegs die Kundry zugehörende Form. Kundry wird von Jesus stigmatisiert, verflucht, Parsifal von Kundry, beide Figuren irren umher, suchen einen verzweifelten Ausweg, eine Lösung der Verfluchung. Kundrys Passionsweg: Die ungetaufte Heidin muß leben, die getaufte Christin aber muß sterben. Parsifal sehen wir jedoch nicht zusammenbrechen, nach Wagners Aussage beschreibt das Vorspiel zum 3. Aufzug seine Irrfahrt, seinen Passionsweg unter dem Speer, der der gesamten Heimkehrer-Szene, seinem langen Schweigen, seinem Gebet, seiner Negierung Kundrys vorangestellt ist.

Bei Wagners Vorbild Eschenbach näht die Mutter Parzival ein Narrenkostüm, um ihn zu schützen, um ihn unbedarft und närrisch erscheinen zu lassen, um ihn von allen anderen zu scheiden, nicht nur zu unterscheiden, sondern ihn zu trennen. Parzival Eschenbach steht in seinem Narrenkostüm viel schräger in der Landschaft als Parsifal Wagner in seinem Jagdkostüm. Während Eschenbach unverkennbar Häme und Bösartigkeit mitschwingen läßt, präsentiert Wagner in seiner Stoff-Übertragung sofort den Killer.
Bei Eschenbach definiert eine Frau einen Mann und ihren Besitzanspruch auf ihn durch das von ihr angefertigte Kleidungsstück, so definiert Kriemhild ihren Besitzanspruch mit dem Kreuz auf Siegfrieds Kleid, womit sie ihren Mann der Lanze Hagens weiht. Beide Szenen stehen in ihrem Kontext nicht für Szenen eines Hausmütterchens, das seinem Sohn oder Mann die Klamotten für ein Abenteuer herrichtet und ihn beschützen will, sondern beide Szenen sprengen diesen Rahmen, deren Ausweglosigkeit der Kontext vorgesehen hat, tatsächlich ist es der Akt des Abschieds und der Todesweihe. Mögen beide, Kriemhild und Mutter Parzival, sich dessen nicht bewußt sein, wird dennoch der Weggang des Mannes, des Sohnes bestraft.

Diese Bestrafung übernimmt Kundry stellvertretend, indem sie Parsifal den Tod seiner Mutter brutal offeriert:

Kundry:
Zu Ende ihr Gram: seine Mutter ist tot.

Parsifal in furchtbarem Schrecken:
Tot? – Meine Mutter? – Wer sagts?

Kundry:
Ich ritt vorbei und sah sie sterben:
dich Toren hieß sie mich grüßen.

Parsifal reagiert prompt: Springt wütend auf Kundry zu und faßt sie bei der Kehle. Gurnemanz hält ihn zurück und befreit Kundry, Parsifal, der lange erstarrt dasteht, gerät in heftiges Zittern und kippt bewußtlos um. Kundry holt sofort Wasser, besprengt ihn, gibt ihm zu trinken. Sie blafft Gurnemanz, der sich bei ihr bedankt, düster an: Nie tu ich Gutes, – nur Ruhe will ich. So wie sie ihn eingangs abserviert: Ich – helfe nie. Die Brutalität, mit der Kundry Parsifal den Tod seiner Mutter mitteilt, und ihrer Wahrnehmung, ihrer Beschreibung dieses Vorgangs, diese Brutalität scheint einerseits ein Vorrecht, das Wagner seinen weiblichen Figuren einräumt, andererseits aber scheint sie durch die drohende Inbesitznahme durch Klingsor ausgelöst zu sein, indem Kundry hier schon sein Werkzeug ist. Löst doch Parsifals Ohnmacht Klagegeheul und Jammern bei ihr aus, ihre Angst, müde zu sein, schlafen zu müssen, dieses nicht zu dürfen, sich gegen den Schlaf zu stemmen: Machtlose Wehr! Die Zeit ist da. Schlafen – schlafen – ich muß. In ihrem Codewort bricht sie zusammen, es ist Klingsors Codewort, jetzt besitzt er sie.

Zurück zum Kuß. Am Ende ihrer Verfluchungs-Szene ruft die in die Enge getriebene, ausgetrickste Kundry ihren Herrn Klingsor zu Hilfe, streng jetzt mit Johann Sebastian Bach, gewinnt durch das Bachzitieren an Format. Unausgesprochen weiß sie, daß mit diesem Hilferuf ihr Untergang besiegelt ist, zunächst in der Welt Klingsors, daß dies aber für den gesamten Handlungsverlauf zutrifft, verstört. So brutal Kundry Parsifal Klingsors Speer weiht und opfern will, so brutal verfährt mit ihr der Autor.

Die Klingsorwelt bricht zusammen, was mit dem Zauberer geschieht, wissen wir nicht, was mit Kundry geschieht, auch nicht. Zu Beginn des 3. Aufzugs liegt sie in einem unzugänglichen Dornengestrüpp, den »vertrockneten Blumenmädchen«, die rings vom Frühling umgeben sind, wieder zu Humus geworden, blühen.
Weder Kundry noch Klingsor vermochten Parsifal zu vernichten: Der von Klingsor auf Parsifal geschleuderte Speer, der selbst Heilige verwundet, wird gestoppt, Parsifal fängt ihn und schlägt mit ihm das Kreuzzeichen. Der Spuk ist zuende. Parsifal ist einer Männerwelt gerettet, die seine Opferung nicht zuließ. Gott hat ihn als sein Instrument anerkannt.

Parsifals Erschrecken im Kuß ist das Erschrecken über sich selbst, die sich wiederholende Erregung, wegen der er vor seiner Mutter floh, die ihm nun erneut gegenübertritt, »in durchaus verwandelter Gestalt«, so Wagners Anweisung, jünger, schöner als seine Mutter und eben doch seine Mutter. »Welthellsichtig« machte ihn der Kuß, doch anders, als Kundry meint. Er weiß, daß nach der Vereinigung mit einer Frau der Mann nicht mehr Mann ist, sondern ein ihr untergeordnetes Wesen, daß Freiheit für den Mann nur das Verlassen der Frau heißen kann, denn Frauenlosigkeit teilt die Gralsritterschaft mit verwandten Orden, mit jedem Helden. Der frauenlose Mann ist noch heute der ungebundene, marodierende Mann, dessen Unfrieden und Unruhe eingedämmt, nutzbar gemacht werden müssen. Diese Unterjochungsarbeit besorgt die Frau, die ihn zum Familienvater und Familienernährer macht, d. h. in soziale Bezüge stellt, ohne die ein Mann nutzlos für ein Gemeinwesen ist.

Wagner hat nicht nur aus »neugotischem« Empfinden TRISTAN, LOHENGRIN, PARSIFAL in ähnlicher historischer Zeit angesiedelt, die eine Behandlung des Themas Mann–Frau in seiner Interpretation zuließ und nahelegte. Selbst WALKÜRE, historisch weit entfernt, versteht sich als Ehe-Traktat, von der Macht der Frau über einen ohnmächtigen Vater.
Der von seiner Ehefrau in Knechtschaft gehaltene Gott-Mann tobt sich an seinen Kindern aus und bringt sie um. Wotan, der seine Kinder leidenschaftlich lüstern begehrt, sein Lieblingskind deshalb im Feuer bannt, das nur der löschen kann, der freier ist als er, freier als ein Gott, freier gegenüber einer Frau und dadurch sich selbst. Das ist das Gebot des Vaters, des Gottes, der sich damit selbst zu Knechtschaft und Tod verurteilt.

KUSS II

Bruder-Kuß. Der Umarmung, mit der Gurnemanz Parsifal in die GRALSBURG geleitet, dieser männlichen Umschlingung entledigt sich Parsifal nicht, im Gegenteil, der Eintritt in das Männerritual erregt ihn, läßt ihn stumm werden vor dem weihevoll praktizierten blutrünstigen LIEBESMAHL, wie es in der 1. GRALS-Szene heißt, nach dessen Beendigung Mottl anweist: Gurnemanz tritt in die Mitte und gibt das Zeichen zum Aufbruch. Die Ritter schreiten von beiden Seiten auf sich zu, um während des Folgenden sich feierlich zu umarmen.

Bruder-Kuß, die sozialistische Drohgebärde, Auge in Auge Unterworfner und Unterwerfer.

Wagner weist an: Während des Mahles, an welchem er nicht teilnahm, ist Amfortas aus seiner begeisterungsvollen Erhebung allmählich wieder herabgesunken, er neigt das Haupt und hält die Hand auf die Wunde.
Schon vom Ritus high, benötigt er keine Droge und zeichnet sich durch seinen Verzicht als Inhaber des Königtums aus. Mit zusammengebissenen Zähnen erinnert er sich, jede Sekunde ist gegenwärtig, dehnt sich. Er sieht seinen Verrat, er sieht sich im Zwiespalt, wie sich sein Körper zu dem anderen Körper hingezogen fühlt, wie er nicht nachgeben will und schon nachgegeben hat. Er sieht vor sich das Ritual, die Steifheit eingefallener Gesichter, die schon krummen Rücken. In jedem arbeitet Verrat. Er versucht sie nicht anzublicken, weicht aus, scheut seinen alten Erzieher Gurnemanz, dessen er sich entledigt hat, unfähig und zu feige, ihn umzubringen. Den Mitwisser, Lakaien, Sklaven seines Vaters, der nur Dienstbote ist, stets unterwürfig, der aus seinem Vorwurf trotzdem keinen Hehl macht, ihn für einen Versager, einen minderwertigen Ficker hält. Das Blut sickert noch, er vergewissert sich, kratzt das Vernarbte auf, beriecht seine Fingernägel. Er kann seinen Geruch, der von seinem Geschlecht hochsteigt, nicht mehr ertragen, er glotzt auf seine Gefolgsleute, die vor Bluthunger zusammenbrechen. Nein, Blut trinkt er nicht, er ist kultiviert, er ist kein Kannibale. Er ist König.

Ebenso Parsifal. Hier ist beider Entsprechung, sofort hat er seine Kampfstrecke erkannt, Auge in Auge mit dem noch jungen Mann, ein Blick, in dem nur ebenbürtige Rivalen einander anerkennen, Parsifal ißt und trinkt nicht. Er ekelt sich trotz wiederholter Einladung vor Blut. Ungewiß bleibt, ob er die von ihm getöteten Tiere je essen würde. Es ist wie bei meinen amerikanischen Freunden, die begeistert und stolz ihre überquellenden Kühltruhen zeigen, mit ihren Jagdtrophäen, die sie angeekelt in den Topf werfen, um sie ihren Hunden aufzukochen, die sofort den Braten riechen, sich verziehen, Widerstand leisten, bis ihr Dosenfutter wieder vor ihnen steht. Parsifal ist für den Bluttrunk noch nicht reif und wird deshalb verstoßen.

Lehrjahre sind keine Herrenjahre, wie sich mein Vater bei Tisch ausdrückte, während er das Fleisch aß und wir, Mutter und Kinder, Kartoffeln und Soße. Meine Mutter bezeichnete sich deshalb bis zu ihrem Tod als Vegetarierin.

Die 2.GRALS-Szene verwendet den Begriff LIEBESMAHL nicht mehr, dafür wiedervereinigen sich Speer und Kelch. Dem Speer entfließt angesichts der Kelchnähe Blut:

Parsifal:
ihm seh ich heilges Blut entfließen
in Sehnsucht nach dem verwandten Quelle,
der dort fließt in des Grales Welle!

Jetzt müßten sich die beiden Symbole im Blutdrang aufeinander, dem Speer entfließt Saft, die Gralswelle kocht, jetzt müßten sich Phallus und Vagina vereinigen und zeugen. Stattdessen von oben die Taube.

Wagner kann mit den vereinigten Instrumenten nichts anfangen. Er bringt sie in unmittelbare räumliche Nähe und bricht ab. Hier versagt nicht musikalisches Material, hier versagt sich das Thema, hier versagt sich das Christentum. Wagner beschreibt dessen Ende. Gott ist tot, diese Definition war ihm nicht neu. Golo Mann sinngemäß in einem Fernseh-Interview 1982: Das konservative Temperament bedauert die Verluste mehr, als es sich über Gewinne freut, obwohl der Verstand die Veränderungen als unausweichlich sieht und begrüßt, bedauert das konservative Temperament den Verlust nachhaltig.
Wagner praktiziert den Gott-Tod und steht damit konsequent gegen seine Interpreten, die immer noch Glaubenspolitur inszenieren und singen, statt Abgesang und tragische Verkettung. Deshalb kann kein krönendes Finale von ihm kommen, »unvermerkt« schleichen sich die Heilsbringer Parsifal, Gurnemanz und Kundry mit der Lanze unter die revoltierenden Ritter.

KUSS III

Diesen Kuß der ganzen Welt. Religion stiften. Das verbindet die großen deutschen alten Männer, die der Nachwelt, den nach ihrem Tod »weiterleben müssenden«, testamentarisch eine Weltsicht vermachen, was nur bruchstückhaft gelingt: Goethe Wagner Hauptmann kämpfen janusköpfig gegen ihr Gesamtwerk.
VOR SONNENUNTERGANG wird am 16. 2. 1932 uraufgeführt. Es geht als letzte Auflehnung des bürgerlichen Theaters in die Theatergeschichte ein. Hauptmann übernahm die Figurenkonstellation seines Erstlings, aus dem Geschmeiß, das sich über die Kohle hermachte, sind saturierte Bürger und Fabrikbesitzer geworden, in ihrer Mitte der Fabrikant und Ehrenbürger Clausen, dessen 70. Geburtstag gebührend gefeiert wird. Sein Sohn, der Professor kommentiert: Heute abend bringen ihm 2 bis 3000 Menschen aus allen Parteien einen Fackelzug! Dem alten Mann fällt unter den Gästen ein junges Mädchen auf, Inken, für die er sich interessiert, damit beginnt der Abstieg. Die Familie verhindert eine Heirat des Witwers. Diskriminiert versucht er mit Inken in die Schweiz zu gehen, dort mißlingt ein Zusammenleben. Der zurückgekehrte, inzwischen entmündigte Mann verkriecht sich bei Inkens Mutter, wird von Freunden und Familie gestellt, er bringt sich um.
Stückende: Der Kleinstadtclan fordert sein Lynchopfer. Die Hetz-Meute, die Umkehrung des Stückbeginns mit dem Ehrenbürgerball, stößt den ehemaligen Mittelpunkt aus, Clausen wird gelyncht.
Mich dürstet nach Untergang, dieses Motto steht über dem Stück, es ist die dargestellte Gesellschaft, alle Figuren des Stückes, die dieses Motto Realität werden lassen. Schon ist klar, warum das Stück heute nicht auf die Bühne kommt, trotz steifer Formulierung erkennt man das Spiegelbild.

In diesem Werk verbindet sich noch einmal in exemplarischer Form, deshalb kann es mit Recht als »letzte Auflehnung des bürgerlichen Theaters« bezeichnet werden, der Einsatz des antiken Chores, hier vertreten sowohl in der Kleinform, der Familienangehörigen, als auch in der Großform, der Kleinstadt-Bevölkerung, mit dem Einsatz der Passion, den Leidensstationen des Einzelnen, wie sie schon in ÖDIPUS vorgebildet sind. Auf diesem Kreuzweg wird Clausen flankiert von seinem Diener Winter und seinem ausgewanderten Freund, dem jüdischen Wissenschaftler Geiger, einem Gurnemanz und einem Amfortas.
Schon in VOR SONNENAUFGANG gibt Hauptmann dem Dreieck Herr–Diener–Freund eine Intim-Biografie, die sexuelle Übergriffe heraufbeschwört, gleich einer gemeinsamen Jugenderinnerung, läßt die drei Männer im 5. Akt sich austoben.
Der 3. Akt von VOR SONNENUNTERGANG, die Kampf-Szene der Familienangehörigen im Zusammenstoß mit Clausen und Inken, findet in deutscher Sprache keine Entsprechung. Obwohl es Hauptmann nicht gelungen scheint, er

ist 69, den genauen Zeitton zu treffen, wie ihm oft vorgeworfen wird, gelingt um so entschiedener eine Zustandsbeschreibung, die bei normalem Lesen wenig auffällt. Jedenfalls ging es mir so. Inzwischen sehe ich tagtäglich in der Glotze Hoyerswerda. Gestern feierte Hess Geburtstag. Ich sehe die wohlige Freude der Nachrichtensprecher, höre aus jeder Kommentarstimme die Erleichterung, daß diesmal richtig durchgegriffen wird, gleich 100 Neos verhaftet man in Berlin. In meinen früheren Strichfassungen überging ich das scheinbar unwesentliche Gesabbel der Figuren, ihr Ausweichen vor jeder festlegbaren Formulierung, erst langsam wurde mir deutlich, daß genau darin Hauptmanns Mitteilung liegt. Versucht sein Erstling, Sprache knapp, betont inhaltlich zu halten, macht sein letztes Stück immer neue sprachliche Umschreibungen, weicht scheinbar in eine Vielzahl von vermeidbaren Klein-Szenen aus, versucht, den eigentlichen Anlaß des Sprechenden zu umgehen, die Beweggründe der Figuren zu verschleiern, vordergründig durch einen verwendeten Gesellschaftston, der die meisten Szenen beherrscht, der vom Autor konstant durchgehalten wird, kaum wegbricht. Man vergleiche DE WABER, wo schon durch die unterschiedlichen Sprachzusammenballungen eine beunruhigende Atmosphäre entsteht, die einen unmittelbar anspringt, mit VOR SONNENUNTERGANG, wo der zunächst fast gleichbleibende, durchgehaltene Ton sich gegen Ende zunehmend zersetzt.

Hauptmann geht 69jährig mit dem Stück ins Deutsche Theater, Reinhardt redet ihm die Braunen Uniformen aus, nach Hauptmann sahen die Braunen Uniformen im Parkett oben auf der Bühne ihre Spiegelbilder, schlägt ihm vor, die Uniformen in Fräcke zu verwandeln. Damit klinkt sich Reinhardt bewußt in die textlichen Schwachstellen ein, umgeht einen politischen Skandal, sichert sich kurzsichtig sein Theatereigentum, das er bald verlassen muß, und schlägt dem wichtigsten deutschen Autor die Waffe aus der Hand.
Hatte sich hier ein Autor erdreistet, von seinem Sockel herunterzukommen, einen Politknüller zu schreiben, sich selbst damit treu zu bleiben, noch einmal am Schluß zu beweisen, daß seine Auffassung die politische überdauernde sein wird, im Goethe-Nacheifern einer »hohen Verantwortung bewußt«, jetzt Vorbild sein zu müssen, endlich das Maul aufzureißen.

Die Ausgangsvorstellung des Autors, die Braune Uniform als Eindringling in das Zentrum der Bühnenhandlung darzustellen, ist »unangreifbar«, da er durch den speziellen Spracheinsatz die Uniformen desavouierte, ohne faßbare Kritik anzuwenden. Der zynische, alte Mann ist absolut auf der Höhe, hat sein Arsenal künstlerischer Mittel parat. Wie brutal er die Akzeptanz der Braunen Uniform, ihre harmonisierende Eingemeindung durch den Gesellschaftston behandelt, eine ungeheuer geladene Situation zwischen den Figuren schafft, in der das bürgerlich aufgefaßte Individuum untergehen muß, läßt gleichzeitig entstandene Werke anderer Autoren in den Hintergrund treten. Hier verwendet Hauptmann Sprache als Gift, in seinem Erstling die grausamen Fakten. Es ist verständlich, warum VOR SONNENUNTERGANG heute nicht mehr aufgeführt wird, und wenn, nur als die Romanze eines alten Mannes.

Politische Feigheit und krasser Karrierismus zeichnen von jeher deutschsprachige Theaterleiter aus, man muß nicht auf Gründgens schielen, dem Brecht mitteilt, daß er an dem vor dem Krieg gegebenen Ja-Wort festhalte, der Theaterleiter könne jetzt sein Stück nach dem Krieg inszenieren: DIE HEILIGE JOHANNA DER SCHLACHTHÖFE.

Zurück zu Hauptmann. Mit Goethe und Wagner verbindet, daß er unerträgliche Plattheiten einsetzt, die man sofort retuschieren möchte, aber genau dieses schmerzhafte Aufeinandertreffen bringt neue Kraftzufuhr.
So sehr sich deutsche Autoren gegen die antiken Vorbilder stemmen, sie umzukrempeln versuchen, gelingt es ihnen dennoch nicht, eine andere Dramenform zu formulieren.
Rückgriffe auf den Chor als in sich geschlossen handelnde und sprechende »Masse« sind inzwischen durchweg politisch besetzt und stehen für gesellschaftsverändernde Auffassungen, sie sind somit vom bürgerlichen Theater, das im verkappten absolutistischen Ambiente lebt, geächtet. Die wenigen Stücke, die sich dagegen durchsetzten, können heute keine Spielplanposition beanspruchen, gleiches gilt für alle politischen Stücke Hauptmanns.
Der einzige Individualisierungsprozeß, der sich in unserer dramatischen Literatur durchgesetzt hat, ist der in Clausen beschriebene, die Passion Jesu als Vorbild, der Sieg des NEUEN TESTAMENTS über das ALTE. Die Leidensstationen Clausens verbinden Hauptmann thematisch mit den aggressiven Jesus-Darstellungen der Expressionisten. Doch Hauptmann geht es nicht um religiöse Inbrunst, obwohl er diese in anderen Stücken geradezu beschwört, hier greift er, entschiedener als Brecht, das Agitationstheater auf.
Hauptmann läßt seinen Mann an der Frau »in durchaus verwandelter Gestalt« sterben. Inken ist eine Kundry, als diese Parsifal Klingsors Speer weiht. Wie Kundry erleidet sie eine Verwandlung, nur umgekehrt, Inken altert, aus dem schüchternen Mädchen wird ein überreifes, überdrüssiges Weib. Im Schlußakt rückverwandelt sich eine CASABLANCA-Bergmann in eine junge, schmale Jeanne d'Arc, die wie Kundry sang- und klanglos nach Clausens Tod abtritt, während Familie und Freunde längst den Erbschaftskrieg bestreiten.

Es sind gleiche Grundkonstellationen: Clausen betritt im 2. Akt Inkens Garten, den Klingsorgarten, den nachgebildeten Garten Goethes. Inken, Goethes Lotte, schneidet ihren anvertrauten Kindern Brot. Einige Zeit später: Geheimrat Clausen steht auf, geht tief erregt auf und ab. Dabei schlägt er mit dem Stock Lilien die Köpfe ab. Plötzlich bleibt er vor Inken stehen: Ich muß dir jetzt klaren Wein einschenken. Dann zitiert Clausen tatsächlich Goethe: Es wechselt Paradieseshelle mit tiefer, schauervoller Nacht. Dann die Umarmung ihrerseits, er steckt ihr den Ring an den Finger, den sie küßt. Sein Schlußwort: Inken, mir ist so wohl und frei um Herz und Brust, wie mir, solange ich denken kann, nicht gewesen ist. Und nun bis zum Ende: Wir halten zusammen! Das muß man laut sprechen, um sich der Gestelztheit zu versichern, gleichfalls der inneren Senkrechte. Hier liefert der Autor Clausens Verjüngung nebenbei mit.

Daß Hauptmann die Zeichen der Zeit richtig erkennt, beweist sein visionärer Schluß: NACHT. Genauso grausam wie in seinem Erstling: NACHT.

Inken, die den gehetzten Clausen abtransportieren will: Morgen um die gleiche Zeit ist er jenseits der Schweizer Grenze in Sicherheit. Dort hat er den ganzen schwarzen Spuk in wenigen Stunden abgestreift... Ob nach Verlauf einer Viertelstunde unsere Flucht in die Freiheit noch möglich ist?

Clausen: Was für ein Abgrund ein Leben von siebzig Jahren ist? Niemand kann ohne Schwindel hinabblicken.

Mit Geiger kontrolliert er die Erbregelung nach seiner Flucht, Inkens Versorgung betreffend, kündigt seinen Selbstmord an. Inken will ihn gegen die »entmenschte Rotte« mit dem Revolver verteidigen.
Zum Gifttrank bleibt Clausen mit Winter, Fausts Wagner, allein. Clausen hört: Eine Fuge, eine Motette oder ein Oratorium... Mich dürstet – mich dürstet nach Untergang... Das Blut gefriert einem in den Adern... Es ist die Fuge, ist die Motette, ist das Oratorium... Mich dürstet... mich dürstet... nach Untergang...! Also... mich dürstet... mich dürstet... nach Untergang! Mich dürstet... mich dürstet. Er schüttet das Glas hinunter: Brrrr!

Hauptmann, ausgehend von Fausts Monolog mit Phiole, verknüpft engstens Clausens Tod mit dem Tod Jesu, als erlebe Clausen eine Stigmatisierung, so entrückt in ritueller Todesfeier, daß der Autor prompt die Kirche nebenan lokalisiert, um diesem Vorgang Glaubwürdigkeit zu bescheinigen. Clausen, den gefolterten alten HEILIGEN Riberas verwandt, sich seiner obszönen Nacktheit bewußt, zelebriert Verwesung wie der spanische Maler. Als wollte er Parkett und Ränge mit Leichengift verpesten, mit dem Gestank einer lang eiternden Wunde, die bei lebendigem Leib in Fäulnis übergeht. Hauptmann definiert diesen Zustand schon in seinem Erstling.

Hauptmann diskutiert öffentlich das Thema: Flucht in die Schweiz, das er ungehindert vor den neuen Uniformen auf der Bühne ausbreitet, wobei er die eigene Flucht ablehnt, in Clausens Tod seinen eigenen nicht nur andeutet, sondern prophezeit, da er unter ähnlichen Umständen stirbt, als er Agnetendorf verlassen soll. Auf der Irrfahrt seines Sargs und seiner Frau durch Deutschland nimmt der Tote den deutschen Sprachraum noch einmal in Besitz, eine ODYSSEE vom Gebirge zum Meer. So will auch Parsifal nach Hause, in sein Grab.
Der antike Chor skandiert: Erobert euer Grab!

Wie sehr Jesus thematisch beherrschend bleibt, belegen nicht nur der deutsche Expressionismus und seine Nachfolge, sondern die expressionistischen Strömungen in ganz Europa, selbst in der kommunistischen Variante.
So unterstützt vor allem das proletarische Image der Helden Pasolinis ihre feste Verankerung in der Tradition antik-christlicher Vorbilder. In seinen Filmen ge-

lingt es ihm, exakte Zustandsbeschreibungen in »mythologische Zustände« umzuwandeln, Basis dafür: Die kleine Chorgruppe und der Ausgestoßene.

Religion stiften. Daß Altern und Sinn-geben-Wollen zusammenhängen, beobachtet jeder. Wie das aber in den uns am vertrautesten Menschen zu einer löchrigen, windschiefen Konstruktion zusammenwächst, verdauen wir mit einer noch bewahrten Anstandshaltung, indem wir Nachsicht üben und uns diese als lächerlich abgetanen Verirrungen aus dem Kopf schlagen. Wir können uns nicht einmal mehr gestatten, sie zu beobachten, uns diesen aussetzen, so überfallartig ist man ihnen dann ausgeliefert, daß das »Selbst« in einem aufschreit, sich davor zu retten.

Religion stiften. Wagner konzipiert eine Sammlung aller behandelten Themen, einschließlich des entworfenen JESUS VON NAZARETH, in einem abschließenden Werk mit fernöstlicher Prägung: DIE SIEGER, das unausgeführt bleibt.

Relgion stiften. Was ist gut an Wagner, an Goethe, an den beiden Alterswerken? Die Kraft ihrer Verdauung, der Verdauungsvorgang selbst, wie abstoßend das auch ist, diese beiden Männer würgen ihre gesamte Lebenszeit hinunter, können sie auswerfen. Verdauung gleich Ausscheidung. Kann einer nicht scheißen, weiß er, was gemeint ist, ein Schmerz bis an die Schädeldecke. Der gesamte Organismus ist blockiert.

Keinem ist einzureden, daß die undeutlichen Stellen in FAUST 2 je verstanden werden, das hängt eher von der jeweiligen Zeitentwicklung ab, doch übersehen wir, wie vielschichtig die gewaltsame Aneignung der Gesellschaft ist, die jede wirkliche Aneignung, im Sinne von des Dichters Fleisch essen, die einzig richtige Einverleibung, den Gedanken-Kannibalismus, ahndet. Jesus: Nehmet, esset, das ist mein Leib.

Wie Wagner aß und verdaute, müßte Kritiker, die meine szenischen Umsetzungen als nicht werkgetreu bezeichnen, stumm machen. Der Autor und Komponist bearbeitet IPHIGENIE IN AULIS von Gluck: Zunächst erschrak ich über die Übersetzung, in welcher uns die Oper mit der Berliner Partitur vorgelegt wurde. Um mich überhaupt durch einige Instrumentationsbereicherungen, wie ich sie in dieser Partitur sehr roh angebracht vorfand, nicht beirren zu lassen, ließ ich die alte Pariser Originalausgabe* verschreiben, und ward, nachdem ich mich an eine gründliche, nur eben auf die Richtigkeit der Deklamation bedachte Umarbeitung der Übersetzung gemacht hatte, von wachsender Teilnahme angetrieben, endlich auch zu einer weiteren Bearbeitung der Partitur selbst bestimmt. Das Gedicht selbst suchte ich durch Fernhaltung alles dessen, was dem französischen Geschmacke gemäß das Verhältnis des Achilles zu Iphigenia zu einer süßlichen Liebschaft stempelte, namentlich aber durch die vollständige Umänderung des Schlusses mit der unerläßlichen ›Mariage‹ soweit als möglich mit dem gleichnamigen Stück Euripides in Übereinstimmung zu setzen. Die meist ganz unvermit-

* die 2. Fassung, nicht das Original!

telt nebeneinander stehenden Arien und Chöre suchte ich, der dramatischen Lebendigkeit zuliebe, durch Übergänge, Nach- und Vorspiele zu verbinden, wobei ich es mir hauptsächlich angelegen sein ließ, durch Benutzung der Gluckschen Motive selbst die Einmischung des fremden Musikers so unmerklich wie möglich zu machen. Nur im dritten Akt mußte ich der Iphigenia, sowie der von mir eingeführten Artemis, ariose Recitative von meiner eigenen Komposition geben. Außerdem aber bearbeitete ich die ganze Instrumentation, jedoch immer nur in der Absicht, das Vorhandene zur rechten Wirkung zu bringen, mehr oder weniger ausführlich von neuem.

FAUST und PARSIFAL gewinnen Bedeutung, indem sie alle bisher verwendeten künstlerischen Mittel verknappen und bilanzieren, doch die adäquate Form läßt sich noch nicht finden, es sei denn als Stückewerk, wie Goethe seine Arbeiten bezeichnet. In einer Altertümelei wie Goethe verbaut Wagner Text- und Musikanalyse, sodaß Lektüre und Textverständnis zur Hürde werden. Er baut Barrikaden.

In der bewußten Verweigerung ist ein Großteil seiner politischen Bedeutung zu sehen, er dichtet den Vormärz, die Barrikaden der Kleinbürger und Proletarier in Kämpfe von Göttern und Helden um. Nur im Rückgriff auf Götter-Figuren kommt er noch mit seiner »barbarischen« Musik zurecht. Auf seiner Bühne negiert er den Sieg über den Vormärz, sagt jeder restaurativen Konsolidierung den Kampf an, häuft sexuelle Greuel auf, die vor ihm nur ein antiker Autor so konzentrieren durfte. Der von ihm korrigierte Sieg nimmt grausame Formen an. Zielbewußt schichtet er »Entsetzlichkeiten« übereinander, um in deren Schatten, im Schatten der Barrikade aus toten Leibern, die empfangene Wunde zu kurieren. Über ihm metzeln Walküren Angreifer.
Wagner leidet am Tabubruch, von dem er nicht loskommt, sondern zeitweilig so in Zugzwang gerät, daß ihm das eigene Werk außer Kontrolle, ins Gegenteil umschlägt. Er will eine Konstruktion, eine Religion, einen Gesamtbau. Doch das gelingt nicht.
Er beutet sein Privileg als Alleinautor entschieden aus, um es den damaligen Siegern heimzuzahlen. Doch die Zeit hat ihn eingeholt, der deutsche Kaiser trägt Zivil und besucht die Bayreuther Festspiele. Nach der 1. öffentlichen Aufführung der WEBER kündigt der Kaiser empört seine Loge im Deutschen Theater. Nach Brechts Einzug in das Theater am Schiffbauerdamm läßt er den Kaiser-Adler mit roter Farbe durchkreuzen. Anschließend bauen die DDR-Staatsoberen eine abgeschirmte, klotzige Mittelloge in einen ursprünglich »demokratischen« Theaterbau, der Deutsche Kaiser saß kusch, knapp an der Seite.

ENTSCHEIDUNG III

Gurnemanz Monolog oder Erzählung. Der Beginn des 1. Aufzugs, die überproportionale Szene des Gurnemanz im Wald, haben Cosima und andere als Erzählung des Gurnemanz festgeschrieben, um mit dieser traditionellen Auffassung die unausgesprochen intime szenische Ausgangssituation, in der sich die 3 männlichen Figuren befinden, aufzuweichen. Die beiden Knappen, zu Beginn schlafend, werden von ihrem Vorgesetzten grob aus dem Schlaf gestoßen, der vor ihnen vom »feierlichen Morgenweckruf der Posaunen« der Gralsburg geweckt worden sein soll, es ist »Tagesanbruch«. Dieser gütige, einträchtige Szenenbeginn bricht schnell zusammen, der Alte »rüstig greisenhaft« hält keine Minute die innere Qual aus, er kriegt kein Auge zu, die Selbstvorwürfe steigern sich noch durch die bevorstehende Ankunft des Königs, dessen grauenhaftes Stöhnen Gurnemanz jede Minute des eigenen Versagens wachruft, wie sollte er schlafen können, wie sollte er das Ende der Gralsgemeinschaft, das beide, Herr und Knecht, unmittelbar verschuldet haben, nur einen Augenblick vergessen können, schon daß er im Wald herumliegt wie ein alter Hund, die Pfoten brav hält, kusch macht, ist Qual, demütigt den vornehmen, hochstehenden Ritter, der schon dem Vater des Königs diente, die Grals-Mysterien und die damit verbundenen Bedingungen kennt, unter Vater und Sohn alt geworden ist, was der Gral nicht verhinderte, schon dadurch ist die Behauptung von der lebenserhaltenden Wirkung des Grals-Genusses beschädigt, von der er später spricht, er ist Beweis, daß es so, wie behauptet, nicht sein kann.
Titurel, der Vater des Königs, ist genauso alt, vielleicht noch älter, bei ihm zeigte der Gral keine Wirkung, möglicherweise nur eine geringe, oder die Alterung aller Burginsassen ist nach Verschluß des Grals durch den Sohn Amfortas im Zeitraffer vor sich gegangen, so daß kurz vor dem eigenen Ableben jetzt Not am Manne ist. So wäre der ankommende König mitsamt seiner Begleitung eine Ansammlung von Zombies, zwischen Tod und Leben.
Der Zug, der Trauermarsch, der langsame Einzug der Untoten ist Thema des Horrorfilms. Der Einzelne erscheint zunächst individualisiert, seinen brutalen Tod hat man unmittelbar vorher erlebt. Doch der einzelne Zombie kommt nicht allein aus dem Grab, langsam formiert sich der Chor der Untoten. Die Gemeinschaft schart sich um ihr Opfer, um es genauso brutal in ihren Kreis aufzunehmen. In dieser Individualisierung des Untotenchores ist eine größere Nähe zu Wagners Absicht, den Chor zu individualisieren, als man annehmen möchte.
Auch Orpheus tritt gegen einen solchen Chor an, von Gluck jedoch strenger aufgefaßt, der so eine der monumentalsten Opernszenen erreicht. Wagners Noten dagegen lassen hier jede Deutung zu, sie geben keinen Halt, sind hier keine exaktere Fixierung als der Sprechtext.
All das, was Inhalt des sich entwickelnden Monologs ist, ist zu Szenenbeginn präsent. Gurnemanz »rüttelt«, blafft die Jungen aus dem Schlaf, die sofort auf-

springen, ihren Kotau machen, Anweisungen erhalten, für die Badezeremonie des Königs strammstehen, eine gestrichene Anweisung bezeichnet den Schlafplatz mit »Felsiger Boden«. Also keine Idylle.
An diesem Werk beißt man sich die Zähne aus. Natürlich haben sich Interpreten vor mir genauso verbissen, und gerade darin sehe ich die Kraft, den Widerstand des Werkes: 2 Knappen von zartem Jünglingsalter sind schlafend unter einem Baum gelagert. Wir sind bei den Falken und Jungen Pionieren. Wenn 1. und 2. Knappe »von zartem Jünglingsalter« den Mund aufmachen, sind es selbstverständlich Sopranstimmen von angehenden Müttern. 3. und 4. Knappe sind deutlich als »junger Mann« und »ebenfalls junger Mann« ausgewiesen. Während 1. und 2. Knappe als Sopran, in einer Partitur als Sopran und Alt, sind 3. und 4. als Tenor ausgewiesen.
Also welche Geschichte erzählt man, die der Kongruenz, der mit falschen Haaren, Schminke und Korsett nachgeholfen wird, bei der man zusätzlich die Ohren abschrauben muß, damit man nicht das hört, was man hört, oder die der Nichtkongruenz, des Zwiespalts. Die Partituranweisung beschreibt die Knappen von »zartem Jünglingsalter«, jedoch in kaum einer Produktion kann man das von den Stimmen behaupten, sondern 1. und 2. Knappe sind reife Frauenstimmen, wie 3. und 4. Knappe reife Männerstimmen sind, die sich fast mit dem 1. Ritter decken, wie später der 2. Ritter mit Gurnemanz. Komplizierter gestaltet sich der Auftritt Kundrys, der faktisch von den beiden weiblichen Sopranknappen vorweggenommen wird, sind die beiden Damen gut, hat die danach einsetzende Kundry nichts zu lachen.
Damit ist der genau definierte Kontrast zwischen den Männern und dem furienhaften Sturz der Kundry in ihre Szene, der Kontrast zwischen weiblicher Stimme und männlichen Stimmen zu Gunsten des Operntrotts aufgegeben, der Antritt der bedeutendsten weiblichen Figur der Opernliteratur fällt in den Matsch.

So möchte man die sehr schönen Stellen 1. Knappe: Ihn frischt das Bad., und 2. Knappe: Dem Balsam wich das Weh., in dieser Szene eher bei Kundry sehen, da sowohl »Balsam« als auch »Bad« zu ihr gehören, sie hat den König mit ihrem Balsam ins Bad geschickt. Überraschend, daß Kundry in der Begegnung mit Amfortas nicht kniefällig wird, sondern den König ins Bad befiehlt, ebenso, daß er ihr widerspruchslos gehorcht, was Rückschlüsse auf beider Beziehung zuläßt, was Wagner gerade vermeiden möchte, wie seine Partituranweisungen vorgeben.
Inhaltlich entscheidend ist, daß die niedrigste Figur der höchsten Figur der Szene einen Befehl erteilt, trotz Aufforderung keine Demutshaltung annimmt, keinen Anlaß zu einer Entspannung der Begegnung gibt, sondern durch ihre Beharrung diese unangenehm verschärft, sodaß ihre Anwesenheit den Einzug des Königs verunsichert, bedroht, bis Kundry schließlich Amfortas von der Szene verweist, sodaß der König am Ende der Szene nur noch im Hintergrund agiert und demütig vom See Richtung Burg abzieht. In der Begegnung mit Kundry bleibt Amfortas der Verstümmelte, der Nicht-Gleichberechtigte. Den Kontrast verstärkt Wagner räumlich, indem Kundry die ganze Zeit am Boden verharrt, sich weigert, verkriecht, wegschleppt, der König dagegen in seiner Sänfte, auf seinem Ruhebett

paradiert. Dem von seinen Männern Getragenen befiehlt die sich vor ihm windende Kundry.

Daß die Knappen Frauenstimmen sind, macht jedem Puristen Kopfzerbrechen. Frauenstimmen in einer abgeschlossenen Männerwelt, für die die Begegnung mit einer Frau Kastration bedeutet.
Möglicherweise eine ausschließlich dem Gralskönig zugedachte Verstümmelung. Wagner bleibt undeutlich, einerseits erklärt Klingsor, daß alle Gralsritter seinem Speer geweiht sind, daß er die gesamte Mannschaft vernichten will:

der festeste fällt,
sinkt er dir in die Arme,
und so verfällt er dem Speer,

Hohn und Verachtung büßte schon einer:
der Stolze, stark in Heiligkeit,
der einst mich von sich stieß:
sein Stamm verfiel mir,

Gurnemanz berichtet in der Eingangsszene von den Gralsrittern, die heimlich zu Klingsor überlaufen. Amfortas muß die Flucht Gawans zur Kenntnis nehmen. Gurnemanz' und Klingsors Auskunft, ob die Überläufer im Zauberschloß getötet werden oder dort ihrem Orgasmus frönen, bleibt undeutlich. Entgegen Klingsors Tötungs- und Kastrations-Äußerungen werden sie weder getötet noch kastriert, sondern kommen gerade vom Orgasmus, um den Eindringling Parsifal auf Amfortas' Befehl zu vernichten.
Ob ihnen Parsifal eine Verstümmlung sozusagen in Klingsors oder Amfortas' Auftrag beibringt, ist ebenso ungewiß. Doch da deren Tod oder Kastration Verlust bedeutet, wollen die Mädchen jetzt mit dem Mörder und Verstümmler ins Bett.

Eine Besetzung der 4 Knappen abweichend von Wagners zweimaliger Vorgabe »junge Männer, Jünglinge« mit 2 Damen und 2 Herren läßt die gesamte Szene ins Negative abrutschen, eine wie auch immer geartete positive Sicht auf die inneren Vorgänge der Gralswelt ist damit ausgeschlossen. Die mit einer gemischten Besetzung abzuhandelnde Szene läßt an Widerwärtigkeiten nichts zu wünschen übrig, weder wird man dem Ritter, der Gurnemanz ist, gerecht, noch läßt sich dessen Innendrama ahnen.
Wagners Siegfried-Besetzung 1876 sollte zu einer Klärung ermutigen, obwohl er 1882 die Knappen entgegen eigener Vorgaben mit Damen und Herren besetzte. 1876 nahm er einen unerfahrenen Provinztheater-Sänger, der jedoch für ihn nach Aussehen und Bühnenpräsenz Siegfried war, dem er in zäher Kleinarbeit Figur und Gesangstechnik beibrachte. Die Einstudierung ist gut belegt, sie wäre in unserem Opernbetrieb nicht denkbar, ähnliches leisten sich heute noch vereinzelt Schauspielregisseure. Wagner ging es um Erste Besetzungen, dennoch stellte er

die szenische Realisierung der musikalischen voran. Ein heutiger Dirigent sähe darin eine Status-Attacke, die Glaubhaftigkeit der singenden, ich betone, der singenden Figuren ist ihm wurst. Wie sonst könnten Dirigenten in ihren Aufführungen stundenlang auf Menschen sehen, die in meist geschmackloser Kostümierung in ebensolcher geschmackloser Pappwelt sich um etwas bemühen, von dessen Dramatik man ergriffen sein soll, ohne dauernd lachen zu müssen. Mit »geschmacklos« ist nicht eine ästhetische Richtung gemeint, sondern aller Aufputz, wie interpretatorisch er auch gemeint sei.

Zurück zu den Knappen, die das gleiche Problem wie alle Kleinen Figuren haben, ob Sprechtheater, Musiktheater oder Oratorium, z. B. in der MATTHÄUS-PASSION Pilati Weib, die beiden Mägde, Petrus. Unbestreitbar, was der Einsatz dieser Figuren für das Gesamtverhältnis bedeutet, doch kein Sänger ist um diese Partien zu beneiden. Die meisten Interpreten sind dieser Aufgabe nicht gewachsen, möglicherweise durch eine Verkrampfung von Komponist und Aufführungspraxis bedingt. Wie wichtig ist die PETRUSLÜGE, und wie kommt die. Wie leuchten jedesmal die Gesichter der Sänger auf, wenn sie aus dem Chor heraustreten können und dürfen, jetzt Solisten sind, und wie beschissen kommts dann, daß genau der Gegenbeweis geliefert wird, recht so, daß du im Chor bist, zu mehr bringst du es nimmer. Mit welcher Verknappung hier Bach arbeitet, den Schwierigkeitsgrad bewußt für den Ausführenden hoch angesetzt, kann sich positiv nur aus seiner speziellen Aufführungspraxis ergeben haben.

Ein Problem, in dem z. B. der Ägisth der ELEKTRA von Strauß untergeht. Suche man eine Aufführung, wo sich ein Ägisth behauptet, der Dreh- und Angelpunkt seiner Szene ist, der zu bekämpfende Fremdkörper, gegen den die 3 Kinder mit unverminderter Kraft angehen. Man wird keinen finden. Das Gesamtgefüge der ELEKTRA gerät ins Wanken. Selbst bei bester Besetzung bedarf man eines Programmzettels, um sich zu erinnern, da er völlig von den beiden Schwestern und ihrem Bruder eingedeckt wird. Die szenische Verknappung scheint unmittelbar von Wagner abgenommen zu sein. Der Sänger hat keine Chance. Kann er die Szene nicht durch seinen Auftritt als Mann dominieren, ist es besser, er tritt nicht auf, wird gestrichen. Das Problem ist bedeutend, da es sich um ein zentrales Werk der Opernliteratur handelt, das Zusammentreffen von Wiener Walzer und Wagner, also unmittelbar der Kundry-Welt zugehört, ohne sie nicht zu denken ist, bestimmte Positionen der Figur weiter entwickelt, um so nötiger der Contrafigur bedarf, die durch Auftrittspräsenz sich den sie bekämpfenden Kindern entgegenstemmen kann, damit das Ehe- und Verratsproblem wesentlich verschärft.

Das Problem der Kleinen Figuren trifft für die Sprechbühne genauso zu. Hinterher kann man sich nicht mehr an sie erinnern oder die Kraft dieser Darsteller verdrängt die Hauptrollen, läßt ihnen keine Luft, was aber nur im Schauspiel möglich ist.

Im Film rückten Moser und Lingen Randfiguren ins Zentrum, schufen damit inhaltliche Veränderungen, die die Handlung um sie anordneten, die anderen Darsteller um sie gruppierten, was schon Molière in seinen Stücken mit Erfolg praktiziert hat. Selbst in Kleinstauftritten gelingt das beiden Darstellern, doch zeigt sich, daß die inhaltliche Prägung, die von ihnen ausgeht, von den Regisseuren kaum genutzt wird. Das beschädigt vor allem den alternden Lingen, der in seinen BRD-Filmen kein Format mehr gewinnen darf.

Zurück zu Gurnemanz, der im 1. Aufzug 1. Szene zwischen 2 Fronten steht, sowohl seine Schuld als auch den dadurch verursachten Zustand in der Gralsburg nicht mehr aushält, schon deshalb wie ein Späher einen Außenposten bezieht, im 3. Aufzug 1. Szene wegläuft, desertiert und sich verkriecht. Sein Schutzpatron ist tot, da der Sohn dem Vater nichts mehr zu fressen gab. Gurnemanz will sich der Rache des neuen Königs, seiner Mitschuld an dessen Verstümmlung, entziehen:

In dieser Waldeck barg ich selber mich,
des Todes still gewärtig,
dem schon mein alter Waffenherr verfiel.
Denn Titurel, mein heilger Held,
den nun des Grales Anblick nicht mehr labte,
er starb – ein Mensch wie alle!

Monolog oder Erzählung. Die gesamten Anweisungen für Gurnemanz belegen, daß er in der Auseinandersetzung mit den Knappen keine Position bezieht, oft für sich allein steht, monologisiert, sich abwendet, Prügel einsteckt, dadurch Abwertung erfährt. So bildet sich langsam die Figur, die zwar keinen Einblick gewährt, aber überdeutlich durch ihr Alleinsein kenntlich gemacht ist. Die Unterscheidung, die Entscheidung für Monolog oder Erzählung ist deshalb wichtig, da der Monolog das Dramatische, das Zukünftige der Szene betont, die Erzählung hingegen das Epische, das Vergangene. Die Erzählung wirkt sich spannungsmindernd für die gesamte überlange Szene aus, beeinträchtigt somit die zentrale Figur des Stückes. So notiert, wird man sich uneins sein, doch nach einer Stunde begreift jeder Zuschauer, wie notwendig die innere, die dramatische Aufladung ist, da sonst wichtige Handlungslinien, z. B. das Diensttun eines Alten unter einem jungen König, der ein eigenes Problem hat, die ganze Schuldfrage, die sich damit verbindet, szenisch völlig eliminiert sind, nur von sparsamsten Texthinweisen gestützt werden. Damit wäre Wagners Drama erledigt, auch sein mögliches Selbstporträt ruiniert.
Das Hinundherpendeln zwischen Erzählung und Monolog, wie es streng genommen die Anweisungen vorgeben, wäre der Idealzustand, dann hätten episch Vergangnes und dramatisch Zukünftiges inhaltliche Bedeutung, kämpften miteinander.

Wagner hat seine Figuren mit vielen Anweisungen ausgestattet, doch nehmen sich die Partituranweisungen für Gurnemanz bescheiden neben denen für Kundry aus. Auffällig ist, daß seine Anweisungen, getrennt von seinen dazugehörenden Äußerungen, den Monolog nicht nur nahelegen, sondern erzwingen. Gurnemanz Ausbruch »mit großer Ergriffenheit« Takt 1/506 zeigt ihn in GETHSEMANE:

O wunden-wundervoller
heiliger Speer!
Dich sah ich schwingen
von unheiligster Hand!

Im dichterischen Entwurf JESUS VON NAZARETH 1848 definiert sich Jesus: Ehret euren Leib, haltet ihn rein, schön und gesund, so ehret ihr Gott, denn euer Leib ist Gottes Tempel, dass in ihm er sich wohlgefalle. Wagner beschreibt GETHSEMANE milder als Bach: Der Garten GETHSEMANE am Ölberg: der Bach Kidron fliesst durch, über ihn führt ein Steg. – Jesus gelangt mit den Jüngern an: ihn verlangt nach einer kurzen Einsamkeit, – die Jünger möchten hier zurückbleiben und wachen, dass sie nicht überfallen würden. Er geht langsam über den Steg und verschwindet nach der hinten aufsteigenden Höhe zu. – Die Jünger lagern sich: wehmütige Stimmung, Sorge um ihren Meister, – den sie, (wie sie nun wohl begriffen haben), verlieren müssen. Tiefe Abgespanntheit Aller: – allmähliches Entschlummern, – Jesus kommt langsam aus dem Hintergrunde wieder zurück: er beobachtet die Schlafenden, innig gerührt verzeiht er ihrer Schwachheit, denn er hofft, er weiss – bald werden ihnen Stärke und Mut kommen. Plötzlich fällt der grelle Schein eines nahen Lichtes auf Jesus: Judas eilt auf ihn zu: Meister, dich suche ich lange, und küsst ihn.

Bach hingegen baut das Drama nach Luthers MATTHÄUS: Da kam Jesus mit ihnen zu einem Hofe, der hieß GETHSEMANE, und sprach zu seinen Jüngern: Setzet euch hier, bis daß ich dorthin gehe und bete. Und nahm zu sich Petrum und die zween Sohne Zebedäi und fing an zu trauern und zu zagen: Meine Seele ist betrübt bis an den Tod, bleibet hier und wachet mit mir. Bach läßt Jesus seinen Vater anschreien, macht die Qual des Sohnes, der nicht gehorchen will, der Mensch bleiben möchte, unerträglich: Mein Vater, ists möglich, so gehe dieser Kelch von mir, doch nicht wie ich will, sondern wie du willst. Und er kam zu seinen Jüngern und fand sie schlafend und sprach zu ihnen: Könnet ihr denn nicht eine Stunde mit mir wachen? Wachet und betet, daß ihr nicht in Anfechtung fallet. Der Geist ist willig, aber das Fleisch ist schwach.
Bach läßt Jesus zu den Jüngern zurückkommen, die jetzt schlafen, schlimmer kann ihr Anblick nicht sein, er fühlt sich doppelt verraten: Mein Vater, ists nicht möglich, daß dieser Kelch von mir gehe, ich trinke ihn denn, so geschehe dein Wille. Und er kam und fand sie aber schlafend, und ihre Augen waren voll Schlafs. Und er ließ sie und ging abermals hin und betete zum drittenmal und redete dieselbigen Worte. Bachs Jesus fleht vergeblich seinen Vater an, schreit sich selbst an: Ach, wollt ihr nun schlafen und ruhen? Siehe, die Stunde ist hier,

daß des Menschen Sohn in der Sünder Hände überantwortet wird. Stehet auf, lasset uns gehen, siehe, er ist da, der mich verrät.

Die hypnotische Kraft, die Modernität des Vorgangs und seine Sprachgewalt, die Grundmelodie, die einzelnen Wortverbindungen, alles Hämmer, hypnotisierende Hämmer.

Jesus und Gurnemanz gemeinsam sind die Blickwendungen: Von der Erde zum Himmel, vom Himmel zur Erde. Von der Erde zum Himmel, vom Himmel zur Erde.
Für Jesus kommt Judas, für Gurnemanz kommt Parsifal. Beide Einschnitte zerreißen eine Situation von höchster Andacht und Verzückung, in Erwartung des Schlags.
Die Intimität, die Jesus Judas gewährt, gleicht der Intimität, die Gurnemanz Parsifal gewährt, und umgekehrt: Er hat Parsifals Arm sich sanft um den Nacken gelegt und dessen Leib mit seinem eigenen Arm unschlungen, so geleitet er ihn bei sehr allmählichem Schreiten.

Es ist bezeichnend, daß Bach die JOHANNES-PASSION mit dem Verrat an Jesus beginnt, den ersten Chor-Schrei: Jesum von Nazareth!, einsetzt, damit ist Jesus geliefert, Bach wiederholt den Chor-Schrei, damit wird der Verrat Gesamtthema, die PETRUSLÜGE folgt sofort.

BLACK SABBATH

Daß eine Deutung von GETHSEMANE in der deutschen Opernliteratur nur zu einer WOLFSSCHLUCHT werden kann, erkannte Weber und komponierte damit die deutscheste Opernszene, zugleich die modernste, man vergleiche das Mißverhältnis dieser Szene zum Gesamtgefüge. Daß sie zeremoniell aufgebaut ist, daß die Zeremonie selbst Höhepunkt ist, daß »ein messeartiger Aufbau durch die Bäume stürmt«, konnte Wagner nicht überbieten, konsequent setzt er Heiligen Wald und Öko-Küche dagegen, die sich im Burginnern als Blutküche entpuppt. Black Sabbath.

Webers FREISCHÜTZ ist eine Ausnahmeerscheinung, da er die Existenz der Gegenwelt behauptet, weder Ironisierung noch Distanz zuläßt, sondern sie als dauernd anwesend und wirksam begreift. Der WOLFSSCHLUCHT wie dem 2. Teil des OSTERSPAZIERGANG-Monologs ist gemeinsam, daß sie wenig geliebt werden, doch ihre Existenz bestätigt, daß es Autoren vermochten, gegen den Theatertrott anzurennen, wenn auch nur auf dem Papier. Ihren Interpreten kann es Aufgabe sein, die Stafette dieses Anrennens aufzunehmen, oft in »durchaus verwandelter Gestalt«, oft mit konträrer Ausrichtung, um die Furcht vor der Gegenwelt zu bewältigen, um nicht in ihr zu versacken. Ein Versacken in unterminierten, verkommenden Äckern, wie in VOR SONNENAUFGANG.
Mit der WOLFSSCHLUCHT komponierte Weber die Gegenwelt, die schwarze Seite der Deutschen. Er mildert nicht die Folgen des Krieges, sondern macht ihn für die Übermacht des Bösen verantwortlich, geht in seiner Beschwörung noch einen Schritt weiter, alarmiert die Natur, ruft sie sich zu Hilfe, übernimmt damit eine Position der Kriegsführung, so wie Kutusow mehr auf den »Russischen Winter« als auf seine Soldaten schwor, um Rußland von Napoleon zu befreien.

Die Natur bleibt im FREISCHÜTZ dämonisch, will nicht gefügig zur Fototapete werden. Düster und grausam lockt sie Männer in ihre Idyllen, die in ihnen das erleben, was Mephisto und Faust als Eingang in die WALPURGISNACHT bevorsteht.
Wagner verteidigt Webers nationale Position, wird sein Propagandist, ähnlich wie Heine, der Berlin in einem FREISCHÜTZ-Fieber erlebt. Noch in seinem FAUST-Ballett läßt sich die Erschütterung nachweisen, die bis heute vom FREISCHÜTZ ausgeht, nur, daß heutige Interpreten die WOLFSSCHLUCHT als historisch überholt, als folkloristisches Relikt abwerten. Eine Fehleinschätzung, die bewußt die Zeit der Entstehung, die Nachwirkungen der Befreiungskriege ignoriert, nur den Komponisten des JUNGFERNKRANZES akzeptiert.
Daß Wagner Weber und die Wirkung seiner Oper in nachnapoleonischer Zeit als deutschen Behauptungswillen, als Widerstand, als nationale Tat feiert, mindert nicht die Bedrohung, die von der WOLFSSCHLUCHT ausgeht, sondern läßt sie

in einem zwiespältigen Licht erscheinen. Diese Beunruhigung nutzt Wagner geschickt, seine politische Propaganda dient mehr seiner eigenen Durchsetzung, seinen antisemitischen Angriffen. Wagner reklamiert Beethoven und Weber als seine Ahnherren und feiert am Sarg Webers ein Totenfest. Wagner initiiert die Überführung des im Ausland gestorbenen Weber und dessen Beisetzung in heimischer Erde.
Daß Weber ein »Teufelskerl« war, erkannte angeblich schon Beethoven, daß aber die WOLFSSCHLUCHT Teil des deutschen Wesens ist, erkannte erst Wagner. Weber kriegt nach FREISCHÜTZ keine Oper mehr hin, komponiert weiter, trotzdem kann er den erreichten Standard nicht halten. In der ungeminderten Behauptung des Bösen aber ist Weber unerreicht. Goethe, Webers Vorbild, hat bis zuletzt seine WALPURGISNACHT abgemildert, die Gesamtwirkung von Himmel und Hölle geschwächt.

Die Diskrepanz zwischen den humanistischen Ideen, die Weber mit Eremit und gutem Fürsten behauptet haben soll, und der Welt der WOLFSSCHLUCHT ist brutal. Das, was allgemein aus dieser Oper bekannt ist, sind ihre Schnulzen, ihre folkloristischen Volksduseleien. Daß der Kern dieses Werkes tragischer Natur ist und bis zum Schluß durchgehalten wird, findet man auf der Bühne nicht mehr. Daß sich rein musikalische Interpretationen nicht zur Schwärze bekennen, gehört zu den Zugeständnissen, die der Musikindustrie gemacht werden. Man will keinen Zuhörer erschrecken, genauso wenig wie einen FIDELIO-Zuschauer. Scharen würden das Opernhaus verlassen, das Fidelio in einem Gefängnis zeigt, nicht in einer Pappdekoration, sondern in einer künstlerischen Definition.

WOLFSSCHLUCHT. Der ehemalige Söldner Kaspar ist zurück, doch Agathe hat inzwischen Max. Der Konflikt ist da, unlöslich. Kaspar, noch vom Krieg besetzt, transportiert ihn, führt ihn zu Hause weiter, wird von ihm verfolgt. Max, der unmännliche, dressierte Mann, ist von ihm angezogen, neidisch und kleinmütig. Der animalische Kaspar ist verfallen, Samiel, der ihm auch im Krieg beigestanden hat, ein Gotteufel der Natur und des Krieges, besitzt seine Seele. Aber Kaspars Lebensfrist ist abgelaufen. Um nicht sterben zu müssen, bringt er Samiel Max als Opfer: Furchtbare Waldschlucht, größtenteils mit Schwarzholz bewachsen, von hohen Gebirgen rings umgeben. Von einem derselben stürzt ein Wasserfall. Der Vollmond scheint bleich. Zwei Gewitter von entgegengesetzter Richtung sind im Anzug. Weiter vorwärts ein vom Blitz zerschmetterter, ganz verdorrter Baum, inwendig faul, so daß er zu glimmen scheint. Auf der anderen Seite, auf einem knorrigen Ast, eine große Eule mit feurig rädernden Augen. Auf anderen Bäumen Raben und anderes Waldgevögel ... Unsichtbare Geister von verschiedenen Seiten. Kaspar ohne Hut und Oberkleid, doch mit Jagdtasche und Hirschfänger, ist beschäftigt, mit schwarzen Feldsteinen einen Kreis zu legen, in dessen Mitte ein Totenkopf liegt, einige Schritte davon der abgehauene Adlerflügel, Gießkelle und Kugelform ... Samiel erscheint. Die Uhr schlägt ganz in der Ferne Zwölf. Der Kreis von Steinen ist beendet ... Kaspar wirft sich vor Samiel nieder. Kriechend ... Samiel verschwindet unter dumpfem Donner.

Samiel ist beruhigt, verlängert Kaspar die Lebensfrist. Schon klettert das Opfer Max in die Schlucht, umringt von Warnerscheinungen. Zuerst seine Mutter im Sarg, die ihm zuwinkt, wie Titurel sich segnend aus dem Sarg erhebt, doch die Mutter verwandelt sich in Agathe, die, wie eine Ophelia im Wahnsinn zugerichtet, in den Wasserfall springt. Dann verfinstert sich der Mond. Max, zu feige der Erscheinung zu folgen, wird Kaspars Gehilfe. Sie gießen die 7 Freikugeln, deren letzte Agathe töten soll: Die Masse in der Gießkelle fängt an zu gären und zu zischen und gibt einen grünlichweißen Schein. Eine Wolke läuft über den Mondstreif, daß die ganze Gegend nur noch von dem Herdfeuer, den Augen der Eule und dem faulen Holz des Baumes beleuchtet ist... Waldvögel kommen herunter, setzen sich um den Kreis, hüpfen und flattern... Ein schwarzer Eber raschelt durchs Gebüsch und jagt wild vorüber... Ein Sturm erhebt sich, beugt und bricht Wipfel der Bäume, jagt Funken vom Feuer... Hundegebell und Wiehern in der Luft, Nebelgestalten von Jägern zu Fuß und zu Roß, Hirschen und Hunden ziehen auf der Höhe vorüber... Der ganze Himmel wird schwarze Nacht, die vorher miteinander kämpfenden Gewitter treffen zusammen und entladen sich mit furchtbaren Blitzen und Donnern, Platzregen fällt, dunkelblaue Flammen schlagen aus der Erde, Irrlichter zeigen sich auf den Bergen, Bäume werden prasselnd aus den Wurzeln gerissen, der Wasserfall schäumt und tobt, Felsstücke stürzen herab, von allen Seiten Wettergeläut, die Erde scheint zu wanken. Kaspar zukkend und schreiend: Samiel! – Samiel! Er wird zu Boden geworfen, Hilf! – Sieben! Max gleichfalls vom Sturm hin und her geschleudert, springt aus dem Kreis, faßt einen Ast des verdorrten Baumes und schreit: Samiel! In demselben Augenblicke fängt das Ungewitter an, sich zu beruhigen, an der Stelle des verdorrten Baumes steht der Schwarze Jäger, nach Maxens Hand fassend. Samiel mit furchtbarer Stimme: Hier bin ich! Max schlägt ein Kreuz. Plötzliche Stille. Es schlägt Eins. Samiel ist verschwunden. Kaspar liegt noch mit dem Gesicht zu Boden. Max richtet sich konvulsivisch auf.

In der WOLFSSCHLUCHT ist Kaspar Gurnemanz, Max Parsifal, dem der Opfer-Altar gebaut wird, vor dem dann der Opfernde in Heilserwartung in die Knie bricht. Max und Parsifal macht ein großer Vogel zu schaffen, Max erledigt einen Adler, Parsifal einen Schwan.

Max:
Ich schoß den Adler aus hoher Luft,
ich kann nicht rückwärts – mein Schicksal ruft!

Parsifal:
Gewiß! Im Fluge treff ich, was fliegt.

Parsifal ist unbeirrter als Max, die Blumenmädchen sind entschiedener als die Brautjungfern, die vor dem sich ankündigenden Tod zurückschrecken. Grell heulen die Blumenmädchen aus ihren Betten, mit zart verhüllenden Schleiern und dem Gedankenmatsch behangen, dem sich in ihren Nestern sich wälzende Weiber

hingeben, wenn der Mann früh auf Arbeit, hier zur Schlachtbank geführt wird.
Ein unheilbarer Konflikt zwischen Mann und Frau tut sich auf, eine Erdspalte, deren Tiefe man ahnt, vor der man sich aber schnell zurückzieht, als töte schon der Pestgestank, der aus der Spalte ausbricht.
Die im Finale nicht vollzogene Hochzeit, das Aufschieben der Heirat von Max und Agathe nach dem fehlgeschlagenen Probeschuß läßt nur befürchten, daß es nie zu einer Heirat kommen wird, nie zu einer Entjungferung. Daß der Eintritt in den Kreis der Samiel-Anrufung mit der Aufgabe der geschlechtlichen Zuneigung zu einer Frau verbunden ist, daß das Geheimnis der drei Männer wie ein tiefgreifendes sexuelles Erlebnis wirkt.
Durch die inneren Veränderungen bedingt, bewegt sich Max im Finale wie unter Droge, scheint einer der Untoten geworden zu sein, eine der Erscheinungen. Der brave, nette, junge Mann ist ein Zerrbild, die Verkörperung des Todes.

Max und der apathische Parsifal sind hier identisch. Auch das plötzliche Auftreten von Samiel scheint von Wagner mit dem Einsatz des Codeworts: Die Zeit ist da! bedacht worden zu sein. Wagner verwendet das Codewort* zweimal text- und notenidentisch, einmal in einer Variation. Trennt man sich vom fixierten Handlungsverlauf und setzt die jeweiligen Szenen neu, am Codewort zusammen, so ergibt sich ein anderer Handlungsverlauf, das plötzliche Eindringen Klingsors in die Gralswelt, so wie Kundry nach einem der Wesendonk-Briefe aus der Gralswelt in die Klingsorwelt stürzt.
Im FREISCHÜTZ beendet der Eremit das »unchristliche« Probeschießen, das sich danach nicht wiederholen wird. Der Fürst, der Recht und Ordnung wieder einsetzen will, sieht im Eremit Unterstützung und stimmt deshalb zu, obwohl damit seine eigenen Rechte beschnitten werden. So einstimmig wie hier Kirche und Staat agieren, so einstimmig fällt das Volk in den Lobpreis Gottes ein, macht aus einer »romantisch schönen Gegend« ein Bethaus und erfüllt jeden Deutschen mit Freude. Selbst ein Atheist ist in Bann geschlagen, steht er mit Caspar David Friedrich auf dem Felsen und sieht nicht unter dem nebelverhüllten Gebirge die Braune Suppe kochen.

Was macht Gurnemanz im Wald? Zweimal beginnt ein Aufzug mit Gurnemanz im Wald, im »Tal mit See«, im »Tal mit Hütte und Quelle«. Wie groß Webers musikalischer Anteil an diesen Szenen ist, ergibt eine Partituranalyse, daß sich aber die Personen der WOLFSSCHLUCHT und die im Gralswald in ähnlicher Situation befinden, muß nicht vermutet werden, das sagt der Text. Der stöhnend hereingetragene, kranke König, sein schuldiger alter Knecht, der fröhliche Meisterschütze, das getötete heilige Tier. Die Glocken. Die Versuchung, die hinter jedem Baum lauert. Die Grenze. Die Bedrohung: Lebensgefahr. Der Heilige Bezirk, in dem man eingesperrt ist. Die Burg, die Zutritt nur den finden läßt, der unschuldig und rein ist. Weder König noch Knechte sind rein. Der Wald, die

* Vorbild Jesus: Die Stunde ist hier.

ganze Burg stinkt vom Blut. Die Wunde pestet. Der König, ein Jesus, fault lebendig.

Was tut Gurnemanz im Wald? Die Interpretationen: Ratgeber, Ausgesperrter, Lehrer, einer der ältesten Ritter, Erzähler, sie alle weichen der Befindlichkeit der Figur aus, versuchen, die langen Monologe, mehrfach ausgewiesen durch »für sich«, als Erzählungen zu nivellieren, als einen Exkurs, den man über sich ergehen lassen muß. Kommt nicht Christus auch zu seinen Jüngern und findet sie schlafend? Welchen Kelch soll Gurnemanz austrinken? Wie nah ist seine Beziehung zu Kundry? Warum lebt eine Gesellschaft vegetarisch? Fleisch steht bei Wagner für Aggression. Die Gralsritter trinken Blut, sie trinken keinen Wein. Das verwandelte Brot essen sie laut Anweisung nicht, sie trinken nur, sie benetzen eigentlich nur die Lippen, die Berührung mit dem Gral, sollte es denn eine sein, ist kurz. Wo soviel an den männlichen Geschlechtsorganen gewirtschaftet wird wie sonst in keinem szenischen Werk. Woran wirtschaftet Gurnemanz? Warum ist sein Siechtum so ausgeprägt? Warum wird er vom 1. zum 3. Aufzug so alt? Vermag Wagner selbst uns über Parsifals Altern zu täuschen, als wäre die Zeit an ihm spurlos vorübergegangen, vor allem an seiner Stimme?

Für die Personenführung sind Mottls Anweisungen von größtem Wert. Seine Beschreibung des Alten, der den Kelch nicht trinken will, ist bestürzend, der an der Wunde leidet, an der sein König leidet, eine Verwandtschaft empfindet, ein Aufgewühltsein, verständlicherweise will er den schmerzhaften Weg, den Klingsor vor ihm gegangen, nicht zu Ende gehen. Aber wie den eigenen Dämonen entkommen? Diese Interpretation legt Mottl nahe, man fragt sich, wie ein Dirigent, der das Werk akribisch kennt, das nicht wahrnimmt. Versteht ein Musiker nicht, was ein Monolog ist. Aber soweit ist unsere Dramenform ausgebildet, daß ein Monologisierender ein inneres Drama ausspricht oder bewältigt oder die Konfliktkonstellation für die nächsten Auftritte definiert. So wie der Eingangsmonolog Richards III. die gesamte Handlung vorwegnimmt, Richards Triebkräfte erbittert klarlegt. Eine fundierte PARSIFAL-Interpretation setzt eine fundierte Figurenbeschreibung voraus. Doch diese Erarbeitung ist Musikern mißlich, da zeitaufwendig, denn sie erfordert eine interpretatorische Fixierung. Als Rettung gibt es ja für sie die Musik. Wie schlampig es da zugeht, hört man in Opernhäusern. Hier muß jetzt nicht Wagner mit dem Drahtbesen aufgerufen werden.

Warum sich Gurnemanz aus der Gralsburg geschlichen, sich verkrochen, hier eine Einsiedlerhütte gebaut hat, sagt er nicht, er erwarte hier nach dem Tode seines Waffenherrn, des abgedankten Königs Titurel, seinen Tod. Willfährig ist er Parsifal sofort zu Diensten, holt seinen abgewetzten Rittermantel, um mit dem Lumpen Parsifal zum König zu weihen, Gurnemanz hat selber kaum noch was auf dem Leibe, sein altes, kotiges, ehemals weißes Ritterhemd, das nun im Einsiedlerleben erbärmlich stinkt. Gurnemanz, wie Wagner anweist »dürftig gekleidet«, lauscht und guckt, »zum hohen Greise gealtert«, fast täppisch, ja sehen kann er auch nicht mehr recht, tapert aus seiner Hütte, zieht die Beine nach, einer der spanischen HEILIGEN, das Heilige Buch hält er noch, kriegt noch das Kreuzzeichen zusammen, schaut schräg in den Himmel, als bedeute da sich was, hugh, Er habe gesprochen, ungläubig, streicht sein Kaum-noch-Haar zurück, wischt die Augen mit einer Fetzenkante, möchte selber nicht glauben, daß Karfreitag ist, ists ja jeden Tag tagtäglich.

So stand Herr B. vor mir, in versiffter Hose, schweißbedeckt, zahnlos ohne Prothese, tief ausgeschnittenes Unterhemd ohne Ärmel, einen Spalt nur die Tür auf: Ja? Wie ich ihm 2 Wasserflaschen durch den schmalen Spalt reichte, den seine Kette zuließ. Ich stotterte, ob er nicht öffnen könne, er mühsam überlegte, die Hand zurückzog, die Kette nicht losbekam und ich einen Schritt vormachte, durch den Spalt greifen wollte und ihm helfen, ich unterließ es sofort, hörte ihn murmeln, dachte, das kennst du ja, Sabbat heute. Es war Dienstag nach 22 Uhr 30. Sicher, daß da keiner aufmacht, um 2 Wasserflaschen entgegen zu nehmen. Endlich öffnete er die Tür, wir sahen uns an, ich versuchte, gar nicht hinzusehen, so als würde ich mich schämen, als wäre das, was ich sah, nicht da, er wollte sich anziehen, nein, zu essen brauche er nicht, er bekomme es, Synagoge!

Als ich das zweite Mal bei ihm war, jetzt mit Polizei, Feuerwehr und Notarzt, da öffnete er nicht, obwohl Licht war, ich dachte, er liegt drin verreckt. Als ich die Polizisten bat, die Tür vorsichtiger aufzubrechen, blafften die mich an, wer mich gerufen hätte, ich hätte sie alarmiert. Dann kroch die ganze Truppe durchs Fenster in die Wohnung, schlug da Krach und stellte, über Bierdosenberge stolpernd, fest, hier sei niemand, wer jetzt die Kosten trage, auch für das zerstörte Fenster. Ich, was sollte ich sagen, ich.
Er war nicht tot, sondern hatte sich nach der Synagoge verirrt, als die Polizei mich anrief, er laufe rum, finde nicht mehr nach Hause, sitze mit einem Tier auf der Bank, was man nicht kenne, man habe sich erschrocken, er brülle auch so.

Monolog contra Erzählung. Eine Klärung ist notwendig, da die umfangreichste Szene entscheidenden Einfluß auf den gesamten Handlungsverlauf hat, sie ist um so wichtiger, als mit Anwendung des Begriffs Bühnenweihfestspiel eine inhaltliche Bremsung erfolgt, die die Handlung entschieden verlangsamt, alles Dramatische an den Rand drängt, in Verbindung mit den epischen Anweisungen, wenn falsch verstanden, zersetzende Langeweile verbreitet, wie sie dem Werk stets vorgeworfen wird. Es muß jede Möglichkeit genutzt werden, die desolaten Verhältnisse in der Gralsburg zu konkretisieren, den unerbittlichen Kleinkrieg der Jungen um Platzbehauptung, der völlig konträr zu den Ritterschaftsprinzipien steht, eher an die Art von Brutpflege denken läßt, in der jeder Schwächling aus dem Nest geschubst wird. Zeigt doch das nicht intakte Dienstverhältnis innerhalb der Ritterschaft, daß der Plan einer Okkupation auf schwachen Beinen steht, schon deshalb aufzugeben ist, da eine Okkupation der Klingsorwelt nur noch mehr Schaden anrichten, die Gemeinschaft völlig vernichten würde. Daß Gurnemanz die ihm Anvertrauten nicht zur Rechenschaft zieht, kennzeichnet nicht nur seine Schwäche und Schuldbeladenheit, sondern die der gesamten Ritterschaft.

Mögen sich ihre Mitglieder, wie Gurnemanz im gesamten Stück, absondern und lieber krepieren, als weiter an den unerträglichen Zuständen innerhalb der Burg teilzuhaben, zutiefst verstrickt, unfähig die Zustände noch positiv zu ändern. Gawans Verrat wird gedeckt, König und Zuschauer werden im Unklaren gelassen. Mit immer neuen Konstruktionen arbeiten sich Wagner und Gurnemanz durchs Stück. Der vorgegebene Auftrag, die Verteidigung der Christenheit, ist nicht mehr zu erfüllen, die Verteidigungsbereitschaft hat genauso gelitten wie der Okkupations-, der Sieghunger, unbedingte Voraussetzungen für Potenzvermehrung und Drohgebärde im Gralsritus.

Diese Voraussetzungen besitzt Parsifal, damit ist seine »Torheit« Legitimation, auch langanhaltender Schutz vor der Erkenntnis einer Selbstverstrickung, vor der Erkenntnis zugefügten Unrechts. Parsifal könnte, so ausgestattet, die Ritter führen, wäre ein Sieggarant. Daß dem dennoch nicht sein kann, zeigt sein Kampf um den Speer, seine verirrte Suche nach der Burg, sein innerer Kampf, dem Fluch Kundrys zu entkommen. Das Zurückbringen des Speers erfordert seine gesamte Kraft, dieser »König« wurde verbraucht, letztlich war seine »Torheit« dafür ausgezeichnet geeignet. Sicher hat er seinen Platz im Gralsmuseum als Transportarbeiter, als zu verschrottender Vorarbeiter einer künftigen langen Amtszeit seines Nachfolgers, der, gesichert in dem Besitz beider christlicher Reliquien, deren abschreckende Wirkung verkündigen kann, um sie erbarmungslos einzusetzen. Dazu fehlen Parsifal unter den Umständen des Schlußbildes Kraft und Voraussetzung. Mühevoll zelebriert er den Schluß, eine zu interpretierende »Daueröffnung« des Grals:

Nicht soll der mehr verschlossen sein:
Enthüllet den Gral, öffnet den Schrein!

Von einer regelmäßigen Gralsöffnung, wie proklamiert, wissen weder wir noch Parsifal etwas, es gibt auch keinen Hinweis, daß Parsifal in der Ausübung des Königs- und Priesteramtes unterrichtet ist. Anläßlich der Salbung durch die beiden Alten kommt er mit Zeremonien in Berührung, ebenso bei der 1. Gralsenthüllung, doch darüber hinaus hat er nichts vom Gralsmysterium erfahren. In der 1. GRALS-Szene erweist er sich als ungeschickt, das ist nur Interpretation, da Gurnemanz ihn verärgert hinauswirft. Damit ist Parsifals Rückkehr programmiert, jedenfalls muß sich der ausgeschlossene »Tor« seiner Niederlage würdig erweisen, die Verhältnisse in der Burg ihm gemäß auf den Kopf stellen, sich zum König machen. Welcher inhaltliche Zusammenhang zwischen seiner Einführung in die Gralswelt und seinem Hinauswurf besteht, bleibt ungewiß. Die Interpretationsrettung, er habe die entscheidende Frage nach der Krankheit des Amfortas und seinem Befinden nicht gestellt, ist weder angedeutet noch behandelt. Daß Parsifal Zutritt zum Gral hat, begründet Gurnemanz im Partiturtext:

Mich dünkt, daß ich dich recht erkannt:
kein Weg führt zu ihm durch das Land,
und niemand könnte ihn beschreiten,
den er nicht selber möcht geleiten.

Nun achte wohl und laß mich sehn:
bist du ein Tor und rein,
welch Wissen dir auch mag beschieden sein.

Die 1. Textfassung gibt zwar an, daß Amfortas täglich den Gral zu pflegen, zu berühren hat, da sein Blut im Konflikt ist, daß sein Körper die Gralsberührung vermeiden möchte, um erneute Schmerzen zu vermeiden, seine Seele aber die Gralsberührung benötigt, sie geradezu erzwingt, so daß es zu einem Kreislaufkollaps kommt: Denn, ach! jetzt, wenn das himmlische Blut des Erlösers segenvoll in sein eigenes Herz sich ergiesst, wie muss vor der göttlichen Berührung da sein eigenes frevelhaftes Blut sich fürchten! das sündenvolle drängt sich verzweiflungsvoll scheu aus dem Herzen, sprengt die Wunde von Neuem und ergiesst sich in die Welt der Sünde.

Ökoideen Tierschutzthema. Im 1. Aufzug muß sich eine alternde, weibliche Figur gegenüber sie verhöhnenden jungen Männern, den Knappen, verteidigen, Kundrys: Sind die Tiere hier nicht heilig?, ist das Codewort, die Codemelodie des Stückes, man kann die Kernzelle auch in den Anfangstakten des 1. Vorspiels sehen, doch Kundry bringt es auf den Nenner: Sind die Tiere hier nicht heilig? Konsequent wie Büchners Narr in WOYZECK: Ich riech, ich riech Menschenfleisch. Puh, das stinkt schon!

Das Wort »Heilig« hat besondere Bedeutung, wird in kurzen Abständen mehrmals verwendet, zweimal blasphemisch:

3. Knappe zu Kundry:
He! Du da! Was liegst du dort wie ein wildes Tier?

Kundry:
Sind die Tiere hier nicht heilig?

3. Knappe:
Ja, doch ob heilig du,
das wissen wir grad noch nicht.

später

Gurnemanz:
Doch wollt er büßen nun, ja heilig werden.

Die Szene nach der Übergabe des Balsams, den Kundry für Amfortas aus Arabien geholt hat, zeigt die völlig desolaten Verhältnisse der Gralsburg. Sie muß sich gegenüber hier wortführenden Jungmännern verteidigen, gegenüber sich feige aufspielenden Untertanen, die ihr Maul erst aufreißen, wenn ihr König den Rücken kehrt, außer Reichweite ist, die sie als Wilde, Heidin, giftmischendes, hämisch hassendes Zauberweib beschimpfen. Statt den Knüppel zu nehmen, holt Gurnemanz zu langatmigen Erklärungen aus, um die sehr viel jüngeren, »von zartem Jünglingsalter«, zu stoppen, doch er wird ihrer nicht Herr, immer wieder wollen die Knappen Kundry ans Leder.

Wo sind wir? Welchem Gralsorden gilt Wagners Kostümanweisung: Weiße Waffenröcke und Mäntel, statt des roten Kreuzes jedoch eine schwebende Taube auf Wappen und Mäntel gestickt.
Als Parsifal den Schwan abschießt, hat er gewiß keinen Hunger, denn wie gut

nimmt er Gurnemanz': Bist dus, der diesen Schwan erlegte? Frage auf: Gewiß! Im Fluge treff ich, was fliegt. Diesen ersten Satz des Parsifal zeichnen die Noten grausam, in seiner Sieghaftigkeit eine Bestie, ja, vor der gesamten Ritterschaft und ihrem König hat er einen Treffer gelandet und sich damit ausgewiesen. Das mag ein Grund dafür sein, daß die Vermahnung durch Gurnemanz so gebremst kommt, daß der König hier selbst nicht einschreitet, der doch eingangs Gawans Unbotmäßigkeit unbarmherzig ahnden will.

Parsifals Haß auf den Schwan, auf das Sich-erheben-Können, die Übersicht zu haben, mehr zu wissen, in beidem, Erde und Himmel, zu Hause zu sein. Die »Liebe« des einen Schwans zum anderen Schwan, seine Brutpflege müssen zerstört werden. Parsifals Gehirn hat sofort angesichts des Schwans dessen Tod entschieden, sodaß Körper und Pfeil ihn mechanisch ausführen, ohne daß sich beide während der Tötung nochmals des Auftrags versichern.

Wir waren in der Mark Brandenburg und wollten baden. Was wir nicht wußten, daß ein Schwanenpaar brütete. Während der eine auf dem Brutplatz war, weit von uns entfernt und zunächst nicht sichtbar, kam der andere bis an den Steg, verhinderte mit seinen Angriffen, daß wir ins Wasser gingen. Als er sich an uns gewöhnt hatte, sich beruhigte, ließ er uns ins Wasser, kontrollierte eine unsichtbare Markierung, und jedesmal, wenn wir ihr zu nahe kamen, erhob er sich in Angriffsposition, eine Konfrontation hätten wir nicht unbeschädigt überstanden. Sah er aber, daß wir ihn respektierten, so tat er zahm, begleitete unsere Bewegungen, er schien Gefallen zu finden, jedenfalls machte er Lärm, spritzte und zog sich, nachdem er sich nochmals der eingehaltenen Abstandsmarkierungen versichert hatte, langsam zurück, um sich am Brutplatz einzufinden.

Zurück zu Parsifal. In seiner 1. Auftrittsszene rennen die Ritter wie aufgescheuchte Hasen hilfeschreiend umher. Sie blamieren sich, denn um einen zu stellen, muß nicht die gesamte Gralsgemeinschaft Alarm schlagen, während der König im See alleingelassen fast ertrinkt, denn von einer Primadonna, so ist er durchgängig gezeichnet, kann nicht angenommen werden, daß sie einen Schritt allein macht, noch daß sie schwimmen kann.
Möglicherweise ist ein doppelter Todeskampf angedeutet, auf und hinter der Bühne, vorn sichtbar der Schwan, hinten unsichtbar der König. Vielleicht gibt es weitere Verbindungen?
Ist der durch Parsifal getötete Schwan Zeichen für die Entmachtung des Amfortas? Der Schwan stellvertretend für die Gralsmonarchie, das Bild einstiger, unbeschädigter Würde des Königs, der in der Vereinigung mit der Frau den Erben hervorbringt, so den Fortbestand der Monarchie und ihres Auftrags, den Fortbestand der damit verbundenen Untertanen und Knechte sichert?

»Matt« kennzeichnet 2 Bewegungen, die des Königs und des Schwans: Amfortas sich matt ein wenig aufrichtend. Nicht nur das verwendete Adjektiv fällt auf, ebenso die Richtungsverschiedenheit der Bewegungen. Wagner gibt dem sterben-

den Tier Raum, läßt es langsam auf der Bühne verbluten: Ein wilder Schwan flattert matten Fluges vom See daher. Der Schwan sinkt, nach mühsamem Fluge, matt zu Boden, der 2. Ritter zieht ihm den Pfeil aus der Brust.
Wichtig ist, daß das erste, das auf der Bühne stirbt, ein Tier ist, sozusagen das Eingangsopfer. Als Theaterpraktiker weiß aber Wagner, daß eine wie auch immer geartete szenische Umsetzung dieser Bedeutung nicht gerecht wird.

Damit ist ein den meisten Wagner-Szenen gemeinsamer Punkt berührt, das Auseinanderdriften von szenischer Realisierung und vorgeschriebener, angestrebter Bedeutung. Was also tun? Schon beginnt die Diskussion über die derzeitige Aufführungspraxis, schnell wird der wunde Punkt umgangen. Fakt ist, daß Wagner den gesamten PARSIFAL-Anweisungen, die sich so überhaupt nicht realisieren lassen, erst im Partiturtext episches Format gibt.

Hier muß nicht darauf verwiesen werden, wie inkonsequent Wagners eigene Umsetzungen in Bayreuth sind, wobei die Ausstattungen seinen zuvor geäußerten formalen Vorstellungen völlig zuwiderlaufen. Der häufig vom Wagner-Paar bejammerte mißliche Zustand, daß sich keine strengeren Ausstattungsvorstellungen realisieren lassen, ist schon in Dichtung und Partiturtext verankert, und da das Paar keine entschiedenen Änderungen unternimmt, bleibt der Heilige Wald nur Tapete, bleibt die Tötung des Schwans genauso lächerlich wie die des singenden Riesenwurms Fafner oder der ZAUBERFLÖTEN-Schlange. Wagner gelingt die Lokalisierung eines Tiers auf der Bühne nicht, wobei der Waldvogel in SIEGFRIED schon positiver, nur als Klang, aufgefaßt werden kann. Auch ein Hinweis auf Wagners andersgeartete Vorstellungen einer Realisierung im Sinne des Kaspertheaters oder ähnlich kann nicht davon ablenken, daß bis heute die Anbiederung Wagners an den Geschmack seiner Zeit zu schaffen macht, gegensätzlichen Interpretationen Tor und Tür öffnet, die jedoch Wagners Beliebtheit bei Interpreten nur noch steigert. Wie gut die Querverweise des Schwan-Auftritts inhaltlich-musikalisch auch gesetzt sind, dennoch bleibt er unbefriedigend. Das kann an den eingebürgerten Interpretationen liegen, an unserer veränderten Bühnenauffassung, doch herrscht dieses Mißbehagen schon gegenüber Wagners Vorbild FREISCHÜTZ.

Weber setzt den Vogel-Sturz zweimal in unterschiedlicher Ausführung und Bedeutung ein: Zunächst schießt Max mit Kaspars Gewehr und dessen Freikugel einen Adler, der vom Bühnenhaus mitten in die Szene fällt, später auf des Fürsten Anweisung zum Probeschuß eine weiße Taube, die er aber verfehlt, stattdessen kippt Agathe, die sich in der Taube wähnt, bewußtlos um, und der Schuß wird durch Samiel auf Kaspar »umgeleitet«, der getroffen, tot zusammenbricht.

Auch Tschechows junger Dichter schießt eine Möwe hinter der Kulisse, die er seiner Schauspielerin zeigt:

Konstantin:
Allein hier?

Nina:
Sehen Sie das nicht. Was hat das zu bedeuten?

Konstantin:
Bedeuten. Ich habe eine Möwe runtergeholt, jetzt lege ich sie Ihnen zu Füßen.

Nina:
Ist was mit Ihnen.

Konstantin:
Ich knalle mich genauso ab.

Nina:
Ich verstehe Sie nicht.

Konstantin:
Verstehe. Muß ich Sie verstehen.

Die Verbindung zwischen Agathe und Taube, zwischen Vogel und Frau, zwischen Kundry und Schwan übernimmt Wagner von Weber, ohne sie konkreter zu formulieren. Tschechow fügt der ebenfalls übernommenen Verbindung von Frau und Vogel eine 3. Bedeutung hinzu, die Prophezeiung des Todes des Schützen, Konstantins Selbstmord. Hier sind »nicht anerkannter König« und Vogel eins.

Die kopflos aufgescheuchten Knappen beschreiben Kundrys erstes Erscheinen als Ritt auf einer fliegenden, rasenden Mähre, die zusammenbricht, sich am Boden wälzt, und Kundry stürzt hastig, fast taumelnd herein. Sie verdauen diesen Auftritt, indem sie aggressiv reagieren. Anscheinend sind sie zum 1. Mal außerhalb der Gralsburg, das 1. Mal mit Gurnemanz allein? Sie kennen Kundry nicht, noch hat er von ihr erzählt. Vom Gral wissen sie auch nichts?
Das in 8 Repliken beschriebene Pferd wird nie wieder erwähnt, noch tritt es auf. Ist es eine Täuschung? Gehört das Pferd, Kundrys gesamter Auftritt ihrem Zauber an, ihrer Verfluchung?
Das Pferd ist genauso schnell abgehakt wie der Schwan. Gurnemanz hält zwar Parsifal ob der Schwantötung eine Strafpredigt, der man aber keinen Glauben schenken möchte. So verlogen beschreibt er die Naturidylle im Heiligen Wald, daß selbst Bambi nicht mithalten kann:

Du konntest morden, hier im heilgen Walde,
des stiller Frieden dich umfing?
Des Haines Tiere nahten dir nicht zahm,
grüßten dich freundlich und fromm?
Aus den Zweigen, was sangen die Vöglein dir?
Was tat dir der treue Schwan?
Sein Weibchen zu suchen flog der auf,
mit ihm zu kreisen über dem See,
den so er herrlich weihte zum heilenden Bad.

Worte eines Ritters, dessen Auftrag Mord ist, versehen mit dem Auftrag der richtigen Partei, dem Mord Heilige Pflicht ist, mit deren Ausübung man stracks im Himmel Platzreservierung vornimmt, wie den Kreuzrittern damals gepredigt wurde. Dieser Gurnemanzschen Naturbeschreibung möchte man nicht trauen, seiner kompletten Umdeutung der WOLFSSCHLUCHT.
Äußerlich Gurnemanz gehorsam zerbricht Parsifal zunächst seinen Bogen, trotzdem nimmt er keinen Anteil am Tode des Tieres, hört vielmehr kriecherisch den Männern zu, möglicherweise jenen Männern, denen er hinterhergerannt ist. Es waren Männer in Rüstungen, denen er folgte und in deren Bann und Bahn er alles tötete, was ihm den Weg verstellte.
Auch für Gurnemanz spielt das Tier keine weitere Rolle, sondern: Knappen heben den toten Schwan ehrerbietig auf eine Bahre von frischen Zweigen und entfernen sich mit ihm dann nach dem See zu.

Also nicht mit frischen Kräutern in die Küche, dazu ist das Tier zu primitiv. Will man sein Weibchen damit beglücken? Man möchte jeden dieser Sätze unterbrechen, hämisch korrigieren, das gelingt bei den Sätzen zunächst, da läuft das Wasser im Mund zusammen, bei der Musik nicht. Von ihr ausgehend, ist man gezwungen den epischen Anweisungen gerecht zu werden.

Was Parsifal tatsächlich von den Gurnemanzschen Ermahnungen hält, zeigt sein unmittelbar folgender Angriff auf Kundry, die er zu erwürgen versucht: Nachdem Gurnemanz Kundry befreit, steht Parsifal lange wie erstarrt. Gurnemanz muß ungeheure Kräfte aufwenden, Knüffe einstecken, bis er Kundry freikriegt. Er tadelt Parsifal wiederholt, Kundrys Bedeutung ahnen lassend. Parsifal kippt darauf um.
Nachdem der Kraftakt zwischen Einheimischen und Newcomer zugunsten des Älteren entschieden, Parsifal zunächst zurückgestutzt ist, kann der Ältere auch seinen Arm den Jüngeren vertraulich umschlingen lassen, während sich beide zur Gralsspeisung aufmachen.

Am Ende der 1. GRALS-Szene verjagt Gurnemanz Parsifal: Laß du hier künftig die Schwäne in Ruh / und suche dir, Gänser, die Gans! Was ist der Unterschied zwischen Gans und Schwan? Daß keinem Tier, weder Pferd, noch Schwan, noch Gans, Wert beigemessen wird, ist Fakt, auch keiner Taube.

Reizt Gurnemanz Parsifals Jagdinstinkt, dopt ihn, täuscht ihn, macht ihn zu seinem Werkzeug, zwingt ihn durch Gralstheater und Verweis zum Angriff auf Klingsor? Decken sich die Interessen Klingsors und Gurnemanz', die Vernichtung der übergelaufenen Gralsritter betreffend? Warum berührt Wagner das gemeinsame Thema der beiden Männer mit keinem Wort?
Hat nicht Klingsor genauso ein Faible für den jungen Mann? Hat Gurnemanz ihm nicht Amfortas genauso überantwortet wie jetzt Parsifal? In welchem ungeklärten Verhältnis stehen die beiden, der viel ältere Ritter und der viel jüngere, Klingsor, der wie Amfortas sein Sohn sein könnte?
Wie eine Bestie wütet Parsifal unter den ehemaligen Gralsrittern, der Gemaßregelte tobt sich aus, zu Klingsors Freude bringt sich das von ihm verführte Rittergesindel gegenseitig um. Hier gilt Wagners Feststellung, Mord für die gerechte Sache ist legitim.

Wagners Ökoideen wurden schon früh reflektiert, selbst ein Reclamführer vor dem 1. Weltkrieg: So entsteht während der eindringlichen Vermahnung des Alten aus der Weise der Waldesmorgenpracht die des Tierschutzes. Von der Liebe für die schöne, reine Gottesmutter leitet der Tondichter auch das Mitleid für die Geschöpfe des Weltenlenkers ab und setzt damit seiner Herzensgüte ein Denkmal dauernder als Erz. Es ist nicht das erstemal, daß Wagner aus der Naturliebe heraus die Tierschutzidee gewinnt, wir sind der Gedankenverbindung bereits im SIEGFRIED begegnet. Auch wissen wir aus seinen letzten Schriften, wie sehr ihn der Tierschutz und die Greuel der Vivisektion beschäftigen. Hier im PARSIFAL erläutert er die Bekehrung durch das erregte Mitleid. Der Jüngling ist erschüttert, er wirft die mörderischen Geschosse von sich und zerknickt den unheilvollen Bogen. Eine interessante Reminiszenz begegnet uns auch bei dem Hinweise Gurnemanz' auf den gebrochenen Blick des toten Schwans – die Schwanharmonien aus LOHENGRIN.

Man stutzt, erkennt die Verwandtschaft richtungsverschiedener Interpretationsversuche, auch in diesem Ton könnte man weiter salbadern. Der alte Reclamführer gibt dem Thema Raum, sucht weitere Verknüpfungen, aber die Ökoidee vom Heiligen Wald steht auf wackligen Beinen. Auffällig ist, daß die eigentliche Grenzsituation, der andauernde Grenzlandkonflikt, mit den einseitigen Ausfällen der Gralsritter, von einem Vordringen Klingsors auf Gralsgebiet wird nicht berichtet, in keiner Weise erwähnt, vielmehr als bekannt vorausgesetzt werden, wodurch sich die gesamte Situation verschiebt. Gurnemanz versucht Parsifal glauben zu machen, daß die Ritter, die vom Schlachtfeld heimkommen, hier ihre Gemüsebeete und Kräutergärtchen jäten, Hase und Reh Ohren anlegen, das Pfötchen zum Guten Tag geben. Gurnemanz glaubt man nicht, erlebt man doch unmittelbar vor dieser eigenen Beweihräucherung das widerliche Gezänk der Knappen und ihres »Vorgesetzten«, selbst die unmittelbar den König umgebenden Ritter profilieren sich nur als Kriecher und Petzen. Gegensätze, die auch die Musik nicht aufschlüsselt.

So vermahnt der »zum hohen Greise gealterte« Gurnemanz noch immer Parsifal, schulmeistert ihn wie im 1. Aufzug, im 3. jetzt wegen seiner Waffen. Betriebsblind, wie schon zu Beginn, erkennt er nicht den Heiligen Speer, es dauert lange, bis er die Augen aufmacht, sabbert, daß man keine Waffen trage am Karfreitag, doch außer Gurnemanz weiß keiner, daß Karfreitag ist. Ist er schon deppert im Kopf? Die Gralsglocken gehen wie immer, Gurnemanz ruft die Natur zu Hilfe: Das ist Karfreitagszauber, Herr!
Parsifal glotzt müde auf die Bühne, die sich leider in der hier vielgepriesenen Musik nicht zu dem verwandeln will, was der Partiturtext vorschreibt: Parsifal wendet sich um und blickt mit sanfter Entzückung auf Wald und Wiese, welche jetzt im Vormittagslichte leuchten. Warum Wagner der realistischen Beschreibung des zurückkehrenden Parsifal ausweicht, die er in den Anweisungen festlegt? Warum ist der Kontrast zwischen den 3 lädierten Menschen und der blühenden Umgebung nicht größer?
Wagner setzt keine der Anweisungen um, sondern ergeht sich in Krönungs-Brimborium. Erneute Wasserbesprengung durch Kundry, Abnehmen der Panzerung und Fußwaschung, weitere Wasserbesprengung durch Gurnemanz, Salbung der Füße durch Kundry und Trocknung derselben mit ihrem Haar, wobei Parsifal ohne ein Wort Kundry die Flasche wegnimmt, sie Gurnemanz gibt, der sie vollends auf Parsifals Kopf auskippt, danach die Hände faltet. Im Anschluß aber macht Parsifal das Theater weiter, ungefragt tauft er Kundry, fast hinterhältig: Parsifal schöpft unvermerkt Wasser aus dem Quell, neigt sich zu der vor ihm noch knienden Kundry und netzt ihr Haupt.
Kundry kann sich noch nicht einmal wehren. Warum Wagner das alles organisiert, die Musik klärt nichts, vielmehr läßt sie einen weiter im Dunkeln tappen.

Haben wir doch inzwischen die Monarchie in- und auswendig kennengelernt, den abgedankten König mit seinem lüsternen, bestraften Sproß, den sich zum Feind emporarbeitenden, abgewiesenen gläubigen Klingsor, den durch Verdienste geadelten, heimkommenden Parsifal, dessen Besitz des Speers keinen Zweifel an seiner Königswürdigkeit zuläßt. Er läßt die Verehrung der beiden Alten, Gurnemanz und Kundry, über sich ergehen, sichern sie ihm doch bereitwillig das zu, was er will.
Die Gralsburg hat inzwischen schlapp gemacht: Die Zeit ist da. Es ist Zeit, Parsifal hat den richtigen Zeitpunkt abgepaßt, die angestammte Familie abzulösen. Nicht der geborene König, sondern der Eroberer wird Herr. Daß der wie eine heidnische Gottheit vor den Toren Gesalbte dann hereingeführt wird, unterstreicht die eingetretene Veränderung. Schon das Herzeigen der Waffe genügt. Doch bevor dies geschieht, muß sich die »lachende Aue« in die düstere Gralshalle verwandeln, in der Amfortas seinen Triumph feiert, während ihn die Ritter zu Ruhebett und Gralstisch tragen, von wo er befiehlt, den Sarg seines Vaters zu öffnen, woraufhin alles in Geschrei ausbricht, er zum geöffneten Sarg kriecht, Verwesungsgestank schnuppert, erschüttert eher vom Totenhemd, den sich bildenden Flecken, den grünvioletten, gefalteten Händen, den noch immer wachsenden Haaren als vom Tod seines Vaters. Vor der Verwesung geht er schreiend in

die Knie, schafft auch hier den Arienansatz nicht, noch immer soll dieser Vater, den er nur bekämpft hat, noch immer, auch im Himmel, soll er dienstbar sein, seiner Schuld bewußt, ein Kind gezeugt zu haben, für das er lebenslang verantwortlich ist und das ihn deshalb pausenlos straft. Die Ritter, ebenso erschüttert, geben keine Ruhe, wollen nicht mehr zuhören, wollen ihr Fleisch, das ihnen zustehende Blut. Der König fährt seine revoltierende Gefolgschaft an: Taucht eure Schwerter / tief – tief bis ans Heft!

Schwerter am Karfreitag? Sind das Neuerungen in der Gralsburg, von denen Gurnemanz nichts weiß? Hat sich die interne Situation so verschärft, daß man sich vor jedem in Acht nehmen muß? Sollten die Königsknechte tatsächlich ihre Waffen nicht gegen ihren Herrn ziehen, der nicht nur seinen, sondern auch ihren Tod wie eine heidnische Gottheit verlangt? Die Primadonna verhöhnt die Memmen: Tötet den Sünder mit seiner Qual, / von selbst dann leuchtet euch wohl der Gral!

Wie hier das Wort »wohl« musikalisch ausgeformt ist, läßt keinen Wunsch offen, gibt die direkte Stoßrichtung an, die zwar von Parsifal übernommen wird, der aber Amfortas nicht tötet, sondern ihn durch Speerberührung zum zahmen Knecht macht.

Wie man das Verhalten des Amfortas auch interpretiert, die Ritter werden im Negativen belassen. Indem der König vom 1. Auftritt ab, von den ersten 3 Sätzen: Recht so! – Habt Dank! – Ein wenig Rast!, Primadonna ist, ist er jeder Verantwortung und Schuldfähigkeit enthoben, führt ein in sich abgeschlossenes, der Masse enthobenes Leben, muß auch deshalb, als äußeres Zeichen, zwangsläufig getragen werden.

Wagner zeigt nicht den badenden König umgeben von seinen Rittern, eine z. B. dem Zarenhaus völlig normale Situation, der Zar nackt springt seinen Offizieren ins Wasser voran. Indem die Berührung mit der Natur, außer in der Brutalform, nicht gezeigt wird, ist das Märchen vom Heiligen Wald eben Märchen, Wunschtraum von Schlächtern. Schlachten, zu was sonst sollte das Rittergesindel samt seinen Knappen fähig sein. Ihre Aue schmückt eine islamische Blutspur. Mozarts Osmin gibt das Rezept:

Erst geköpft, dann gehangen,
Dann gespießt auf heißen Stangen,
Dann verbrannt, dann gebunden
und getaucht, zuletzt geschunden.

Oder charakterisiert Wagner tatsächlich in Amfortas die Überreiztheit und Ungerechtigkeit eines Schwerkranken, der seines jahrelangen Schmerzes nicht Herr wird, ihm ausgeliefert, sich nur noch in der Tyrannisierung seiner Helfer austobt, bis er, erschöpft, endlich einschläft. Diese Auffassung hieße, dem gesamten Stück, der gesamten Schmerzdarstellung einen völlig anderen Ausdruck zu geben, hieße nicht Theaterblut, sondern mit Bach in den Schrei.

Alles s c h r e i t !, sagt Wagner.

Es schreit auch die Blut-Spur.

WUNDEN I

Mit 16 kam ich für ein Jahr ins Krankenhaus. In den ersten Wochen nahm ich meine Umgebung nicht wahr, meine Augen waren verbunden, ich wurde gefüttert, Kot lief aus dem Körper, ich war nur Schmerz. Ein unerträgliches Geräusch, das lauter wurde, ich würgte, dann brach das Geräusch ab, ich schlief ein, wachte auf. Hörte es wieder.
Ich lag im 8 Bettzimmer eines Bergarbeiterortes, meine Nachbarn, Männer fortgeschrittenen Alters, spielten Karten, schlugen auf die zu den Betten schiebbaren Eßtische, daß Geschirr und Bestecke krachten. Mein Bett umgab eine Grenze, eine unsichtbare, das Geräusch. Ich lag fest mit Gips an Arm und Bein, konnte nicht einmal sitzen. Allmählich nahm ich meine Nachbarn wahr, die Schmerzen ließen nach, ich gewöhnte mich, auch daran, daß ich bei jedem Handgriff auf sie angewiesen war, wie sie später auf mich. Im »Dämmerzustand« der ersten Wochen verhörte mich die Kriminalpolizei, versuchte, mich zum Sprechen zu bringen, ich sah die Vernehmer nicht, die zerrissenen Lippen brannten. Mit der Zunge schob ich die Hautfetzchen ab, um sie anschließend zu kauen. Als mir der Kopfverband im Zimmer gewechselt wurde, faßte ich schnell mit der rechten Hand nach meinen Augen, die Schwester holte keuchend das U-Boot. Wie ich über den Matsch faßte, erschrak ich. Ich schmierte die Finger am Bett ab. Ich lag still, der Standpauke gewärtig. Das U-Boot, die Oberschwester kam mit dem Chef, der einen anderen Verband anordnete. Tage später wurde am rechten Auge der Schorf abgeweicht. Ich sollte den Spiegel halten, ich schielte in ein anderes Gesicht, bis ich es zu mir zugehörig empfand, vergingen Wochen. Daß ich wieder sehen konnte, war wie eine Rückkehr ins Leben. Von da ab nahm ich das Zimmer wahr, die 2 hohen Fenster, die 7 anderen Betten, das Kartenspiel, den Besuchstag, meine Mutter, die vor der Tür weinte. Ich wurde noch immer gefüttert. 8 Monate lag ich in diesem Zimmer, geheilt verließ nur ich es.

Meine Nachbarn stanken. Es war der Geruch, den ich eines Tages, nachdem ich längst aufstehen konnte, mit meinem Gipsgewicht durch die Gänge schleifte, an mir selbst wahrnahm. Mein Arm eiterte. Jetzt war die Amputation fällig. Wie bei meinen Nachbarn, die Stück für Stück ihrer Extremitäten entledigt wurden. Opa Glanz links neben mir, Bleivergiftung, den ich noch Jahre später besuchte, der als Stumpf in einem Stück alter Plastik im Regen vor einer HO-Imbißstube in seinem Schiebewagen stand, während Frau und Tochter drin Kaffee tranken. Daß ich es nicht fertigbrachte, die Straße zu überqueren, zu ihm zu gehen, mich ekelte, ihm die Hand zu geben. Welche Hand? Er hatte keine.

Diese Männer hatten Frauen, Frey, der LPG-Bauer, fuhr Nachtschicht, Trecker mit mehreren Ackergeräten zum Planübererfüllen. Frey war aus Suff oder Übermüdung in eine Böschung geraten, überschlug sich, die Egge durchs Bein, er lag so bis zum nächsten Mittag, dann suchte ihn seine Frau, die LPG wußte nichts, bis sie den Kindergarten, wo sie arbeitete, im Stich ließ, mit dem Rad aufs Feld fuhr. Sie fand ihn, holte den Krankenwagen, das ging alles nochmal gut. Man tröstete sich, zu früh, in die Wunde war Nitrat gekommen, Dünger, der sie nicht abheilen ließ, sich langsam ausbreitete, zuerst im Unterschenkel, dann übers Knie nach oben zog, der Dünger fraß den Körper.

Neben mir lagen nur solche Kandidaten. Ein Agronom, der beim Studieneinsatz von seiner Frauen-Brigade angefallen, am Unterleib zerbissen wurde. Im Türeck einer der Russen, die sich beim Manöver zusammenfuhren. Nachts, unter erheblichen Sicherheitsvorkehrungen, verteilte man sie auf die noch unbelegten Betten, die Offiziere als Mauer um die auf den Bahren keuchenden, schreienden Soldaten, denen sie ins Gesicht schlugen. Wer von uns aufstehen konnte, hielt das Notlicht, die Nacht war Stromsperre oder Ausfall. Die Kachelflure hallten von Stiefeln. Die Ärzte, verschlafen, noch nicht richtig angezogen, überließen es den Schwestern, unter den Offiziers-Kommandos die Sterbenden auszusortieren.
Am übernächsten Morgen zeigte mir der Soldat, der nicht mehr sprechen konnte, sein Zigarettenetui mit dem Bildnis Gogols. Daß ich wußte, wer Gogol war, markierte eine eigenartige Trennung, die ich zunächst nicht wahrnahm. Meine Bettnachbarn, mit denen ich schon Monate verbracht hatte, zogen sich zurück, unterhielten sich fortan leise, hockten auf ihren Betten, sahen es später lieber, wenn ich aufstand, den Schwestern zur Hand ging, mich draußen aufhielt.
Der Tod, den ich jetzt fürchte, damals war er anwesend. Der Soldat wurde nachts rausgeholt. Er lag auf dem Linoleum in seinem Laken, nichts war an ihm zu erkennen, keine Tätowierung an Gesicht oder Brust, ein kahler Schädel, als ob er jünger geworden wäre, doch ich konnte nicht vom Kissen hoch, drehte den Kopf nach links, bis ich an den Gips stieß, mich zurücksacken ließ. Die Taschenlampe lief auf den Flur. Die Nachtschwestern schleiften den Toten in Laken und Deckbett, legten ihn draußen ab, schlossen leise die Tür, als ob wir schliefen.
Opa Glanz verlor 2 Arme, 2 Beine und starb trotzdem nicht. Ich lief mit meinem Gips wie ein leckgeschlagenes Schiff. Der war schwer, stank, die Brühe glitschte mir am Leib runter. Zunächst verheimlichte ich es, meinte mich getäuscht zu haben, meine Nachbarn aber rochen es, wie eine Genugtuung, so blieb ich ihnen noch länger erhalten, noch 4 Monate. Jetzt war der Moment gekommen, jetzt mußte der Arm ab. Meine Mutter wurde herbeizitiert, sollte unterschreiben, sie unterschrieb nicht.
Ich lag im OP, berauscht und benommen, der Gestank war so mit mir eins, daß ich nichts unterschied. Die Säge kam an den alten Gips, die schwere Schere zwischen Brustkorb und Arm, brach aufgeweichte Verbandsteile ab, riß abgestorbene Haut und Haare mit. Ich sah nicht mehr die Gesichter wie bei der Operation, ich versuchte, die Zähne zusammenzubeißen.
Als der Gips in großen Teilen herunterfiel, war sofort eine Kälte, als ob Eisstücke von Luft auf meiner Brust lägen. Der Arm wurde gesäubert, noch war man nicht an der Wunde, die austretende Flüssigkeitsmenge verschmierte alles, als befände sich unter der Haut ein Sack, der erst auslaufen mußte. An meinen Schläfen

platzten Luftblasen, das Geräusch nahm zu. Die Blasen zogen am Hals hinunter, ich ertrug ihre Kälte. Der Geruch beherrschte mich, kein Schmerz. Als der Arm gesäubert, gedreht und langsam nach oben genommen wurde, schrie ich, über den gesamten Arm liefen die Bläschen, konzentrierten sich um die Wunde, ein Zucken und Stechen, wie wenn man sich am Mineralwasser verschluckt, die Gasperlen im Hals platzten. Dieses Stechen war so stark, nach über 5 Monaten war der Arm zum ersten Mal an der Luft, zum ersten Mal trocken.
Die austretende Flüssigkeit verschwand mit dem abgenommenen alten Gips. Unter dem neuen schien ich vor Hitze zu ersticken, als würde der Brustkorb zusammengedrückt. Ich räkelte mich, schob meinen Körper im abbindenden Gips zurecht, während er noch heißer wurde. Der Arm lag noch frei, ich war allein, ich hatte kein Gefühl, keine Kraft, ihn zu bewegen, er lag neben mir. Wie ich von oben, halb aufgerichtet, auf ihn schielte, innehielt, hörte das Prickeln auf, der Arm wurde kalt, ich begann zu frieren, während ich vor Hitze kaum atmen konnte, Schweiß mir die Augen verklebte. Auf dem schwarzweißen Kachelboden lag mein alter Gips, mein Stuka, den ich rechts unten, Stück um Stück vorsichtig zerbrochen hatte, getrocknete Watteklumpen klebten daran, die ich runterschob, um mich nicht mehr wund zu scheuern. Ich war matt, der Arm lag frei, Ruhe überkam mich.
Der Geruch war noch um mich, tagelang, bis er nachließ. Doch ich beschnüffelte mich, ging in die Toilette, um mich zu riechen. Mutter hatte nicht unterschrieben, mußte der Arm ab? Ich roch, versuchte die schon weißen Finger zu massieren. Manchmal stand ich im düsteren Patientengarten, feucht und schwarz, voller Buchsbaum und alter Bäume, abschüssig gegen eine Mauer, auf deren Krone der Eisenzaun stand. Schob man sich Steine zusammen, sah man von oben in die Schlucht, in der unten Autos vorbeirasten. Im Garten war ich allein, kratzte Gips ab, Woche für Woche, schließt sich die Wunde?

Der Arm hängt noch heute an mir, hängt und baumelt, manchmal will er nicht mehr, wie mein alter Computer.

Als ich in der Schule die 9. Klasse nachholte, fuhr ich zurück ins Krankenhaus, besuchte meine Zimmergenossen, Frey war als unheilbar entlassen, wollte keine Amputation, starb. Seine Frau war, nachdem sie unberechtigterweise ihren Arbeitsplatz verlassen hatte, um ihren Mann zu suchen, gekündigt worden. Ab da blieb sie zu Hause und nahm Tabletten, überlebte ihren Mann nicht, das Kind verfrachtete die LPG in ein Heim, selbst bei den Großeltern durfte es nicht bleiben. Müller verarbeitete Frey in TRAKTOR.

Ich kam gern zurück, mein Herz klopfte, wenn ich den Pförtner hinter mir hatte, die Arztkittel sah, die Oberschwester, das U-Boot, eine abgehärmte, dürre, energische Frau mit stechenden Augen, die überall unverhofft auftauchte, an mir vorbeischoß, während die Stationshilfen mir Kaffee und Kuchen hinstellten. Der junge Arzt, fett und fröhlich, der dünne Arzt, bitter und zynisch, bei dem jeder Handgriff saß, herrisch von oben, der mir ein Buch brachte, nickte und aus dem

Raum ging. Der Chef, ölig frisierte Halbglatze, Koteletten, ein Vieh von Mann, richtiger Schlächter, der sein Handwerk verstand, Knochen zusammenflickte, täglich neue Schachterskelette studierte, aber machtlos gegen eine Vergiftung. Wenn er kam, war Feiertagsstimmung, er wies an, daß die Frauen mit ihren Männern allein blieben, nickte, daß die, die aufstehen konnten, rausgingen. Ich sah, daß Freys Frau Frey befriedigte. Daß der am Fenster mit den abgefahrenen Beinen bis an die Decke spritzte, von jedem 5 Mark kassierte. Daß man den Agronom jedesmal rausfuhr, ihn nie vor den anderen aufdeckte, jeden Hinweis auf seine Verletzung vermied.
Diese Menschen waren verletzt, als ob ihr Äußeres Zeichen des Innen, eines Risses in ihnen wäre. Mein Vater besuchte mich ein Mal, anschließend klappte er zusammen. Ich wollte meine Eltern nicht sehen, nicht meine Mutter.

Die Russen waren alle gestorben. Der Agronom hängte sich im Patientengarten auf. Glanz überlebte Frey 4 Jahre. Unser Zimmer hieß Himmelfahrtskommando. Überlebt habe nur ich.

WUNDEN II

Almas Jugend lag 80 Jahre zurück, die gab es nicht mehr. Sie wusch Wäsche, besorgte die Kinder, die Scheiße abwischen. Wer fertig, den schlug sie auf den Arsch. Sie sprach in der Scheune, im Stall, mit wem. Alma spricht, sagte die Schwiegertochter. Alma hatte ihre Ordnung, es ging ihr von der Hand. Nur die schweren Eimer, die konnte sie nicht mehr tragen, stöhnte an der Pumpe, wenn das Vieh kam, die Kinder am Pumpenschwengel: Hubert mehr.
Nachts saß sie im Waschhaus, eingeschlossen, die Fenster verhängt. Was machte sie. Alma badete im Kartoffeldämpfer, stieg mit der Leiter herein. Sie nahm das Tuch vom beschlagenen Fenster. Alma schwitzte. Die roten Falten. Ohne Strümpfe kam der Aussatz wie Blumen von unten bis zum Gürtel. Am Hals Flecken. Wenn sie mit den Röcken raschelte, fielen die Schuppen, große, trokkene Hautflecken, ab, lagen auf den Kacheln. An den Fersen zog sie sich große Stellen mit dem Küchenmesser ab: Wundgescheuert. Hafer faßte Alma nicht an. Da mußte der große Edmund, der Sohn, ran. Nach dem Tod ihres Mannes blieb sie allein, abgeschlossen, der Schrank, den man zumacht. Dem Pastor sagte sie es, er wollte den Schlüssel schon finden. Alma lachte im Stall. Mit wem sprach sie.
Sie backte allein. Die Schwiegertochter stellte Mehl, Backmolle, Fett und Hefe warm, die Molle auf den Tisch, die Bretter aufs Küchensofa. Heizte. Alma kniete vor dem Ofenloch und schlug mit dem Feuerhaken den Takt, warf Holz nach, schrie wach, wenn es zu wenig. Die Jungen im Nachthemd barfuß zum Stapel hinten im Garten, wie ein Turm aufgebaut, mit Teerpappe abgedeckt, das Beil im Klotz. Fehlte Holz, wurde gehackt. Die Hunde bellten. Der Nachthimmel. Die Milchstraße über der Scheune. Ratten fraßen dem Schwein die Ohren ab, die Sau ihre Ferkel.
Wann schlief Alma, neben dem Herd, auf die Platte gestützt, darunter Ziegel. Am Hitzegrad merkte sies: Gut. Die Schwiegertochter stand oben auf der Diele, vor dem Schlafzimmer, roch, der große Edmund schnarchte. Die Kinder stöhnten im Bett. Die Katze kratzte am Speisekammerfenster: Mulle! Die Mulle! Die Brote zum Aufgehen auf das Backbrett. Tuch darüber. Ich saß frierend daneben. 12 weiche Hügel. Das Tuch hob sich langsam, Stunden. Alma holte aus ihrer Stube einen Schluck: Scharf. Sie nahm meine Hand und kratzte sie.

Mutter, wenn ich sie kämmte, schlug, biß, ihre Zähne in meiner Hand, die Zunge zwischen den Fingern, sie kaute die Knöchel.

Alma kratzte, Haut wurde rot. Pinselte die Brote mit Milch ein, bürstete die heißen mit Wasser. Die gelben Borsten blieben stecken. Alma: Wird mitgefressen. Wurde das Brot zu schnell gegessen, backte sie einen Weckgummi mit ein. Das ekelte die Kinder. Zwirnsrolle und Küchenmesser keine Seltenheit. Die

Stopfnadeln. Darüber wurde nicht gesprochen. Die Schwiegermutter schnitt heraus, verfütterte. Alma warfs ins Feuer.
Jetzt war der Hof beleuchtet. Tag und Nacht, wenn nicht überhaupt Stromsperre. Da machte sie Kerzen mit Schnürsenkeln in Blechdosen. Abends im Zwielicht wurde sie nervös, fahrig, keifte, beim Abendbrot verlangte sie Oberlicht. 8 Birnen à 100 Watt. Sehe, wie dick du die Wurst schneidest. Sie aß wenig, aber stramm Butter, salzte: Schmeckt mir. Die Schwiegertochter dick, die rotgeäderten Wangen. Hygiene. Die Krankenschwester mußte schnell umlernen. Daraufschiffen, das heilt alles, Alma hob die Röcke und pißte auf Grind, der Urin rann ihre Beine herab, in der Scheune, wenn keiner zu nahe. Schmerzen, zum Doktor nie. Der Ausschlag blühte, brach von innen auf, Pergamenthaut, wenn er ruhte. Nach den Hühnern stellte sie die Füße ins Petroleum. Half. Aber der Gestank. Zur Kirmes trug sie ihr blaues Jugendkleid mit bezogenen Messingknöpfen. Mutter besserte es aus, unterm Arm. Reichts Frau Hucke. Eine Schlackwurst.
Die Kinder auf dem Fahrrad, Alma kam nicht mehr hinterher, scheuchte sie auf die Koppel mit der Karre. Alma probierte im Stall das Rad der Schwiegertochter: Die Rocklänge reicht. Die Sackschürze eingeklemmt. Hubert hielt das große Hoftor auf, Alma kreischend durch die Jauchenpfütze, kippelte, trat. An der Brückensteigung ihr die Schafe entgegen, die Hunde. Begriff den Rücktritt nicht. Kurvte. Durch die Schafe, die Pappelböschung, durch die grasenden, schlafenden Gänse in die Helme. Geschrei. Flügelschlagen. Langsam sinkt das Fahrrad im Wasser um. Die Bremsgummi flogen raus. Im Wasser ruderte sie: Kann nicht schwimmen. Die Mühlenfrau holte sie heraus: Das Wasser knietief. Alma ließ das Rad liegen: Verrecke. In den nassen Klamotten auf den Melkschemel. Stripp strapp strull, die Kuh wedelte, Alma mit der Faust in den Bauch.
Die LPG ließ sie links liegen: Ich nicht, der Hof nicht, schafft ihr euer Soll, ich meines. Waren die Küken mißraten, warf sie sie in den Kartoffeldämpfer, waren die Kinder dabei, schloß sie die Klappe. Sie machte schnell reinen Tisch: Das soll sich nicht quälen. Gebrochenes schiente sie. Bei Kropf und Milben jedes Huhn zwischen die Schenkel, mit Sackschürze abgedeckt, einen scharf gewetzten silbernen Löffelstiel, Schnabel auf, das Huhn zuckte, Alma drückte dagegen, schnippte die Geschwulst an den Dämpfer, weißgelbes Fett. Die Kinder holten die Hühner von der Stange. Ein Griff, unter die Jacke zu Alma. Bei über 100. Alma sah von fern, wo die Milben anfingen, beim Fressen, da platzten die Hornschuppen an den Beinen. Alle durchsehen. Den Petroleumeimer. Eintauchen. Sie warf die Tiere mit voller Wucht hinein. Die Kinder standen da, jeder sein Huhn. Alma nahm es, schleuderte es, drückte nach, das Tier auf den Eimerboden, das Petroleum spritzte. Kam das Tier nicht schnell genug raus, schlug sie mit der flachen Hand gegen den Kopf: Nächstes.
Alma hatte die höchsten Eierbeträge. Keine Schwierigkeiten mit dem Soll. Sie handelte, tauschte ein. Alte Glucken lebten lange bei ihr, verscheuchte sie beim Füttern: Ab in die Felder, selber suchen. Kam Alma auf den Hof, kamen die Tiere. Nach den Hunden stach sie gleich mit der Heugabel. Hasso verletzte sie am Auge, blutend kroch er zu ihr. Die Schwiegertochter biß er. Meiner schnappt nur, verteidigte ihn Alma. Der große Edmund brüllte, lag Hasso unterm Herd. Wehe

der Hund kratzte am Heftpflaster, dann trat Alma. Vom Herdblech leckte er nur, was sie fallen ließ. Beim Backen saß er im Fenster, bewachte Anger, Brot und Alma. Schlief sie beim Stricken ein, zerrte er die Sackschürze. Mehrmals verbrannte sie sich, die Hand im Teig, streichelte sie ihn, zog ihn jaulend am Ohr, schob ihm Teig zwischen die Zähne. Dann leckte er die verbrannte Hand ab. Alma setzte die Brille auf und las die Mitteilungen des Demokratischen Frauenbundes Deutschlands. Dann schnitt sie Scheißhauspapier. Hasso lief mit dem Päckchen aufs Häuschen.
In ihr Zimmer durfte keiner. Hasso. Der wurde geduldet. Gläser mit Hagebutten und Taxuskerne in Zigarrenkisten vorm Mann seinem Bild. Ihr Hochzeitsbild. Schwerer Atlas. Das ihrer Mutter. Einreiben mit Kiefernadel und Nessel. Barfuß, die Röcke hoch, wenn ihr Ausschlag näßte. Dann schimpfte sie mit den Bäumen, riß die trockenen Zweige ab. Edmund gehorchte, sagte: Das wird Mutter. Ab, muß ab.
Abends saß sie alleine auf der Hoftreppe, wichste die Schuhe ein, alle, außer die der Schwiegertochter. Als die Straße Lichtmaste bekam, warf sie mit Pflastersteinen die Lampen aus. Der Bürgermeister mit dem Fahrrad vorbei. Alma: Nicht gesehen, was macht der so späte vorm Tore, soll seiner Ollen einschieben. Alma blechte, ließ jetzt das Waschhauslicht aus: Muß sparen. Fiel auf der Straße und setzte in der Bürgermeisterei einen 2. Lichtmast durch, einen Nebenanschluß. Den plazierte sie.
Beim Schlachten mit der Sicherheitsnadel ihr den Schweineschwanz an den karierten Rock. Die Kinder bezogen Dresche. Alma riß eine Dreiangel, die Schwiegertochter flickte. Alma verbrannte den Rock im Dämpfer. Der Schäfer kam wegen der Klauen. Alma saß mit ihm auf der Milchbank. Brummelte. Sie waren zusammen in der Schule gewesen, sagte sie, bis zur 5. Klasse. Und dann arbeiten Wänster.
Wenn er kam, wurden ihre Beine gesund. Die Rose wurde weiß, blätterte ab, neue Haut, um die Ränder blaurot. Er rieb Alma den Rücken ein, Wirbelsäule und Rippen. Ich in der Tür. Leise sie: Naus. Der große Leberfleck rechts unterm Schulterblatt und einer an der Wirbelsäule oben auf dem Huckel.

Hubert und ich machten jetzt die Hühner. Alma in ihrem Fenster sah, wie wir die Tiere in den Hof ließen, wälzten sich im Sand. Gut. Almas spitzer Silberlöffel. Ich stach in den Hals. Die Geschwulst auf der zuckenden Zunge. Ehe ich sie herausbekam. Beim 10. konnte ichs. Hubert pinselte den Hals mit Petroleum aus. Die Zwillige holten sie aus dem Stall.
Der junge Edmund vom Bohrturm, legte sich aufs Kammersofa. Kopfschmerzen. Alma schlich in die Große Stube, horchte nach ihm, brachte Einreiben. Sie sollte ihn nicht anfassen, der junge Edmund kam nicht mehr nach Hause, mit dem Bohrturm im Rieth. An den Wochenenden schloß er sich oben ein. Hubert und ich bei den Zwilligen im Bett. Was machte Edmund. Alma: Der Junge muß zum Arzt. Die Schwiegertochter zum Nervenspezialisten. Im Sonntagsstaat nach Halle. Weißes Hemd und Schlips. Wieder auf den Bohrturm. Wieder Kopfschmerzen. Anfälle. Der Alp. Der Alp kam mit dem Brot. Das heiße Brot.

Zu Hause kriegte ich den Alp, mit eiskalter Brause. Beim Scheuern im Kellergang. Ich rannte nach oben, suchte ein Kopfkissen, kroch aufs Sofa, blaß, schrie. Mutter holte Rose Gerlich, die Apothekerin, Vaters Liebling. Nichts half, bis es vorbei. Das kam tief von innen.

Der junge Edmund blieb oft stehen: Ich denke. Der Kopf leer, könnte so ewig stehen. Alma gab Kneipengeld. Edmund am Tresen. Besoffen. Bekotzte die Steintreppe. Alma wischte. Wann schlief sie. Eines Morgens lag sie im Bett: Ich stehe nicht mehr auf. Tage zuvor sagte der große Edmund, ihr Sohn: Alma stirbt. Seine Frau schien sich verhört zu haben. Die Mutter stirbt, bleib sitzen, iß. Am Abend wollte Alma die Kinder haben. Der junge Edmund wurde mit dem Motorrad geholt. Er hielt ihre Hand. Dann schickte sie alle hinaus: Den Sohn. Edmund kam die Treppe herunter: Gertrud nauf. Die Schwiegertochter jede Stufe einzeln. Sie klopfte. Komm schon Gertrud. Ja Alma. Setz dich. Alma strich das Bett zurück: Ich sterbe. Ja. Du mußt bei mir sein, hol die Zeitung. Paß auf die Kinder auf, das böse Blut, Alma drehte den Kopf zur Seite, die roten Flecken wucherten, mach die Tür leise zu. Unten suchte die Schwiegertochter die Zeitung DIE FREIHEIT. Oben starb Alma. Sie wurde auf dem Backbrett in der Großen Stube aufgebahrt. Ihr schwarzes Hochzeitskleid an, das ihrer Mutter. Ein Buchsbaumsträußchen. Rote Eibebeere. Die Schwiegertochter holte das Backtuch von der Bodenleine und legte es über die Tote. Almas Knöchelfinger, die Nase wuchsen.

BAUSTEINE III

Zeremoniell Ritual Schritt. Ein Zeremoniell bilden wiederholbare, stellvertretende Vorgänge, rituelle Bewegungen mit Gegenständen und deren vorgeschriebene Behandlung, die in ritueller Kleidung ausgeführt werden. Hier liegt die kultische Urform des Theaters, so wie es noch heute in jeder Kirche praktiziert wird, wo durch eine stellvertretende Handlung ein Vorgang, der vor etwa 2000 Jahren stattgefunden hat, nachgespielt wird.

Zu Wagners Lebzeiten war man sich in PARSIFAL-Debatten uneins, ob ein christliches Zeremoniell auf der Bühne abgebildet werden sollte, ob nicht jeder Bezug darauf sakrosankt sei. Tatsächlich ist hier die Crux des Werkes. Religiöses Anliegen und religiöse Praktiken sind dem Theater feind, desavouieren sich gegenseitig, auch wenn der darstellende Künstler, die darstellenden Künste Religions- oder Ideologieträger sind oder sein wollen, sich aus dieser »Priesterschaft« heraus verstehen. Dabei ist eine parteipolitisch oder religiös gebundene »Priesterschaft« leichter einzuordnen als eine, die sich stattdessen am »Menschlichen« orientiert.

PARSIFAL eröffnet ein Zeremoniell: Posaunenweckruf mit anschließendem Morgengebet von Gurnemanz und dessen Knappen. Später führt Wagner im Auftritt des Amfortas und dessen Begleitung ein Zeremoniell durch festgelegte Schrittfolgen ein. Im Verlauf der Szene arbeitet er mit dem Auseinanderbrechen der Schrittfolgen, Änderungen der Schrittzahl, ausgehend von 23-24 Schritten, nimmt diese jedoch vor der VERWANDLUNGSMUSIK thematisch wieder auf, im Hintergrund mit dem heimkehrenden König, im Vordergrund mit Gurnemanz und Parsifal, die als Paar jetzt das zeremonielle Schreiten definieren:

Parsifal:
Ich schreite kaum,
doch wähn ich mich schon weit.

Gurnemanz:
Du siehst, mein Sohn,
zum Raum wird hier die Zeit.

Partituranweisung: Allmählich, während Gurnemanz und Parsifal zu schreiten scheinen, hat sich die Szene bereits immer merklicher verwandelt ... in den Felsenwänden öffnet sich ein Torweg, welcher die beiden jetzt einschließt. Nach der VERWANDLUNGSMUSIK die Partituranweisung: Durch aufsteigende gemauerte Gänge führend, hat die Szene sich vollständig verwandelt. Gurnemanz und Parsifal treten jetzt in den mächtigen Saal der Gralsburg. Später: Von rechts schreiten die Ritter des Grals herein und reihen sich um die Speisetafeln. Mottl: Ritter hier sichtbar, jeder halbe Takt ein Schritt. Knappen von rechts nach links, jeder Viertel-Takt ein Schritt. Partituranweisung: Ein Zug von Knappen durchschreitet schnelleren Schrittes die Szene nach hinten zu. Mottl: Knappen von links nach rechts weiter vorne als die vorherigen. Partituranweisung: Ein 2. Zug von Knappen durchschreitet den Saal.

Auf der kontrastierenden Kombination von jeder Halbe-Takt ein Schritt, jeder Viertel-Takt ein Schritt baut sich die 1. GRALS-Szene. Die beiden Tempi lassen sich nur abbilden, wenn beide Gruppen groß genug sind, die Knappengruppe sich sogar antik teilen kann. In der Prozession und dem sich anschließenden Zeremoniell nimmt Wagner die »vorbereitenden Schritte« der Eröffnungsszene, den Zug des kranken Königs, wieder auf, jetzt in vergrößerter Form.
Der Trauermarsch ist das bestimmende Tempo, so konzipiert, daß die Männer, die großen Personen, langsam schreiten, die Knaben, die kleinen Personen, dagegen schneller. Wie wenn verschiedene Raupen in unterschiedlichem Tempo kriechen. Und dann der Stillstand dieser Tempi, verbunden mit der Zeremonie: Öffnung des Gralsschreines. Anschließend das vorgetäuschte Mahl, das mehr Ritual als Mahlzeit ist, eine Eßanweisung Wagners fehlt. Mottl: Die Ritter trinken. Sie setzen die Becher nieder. Gurnemanz tritt in die Mitte und gibt das Zeichen zum Aufbruch. Die Ritter schreiten von beiden Seiten auf einander zu, um während des Folgenden sich feierlich zu umarmen. Die 2. GRALS-Szene wiederholt die Einzugsprozession, der Chor ist wieder antik geteilt, der eine mit dem kranken König, der andere mit dem Sarg seines Vaters. Beide Züge definieren ihr Mißbehagen an ihrer Trägerfunktion. Die Revolte der Ritter gegen ihren amtierenden König, der Träger gegen ihre Last, drückt sich sowohl in dem trauerzugähnlichen Auftritt aus als auch in der Beschränkung auf einen einheitlichen, durchgehaltenen Schritt, die Unterscheidung zu den Knappen der 1. Szene fehlt. Außerdem scheint sich die Szenerie, obwohl wir uns in derselben Halle wie zu Beginn befinden, geändert zu haben. Partituranweisung: In der Mitte ist der Katafalk errichtet, dahinter der Hochsitz mit dem Baldachin, auf welchem Amfortas niedergelassen wird. An anderer Stelle heißt es: Amfortas ist auf das Ruhebett hinter dem Gralstisch niedergelassen, der Sarg davor niedergesetzt worden. Die erste Angabe ist von Wagner gestrichen worden, scheinbar korrigiert er den Umbau der Halle zum Staatsakt: Hochsitz und Katafalk contra Ruhebett und Gralstisch. Die Zusammenballung in der Schlußszene läßt Zweifel an beiden Anweisungen aufkommen, der kranke Sohn auf dem Thron, der tote Vater im Sarg, die ihm gegenüber revoltierenden Ritter, die der Sohn bei der Sargöffnung provoziert, ihn zu ermorden. Partituranweisung: Beim Anblick der Leiche Titurels bricht alles in einen jähen Wehruf aus. Die Provokation gelingt nicht: Springt in wütender Verzweiflung auf und stürzt sich unter die zurückweichenden Ritter. Später: Er reißt sich das Gewand auf. Später: Alle sind scheu vor Amfortas gewichen, welcher in furchtbarer Ekstase einsam steht.
Bis zu diesem Zeitpunkt ist die gesamte Dekoration, Hochsitz oder Ruhebett, überflüssig. Wagner weist sogar an, daß Amfortas zunächst auf dem Ruhebett

Platz genommen hat, von diesem aus den geöffneten Sarg sieht: Von seinem Lager sich hoch aufrichtend, zu der Leiche gewendet. Später springt er auf, stürzt sich unter die Ritter. Ein solches räumliches Durcheinander, wo, wie an vielen anderen Stellen auch, die vorgegebene Form den vorgegebenen Inhalt abwürgt. Diese Unstimmigkeiten mogelt das Brimborium um die einzelnen Wagner-Werke weg, statt in den Differenzen Denktreibstoff zu sehen eines andauernden, stets ungelösten Problems.

Wagner geht völlig auf den Staatsakt, da muß der amtierende König auf den Hochsitz unter den Baldachin, schon das Ruhebett ohne Baldachin ist Abschwächung, Wagner entscheidet durch den Strich seiner Anweisung, das Problem aber ist damit nicht vom Tisch. Auch für den weiteren Szenenverlauf ist solche Dekoration überflüssig. Partituranweisung: Parsifal besteigt die Stufen des Weihtisches, entnimmt dem von den Knaben geöffneten Schreine den Gral und versenkt sich, unter stummem Gebete, kniend in seinen Anblick. Vergleicht man bisherige szenische Lösungen, so drücken sie sich allesamt um den beschriebenen Mißstand, Totenfeier und Gralszeremonie. Notgedrungen ist dann der letzte Auftritt Parsifals, geleitet von Gurnemanz und Kundry, wegen seiner Disparatheit weggerückt, erscheint beiläufig oder höchst intrigant. Nur das abschließende Gralslichttheater harmonisiert, versucht alle Widersprüche musikalisch aufzulösen. Wagner muß sich des schmerzhaften Zustands, keine Lösung zu finden, bewußt gewesen sein, wird doch hier in jedem Detail der Kampf mit dem antiken Vorbild deutlich, die Beschränkungen seiner Umsetzung.

Die Szene, ausgeführt auf den Stufen des Pergamonaltars, eines antiken Heiligen Gebäudes, wäre so nicht denkbar, erschiene als überaus kleinlich angelegt. In dieser Architektur hätte weder ein Requisit noch ein Lichtwechsel die von Wagner angestrebte Bedeutung, dafür die Tageszeiten, ihre Schattenbildung oder Feuer, wie in AGAMEMNON beschrieben. Die Stufen des Pergamonaltars definieren im voraus ihre Nutzung, lassen nur ein sehr langsames Auf- und Absteigen zu, bedingt durch Stufenhöhe und Treppensteile. Beschleunigte Bewegungen verlangten bestimmte Beinbekleidung und Saumhöhe, ein Sturz auf dieser Treppe ist mit schweren Folgen verbunden. Steht man oben auf dem Altar, wird durch die Treppensteile ein verlangsamtes Tempo initiiert, ohne daß man sich dessen bewußt ist. Schon nach einer Stufe abwärts weiß man, wie sich die innere Senkrechte zum Kniegelenk verhält, wie sich Auge und Himmel verbinden müssen, in einem angenommenen unendlichen Punkt, wie man mit den Armen den vor sich befindlichen leeren Raum einfangen, umarmen, sich in ihm festhalten, definieren muß. All das klärt sich in dem Moment, wo man die Balance gefunden hat. Danach ist man auf dieser Treppe ein anderer Mensch. Nichts von dem bei Wagner, nur Theatermüll, der organisiert werden muß. Selbst die Sandalenfilme, die antikes Pappgemäuer durch künstliche Beleuchtung zur szenischen Aufladung einsetzen, versuchen noch durch die Verwendung von kultischen Fackelträgern und unsichtbar gespeisten Flammen »natürliches« Feuer vorzutäuschen. Die gelungene Vortäuschung ermutigt noch mehr zur künstlichen Effektbeleuchtung.

Jede Olympiafeier ist ähnlich organisiert. Die Behandlung des Feuers ist zwar symbolischer Akt, aber die Versammlung um die Flamme findet ausschließlich bei künstlichem Licht statt, das eigentliche Symbol ignorierend. Damit ist das Kernproblem antiker Beleuchtung umgangen: Gottanwesenheit, Abnahme des natürlichen Lichts über dem Schauplatz, beginnende Feuer, Erlöschen derselben, Nacht, dionysischer Taumel.
Schon die Aufzählung macht den Verlust bewußt, dem unser heutiges Theater, das bürgerliche Schauspiel, unterworfen ist, den Rückzug in die Innenräume, die Veranstaltungen im Kleinen Kreis. Die Rückbesinnung auf die große italienische Oper, auf Donizetti und Bellini, will das Gefühl für den Verlust wachzuhalten, haben diese Komponisten doch versucht, »antike Zustände« auf die große Bühne zu frachten, ihre Figuren in Nacht wegsacken zu lassen.

Zurück zu PARSIFAL. Um überhaupt die Komponistenvorgabe für die 2. GRALS-Szene anvisieren zu können, muß der Trauermarsch vom Orchester während der gesamten Szene streng durchgehalten werden. Selbst unter den Ausbrüchen des Amfortas geht der Trauermarsch im Ohr weiter. Das vom Chor aus sichtbar zu machen, wäre eine große Schwierigkeit für die Darsteller, aber so erschiene die Primadonna sofort im Griff des Rituals, und ihr aussichtsloser Kampf damit gewänne an Bedeutung, würde die Zerreißprobe zwischen Individuum und Chor verdeutlichen, zwischen König und Gefolgschaft. Damit wäre ein wesentlicher Unterschied zum Zeremoniell der 1. GRALS-Szene erreicht, deren Zeremoniell hat nur einer im Griff: Titurel, der »amtierende König der Szene«. Er stoppt es. Völliger Stillstand, keine Bewegung.

Das Defilee war Baustein meiner Inszenierungen, z. B. die KAISER-Szene in GESCHICHTE GOTTFRIEDENS VON BERLICHINGEN MIT DER EISERNEN HAND DRAMATISIRT. Hier war es die Arbeit der Darsteller, voran David Bennent, der in den Proben das Defilee anführte, dieser einfachen Form seine Form gab. In seiner Formung waren Entrücktsein, Ekstase, Heiligkeit kein zu diskutierendes Thema mehr, er war all das selbst, von ihm ging das aus, von ihm ausgehend ergriff es auch die Partner. Grundlage der Schrittfolge war das von allen Darstellern a cappella gesungene TE DEUM. Für den zeremoniellen Auftritt stand uns eine 43 Meter lange Steg-Bühne zur Verfügung, so gebaut, daß ihren Unterbau ein durchsehbares Gitter abdeckte. In diesem Gang arbeitete Gottfried mit seinen Vertrauten, der Gang war Zuflucht, Schlupfloch, Gefängnis, oben agierte das Heilige Römische Reich samt Kirche. In der KAISER-Szene spielten beide Parteien, wird doch hier der Übergang Weislingens von der einen zur anderen Partei abgehandelt. Kaiser und Hof verließen mit Gesang und Schrittfolge des Anfangs ihre Bühne, führten den für sie geretteten Weislingen mit.
Diese Szene spielten alle Darsteller, die von der Straße her die Bühne, das Bokkenheimer Depot, betraten, meist in Regen und Schnee, halbnackt unter Decken und Mänteln, mit schweren brennenden Kerzen, der einzigen Beleuchtung. Die Szene selbst war kniend, etwa 30-45 Minuten, je nach Platzposition des Darstel-

lers im Defilee. Der Auftritt vereinigte viele einzelne Szenenpartikel, die in diesem Stück oft recht kurz sind, sodaß die Eröffnung des Kampfes der beiden Parteien danach unausweichlich ist. Durch die doppelte Bühne war eine Gleichzeitigkeit möglich, die im Text oft vorgegeben scheint. Ähnlich dem unaufhörlichen Ortswechsel während der Schlacht, wo ein Zuschauer ohne richtige Anordnung derselben kaum in der Hetze mitkriegt, wo er sich befindet, wer zu wem gehört.

KÖNIGE I

Machthaber. Lenin: Für meine Ausstellung REPUBLIKFLUCHT WAFFENSTILLSTAND HEIMKEHR finde ich den LENIN, den ich in GERTRUD beschreibe. Die Plastik ist nach der Wende aus dem Zentrum von Eisleben entfernt und nach Berlin verfrachtet worden, steht im Zeughaus zwischen Speisesaal und Toilette in der Ecke.
Ein Kran hievt die Plastik über den Marx-Engels-Platz vor den Marstall auf den Berg von Pflastersteinen. Der Haltegurt liegt LENIN wie ein Strick um den Hals. Die wenigen Leute, die früh genug aufgestanden sind, sich langsam einfinden, sehen einen beängstigend langsamen Vorgang, der Kran bewegt sich schrittweise, die Plastik schwingt, muß jeden Augenblick gestützt werden. Das Museum für deutsche Geschichte, das Leihgeber ist, wünschte den Transport sehr früh, inzwischen ist es hell. Kamerateams sind da, Leute. Langsames Tempo. Man ist beklommen, auch ich weiß noch nicht recht, wie wir LENIN zum Liegen bringen, später geht das leichter als erwartet. Es ist kalt. Lenin schaukelt. Im Hintergrund die Linden, die Staatsbibliothek, seine Arbeitsstätte. Die Plastik nimmt keine Notiz, die joviale Haltung der Figur, die sich in späteren Ausformungen ändert, ist versöhnend. LENIN hängt mit der Hand in der Tasche am Krangalgen.

Transport und Aufbahrung erregen 1992 Protest, nicht nur bei SED-Linientreuen, als LENIN dann vor dem Marstall liegt, halten Autobusse, teils mit Hohnkommentaren, teils mit Blumenstrauß. Nachts wird LENIN bewacht, doch gibt es Grüppchen und Cliquen, die hier rumsitzen, rauchen, Gitarre spielen, wilde Politdiskussionen, LENIN wird bespuckt, bepinkelt, geküßt, mit Pflastersteinen behämmert: Erwache, steh auf, bring die Welt in Ordnung.

Jahre später fotografiere ich eine zerfetzte Zeitungs-Reklame, auf der noch LENINS Kopf zu sehen ist: 2. Preis im Fotowettbewerb, Name unleserlich, zerrissen. Auf dem liegenden Bronzeguß mit aufgestütztem Arm eine sinnende, junge schwarzhaarige Frau mit dem Blick Iphigenies über das Meer, unter ihr Opfermesser und phosphoreszierende Knochen, Feuerbach hat so gemalt.

Komtur: Wagner meint, Mozarts Figur zu verbessern, indem er seine Figur fast unsichtbar macht, den Widerspruch zwischen szenisch-agierendem Pappdenkmal und Grabesstimme aufhebt. Die Korrektur ist nur äußerlich, Wagner hält sich streng an Mozarts Vorbild: 1. Die Benutzung der Stimme. 2. Die Benutzung des toten Bildes, Titurel im Sarg. 3. Die Verlebendigung des toten Bildes, Titurel erhebt sich am Schluß segnend. Der Höllensturz Mozarts scheint aufgegeben, so die herkömmliche Interpretation, Wagner öffnet den Himmel.
Auch den Komtur umgibt Unklarheit, trotz strenger Ordnung, er vertritt Gerechtigkeit, Rache, doch beherrscht das Mitverschulden die Szene, so als erzwänge

die Welt des Komturs ihren Zerstörer, als behielte Giovanni Recht, vor allem, da sich die Höllenfahrt nur als Theaterdonner erweist, nicht die Mozarts, die auf unseren Bühnen. Die Zerreißprobe zwischen Höllenfahrt und übriggebliebenen Mickerlingen, den raffbeutegeifernden Moralpauken, die sich in Unschuld sonnend singen. Die Zerreißprobe zwischen diesen Polen muß der Zuschauer erleben, selbst Giovanni werden.

Titurel: Cosima notiert in ihrem Tagebuch, daß Wagner sie suche: Ich rief aus der Halle den Kindern, damit sie dich riefen, niemand hörte mich. Ich komme herauf, um dir zu sagen, daß der Eintritt der g-Pauke das Schönste ist, was ich je gemacht habe. Ich begleite Richard hinunter, er spielt mir die Salbung Parsifals durch Titurel mit dem wunderbaren Kanon und die Taufe von Kundry mit dem Vernichtungsklang der Pauke. Vernichtung des ganzen Wesens, jedes irdischen Wunsches, sagt R.

Normalerweise ist »Titurel« an dieser Stelle in »Gurnemanz« verbessert, als sei Cosima ein Schreibfehler unterlaufen. Aber liegt nicht Titurel viel näher. Das Paar Wagner erfreut sich der Vertonung, Cosima schreibt: R. erfreut sich des hohen, geheimnisvollen Umstandes, daß er kein Wort in PARSIFAL umstellen – und zu ändern hat, es stimmt die Weise und das Wort.

Keine Änderung? »Titurel« doch ein Schreibfehler? Das Paar nimmt wiederholt Umstellungen und Änderungen des Handlungsverlaufs vor, jedoch die verworfenen Lösungen bleiben stets durchscheinend, lassen sich nicht vollständig abdekken, die verworfenen Gedankengänge nicht rückgängig machen.

Seit der 1. Textfassung ist Titurel eine der bestumrissenen Figuren, vielleicht daher die Schwierigkeiten, die Wagner mit dem alten König hat, ihn deutlich in den Folgefassungen abschwächt, seine Bedeutung reduziert. In der 1. Fassung heißt es: Vom tiefsten Hintergrunde vernimmt man aus einer gewölbten Nische die Grabesstimme des alten Titurel: Mein Sohn Anfortas*, bist du am Amt? – Schweigen – Soll ich den Gral heute noch sehen, und leben? – Schweigen – Muss ich sterben ohne den Retter zu begrüßen?
Anfortas jammert, die bluthungrigen Gefolgsleute lechzen.
Titurels Stimme: Enthüllt den Gral!
Unter »Murren und Klagen« der Ritter wird der Blut-Kelch vorbereitet.
Titurels Stimme: Sprich den Segen!
Der Kelch wird enthüllt, er erglüht, der Retter muß nah sein.
Im Kindersuchspiel heißt es jetzt: Warm! Wärmer! Kalt! Ganz kalt! Heiß!
Man hört Titurels Stimme einen Seufzer des Wohlgefühls ausstossen. – Stimmen aus der Höhe ertönen. Titurel spricht den Segen.

* 1. und 2. Fassung Anfortas, 3. und 4. Amfortas

In der 2. Textfassung kommen weitere Repliken dazu. Titurel befiehlt seinem Sohn, das Ritual aufzuschieben, lehnt die von seinem Sohn angetragene Übernahme der Zeremonie ab, diese könne nur er, sein Sohn durchführen, er soll ihn damit nicht belasten: Im Grabe leb ich durch des Heilands Huld, zu schwach doch bin ich, ihm zu dienen. Du, büß deine Schuld im Dienste! Enthülle den Gral!
Sein Sohn nimmt unter unerträglichen Schmerzen das Ritual auf, im einsetzenden Lichtwunder sind Qual und Verzückung nicht mehr zu unterscheiden, der Blutaustausch findet statt, das sündige spritzt aus ihm heraus, hin und her wankend schreit er nach Erbarmen und Erlösung, sinkt bewußtlos zurück, kommt wieder zu sich, als er endlich den Kelch enthüllt, fährt sein Vater dazwischen: Oh, heilige Wonne! Wie grüßt uns der Heiland heute so hell!

Die von Wagner angeordnete räumliche Nähe von Nische/Grab und Ruhebett/Thron läßt den Sohn die ununterbrochene Anwesenheit seines Vaters, seines eigenen Versagens, seiner quälenden Erlösungshoffnung peinigend erleiden, was er auch unternimmt, er kann nicht entkommen, er sitzt fest. Deshalb auch die fast gefesselte, halb liegende Haltung, ein Sohn auf dem Prokrustes-Bett, ein Paradebeispiel christlicher Liebe zwischen Vater und Sohn, die sich gegenseitig ans Kreuz nageln wollen.

Die Dichtung konzentriert ihr Verhältnis, es bleibt jedoch unentschieden, ob Titurel überhaupt die Bühne betritt, diese Unstimmigkeit behebt auch die Partitur nicht. Wagner ist sich uneins, ob er die angestrebte Bedeutung durch die Bühnenpräsenz der Figur erreicht oder nur durch ihre Stimme.

Der Partiturtext macht Striche: Nachdem alle ihre Stelle eingenommen haben und ein allgemeiner Stillstand eingetreten war, vernimmt man vom tiefsten Hintergrunde her aus einer gewölbten Nische hinter dem Ruhebette des Amfortas die Stimme des alten Titurel wie aus einem Grabe heraufdringend:
Mein Sohn Amfortas, bist du am Amt?
Langes Schweigen
Soll ich den Gral heut noch erschaun und leben?
Langes Schweigen
Muß ich sterben, vom Retter ungeleitet?
Amfortas schreit, will sterben, sein Amt nicht verrichten, zu dem ihn der Vater zwingt, er solle stattdessen leben, er selbst wolle sterben. Titurel mahnt und befiehlt:
Im Grabe leb ich durch des Heilands Huld:
zu schwach doch bin ich, ihm zu dienen.
Du büß im Dienste deine Schuld! –
Enthüllet den Gral!
Amfortas weigert sich, fleht, will den Blutaustausch nicht stattfinden lassen, er erlebt ihn, meint Christus am Kreuz zu gleichen, brütet und schachert wie Klingsor, bettelt um Erbarmen und Tod.

Knaben, Jünglinge, Ritter preisen Erlösung in ihrem Bluthunger. Titurel zwingt seinen Sohn, weiß, daß er daran nicht mehr zerbricht, wird ihn um so mehr martern, noch länger quälen, er befiehlt: Enthüllet den Gral!
Der Sohn zögert, nach der Dichtung sollte Titurel hier nochmals eingreifen, Wagner streicht das barsche Kommando: Der Segen! Er läßt Titurel nur noch einmal zu Wort kommen, als Amfortas mit zusammengebissenen Zähnen den Kelch über Brot und Wein zelebrierend erhebt, kaum unterscheidet, was er sieht, die Mannschaft auf den Knien, im heiligsten Moment des Rituals, der König mit schmerzverzerrtem Gesicht, das Blut schießt aus der Wunde, tropft an seinen Kleidern herunter, klebt Schenkel und Genital zusammen, hängt an ihm wie ein schweres Gewicht, zieht ihn nach unten, er bäumt sich nach hinten, reißt die Vernarbungen auf, die dünnsten Schichten, durch die das Blut tropfenweise tritt, dick sich bildet, noch abgeputzt rot unter der Hautschicht steht, um bei jeder Oberflächenbewegung hervorzuschießen. Der Vater schreit seinem Sohn ins Ohr: O heilige Wonne! / Wie hell grüßt uns heute der Herr! Schmerz ist ihm Freude geworden, ob Titurel den Gral seit dem Machtwechsel sah oder sehen durfte, bleibt unentschieden. Ob er nur seinen Widerschein wahrnimmt, sein Licht nicht mehr erträgt, ihm ausweicht, sich versteckt?

Zu Titurel findet sich keine Anweisung mehr, der erst im Sarg wieder auf die Bühne kommt. Kein Hinweis, ob er den Gral sah, keinen, ob er bei der Speiseverteilung berücksichtigt wurde, ob er aß und trank. Kein Hinweis, ob er je die Bühne betritt. Parsifal, Amfortas, Titurel nehmen nichts zu sich, darin drückt sich ihr Königtum aus, sie sind keine Kannibalen.
Der Vater-Figur ist kaum Platz eingeräumt, obwohl sich in ihr die gesamten Verwicklungen kreuzen, hier ist der Kern, hier ist ein Lear mit der einzigen a cappella-Stelle, im Gegensatz zum Chor a cappella: Durch Mitleid wissend, das Orchester vereinnahmt endlich Titurels a cappella-Einsatz, drückt die Figur weg, sie scheint in ihm unterzugehen, tatsächlich im Orchester begraben. Doch so, als stiege sie jeden Moment aus der Klangmasse, als käme doch eine a cappella-Wendung, als würde das Orchester endlich schweigen. Dem ist nicht so. Das weiß man schon nach dem 1. Aufzug, auch, daß jetzt keine Aufwärtsbewegung mehr stattfindet, sondern Vernichtung, was dann auch eintritt, was man ungern wahrnimmt, wegschiebt, für sich ausblendet, sich lieber in die Musik flüchtet, die den Untergang »verschleiert«, als sei er nicht da, nur Widerschein, nur Erscheinung, nur Projektion.

Manchmal stand ich am Kanal, gegenüber die Ostmauer, Wachtürme, die Sonne wanderte aus Westberlin nach Ostberlin*, senkte sich über das Wasser, ging hinter der Mauer unter. Krähen und Kälte stiegen hoch. Lange noch sah ich vom Bus den Widerschein, wie langsam der Westen zum Osten eindunkelte, beides Nacht wurde. Dann rissen die Wolken auf, die Mauer in einer Feuerkrone. Sonne erfüllte den Bus. Dann alles wieder Herbstnacht und Neon.

* Am Teltow-Kanal liegt Ostberlin in westlicher Richtung, Westberlin in östlicher.

Obwohl Wagner unaufhörlich stöhnt, notiert Cosima: R. ist ganz erfüllt von seiner herrlichen Arbeit. Er glaubt, er werde Titurel nicht mehr reden lassen nach dem Mysterium.
Tage später schwafelt man: Wer ist Titurel?, fragt er mich. Ich sinne – Wotan, sagt er, in der Weltentsagenheit wird ihm Erlösung zuteil, ihm wird das höchste Gut anvertraut, und nun hütet er es kriegerisch göttlich.
Ein schöner Gedanke! Ich sage, man müßte den Namen Wotan im Namen Titurel wiederfinden, er sagt: Titurel, der kleine Titus, Titus das Sinnbild für königliches Ansehen und Macht, Wotan der Gott-König.

Titurel markiert das Zentrum der 1. und 2. Grals-Szene, doch Wagner ist ihm gegenüber in der Amfortas-Position, das Versprechen der Figur, ihre Bedeutung bleibt uneingelöst, auch als Titurel tot ist. Er muß beseitigt werden, aber wie?
In der 2. Grals-Szene wird Titurels Leiche, der Sarg, antikisierend im Zug herumgetragen, ihm entgegen kommt der Gegenzug, den Sohn tragend, der Lebende begegnet dem Toten, ihre Chöre singen, beide werden abgesetzt. Unter Wehgeschrei entlädt sich die nächste Szene, die die Trennung von Trägern und Getragenen klar macht, die Palastrevolution ist nicht aufzuhalten.
Unter Wehgeschrei wird der Sarg des Vaters auf Befehl des Sohnes geöffnet, ein szenisch wichtiger Vorgang, den deshalb jede Einspielung meidet, man könnte durch Geschrei von der Musik abgelenkt werden, den konservativen Vorbehalt langfristig untermauernd, daß sich hier Autor und Komponist bekämpfen. In keinem Punkt sind die Feinde inniger als in diesem, wenn beide Schmerz ausloten: Sehnen und Stöhnen. Mottl weist für die Szene an: Hier ist das Bahrtuch von 2 dienenden Brüdern soeben zurückgeschlagen worden. Wagner: Amfortas von seinem Lager sich hoch aufrichtend, zur Leiche gewendet. Mottl weiter: Amfortas sinkt in die Knie. Richtet sich wieder auf. Amfortas mit tief gesenktem Haupte.
Der Sohn schreit um Hilfe, bittet um Fürsprache des Toten, er vergewissert sich, ob der Alte verreckt ist, ihn endlich in Ruhe läßt, gleichzeitig gepeinigt, erschauert vor dem Totenpomp, der ihn irritiert, an den er sich nicht mehr erinnert. Amfortas ist unschlüssig, quält sich zum Sarg, versucht, den großen Deckel alleine zu bewegen. Riskiert, den Toten zu verletzen, er lebt nicht, er fühlt die Befreiung. Vor dem Sarg, unter dem Wehgeschrei, erleidet Amfortas einen »Einsamkeitsschock«, sieht sich allein, ausgestoßen, zurückgelassen. Fast kindlich klammert er sich an den Toten, wie an ein Spielzeug, das man nicht losläßt. Dann aber wird er zu einem Tier, das den Tod spürt, ausbricht und wegläuft.

Warum soviel Theater um eine Vater-Figur, die innerhalb einer Szene nur 4 Einsätze hat, höchstens 20 Minuten von 5 Stunden. Die Diskrepanz zwischen dem, wofür die Figur steht, und dem, was sie tatsächlich auf der Bühne macht, ist beträchtlich. Titurel ist nicht nur Zentrum der 1. GRALS-Szene, sondern des gesamten 1. Aufzugs, die Antwort auf Kundrys: Sind die Tiere hier nicht heilig? Zwischen beiden Figuren ist die gesamte Handlung aufgeteilt.

Wen sieht man. Ist das ein König? Der Alte in absoluter Abhängigkeit, ein mißhandelter, verspotteter Lear, ein Vater Moor, ein geblendeter Ödipus, der sich zu seinem Grab vortastet.
Amfortas will nicht krepieren, er will sich zunächst aus der Vorherrschaft seines Vaters befreien, trampelt den zu Tode, läßt ihn verhungern, damit er endlich dessen Zwang entgeht, damit die Primadonna, also auch nicht mannbar, wie Gurnemanz uns glauben machen will, Freiraum hat und tatsächlich aus der Wunde blutend weiterleben kann, denn für eine todbringende Wunde gibt es keine Anzeichen. Mannbar oder nicht, Amfortas kann es nicht mehr beweisen, da er entmannt ist, wir hören davon ausschließlich Gurnemanz sprechen, der in diesen Vorgang schuldhaft verwickelt ist. Dekadenz, der König kann keinen König zeugen, also muß er abgeschafft werden. Ist Cosimas Schreibfehler richtig, so verlassen Gurnemanz und Titurel die Burg, da Amfortas Herr ist, die Gralsöffnung verweigert, sich als amtierender König gegen seinen Vater und die gesamte Ritterschaft durchsetzt.
Zwangsläufig muß Titurel als verantwortungsbewußter König, zu dem wird er von allen stilisiert, als letztes Lebenswerk die Salbung des neuen Königs, des Killers, vornehmen. Cosima: Er spielte mir die Salbung Parsifals durch Titurel mit dem wunderbaren Kanon und die Taufe von Kundry mit dem Vernichtungsklang der Pauke.

Eine Lesart: Die Ritterschaft stoppt mit dem Gralswunder ihren Tod, ihr Altern, hält sich für ihren soldatischen Einsatz fit, kann nur in diesem verletzt werden, sterben. Damit bedarf sie auch keiner Frau, um soldatischen Nachwuchs zu zeugen. Das auferlegte Keuschheitsgelübde verneint Zeugung und sexuelle Lust, hält den Kreis der Wunderteilhabenden klein, verhindert, daß durch Nachkommenschaft und häuslichen Anhang Spaltung, eine Verunreinigung eintritt. Daher ist jede Frau Existenzbedrohung der Ritterschaft. Das hat Klingsor begriffen, schickt ihr Kundry entgegen. Sie bringt sofort die einfallende Armee ins Wanken, spaltet den Anführer von seiner Truppe, läßt ihn sein wichtigstes Kriegsgerät, das die Unbesiegbarkeit seines Besitzers sichert, vergessen, veruntreuen, der König verliert Kopf und Geschlechtsorgan, damit seinen Thronanspruch.

Ungelöst bleibt die Frage nach Amfortas' Mutter. Parsifal, der neue König, ist ein »Wahlkönig«, nach dem Zölibat zeugt er nicht, obwohl ihn der Gralsprinz Lohengrin als seinen Vater ausweist.
Für das Gesamtverständnis des Verhältnisses von Männern und Frauen ist das Fehlen der Mutter des Amfortas wichtig. Kundry könnte diese Mutter sein, die ihren Sohn als unwürdig betrachtet oder sich von ihm verraten fühlt oder ihn als in die Welt des Vaters Übergetretenen in ihre Arme lockt und verstümmelt, gleich den antiken Figuren, die ihre Nachkommen vernichten. Wagner vermeidet bewußt jede Klärung und öffnet den Vermutungsdschungel.

Ungeklärt bleibt, warum Titurel den Hinausschmiß Parsifals nicht stoppt, er ist als einziger anwesend, wie von Wagner angewiesen in einer Nische, im Grab, in der Ecke, er ist da, greift aber nicht ein, sondern läßt geschehen. Gurnemanz überschreitet seinen Kompetenzrahmen, beachtet hier kein Verhältnis zu Titurel, obwohl sein Monolog es definierte, szenisch wird dagegengehandelt. Die in den Wesendonk-Briefen beschriebene Kundry-Anwesenheit, ihr Schrei, könnte die familiären Verhältnisse ordnen, er unterbleibt, nach ihm wäre sie Mutter von Parsifal, Amfortas und Klingsor. Wie Dachziegel schieben sich die Figuren übereinander, decken sich ab, um unverhoffte Abweichungen kenntlich zu machen, wo noch weiche Teerklumpen hängen, Moos angesetzt hat, Steine vom Schornstein abfielen, der Wind einzelne hochheben wollte, das Gebrannte zu bröseln begann.

MUTTER

Parsifal und Schmerzeleide-Herzeleide. Der Älterwerdende tritt einer Altgewordenen in sichtbarer Abwehr der Begegnung gegenüber, trotzdem zu diesem nötiggewordenen Dienst bereit, dem er sich im Bewußtsein innerer Überlegenheit nicht entzieht, in der Überzeugung, das gemachte Zugeständnis schneller verkraften zu können, noch in dieser Überlegung sich eigener jugendlicher Kraft versichernd. So vorbereitet, wird die Begegnung, die Spannung zwischen einem 50jährigen Sohn und seiner 80jährigen Mutter, unerträglich, da er altgeworden von seinem Älterwerden unterminiert ist, diesen Abbau wiederholt zu verdrängen versucht und das Ergebnis des von ihm schon empfundenen Abbaus leibhaftig vor ihm steht, sodaß er sich erschreckt abwendet, immer noch Kind geblieben, immer noch dieser Person seiner Mutter untergeordnet, zu der er auch in diesem für ihn entscheidenden Moment keine Zuneigung empfindet, sondern der Ekel kommt hoch, wie er sich auch zusammenreißt, sich Vorwürfe macht, muß er doch nur einen Augenblick allein sein und das Drama seines Älterwerdens, seines Abbaus kann er im Spiegel ansehen, sich ausziehen und vor ihn hintreten wie vor seine Mutter, denn der Spiegel ist ihm in diesem Moment mehr Mutter, und er kann sich in den Zustand bringen, sich zu lieben. Seiner für einen Moment bewußt zu werden, über seinen Körper zu streichen, seine Brustwarzen zu kneifen, über seinen Bauch, die Schenkelinnenseite und an seinem Fleisch zu erfahren, indem er sich seines Fleisches versichert, daß der Alterungsprozeß noch nicht eingetreten ist.

Kommt es jetzt zu einem Samenerguß, ist er Selbstbehauptung, zugleich die Erinnerung an das erste Mal, an das erste Gegenübertreten. Diese Kraftprobe bleibt nicht ohne Erschütterung, und, sich anziehend und abwischend, ist er zu lässig, läßt an sich die Erkennungszeichen zurück, die ihm sein Gehirn als Lebensbeweis gibt, überlistet vielleicht sogar seine eigene Vorsicht, indem sein Geruch noch ein anderer ist und bleibt und er sich so, wieder seiner Mutter gegenübertretend, zwar als Mann behaupten kann, als eigenständige Person, die aber mit nur einem Blick, vielleicht mit der Erinnerung der Mutter, die möglicherweise erst in ihrem Gehirn sortieren muß, erkannt wird.

In diesem Moment fühlt er auch den Samen am Schenkel, wird sich seiner Unvorsichtigkeit bewußt, konstatiert aber auch befriedigt, daß die noch austretende Samenmenge von ihm unterschätzt wurde, fast mit einem Glücksgefühl sitzt er seiner Mutter gegenüber, daß die Kraft seines emporschießenden Samens noch immer so ist, daß er sie nicht kontrollieren kann. Er rückt seinen Leib in seiner Hose zurecht. Die Mutter ihm gegenüber erkennt auch das. Auch sie ist von der Erregung ergriffen, die der Sohn nicht mehr zu verheimlichen sucht, doch für sich innerlich in die Grenzen bringen will, die ihm ein ungezwungenes Verhalten ihr gegenüber ermöglichen.

In diesem Zimmer, in dem sich die beiden Personen, Mutter und Sohn befinden, ist es eng geworden, vor allem weil die sich verjüngende Mutter jetzt an Raum gewinnt. Man kann aus der Vogelperspektive den sich verändernden Raum sehen. Die Mutter wird zum Backfisch. Jetzt setzt eine Verwandlung in dem Sohn, dem Mann ein, die man nur noch mit Horror umschreiben kann. Die sichtliche Verjüngung der Mutter hat alptraumhafte Züge, sie ist dem Sohn wie eine in seinem Erguß aufsteigende Vision, aber im Spiegel sah er sich, keine Frau, keine Erinnerung, nur die an einen anderen Mann, der er sein wollte, zu dem er sich immer hingezogen fühlte, dem er sich, nah sein wollend, doch nicht näherte. Diese Person, die unter seiner Haut heraustreten konnte, heraustreten sollte, doch mit welcher Hingabe arbeitet er an sich selbst, damit dieses Bild, das er von sich abgeben sollte, richtiger, das Bild, das er als das seine erkennen und anerkennen wollte, daß dieses nicht aus ihm heraustrat, im Erguß oder während der sich steigernden Erregung auch durch kein anderes ersetzt wurde. Das Denken an den Mann, der er sein wollte oder sein konnte, der aus vielen anderen sich zusammensetzte, der verschiedenste Körper in einen montierte, dieses Aufleuchten, diese Manifestation eigener Vorstellung bringt ihn zum Höhepunkt. Die ausgestreckte Hand fährt über den Spiegel, über sein Spiegelbild und meint, einen anderen Körper zu fassen, in seiner Hand ist dieser andere Körper, das vorgestellte Fleisch so mächtig, daß er, über die Brust dieses anderen Körpers fahrend, an den Brustwarzen verbleibt, diese liebkosend bewegt, davon weggeht, zurückkommt, das Spiel wiederholt und dann vom Bauch abwärts, zum Rest seines Körpers, der in eine Hand paßt.

KÖNIGE II

Unsterbliche Sterbliche. In ORPHEUS UND EURYDIKE hat Gluck den einfachsten, klarsten Aufbau, den je ein deutschsprachiger Komponist geschaffen hat, er schloß Unstimmigkeiten der Handlung und ihrer Umsetzung von vornherein aus. Jedoch kommt mit diesem strengen Aufbau ein gravierendes neues Problem, das sich auch für die 4 PARSIFAL-Könige stellt.
Bei Gluck kommt Amor, einer der Götter, ein Unsterblicher, zu den Sterblichen, dem Paar. Amor ist der Keil zwischen den beiden Sängern, den beiden Figuren. Und kommt dieser Keil nicht, gelingt die Gegenwart eines Gottes nicht, ist die gesamte nachfolgende Handlung inhaltslos.

	Amor	
Orpheus		Eurydike
	Chor Furien Selige Geister	

Ist mit diesem Schema die Figuren-Entsprechung gekennzeichnet, bezeichnet es doch nur ungenau die Gewichtung. Obwohl Amor die kleinste Partie, müßte die Oper seinen Namen tragen. Er ist zweimal präsent, zweimal entscheidend: 1. Indem er Orpheus die Zusage des Zeus mitteilt, der, gerührt von dessen Klage, zulasse, daß Orpheus seine Frau in der Unterwelt suche. 2. Als sich Orpheus nach Eurydikes erneutem Tod umbringen will. Grob gesagt, Amor hält Orpheus zweimal vom Selbstmord ab. Den weiteren Lebensweg des Orpheus, der von Bacchantinnen zerrissen, von den Musen begraben wird und dessen Haupt auf seiner Leier nach Lesbos schwimmt, erzählen andere, doch kann die Kenntnis des gesamten Stoffkomplexes bei Gluck und seinem Texter di Calzabigi vorausgesetzt werden. Gluck fertigte 2 Fassungen der Oper, die herbe für Wien, die polierte für Paris. Ein eingehender Vergleich der beiden Fassungen ist wichtig, weil sich die beiden Interpretationen, teilweise der gleichen Musik, inhaltlich völlig gegensätzlich entwickeln.
Amor, obwohl von der Problematik der Kleinen Figuren belastet, ist so bestimmend, nicht nur in der Opernhandlung und der, die dieser vorausgeht, daß er zum eigentlichen Zentrum wird. Man könnte die Oper auch als Ritual von der Macht des Amor und von dessen Verehrung ansehen und dem Werk von vornherein den Begriff Weihfestspiel überstülpen, der Verehrung des Gottes Amor geweiht, wie z. B. die Bacchanalien den Dionysos feiern.
Würde man sich einem Weihfestspiel nähern, würde sogleich, wie bei Wagner, eine Polarisierung der Interpretationen stattfinden: 1. Der rein dramatische Vorgang würde zurückgedrängt, der kultische Charakter hervorgekehrt und jede

naturalistische Schmerzdarstellung sakrosankt sein. 2. Eine genau entgegengesetzte Interpretation, heftigster Schmerz bei größter Erlösung.

Zurück zu den PARSIFAL-Königen, zurück zu Klingsor. Gelingt es ihm nicht sofort zu zeigen, daß er der amtierende König der Szene ist, somit Gewalt und Sagen hat, ist die Gegenposition zur Gralswelt verloren, stimmt die Gewichtung des Gesamtwerkes nicht mehr. Der Klingsor-Darsteller kämpft mit dem gleichen Problem wie die Amor-Darsteller/in, noch schwieriger hat es der Titurel-Darsteller.
In diesen Momenten muß sich Regie zurückhalten, hier ist es die Stimme, ausschließlich die Stimme, die Herrschaftsanspruch geltend macht. Normalerweise verkleistern heute Bühnenbild, Kostüm, Licht die Szene, alle Hilfsmittel werden aufgefahren, nur damit der erste Einsatz des Sängers in diesem Werk, damit dieser einzige Einsatz nicht Gefahr läuft zu verunglücken. Hier aber muß der Sänger allein sein, allein bleiben, die Hilfsmittel müssen zurücktreten, damit der Sänger die Figur definieren kann. Dazu benötigt er weder Bühnenbild noch Kostüm. Eine vollkommen andere Situation als im Schauspiel.

Für Figurendefinition ein Beispiel aus der ELEKTRA Staatsoper Berlin 1994: Da steht Elektra* fast im Dunkeln, fast eins mit dem Portal. Höhepunkt der Aufführung: Kein Schritt, keine Geste, kein Kostüm, keine Szenenpartner. Elektra ist vollkommen allein. Genau in diesem Moment definiert die Darstellerin ihre Figur. Hier ist der Monolog Monolog, obwohl an der Rampe, obwohl alles anscheinend wie immer ist, hier ist es anders, hier steht Elektra vor dem Palast. In einer Aufführung, die die Machtverhältnisse im Palast während des gesamten Stückverlaufs nicht zu interpretieren vermag, den Palast als Zentrum der Herrschaft genauso wenig. Hier definiert eine Darstellerin die antike Konstellation: Elektra am Morgen vor dem Palast. Man könnte die gleiche Szene mit einer Schauspielerin machen, Maske, Position, Kostüm, vergeblich, hier unterscheiden sich die Gattungen, Stimme und musikalische Aufladung des Raums fehlen, das Doppel Orchester – Sänger. Damit ist man aber wieder Wagners Behauptung nahe, sein Orchester sei der verwandelte antike Chor.

Daß die Elektra am linken Portal der Staatsoper steht, umgeben von antikisierendem Schinkelgemäuer, lädt die Szene auf, ein architektonischer und ein musikdramatischer Versuch, sich Antike einzuverleiben. Damit gewinnt die Szene VOR DEM PALAST, das Ausgestoßensein, eine Dimension, die dem Inszenierungsteam der Aufführung gar nicht gegenwärtig ist.

Zurück zu Klingsor und seinem Machtanspruch. Daß er der geheime König der Handlung ist, akzeptiert nur derjenige, der seinen Einsatz, sein Opfer anerkennt. Einerseits wird ja gerade in seiner Herabwürdigung und Diffamierung durch die Gralsritter das eigentliche Individuum im PARSIFAL geboren. Der antike Chor

* Polaski

verweigert eine Mitgliedschaft. Der Abgelehnte wird wie Ödipus durch Selbstverstümmlung zum tragischen, sich bestrafenden Individuum. Andererseits ist mit dieser Verstoßung Klingsors durch Titurel das Ende des Chores, das Ende der Gralsritterschaft und ihres Königs besiegelt.
Titurel hat die Aufnahme Klingsors in die Gralsritterschaft abgelehnt, mit dem Hinweis auf die selbstzugefügte Verstümmlung, der Gralsritter müsse stattdessen sich, so der Kodex, jeden Tag die Buße für seine Schwanzwut auferlegen, diese durch theoretisches Wissen und Glauben in sich bezwingen, ihrer Herr werden.
Warum Titurel, nach der Abweisung Klingsors, sein Amt an seinen Sohn abtritt, ähnlich Lear, darüber kann nur spekuliert werden, jedenfalls nimmt sein Sohn daraufhin den Kampf mit Klingsor erneut auf und verliert, trägt aus diesem Kampf dieselbe Verstümmlung heim wie die, die Klingsor sich selbst beibrachte. Es ist strittig, ob Amfortas entmannt oder nur verletzt ist, beides lassen die Textfassungen zu. Die Entmannung ist eine mehrfache Niederlage: 1. Der König ist »entrückt«, d. h. er verliert die Kontrolle, damit sein Geschlechtsorgan und seinen Thron. 2. Der unbesiegbare König wird durch einen Entmannten entmannt. 3. Der entmannte König muß analog zu Klingsor sofort aus der Ritterschaft ausgeschlossen werden. 4. Der König verliert außerdem das Zeichen seiner Unbesiegbarkeit, den Speer, den eigentlichen Ausdruck seiner Macht, seiner Potenz.

Der Traktat über das männliche Geschlechtsorgan, unterstützt durch die Symbole Speer und Kelch, gelingt trotzdem nicht, Wagner konkretisiert wenig und läßt den Ort der Verstümmlung/Verwundung im Ungenauen: Ist es 1. Christlich die Seite? 2. Antik am Schenkel? 3. Bürgerlich modern am Geschlecht? Was er andeutet, ist die Kappung des Stammes und deren Auswirkung für die Herrschaft. So hat Titurels Sohn gleich nach seiner Krönung durch eine Fickerei die Krone verloren, d. h. er ist schwer verletzt, die eigentlichen Geschäfte muß daher sein Vater wieder übernehmen. Für diesen Vorgang wird der Vater im Handlungsverlauf vom Sohn mit dem Tode bestraft. Angesichts der maroden Zustände in der Gralsburg erzählt die Musik von einer intakten Gesellschaft, wo Jesus Jesus und Teufel Teufel ist, doch für diese Interpretation läßt sich weder in den vorausgehenden Fassungen noch im Partiturtext ein Beleg finden. Warum die Vertonung dennoch eine andere Gralsburg beschreibt, wird trotz vieler Interpreten ungewiß bleiben.

In der Beschreibung Klingsors durch Gurnemanz klingt das alles schon an, obwohl er ihn zunächst als Zauberer abzustempeln versucht. Wie unsinnig das ist, merkt Gurnemanz schnell, sowas rettet ihn vor seinen eigenen Problemen nicht, die engstens mit Klingsors und Amfortas' Zusammentreffen verknüpft sind: Das jener Böse über den Bergen/so schmählich über uns gebracht. Welche Veränderungen danach in der Beschreibung Klingsors, zuerst die des Zusammentreffens der beiden, dann die Ablenkung der zudringlichen Knappenfragen mit Titurels Himmlischen Geschenken, hier ist der Himmel direkt mit im Spiel, wäre es der antike, wäre es einfacher, so ist es der christliche, und damit beginnt nicht nur beim Komponisten die Verwirrung. Für die Knappen folgt anschließend die Geschichte der Gralsburgerbauung, und dann verfällt Gurnemanz auf Klingsor. Das beginnt harmlos und platt, so wie er sich anfangs ausdrückte, unvermittelt dann der Sturz, schon ist er mittendrin im Schlamassel und sitzt fest. Diesen Vorgang verfolgt man gut am Text, aber beide, Text und Musik, lassen die Hölle ahnen: WOLFSSCHLUCHT.

PARSIFAL erzählt von 4 Königen: Den beiden amtierenden, dem abgetretenen und dem neuen, der als Schlagihntot die Szene betritt und Schlagihntot bleibt. Daß er nach »Aneignung« des Speers diesen laut Gebot nicht einsetzen darf, ja davon wird erzählt, nicht von einem Dritten, sondern von ihm, doch ein Gegenstand auf der Bühne, der nicht eingesetzt wird, existiert nicht, ein Gesetz, das schon vor der Deutschen Klassik galt. Wozu benutzt man einen Speer? Inhalt einer Vitrine im Gralsmuseum? Indirekte Beleuchung und bestickte Samtunterlage?
Eine Klemme, in der Parsifal steckt, nicht unähnlich den Gralsrittern mit ihrer täglich zu verbeißenden Schwanzwut, besteht darin, daß Parsifal sich bei den Schlägen, die er während seiner Fluch-Irrfahrt einsteckt, verbeißen muß, die Waffe, den Speer, gegen seine Feinde einzusetzen. Desungeachtet brachte er zuvor durch ein Kreuzschwingen mit diesem die Klingsorwelt zum Einsturz, also hier doch Speereinsatz mit Kreuzschlag unter Gottes Auge: 3 Könige müssen abtreten, um ihm Platz zu machen.

ELEKTRA

Szene VOR DEM PALAST. Am Anfang der überlieferten, europäischen Dramatik steht die ORESTIE. Die in ihr behandelte Königsfamilie der Atriden ist sicher die meistdiskutierte Familie auf dem Theater. Viele Epochen greifen die Themen der Trilogie auf, doch zeigt sich, daß die Vorliebe dem 1. Teil AGAMEMNON gehört, wogegen der 2. GRABSPENDERINNEN deutlich abfällt, der 3. EUMENIDEN kaum Erwähnung findet, auch bei Inszenierungen weithin umgangen wird. Wenn es um rein griechische, staatsrechtliche, kulturelle Probleme geht, die nicht übertragbar erscheinen, blendet der Mitteleuropäer aus. Plötzlich erscheint eine zeitliche Distanz, die gerade vom 1. Teil als völlig abwegig erwiesen wird, so oft werden die Motive okkupiert, erscheinen geradezu als mitteleuropäisches Kulturgut. Themen, Figuren oder Teilhandlungen verarbeiten ebenso Sophokles und Euripides, wenn auch in anderer Zusammenstellung und Deutung. Ihre Handlungsvariationen verwirren, da man von einer stimmigen Familiengeschichte auszugehen wünscht, ebenso wie die Handlungsvariationen der Familiengeschichte des Ödipus verwirren, die bei allen 3 Autoren verwandt, teilweise gegensätzlich abgefaßt ist.

VOR DEM PALAST, das ist die antike Konstellation, das ist das antike Bühnenbild, das ist die Voraussetzung für den Individualisierungsprozeß, das ist das Zeichen für das bevorstehende Opfer, das ist das Zeichen für die Entzweiung der Figuren, der Menschen untereinander.

Der 1. Teil AGAMEMNON behandelt das Warten, die Ankunft des Ehemannes aus dem Krieg, dessen Ermordung durch seine Ehefrau und ihren Liebhaber, die Ermordung der erbeuteten Königstochter, die der Ehemann als Geliebte heimbringt.

Der 2. Teil GRABSPENDERINNEN behandelt das Ausgestoßensein der Tochter Elektra, ihre Auseinandersetzung mit ihrer anpaßlerischen Schwester, beider Warten auf ihren Bruder, der ihren Vater rächen, so die alte Ordnung wiederherstellen soll. Der mit seinem Freund zurückkehrende Bruder tötet Mutter und Liebhaber.

Der 3. Teil EUMENIDEN behandelt die Verfolgung des Bruders durch die Eumeniden, die den Doppelmord rächen wollen. Der Mörder muß vor das Gericht der Götter, hier werden Mutter- und Vatermord gegeneinander aufgewogen, das Patriarchat siegt über das Matriarchat, die Eumeniden werden durch die vorsitzführende Göttin, nicht durch einen Gott, besänftigt, ihnen wird ein Altar erbaut, aus Verfolgerinnen werden anbetungswürdige, gute Geister. Die vorsitzführende Göttin wird Schutzgöttin der Stadt Athen.

In Teil 1 und 2 bedeutet Einzug in den Palast Tod. Im 1. treten Ehemann und Geliebte in den Palast ein, werden getötet. Im 2. treten Sohn und Freund in den Palast ein. Der eintretende Sohn bringt den Tod.

Im Schluß der EUMENIDEN volllzieht sich die Umwandlung des Gerichtstisches in den Altartisch, der zur Sühne des Muttermordes eingesetzt wird, dessen stets gedacht, dem durch den Erinnerungs- und Ritualstein Einhalt geboten werden soll. Damit wird dem Gerechtigkeit und Hilfe suchenden Sohn die Senkrechte genommen, er wird gebeugt. Steht die antike Figur vor dem Gerichtstisch, um ihre Senkrechte zu behaupten, zu bewahren, wird sie vor dem Altar gekrümmt, dienend. Neben dem gekrümmten Bruder, dem die Senkrechte nur noch »geliehen« scheint, hockt die gekrümmte Schwester Elektra, abseits die andere Schwester, die jetzt in ihrer anpaßlerischen Haltung auf ihre Schwester herabblickt, hier späte Genugtuung erfährt, die verbrauchten Kräfte ihrer Schwester konstatiert, ihr Altwerden, darin bestätigt wird, daß sich Widerstand in dieser Form nicht auszahlt und von den Herrschenden, sowohl im Himmel als auch auf der Erde, nicht anerkannt wird.

Elektra bleibt in allen späteren Bearbeitungen eine schwierige Figur, da sie sich in der antiken Vorlage brutal verhält, wie die Waffe, der das Geschoß fehlt, aber deren Existenz sowohl Schuß als auch Treffer imaginieren läßt. Vor allem versucht man ihr die »Schwärze«, die Ausrichtung zu nehmen. Aber gerade darin ist sie ein Kind ihrer Mutter, ging bei ihr in die Schule, wurde vorbildlich ausgebildet.

Elektras Warten macht die Polaski in ihrer ELEKTRA Staatsoper Berlin 1994 überdeutlich. Dieser Moment gehört ihr, ihr und der Architektur. Dieses Warten erhöht die Treffischerheit der herbeigewünschten Mordwaffe.

Die Ausstoßung Elektras, die sich selbst ausstößt und ausgestoßen wird, ist die erste weibliche Individualisierung auf dem Theater, die in einem unstimmigen Bild erscheint, das sich auf jede weibliche Individualisierung der antiken Autoren auswirkt. Selbst wenn unsere Interpretationen den Untergang des Matriarchats bedauern, ihn ansatzweise korrigieren wollen, widersetzt sich die antike Figur dieser Zivilisierung, dieser »Vermenschlichung«. So geht in allen späteren Variationen des AGAMEMNON Kassandras Chor-Dialog unter, große Würdigung erfährt der Ehekrach Agamemnon – Klytemnästra, der Streit um den Roten Teppich, der sich bis in DIE KATZE AUF DEM HEISSEN BLECHDACH hält, sich fast in jedem Defilee der Politprominenz wiederholt. Der Doppelmord, den der 1. Teil groß darstellt, obwohl man ihn nicht sieht, nur seine Opfer, fällt im 2. Teil schwächer aus, der Sohn schlägt schon nicht mehr so brutal erbarmungslos berechtigt zu wie seine Mutter. So wird der Übergang zum 3. Teil für unser Verständnis kleinmütig, der Untergang der Mutter wird zwar bedauert, aber als Voraussetzung für den Altar verlangt, so wie man Katzen, Kleintiere, Papiere und Bittschriften als Grundsteine in Bauten vermauert.
Elektra im Dunkeln vor dem Palast ist das Aussetzen der Zentralperspektive und die Hoffnung, daß durch Wiedererrichtung der alten Ordnung die Zentralperspektive jedem seinen Platz zuweist, dem Chor jenen berechtigten Schutz verspricht, der ihm, dem eigentlichen Bauherren des Palastes, zusteht. Musik ist

Dämmerung, so Wagner. Hier die Auslotung der Zentralperspektive, die Klage um ihren Verlust. Daß gerade Elektra die Zentralperspektive in Frage stellt, scheint ihr nicht bewußt, weiß aber der Autor. Schon deshalb kommt sie als Mörderin nicht infrage, braucht sie den Mann, der ihr den Arm leiht. Dank dieser Stafettenübergabe aus Schwäche, mit der Elektra ihren Thronanspruch aufgibt, was ihre »Feinde« ihr stets nahegelegt haben, siegt ihr Bruder, der Mann. Ob sie als Mörderin geschont worden wäre wie ihr Bruder, bleibt ungewiß, muß vor allem ungewiß bleiben. Gäbe es sonst eine ORESTIE?

Elektra vor dem Palast ist die Ausgestoßene, die ihren Anspruch vergibt, in den Palast zurückzukommen, seine Mitte einzunehmen, in der entsprechenden Rangfolge in ihm zu herrschen, Ordnung herzustellen. Doch die gesamte Familie ist zerstört, ist Opfer des Krieges, von ihm eingeholt und in ihm vernichtet, zuerst der Vater, dann seine Tochter Iphigenie, die er zusammen mit seiner Frau ins Lager lockt, um sie den Göttern zu opfern, um seinem Kriegsziel näher zu kommen. Die Frau beruft sich stets auf diese Täuschung, sieht in der unrechtmäßigen Wegnahme und Opferung ihres Kindes den Konflikt, den sie später rächt. Nach Hause zurückgekehrt, vollzieht sich vor ihren Augen eine ähnliche »Entrückung« wie die Iphigenies durch die Götter nach Tauris, die beiden zurückgebliebenen Töchter haben sich entzweit, Elektra verläßt nach der Ermordung ihres Vaters den Palast, wird Feindin ihrer Mutter, setzt sie ständigen Demütigungen aus. Die Mutter kann die Entzweiung ihrer Töchter nicht stoppen, verliert so ihren Einfluß. Das macht Elektras Mordplan nur noch zwingender.
Ist es die Mutter, die sich als erste individualisiert, vor ihren Töchtern, die den enggesteckten Rahmen, in dem sich weibliche Figuren vor ihr bewegten, überschreitet, mit einer ihrer Töchter in das Kriegslager kommt und ohne sie zurückfährt? Die antiken Autoren geben darüber keine Auskunft.

Noch in Margarethe wühlt Elektra, noch in dem deutschen Biedermädchen, das seine Mordpläne geradewegs, zielstrebig und erfolgreich verfolgt, sodaß eine zu interpretierende »Reue« erst aufkommt, als sie aus dem Todesbereich herausgerissen wird, hinübergezerrt, zurück ins Leben, das sie aufgegeben hat, auch darin mit Elektra einig. Margarethe hat sich emanzipiert, hat gemordet, hat das nicht dem Mann überlassen, sondern hat von seiner Kenntnis profitiert, konnte sich auch ohne ihn behelfen. Eher wirkt ihr Zusammentreffen mit Faust, als würde sie dümmer, würde ihre Mordlust gebremst, nähme sie die gewisse Duckhaltung an wie eine Henne vor ihrer Besteigung. Im Töten ist sie erfahrener als Faust, sicherer, hat weniger Skrupel.
In Kundry wütet Ähnliches, in einem der Wesendonk-Briefe ist sie bei der 1. Gralsenthüllung anwesend, hockt zunächst stumm in einer Ecke, sieht dem Ritual zu, heult auf, als Parsifal verstoßen wird, schreit, fällt in die Klingsorwelt. Ihr Schlafen, das Vor-sich-hin-Brüten, ihr Hinüber-Wachen ist Elektra ähnlich, ist in dieser Figur vorgebildet, von dort entlehnt, verformt und umgebogen. Obwohl Wagner mit der Kundry-Figur ein Maximum erreicht, ist ihr die antike Figur überlegen, die vor allem keine harmonisierende Zweiteilung kennt.

Elektra wird nie wieder jung, sie ist gekrümmt, krumm unter der Zentralperspektive, die ihre Mord-Rache-Kraft aufrichtete, der sie aber »gerächt« nur noch als gebrochne angehört, aufgebraucht, vernichtet im Warten, Bohren, Lauern und Hoffen. Für sie kommt der Sieg zu spät, kann sie nicht mehr aufrichten, die Senkrechte straffen. Sie folgt einem Mann in die Ehe, dem sie Ehefrau wird, das Vorbild einer Eheschließung, ein schiefes, schlimmes Bild, wie es sich in jedem Paar wiederholt, nach jeder gelungenen Eiablage.
Elektra ist von einer übermächtigen Bindung an die untergegangenen Figuren erdrückt, die ihr Denken, ihre weibliche Energie, ihre Inanspruchnahme männlicher Hilfeleistung bestrafen. Für Elektra zählt kein Jetzt, nur ein Damals, das ein VOR DEM PALAST ist. Damit stuft sie sich selbst in einen Zustand zurück, der keine Sexualität zuläßt, keine Schwangerschaft, sondern nur kindliches Wüten. Elektra durchläuft als Figur alle Stadien, die noch Polanski in EKEL zusammenballt. Bei ihm ist die Heldin »entrückt«, die weibliche Hauptfigur leidet nicht mehr, sondern die Angestellte eines Kosmetiksalons nimmt den »kosmetischen« Eingriff, die Tötung selbst vor. Auch Polanski zeigt die Emanzipation der Täterin gegenüber ihrer Schwester, die anpaßlerisch egoistisch die Schwester in diesen Zustand hineinzutreiben scheint. Auch seine Täterin versucht bewußt einen kindlichen Zustand festzuhalten, der von Polanski aber eindeutig politisch motiviert ist, er verfrachtet 2 Französinnen nach London. Als Emigrant versucht er, die Fremdheit seiner Figuren gegen ihre Umwelt abzubilden, analysiert die Schwestern als Ostmenschen im Westen. Zunächst erscheint der konstruierte Konflikt Paris–London als thematische Abschwächung, doch bei ihm wird das Minus zum Plus, der eingeengte Konflikt wird überschaubarer. Schon befindet man sich im Netz der Treibjagd.
Elektra ist gegenüber ihrem Bruder und dessen Freund entsexualisiert, daß sie später auf Gebot ihres Bruders dessen Freund, dessen abgetanen Liebhaber heiraten muß, tatsächlich heiratet, verweist deutlich auf das Paar Parsifal-Kundry, die in jedem Augenblick eine geschwisterliche Beziehung haben, wie aufgeladen sie auch sein mag, der Geschlechtsverkehr ist tabu. Auch darin bleibt Wagner dem antiken Vorbild verhaftet, kann weder Kundry noch Parsifal zu einem Sieg führen, zu einem Theatersieg sicherlich, der aber mit ihrem Tod endet.

Wagners GRALSBURG der Uraufführung mag als Behauptung der Zentralperspektive gelten, szenisch-räumlich ist sie ein bewußter Mißgriff, eine Täuschung, die Zentralperspektive und kreisrunden Thingplatz vereinen will, die Ritter an einem Artus-Tisch um den Altar gruppiert. Vergleicht man die »Unstimmigkeit« mit der Behandlung des Innenraums des Berliner Ensembles durch Brecht, ergeben sich Gemeinsamkeiten, vor allem im ideologiebildenden Ansatz, auch in dessen Bedrohung.

Vielfach werden Faschismus und Stalinismus als Einsetzung der Zentralperspektive in die Moderne interpretiert. Je nach politischem Standpunkt gibt man dem einen oder dem anderen den Vorrang, sieht darin den Überlegenen.
Die Einführung der Zentralperspektive kann aber in Deutschland nicht vom Fa-

schismus beansprucht oder auf ihn abgewälzt werden, sondern ist ab 1870/71 präsent. Daß sich ein deutsches Kaiserhaus keine 50 Jahre behauptete, sondern abgelöst wurde, durch den Einigungsvertrag ausgeschaltet bleibt, darf nicht davon ablenken, daß es die Zentralperspektive behauptete.
Als Hitler MEIN KAMPF schrieb, waren ihm die Probleme der Zentralperspektive bewußt. Indem er sich einen Roten Faden gab, den er konsequent befolgte, zeigt sich seine intellektuelle Stärke, die noch heute, 50 Jahre nach dem 2. Weltkrieg, nicht begriffen werden will, vor allem nicht in ihrer vernichtenden Qualität, in ihrer Folgerichtigkeit. Sodaß heute der grausame Eindruck herrschen kann, als habe Hitler doch in vielen seiner Argumente recht, nur hätte er sie anders umsetzen müssen, Vorstellungen, die nicht nur Rechtskräfte propagieren. In den Debatten um MEIN KAMPF definieren sich noch heute Intellektuelle als »engstirnige Kaste«, die mit »literaturkritischen« Formulierungen wie, das Buch sei schlecht geschrieben, oder, der Autor verstehe keinen deutschen Satz zu schreiben, die Millionen Toten dieses Buches einfach wegquatscht. Dieser Autor schrieb Weltgeschichte, ein Fakt, den jeder schlucken muß. Jedem dieser Sätze folgte die Umsetzung, die schon damals Intellektuelle wegquatschten, bis sie selbst unter diesen Sätzen zermatschten.
In den Vergleichen zwischen Hitler und Stalin billigt man heute Stalin die größere Potenz zu, sieht in Hitler den kleinkarierten, bestialischen, verhunzten Künstler. Das Zerrbild, das die Deutschen von dieser für sie wichtigen Figur geben, ist das Zerrbild ihrer selbst, indem sie die wütende Kraft, die von der abzubildenden Figur ausgeht, ignorieren.

Ihre Schuld, ihr Mitverschulden oder Schuldigwerden liegt genau hierin, sodaß heute die Leugnung von Auschwitz nur konsequent ist. Sie erklärt sich nahezu von selbst, indem ein Volk, angeblich verführt, also im Kern gutartig, aber doch geblendet, sich immer im inneren Widerstand definiert, jede Verantwortung von sich weist, haarklein das eigene Unverschulden auflistet, im Gegenzug den einstigen Anführer zum Verschulder, zum Verführer, zum Idioten stilisiert, säuberlich dessen Trümmer restauriert, dessen Zerstörung feiert, aber nicht als Folge eigenen Angriffs, sondern als Folge eines unberechtigten Angriffs, Bestialität eines Aggressors. Wie korrekt auch die Erinnerung an ein Eigenverschulden ist, die Renovierung der Ruinen in DDR und BRD sprechen eine andere Sprache. Sie feiern einen Dennoch-Sieg. Bis heute gelingt es europäischen Intellektuellen nicht, die Figur Hitlers angemessen zu verstehen, vor allem angesichts der hinterlassenen Zerstörung. Sodaß, abgesehen von vielen anderen Faktoren, wie von selbst aus dieser Unfähigkeit das gesäuberte Hitler-Bild entsteht.
So zeigt eine Ausstellung von Hitlers »Leibfotografen« Hoffmann, die 1994/95 durch Europa tourt, jenes Bild, das Hitler als überragende Persönlichkeit feiert, also genau das, was man angeblich vermeiden wollte. Das Auseinanderfallen von Bild und Kommentar belegt nicht nur die Unfähigkeit zur distanzierenden Interpretation, sondern vielmehr ihre Unmöglichkeit im jetzt eingetretenen Zustand. Fast jedes Foto, das Hitler und seine Umgebung abbildet, demonstriert den Sieg der Zentralperspektive, in einigen Fotografien wird sie zum eigentlichen Höhe-

punkt. Man gafft betroffen, als hätte das nie stattgefunden, als wären das Abbilder einer nie gewesenen Zeit.

Die Wut, die MEIN KAMPF ausmacht, ist von anderer Art als die, die von TRIUMPH DES WILLENS ausgeht, der ausschließlich von der Zentralperspektive lebt, aber Triumph des Todes heißen müßte. In der von vielen Intellektuellen bejubelten Aufmarsch-Szene wiederholen sich nichts anderes als die Kreuzfelder der 1. Weltkriegssoldatenfriedhöfe, noch eindringlicher, da es für diese Leichen weder Särge noch Kreuze geben wird, wo käme das Holz her.
Aus dem mittelalterlichen Fachwerk steigt ein beängstigendes Bild, aus Jubelnden, aus Giebeln und Gassen, aus jedem Blumenstrauß, aus jedem schreit, daß Neudeutschland nicht genug Holz hat, für alle Särge zu machen. Hätte jeder, der 1933 bis 1945 in Europa vernichtet wurde, Sarg und Kreuz, stünde in Europa kein Baum mehr. Mein Vater erzählte, wie er in Dresden die Leichen ordnungsgemäß in Haufen aufschichten mußte, wie sie tagelang brannten.

Was an MEIN KAMPF betroffen macht, ist die Verzweiflung, das bornierte Brüten eines Autors in WOYZECK-Nähe, die Hitler überwinden will. Aber trotz aller Bemühungen wird der Autor nicht zur Ich-Figur seines Textes. Daraus ergeben sich Fragen, die auch jetzt, aus zeitlichem Abstand, schwer zu beantworten sind: Versucht der Autor schreibend diese Figur zu werden? Ist der Text Leitfaden, also Programm, oder Vision, die, von anderen okkupiert, auf den Autor zurückschlägt, sodaß er gezwungen wird, diese zu exekutieren? Will man letzteres negativ beantworten, bleibt trotzdem die Frage: Wie wird der Autor zu der Figur, die er beschreibt, welche Distanz besteht zwischen Autor und einzunehmender Figur?

TRIUMPH DES WILLENS dokumentiert die Antiken-Nacharbeit der Nazis. Der Film hat begeisterte Fans, besonders unter Nichtfaschisten. Sein erschreckendes Antiken-Konzept definiert die Vernichtung. Das Korn steht vor dem Sturm. Einzelstimme und Chor sind definiert: Diese Menschen sollen vernichtet werden. Hier wird für keinen Sieg paradiert, hier wird Abschied gefeiert. Das Aufeinandertreffen von kleinteiligem Mittelalter und Monumentalbau erschreckt im Film, so traulich, wie behauptet, wollen die Gegenteile nicht passen. Die Aufmarschkolonnen jubelnder Frauen und Kinder erinnern an die Nacht, in der ich mit meiner Mutter Honecker und Gorbatschow vereint den vorbeimarschierenden Massen standhalten sah, wie da eitel Freude in Ostberlin herrschen sollte und Untergang angesagt war. Mutter kommentierte: Die stehen nie wieder zusammen auf einer Tribüne.

Jahre danach sollte ich von Gorbatschows Auto gerempelt werden und von Wenders' rotem Auto plattgewalzt, die Wagenkolonne fuhr falsch, fand sich nicht zurecht zwischen Deutschem Theater und Berliner Ensemble, wo man, ausgewählt, dem Politiker die Hand geben sollte.
Masse und Individuum, ich war Fahrradfahrer.

TRIUMPH DES WILLENS feiert eine Menschengemeinschaft, die Hitlers Machtergreifung und Untergang nur als giganisches Rockkonzert begleitet, sich als abzuräumenden Abfall definiert, als ein übervolles, brüllendes Stadion, das selbst den Tod unter den Zuschauern als Begleiterscheinung eines Spektakels quittiert, an dem man teilnimmt, um sein ganzes Leben darauf zurückzublikken.
So erschien mir als Kind der Krieg. Meine Mutter und ich waren oft zu Besuch bei den Nachbarn meiner Großeltern. Die Familien hatten über viele Jahre zusammengelebt, die Straße war nur wenige Meter breit, sodaß man Tür gegenüber Tür, Fenster gegenüber Fenster lebte. Ich war 7 Jahre, die Männer beider Familien und der übrigen Nachbarn saßen feiernd in der Guten Stube mit Bier und Schnaps, Frauen mit Kaffee und Torte. Kinder wie ich saßen am Boden, krochen zwischen den Beinen der Erwachsenen rum, spielten Verstecken. Einziges Thema der Männergespräche der Krieg. Jeder von ihnen berichtete, oft dieselbe Geschichte mit neuen Details, stets im Besserwisser-, im Überlebthabenton. Als Kind kannte ich kein schrecklicheres Thema, es klebte an den Erwachsenen.

Die eigentümliche Erregung, die alle ergriff, Männer und Frauen, vor der wir Kinder uns zu schützen suchten, nicht nur ich war in diesem Abwehrzustand, er hielt Jahre an, ging in jene eigenartige Haltung über, die ich demonstrativ in der Abwehr meiner Musterung einsetzte, indem ich mich dem Militärdienst, den sowohl Oberschule als auch Elternhaus, trotz gegenteiliger Ansichten, aber einig im Erziehungscharakter des Militärdienstes, forderten, erfolgreich entzog. Meine Musterung wurde ein beängstigender Akt, dessen ich selbst Jahre danach nicht Herr wurde, also nicht behaupten konnte, diesen Vorgang wissentlich gesteuert zu haben, sondern mir immer wieder sagte, daß ich mich mit meiner ganzen Existenz gegen diese Einvernahme gestellt hatte. Ich hatte mit diesem Erfolg in Oberschule und Elternhaus verspielt, hatte mich »emanzipiert« und wurde von diesem Moment untragbar. Im Gegenzug wurde mir alles, was mit Militär und Uniformierung zusammenhing, bedrückend, kam nahe an mich heran, mußte wiederholt von mir zurückgestoßen werden. Wie einschneidend sich mein Verhältnis zu meinen Mitschülern änderte, 6 Jungen zu 32 Mädchen, ignorierte ich zunächst, nicht aber, daß es sich änderte, sodaß man sich zu mir wie zu einem Ausgestoßenen verhielt, wie zu einem Nichtvollwertigen. Ich lief einfach fort. Möglichst jedes Wochenende. Meinen Eltern trat ich mit einer Unerschrockenheit gegenüber, die ich stets mit Einsen untermauerte, damit ihr Widerstand zusammenbrach: Krieg mit ihnen, Krieg mit der Schule. Dem Zweifrontenkrieg folgte der Zusammenbruch.

Hitler und Stalin unterscheiden sich in ihren Abbildungen, in dem, was sie als ihre Abbildung zulassen, in dem, was von ihnen als Abzubildendes überliefert werden sollte. Trotz Korrekturen bleibt Hitler stets klein, menschlich, widerlich schmierig, mit so vielen weiblichen Attributen ausgestattet, daß er kaschierend zur Uniform greifen muß, die jeden seiner Auftritte rettet, ihn zur Haltung zwingt. Hoffmann versucht wiederholt, Hitler im Frack abzulichten, doch besitzt er in diesem bürgerlichen Kleidungsstück, egalisierend wie die Uniform, nicht die Präsenz, die er in der Uniform, auch älterwerdend, besitzt. Wiederholt sieht man in TRIUMPH DES WILLENS, wie der Körper ihr entgleiten will, so, als lasse die Filmkamera einen hinter diese Figur sehen, zeige, wie sie sich freut, zeige, wie sie aufschreit, zeige, wie sie sich hochschraubt, zeige, wie sie Spreu von Weizen trennt.

Stalin dagegen bleibt stets sein Denkmal, zeigt kaum Regungen, kaum Gesichtsveränderungen, ist und bleibt Uniform. Obwohl sich die Lebensstadien in den Abbildern beider deutlich abzeichnen, bleibt der Unterschied: Stalin archaisch streng, Hitler »vermenschelt«. Jeden Gesichtszug Hitlers, jede Handbewegung verfolgt man, schlürft sie gierig ein, als baute man sich einerseits gerade an seiner inneren Kleinheit, seiner sexuellen Ambivalenz auf, andererseits aber auch, als siegte man mit ihm, stiege mit ihm die Treppe zum Podium, redete. Diese Faszination formuliert nur der Film, die Fotos dagegen erarbeiten oft Posen, versuchen, das, was suggeriert werden soll, abzubilden, wirken vielfach als Naturstudien, die unterschiedlichste Einflüsse aufnehmen. Anders der Film, hier ist Hitler selbst der »naturalistische« Darsteller, die Zentralperspektive richtet sich auf die einzige Figur, alle Fluchtlinien gehen von ihm aus, laufen zu ihm zurück. Wie die Spinne im Netz, man verfolgte jede ihrer Bewegungen, selbst die kleinste, ist selbst angespannt, beobachtend, wie sie auf dem Sprung. Die Abgründe, in die diese Figur hineinblicken läßt, in ihre und in die des Betrachters, sind so ungeheuer, daß Tabu und Zensur die einzigen Mittel erscheinen, dagegen anzukommen, daß jede Lockerung derselben Anbetung und Wiederbelebung bedeutet.

Stalins byzantinischer Ikonenkult, seine überdimensionalen Abbildungen, die bei jeder Parade vor ihm vorbeigetragen werden, gerahmt von anderen Führungspersönlichkeiten in Rangfolge derzeitiger politischer Akzeptanz, im Defilee geschlossener Politgremien, oft in grotesker Verformung, darin behauptet sich Stalins Herkunft, behauptet sich die Orthodoxe Kirche, marschiert die Ikonostase auf der Straße. Mit den überdimensionalen Köpfen wiederholt sich der Heiligenkult, die Heiligenlegende, die ihre Helden zu Märtyrern und Wegbereitern stilisiert. Gleichzeitig verweist Stalin auf Lenin, den großen Toten, der wie Jesus aus dem Grabe aufersteht, seine Hülle zurückläßt, sich in die Herzen seiner Jünger ausgießt. Daß Hitler diese Heiligenlegenden weder aufweisen noch inthronisieren kann, erschwert seine Herrschaft, macht sie kurzlebig, endlich, sterblich. Als ob ihm das bewußt wäre, packt ihn Gigantomanie. Hat doch die Gegenseite ihre kommunistischen Ikonen aufgerichtet, eindeutig auf »Endsieg« programmiert.

Wie konsequent jede Seite ihre Legende installiert, zeigen die 3 Berliner Uraufführungen, die unmittelbar die Machtergreifung Hitlers definieren. Der kommunistischen Sieg-Vision DIE MUTTER vom 16. 1. 1932 folgt am 16. 2. die bürgerliche Endzeit-Vision VOR SONNENUNTERGANG und am 20. 4. 1933 der Machtantritt mit SCHLAGETER, der faschistischen Sieg-Vision. Die zeitliche Reihenfolge spricht für sich. Das neu etablierte Nazi-Theater hat gegen die geballte Wut der beiden Premieren nichts aufzubieten, auch in der Folgezeit nicht. Konservativ, wie es sich gegenüber den Nazis behauptet, es gibt Mitmacher, Verräter und Opfer, zeigt das Sprechtheater, daß es hier nicht mehr funktioniert, meist als übellauniges Stiefkind mitgeschleppt wird. Die Liebe gehört jetzt dem Film. Das ist auch aus den Biografien von Hitler und Hölz zu lesen, ihre Hinwendung zu diesem Medium entspricht der Lenins.

Trotz eines übergroßen Technikeinsatzes muß bei Paraden, Aufmärschen Hand angelegt werden, bleibt dort alles kleinlichste Handarbeit, die Fahnen, die Porträts müssen getragen werden. Hitler zieht die Fahne dem eigenen Abbild vor, geht hier direkt gegen die Popularität des deutschen Kaisers an, ist überall präsent, reist, ist selbst da, schickt kein Ersatzabbild, läßt dieses zwar zu, aber eher für den internen betrieblichen, familiären Bereich.

In den Wohnungen richtet man Hitler-Ecken ein, kleine Hausaltäre, die genau diese Funktion auszuüben haben, so wie wir in unseren Schulen Rote oder Thälmann-Ecken auszuschmücken hatten. Hitler erreicht über die Fahnen eine »Volkseinigung«, die Integration der verschiedenen soldatischen Gruppierungen, auch der Aristokratie, deren Führungsanspruch er bewußt untergräbt und ignoriert. Bereits in seiner Jugend versuchte er sich als soldatischer Mann auszuweisen, als Kämpfer, während Stalin auch in Uniform Bürokrat und Funktionär bleibt, dessen strategisches Verständnis, so getarnt, unterschätzt werden kann. Stalin ist kein Stalin fürs Volk, obwohl ihn eine frisierte Biografie dazu macht, er sieht sich zunächst als Angehörigen einer Führungsschicht, später als deren unsterbliche Inkarnation. Hitler hingegen spricht zu Zuhörern wie zu seinesgleichen, nivelliert geschickt den zunehmenden Unterschied, kontert stets mit seiner Biografie, die geradezu das Ausgestoßensein demonstriert, die ständige Unterlegenheit, die stets genährte Hoffnung. Nun, schon auf der Treppe des Palastes, organisiert er seinen triumphalen Einzug.

Immer wieder spielt er die Szene VOR DEM PALAST, definiert sich nicht als dessen Inhaber oder Angehörigen, sondern nur als den deutschen Arbeitsmann mit dem Spaten. Bis in die letzten Filmaufnahmen bleibt er Pförtner, der Dienstmann des Todes. Das unterscheidet Hitler von Stalin, zeigt die unterschiedliche Verarbeitung antiker Vorbilder in beider Staatsvorstellungen, in der sich der staatserhaltende Wehrcharakter der antiken Tragödie durchsetzt und manifestiert.

CHOR-PEST

Der Chor ist krank. Pestkrank. In gewissem Sinne sind das alle Choreinsätze der antiken Tragödie. Deren Autoren behandeln den Chor unterschiedlich, aber die unbestimmbare Krankheit verbindet ihre Chöre, ist selbst in den Komödien nachweisbar. Immer, wenn Masse die Bühne betritt, ist sie krank. Aischylos' Choreinsatz ist »realistisch« einleuchtend, aber die Krankheit ist anwesend, duckt sich unter der jeweiligen Handlung. Ein wichtiger Unterschied zu deutschen Antikennachdichtungen, ausgenommen PENTHESILEA und ELEKTRA, die trotzdem nicht das Fieber, den Hitzegrad ihrer antiken Vorbilder erreichen.
Masse scheint von Beginn an krank. Als begleite ihre Zusammenrottung der üble Geruch, gehe von ihm aus, als sei schon die Zusammenrottung die Pest selbst. Fröhliche, gesunde Zusammenrottungen, wie sie Wagner in DIE MEISTERSINGER VON NÜRNBERG feiert, sind Ausnahmen, bleiben in ihrem Menschenbild sichtbar stupid. Der Widerspruch, daß es keine fröhlichen, gesunden Menschen, Massen auf der Bühne gibt, die Format und Größe besitzen, sondern daß Fröhlichkeit und Lebensbejahung klein und arm wirken, hat sich mit dem bürgerlichen Theater, seinen Helden, seiner Volksdarstellung dauerhaft etabliert. Davon profitieren die Faschisten, die als Gegenentwurf die »gesunde« Masse zeigen. Aus der historischen Distanz ist auch diese »gesunde Masse« krank. Trotzdem muß festgestellt werden, daß das bürgerliche Theater für die Masse Volk keine Verwendung hat, sie überhaupt nicht definieren kann, folgerichtig die Ansätze der Klassik dazu ausscheidet. Es hat den Individualisierungsprozeß okkupiert, den es von Masse beeinträchtigt sieht. Dagegen entlarvt das Massen-Theater der Kommunisten und Faschisten den individualisierten Menschen als Täuschung. Durch die Hintertür führt Toller in MASSE MENSCH Gottanwesenheit und Religiosität ein, trotzdem bleiben die hierarchiekritischen Szenen ungelöst. Aber der Chor behauptet sich in der überbetonten Zentralperspektive, die nicht nur Thema, sondern Handlungsort ist. Tollers Chor könnte genesen, könnte die Stadt von der Pest befreien, das Stück eine Ausnahmeerscheinung.

Der Chor ist krank. Er hat Fieber. Seine Wahrnehmung ist getrübt. Sie erscheint überspitzt, den Helden nicht angemessen, oft zu behäbig, oft zu weit voraus, das Schrittempo ist unterschiedlich, meist ein Kriechen oder Fliehen.
Wagner überträgt die Chor-Tempi primitiv auf seine Protagonisten. Sehr, sehr langsam – sehr, sehr schnell, beides in extremer Entsprechung. Kundry fällt blitzartig aus der einen in die andere Welt, Parsifal läuft, kommt aber kaum vorwärts. Die Tempi werden durch Senkrechte und Waagerechte unterstrichen: Fallen und Wandeln.

Es ist, als beschriebe der Widerspruch zwischen Chor und Einzelfigur 2 unterschiedliche Welten und als müßten diese auf der Bühne nebeneinander existieren.

Bei Aischylos ist der Chor in den jeweiligen Situationen so verankert, daß die 2 Welten zwar erkennbar, doch der Handlung untergeordnet sind: ORESTIE, SIEBEN GEGEN THEBEN. Euripides scheint ähnlich vorzugehen, doch die Trennung ist perfekt: DIE BAKCHIEN, MEDEA, DIE PHÖNIZIERINNEN. Die Unterschiede der Handhabung des Chores sind in den jeweiligen politischen Entwicklungen begründet, das liest man im Programmheft, auf der Bühne ist davon nichts zu sehen. Daß dem Chor nur 2 Tempi zur Verfügung stehen, sehr schnell, sehr langsam, daß die Einzelfigur sich aber der Tempi bedient, sie wählt, was ihre Zugehörigkeit zum Palast bezeichnet, aus ihm hervortretend, Interpret des Palastes zu sein, auch als sein Feind, kennzeichnet die Einzelfigur durch einen besonders schleppenden Sprechvortrag, der stets priesterlich, lehrhaft, verkündigend ist. Diese Auffassung hat sich bis heute erhalten.

Noch 1989 predigten DDR-Darsteller auf dem Alex der Masse. Hier war die antike Konstellation unmittelbar erreicht, Höhepunkt des DDR-Theaters überhaupt. Nicht als Kritik, sondern als Qualitätszuweisung. Wie dort vom Podest zur Masse geredet wurde, wie Pathos sich selbst diskreditierte und dennoch wirksam war, wie politische Argumente kamen, als der Zug längst abgefahren war und immer noch wartende Masse vor dem Palast stand, macht diese Kundgebung zu einem ungeheuren Beispiel aus der Gegenwart. Die Masse stand unmittelbar vor dem Palast, ohne ihn zu stürmen, pestkrank in erniedrigender Demütigung. Die Filmdokumente dieser Kundgebung sind der Beweis, daß das antike Theater, daß die antike Konstellation lebendig ist, weder modernisiert, noch überholt werden kann, sondern, daß hier die antike Konstellation die Verweichlichung und Dekadenz des bürgerlichen Theaters brandmarkt, das sich bewußt den politischen Themen verweigert und zu ihrer Verhinderung auf der Bühne angetreten ist. Tragödie ist, daß die Darsteller, die, auf dem Podest stehend, ihre politische Kritik aussprechend, eben diesem bürgerlichen Theater anhängen, seine überzeugten Interpreten sind. Noch unter den Pestbeulen siegt ihre Parteizugehörigkeit.

Im antiken Vorbild geht die Einzelfigur predigend gegen die szenische Situation an, indem sie sie zeitlich ausdehnt. Wie ein Gummiband dehnt ihr Monolog die Zeit. Der Chor scheint dagegen das Tempo anzuziehen, die szenische Ausgangssituation wieder herstellen zu müssen. Das gedehnte Gummiband springt in den Ausgangszustand zurück. Zeitdehnung und Zeitraffung erlebt jeder. Oft kann er sich die unterschiedliche Wahrnehmung nicht erklären, aber er weiß, daß beide existieren.

Die antiken Autoren sprechen auch dem Chor Zeitdehnung zu, doch unsere Interpretationen schlüsseln diese Zeitmessung nicht auf, da der praktizierte Chormonolog vor der enormen Schwierigkeit steht, einen längst überholten Stand menschlicher Entwicklung zu rekonstruieren. So oder ähnlich argumentieren Theatermacher und Darsteller, um sich der Chor-Bildung, der Chor-Einstudierung zu entziehen, die tatsächlich in eine andere Welt zurückführt, besser und richtiger, auf eine zukünftige Welt verweist.

Die Diskussion antiker Texte schließt den Chor, deren unmittelbare Grundlage aus, definiert ausschließlich die Rolle des Individuums und feiert dessen vorbildliche Auffassung. Der Chor-Riß, die Chor-Sprengung, die Trennung von Chor und Einzelfigur ist die Tragödie des Einzelnen, dessen Tragödie sich demnach nur im Wechsel mit dem Chor abbilden läßt. Aischylos findet eine Steigerung: Kassandra vor dem Palast, vor den alten Männern. Auch sie sind »krank«. Verelendet, zum Sterben bereit. In der herausgerissenen, mitgeschleppten, importierten Kriegsbeute Kassandra steckt die gesamte Tragödie. Die Fremde diagnostiziert die »Krankheit« der Einheimischen. Die Richtigkeit ihrer Diagnose wird mit dem Tod bestraft.

In den BITTFLEHENDEN MÜTTERN des Euripides springt Euadne in die Flammen, in denen ihr Mann, der als Angreifer Thebens gefallen ist, bestattet wird. Euadne widersetzt sich der Familie ihres Schwiegervaters, der sie strikt unter Arrest stellt, und tötet sich vor den Augen ihrer Familie.
Euadne bricht aus. Ihre Individualisierung kann nur mit dem Tod enden. Bei antiken Aufführungen soll hier eine Sklavin geopfert worden sein. Euadne widersetzt sich ihrer patriotischen Pflicht, sie ist Gegnerin des erneut angezettelten Krieges, ist letztlich Sympathisantin des Feindes, der Stadt Theben, in der Antigone und Ismene ihrerseits den Bürgerkrieg anheizen. Euadne widersetzt sich der ihr als Frau zugewiesenen Funktion, sie ist nicht mehr Wärterin und Pflegerin des zukünftigen Helden, ihres Sohnes, der seinen Vater rächen wird, sondern Euadne definiert sich als Liebende, als Ehefrau, die nach dem Tod ihres Mannes nicht mehr weiterleben will. Diese Form der Ehe, der Zusammengehörigkeit sieht eine Familie, ein Staatsgebilde im Kriegszustand als unzulässig an. Folglich wird Euadne von ihren Schwiegereltern und von ihrem Sohn verdammt. Mit ihrem Tod scheint Euadne gegen ihren Willen die kriegführenden Parteien angestachelt zu haben. Die Angreifer erreichen folglich die Vernichtung Thebens.

Der Tempounterschied von Chor und Einzelfigur suggeriert eine Zugehörigkeit zu 2 unterschiedlichen, fast feindlichen Welten. Daß dem Chor nur 2 Tempi zur Verfügung stehen, rückt ihn dem Tierreich näher, als gehörte er einer weit zurückliegenden Götterwelt und Lebensform an, die die Helden längst hinter sich gelassen haben, die, stets an den Palast gebunden, dessen Produkte sind. Bleibt die Frage, wenn die Einzelfigur im Palast wohnt, wo wohnt die Masse? Nach Aischylos wird dieses Problem bewußt umgangen. Zwar wird dem Chor jeweils eine Zugehörigkeit zugewiesen, aber diese ist auf der Bühne nicht zu sehen. Was man dagegen wahrnimmt, ist, daß der Chor, die Masse zur Bühnenlandschaft gehört, selbst Landschaft ist. Aus ihr hat sich das Chor-Tier, tief verwundet, aufgemacht, um vor dem Palast zu heulen.
Teilweise kommen aus ihr Zombies. Die zum Sterben vor das Tor Geschickten kehren aus ihren Sterbelandschaften zurück, um erneut an das Palasttor zu pochen.
Daß ein Chor, aus der Stadt, aus dem Palast ausbrechend, in der Landschaft kannibalisch feiert, zeigt Euripides, der damit eine klare Trennung von Palast und

Landschaft definiert, die einander feindlich gegenüberstehen. Der ausgestoßene Dionysos wartet vor der Stadt, um sie zu »erobern«.

Daß der Chor in seiner Krankheit ganz unterschiedliche Züge annimmt, daß sich die Krankheit nicht einfach diagnostizieren läßt, sondern unbestimmt bleibt, scheint dem Chor anzuhaften, seine ständige Trübung zu sein. Daß Hauptmann im Alter die ORESTIE und die IPHIGENIEN nachdichtet, belegt, wie gezielt er die gesellschaftliche Krankheit zu bekämpfen sucht, ohne ihr künstlerisch gerecht zu werden. Antikenmüll. Mit VOR SONNENUNTERGANG hat sich der Autor selbst die Meßlatte gesetzt.

Wenn sich die Anhänger von TAKE THAT auf dem Gendarmenmarkt vor dem Hotel versammeln, in dem die Truppe bei Berlingastspielen wohnte, sich zusammenscharen, in ihrer Verzweiflung hilflos und ohnmächtig erscheinen, wenn ihre Rekorder und CDs die Hits dieser Truppe donnern, sich trotzdem keine Entspannung abzeichnet, sondern ein überquellender Tränenstrom antwortet der Musik, dann richtet der Senat von Berlin Krisentelefone ein, da sich europaweit die Anhänger umbringen wollen, Wohnungen, Autos, Straßen zertrümmern, um das Auseinanderbrechen der Truppe, das sich durch das Ausscheiden von Robbie abzeichnet, rückgängig zu machen. Erwachsene glotzen kopfschüttelnd auf die heulende Masse, den »Dreck«, wie sie die Anhänger bezeichnen, retten sich in Ausflüchte, das sei alles organisierter Mist, nur Werbekampagne, nur Geldverdienen.
Den Fan-Chor der TAKE THAT-Anhänger bestimmt ein Chor-Riß, das Auseinanderbrechen ihrer Idol-Gruppe. Der Individualisierungsversuch einer einzigen Person löst europaweit Hysterie aus. Besser könnte man die antike Konstellation der Chor-Sprengung nicht beschreiben, man muß sich nur aufs Fahrrad setzen und durch Berlin fahren. Trauer ist angesagt, wenn ein Idol fällt. Der Chor besitzt diese Fähigkeit noch, die die Einzelfigur längst verloren hat. Nur der Chor ist wahr, so Kafka, das Individuum lügt. Denn das Individuum steht nicht zu seiner Krankheit. Es versucht diese zu verdrängen, zu vergessen, laboriert heimlich an ihr, kämpft gegen sie, doch die Krankheit fordert ihren Tribut, zerstört die Figur von innen. Diese Zersetzung kontert die Einzelfigur durch ihre Erscheinung, sie muß sich für jede Begegnung mit einer anderen herrichten, um sie zu täuschen. Die Zusammentreffenden täuschen sich gegenseitig. Das Chormitglied erkennt sich jedoch hier an der Träne, der verschmierten Wimperntusche, den zerrissenen Klamotten, an TAKE THAT. Nur für Beerdigungen ist uns dieser Kanon noch gestattet. Die neue Frauenbewegung propagiert einen weinenden Mann, einen Mann, der nicht bloß hart ist, sondern weinen kann.

BRÜDER

Eteokles und Klingsor. Nacht und Morgen. Eteokles, König des belagerten Theben, der vor dem Entscheidungskampf mit sich und seiner Todesprophezeihung, die seinen Belagerer, seinen Bruder mit einschließt, ins Reine kommen will, stören angstschreiende Mädchen, die die unerträgliche Situation nicht mehr aushalten. Angewidert weist Eteokles sie zurück, der mit seiner Liebe zu sich, zu seinem Bruder, zu seinen Männern, zu seinen Soldaten nicht mehr klar kommt, schon deshalb sterben muß. Er geifert, daß man Frauen, die die Kampfkraft der Männer unterminieren, eher dem Feind ausliefert, als landesverräterisches Geblöke anzuhören. Eteokles bringt die Frauen zur Ruhe. Vorübergehend. Er kann für sich den Schlußstrich ziehen, ihn hält keine Frau mehr auf, selbst wenn sie sich ihm in den Weg werfen oder vors Tor, wenn er sie erst abschlachten müßte, dazu ist er bereit. Er ist ein Ausgestoßener, allein, er weiß, er ist schuldig. Er weiß, daß er das Schlachtfeld betreten wird, um dort zu sterben. Allein, für sich, in der Umarmung seines Bruders, den er durchbohrt. Ihr Blut vermischt im Dreck vor ihrer Heimatstadt, wo sie und ihre Schwestern geboren. Noch im Sterben der Blick zurück, in der Umarmung vermißte Wärme, die des entgegenstürzenden Bruderbluts, des Geliebten, dessen Verlust den eigenen Tod kostet, dessen Liebe Eteokles nicht ersetzen konnte, eher zum Verräter wurde, als vor seinem Bruder zu knien, um Liebe zu betteln, um die Aufhebung innerer Zerrissenheit, wenn auch nur für Stunden, für einen Abend, einen Tag, den nächsten Morgen, daß der innere »Fluch« sich ausrast. Damit die Gespaltenheit von Körper und Kopf in der Hautreibung aufhört. Ist Eteokles bereit? Noch zur Umkehr zu bewegen? Er geht den entgegengesetzten Weg, den der Prophezeihung. Zum Tor. Laut schreien die Sklaven, die Mädchen, die Frauen.

Das biblische Bild der Vernichtung: Siehe, es kommt ein Volk von Mitternacht her, viel Heiden und viel Könige werden vom Ende der Erde sich aufmachen. Die haben Bogen und Lanzen, sie sind grausam und unbarmherzig, ihr Geschrei ist wie das Brausen des Meers, sie reiten auf Rossen, gerüstet wie Kriegsmänner wider dich, du Tochter Babel. Wenn der König zu Babel ihr Gerücht hören wird, so werden ihm die Fäuste niedersinken, ihm wird so angst und bange werden wie einer Frau in Kindsnöten. Schwert soll kommen, spricht der Herr, über die Chaldäer und die Einwohner zu Babel und über ihre Fürsten und über ihre Weisen. Schwert soll kommen über ihre Weissager, daß sie zu Narren werden. Schwert soll kommen über ihre Starken, daß sie verzagen. Schwert soll kommen über ihre Rosse und Wagen und alles fremde Volk, daß sie zu Weibern werden. Schwert soll kommen über ihre Schätze, daß sie geplündert werden.

Schwert soll kommen, ist auch Gesang der Gralsritter, der christlichen Okkupationsarmee, der Klingsor anzugehören träumte. Ein Partisan Gottes, im strengen

Dienst Mann unter Männern, von Frauen verschont, von eigener Zeugungswut. von der er sich sofort trennte. Als Elitesoldat, als Mann wollte er sich nicht an eine Frau kleben, ein Problem, das sich jedem Mann stellt.
Eteokles löst es, er liebt Männer. Doch die antike Lösung verkleistert ihm nicht die Augen.
Klingsor sieht jetzt, nachdem er sich kastriert und gedemütigt hat, um sich die Überläufer, die ehemaligen Elitesoldaten jener Armee, die ohne zu kämpfen geschlagen wurde, winselnde Männer kleben an seinen Blumenmädchen. Angewidert wendet sich Klingsor ab, der Mann, der einer Frau gehört, ist erledigt, nicht nur er macht diese Beobachtung.

Daß Eteokles jetzt dieses von ihm verachtete Leben als König absichern soll, noch länger unter dem Familienorakel zittert, sich in Bruder- und Männerliebe verbeißt, seinen Herrschaftsanspruch nicht abtreten will. Die innere Wunde eitert, ist unstillbar, der Soldat, der Mann hat entschieden.
Diese Todesbereitschaft oder Todesbesessenheit riechen die Frauen. Wie ein Gift, dem sie zu entkommen suchen, sie kriechen übereinander hinweg, in jede Ecke, rennen gegen die Wände, halb irrsinnig, halb schon überrollt, obwohl die Tore halten, obwohl der Feind nur droht, ist die innere Vernichtung fortgeschritten. Der Haß, der sich jetzt über Eteokles, den Mann, entlädt, die Grausamkeit der Frauen erzwingen die Polarität, die Geschlechter sind Feinde.

Ähnliche Gedanken beherrschen Klingsor, der in Parsifal nicht nur den Mann, den er liebt, erkennt, sondern auch den, der ihn tötet. Die Rückgewinnung des Speers durch Parsifal ist für ihn abgeschlossen, Klingsor interessiert nur noch das Wie seines Endes. Der von ihm geliebte Mann ist nicht verwundbar. Der nach ihm geschleuderte Speer bleibt in der Luft, Parsifal übernimmt die Stafette, damit auch das Problem, die Innenwunde. Speer und Blick stigmatisieren, deshalb trifft Kundrys Verfluchung ins Schwarze, leidet Parsifal. Irre, irre, schreit sie:

Und flöhest du von hier und fändest
alle Wege der Welt,
den Weg, den du suchst,
des Pfade sollst du nicht finden:
denn Pfad und Wege,
die dich mir entführen,
so verwünsch ich sie dir:
Irre! Irre!
Mir so vertraut –
dich weih ich ihm zum Geleit!

Die Frau verlangt die Tötung des ihr widerstehenden Mannes. Sie verlangt die Tötung von dem, dem sie dient, den sie verachtet, ein Teufelskreis. Wie Salome für ihren Dienst das höchste Kopfgeld von Herodes verlangt, verlangt es Kundry von Klingsor.

Parsifal siegt. Die Klingsorwelt fällt in Schutt und Asche, doch Kundry überlebt. Ist Parsifal ohne Wunde geblieben? Hetzt er wie Kundry umher? Welche Erinnyen folgen ihm, lecken seinen Schweiß, steigen in seine Träume? Ist Parsifal endlich vor Frauen sicher?
Er transportiert den »eroberten« Speer zurück, kann sich nach jahrelangem Hörnerabstoßen nur noch »heimschleppen«, daß er es überhaupt schafft, scheint ein weiteres Wunder. Damit ist nicht gesagt, daß Parsifal durch die Vereinigung von Gral und Speer, durch deren Hochzeit, die Vermählung der gegenseitigen Blutsehnsucht, das »Gralswunder« in seiner alten Kraft einsetzt. Er bringt den Phallus zur Vagina, Speer und Gral laufen das Blut über.

Selbst das Angriffsmotiv des zu den Thebenfeinden übergelaufenen Bruders ist mit Klingsor verwandt, denn der Überläufer wurde dort Schwiegersohn, für den unverheirateten, nachkommenlosen Eteokles eine weitere Kampfansage, nach einem Sieg würden fremde Nachkommen Theben beherrschen, die noch lebenden Schwestern Antigone und Ismene, die Thronanwärterinnen, weiter vom Thron fernhalten. Diese Zeugungsfähigkeit macht Eteokles sofort zu einem minderen Mann, zum Verlierer. Der ihn herausfordernde Bruder wird, obwohl er stirbt wie er, trotzdem triumphieren, sein Kind, sein Sohn lebt, wird ein Thronerbe.
Im Alleinsein bekennt Eteokles, daß er seinen Bruder betrog, ihn zum Angriff zwang, ihm die vereinbarte Wechselregentschaft verweigerte, so den Untergang der Stadt heraufbeschwor. Der Mädchenchor könnte ihn jetzt zerfleischen, seine Leiche ans Tor hängen, sich unterwerfen, Frieden erbetteln. Es ist zu spät. Das weiß Eteokles, das weiß der Chor, das wissen die Zuschauer.

Parsifal – Eteokles – Klingsor – Amfortas, alle ergriffen von Einsamkeit, von einem vorher unbekannten Schmerz, der über sie hereinbricht, bohrt, nagt, den eigenen Körper zum Feind macht, Erinnerungen täglich weckt, die Hände nach Körpern ausstreckt, in jeder Bewegung mehr Sehnsucht, als jeder sich zugestehen will, daß die anderen Körper, die anderen Menschen, die Erinnerungen an ihr Fleisch im eigenen Fleisch rumoren. Verlassenheit packt sie. Amfortas verliert seinen Vater, erst als er den Sargdeckel hochhebt, als er den faulenden Leib riecht, die grün-violetten Finger im Totengeruch, fällt auf ihn ein Gewicht, schmerzender als seine Wunde, die Larmoyanz hört auf, er erkennt sich, sein Leben, seinen Schrott, schreiend zum Himmel, tot ist es da oben, tot.
Klingsor müßte ununterbrochen in neue Messer rennen. Jeden Tag, eine Dauerbestrafung für Leben. Er kann nicht mehr. Einsamkeit, nicht Alleinsein. Allein hat er die Klause bewohnt, allein seinen Idealen nachgehangen, gebaut, geschuftet, alleine. In der Gralsburg hörte man von diesem wunderlichen Mann, der in der Einöde haust. Ein Hieronymus im Gehäuse. Der sich Wicken und Blattsalat anbaut, wo absolut nichts wächst, den Vögel, Tiere besuchen, um bei ihm Wasser zu trinken.

Bis Klingsor »versucht« wird, wie Parsifal »versucht« wird. So versucht der Teufel Jesus. Der Teufel besucht ihn. Pasolini baut diese Szene in DAS ERSTE EVANGELIUM MATTHÄUS ein, die Diskussion der Gegensätze, Mann gegen Jüngling, das durchlebte, fleischige Gesicht des Fickers gegen den glatten, halb wahnsinnigen, intellektuell mondänen Jüngling, Generationen stemmen gegeneinander: Da ward Jesus vom Geist in die Wüste geführt, auf daß er von dem Teufel versucht würde. Und da er 40 Tage und 40 Nächte gefastet hatte, hungerte ihn. Und der Versucher trat zu ihm und sprach: Bist du Gottes Sohn, so sprich, daß diese Steine Brot werden. Da sprach Jesus zu ihm: Hebe dich weg von mir, Satan! denn es stehet geschrieben: Du sollst anbeten Gott, deinen Herrn, und ihm in allem dienen.
Die Anziehung der beiden, den Rollenwechsel, Jesus als Margarethe, stellt Pasolini einfachst klar, organisiert die Szene in Porträt-Großaufnahmen, gekoppelt mit Landschaftsweite, einer wüsten, undefinierbaren Ebene in Staub. Wechselt den Hintergrund für die jeweiligen Versuchungen. Er hält die theaterhafte Dialogszene streng durch, so wäre sie auf jeder Bühne, jetzt setzt er den Schnittwechsel ein, d. h. Gesicht gegen Landschaft, erreicht so Filmwirkung, formuliert durch den Schnitt die intellektuelle, sexuelle Anziehung der Gegensätze.
Eine Clinchsituation im Darkroom. Bei hellstem Licht, die Gegensätze trennen sich, Jesus ist der Passion überantwortet, der Teufel geht weit hinten in Staub ein.

Jesus predigt jetzt, jetzt läuft er umher, rastlos zeigt ihn Pasolini, als müßte er durch jeden Ort, all die Leute um sich versammeln, als hieße es Tempo vor dem Schluß. Jesus ist ohne Ermüdung, seine Jünger greift das an, Jesus ist getrieben, kein Ruhepunkt, nicht das Wort, die Predigt, die Heilung, die Mahlzeit. Jesus ist unterwegs, um am Kreuz erst zu sich zu kommen: Eli, Eli, lama asabthani! Das ist: Mein Gott, mein Gott, warum hast du mich verlassen!

Klingsor stirbt, in seinem Tod ist mehr Wollust, als Parsifal je erlebt. Auch Kundry ist ihm überlegen, sie bangt nicht, diese Taufe ist ihr ein minderwertiges männliches Nachfolge-Ritual, sie aber hat Jesus leibhaftig gesehen. Die Zeit ist da, Nachfolge anzutreten: Und da Jesus getauft war, stieg er alsbald herauf aus dem Wasser, und siehe, da tat sich der Himmel auf über ihm. Und er sah den Geist Gottes gleich als eine Taube herabfahren und über ihn kommen. Und siehe, eine Stimme vom Himmel herab sprach: Dies ist mein lieber Sohn, an welchem ich Wohlgefallen habe.

Ist Kundry nach Wagner Gottes Tocher? Ein weiblicher Jesus? Eine der zahlreichen Verwandlungen des »Urweibs« Lilith? Sie erhält alle Zeichen der Taufe Christi: Sich öffnender Himmel, strahlendes Licht, Taube und Stimme.

Händel komponiert nach dem HALLELUJAH die Sopranarie: Ich weiß, daß mein Erlöser lebet und daß er erscheint im letzten Tag dieser Erd. Wenn Verwesung mir gleich drohet, wird dies mein Auge Gott doch sehen. Hiob gleich, fragt Händel sich nach dem Jubel: Lebt Gott?

Er tröstet sich: Ich weiß, daß mein Erlöser lebet, denn Christ ist erstanden von dem Tod, der Erstling derer, die schlafen. Der Tod ist in den Sieg verschlungen.

Siegt Kundry in ihrem Tod unter der Taube? Oder ist sie die ständige Mahnung: Wozu in dieser Welt, in dieser Hölle leben, wo ein minderwertiger Gott Menschen quält, die erst in Wiedergeburt den höheren Gott finden? Kundry als Ruinenfragment der Katharer? Wozu noch Dienstbote von Feind-Parteiungen sein? Sie war dem am nächsten, der spricht: Nehmet auf euch mein Joch und lernet von mir, denn ich bin sanftmütig und von Herzen demütig, so werdet ihr Ruhe finden für eure Seelen. Denn mein Joch ist sanft, und meine Last ist leicht.

Kundry war Jesus am nächsten, das unterscheidet sie. Kundry ist der Verfluchung Jesu würdig. Jesus verflucht? Stigmatisiert mit einem Blick? Sie sah den Heiland, von dem das Gralstheater theatert. Den männlichen Figuren ersetzt Ritual ihre Suche nach Gottnähe und Jesu Nachfolge, sie suchen Nutzen, beutegierig, bluthungrig, meutebewußt, in der Freß- und Verdauungsgemeinschaft einsam. Das schafft Trennung untereinander, »Verbrauchermentalität«, die nur Funktionieren kennt, sich als Maschine liebt, deren Eigenheiten und Beschaffenheit kennt, darauf hinwirkt, daß die Maschine läuft. Ihr Geräusch zu hören, bereitet Genuß, wie die Blutrinne aus Leibern.

Die Untoten, die Vampire, die Höllenfürsten kennen keinen Privatbesitz, sie sind christlicher als Kommunisten und Christen, sie kennen nur den Beutetrieb, dem dienen sie, ihrer Passion, in großer Gottnähe.

Als ich in Segovia durch die Räume des Klosters El Paral gehe, die Kleider, die Bücher der Mönche sehe, frage ich mich, warum ich nicht auch so lebe? Hier, einfach hier, genau wie der indische Mönch, der an der Tür steht. Warum hier nicht hacken? Warum hier nicht knien? Warum nicht in dieser Bibliothek 10 Jahre meines Lebens verbringen?

In dem Kloster erlebte ich den »Schock«, den Amfortas am Sarg seines Vaters erleidet. Ich bin in der gleichen Situation. Meine Mutter ist vor kurzem gestorben. Ich kann nicht mehr, ich muß aufgeben. Während ich die Stadt umkreise, komme ich nicht zu Bewußtsein. Ich bin eine der Pasolini-Figuren in meiner Wüste, unter mir Kloster, gegenüber dem Tal die Stadt, um mich Hügel aus Steinen. Uneben. Endlos. Das Hochplateau streckt sich, klemmt Straßen, Kirchtürme, Klosterruinen. Arbeiter sägen großformatige Steine zurecht, aus denen der Dom, das Schloß gebaut sind, ein Neuschwanstein, ein Klingsor-Zauberschloß hoch über dem Kalvarienberg, voller Tempotaschentücher, Bierdosen und Pornoheften. Segovia – Krönung Kastiliens.

Auslöschen. Was ich tue, was ich träume, ist zweierlei. Auslöschen. Enden.

Eteokles und Klingsor wissen davon, ihr Schmerz ist ihnen Genuß, den wollen sie konsumieren, teilhaftig eines ewigen Lebens, einer Zugehörigkeit wie Spreu zum Weizen, in der das Korn wuchs, beschützt und festgehalten.

Einsamkeit ist nicht Alleinsein. Klingsor ist allein, bis er zur Einsamkeit verdammt wird. Zugehörigkeit ist Traum in jedem Leben, ausgestoßen bist du, das weiß er, allein, nicht zugehörig. Akzeptanz gibt nur die Meute. Die setzt das Maß ihrer Verdauung. Die gibt den Ton an, die Verhaltensregel, die Anständigkeit, in der du zum Blutsäufer wirst.

ENTWÜRFE

Kongruenz und Nichtkongruenz der 4 Textfassungen des PARSIFAL-Stoffes.

I 1. Fassung	1865
II 2. Fassung	1877
III Dichtung	1877
IV Partiturtext	1883

Die 4 unterschiedlichen Fassungen zeigen Gemeinsamkeiten und Abweichungen, oft so widersprüchlicher Art, daß die auseinanderstrebenden Interpretationen, schließlich zu einem Text IV verknappt, zwar formal gebändigt erscheinen, doch ihre inhaltlichen Bewegungen sind damit nicht gestoppt, haben im Zusammenschrumpfen von IV eher zugenommen, ein Produkt des Arbeitsvorgangs, der deutliche Fixierung ausschließt, Sachverhalte einer Fassung in der nächsten aufhebt, z. B. definieren 3 Fassungen eindeutig, während die 4. das als falsch ausräumt. Oft umgeht Wagner eine Entscheidung oder sucht langatmig Erklärungen, um vorgenommene Fixierungen inhaltlich abzuschwächen, worunter die anderen Fassungen leiden. Die Unstimmigkeit, die die Korrektur beheben sollte, herrscht weiter, arbeitet in IV so stark, daß sich die Verknappungen oft gegenseitig lahmlegen. Das Eindringen in das Text-Musik-Gefüge ist erschwert, die Fixierungen fluoreszieren.

Die Namensänderungen in den Fassungen irritieren, Wagner liefert genug Begründungen dafür, die negativste, ihre Einverleibung, ihre Aussprache weichzuklopfen.

I	II	III-IV
Parzival	Parzival	Parsifal
Anfortas	Anfortas	Amfortas
Schmerzeleide	Herzeleide	Herzeleide

1. Aufzug. Die Reliquien: Kelch und Speer
I erzählt vom Abendmahlskelch Jesu, in dem Joseph von Arimathia das Blut am Kreuz auffängt, der seitdem verschollen ist, sich an einem unbekannten Aufbewahrungsort befindet, auf diese Weise »lange Zeit der sündigen Welt entrückt« ist. Die Christen können sich inzwischen der Heiden-Angriffe nicht mehr erwehren, um zu überleben, benötigen sie eine Wunderreliquie, verzweifelt beginnen sie, »von heiligem Liebesverlangen ergriffen«, nach dem Kelch zu suchen: Titurel

und seinen Treuen ist das Heiligtum entdeckt. Die Herkunft des Speers wird zunächst nicht erwähnt, nur dessen Verlust.

Die zwingenden Gründe zur Kelchauffindung sind vergleichbar mit den Umständen, die in Antiochia zur Auffindung des heiligen Speers führten, Wagner nimmt jedoch darauf nie Bezug.

Schon II revidiert die Reliquienübergabe von I. In IV »neigen sich in heilig ernster Nacht/ dereinst des Heilands selige Boten« dem Titurel zu, übergeben ihm Speer und Kelch. Darauf baut Titurel »Dem Heiligtum das Heiligtum«, die Gralsburg als deren Aufbewahrungsort, so sieht das auch schon II.

Von der Macht, die mit dem Kelchbesitz verbunden ist, berichtet I ausführlich: 1. Er meldet durch Erglühen, wo erneut Krieg gegen die Ungläubigen zu führen ist, das glühende Kristall läßt geheimnisvolle Schriftzeichen erkennen. 2. Er meldet, wer eingesetzt werden soll, welcher Ritter wo kämpfen soll. 3. Er besitzt göttliche Kraft, die seinen Ritter unverwundbar, unsterblich macht. 4. Verbot der Sexualität, die Gralswirkung erlischt mit Verbotsübertretung: Nur dem Keuschen offenbart sich die beseligende Macht des Heiligtums.
Unstimmig in I bis IV ist, daß trotz ihrer Unsterblichkeit die Ritter altern. Titurel stirbt, die zu Klingsor Übergelaufenen fallen oder sind schwer verletzt, Amfortas, den Gralsritus zelebrierend, der Wunderkraft am nächsten, so schwer, daß die Wunde nicht heilt bzw. die Wunderkraft schützte ihn nicht vor einer Kastrierung. Da alle Fassungen das Sexualverbot bestätigen, muß die gesamte männliche Besatzung unkeusch sein, die an eingehaltene Keuschheit gebundene Gralswirkung ist nicht nachzuweisen.
II definiert die Funktion Titurels und seiner Mannschaft als Reliquienbewacher: Er baute ihnen das Heiligtum, daß dort, dahin kein Frevler dringe, die reinsten Männer ihn hüten, stark durch der hehrsten Güter Huld zu jeglicher frommen Tat, nie ersterbend, so lange den Gral sie ersehen und seiner heiligen Erquickung teilhaftig werden.
II berichtet eingangs: Und doch, Gurnemanz weiß ja, er selbst hat deutlich die Weissagungen des Grals gelesen: wohl kann geholfen werden. Später dann über gemeinsame Exerzitien von Herr und Knecht, um den Gral zu Auskunft und Milderung der Anfortas-Schmerzen zu bewegen: In heißem Gebete lagen wir vor dem verwaisten Heiligtum: da leuchtete es hell, und ein seliger Schimmer erglänzte von ihm aus, darin las Anfortas deutlich, weil er hoch erleuchtet ward, den Spruch: Mitleidvoll leidend ein wissender Tor soll durch den Speer dich heilen. Ob Gurnemanz die Schrift lesen konnte, ist ungewiß, ihre Deutung ist Vorrecht des Königs und Priesters, Gurnemanz möchte glauben, was er sah, was ihm so ausgelegt wurde. Vom gemeinsamen Gebet weiß IV nichts, dem Gurnemanz wird die Weissagung von Amfortas mitgeteilt, IV läßt hier offen, in welcher Beziehung Herr und Knecht stehen.

Klingsor belehrt Kundry in II über die Wirkung des Speers in seiner Hand: Sie sind alle elend, und den Speer halte ich, mit dem ich den Reinsten träfe, wär der kleinste Fehl an ihm, ha! und für den Fehl sorgst du? IV sieht die Speerwirkung dagegen uneingeschränkt, Klingsor kann hier »selbst Heilige mit dem verwunden«, wie Gurnemanz fürchtet, sodaß bei einem Angriff Klingsor gewinnt, sich in den Besitz der 2. Reliquie bringt, die Gralsburg auslöscht. Das mag übertrieben sein, doch der Angstzustand innerhalb der Mannschaft ist beklemmend, daher muß sich Gurnemanz als Mitschuldiger isolieren. Er hat versagt, als Dienestältester hätte er seinem König von dem Unternehmen abraten, mehr noch, ihn daran hindern müssen. In seiner Vorstellungswelt ist er 2 Königen »untreu« geworden.

Im LOHENGRIN spricht der Titelheld von seinem Vater Parsifal, dem Gralskönig. Der Text ist 1845, lange vor PARSIFAL, abgefaßt, der Kelch wird dort wie in IV von Engeln übergeben, eine alljährlich erscheinende Taube erneuert seine Wunderkraft. Ein vertracktes Mysterium ist um die Ritterschaft, eigentlicher Anlaß der Lohengrin-Äußerung. Der Gralskönig Parsifal hat hier einen mutterlosen Sohn wie Titurel, von den Müttern in beiden Texten kein Wort.

Klingsor

I fragt sich unentschieden, ob Klingsor mit jenem frommen Einsiedler identisch ist, der Hand an sich legte, weder mit Gebet noch Buße Kontrolle über sein Geschlecht bekam, sich deshalb entmannte. II spricht nur noch von Klingsor: Doch wollt er heilig werden, und um der Sünde Trieb in sich zu töten, verstümmelte sich der Wütende. Dies gab ihm böse Zauberkraft, die er nun zum Verderben übt, da Titurel ihn voll Verachtung von sich stieß.
II bis IV kennzeichnen die Ablehnung Titurels mit »voll Verachtung« und »verachtungsvoll«, I läßt durch die sachliche Formulierung des Vorgangs ein Verständnis des Titurel zu, der ein Gesetz vertritt, vertreten muß, sich dem beugt, diese Beugung innerlich anzweifelt, lieber Klingsor aufnehmen möchte, seinen Übereifer, seinen übertriebenen Willen zur Hingabe, zur Kreuz-Übernahme anerkennt, wäre nicht sein Sohn, der dem Neuankömmling entgegentritt, aus Angst um seine Futterkrippe.

Hier wird das Brudermotiv spürbarer, Klingsor und Amfortas können Söhne des Titurel, Kinder der Kundry sein. In diesen Textgebilden ist all das möglich, I faßt die Klingsor-Ablehnung sorgfältig und wertfrei, damit wird dem Titurel Kraft beigemessen, die er in II bis IV verloren hat, wo er unköniglich klein voll Verachtung, verachtungsvoll reagiert, eine Potenzattitüde annimmt. Klingsor erleidet das und handelt danach. Er packt genau da zu. Holt den Speer. Baut seinen Schrein.
IV hat gegen I viele Momente verloren, die die religiös-kulturelle Auseinandersetzung der beiden Brüder heute aktuell macht. Wagner hat nicht umsonst Lessings DRAMATURGIE und NATHAN DER WEISE gelesen.

Die Rivalität der beiden jungen Männer bestätigt, daß der Amfortas-Angriff unmittelbar nach dessen Amtsübernahme erfolgt, als ob er nur darauf gewartet hätte, zuzuschlagen. In I herrscht zeitliche Übereinstimmung von Amtsübernahme, hier identisch mit Speerverlust, und plötzlicher Nachricht von einem Zauberschloß. Klingsor baut der erbeuteten Reliquie ebenfalls einen heiligen Aufbewahrungsort, konträr zur Gralsburg mit Priesterinnen, die als Blumenmädchen, Hetären oder Teufelinnen bezeichnet, diffamiert werden.

Unklarheit wie in der ZAUBERFLÖTE! In der selbstverständlich der männlichen Partei das Recht gehört, von der Aggression ausgeht, bei ständiger Friedensbeteuerung. Auch die angebliche Verwandtschaft oder frühere Gemeinsamkeit von Königin der Nacht und Sarastro hat in den Feindbeziehungen Entsprechung. Ebenso der okkulte Nebel, in den sich beide Werke zurückziehen.

Amfortas
Wer hat den König von den Feindvorgängen unterrichtet? Von wem weiß er, daß seine Ritter überlaufen? Dort gefangen sind? In II verbietet Titurel ausdrücklich den Kampf gegen Klingsor, angeblich um größere Verluste zu vermeiden, möglicherweise ist er der Gralswirkung gar nicht mehr sicher, sein Alter kann, ist der Gral wie angegeben tätig, kein Grund eines Abtretens oder einer Amtübergabe sein.
I sieht die Verführung des Anfortas biblisch: Während er mit Kundry schwelgte, überfielen ihn die Klingsor dienstbar gewordenen Streiter, um ihn zu binden, sie durften ihn nicht tödten, es gelang dem wachsamen Gurnemanz, mit Hülfe der angerufenen Gralsmacht den bereits verwundeten Anfortas zu befreien. Wagner macht deutlich, in der Konfrontation mit den Verrätern, den Überläufern erkennt der Sohn-König, warum ihn sein Vater von dieser Auseinandersetzung abhalten wollte, warum er seine eigene Mannschaft fürchten muß. Der Vater opfert hier seinen Sohn, um den Fortbestand der Gralsgemeinschaft zu erhalten.

I beschreibt die Klingsor-Falle: Gewiß ist leider, dass Anfortas selbst, als er den seiner Ritterschaft drohenden Zauber zu bekämpfen ausgezogen war, in die Schlingen der Verführung fiel, von einem seltsamen, wunderschönen Weibe abseits gelockt, und dort tückisch von Bewaffneten überfallen wurde, die ihn binden und zu Klingsor führen sollen: mit Mühe habe er sich gewehrt und, zur Flucht gewendet, jenen Speerstich in die Seite erhalten, an dem er nun siecht und von dem ihn nichts zu heilen vermag.
In II beschreibt Gurnemanz das Unglück des Anfortas: In eine Grotte lockte ihn der Böse, da umschlang ihn ein furchtbar schönes Weib – den heilgen Speer ließ er sich entsinken. Da hör ich außen einen Todesschrei, ich stürme ein, mit Lachen floh da Klingsor, den Speer hat er entwandt, und nur Anfortas konnt ich glücklich noch entführen, doch eine Wunde brannte ihm in der Seite, die Wunde ist es, die sich nie mehr schließen will.
In IV erinnert sich Gurnemanz anders, die Ritter unter Amfortas sind weit in

feindliches Gebiet vorgedrungen, ihnen tritt eine Frau entgegen. Klingsor ist scheinbar durch Überraschungsangriff zu keinem anderen Mittel mehr fähig:

Schon nah dem Schloß wird uns der Held entrückt:
ein furchtbar schönes Weib hat ihn entzückt:
in seinen Armen liegt er trunken,
der Speer ist ihm entsunken

I sagt, Klingsor warte sicher zu Hause das Ergebnis seiner Mannschaft unter Führung Kundrys ab, in II lockt Klingsor sein Opfer in das Labyrinth, wo eine Gottesanbeterin ihr Männchen zerbeißt, IV beschreibt ein fast zwergenhaftes, hinterlistiges, feiges Männeken, das seinem Frauchen auf der Spur bleibt und den Rivalen erwischt.

In II weiß Anfortas: Nur Eines hilft, nur Eines bringt Erlösung: der Speer, der die Wunde schlug, ich habe ihn schmählich verloren, verloren sind Alle, die um ihn wiederzugewinnen in jenen Zauberbann sich wagen, keiner gewinnt ihn wieder, als den der Gral dazu erkor: den wissenden Toren, wer fände ihn? Darum, kein Balsam mehr! Anfortas ist hier der gelehrige Sohn seines Vaters, bekräftigt dessen Angriffsverbot, reizt die Gefolgsleute damit, behält sich jedoch den Rückzug auf sein Leiden frei, lehnt jede medizinische Linderung ab.

Genauso brutal, einander ebenbürtig, äußert Parsifal in IV seinen Thronanspruch mit der Gewißheit, das Machtinstrument erfolgreich verteidigt zu haben, es jetzt ebenso erfolgreich einzusetzen:

Nur eine Waffe taugt: –
die Wunde schließt
der Speer nur, der sie schlug.

Das ist Interpretation des königwerdenden Parsifal, Gurnemanz brauchte sehr lange, um den mitgebrachten Speer zu erkennen, daß von ihm noch Wunderkraft ausgehen soll, ist völlig offen. IV hat keine Anweisung für den blutenden Speer, obwohl davon gesungen wird. II erzählt: O Wunder, sieh! ihre Spitze blutet heilig nun zur Sühne, da deine Wunde sie schloß. Sehnsucht erfaßt sie nach dem verwandten heiligen Balsam. – Öffnet den Schrein! Hier ist der Kelch-Inhalt Balsam. In IV »fließt des Grales Welle«, also Blut, kein Balsam. I weiß von alledem nichts. In die »grosse Confusion« mit dem blutenden Speer versucht Wagner am 2. September 1865 im Braunen Buch Ordnung zu bringen.

Die Gralsritter Gawan und Ferris. Die Brüder
Wie die schwierige Situation in der Burg verkraftet wird, berichtet I: Die Ritterschaft, die ganze Gralsgemeinde ist nun eifrigst um die Heilung ihres Hüters bemüht. Nach allen Gegenden ziehen Pilgerfahrten aus, um die rechte Arzenei, den gnadenvollen Balsam aufzusuchen, aus den fernsten Zonen kehren

sie zurück: Welches Heilmittel auch gewonnen ward, keines will die Wunde heilen. IV weiß davon wenig, berücksichtigt nur Gawans und Kundrys Arzeneien.
I: Er, der Unwürdigste aller, muss täglich – zu seiner furchtbaren Strafe, das heilige Gefäss berühren. Kann dieser Befehlshaber, kann der Noch-König Anfortas überhaupt eine Mannschaft halten? Sie an sich binden? Vorbild sein? Nur durch Geburt ist er ausgewiesen, sein 1. übereilter Einsatz kostet Zeugung und Krone, die mögliche Aufgabe des christlichen Vorpostens, die Aufgabe der Gralsburg.

In II bringt Gawan Heilkraut aus »fernem Land, durch schwere Kämpfe gewonnen«, in IV »durch List und Kühnheit«. Die Parallele zu Parsifals Speertransport ist aufgegeben, in II sind beide einander ebenbürtig, für eine mögliche Amtsübernahme ausgewiesen. Gawan ist deutlich gegenüber dem Überläufer Ferris abgesetzt, der untergehen muß. In IV tadelt Amfortas Gawans sofortigen Aufbruch, er sah ihn nicht, Gawan lieferte an Untergeordnete ab, machte vor dem Verwesungsgestank auf dem Absatz kehrt. Wohin? Amfortas tadelt die militärische Unkorrektheit seines Ritters, der ihn so verrät. Daß sein Mitbringsel nicht hilft, ist auch ohne abzuwartende Anwendung bewiesen:

Ohn Urlaub? – Möge das er sühnen,
daß schlecht er Gralsgebote hält!
O wehe ihm, dem trotzig Kühnen,
wenn er in Klingsors Schlingen fällt!
So breche keiner mir den Frieden:
ich harre des, der mir beschieden.

Amfortas hat aufgegeben, ist kein König, keiner, der sich noch wehrt. Im Anschluß kann deshalb Kundry, die Niedrigste der Figuren, den Höchstgestellten vor seinen Untergebenen kommandieren: Fort, fort ins Bad!

Daß der Überläufer Ferris von Klingsor eingesetzt ist, bestätigt, daß er auch Anführer des Angriffs auf Amfortas war, jetzt mit seiner Mannschaft Parsifal gefangen nehmen will, der ihn jedoch tötet, so seinen Verrat straft, was Klingsor bestätigend quittiert.
Das Verhältnis Gawan-Ferris setzt sich fort in dem Verhältnis Klingsor-Anfortas. Letzterer vermutet zu seinem Schutz, daß es Gawan wie ihm ergangen sein müsse, er sich deshalb nicht mehr in die Burg zurück traue. Amfortas sieht sich von Ferris und Klingsor bedrängt, dem früheren Liebling Titurels, den er deshalb nicht angreift. Titurel ist sich eigenen Verschuldens gegenüber Klingsor, Ferris und Gawan bewußt. Der sich verraten fühlende König zieht sich zurück, überträgt notgedrungen seinem Weichling-Sohn das Amt, den er als minderwertig behandelt. Nach der Flucht von Ferris riskiert die Gralsmannschaft keinen Ausfall mehr. Amfortas wird bestraft, weil er das Verbot seines Vaters übertritt, weniger wegen einem übertretenen Keuschheitsgelübde, beide Motive durchdrin-

gen sich, sind sich dennoch feindlich. Amfortas qualifiziert sich selbst ab, er bleibt nicht am Mann, sondern muß sich der Frau unterwerfen. Gurnemanz macht das in II entschieden klar, als er den »Gänser« Parzival auf die »Gans« schickt, wiederholt in Qual die Verfluchung seines Königs. Renitent muß sich der Alte selbst jedes weitere Wort verbieten.

Nach II sieht Klingsor in Anfortas den Verursacher, empört verteidigt er sich gegen Kundry, droht, sie mit den Rittern in einem Aufwasch zu vernichten: Hüte dich, Teufelin. Schon Einer büßte es, mich verhöhnt und verachtet zu haben. Der Stolze stieß mich von sich, in Heiligkeit sich blähend. Seinen Stamm vernichte ich nun, unerlöst soll der Gralshüter schmachten, bald, denk ich, fällt selbst das Heiligtum nun ganz an mich! Haha! Gefiel dir der Held Anfortas, den ich in deine Arme dir führte?

Was sich zwischen Anfortas und Klingsor abspielte, bleibt ungewiß, beide vergessen nicht, wollen sich rächen. Die Sehnsucht nach Verwandtschaft, sowohl geistiger als auch sexueller, hat sie verletzt. Jetzt wollen sich beide darüber keine Rechenschaft mehr geben, noch ein Innehalten zulassen. Klingsors Kastration muß hier, in der Beziehung zu Anfortas begründet sein, er verstümmelt sich aus Liebe zu ihm, damit er in seiner Nähe bleiben kann, ihn nicht gebotswidrig attakkiert. Um so heftiger lehnt man Klingsor ab, Anfortas sieht sich als König und Mann beleidigt. Dem pflichten die Ritter bei, erleben das Problem am eigenen Leib, Klingsor stößt somit auf eine doppelte Front, Titurel ist in dieser Auseinandersetzung hilflos.

Den Kampf mit dem Bruder, die Suche nach Bruder-Ersatz, nach geistig-körperlicher, nach bindender Verwandtschaft definiert schon Goethe in seinen GÖTZ-Fassungen, Schiller setzt das Thema in den RÄUBERN konzentriert fort. Karl und Franz kämpfen geistig um den Vater, sexuell um Amalie. Der Kampf ist weniger ein Kampf, eher ein Vereinigungsringen, das nur Orgasmus besiegelt. Den fürchten beide, keiner will sich in die Hand des anderen geben, beide fliehen.

Karls Freiheitsgedöns wird leerer, Schillers Text packt da nicht, Franz wird kleinlicher, äußerlich brillant packt der Text, doch auch damit kriegt Franz den Schwanz nicht hoch, um dem Bruder zu begegnen.

Wagner formuliert zugespitzter, bleibt trotzdem verwaschen, Bruder und Bruder ist ihm ein zu belastetes Thema.

Karl und Franz leiden an derselben Wunde, wie dunkel die auch bei Amfortas belassen, Klingsor und Amfortas sind Brüder, eine Person, krank an derselben Wunde. Sie tragen ihren Entzweiungskampf öffentlich aus, um endlich aufeinander zu stürzen, um eins zu werden, da sie die eigene Ausstoßung nicht mehr ertragen, wie Eteokles und Polyneikes ins Bruderschwert rennen, um dort endlich Ruhe zu finden, wenn ihre Leiber sterbend übereinander brechen, sie ihr sich mischendes Blut saufen. In ihrer Heimatstadt schreien die Frauen: Benommen vor Angst. Die Göttin Erinys kommt, die Familie auszulöschen. Kein Gott ist ihr

ähnlich. Der wahnsinnige Ödipus holte sie. Jetzt hetzt sie die Söhne gegeneinander. Sie haben den Vaterfluch in den Ohren: Erobert euer Grab. Die Waffe weist jedem Erde zu, um darin zu liegen. Wenn sich die Brüder zerreißen, trinkt die Erde ihr Blut. Wer wäscht sie. Auf dem Backbrett mengt sich neue Not mit der alten.
Uralte Paarung. Uralte Schwanzwut. Generationen zerficken. Dreimal warnte der Gott: Laios. Nur wenn du kinderlos stirbst, bleibt Theben bestehen.
Die Schwanzwut zwang ihn, seinen Mörder Ödipus zu zeugen. Er beackerte das Saatfeld der Mutter Jokaste. Wo er seine Brüder und Schwestern zeugte. Der wahnsinnige Wahnsinn paarte beide. Das Meer läßt eine Welle fallen, dreifach stemmt es die nächste gegen das Heck, dünn sind die Spanten. Die Stadt geht mit ihren Königen unter.
Laios bestraft. Jokaste bestraft. Ödipus bestraft. Zu armen Leuten kommt kein Verderben, es wirft die satten Fetten über Bord.
Keinen ehrten Götter und Menschen wie Ödipus.
Er befreite uns vom männerfressenden Verhängnis der strafenden Sphinx. Dann sah er, mit wem er sich paarte. Seine Vatermordhand zerstörte die Augen. Lieber waren sie ihm als die Kinder. Er tappte durch unsere Straßen. Mit Totenspeise füttern ihn seine Söhne, ihm blieb das Essen im Halse stecken. Ai Ai. Der Fluch: Mit blanker Waffe tretet ihr das Erbe an.
Erobert euer Grab.
Ich zittre, die Erinys handelt.

Kundrys Sturz
Hört man den Schluß des 1. Aufzugs unvorbereitet, ohne genaue Textkenntnis, so wird die Altstimme, die ihn beschließt, zur Stimme Kundrys »in durchaus verwandelter Gestalt«, die hier einem überirdischen Gesang aus der Höhe der Gralskuppel zugeordnet ist. Die Altstimme wird zur eigentlichen Erlösung Kundrys, doch davon will weder der 1. noch der 3. Aufzug etwas wissen.
Obwohl Wagner hier abriegelt, hört man etwas anderes, die FAUST 2 BERGSCHLUCHTEN-Übernahme kann nicht verdecken, daß Kundry durchscheint, noch dadurch unterstützt, daß Kundry in den 1. Aufzug wie vom Himmel fällt, also kaum der Erde mit ihrem Pferd zugeordnet erscheint, sondern ihre Ermattung, ihr Hereintaumeln drücken gerade den Höhensturz aus:

1. Knappe:
Hei!
Wie fliegen der Teufelsmähre die Mähnen!

2. Ritter:
Ha! Kundry dort.

1. Ritter:
Die bringt wohl wichtge Kunde?

2. Knappe:
Die Mähre taumelt.

1. Knappe:
Flog sie durch die Luft?

2. Knappe:
Jetzt kriecht sie am Boden hin.

1. Knappe:
Mit den Mähnen fegt sie das Moos.

In strenger Segmentierung ist Kundrys Sturz beschrieben, so wie zur gleichen Zeit Muybridge und Eakins Bewegungsabläufe fotografieren, bannen, nicht als im Fluß, sondern in sich erstarrt, vollkommen. Bis der Film die Segmentierung im Einzelbild schrittweise auflöst, in Beschleunigung überführt, die Verzerrung im Tempo festhält.

Kundry ist Vorbote des Schwans, der genau wie sie aus dem Schnürboden auf die Bühnenbretter stürzt, um zu sterben. Schon in den Partituranweisungen für den Schwan versucht Wagner, das Tempo anzuhalten, erstarren zu lassen, um die Bedeutung des Sturzes sinnfällig zu machen, doch kann das szenisch nicht gelingen, wie auch die Tierwelt des FREISCHÜTZ immer Pappe bleibt, in ihrer Unbelebbarkeit aber steckt mehr Lebendigkeit als in jeder szenischen Manipulation.

Kundrys Schuld
Nach I hat Gurnemanz eine Wohnung außerhalb der Burg, wo er Kundry aufwärmt, päppelt, wenn er sie wieder in totenähnlichem Zustand aufgefunden hat. IV zeigt im 3. Aufzug eine Einsiedlerhütte, in die er geflüchtet ist, um Schluß zu machen. In I findet Gurnemanz einleuchtende Erklärungen für Kundrys Dienstfertigkeit und hinreichende Gründe, warum man ihr weder zu danken noch sich ihr erkenntlich zu erweisen habe, sie sei tief in früherer Schuld, weshalb wisse man nicht, was sie aber tue, diene ihr ausschließlich, diese Schuld abzutragen. Kundry, ihrerseits mit Verachtung gewappnet, nimmt keinen Dank an, ihr Verhältnis zu der Rittergesellschaft ist angespannt, sie kann sich des Mißbrauchs weder durch sie noch durch Klingsor erwehren.

Änderung von I zu IV. Kundry weiß in I, daß weder ihre noch eine andere Arzenei hilft, sie wirft den Rittern, vor allem Gurnemanz vor, absichtlich einer Lösung aus dem Wege zu gehen, stattdessen würde Aktivität geheuchelt, sie und andere sinnlos herumgehetzt: Auch der Balsam bringt aber keine Linderung: Kundry lächelt höhnisch dazu. Ihr wisst ja, wer einzig helfen kann! Was jagt ihr mich auf die falsche Fährde? Der Vorwurf, der die Ritter zentral trifft, wird in IV jedoch von Gurnemanz übernommen:

Toren wir, auf Lindrung da zu hoffen,
wo einzig Heilung lindert!
Nach allen Kräutern, allen Tränken forscht
und jagt weit durch die Welt:
ihm hilft nur eines –
nur der Eine.

Kundry berührt Amfortas' Schmerz, sie unternimmt alles, um ihn zu lindern, gleichzeitig warnt sie aber die Ritter, daß Amfortas' Ende auch ihr Ende bedeutet, sie mildert ihre Prophezeiung, »sie wolle auch Ruhe haben«. Daß der Tod des Amfortas gleichzeitig Ende der Ritter und Ende Kundrys ist, behauptet I, was angeblich IV negiert, so die herkömmliche Interpretation, doch der Schluß IV läßt I noch in sich erkennen.
Ungeklärt ist, ob Kundry Heidin ist, I sagt: Manche gerathen daher auch in Zweifel darüber, ob sie für gut, oder für bös zu halten sei: gewiss ist, dass sie noch Heidin sein muss. Nie sieht man sie bei einer religiösen Handlung: aber man sieht sie auch sonst nirgends. I sagt außerdem, daß sie »uralt sei«, trotzdem keine Spuren normaler Alterung an sich trage, so gesehen, hat Kundry mehr positive Gralsstrahlung abgekriegt als die Ritter. Daher behandelt man sie wie ein »seltsames, zauberhaftes Thier«.
Kundrys Beschreibung in I ist ausführlich, wobei sich in ihr Figuren aus Literatur und Oper vereinen, auch mit umgekehrten Vorzeichen, sodaß sie zum großen Negativ-Entwurf wird, deshalb auch in Schauspiel-Figuren keine Entsprechung findet, zukünftig alle Figuren, die sich ihr thematisch nähern, verdrängt, durch den zeitlich wachsenden Abstand zu ihrem Entstehen vermehrt antike Züge annimmt, sich wie ein Vorzeitrelikt behauptet. Gezielt schockt Wagner, nach Beginn des 3. Aufzugs schließt er ihr den Mund, macht sie stumm. Nur wenige Autoren kämen mit solch starker Beschneidung zurecht, daß sie trotzdem praktiziert wird, heißt nicht, daß diese Figuren einem Vergleich mit Kundry standhielten.

Parsifal
I stellt Parzival im Verhör nach der Schwantötung als »scheuen« Jüngling vor. Gurnemanz irritiert dessen »Dummheit« oder Taubheit, die er bisher nur bei Kundry wahrnahm, der Alte sieht darin ein Zeichen ihrer Verwandtschaft.
In I heißt Parzivals Mutter Schmerzeleide, II ändert in Herzeleide. Kundry berichtet über sie: Sein Vater Gamuret ward noch vor des Sohnes Geburt im Kampfe erschlagen: um den Sohn vor gleichem frühem Heldentod zu bewahren, erzog sie ihn abseits waffenlos zum Toren. Die Törin! Der Sterbeort fehlt, damit verbunden der Dienstauftrag des Vaters, IV benennt ihn dann mit »Arabia«. In II ist es ein Rittergeplänkel, dessen Folgen sich die Witwe entzieht, wegläuft, möglicherweise war sie die Ursache, sogar ein Mitverschulden Anlaß zur Flucht, die auch für Gurnemanz als Zeichen gilt.

Nach I ist Parzivals Waffe, der Bogen, Produkt seiner »wilden Wanderungen«, auf denen er sich notgedrungen wehren muße. In II folgt er »glänzenden Männern«, vergeblich hofft er sie einzuholen, doch er ist nicht untätig: Da kam ich durch Wildnisse, es war oft Nacht und wieder Tag, mein Bogen mußte mir dienen: ich erlegte Wild und große Männer. Kundry bestätigt das, bezeichnet seine Feinde als »Schächer«.

Beispiel einer Dialog-Änderung von I zu IV: I formuliert das Dreieck Kundry, Gurnemanz, Parsifal, der die beiden verwundert fragt: Wer fürchtet mich? – Die Bösen. – Waren die mir den Weg vertraten, bös? – Gurnemanz lacht. – Wer ist gut? – Gurnemanz: Deine Mutter. Du bist ihr entlaufen; sie wird sich um dich grämen: du mußt nicht Alles gleich feindselig behandeln. – Bin ich feindselig? – Dem Schwan warst du es, und deiner Mutter. – Meine Mutter? – Kundry: Sie ist todt! – Parsifal: Todt? Meine Mutter? Wer sagt das?

IV dagegen deutlich verknappt, eliminiert »feindselig«.

Parsifal:
Wer ist gut?

Gurnemanz:
Deine Mutter, der du entlaufen
und die um dich sich nun härmt und grämt.

Kundry:
Zu End ihr Gram: seine Mutter ist tot.

Parsifal:
Tot?

Das Verhältnis der 3, die sich andeutende Pietà, beschreibt II: Parzival springt wütend auf Kundry zu und packt sie bei der Kehle. Gurnemanz hält ihn zurück: Verrückter Knabe! Willst du wieder Unrecht tun? Was tat dir dies Weib? Kundry sagte wahr, denn sie lügt nie und sah viel. Parzival, nachdem Gurnemanz Kundry befreit, steht wie erstarrt, dann gerät er in ein heftiges Zittern: Ich verschmachte. Er droht umzusinken, Gurnemanz faßt ihn in seine Arme. Kundry ist hastig nach einem Brunnen gesprungen, bringt Wasser in einem Horn, besprengt Parzival zunächst damit und reicht es ihm zum Trinken. Gurnemanz: So tust du recht, und so ists nach des Grales Gnaden: das Böse vernichtet, wer es mit Gutem vergilt.

Die Einladung in die Burg spricht Gurnemanz in II so aus: Die Sonne steht hoch, der König kehrt vom Bade zurück: nun laß dich zum Mahle geleiten. Parzival: Wer nährt mich, da ich den Bogen zerbrach? – Gurnemanz: Der Gral, der wird dich speisen und tränken, wenn du fromm und rein bist. Hier begegnen sich Fleischesser und Vegetarier. IV eliminiert das.

Beide nähern sich in I der Burg: Parzival sich auf den Alten stützend, frägt, wohin sie geriethen, denn ihm dünke, dass der Wald sich immer mehr verliere, und dass sie in gemauerte Gänge einträten? Gurnemanz: Sie seien auf dem rechten Wege, und dass der Knabe noch unschuldig sei, werde er auch gewahr, denn unmöglich würde sich sonst für sie beide der Weg in die Burg so leicht erschliessen. Sie ersteigen Treppen, und befinden sich wieder in gewölbten Gängen: Parzival dem kaum scheint, als schreite er, folgt in Betäubung. Er vernimmt wunderbare Klänge.

In II sagt Gurnemanz: Und sieh, mich dünkt, daß ich dich recht erkannt: kein Weg führt zu dem Gral, und niemand könnte ihn beschreiten, zu dem er selbst des Weges nicht kommt. Parzival: Ich schreite wenig, doch schon bin ich weit: wo sind wir? IV gibt die gültige Schlußfassung:

Parsifal:
Ich schreite kaum,
doch wähn ich mich schon weit.

Gurnemanz:
Du siehst, mein Sohn,
zum Raum wird hier die Zeit.

Faust, Mephisto und Irrlicht im Wechselgesang:

Aber sag mir, ob wir stehen
Oder ob wir weiter gehen?
Alles alles scheint zu drehen,
Fels und Bäume, die Gesichter
Schneiden, und die irren Lichter,
Die sich mehren, die sich blähen.

Goethe setzt Irrlicht und Hexenzüge in Bewegung, Wagner die Wandeldekoration, gleiches Felsengestrüpp mit sich andeutender baulicher Veränderung:

Mephisto:
Erleuchtet nicht zu diesem Feste
Herr Mammon prächtig den Palast?
Ein Glück, daß dus gesehen hast,
Ich höre schon die ungestümen Gäste.

Hörst du in der Höhe Stimmen
In der Ferne, in der Nähe?
Ja, den ganzen Berg entlang
Strömt ein wütender Zaubergesang!

»Wütend« wurde vom Übersetzer Stolberg in 7 GEGEN THEBEN verwandt, so benannte er männliche Geschlechtswut, Schwanzwut.

Den beiden Männern, der eine hier sehr gealtert, der andere sehr verjüngt, strömen 2 Hexenzüge im Wechselgesang mit Einzelstimmen entgegen, auch sie umkreisen einen Thron, den Altar, haben ihre Mitte: Satan.
Nach I stützt sich Parzival auf den Alten, der hier für Mephisto steht, Mephisto seinerseits stolpert vor sich hin, muß sich auf Faust Parzival stützen, ihm ist der Weg nicht geheuer, er muß sich im eigenen Terrain auf Faust Parzival verlassen, der Alte käme nie allein zurück, er braucht einen Führer. Dem Amfortas-Zug schließt er sich nicht an, der König fordert nicht dazu auf, also muß sich Gurnemanz Mephisto anders dienstbar erweisen, um Gunst-Zutritt zu erlangen. Überwältigt blickt Faust in den Walpurgisnacht-Abgrund:

Wie seltsam glimmert durch die Gründe
Ein morgenrötlich trüber Schein!

Faust ist und bleibt bis in die letzte Faser Wissenschaftler, Lehrer, der Pauker ist ihm nicht auszutreiben, weder Teufel noch Pakt sind dazu imstande.

I: Parzival steht wie verzaubert angesichts des Kuppelsaals. Der Alte mahnt: Nun nimm dich zusammen: bist du ein Thor, so lass mich nun sehen, ob du auch wissend bist. IV ändert knapp in:

Nun achte wohl und laß mich sehn:
bist du ein Tor und rein,
welch Wissen dir auch mag beschieden sein.

Beider Verhältnis definiert I anders, es wird in IV grob, der Alte steifer, der sich eines Drucks erwehrt, der in I so nicht vorgegeben ist. Parsifal ist in IV älter, schwerfälliger geworden, teils durch die Realisierungsbedingungen, die sich in den Änderungen ankündigen, teils setzt sich das Gesamtgewebe von I so nicht um, oft ist eine völlig andere Komposition gemeint oder angedeutet. Dialog und beschreibende Prosa, die in I verwoben sind, scheint IV, nachdem III das Handlungsgefüge bewußt harmonisiert, in großen Textbrocken auszustoßen, die zwar mit interpretierendem und querverweisendem Orchester gespickt sind, doch können die vielen Leitmotive die Verhärtung und Verarmung des Handlungsgefüges und seiner sprachlichen Ausformung nicht überdecken.
Parsifals Alterung von I zu IV ist zwar nicht mit der Fausts vergleichbar, doch trägt sie ähnliche Züge. Parsifal wird in IV als Jüngling behandelt, als der er jedoch szenisch, wie noch in I, nicht mehr erscheint. Fausts Alter ist in jeder Szene gefaßt, sie lassen sich jedoch nicht in FAUST 1 chronologisch fügen, da das Alter jeweils variiert, auch mit einer HEXENKÜCHE ist es nicht gradlinig zu kriegen. Faust scheint in Altersschwankungen zu leben, die man teils der eingenommenen Droge zuweisen kann, teils einem inneren Zustand, den man nicht an ein reales Alter gebunden sehen will, da eine Figur, die mit dem Teufel verkehrt, an reale Bedingungen nicht mehr gebunden erscheint, doch träfe diese »Befreiung« auf alle Sachverhalte zu.

Vorbereitung zu Gralsenthüllung und Speisung
In I übernimmt Wagner seine Einrichtung von LIEBESMAHL DER APOSTEL in der Dresdner Frauenkirche: Man hört einen feierlichen Gesang von tiefen Männerstimmen: höhere Stimmen antworten aus der halben Höhe des Gebäudes, aus der höchsten Höhe der Kuppel hört man den Gesang von Knabenstimmen verhallen.
Er führt diese Fassung in I, III und IV durch, II jedoch verweist auf eine andere Komposition, die dem antiken Einzug den Vorrang gibt. Er setzt vermehrt Glokken ein, macht sie zum zentralen Grals-Thema, kommt so unmittelbar in die Nähe zu BORIS GODUNOWS KRÖNUNGSZUG: Lang gehaltene Posaunentöne schwellen an: näher kommendes Glockengeläute, in größerer Ferne ein melodisches Spiel von Kristallglocken. Endlich sind sie in einem mächtigen Saale angelangt, welcher nach oben sich in eine hochgewölbte Kuppel, durch die einzig das Licht hereindringt, verliert. Von der Höhe über der Kuppel her vernimmt man wachsendes Geläute. Man hört einen feierlichen Gesang von tiefen Männerstimmen sich nähern, mit welchem die Ritter durch eine der im Grunde sich öffnenden beiden Türen langsam hereinschreiten, und nach und nach an zwei gedeckten Tafeln sich reihen, welche so gestellt sind, daß sie, von hinten nach vorn parallel laufend, die Mitte freilassen, nur Becher und Teller, keine Gerichte stehen darauf.
Mussorgski und Wagner verwenden den gleichen Aufbau, senkrechte Staffllung, von oben nach unten: Posaunen außen, höchste Höhe Kristallglocken, dann Glocken, Knabenstimmen, dazu während des Mahls Jünglingsstimmen aus der mittleren Höhe. Der Chor in Spalierform, ein freier Durchgang für den Klage-Monolog des Anfortas. Während der Zeremonie Titurels Stimme in dieser Fassung tritt er nicht auf.
Unterschiedlich zu Wagner nimmt Mussorgski das Spalier rampenparallel, statt Bühnenaufbauten vergrößert er den Chor, gibt ihm antiken Zuschnitt. In der Konstellation Zar-Bojaren-Volk ist die Tragödie, man braucht gar nichts zu inszenieren. Wer jetzt das Spalier abschreiten kann, ist Zar. Boris kann es nicht, er ist »krank«, »krank« wie Anfortas in der gleichen Situation, der das Tischspalier auch nicht nehmen kann. Mit fortlaufender Handlung überträgt sich die »Krankheit« des Boris auf den Chor. In der Szene AUF DEM ROTEN PLATZ wiederholt sich das. Jetzt die gleiche Konstellation wie in Theben: Der König und die Pestkranken, der Zar und die Hungernden. Die gleiche Konstellation der um Macht, Einfluß kämpfenden: Ödipus-Tiresias-Kreon, Boris-Narr-Schuiski.

Mussorgski setzt auf den Kontrast schreiendes Individuum contra starre Masse. Mit der Einsamkeit seines Narren ist die des Amfortas nicht zu vergleichen. Wagner nimmt in den Textfassungen, noch entschiedener in der Komposition, dem König die murrenden Untertanen, die Mussorgski aktiviert, womit er die antike Konstellation zu der bedeutendsten Chorszene macht.

Zurück zur Anfortas-Klage in II. Knabenstimmen aus der Kuppel: Vertraue dem Speer, wenn, mitleidsvoll leidend, ein wissender Tor ihn wiedergewann! – Die

Ritter (leise): So ward es dir verkündet: harre des Erlösers, walte des Amtes! – Titurels Stimme: Enthüllet den Gral! Nachdem der Gral enthüllt ist, kommandiert Titurels Stimme: Der Segen! Anfortas betet stumm, zunehmende Dämmerung im Saale. Stimmen aus der Kuppel: Nehmet hin mein Blut! Nehmet hin meinen Leib! – Ein blendender Lichtstrahl dringt auf die Schale herab: diese erglüht immer stärker in leuchtendem Purpur.

Die Gralsenthüllung
I beschreibt: Aus einer gewölbten Nische die Grabesstimme des alten Titurel: Mein Sohn Anfortas, bist du am Amt? – Schweigen – Soll ich den Gral heut noch sehen, und leben? – Schweigen – Muß ich sterben ohne den Retter zu begrüssen? Anfortas bricht in tiefe Klagen aus: er könne nicht länger des Amtes walten. Er schildert seine Leiden. Die Ritter brechen in Murren und Klagen aus. Titurels Stimme: Enthüllt den Gral! Man entkleidet den Schrein, nimmt aus ihm die heilige Krystallschale, und stellt sie feierlich vor Anfortas hin. – Anfortas verdeckt sich die Augen. Titurels Stimme: Sprich den Segen!

In II klagt Anfortas: Nein! Laßt ihn unenthüllt! O, könntet ihr die Schmerzen fühlen, die sein heiliger Anblick mir erweckt! Was ist die Wunde, die mich quält, gegen die Qual, mich als den Unwürdigsten zu wissen, der dieses Amt verrichte? Ich, einzig erlesen zur Pflege des göttlichsten Erbteiles, den heiligen Zauber zu üben, der seine Ritterschaft erquickt, sie zu welterlösenden Taten stärkt und befeuert: ich, der einzige Sünder unter Allen soll euch den gnadenvollen Segen durch mein Gebet erflehen und spenden? Oh furchtbarste Strafe des gekränkten Gnadenreichen! Daß ich nun täglich selbst die tiefe Sehnsucht nach dem Weihegruße des Erlösers fühle! Nicht kann ich dann ertragen, daß er so selig mich erquickt, und doch einzig muß ich nach ihm verlangen! Es naht die Stunde: der Lichtstrahl senkt sich auf das Werk: ich muß ihn enthüllen, den goldenen Purpur muß ich neu in Glut und Glanz sich entzünden sehen, der überhuldvolle Quell des heiligsten Blutes muß sich in mein Herz ergießen, mein eigenes frevelhaftes Blut muß vor der göttlichen Berührung sich flüchten, das sündenvolle drängt in wahnsinniger Scheu sich aus dem Herzen, sprengt von neuem die Wunde auf, um wild sich in die Welt der Sünde zu ergießen, – doch, durch dieselbe Wunde, die derselbe Speer schlug, der einst auch den Erlöser am Kreuze stach, die Wunde, durch die der jammervoll sündigen Menschheit das Blut des himmlischen Mitleides floß, und aus der nun mir, dem frevelnden Hüter des göttlichen Erlösungsbalsams, das heiße Sündenblut unversiegbar entströmt, ewig erneuert aus dem Quelle des ungebüßten, sündigen Verlangens! – Erbarmen, Allerbarmer! Ach, Erbarmen! Schließe die Wunde, sende mir deinen Engel der Erlösung! Er sinkt bewußtlos zurück.

IV sieht diese Szene ebenso heftig, doch neutralisiert sie die aufbegehrenden adligen Gefolgsknechte zum Männergesangsverein, nimmt so Amfortas die Front, gegen die er anläuft:

So ward es dir verkündet:
harre getrost,
des Amtes walte heut!

Beklemmend stellt I für Anfortas fest: So rein erglühte ihm seit seinem Sündenfall der Gral noch nicht, wie heute: ist Rettung da, ist der Erlöser da? Er erhebt den Gral mit beiden Händen und lässt ihn nach jeder Seite hin leuchten. Man hört Titurels Stimme einen Seufzer des Wohlgefühles ausstossen. – Stimmen aus der Höhe ertönen. Titurel spricht den Segen: Dämmrung lagert sich über den ganzen Saal.
Hier ist der Sohn im Zugriff des Vaters, dem er nicht gewachsen ist, von dem er zermalmt wird. In der 2. GRALS-Szene wird ihm der Sohn antworten, ungeschoren kommt der Vater nicht davon. IV gibt diese Szene ähnlich, doch nicht so konzentriert, das Verhältnis Vater und Sohn bleibt beklemmend, verliert seine Ausschließlichkeit, seine Härte. In I fürchtet jeder jeden. Der Vater ist nicht abserviert, die Behauptung als König klappt noch, aber nur dieses eine Mal. Dann ab in den Kasten. Aus dem er sich, das wurde in IV während der Inszenierung gestrichen, am Schluß segnend erhebt. Entweder ist er noch nicht tot, kehrt zu den Lebenden zurück, wie viele Heilige, die sich rituell schon in ihr Grab legten, oder ein Wunder ist fällig, das rücksichtsvoll, als dem Zuschauer nicht mehr zumutbar, gestrichen wurde.

Die Speisung
Die Anordnung der Eßtische in I: Die gedeckten Tafeln, welche in 3 Abteilungen von hinten nach vorn zu sich erstrecken. II und III gehen von 2 Tischen oder Speisetafeln aus, einander parallel mit Mitteldurchgang direkt an die Rampe, IV spricht nur noch von Speisetafeln ohne Aufstellungsanordnung, die Inszenierung ändert in einen runden Artus-Tisch.
I und II gehen vom Speisenwunder aus, d. h. die Tische sind ohne Gerichte gedeckt, es wird dunkel, Gralszeremonie, danach wird es hell, Wein und Brot sind da. IV ist entmystifiziert, Brot und Wein werden durch Knaben ausgeteilt.
I beschreibt: Während des Gesanges, welcher die heilige Bruderliebe feiert, speisen die Ritter, ebenso II: Wechselgesang der Ritter beim Mahle mit Knaben (in der Höhe) und Jünglinge (mittlere Höhe). Die Männer (beim Mahle): Nehmet vom Brot, und wandelt es zu kräftigem Leibe, des Erlösers Werk zu wirken. Nehmet vom Wein, und wandelt es zu feurigem Blut, zu kämpfen für ihn mit seligem Mut!
Wagner betont in II den Kannibalismus, spitzt das Jesubluttrinken und Jesufleischessen zu. Er fährt weiter fort: Alle: Selig im Glauben, selig in Liebe! Sie reichen sich die Hände und erheben sich feierlich. IV faßt den Wechselgesang knapp:

Jünglingsstimmen (aus der mittleren Höhe der Kuppel):
Blut und Leib der heilgen Gabe
wandelt heut zu eurer Labe
selger Tröstung Liebesgeist
in den Wein, der euch nun floß,
in das Brot, das heut ihr speist.

Ritter (erste Hälfte):
Nehmet vom Brot,
wandelt es kühn
in Leibes Kraft und Stärke,
treu bis zum Tod,
fest jedem Mühn,
zu wirken des Heilands Werke.

Ritter (zweite Hälfte):
Nehmet vom Wein,
wandelt ihn neu
zu Lebens feurigem Blute,
froh im Verein
brudergetreu
zu kämpfen mit seligem Mute.

Alle Ritter:
Selig im Glauben!
Selig in Lieb und Glauben!

Jünglinge (aus mittlerer Höhe):
Selig in Liebe!

Knaben (aus oberster Höhe):
Selig im Glauben!

Die Formulierung II: Alle: Selig im Glauben, selig in Liebe!, stellt IV inhaltlich um, staffelt von den Rittern senkrecht nach oben, während II eine umgekehrte Bewegung vorgibt, in der sich der Ton wieder unten sammelt, die Ritter enden, erheben sich, formieren sich, geben so die Szene an Anfortas, der sie an Parzival weitergibt, bis dieser »ausgestoßen« wird.
Eine völlig andere inhaltliche Bewegung als IV, die selbst die »heilige Bruderliebe« berücksichtigt. IV führt daher die »feierliche Umarmung« der Ritter beim Verlassen des Saales ein. I bis III sehen das nicht vor, gehen vom »ordnungsmässigen«, prozessionsartigen Ein- und Auszug aus, während IV Individualisierungen beim Saalverlassen andeutet, die Ordnung sprengt sich nach vollzogenem Ritus auf. Grob gesagt, sie wird bequem und lasch.

Krach nach der Zeremonie
Gurnemanz wirft Parzival in I hinaus: Was stehst du da noch? Du bist doch eben nur ein Thor! Dort hinaus, da besinn dich! In II: Was stehst du noch da? Weißt du,

was du sahst? ... Du bist doch eben nur ein Tor und dummer als ein Gänser ... Dort hinaus, geh deines Weges zum wilden Vieh! III und IV behalten die Grobform bei:

Du bist eben doch nur ein Tor!
Dort hinaus, deinem Wege zu!
Doch rät dir Gurnemanz:
laß du hier künftig die Schwäne in Ruh
und suche dir Gänser die Gans!

Die Beschimpfung in IV bleibt unklar, plebejisch. I beschreibt das Erschrecken des Alten über den jungen Mann, dessen Taubheit verstört, dessen Trotz Gurnemanz unfähig macht, die richtigen Worte zu finden, so als stände Anfortas vor ihm, als würde sich die gleiche Situation jetzt wiederholen. Der Alte muß alleine sein, kann keinen Dialog mehr führen, muß innehalten, die Tür zumachen, müßte sonst wie Judas weglaufen, wozu er sich später gezwungen sieht, noch hält ihn die Konvention aufrecht. II betont die männliche Dumpfheit Parzivals, Hohn, Bosheit und Verletzung des Gurnemanz werden grob formuliert, noch verstärkt, da die gesamte »heilige« Szene mit einem Mißklang endet, Parzival wird hinausgestoßen, die Tür zugeschlagen. III behauptet diesen Mißklang noch, während ihn IV entschieden mildert, indem: Eine Altstimme (aus der Höhe): Durch Mitleid wissend, der reine Tor. Knaben (aus der höchsten Höhe) und Jünglinge (mittlere Höhe): Selig im Glauben! als Schluß eingesetzt werden. Damit reißt Wagner die Bewegung nochmals nach oben, während sie in I bis III unten verbleibt, da der a cappella-Schluß fehlt. IV relativiert so die Mitschuld des Alten, vertröstet auch ihn, während I bis III das Drama des Knechts und seines Gehorsams weiter verfolgen.

Kundry und die Zeremonie oder eine Frau in der Gralsburg
Im Brief von August 1860 gibt Wagner Mathilde Wesendonk eine andere Handlungsvariante des LIEBESMAHLS, Kundry sei anwesend, sieht, gekauert in einer Ecke, den Vorgängen zu, als Parzival hinausgeworfen wird, schreit sie auf und versinkt. Demnach ist der gesamte 1. Aufzug von ihr zusammengehalten, auch die Mitteilung, daß Kundry die einzige weibliche Stimme sei, ist fix. Noch III behält diese Handlungsvariante bei, schließt abrupt mit dem Hinauswurf.
IV hingegen stellt über den den Rittern folgenden Gurnemanz die Altstimme, samt Knaben und Jünglingen. Damit ist auch die Bindung zum 2. Aufzug gelokkert, der den Übertritt Kundrys aus der einen in die andere Welt beschreibt. Dieser Verlust macht auch den folgenden Übergang schwierig, die Verwandlung der alten Kundry in die junge, ihr Erscheinen im Blumenhag.
Wagners geänderter Aufzugsschluß, statt laut leise, gibt sowohl die Ausrichtung auf Kundrys Erlösung wie ihre innere Bindung an Parsifal auf. Das bereitet äußerste Schwierigkeiten in der Realisierung, die der Bedeutungsänderung, der Erlösungsverheißung für Amfortas nicht gerecht wird. Der Schluß basiert ausschließlich auf der Musik, da die abziehenden Ritter, der ihnen folgende Gurne-

manz, der betäubt dastehende Parsifal szenisch unangemessen reagieren können. Obwohl diese Änderung eine Abschwächung der Bühnenhandlung bedeutet, verweist sie doch auf Lösungen im Film, die diese Momente wesentlich steigern, gerade das sich Entfernen der Protagonisten ausloten, genau das Auseinanderstreben fixieren, zum eigentlichen szenischen Höhepunkt werden lassen können, das ist jedoch einer Bühnenlösung versagt, die, wollte sie der Bedeutungsänderung gerecht werden, auch eine andere Lokalisierung der Kuppelstimmen vornehmen müßte.

Die Änderung von III zu IV nimmt die Bedeutung von Kundry zurück, ordnet die Figur begleitend zu, sodaß ihr Schweigen im 3. Aufzug nicht nur notwendig, sondern vorprogrammiert ist.

Eine weitere Minderung Kundrys ergibt sich durch die Textänderung. Stoßen I und II Parzival in die Wildnis zurück, aus der er kam, dopen ihn III und IV zielgerichtet. Jetzt soll er nicht mehr »zum wilden Vieh«, sondern als »Gänser« auf die »Gans«, auf die Frau. Die männliche Clanwelt scheidet ihn aus: Was stehst du noch da? Weißt du, was du sahst? Parsifal faßt sich krampfhaft am Herzen und schüttelt dann ein wenig mit dem Haupte. Gurnemanz sehr ärgerlich: Du bist eben doch nur ein Tor! Dort hinaus, deinem Wege zu! Parsifal wird degradiert, Drecksarbeit zu verrichten, auf die Frau losgeschickt, sie zu vernichten.

Kundrys Aufschrei, der den Aufzug beenden sollte, würde genau das Verhältnis Parsifal–Gurnemanz, Gurnemanz–Anfortas definieren. Gurnemanz weiß, daß er Parsifal in den Tod treibt, ihn hineinstößt, einer »Mutprobe«, einer »Prüfung« unterwirft, der er nicht lebend entkommt, dessen sind sich Gurnemanz und Kundry sicher. Gurnemanz Kaspar bringt Klingsor Samiel ein weiteres Opfer, hält somit die beiden Feindblöcke und ihre Koexistenz aufrecht, einen andauernden Spannungszustand, den er hofft, zur Sicherung der Gralsinteressen weiter ausbeuten zu können. Gurnemanz ist hier viel mehr Politiker, als es unter den desolaten Umständen erscheint, ihm gelingt es, sein Opfer Parsifal zu täuschen. Durch die Brutalität Gurnemanz' wird seine Mitschuld an Amfortas' Verletzung deutlich, die ein gleiches Verhalten erzwang, der untergeordnete Dienstgrad hält sich an einem übergeordneten schadlos, selbst wenn er eine Verschlechterung seiner gesamten Lage riskiert.

Von dieser Blindwütigkeit ist nicht nur Gurnemanz, sondern auch sein alter Dienstherr Titurel geschlagen, der in einer derart gefährdeten Zeit sein Amt aufgab, auf seinen schwächeren Sohn übertrug. Hielt ihn doch der Gral am Leben, unverwundbar, jung?

Der Tod ist den Rittern in I versagt. Ist der Ritus richtig zelebriert, die verlangte Keuschheit eingehalten, darf kein Zelebrierender sterben.

Homosexualität. Hans Arsch von Rippach

Mit ähnlichem Mißklang wie die Zeremonie endet AUERBACHS KELLER, auch hier die beiden Besucher, der Eingeweihte und sein Novize. Diese Unterscheidung stimmt genaugenommen nicht, da Goethe die Ausgangssituation seines Doktors von URFAUST zu FAUST 1 entschieden ändert, das Verhältnis der

beiden »Zwillingsbrüder« zueinander und das beider zur Frau entschieden verunklart. URFAUST und FAUST 1 ist noch gemein, daß Mephisto, der Intimkenner, Faust, den angeblichen Neuling, in die Männerriten des Akademischen Personals, dem er eigentlich angehört, einweiht, das sich Faust, nach unterschiedlicher Ausbildungs- und Weihestufe gegliedert, vorstellt.
Mit AUERBACHS KELLER schockt Mephisto Faust, der sich der Versuchung durch seine männlichen Schüler bewußt ist, sich ihnen entzieht, sie abstößt. Faust wird durch Mephisto, wie ein Schüler, zurückgestuft, Faust scheint all das vergessen zu haben oder ist diese Art »Studiengang« nicht mehr gewöhnt oder hat solch ein »Studium« nie genossen oder ist inzwischen viel zu alt, um den modernen »Studienbetrieb« so nachzuholen, Erklärungen sind viele. An der Bestialität läßt Goethe keinen Zweifel. Daß Mephisto und Faust als Kulturschwule denunziert werden, mag Mephisto bewußt angelegt haben, indem er Faust gleich die richtige Szenen-Kleidung mitbrachte:

So gefällst du mir.
Wir werden, hoff ich, uns vertragen!
Denn dir die Grillen zu verjagen
Bin ich, als edler Junker hier,
In rothem goldverbrämtem Kleide,
Das Mäntelchen von starrer Seide,
Die Hahnenfeder auf dem Hut,
Mit einem langen spitzen Degen,
Und rate nun dir, kurz und gut,
Dergleichen gleichfalls anzulegen,
Damit du, losgebunden, frey,
Erfahrest was das Leben sey.

Faust mäkelt:
In jedem Kleide werd ich wohl die Pein
Des engen Erdenlebens fühlen.
Ich bin zu alt, um nur zu spielen,
Zu jung, um ohne Wunsch zu sein.

Im Keller ist Hans Arsch von Rippach Thema, die große deutsche Politik, wie man sich eine Frau angelt, Hexenkunst. Die Französische Revolution wittert herein, fluoreszierend wie das Weinwunder, mit dem Mephisto Jesus nachäfft. Er läßt aus dem Tisch springen, was er will, sie saufen alle: Uns ist gar kannibalisch wohl/Als wie fünfhundert Säuen! Demnach handeln sie. Ein Weintropfen spritzt auf den Boden: Feuer! An Siebel hoch springt die Flamme: Teufelsfeuer! Sie erkennen ihre Besucher. Kannibalismus ist das Thema, der Quartett-Wechselgesang geht in Lynch- und Haßtiraden über: Ein Zauberer ist Vogelfrey! Nach den Reichsgesetzen Vogelfrey! Auch Altmayer steht in Flammen. Mephisto verzaubert sie, alle sehen Weinberge, setzen die Messer, mit denen sie vorher ihn bedrohten, jetzt gegeneinander an, in der Meinung, Trauben zu schneiden. Sie fahren mit Geschrei auseinander, rufen gleich nach der Polizei, sehen ihre Besucher auf einem Fasse reiten. Man soll kein Wunder glauben? Sie wissen nicht, ob der Wein Blut, ihre Nasen, ihre Hoden die Trauben, ob sie sich als Rippachs produzieren. Goethe schließt die Schweine-Szene.

Heterosexualität. Lilith-Kundry
Nachdem Parsifal aus der GRALSBURG rausgeworfen worden ist, entspricht sein Eintritt in die Klingsorwelt Fausts Eintritt in die WALPURGISNACHT, allerdings unter veränderten Voraussetzungen, will Faust sich doch der Wirkung der von ihm in der HEXENKÜCHE eingenommenen Potenzdroge versichern und trifft zuerst auf das »Urweib« Lilith, Adams erste Frau, anschließend auf die Junge, später auf ein blasses, schönes Kind, Margarethes Erscheinung, eine Erinnerung, die ihn in dem von Mephisto angeordneten Orgasmus überfällt. Nicht der Kopf, der Körper erinnert sich, die Schenkel, der Schweiß, der eigene Geruch erinnert den Kopf im Ausstoß. Der unter ihm liegende Leib wechselt den Namen, in dessen Fleisch er sich einrammt. Die Erinnerung, ein Gespinst, das kaum sichtbar haftet, auf der Haut klebt, im Gesicht, das man los werden möchte. Als wäre es leimgetränkt, sträubt es sich, wenn man es abreibt, bleibt an den Körperhärchen, bis man zusammenzuckt.

Goethe oder Schulfunk. Wagner oder Rezeptionsgeschichte. Nicht Sexualität ist das Thema, sondern das Tabu. Keine Inszenierung kann sich heute dazu verhalten, auch die eigene nicht. Wie der Sex so die Droge, Margarethes Mutter stirbt an einer Überdosis, ganz einfach, wie jeder Drogenabhängige, Margarethe und Faust sind Schnüffler, Killer und Mörder, »Beide Figuren sind höchste Ausformungen des Humanismus«. Sicher! Margarethe bringt ihre ganze Familie um, Fausts Vater experimentiert mit Menschen, sein Sohn errichtet einen Sklavenstaat. Das ist Humanismus.

2. Aufzug. Klingsor und Kundry
Nach I sitzt Klingsor: In einem unnahbaren Verliesse seiner Burg in seiner Zauberwerkstatt: er ist der Dämon der verborgenen Sünde, das Wüthen der Ohnmacht gegen die Sünde. IV dagegen sieht ihn: Im inneren Verließe eines nach oben offenen Turmes. Steinstufen führen nach dem Zinnenrande der Turmmauer. Nach I hat er Anfortas die gleiche »Schmach zugedacht, die er sich einst selbst in rasender Verblendung zugefügt«, IV spricht dagegen von einer Speerverletzung.
I geht von einer besonderen Bedeutung Parsifals aus: Klingsor kennt die Weissagungen, die über dieses Wunderkind vorhanden sind. Er fürchtet, dass er berufen sein könnte, Anfortas zu erlösen und seine Stelle mit unbesieglicher Macht zu übernehmen. IV erwähnt keine Weissagungen, stattdessen Kundrys Auseinandersetzung mit Klingsor, die sich nicht gegen Parsifal einsetzen lassen will, ihn mit: Bist du keusch?, provoziert. Klingsor verfällt »in finsteres Brüten«, tobt gegen die Verletzung, die er sich selbst beigebracht, erinnert Kundry an den Amfortas-Beischlaf:

Gefiel er dir wohl, Amfortas, der Held,
den ich zur Wonne dir gesellt?

II bis IV geben an, daß Kundry Klingsor nicht uneingeschränkt zur Verfügung steht, wie oft angenommen, sie kann sich ihm entziehen. Seines Zugriffs nicht ganz sicher, verhöhnt er sie, gleichzeitig bohrend: Als du mir ihren Meister gefangen, haha! den reinen Gralhüter, was jagte dich da wieder fort? Kundry, rauh und abgebrochen, wie im Versuche, wieder Sprache zu gewinnen: Ach! Tiefe Nacht! Wahnsinn! O Wut! O Jammer! Schlaf! Schlaf. Tiefer Schlaf: Tod!
Klingsor antwortet sie, ihre Qual öffnet sich wie eine Felsspalte, wie ein Blick in ein Innenreich, das unzugänglich, sich verborgen hält, keine Betrachtung will, nur Dämmer, bis ein Erdruck, ein Ausbruch es erlöst. Während sie auf Gurnemanz' Frage nach ihrer Abwesenheit »düster schweigt«, später: Ich – helfe nie, feststellt. Kundry »fortwährend auf dem Boden gelagert«, als verkralle sie sich darin, möchte sich nicht lösen, so ist Margarethe im KERKER, bis sie Faust anfällt, umschlingt, ihn zu sich niederreißen möchte.
In II wehrt sie sich gegen ihre gewaltsame Programmierung zur Vernichtung Parzivals, der sich Kundry bei Androhung ihres Todes entziehen will. Wie weit Klingsors Macht wirklich geht, erfahren wir nicht, Kundry sucht sich ihr zu entziehen, manchmal gelang das, manchmal erst, nachdem sie seinen Plan erfüllte.

I meldet: Waffengeräusch. Parzivals drohende Stimme von aussen. Nichts davon in IV, der wichtige Kampf, der die antike Konstellation behauptet, ist gestrichen, ebenso Parsifals Schlachtruf.
In I verhöhnt Klingsor den eindringende Sieger: Ha! Kindischer Spross! Zu was du auch berufen sein könntest: noch bist du zu dumm, und mir verfallen. Hier wirst du lieblich enden, ewiger Herr des Grales. Er verschwindet. IV streicht auch das.

II betont die Kumpanei Klingsors und Kundrys, beide adorieren den Sieger, das macht gegenseitig an: So! Mutig! Mutig! – Ha ha! Der fürchtet sich nicht, Held Ferris entwandt er die Waffe, die führt er nun freislich gegen den Schwarm! Später: Kundry lacht mit unheimlicher Lust. Klingsor: Dem schlug er den Arm, – jenem den Schenkel! Ha ha! Sie weichen, sie fliehen, jeder trägt seine Wunde heim. Später: Kundry gerät in immer ekstatischeres Lachen, welches endlich in ein krampfhaftes Wehgeschrei übergeht. Plötzlich verschwindet Kundry. Klingsor sucht sie, vermutet, daß sie schon im Einsatz ist.

Der Computer läßt einfach den Text zwischen An- und Aus- oder Umschalten verrecken, ich habe noch nicht gelernt, in 13 Jahren nicht, ihn zu bedienen, die Fingerkuppen zittern, Schweiß bricht aus, weg der Text eines Morgens.
Am Abend schon nervös, ich wollte kein Wagner-Zitat abschreiben, eher warten, es kopiert zwischenkleben. Mir das einfach machen! Ich fluchte.
Dann setze ich mich hin, bereit, Wagner Wort für Wort abzutippen, frage mich

wiederholt, willst du das nicht später machen. Dann beginne ich, schiebe das Buch zurecht, kein Satz ist einfach, Zeichen um Zeichen. Der hat sich eine Notierung gedacht, die ich qualvoll nachtippe. Kopfschmerzen.
Jedesmal wenn ich dachte, jetzt hab ichs, jetzt ist der Text das, was ich will, schluckt ihn der Computer. Das dritte Mal in der gleichen Situation. Wenn ich mich tatsächlich in Arbeit begebe, streikt er, baut die Barriere. Ob er nicht ausdruckt oder verschluckt, Hürde auf Hürde.

Der Eroberer
Im Morgengrauen greift Parzival an. Keine Armee, ein Einzelkämpfer gegen die Klingsorwelt. In II schreien die Mädchen: Hier war das Tosen! Waffen! Rufe! Die aus dem Schlosse: Wehe! Rache! Wo ist der Frevler? – Mein Geliebter verwundet! Wo ist der meine? Ich erwachte allein! Wohin floh er? Drinnen im Saale! Sie bluten! Wehe! Wer ist er? Da steht er! Seht! Er hat meines Ritters Schwert. Wir sahen es: er stürmte die Burg. Mein Held lief herzu. Des Meisters Horn toste. Sie alle kamen, doch jeden empfing er mit Wunden! Der Kühne! Der Feindliche! Sie flohen alle. Du dort, was schufst du solche Not? Verwünscht sollst du sein! (Parzival springt etwas tiefer in den Garten herab.) Ha! Kühner, wagst du zu trotzen? Wo ist mein Geliebter? – Warum schlugst du meinen Freund? Parzival (in höchster Verwunderung): Ihr schönen Kinder, mußt ich sie nicht schlagen? Zu euch Holden ja wehrten sie mir den Weg? Mädchen: Wolltest du zu uns? Sahst du uns schon? – Parzival: Noch nie sah ich solch zierliches Geschlecht! Gewiß seid ihr schön? – Die Mädchen gehen von Verwunderung zu Heiterkeit über: Willst du uns auch schlagen? Böser Knabe, was schufest du uns für Schaden!

Eingeborene, die sich Eroberern, denen sie keinen bewaffneten Widerstand mehr leisten können, zutraulich nähern, töten mit der gleichen Zutraulichkeit, berichten Kolonialherren.

Mädchen: Wer soll nun mit uns spielen? Parzival: Das will ich gern! (Sie lachen.) Er ist hold. Willst du uns trösten? Wir nehmen dich an. Aber schlage uns nicht, sonst tötest du uns gleich! Nur Liebe können wir vertragen. Einzelne sind in die Lauben getreten, und kommen, ganz wie in Blumengewändern, selbst Blumen erscheinend, zurück. Lasset den Knaben, er gehört mir! Ah, die Falschen, sie schmückten sich! Sie eilen ebenfalls ab, um als Blumen geschmückt zurückzukommen. Komm, komm, holder Knabe! Sieh mich dir blühen! Andere ebenso. Parzival (ruhig in der Mitte stehend, läßt sich wie von einem Kinderspiele umgaukeln. Sie drehen sich sanft um ihn, streicheln ihm Wange und Kinn.)

Besondere Begrüßungsform der Eingeborenen, die der Ankömmling als kindlich annimmt, ihre mystische Wirkung zunächst unterschätzt, erst zu spät lernt, sie zu fürchten, berichten Kolonialherren.

I erzählt: Jenes Schloss birgt in Wahrheit die schönsten Frauen der Welt und aller Zeiten, die dort durch Zauber unter Klingsors Bann gehalten, und zum Verder-

ben der Männer, namentlich der Gralsritter, von ihm mit aller Macht der Verführung ausgestattet wurden. II nennt sie »Blumenmädchen«, Klingsor bezeichnet sie in II als »schöne Teufelinnen«, in IV als »schönes Geteufel«. I erzählt: Das Schloss ist sein Werk: durch ein Wunder ist es erstanden, mitten in einer früher öden Gegend, in welcher zuvor nur die Hütte eines Einsiedlers gestanden. Wo jetzt Alles auf das Üppigste und Berauschendste wie an einem ewigen Frühsommerabend blüht und webt, war einst – in nackter Wüste – nur das einsame Hüttchen zu sehen.
Wer ist Klingsor?

Auf dem Blocksberg sieht Faust Hexen und weibliche Teufel in Adorationsflügen eine Mitte umtanzen, die Gott und Altar ist: Satan. Sie huldigen ihm, sein After küssend, wo er Scheiße in Gold verwandelt. Ihre Devotion ist nicht Versklavung, sondern Bekenntnis ihrer Individualität, sie gehorchen dem Ruf ihres Meisters, vereinigen sich mit seinem Volk, mit allen, die ihm opfern. Unter ihnen herrscht antiker Chorgeist, der auf Individualität besteht, sich freiwilliger Mitgliedschaft versichert, die Hexe demonstriert durch Anwesenheit Einsatzbereitschaft und Verwendungsfähigkeit, also aktiv und passiv. Sie sichert sich ihre Individualität, indem sie freiwillig ableistet. Eine Mißlichkeit brächte sie sofort in den Konflikt mit Satan, schon sein direktes Augenmerk schränkt ihre Selbständigkeit ein, dem beugt sie vor, weder klug noch berechnend, sondern aus innerer Notwendigkeit, sie bekundet Individualität durch eigenen Beitrag, den keiner abfordert, den sie als selbstverständlich zum Erhalt des Gemeinwesens ansieht. Es ist eine freudige Abgabe, deshalb ist auf dem Brocken was los. Die hier herrschende Freude ist unzüchtig, obwohl die Lustbarkeit Nachbildung gesellschaftlicher Veranstaltungen ist, in denen sich »Individualität« nur bekundet, indem man sich zu Anlaß und Gastgeber nicht zugehörig fühlt, überflüssig, unwohl. In der Artikulation eigner Zerrissenheit bildet sich so etwas wie »Individualität«, die das bürgerliche Theater überflutet, von ihm als Verdauungsbeschwerde benannt, das alles kennen die Hexen nicht. Ihre Individualität ist einfach beschrieben, sie müssen sich ausweisen, sie müssen etwas bieten, eine individuelle Fähigkeit, um im Berechtigten-Kreis aufgenommen zu werden. Daß sie sich durch das Maß des Verbrechens ausweisen, überall gibt es Rangordnungsstreit, ist Interpretation, die antike, die heidnische Welt, in der alles belebt ist, hat dadurch ihre Ordnung.

II: Parzival: Wie duftet ihr hold! Seid ihr denn Blumen?

Der Geruch anderer Menschen, ihr Schweiß ist Erkennungs- und Verachtungszeichen. So ist dem Geruch, den ein Mann in meiner Wohnung hinterläßt, nur mit Fensteröffnen zu begegnen, von unten kommt Kochmief dazu, dann meine Kaseinfarben, bis man es nicht mehr aushält. Wäre der Geruch des Mannes Schweiß, wäre es der Geruch eines anderen Menschen, aber dieser hier ist Chemie, Geruch aus einer Flasche.

Mädchen: Hier im Garten pflückt uns der Meister. Wir blühen im Sommer, dann welken und sterben wir. Sei uns hold, so lange wir dir blühen! Nimm mich an deinen Busen! Laß die Stirn mich dir kühlen! Deinen Mund laß mich küssen!

Der Eingeborene in der Hand seines Gottes, dem er gehorcht. Der Heidensommer dauert, bis ihn das Kreuzzeichen abbricht, welken läßt, mit ihm auch seine Götter zertrümmert.

Hexen sind die Blumenmädchen nicht, »Teufelinnen« nur in Verkennung, Wagner bezeichnet sie auch als »Teufelsspuk«, definiert die christliche, die endgültige Sicht, ist längst mit dem antiken Vorbild uneins, was sich bis in die Komposition der Szene zeigt, was sich in jeder Inszenierung wiederholt, diese Figurengruppe wird nicht ernst genommen.
Aber auch Walküren sehen aus, als ob sie mit Theaterspießen in Umwelttonnen stochern.

Mädchen: Nein, mich! Bin ich die Schönste nicht? Mich drücke an deine Wange! Ich dufte süßer. (Sie streiten sich immer heftiger, jedoch nur mit kindisch anmutiger Zudringlichkeit.)

Hunde rennen einen über den Haufen, jaulen, lecken, pinkeln, ejakulieren, beißen, ungestüm preßt sich ihr Körper an den Körper, den sie begrüßen. Das Tier beruhigt sich nicht, die Freude, die ihm die Begegnung ist, wird, erschreckt, als nicht gefühlt empfunden, weniger stören Urin- oder Speichelflecken, noch das zerrissene Kleidungsstück, die Zugehörigkeit, die das Tier scheinbar »wahllos« bekundet, irritiert, man möchte Abstand halten, unterscheidet nicht, daß das Tier nicht wahllos Freude bekundet, sondern individuell, es weiß, wen es anspringt.

Parzival hat lächelnd still gehalten: Alle dringen jetzt ungeduldiger an ihn heran. Parzival wehrt sie halb unwillig ab. Ihr wilden Kinder, lasset das Drängen, soll ich mit euch spielen. Mädchen: Was zankst du? Parzival: Weil ihr streitet. – Weich du, er will mich!

Der Eroberer erzwingt eine Tempoänderung, ordnet sich so die Eroberten, verschafft sich zunächst durch Tempoverlangsamung Überblick, Aufsicht, den übergeordneten Punkt. Den Eroberten als kindisch auszuweisen, gehört zur Tempoänderung, damit durch dessen Unmündigkeit mehrmalige Änderungen machbar werden. Der sie Befolgende folgt einem Plan, der nur seiner Organisierbarkeit dient, zur Abschaffung all dessen, was ihn ausweist.
»Ihr wilden Kinder« definiert auch eigene Unstimmigkeit, der Aufprall soll damit gemildert werden, die Position ist erschüttert, Eroberung muß erst verdaut werden. Gleichzeitig auch Adoration, die die andere Aura würdigt. Diese sollte jedoch nicht auf den Eroberer überschwappen, sondern stets im Abstand gehalten werden, um sie gegebenenfalls zu vernichten, wie einen Schleier zu zerreißen.

Nicht nur aus modischen Gründen setzt Wagner die Entschleierung bei Kundry und den Blumenmädchen ein, jeweils in völlig unterschiedlicher Bedeutung.

Mädchen: Nein mich! So nimm ihn, den Toren! Bist du feige vor Frauen? Ich laß ihn! Du, flieh ihn! Parzival: Laßt ab! Ihr fangt mich nicht! (Er scheucht sie, halb ärgerlich, von sich ab, und will sich flüchten.)

Die Eroberten distanzieren sich genauso, eine Tempiannäherung gelingt nicht. Im Wechsel weiß sich der Eroberte nicht mit dem Eroberer abzufinden, gegenseitige Verachtung wächst, der andere ist stets kulturell unterlegen. Parzival lehnt eigene Verantwortung ab, fühlt sich als Verteidiger verletzt, nicht als Angreifer. Daß die Mädchen ihm sexuelle Aggression absprechen, ihn im Ausmaß seiner Brutalität unterschätzen, prädestiniert ihn zu ihrem Mörder. Daß keine von ihnen überlebt, scheinen sie zu wissen. Daß man ihre toten oder verwundeten Männer nicht sieht, ist Wagners Hilflosigkeit, die 2. GRALS-Szene war ihm damit vorweggenommen. Daß die Mädchen resigniert »flüchten« wie Parzival, besiegelt ihr Ende.

Wie weit sich Faust in die WALPURGISNACHTS-Kopulationen verstrickt, kann man nach den vorhandenen Szenentrümmern nur ahnen, daß Goethe sorgsam angerichtete Brocken-Folklore serviert, tröstet nicht, daß hier ein Autor Schiffbruch erleidet, sich abklemmt. Die Klemme wirkt bis Heine und Wagner.

In TANNHÄUSER, nimmt man all das Venus-Brimborium weg, hat man einen Mann, der, an seiner ewig fickwütig-dumpfen Hausfrau erstickt, ausrückt, um Luft zu schnappen. Er ist schon so erdrückt, daß er vor der nächsten Frau sofort umkippt, zum Glück die jungfräulich gebärende Madonna. Von da geht es einfach bergab.
Wagner-Texte sind auch Texte über den Ehe-Knast. Tannhäuser, fertiggemacht, läuft schließlich seinem Schwanz hinterher, muß in das Weib zurückkriechen.

Parzival ist verstimmt, er verträgt keine Adoration, kann ihr nicht antworten. Dafür nimmt er den Speer. Er ist Einzelgänger, aus der Gemeinschaft gerissen, das drückt sich jetzt aus.
Seine Mutter floh, floh die Gemeinschaft, floh deren quälende Verpflichtung, das isoliert, bestimmt den Flüchtling mehr, als er denkt. Der Flüchtling scheint zunächst entronnen zu sein, schon, daß er lange Zeit unentdeckt bleibt, ist eine Leistung, doch mit der Flucht wächst das Bewußtsein über transportierten Ballast. Vor allem wer mit wenig Gepäck flieht, sieht sich von mitgeschleppten Erinnerungen erdrückt, ihr Gewicht wurde vorher nicht wahrgenommen, sie scheinen viele Jahre für ihn nicht anwesend zu sein, plötzlich, mit seiner Entscheidung, beginnt in ihm das Gewicht zu wachsen.

In Parzivals Angriff, in seiner Eroberung drückt sich seine mißverstandene Individualität aus, eine Individualität, die Völker, die unter dem Kreuz erobert wurden, nicht kannten, vor allem, da diese Individualität mit einer barbarischen Grausamkeit verknüpft ist. Obwohl dieser »Kulturunterschied« Thema ist, sieht Wagner in Parsifals Brutalität nur das Heldische. Auch die Vernichtung der Kultur der Klingsorwelt unterm Kreuzzeichen wird von Wagner gefeiert.

Das Abendmahl
Gemeinwesen, Religionen wußten davon, setzten strenge Reglementierung. So ist jedes rituelle Essen, selbst wenn uns der Ritus unbekannt, mit mehr Genuß verbunden, mit größerem Wohlgeschmack, da die »Individualität bürgerlich verordneter Gourmethaltung« aufgehoben ist, der Ritus bestimmt mich, macht mich zum Mitglied, beweist sich in mir, meine Organe bestätigen, was mein Kopf zu verstehen ablehnt.
Rituelles Essen ist nicht Individualität, sondern Feier, Inbegriff von Gemeinschaft, von Generationenzusammengehörigkeit, die sich in der Speise selbst ausdrückt.

Meine Wohnung ist leer. Zeichenkartons, Fahrräder, Bücher: Geistiger Sperrmüll. Wo soll hier ein rituelles Essen stattfinden?

In seinem Abendmahl, in den rituellen Bewegungen, ist Jesus deutlicher als in jedem Abbild. Obwohl es sich um eine Übersetzung handelt, einen symbolischen Akt, ist Jesus das gegenwärtige Gebot: Liebe deinen Nächsten. Egal welcher Priester zelebriert, egal ob dick oder dünn, groß oder klein, der stellvertretende Vorgang spricht, keine Individualität, in keiner Bewegung, nicht in der gefalteten Serviette, nicht am Kelch. Die Bewegung des Priesters, der zum ersten Mal zelebriert, sagt, das ist abertausendmal vorher getan worden, die Hände vollziehen die vorgeformten Bewegungen nach. Tasten sich wie in einen Handschuh ein, in dem sich langsam die Finger spreizen, die Haut den nachgebenden, zur Verfügung stehenden Raum wahrnimmt, während die Handoberfläche hängen bleibt, schieben sich die Kuppen vorwärts.
In diesem Moment eine Lösung der Hände vom Körper, der Kopf folgt ihnen nur, nimmt sich zurück im geneigten Blick, die Gegenwart Jesu ist erhalten geblieben.

3. Aufzug. Kundry und Gurnemanz: Philemon und Baucis
In I schweigt Kundry nach ihrem Auffinden durch Gurnemanz: Nur ist kein Wort mehr aus ihr herauszubringen gewesen: sie scheint gänzlich die Sprache verloren zu haben. In IV spricht sie noch: Dienen ... Dienen!, dann verstummt sie.
II beschreibt Parzivals Auftreten entgegengesetzt zu seinem kriegerischen Aussehen: Schreitet er, gebeugten Hauptes, träumerisch zögernd, langsam daher und setzt sich auf der Rasenbank am Quelle nieder, in I ist der Rastplatz an einem Brunnen.
Die Verhörsituation des 1. Aufzugs wiederholt sich im 3., Parzival wird erneut von Gurnemanz wegen seiner Waffen getadelt. I und II betonen den Altersunterschied der beiden. Der täppisch und kindisch gewordene Alte versucht fahrig des

zusammenbrechenden Heimkehrers habhaft zu werden. Sein langes Schweigen nervt. II: Gurnemanz (eifrig): Schnell ab die Waffen! Kränke nicht den Herren, der heut, jeder Waffe sich entledigend, sein heiliges Blut für die sündige Welt darbot. In dieser Fassung wittert der Alte überschnell den Speer, obwohl seine Augen wenig taugen, entgegengesetzt zu IV. Dort entwickelt sich die Szene ähnlich, der Dialog ist fast identisch, doch vergeht in IV mehr vorbereitende Zeit, die Figuren stehen isolierter, jede in sich gekrümmt, während Kundry und Gurnemanz in II eng zusammengehören, da sie, anders als in IV, schon einige Zeit gemeinsam leben.
FAUST 2 Philemon und Baucis geht von ähnlicher Konstellation aus, das Paar ist unterschiedlich in seiner Haltung zu seinem »Besucher« charakterisiert. So diffus Goethe den ehemaligen Pflegling als Wandrer bezeichnet, so diffus bleibt die Biografie des einstigen Asylanten, sodaß nicht völlig auszuschließen ist, daß es sich hier um einen Mephisto »in durchaus verwandelter Gestalt« handelt. Zwar gelingt Wagner keine Vertiefung der FAUST 2-Szene, doch bleibt er eng an Paar und Szenenverlauf. Wagners »Wald und Wiese, welche jetzt im Vormittagslichte leuchten«, sind bei Goethe die Faust-Bauten in Düne und Meer, denen die beiden Alten Platz machen müssen, gleich den Schrebergärtnern in meiner Nachbarschaft, die mit einer Freiheitsglocke ihren Fortbestand anmahnen.
Gurnemanz, Philemon sehen Hoffnung, können noch an ihrem Untergang eine gewisse Gesetzmäßigkeit erkennen, gleich als wollten sie diesen herbeireden, machen sich die einen in die Gralsburg auf, wo sie erlöst werden, während die anderen zur Kapelle gehen, in der sie verbrannt werden:

Laßt uns zur Kapelle treten,
Letzten Sonneblick zu schaun!
Laßt uns läuten, knieen, beten
Und dem alten Gott vertraun!

Augenblicke später tobt Faust:

Verdammtes Läuten! Allzuschändlich
Verwundets wie ein tückischer Schuß,
Vor Augen ist mein Reich unendlich,
Im Rücken neckt mich der Verdruß,
Erinnert mich durch neidische Laute,
Mein Hochbesitz er ist nicht rein,
Der Lindenbaum, die braune Baute,
Das morsche Kirchlein ist nicht mein.
Und wünscht ich dort mich zu erholen,
Vor fremden Schatten schaudert mir,
Ist Dorn den Augen, Dorn den Sohlen,
O! wär ich weit hinweg von hier!

Danach gibt er Mephisto den Befehl aufzuräumen. Gibt es eine Verbindung zwischen dem brennenden Haus und dem glühenden Gralslicht?

In II haftet Wagners Paar »Katholische Pfarrhausatmosphäre« an, ungeklärtes, emotionales Zusammenleben, das sich verbiestert auf die Szene legt, sodaß Gurnemanz eklige Züge annimmt, Kundrys Schweigen zur Bedrückung wird, beides schließt sie um so enger zusammen. Obwohl sich der alte Mann und die alte Frau eines überaus korrekten Verhaltens befleißigen, wirken sie schmutzig. Altern ist hier als Ansammeln von Schmutz, von Sünde gedeutet, dagegen herrschen bei Goethe fast heidnische Zustände, eine Narrheit bis ans Grab.

Eine zölibatäre, priesterliche Lebensführung besteht auf der Bindungslosigkeit des Betreffenden. Daß das Zölibat bis heute Reibungspunkt blieb, auch außerhalb der Katholischen Welt, beweist, daß es eines der wenigen Refugien ist, in denen sich das Individuum noch selbst bestimmt, sich selbst dazu verurteilt. Teile der Katholischen Priesterschaft versuchen, für das Zölibat Wahlfreiheit einzuführen, und treffen auf den erbitterten Widerstand Roms, das den Erhalt dieses Fundaments romkonformen Priestertums politisch motiviert. In diesem Kampf kann der polnische Papst auf den Zusammenbruch des gesamten Ostblocks verweisen, der untrennbar mit seiner Außenpolitik verbunden ist, wenn nicht ihr ausschließliches Ziel, ein Zusammenhang, der zweckdienlich so nicht gesehen werden will, damit der Machtfaktor der Katholischen Kirche weiterhin unterbelichtet bleibt.
In der Auseinandersetzung des polnischen Papstes mit der Sowjetunion wiederholt sich die Konflikt-Konstellation, die BORIS GODUNOW behandelt, der Kampf des Großrussischen Reichs gegen das Vordringen West-Europas in den gemischt osteuropäisch-asiatischen Raum. Wobei sich die Römisch-katholische Kirche Polens stets als Speerspitze definiert, die hier auf die Byzantinische Kirche trifft, so als wiederhole sich der Konflikt des Zeus mit seinen Stammvätern.
Daß der in BORIS GODUNOW behandelte Konflikt, die polnisch-russische Front, stets Problem bleibt, belegt auch der Hitler-Stalin-Pakt, der die Vernichtung Polens vorsah, zwecks Flurbereinigung und vergrößerten Aufmarschfelds.

Der Sieger
Parsifal erschöpft, fix und fertig, kraucht kaum noch, verdreckt, stinkend, halbblind. Das ist der Frontsoldat, mehr Spielfilm als richtiges Leben, mehr Eisenstein: Ein deutscher Ordensritter, der aus russischen Babys Grillwürste macht. Die Zeitung meldet: Hunde fressen Leichen in Grosny.
Parsifal, ein Freischärler im Jugoslawien-Krieg, ganz vorn, ohne Anhang, Frauen wie Männer, ein Deutschsprechender, der geil in die Kamera rotzt, daß Tod eine ideale Sache ist, die keinen was angeht. Er hinterlasse, volljährig geworden, niemand. Betont das. Keine Eltern? Eltern? Auf die Frage stutzt er, Eltern?, überlegt, macht eine Pause, ja, Mutter, hält inne, blickt aus dem Bild, die Ka-

mera versucht ihm zu folgen, neben einem zerschossenen Haus kauern Kameraden, die Waffe im Anschlag. Er sei volljährig. Totgeschlagen werden muß, der Satz reißt ab, Bedingung ist hier, nur Männer ohne Frauen, keine Familienväter, er wiederholt sich. Parsifal mit der Knarre. Die Augen zusammengezogen, Kimme und Korn.

Wenn ich mich an den Computer setzte, spüre ich die Diskrepanz, nicht nur daß die Maschine streikt, auch ich bin in einer Zerreißprobe: Warum ist die Themenbehandlung so matt, warum ist nichts, was ich empfinde, einzubringen. Warum wiederholt sich der Zustand, vor dem ich vor vielen Jahren floh, ich wollte nicht weiterlügen, um jetzt zu ersticken, während sich andere der Bedrückung, die sie verursachten, durchaus nicht erinnern, eine Amnestie herbeibeten, der großmütig zugewunken wird, da man den Einheitsblock korrupter Masse braucht, um die jetzt ausbrechenden Teile in Schach zu halten, damit vorerst Ruhe ist, bis wieder ein Schlachten anfängt. Ehemalige Opfer bereichern sich erbarmungslos beutegierig. Ihre Weste wird nicht weiß, wenn sie sich als Opfer ausweisen, ihre Familienangehörigen aufzählen, die vorher auf der Strecke blieben, als müßten aus diesem Grund ihre Reißzähne noch fester einschlagen.

Warum ist das, was ich schreibe Flucht? Um das Ende, den Deutschen Beginn nicht wahrnehmen zu müssen. Die Maschine streikt, ich beginne von vorn mit meiner Aufräumarbeit: Trümmer! Trümmer!

Dienen, dienen, wem und wofür?

Auf der Rasenbank wird der Ohnmächtige in II bis IV besprengt, Gurnemanz will zur »heiligen Quelle«, daselbst, so II, sei der ersehnte Wandrer gebadet! Mir ahnet, so wispert er, ein hohes Werk hat er heute noch zu verrichten und eines heiligen Amtes hat er zu walten, dazu muß er gereinigt, und aller Staub der langen Wanderung von ihm abgewaschen sein. Den zu sich kommenden Parzival führen die Alten zum Waschen. Sie putteln sich ihre Pietà zurecht, mit der Entkleidung des werdenden Königs. Seine Ohnmacht, seine Betäubung, seine Entrückung verweist die Szene in Jenseitiges. Nach diesem Schmerz-Ohnmachts-Anfall ist Parzival König.
I hält diesen wichtigen Einschnitt fest, der in den anderen Fassungen harmonisiert ist: Und sinkt, von Schmerz überwältigt, ohnmächtig zurück. Kundry springt herbei: sie holt in einem grossen Becken Wasser. Gurnemanz verwehrt ihr: dort, am Quelle selbst, soll der Pilger gebadet werden: mir ahnt, er habe noch heute ein hohes Amt zu verrichten, dazu muss er gereinigt, und aller Staub der langen Wanderung von ihm abgewaschen werden. Den wieder erweckten Parzival geleiten Beide sanft nach dem Quell. II bis IV formulieren ähnlich: Er droht ohnmächtig umzusinken, Gurnemanz hält ihn aufrecht und senkt ihn zum Sitze auf die Rasenbank nieder.
Daß über den Handlungseinschnitt, über die Bedeutung der Parsifal-Ohnmacht, die in ähnlicher Situation sowohl im 1. Aufzug als auch im 3. eingesetzt ist, dis-

kutiert wurde, belegen Glasenapps Wagner-Zitate: Ich habe Parsifal bis zur Ohnmacht gebracht, da bin ich froh, wenn ich die Leute so untergebracht habe, und wiederum, in gleich heiterem Ton: Wenn Parsifal in Ohnmacht fällt – da beginnt es! es wird das Schönste – ich habe schon vieles in Skizzen. Die Blumenaue werde nicht »eine Geschichte für sich«, sondern durchdringe im voraus die ganze folgende Szene. Nun entstand jener zarte Übergang vom KARFREITAGSZAUBER zur nächstfolgenden Episode, wenn Kundry mit dem Thema der BLUMENKLAGE langsam wieder das Haupt erhebt und feuchten Auges, ernst und ruhig bittend zu Parsifal aufblickt, das: ich sah sie welken, die einst mir lachten bis zu dem innig ergreifenden, seelenschmelzenden Du weinest – sieh, es lacht die Aue! – jene Stelle, welche er selbst die ELEGIE nannte, den Vorgang in Parsifals Seele, wo er noch einmal »ganz Mensch« ist, bevor er König wird. Und dann das wundervoll feierliche Herübertönen der Glocken aus der Ferne, wobei er den eintretenden 6/4-Takt auf das Lauschen Parsifals und Gurnemanz deutete. Zu den Akkorden, bei denen Parsifal der Gralsrittermantel umgelegt wird, und er den Speer aus dem Boden zieht, bemerkte er, wie hier eine furchtbare Veränderung mit ihm vor sich gehe, – alles sei damit abgeschlossen.
Die Königs-Verwandlung ist hier nach der Ohnmacht, anders als im ersten Zitat: Man wird sich fragen, sagte er, wie kommt es wohl, daß Parsifal Kundry in ihrer veränderten Gestalt erkennt, – erkennt er sie überhaupt? Alles ist unausgesprochene Ekstase, als er da heimkehrt und den Blick auf dieses arme Weib wirft.

Ob Parsifal Kundry im 2. oder 3. Aufzug erkennt, sich einer von ihnen an das Vorgefallene erinnert, darüber gibt keine Fassung exakt Auskunft. Wagner spielt in IV mit dem Gedanken, hier scheint sich Parsifal an den Klingsorgarten zu erinnern, was selbstverständlich auch Aussagen über die Beschaffenheit und das Wiedererkennen der Gralsaue zuläßt, doch wird dem beiderseitigen Einverständnis, auch Kundry scheint sich zu erinnern, keine Aufmerksamkeit gewidmet, da sonst eine Präzisierung der gesamten Beziehung eintreten müßte, die nicht gewünscht ist.

Gurnemanz tröstet Parzival in II: Gewiß! Die selige Burg harret unsrer. Die Totenfeier meines lieben Herrn ruft mich dahin: Da noch einmal den Gral zu enthüllen hat Anfortas gelobt. Ein Fixer, der nach seiner Spritze hungert, bis ihn das nächste Polizeiauto wegschleppt, zu irgendeiner Müllhalde wirft. Koexistenz kann nicht mehr lange dauern.
Nach Wagner genießt Gurnemanz provokant Natur, genießt das Vorrecht Deklassierter. Mülldeponien und menschlichen Müll lokalisiert man in bester Lage. Anziehung besteht auf beiden Seiten. Menschlicher Müll ist dabei erbarmungsloser Bekämpfung ausgesetzt, die nur auf Verdrängung setzt, nicht auf Ursachenbehebung. Deponien genießen Vorrecht.

Hinter meiner Frankfurter Wohnung einer der gepflegtesten Parks an den Bahnschienen, klein, ein Paradiesgärtchen, jetzt Pennerunterschlupf. Morgens fuhr ich

durch, nachts, irritiert über das Stück, das sie zu ihrem Refugium gemacht hatten, mit Stühlen, Lampions, ein Wasserhäuschenersatz, eine lasche Klubatmosphäre, mit sich anschließender weitläufiger Parkanlage: See, Fontäne, Schwan. Ohne Besucher Sommer wie Winter. Ein Abstellgleis unter Buchen.
Nachts saß ich da, wenn ich nicht schlafen konnte, müde, meine weißen Wände anzustarren, nicht mehr wußte, warum ich hier war.
Ich sah die Lemuren im Dunkeln. Sie tranken Bier, öffneten leise die Dosen, Schaum spritzte über die Knie.
Manchmal lief ich eine Stunde zum Bornheimer Berg, stand vor meiner alten Wohnung, sah Licht, sah darin andere Menschen, hörte die Jugoslawin vom Eck, die Nigerianer, die verrückte Postlerin über mir, erinnerte mich an die Nacht, in der ich genauso herkam, hörte, wie der Mann in der unteren Wohnung seinen Freund umbrachte.
Heute ist das Paradiesgärtchen an den Gleisen kaputt, die Stadt hat kein Geld, die neue Begründung.

Die Spritze, die Blutdroge gab es nach allen Fassungen lange nicht mehr. Nach I sah man eingangs eine Palastrevolution, die Gefolgsleute verlangen das ihnen zustehende Blut, nach II ist die Revolte erst im Anschluß, der 3. Aufzug hat in I 3 Szenen, in II bis IV dagegen 2 Szenen.
Während in I die Gralsleuchtkraft nach Parzivals Anwesenheit zu erlöschen droht, das Gefäß aus diesem, Anfortas unerklärlichen Grund verschlossen wird, betont II, daß der Gral seit Parzivals Hinauswurf verschlossen ist.
Gurnemanz sabbert nach II: Gesegnet sei, du Reiner, durch das Reine: es weiche jeder Schuld Bekümmernis von dir! Er wäscht ihm dabei die Haare. Kundry gibt vom Busen ein Gel dazu. Erst für die Füße, dann oben. Parzival kommandiert: Salbtest du mir die Füße, so soll nun Titurels Genosse das Haupt salben: denn heute noch muß ich König sein! Gurnemanz tut wie befohlen: So ward es verheißen: so salb ich dich zum König. Du reiner, mitleidvoll Leidender, nimm dem Erlösten seine Last! Obwohl IV hier eng an II bleibt, orientiert sich die Szene anders, mag der Text identisch sein, die Figuren werden in IV andere, das ist sowohl Folge des Zusammenschrumpfens von II zu IV als auch des vermehrten Goethe-Partikel-Transports, diese Fremdkörper behaupten sich wie Einschlüsse im Lehm-Ton-Gemisch, die den Ziegel beim Brennen auseinanderreißen. Oft sind sie ausgesprengt, man sieht gebrannt ihre Schußspuren.

Die Hinrichtung Kundrys zelebriert Parzival als Taufe, nach II: Mein erstes Amt verricht ich so: sei getauft und glaube an den Erlöser! IV formuliert:

Mein erstes Amt verricht ich so:
die Taufe nimm
und glaub an den Erlöser!

I hingegen formuliert die Idee, die, trotz beibehaltenem Text, verblaßte: Mein erstes Amt verricht ich so: sei getauft und glaube an den Erlöser. – Kundry senkt das Haupt und scheint zu weinen. – Parzival blickt mit sanfter Verzückung auf Wald und Wiese. Wie doch Alles so wunderbar blühe, in zarten Farben, lieblichen Formen und milden Düften zu ihm spreche! Er habe noch nie die Aue so schön gesehen. Gurnemanz: Das ist Charfreitagszauber, Herr.

Henker sind zartfühlend. Ob Künstler je zu dieser Wahrnehmungsqualität befähigt werden? Hier spricht nicht nur Faust, die Walpurgisnacht anstarrend, zuerst mit metallurgischem Interesse, das wechselt, bis man Black Sabbath selbst zelebriert, mit einer Wahnsinnigen zu Füßen. Auch hier die Wahnsinnige, die Hexe, das »verwünschte Urweib«. Cosima notiert am 13. 1. 1882: R. sagt mir, der a-moll-Akkord (wo Kundry zusammensinkt) würde mir Eindruck machen, es sei der Schrecken der Heiligkeit, der da ausstrahle. Er müsse sehr schön geblasen werden.
Kundry muß zu ihrer Verbrennungsstätte laufen. Freiwillig in den Tod, unterm Kreuzzeichen vernichtet. Ein Stück Brecht aus der Parteibuchzentrale, mit eigenem Blut die Vernichtungswalze, die einen vernichtet, schmieren.

Am 19. 1. 95 nimmt der Papst in Sidney die Seligsprechung einer australischen Nonne vor, gestorben 1908, der Kommentator: Eingeborene umrahmten die Messe mit Tänzen! Mein Sony zeigt kleingewachsne, halbnackte dunkelhäutige Menschen in grell primitivem Schmuck, die eine weiße Theatertreppe ersteigen, die oben weiße Würdenträger besetzen, links und rechts übergroß das Nonnengesicht der Weißen, übergroß wie die Stalinporträts meiner Kindheit. Der Papst vor einem goldnen Nippesthron, ein Cortez läßt sich feiern.

In I befiehlt Parzival der zusammengebrochenen Kundry mit Stirn-Kuß: Heut ist der grosse Unschuldstag: steh auf und sei selig! II weiter: Fernes tiefes Glockengeläute, sehr allmählich sich nähernd. Gurnemanz: Die Stund ist da: Mittag. Gestatte Herr, daß dich dein Knecht geleite. Die Benennung »Unschuldstag« fehlt in IV. Die Parallele zur KERKER-Szene URFAUST ist gespenstisch. Wagners Übersetzungen lassen sich als weit verzweigtes Aderwerk analysieren.
Nicht nur die Wiederholung des Codeworts: Die Stund ist da, ursprünglich bei Kundry und Klingsor: Die Zeit ist da, in seiner Gurnemanz-Umformung ist wichtig, sondern, daß sich um die Codeworte die musikalische Umsetzung so verdichtet, daß das dreimalige Codewort zur wesentlichen Markierung des Gesamtverlaufs wird. Schon I bezeichnet: Gurnemanz: die Stund ist da. Mittag, – wie damals. Und vorher: Die Sonne steht im Mittag, es wird Zeit, zum heiligen Mahle sich zu begeben. In IV steht das Codewort für eine Raumänderung, damit wird ein eher realitätsbezogener Raum verlassen. Die Schwierigkeiten, die dieser Übergang Wagner in die Inszenierung macht, belegt, daß diese in IV angelegt sind. Theaterpraktisch versucht er zweimal eine Wandeldekoration einzusetzen, einleuchtend, aber unrealisierbar. Man kann sich nur an das Codewort klammern.
Ähnliche »Unstimmigkeit« herrscht auch in URFAUST. Goethe setzt am Stückschluß eine Prosa-Szene gegen die gesamten Vers-Szenen: Margarethe im Ker-

ker. FAUST 1 egalisiert diese »Unstimmigkeit«, gibt alle Szenen im Vers wieder. Im Vergleich der Prosa- und Vers-Fassung der KERKER-Szene ist letztere deutlich schwächer. Weiter fällt auf, daß die Sprachänderung im URFAUST überdeutlich eine Raumänderung bedingt, daß der Raum der vorhergegangenen Vers-Szenen nicht der Handlungsraum der Prosa-Szene sein kann. Mit dieser Unstimmigkeit ist nicht nur geschickt größere Wirkung erzielt, sondern die Sprachänderung bringt das Verhältnis der 3 Figuren »auf den Boden«, macht es »real«, zumindest das von Margarethe und Faust. Die »unreale« Bedrohung durch Mephisto bleibt, er ist der Teufel, der den vorgegebenen Bühnenraum mehrfach umfunktioniert:

Auf oder ihr seyd verlohren, meine Pferde schaudern, der Morgen dämmert auf.

Dagegen FAUST 1

Auf! oder ihr seyd verloren.
Unnützes Zagen! Zaudern und Plaudern!
Meine Pferde schaudern,
Der Morgen dämmert auf.

Goethe setzt Vers ein, jetzt müssen Füllwörter her, selbst in Kleinstpassagen kriegen sie mehr Gewicht als ihnen zusteht, der Inhalt verschiebt sich.

Während URFAUST den Übergang von NACHT. OFFEN FELD zu KERKER als handlungsmäßig genau vorgegebenen Sturz in Realität abbildet, als wäre durch diese Schlachtfeldbesichtigung die eigene Schwanzwut nur noch zu steigern, mildert FAUST 1 diesen Sturz, macht den Kerker zu einer der Reise-Etappen zu Pferde, bringt Margarethe bewußt in die Nähe der Hexen, was sie angeblich nicht ist, sondern wie in jeder Nachkriegsinszenierung ein musterhaftes BDM-Mädchen.

Goethe hat an der Vorszene NACHT. OFFEN FELD nur 1 Wort geändert, für »und« »schweben« gesetzt. Genau da liegt der Haken, aus der Dämonie wird Märchenstunde:

Faust
Was weben die dort von den Rabenstein?
Meph:
Weis nicht was sie kochen und schaffen.
Faust
Schweben auf und ab. Neigen sich beugen sich.
Meph:
Eine Hexenzunft!

Faust
Sie streuen und weihen!
Meph:
Vorbey! Vorbey!

Dagegen FAUST 1

Faust
Was weben die dort um den Rabenstein?
Mephistopheles
Weiß nicht was sie kochen und schaffen.
Faust
Schweben auf, schweben ab, neigen sich, beugen sich.
Mephistopheles
Eine Hexenzunft.
Faust
Sie streuen und weihen.
Mephistopheles
Vorbey! Vorbey!

Die Besiegten und der Sieger
In I wird der vor den Toren gesalbte König ausstaffiert: Parzival wird von Beiden gewaffnet, nimmt den Speer feierlich, und folgt. Zu Szenenbeginn wurde das Waffentragen von Gurnemanz getadelt, da heute Heiliger Karfreitag sei, ob man das nicht wisse, Waffentragen sei nicht erlaubt. IV widmet sich dem gleichen Sachverhalt ausführlich. Daß Parzival in I und II »gewaffnet« wird, sieht IV nicht. Was I und II jedoch damit meinen bleibt offen. Eine rituelle Speerübergabe durch Gurnemanz? II erzählt: Während die Gegend sehr allmählich, ähnlicher Weise wie im 1. Aufzuge, sich verwandelt, Glocken und Gesang deutlicher vernehmbar werden, waffnen Gurnemanz und Kundry Parzival und bekleiden ihn mit dem Wappenrocke und Mantel des Grales, den Gurnemanz aus der Hütte herbeiholt. Nach IV nur mit dem zerfetzten Gralsrittermantel, I sieht kein Kleidungsstück vor.

Trotz Unstimmigkeiten im Waffentragen, in der Burg trägt man in allen Fassungen Waffen. Amfortas provoziert die Ritter ihn zu töten. II formuliert seine Verachtung: Stoßt eure Schwerte hinein – wohlauf, bis ans Heft, dann wäre wohl Gott versöhnt, und von selbst leuchtete euch Törigen der Gral. Diese Textpräzisierung fehlt IV: Von selbst dann leuchtet euch wohl der Gral!, doch ist sie in der Komposition enthalten: 3/1027-1029. »Törigen« von II und »wohl« von IV sind identisch. Die Wunde des Anfortas hat sich nach I vom Schenkel aus vergrößert: Schon sei, seitdem ihn der Gral nicht mehr neu belebt, die Wunde ihm tödtlich bis ans Herz getreten: vielleicht noch ein Tag, und auch ihm wäre der Tod gewiss? Warum diese furchtbare Grausamkeit, ihn noch einmal in das Leben zurückzuwerfen? IV faßt diesen Sachverhalt allgemeiner, der Tod sei nah, aber nicht zeitlich bestimmt, der König provoziert seine knechtische Mannschaft damit noch mehr.

I fährt fort: Er weigert sich von Neuem. Man will ihn zwingen. Murren und Drohen der Ritterschaft. Anfortas: Wahnsinnige! womit wollt ihr mir drohen, da der Tod mir Erlösung ist? – Da tritt Parzival hervor: Lebe, Anfortas, lebe in Reue und Busse. Deine Wunde schliesse ich. In I setzt Parzival den aufbegehrenden Rittern samt König ausführlich auseinander, warum er so handelt, stoppt geschickt die Palastrevolte, ergreift für die Ritter Partei, zwingt den König vor ihnen in die Knie, demütigt ihn, abzudanken. Er schließt: Ich darf des Amtes walten, ich soll es, damit Du erlöset seiest! Anfortas, plötzlich genesen, hat den Gral aus dem Schrein gehoben: dieser leuchtet nun sofort im hellsten Glanze auf, eine Glorie breitet sich über Alle aus: Titurel erhebt sich segnend aus dem Sarge. Anfortas geleitet Parzival unter den Baldachin.
IV mildert zunächst die Palastrevolte, musikalisch ist sie kaum noch da, auch die Ansprache an den König ist weggefallen. Parsifals Haltung zu Amfortas hat sich von I zu IV beträchtlich geändert, während in I der angeschlagene König noch den Ritus vollführt, als Zeichen seiner Herrschaft, kommt er in IV nicht mehr mit den Heiligen Reliquien in Berührung, Parsifal hat sein Amt übernommen. Durch die Nichtberührung wird Amfortas noch mehr degradiert. Er geht buchstäblich in die Knie.

Das Erscheinen der Taube und Kundrys Tod vervollständigen das archaische Bild einer Thronbesteigung à la Zeus, der dazu alle überwältigten Generationen, Familienstämme um sich versammelt. IV definiert brutal, nur Parsifal zelebriert, Gurnemanz und Amfortas gehen auf die Knie, die Anweisung für Titurel ist gestrichen, er bleibt tot.
Nach I bedingt Kundrys Sterben das Erscheinen der Taube, II sieht das jedoch umgekehrt, läßt erst erscheinen, dann sterben. Damit ist Kundry geächtet. Ob das Vorbild der Katharer absichtlich verwischt wurde, die z. B. gleichberechtigt weibliche und männliche Priester zuließen, kann nur gemutmaßt werden. Ob es so ist, daß Wagner durch Änderungen den eigenen Ansatz kippte, eine völlige Umdeutung vornahm, daß er, vom Ansatz romkonträr, nun romkonform wurde, kann theoretisch zwar diskutiert werden, es fänden sich genug überlieferte Äußerungen und Handlungshinweise, trotzdem bleibt das Manko der Bühne. Für PARSIFAL herrschen dort die gleichen Bedingungen wie für die Lokalisierung der antiken Tragödien. Es geht nicht ohne Gott, es geht nicht ohne Götter. Wird das nicht geleistet, hat das jeweilige Werk zwar archäologischen, kulturgeschichtlichen Wert, wie Gral und Speer im Museum, doch der Zugang zu den dargestellten, behandelten Problemen bleibt versperrt, wie die Panzerglasscheibe GUERNICA sichert. Man betrachtet das schreiende Werk völlig distanziert, ist Endverbraucher einer Kunstrezeption, die eine Publikationswalze ständig am Leben hält.

Daß Gott in PARSIFAL abwesend ist, macht das Blut so wichtig, als tropfe es ständig herab, als riesle die Uhr, als verblute Jesus, als blute Gott aus. Das ist gedanklich da, von dem spricht Wagner unaufhörlich, jede Handlung hat einen Widerschein, als leuchte das Dunkel, das grüne Meerlicht. Aber am Strand stehend, wenn man es sieht, ist kein Horizont, kein Meer, sondern eine unendliche Einheit, die Sterne winzig klein, alles andere kalt dunkel, als hinge das Erkennen des aufglimmenden Lichts in den Wasserschüben mit der Himmelsverfinsterung zusammen, als nähme er sich absichtlich Licht, um es dem Meer abzutreten. In Vorbereitung des Lichts springen Tausende leuchtender Tiere, jeder Schritt ist davon voll, die den Fußabdruck im nassen Sand wie eine Leuchtborke umgeben, ihn nicht vollständig abbilden, aber erkennen lassen, als ob sie Markierungen setzen. Obwohl es still ist, nur leise Wellenschläge, sanft, sonst glüht kein Licht, ist es laut unter den Füßen, die Leuchtpunkte spritzen vor einem her, wollen ins Meer zurück, blitzen dort auf, verschwinden, die nächste Wasserbewegung trägt sie zurück, das Fliehen wiederholt sich. Dann bleibt man stehen, das Licht glimmt stärker, jede Welle trägt es in sich, langsam beruhigt man sich, die grünen Stöße kommen von ferne, da, wo sich der Himmel vom Meer trennt, als tropfe dieses Licht hinter den Wolken ins Wasser, man spürt eine Krümmung am Ende, dort, wo man nie hinkommt, auch nicht am Tag mit dem Fernglas, wenn die Zerstörer aufziehen, die abendlich brennende Fähre, man wird still, will nur teilhaftig werden, auch die Funken um die Füße beruhigen sich, mit einem Schlag reißt ein fallender Stern die Dunkelheit in 2 Teile, der nahe Hafen ist da, die vorgelagerte Insel, Wolken verdecken das Leuchtfeuer am Ende, wo das Land sich krümmt, sich in 2 Meere vorschiebt.

Daß Gott seine Kinder anschreien und betteln, daß er trotzdem nicht hilft, keine Gnade kennt? Wer sich selbst findet, findet Gott, so Jesus nach den Katharern.

Amfortas schreit verzweifelt nach Gott. IV läßt aber noch eine andere Auslegung zu. Der König ist die einzige Figur, die im 3. Aufzug zugewinnt, um dann als Besiegter zusammenzubrechen. In diesem Ende bringt Wagner seine durchgängige Beschäftigung mit der Rachearie zum Abschluß, die er musikalisch weder überbieten noch überwinden kann. Die Primadonna, so hat er Amfortas von Beginn an gezeichnet und eingesetzt, ist matt.
Warum verweigert Amfortas die Gralsöffnung. Wegen der eigenen Schmerzen. Ist er ein Schlappschwanz. Warum ist er so lange im Amt. Ist er nicht längst zur Gegenseite gewechselt. Zwingt er nicht die siechenden, verhungernden Gralsritter zur Aufgabe ihrer Mission. Die Gegenseite hat ihn längst im Griff, daher die Wunde, die ständige Bestrafung, daher sein Trotz, der Kampf mit seinem Vater, dessen Tod sein Überleben sichert und ihm, so glaubt er, den Untergang der gesamten Gralsburg endlich beschert. Diese Finallösung der Primadonna gelingt nicht.

Handlungsvarianten in Briefen
Im Mai 1859 schreibt Wagner an Mathilde Wesendonk: Es ging mir kürzlich nämlich wieder auf, dass dies wieder eine grundböse Arbeit werden müsse. Genau betrachtet ist Anfortas der Mittelpunkt und Hauptgegenstand. Das ist denn nun aber keine üble Geschichte das. Denken Sie um des Himmels willen, was da los

ist! Mir wurde das plötzlich schrecklich klar: es ist mein Tristan des dritten Aktes mit einer undenklichen Steigerung. Die Speerwunde, und wohl noch eine andre – im Herzen, kennt der Arme in seinen fürchterlichen Schmerzen keine andere Sehnsucht, als die zu sterben.
Er muss zu einer einzigen Labung sich nach dem Segen des Blutes sehnen, das einst aus der gleichen Speerwunde des Heilands floß, als dieser, Weltentsagend, Welterlösend, Weltleidend am Kreuze schmachtete! Blut um Blut, Wunde um Wunde – aber hier und dort, welche Kluft zwischen diesem Blute, dieser Wunde!
Der Tod kann ihm nicht nahen! Er lebt, lebt von neuem, und furchtbarer als je brennt die unselige Wunde ihm auf, seine Wunde! Die Andacht wird ihm selbst zur Qual! Wo ist Ende, wo Erlösung? Leiden der Menschheit in alle Ewigkeit fort! – Wollte er im Wahnsinn der Verzweiflung sich gänzlich vom Gral abwenden, sein Auge vor ihm schliessen? Er möchte es, um sterben zu können. Aber – er selbst, er ward zum Hüter des Grales bestellt, und nicht eine blinde äussere Macht bestellte ihn dazu, – nein! weil er so würdig war, weil Keiner wie er tief und innig das Wunder des Grales erkannt, wie noch jetzt seine ganze Seele endlich immer wieder nach dem Anblicke drängt, der ihn in Anbetung vernichtet, himmlisches Heil mit ewiger Verdammnis gewährt! – Und so etwas soll ich noch ausführen? und gar noch Musik dazu machen? – Bedanke mich schönstens! Das kann machen wer Lust hat, ich werde mirs bestens vom Halse halten!
Sehen Sie doch, wie leicht sichs dagegen schon Meister Wolfram gemacht! Dass er von dem eigentlichen Inhalte rein gar nichts verstanden, macht nichts aus. Er hängt Begebniss an Begebniss, Abenteuer an Abenteuer, giebt mit dem Gralsmotiv curiose und seltsame Vorgänge und Bilder, tappt herum und lässt dem ernst gewordenen die Frage, was er denn eigentlich wollte? Worauf er antworten muss, ja, das weiss ich eigentlich selbst nicht mehr, wie der Pfaffe sein Christenthum, das er ja auch am Messaltar aufspielt, ohne zu wissen, um was es sich dabei handelt. – Es ist nicht anders. Wolfram ist eine durchaus unreife Erscheinung, woran allerdings wohl grossentheils sein barbarisches, gänzlich confuses, zwischen dem alten Christenthum und der neueren Staatenwirtschaft schwebendes Zeitalter schuld.
Nehmen Sie nur das Eine, dass dieser oberflächliche »Tiefsinnige« unter allen Deutungen, welche in den Sagen der Gral erhielt, grade die nichtssagendste sich auswählt. Dass dieses Wunder ein kostbarer Stein sein sollte, kommt allerdings in den ersten Quellen, die man verfolgen kann, nämlich in den arabischen der spanischen Mauren, vor. Leider bemerkt man nämlich, dass alle unsre christlichen Sagen einen auswärtigen, heidnischen Ursprung haben. Unsre verwundert zuschauenden Christen erfuhren nämlich, dass die Mauren in der Kaaba zu Mekka (aus der vormohamedanischen Religion stammend) einen wunderbaren Stein (Sonnenstein oder Meteorstein – allerdings vom Himmel gefallen) verehrten. Die Sagen von seiner Mirakelkraft fassten bald aber die Christen auf ihre Weise auf, und brachten das Heiligthum mit dem christlichen Mythus in Berührung, was andererseits dadurch erleichtert ward, dass eine alte Sage in Süd-Frankreich bestand, dorthin habe sich einst Joseph von Arimathia mit der heiligen Abend-

mahlsschale geflüchtet, was ganz mit dem Reliquienenthusiasmus der ersten christlichen Zeit stimmt.
Wen schauert es nicht von den rührendsten und erhabensten Gefühlen, davon zu hören, dass jene Trinkschale, aus der der Heiland seinen Jüngern den letzten Abschied zutrank, und in der endlich das unvertilgbare Blut des Erlösers selbst aufgefangen und aufbewahrt ward, vorhanden sei, und wem es beschieden, dem Reinen, der könne es selbst schauen und anbeten. Wie unvergleichlich! Und dann die doppelte Bedeutung des einen Gefässes, als Kelch auch beim heiligen Abendmahl, – offenbar dem schönsten Sacramente des christlichen Cultus!
Und dies alles nun so sinnlos unverstanden von unserem Dichter.
Schön sind nur einzelne Schilderungen, in denen überhaupt die mittelalterlichen Dichter stark sind: da herrscht schön empfundene Anschaulichkeit. Aber ihr Ganzes bleibt immer wüst und dumm. Was müsste ich nun mit dem Parzival Alles anfangen! Denn mit dem weiss Wolfram nun auch gar nichts: seine Verzweiflung an Gott ist albern und unmotivirt, noch ungenügender seine Bekehrung. Das mit der »Frage« ist so ganz abgeschmackt und völlig bedeutungslos. Hier müsste ich also rein Alles erfinden. Und noch dazu hats mit dem Parzival eine Schwierigkeit-mehr. Er ist unerlässlich nöthig als der ersehnte Erlöser des Anfortas: soll Anfortas aber in das wahre, ihm gebührende Licht gestellt werden, so wird er von so ungeheuer tragischem Interesse, dass es fast mehr als schwer wird, ein zweites Hauptinteresse gegen ihn aufkommen zu lassen, und doch müsste dieses Hauptinteresse sich dem Parzival zuwenden, wenn er nicht als kalt lassender Deus ex machina eben nur schliesslich hinzutreten sollte. Somit ist Parzivals Entwickelung, seine erhabenste Läuterung, wenn auch prädestiniert durch sein ganzes sinniges, tief mitleidvolles Naturell, wieder in den Vordergrund zu stellen. Und dazu kann ich mir keinen breiten Plan wählen, wie er dem Wolfram zu Gebote stand: ich muss Alles in drei Hauptsituationen von drastischem Gehalt so zusammendrängen, dass doch der tiefe und verzweigte Inhalt klar und deutlich hervortritt, denn so zu wirken und darzustellen, das ist nun einmal meine Kunst. Und – solch eine Arbeit sollte ich mir noch vornehmen? Gott soll mich bewahren! Heute nehme ich Abschied von diesem unsinnigen Vorhaben, das mag Geibel machen und Liszt mags componieren! – Wenn meine alte Freundin Brünnhilde in den Scheiterhaufen sprengt, stürz ich mich mit hinein, und hoffe auf ein seliges Ende! Dabei bleib es! Amen! Nun, da hätte ich mich einmal schön vergralt!

3 Wochen später folgt eine kurze Abhandlung über das Reiten, das er für sich ablehnt: Und Vielem und manchem habe ich doch nun schon entsagt, und der Wanderung des ewigen Juden darf kein Pferd beigegeben sein.

Im August 1860: Viel ist wieder der Parzival in mir wach gewesen, ich seh immer mehr und heller darin, wenn Alles einmal ganz reif in mir ist, muss die Ausführung dieser Dichtung ein unerhörter Genuss für mich werden. Aber da können noch gute Jahre darüber hin gehen! Auch möchte ichs einmal bei der Dichtung allein bewenden lassen. Ich halte mirs fern, so lange ich kann, und beschäftige

mich damit nur, wenn mirs mit aller Gewalt kommt! Dann lässt mich dieser wunderbare Zeugungsprozess aber mein ganzes Elend vergessen.
Dann plötzlich trifft man sie* einmal wieder, furchtbar erschöpft, elend, bleich und grauenhaft: aber von Neuem unermüdlich, wie eine Hündin dem heiligen Grale dienend, vor dessen Rittern sie eine heimliche Verachtung blicken lässt: ihr Auge scheint immer den rechten zu suchen, – sie täuschte sich schon – fand ihn aber nicht. Aber was sie sucht, das weiss sie eben nicht: es ist nur Instinkt.
Als Parzival, der Dumme, ins Land kommt, kann sie den Blick nicht von ihm abwenden: wunderbares muss in ihr vorgehen, sie weiss es nicht, aber sie heftet sich an ihn. Ihm graust es – aber auch ihn zieht es an: er versteht nichts. (Hier heissts – Dichter, schaffe!) Nur die Ausführung kann hier sprechen! – Doch lassen Sie sich andeuten, und hören Sie so zu, wie Brünnhilde dem Wotan zuhörte. – Dieses Weib ist in einer unsäglichen Unruhe und Erregung: der alte Knappe hat das früher an ihr bemerkt zu Zeiten, ehe sie kurz darauf verschwand. Diesmal ist ihr Zustand auf das höchste gespannt. Was geht in ihr vor? Hat sie Grauen vor einer abermaligen Flucht, möchte sie ihr enthoben sein? Hofft sie – ganz enden zu können? Was hofft sie von Parzival? Offenbar heftet sie einen unerhörten Anspruch an ihn? – Aber alles ist dunkel und finster: kein Wissen, nur Drang, Dämmern? – In einem Winkel gekauert wohnt sie der qualvollen Scene des Anfortas bei: sie blickt mit wunderbarem Forschen (sphinxartig) auf Parzival. Der – ist auch dumm, begreift nichts, staunt – schweigt. Er wird hinausgestossen. Die Gralsbotin sinkt kreischend zusammen, dann ist sie verschwunden. (Sie muss wieder wandern.)

Wagners Briefe vereinen Handlungsvarianten, die auch aus anderen Äußerungen herauszulesen sind:
1. Klare Ausgangsvorstellung von 3 Hauptsituationen.
2. Die bewußte Änderung von Ort und Datierung: Süd-Frankreich in Nord-Spanien, gotisch.
3. Abendmahl, die Katharer sehen konträr zu Rom weder im Wein noch in der Hostie Jesu Verwandlung.
4. Sich gegenseitig behindernde Figuren Parzival-Anfortas, der Widerstreit wird beibehalten, erfährt keine Einigung.
5. Anfortas besitzt 2 Wunden.
6. Gurnemanz hier: alter Knappe.
7. Das Pferd: ein Reiter ist ein König, der »ewige Jude« geht zu fuß, ihm »darf kein Pferd beigegeben sein«. Der Jude ist der Autor.
8. Kundry ist in der 1. GRALS-Szene anwesend, wissender als die Ritter, ihre Einbindung in die Handlung war tiefgreifender. Ursprünglich scheint es 2 Figuren gegeben zu haben, die Alte in der Burg, die Junge im Schloß, daß Wagner beide verschweißt, ist mehrfach angedeutet: Es komme nur eine einzige weibliche Hauptpartie darin vor, ein Weib, das 2 Naturen habe. Er wisse nur noch nicht, wie er das ausführen werde, heißt es im Januar 1865.
Daß Kundry Zugang zur Gralsburg hat, beim Ritual anwesend ist, erhöht Stel-

* Kundry, Textsprung

lung und Funktion in der Männergemeinschaft. Der im Brief wiedergegebene, unausgeführte Übergang von GRALSBURG in KLINGSORSCHLOSS verbindet sich eng mit der Codewort-Verwendung: In einem Winkel gekauert wohnt sie der qualvollen Scene des Anfortas bei: sie blickt mit wunderbarem Forschen (sphinxartig) auf Parzival. Der – ist auch dumm, begreift nichts, staunt – schweigt. Er wird hinausgestossen. Die Gralsbotin sinkt kreischend zusammen, dann ist sie verschwunden. (Sie muss wieder wandern.)

Der Schnitt der 2 Welten ist strenger, klarer, er ist noch in IV durch die dreimalige Codewort-Verwendung erkennbar, Klingsors und Kundrys notengleich. »Wandern« heißt hier nicht Jude, sondern Übergang, Eintritt in die andere Welt, durch einen Blitzwechsel.

Im 1. Aufzug jedoch verläuft er langsam, im Schlafen. Es dauert sehr lange, bis Kundry diesem Zustand erliegt, vor dem sie fliehen will, sie will nicht »wandern«. Vom schnellen Wechsel erzählen aber die Codeworte, als ob sich die Welten durchschnitten, gleichzeitig anwesend wären, ähnlich der ZAUBERFLÖTE.

9. Fluoreszenz: Über Kundrys Zusammenbrechen nach der Taufe sagt Wagner: Es sei der Schrecken der Heiligkeit, der da ausstrahle. Überall leuchtet in den Textgebilden Licht, nicht nur Kundrys Haupt fluoresziert, auch das des Amfortas, Parsifals, Klingsors. Mag ihr Schweiß Licht fangen. Oder das tropfende Blut.

Blut am Speer

Wagner streicht in I für den Königs-Auftritt: Dem Anfortas wird eine hochaufgerichtete Lanze mit blutiger Spitze nachgetragen. Demnach befände sich die Waffe eingangs noch in der Gralsburg, nicht, wie die Handlung später anweist, in der Hand Klingsors.

Wagner schreibt quer über I am 30. 8. 1865 im Braunen Buch: So! das war Hülfe in der Noth! Am 2. 9. folgen seine Auseinandersetzungen über den blutenden Speer.

Wagners ursprünglicher PARSIFAL-Entwurf von 1857 ist verschollen, sodaß deren Handlungsverlauf nur vermutet werden kann, jedoch ist die Speerzuordnung von Beginn an diffus. Es ist die Lanze, mit welcher einst Longinus des Heilands Schenkel durchstach und deren sich Klingsor als werthvollstes Zaubermittel bemächtigt hatte, so kommentiert Wagner. I weiter: Klingsor erscheint auf dem Thurme des Schlosses: Gewaffnete stürzen herbei: Parzival erkennt die Lanze, mit der Anfortas verwundet ward, entreisst sie dem Ritter. Offen ist, wie Klingsor in den Besitz der Waffe kommt und wie Parzival sie erkennt, der die Waffe vorher nicht sah. Trotzdem in der Gefechtsauseinandersetzung kann er sie nicht erkennen, es sei, die Lanze hat sich ihm zu erkennen gegeben. Die Eintragung im Braunen Buch belegt, wie Wagner das Problem für eine Diskussion aufbereitet, für sich zunächst Klärung erhofft, auf das abschließende Urteil seiner Frau wartet, mit der die PARSIFAL-Auseinandersetzung nicht abreißt, weder monologisch noch schriftlich, um so beachtlicher, da sie als einzig akzeptierter Partner ständig zur Verfügung steht, sich auch bei Abwesenheit der Auseinandersetzung um das entstehende Werk nicht entzieht, sondern vermehrt positiv auf diesen Vorgang einwirkt, sich ihrer Einwirkung stets versichert, indem sie das gegenseitige Abhängigkeitsverhältnis neu definiert. Dieses qualvollen Zusammenhangs sind sich beide bewußt, man kann daher beider Beziehung über Jahre als Beutegemeinschaft, als Komplott bezeichnen, das sie zu »Raubtieren« macht, die ihre Beute gemeinsam eintreiben, im Bewußtsein, daß ein Ausbruch aus diesem Verbund tödlich ist, so ist beider Existenz daran gekettet. Mit welcher Kraft, Gehässigkeit, Mißachtung, Neid, Grausamkeit beide aufeinander einschlagen, sich mit ihrem inneren Korsett abwürgen, die Flucht voreinander antreten, zeitweise sich gegenseitig aussaugen, sich durch ihren Alterungsprozeß nur noch verbiesterter begegnen, nach außen ein nie abreißendes Lügengewebe bereithalten, sich ständig »geistige Untreue« vorwerfen, bis zum Schluß einander darin zerfleischen, da das Paar keinen anderen Verrat kennt. Bis zum Schluß ist in ihren Diskussionen Nietzsche anwesend, den beide zu vergessen suchen, der als armer verletzender, verletzter Schmutzfink umher geistert, ein ehemaliger Herr Professor, ein bedauernswertes Wrack.

Das Paar leidet voreinander, damit beweist es sich erneute Lebenskraft. Kontorhaft wird darüber Buch geführt, Jahr um Jahr, diese Wunde sitzt tief. Kleinkariert ist angesagt, Stubenmief, ein Wahn ohne Frieden: Dauerbetrug um Geruch, Fleisch, Körpernähe, Anerkennung, Lob, Haare, Bart, Gedankenverbindungen, pure Lust, gemeinsames Stubenhocken, gemeinsame Essen, gemeinsamen Weg, mißgünstiger Kleinkrieg über Vegetariertum, das Paar jammert bis zum Schluß, trotz Fürstenambiente Verelendung, das Pompöse nur Lametta, nur Ersatz, ein Paar leidet an einer, an seiner Wunde.

Jeder ist allein, stark genug, um es mit sich selbst abzumachen, wiederholt legen sie sich ihre Messer zurecht, doch für den Ritualtod besitzen sie nicht die Kraft ihrer Figuren, die neben ihnen stehen, vor denen sie zusammenbrechen, Kundry nachäffen, statt Kundry zu sein.

Wie die Speer-Zuordnung entschlüsseln sich auch die anderen Probleme nicht, bleiben in der Schwebe, verschanzen sich hinter dem musikalischen Entstehungsprozeß, der sich hier gegen eine vom Schauspiel abgeleitete Entschlüsselung wehrt. Wagner berichtet mehrmals, daß er inhaltliche Änderungen vornimmt, sich das Textgefüge neu zurichtet, da er keine musikalische Umsetzung findet. Obwohl er nach jahrelang erprobtem, eigenem Schnittmuster verfährt, scheinen sich in PARSIFAL die Probleme anzuhäufen. Gregor-Dellin dazu: Es grenzt, bei der beabsichtigten Bedeutungsschwere einer symbolhaltigen Dramensprache, an semantischen Leichtsinn und sprachliche Abgestumpftheit, das »Böser« ironisch für den Erlöser und ein von Wagner sonst immer nur positiv aufgeladenes »kühn« im Zusammenhang mit der Ur- und Hauptsünde Kundrys einzusetzen. Es scheint so, als sei es Wagner nur noch auf rhythmisch fixierten Inhalt und auf die Musik angekommen. Mit dieser Dichtung waren endgültig alle Zürcher Theorien zum Wort-Ton-Drama beurlaubt. Damit kritisiert Gregor-Dellin genau das, was Wagner an FAUST 2 BERGSCHLUCHTEN studiert und von dort abnimmt. Was hat Goethe demnach in FAUST 2 gemacht, Reime gesammelt, Lexika-Begriffe?

Rhythmus in dauernd gegenläufigem Wechsel, von Stakkato zu gleitenden Übergängen, von Donner bis zur Tonauslöschung, Übergänge von sichtbaren zu unsichtbaren Räumen, Goethe formuliert matt:

So schreitet in dem engen Bretterhaus
Den ganzen Kreis der Schöpfung aus,
Und wandelt, mit bedächtger Schnelle,
Vom Himmel durch die Welt zur Hölle.

Daß sich Schlammschlachten widerlichster Art in diesem Textgebilde nicht umgehen ließen, wußte Goethe, daß man nach Hunderten von Seiten noch immer nicht weiß, wo Margarethe wohnt, das riskierte der Autor, wollte seinen WALPURGISSACK voll packen, bis er platzt.
Wagner und Nietzsche stoßen in Bereiche der FAUST-Interpretation und des Materialumgangs vor, die neueste Kommentare und Deutungsversuche nicht annähernd erreichen, stets wird nur belegt, was der jetzige Kommentar nicht leistet.

Wiederholt ist der PARSIFAL-Handlungsverlauf anders konzipiert worden, z. B. der gesamte 3. Aufzug, nähme man Cosimas Schreibfehler ernst. Ein Fehler mag unterlaufen sein, doch sie ist Kennerin des Werkes und seiner Entstehung, nicht ihre Interpreten. Zu oft trifft man auf Interpretensätze wie diesen: Zahlreiche Flüchtigkeitsfehler des offenbar hastig niedergeschriebenen Entwurfs sind stillschweigend berichtigt, so ein Kommentar aus Bayreuth zu II, II ist aber eine handschriftliche, vielseitige Abhandlung mit detailliertesten Angaben. Mit Unstimmigkeiten, weder flüchtigen, noch hastigen, sondern dem Autor brennt die Birne durch. Da möchte wieder eine noch so behutsame Bürokratenhand »frisieren«. Wieder der Krieg: Wolzogen contra Nietzsche.
Feststeht, daß es ein eindeutiges Text- und Handlungsgerüst im herkömmlichen Sinne nicht gibt, man meint, daß es bestehe, der Text wie die Handlung aber fluoreszieren. Textteile, einzelne Benennungen sind in Bewegung, es würde einer völlig anderen Textnotierung bedürfen, diese optisch darzustellen, hier kann sie nur angedeutet werden.
Grob gesagt, in dem weichen, nicht greifbaren Material sucht man Verankerungen, die nicht da sind, dieser Mangel kann nicht dem Material zugewiesen werden, wie der Kälte, in der man ohne Wintermantel friert. Feststeht, daß man nicht für die Bewegung in dem fluoreszierenden Material ausgerüstet ist. Feststeht, daß man mit herkömmlichen Interpretationsmitteln des Leuchtmaterials nicht habhaft wird, man kann es weder fassen noch packen.

Wagners Änderungen von III zu IV sind kaum Verbesserung, zu häufig Egalisierung. Er steht damit nicht allein, sondern ist sich in Harmonisierung, Rücksichtnahme auf den Verbraucher und dessen Geringschätzung mit Goethe einig, der GESCHICHTE GOTTFRIEDENS VON BERLICHINGEN, FAUST, RÖMISCHE ELEGIEN zerstört, um mit den von ihm behandelten Problemen endlich

zur Ruhe zu kommen, sich nicht überprüfbar zu machen, beider Absicht ist, letztlich, sich nicht zu binden.
Änderungen fremder Hand im PARSIFAL-Material sind in diesem Zusammenhang nicht zu unterschätzen, da sie das behandelte Problem sichtbarer machen, Lösungen vorschlagen, die man zwar nicht übernehmen muß, doch das aufgeworfene Problem ist deutlich. Innerlich reagiert man verstimmt, als würde ich eines meiner Bibliotheksbücher aufschlagen, jemand hat vor mir Zeichen gesetzt, unterstrichen, ausradiert, mit Kuli, mit Tinte, als wäre es meine Schrift, dabei habe ich das Buch gerade aus der Tasche genommen.

Trotz Egalisierung von III zu IV verbreiten die Änderungen Beunruhigung, die sich ungenügend beschreiben läßt. Zuerst stößt man auf die geänderte Notierung der Partituranweisungen. III gibt sie in gesprochener Sprache, Dialog und Anweisung gehören zusammen, sind eins, IV versucht eine strenge Trennung zwischen gesprochenem Dialog und episch beschreibender Sprache, grob gesagt, verwendet III nur Sprech-Sprache, IV dagegen Sprech- und Schrift-Sprache. Doch ist das nur geringe Interpretationsausbeute. Spricht man die Änderung, ergibt sich eine Standortaufgabe von III zu IV im Mund als Distanzierung, indem der Mund 2 verschiedene Sprachen zu artikulieren hat und doch nicht zu der Tiefe kommt, die die Dichtung III durch die Dauerbehauptung des so und nicht anders Sprechens erreicht. Im Partiturtext IV nimmt die Schrift-Sprache die Sprech-Sprache in ihr Reglement, legt sie an die Kandare, schiebt sie von sich, versucht sie überschaubar, kritisierbar zu machen.
Ein Vorgang, der heute um so bedrohlicher wird, da die Schrift-Sprache die Sprech-Sprache zunehmend verdrängt, jede Lokalisierung von Sprache verhöhnt, somit auch »Muttersprache« ausrottet.

Wie im URFAUST Prosa-Szene und Vers-Szene einen anderen Raum bedingen, definieren Wagners Bühnenanweisungen in Sprech- und Schrift-Sprache jeweils einen völlig anderen Raum. In jedem Fall trifft es auf die Figuren zu. 1877 weist Wagner in III an: Alle sind scheu vor ihm gewichen, Amfortas steht, in furchtbarer Ekstase, einsam. 1883 heißt diese Anweisung für 3/1027 in IV: Alle sind schon vor Amfortas gewichen, welcher in furchtbarer Ekstase, einsam steht. Mit der Umstellung von »steht« nimmt Wagner die Entschärfung vor, aus Behauptung wird Beschreibung, was tatsächlich verschwindet, ist das Leuchten, die Abstrahlung der Figur.
Die Aura wird der Figur weggenommen, genau das beunruhigt, damit wird nicht nur die Figur geschrumpft, sondern sie wird »historisch« zurückgestuft, der Schritt, den das Musikdrama aus der Oper heraus machen wollte, ist zurückgenommen. Die Figur verbleibt in der Oper, der Übergang in das Drama ist verwehrt. Die Figur liegt wie Margarethe an der Kette, sie scheuert, die Gelenke bluten, wässern, Schlieren und Entzündungen bilden sich, davon schreit der Text, davon schreit die Figur in Noten. Ein zerstörender Klang legt sich um sie, der ihre Vernichtung feiert.

In der Oper geht man durch Tore, Prüfungen, Kontrollen, bei Wagner durch eine Wandeldekoration, die angeblich, so der Eingeweihte, keinem Zutritt gewährt, den sie nicht dazu einlädt, weder theaterpraktisch noch ideell löst Wagner das Problem von Eintritt und Austritt.

Jede Klubtür prüft die Nachweisberechtigung zum Eintritt in das Kellerreich, in den Unterleib, den eigenen und den der Erde, Gurnemanz führt Parsifal, Cosima Richard in den Palazzo Vendramin. Der Türdurchgang verspricht Individualisierung, der Nichteingeweihte wird zum Eingeweihten, die Paradies-Situation mit Apfel und Schlange. Individualisierung, Erkenntnis heißt Schuld, Mitschuld, Mittäterschaft, Verbrechen, weder Abweisung noch Fremdzuweisung ist möglich.

Entzieht man BORIS GODUNOW die religiöse Komponente, nimmt die Mussorgski abgepreßten Änderungen, verleibt damit das Werk der Oper ein, zerstört man den Individualisierungsprozeß der Figuren, schämt sich der schreienden Menschen, weist eigene Schuldverstrickung von sich, wiederholt Wagners Distanzierungsversuch von III zu IV, allerdings in der von Mussorgski vorgegebenen Form, religiöses Drama contra Oper. Boris umgibt im Wahnsinn Fluoreszenz, der Konflikt ist unlösbar, der zur Staatsführung Befähigte muß sich durch ein Verbrechen legitimieren.
Ödipus am Scheideweg, hinter ihm ein Ziehvater, den er angeblich töten wird, vor ihm ein König im Streitwagen, der den Hinkefuß aus dem Weg jagt, über ihm die Sphinx, die fluoreszierende Leiber zerfetzt, die Lösung eines Rätsels fordert.

In COSI FAN TUTTE fluoreszieren die Mädchen, wenn sie den angeblich »Falschen« lieben, nach kurzer Trennung vom »Richtigen« haben sie einen anderen, feiern dessen Abschied »richtig«. Ihre Gesichter, ihre Stimmen leuchten, wenn unter der Maske der wirkliche Schädel hervortritt. Genau wie Sampras bei den Australian Open 95 weint, aufheult, mitten im Spiel, dem Kommentator verschlägt es die Sprache, distanziert versucht er zu leugnen, was die Großaufnahme hemmungslos zeigt, als er sich fängt, biegt er die Großaufnahme zuschauergemäß mundgerecht, jedes Wort ist falsch, die Großaufnahme saugt sich an Sampras fest, nimmt den Schweiß, die zuckenden Augen, das quäkende Kindersonnengesicht, das sich im Runterwürgen verändert, aus einer Kopfwendung starrt der künftige Sieg. Dieser Mensch weint um den Sieg. Nach über 3 Stunden Tennis verlassen ihn die Kräfte, jetzt muß der andere Motor her, wie er ihn anstellt, wie er das Handtuch vors Gesicht hält, sich versteckt, zu sich findet, sich erschöpft abtrocknet, der Kommentator findet kein richtiges Wort, es ist 3 Uhr nachts, man glaubt nicht richtig gesehen zu haben, wie etwas, was nie passiert, was immer passieren müßte. Sampras begeht den Tabubruch und siegt.
Für die Fluoreszenz, daß unter dem Normalgesicht das andere zu erkennen ist, lohnt es sich bis in den frühen Morgen zu warten: Alle sind scheu vor ihm gewi-

chen, Amfortas steht, in furchtbarer Ekstase, einsam. Im Haus ist es still, ich bin benommen. Draußen ist es dunkel, der Neuschnee als leuchtende Borke.

Sämtliche Vorgänge im PARSIFAL erhalten durch Hinweise auf ihre Beleuchtung eine Eigenart in I, die IV nur noch ahnen läßt. Die Wahrnehmung jenes Leuchtens beschädigt jede praktisch-szenische Umsetzung, keimfreie Räume gibt es für diesen Autor nicht, man müßte ihn sich erst wieder herstellen, was im normalen Opernbetrieb unmöglich erscheint, jetzt von vorne anzufangen.
Text und Vorgänge leuchten in I, sie leuchten auch in IV, doch geht von ihnen selbst kein Licht mehr aus, sie reflektieren, leuchten deshalb. Damit ist der Normalzustand einer heutigen Aufführung beschrieben: Aus dem Zuschauerraum und dessen Decke trifft gebündelt Scheinwerferlicht auf die Bühne und ihre Figuren. Jeder kennt das.

FILM

Wer bewegt sich im Licht? Die Figuren? Ihr Schatten? Schillers RÄUBER-Anweisungen irritieren jedesmal. Vorausgesetzt, vieles wird als in seiner Zeit verhaftet begriffen, kommt man doch nicht umhin, festzustellen, daß man von ihnen wenig, strenggenommen nichts realisieren kann, sprengt man nicht den Kanon unserer Klassiker-Aufführungen. Von Schillers Anweisungen zu Wagners führt ein gerader Weg, den Goethe vorwärtsweisend verwirrt, indem er sich in FAUST 2 nicht mehr gradlinig, sondern hin und her springend vorwärts bewegt, so die zeitliche Abfolge verwirrt, das mit der eingesetzten Technik des Teufels begründet, der sie auch in FAUST 1 einsetzt, ist Pudel, hat Wein-Zauber, fliegenden Mantel und Pferde, doch das Verwirrspiel von FAUST 2 wird dort noch nicht zugelassen, die »Bildungsreise«, dem Faust vom Teufel verordnet, ist planmäßig vorwärts, zum Ende, zum Grab, in die Hölle, den Himmel: Mit welcher Freude, welchem Nutzen, / Wirst du den Cursum durchschmarutzen!

Es gibt zahlreiche Werke, die, strenggenommen, einer Gattung zugehören, dieser Zuordnung entkommen wollen, indem sie den Gattungsbegriff erweitern, somit in eine andere Gattung vorstoßen, ohne sich zunächst deren technischer Mittel bedienen zu können, da diese noch nicht entwickelt sind. Die Ausweitung der Gattung bzw. ihre Veränderung läßt sich schwieriger definieren als die Grobbehauptung, daß in den Ekstasen der Wagner-Figuren die des Stummfilms vorgeformt sind, daß hier ein Transport stattgefunden hat, zunächst ohne Ton, ohne Musik, ein Transport ihres Erregungszustandes, der optisch festgehalten, gebannt ist. Auch die Kaspertheatermittel, die Wagner in seiner RING-Inszenierung vehement »altmodisch« behauptet, sind für das neue Medium gerettet, selbst wenn sie heute der Opernbetrieb zunehmend als nichtverwendungsfähig ausrangiert. In Langs NIBELUNGEN behaupten sie sich dauerhaft, widersetzen sich jeder Moderne-Diskussion, differenzieren sich in beiden Teilen.

Mit PARSIFAL ist das Kino, der Film angekündigt, die Film-Projektion, das Gralserglühen ist Thema. Das Zusammenschmelzen der Künste zum »Gesamtkunstwerk« ist nicht zu umgehen. Wagner muß den Text ändern, wenn er Musik macht, Umstellungen vornehmen, die Figurenbeziehungen auflösen, entgegengesetzt reagieren, oft ist die ursprüngliche Auffassung noch in der späteren Musik zu ahnen, selbst wenn sie der Text längst aufgab. Durch Komprimierung soll eine Zustandsänderung, eine Dauerekstase erzwungen werden, eine Überschreitung der Norm.

Für den Stummfilm sind Schillers Anweisungen richtungsweisend, obwohl die Bewegungen der Darsteller des Stummfilms ausschließlich vom technischen Stand der Filmentwicklung interpretiert werden. Man kann die systematische

Entwicklung des Stummfilms mit der Textentwicklung von Goethe und Schiller zu Büchner, Kleist und Grabbe vergleichen, käme nicht nur zu thematischen Gemeinsamkeiten, sondern vor allem auf Gemeinsamkeiten ihrer Umsetzung.

Der erste Film der Brüder Skladanowski ist hausgemacht, eine tragische Groteske über den Dächern Berlins, unmittelbar in der Nähe meiner letzten Wohnung im Prenzlauer Berg, der eine tanzt, der andere bedient die Kamera, kein Sprechen, die Bewegung ist ihnen wichtiger als Behauptung, daher Bannen, Einbrennen, Andauern. Jedes ihrer Filmtransportlöcher ist handgestanzt, um sich der Fortbewegung zu vergewissern. Damit das leuchtende Abbild nicht verbrennt.
Höhepunkt jeder Vorführung, wenn das Abbild Material wird, das Zelluloid schmilzt, Blasen wirft, sich krümmt, schwarz wird, das sich vergrößernde Loch den Transport stoppt, die Konserve »live« wird. Dann halbes Licht, der Vorhang bleibt offen, im fast leeren Saal sieht man sich um, mürrisch, unruhig, als wäre der Schlaf gestört, man aus der Wärme gerissen, wie um sich zu vergewissern, sucht man seine Klamotten, eine Bierdose rollt. Pfiffe. Der Vorhang starr, der Betrieb stockt. Dann geht das Licht aus. Der Film brennt zum 2. Mal.

Kundrys Fortbewegung ist ungewiß, ebenso Pucks. Warum ist sie so schnell, alle Fassungen behaupten, sie sei schneller als die Männer, in unverständlich kurzer Zeit komme sie von ihren Auftragsritten zurück, daß sie das mit ihrer Klappermähre schafft, verwundert die Soldaten der Gralsburg. Fliegt sie?
Ist das eine Zustandsänderung, die wir nicht kennen? Versetzt sie sich, wenn sie sich verkriecht, in einen anderen Raum? Ihr Hohlkörper bleibt verborgen im Dornengestrüpp, unzugänglich, als müsse sie in die Erde zurück, um sich zu verpuppen.
Sie erscheint in »bläulichem Räucherlicht«, wie sich im Film die Überblendungen erheben, während sich die Helligkeit ändert, der Erhobene den noch Schlafenden ansieht, ihn berührt, sich von ihm abwendet, weggeht, um in den folgenden Szenen fast eine normale Figur zu werden, aber wir wissen, er ist ein Schatten, ein anderes Ich, das, wenn die Handlung sich neigt, zu sich als Schlafendem zurückkehrt, eins wird.
Der Aufwachende kann sich an seine Wanderung nicht erinnern. Erinnert sich Kundry nicht?
Klingsor hantiert mit Spiegeln, Reflexionen, kein Leuchten, Licht wird zurückgeworfen, im Gegensatz zum Gral, der empfängt und aufnimmt. Wagner ist unklar, wie Kundry erscheint. I: Klingsor hat wieder Macht über ihre Seele gewonnen: er bedarf der Hülfe dieses wunderbarsten weiblichen Wesens*, um seinen Hauptstreich auszuführen. In einem unnahbaren Verliesse seiner Burg sitzt er in seiner Zauberwerkstatt: er ist der Dämon der verborgenen Sünde, das Wüthen der Ohnmacht gegen die Sünde. Durch Zaubers Gewalt bannt er die Seele Kundrys zu sich, in einem finstren Höhlengrunde erscheint ihr Geist.

* Kundry ist jung

Kundrys von Klingsor gebannte Seele erbebt. Sie sträubt sich. Er droht. Sie flucht. Furchtbare Geheimnisse. Endlich Zwiespalt in Kundrys Seele: Hoffnung auf Erlösung – durch ihre Besiegung: – dann aber wahnsinniges Verlangen nach einem letzten Liebesgenuss.

Von ihrem Verschwinden berichtet I nicht, Kundrys Stimme befiehlt den Blumenmädchen Parzival zu verlassen, der sich ebenso wie sie ankündigt, er vor dem Schloß, sie aus der Grotte.

II erzählt: Klingsors Zauberburg. Im inneren Verließ eines nach oben offenen Turmes, Steinstufen führen nach dem Zinnenrand der Turmmauer. Finsternis in der Tiefe. – Zauberapparate. Klingsor, vor einem Metallspiegel sitzend: Die Zeit ist da. Er steigt etwas tiefer und entzündet dort Räucherwerk, welches alsbald einen Teil des Hintergrundes mit einem bläulichen Dampfe erfüllt, er setzt sich wieder an die vorige Stelle und ruft, mit geheimnisvollen Gebärden, nach dem Abgrunde: Hierher! Herauf! Zu mir! Dein Meister ruft dich Namenlose, Urteufelin! Herodias warst du und was noch? Sie nennen dich Kundry! Kundry denn! Hierher, hierher! Zu deinem Meister! – In dem bläulichen Lichte steigt Kundrys Gestalt auf. Man hört sie einen gräßlichen Schrei ausstoßen, wie eine aus tiefem Schlafe Aufgescheuchte. Kundry gerät in immer ekstatischeres Lachen, welches endlich in ein krampfhaftes Wehgeschrei übergeht. Während Klingsor fortfährt in der Schilderung, verschwindet Kundry plötzlich: das bläuliche Licht ist erloschen, volle Finsternis in der Tiefe.

IV postiert Klingsor anders: Im inneren Verließe eines nach oben offenen Turmes, Steinstufen führen nach dem Zinnenrande der Turmmauer, Finsternis in der Tiefe, nach welcher es von dem Mauervorsprunge, den der Bühnenboden darstellt, hinabführt. Zauberwerkzeuge und nekromantische Vorrichtungen. Klingsor auf dem Mauervorsprunge zur Seite, vor einem Metallspiegel sitzend. Auch im folgenden bleibt IV eng an II, trotzdem ist immer ein Wackelkontakt, man tippt wiederholt den gleichen Text ab, den fast gleichen, wird nervös, die Worte, Formulierungen wiederholen sich, trotzdem ist man sich ihrer nicht sicher. Es stimmt etwas nicht, das Bild springt, der Filmriß kündigt sich an, der Film muß ausgehalten werden oder man riskiert den Riß oder er beginnt zu brennen.

Von Beginn sind Epos und Pornographie Filmbestandteil, Goethe setzt diese Kopplung bereits in FAUST 2 ein. PARIS UND HELENA, der älteste Pornofilm, der sich so ausweist: Rittersaal. Dämmernde Beleuchtung. Kaiser und Hof sind eingezogen. Posaunen.

Astrolog:
Beginne gleich das Drama seinen Lauf,
Der Herr befiehlts, ihr Wände, tut euch auf!
Nichts hindert mehr, hier ist Magie zur Hand,
Die Teppche schwinden, wie gerollt vom Brand,
Die Mauer spaltet sich, sie kehrt sich um,
Ein tief Theater scheint sich aufzustellen,
Geheimnisvoll ein Schein uns zu erhellen,
Und ich besteige das Proszenium.

Während Astrolog, Architekt und Mephisto über Sinn, Zweck und Art der bevorstehenden Erscheinung diskutieren, hat Faust den Porno vorbereitet, er beginnt.

Astrolog:
Der glühende Schlüssel rührt die Schale kaum,
Ein dunstiger Nebel deckt sogleich den Raum,
Er schleicht sich ein, er wogt nach Wolkenart,
Gedehnt, geballt, verschränkt, geteilt, gepaart.
Und nun erkennt ein Geister-Meister-Stück!
So wie sie wandeln, machen sie Musik.
Aus luftigen Tönen quillt ein Weißnichtwie,
Indem sie ziehn, wird alles Melodie.
Der Säulenschaft, auch die Triglyphe klingt,
Ich glaube gar, der ganze Tempel singt.
Das Dunstige senkt sich, aus dem leichten Flor
Ein schöner Jüngling tritt im Takt hervor.
Hier schweigt mein Amt, ich brauch ihn nicht zu nennen
Wer sollte nicht den holden Paris kennen!

Paris und Helena im Geschlechtsakt vor Zuschauern, die diesen Vorgang kommentieren, sich von körperlichen Vorzügen oder Nachteilen angezogen oder abgestoßen fühlen, vor allem an der Außenhaut verbleiben, deren Einwirkung sich der Zuschauer durch zynische Kommentare zu erwehren sucht, doch das in ihn eindringende Abbild ist stärker als er. Faust streitet mit den Hofgelehrten über die Qualität des Abbilds, ob es wahr oder nur Traum sei. Faust, auch jetzt vom Teufel geblendet, überschätzt sich, hier beginnt seine Blindheit, die erst am Stückende ausgesprochen wird, indem die Sorge ihn anhaucht:

Die Menschen sind im ganzen Leben blind,
Nun Fauste! werde dus am Ende.

Faust kontert blind:
Die Nacht scheint tiefer tief hereinzudringen
Allein im Innern leuchtet helles Licht.

Vor dem Kaiserhof steht ein Professor Unrat in Flammen, er fährt die Gelehrten an, die über die epischen Aspekte des Beischlafs diskutieren, den Raub der Helena:

Was Raub! Bin ich für nichts an dieser Stelle!
Ist dieser Schlüssel nicht in meiner Hand!
Er führt mich, durch Graus und Wog und Welle
Der Einsamkeiten, her zum festen Strand.
Hier faß ich Fuß! Hier sind es Wirklichkeiten,
Von hier aus darf der Geist mit Geistern streiten,
Das Doppelreich, das große, sich bereiten.
So fern sie war, wie kann sie näher sein!
Ich rette sie, und sie ist doppelt mein.
Gewagt! Ihr Mütter! Mütter! müßts gewähren!
Wer sie erkannt, der darf sie nicht entbehren.

Filmriß: Explosion, Faust liegt am Boden. Die Geister gehen in Dunst auf. Finsternis. Tumult.

Ein Professor am Katheder, der seinen Schülern eine Erotik-Postkarte wegnahm, den Feder-Flaum von den Beinen Marlenes bläst, das innere Gleichgewicht verliert, blind wird. Das Anblasen des Abbildes ist wichtiger als Marlenes Beine. Was darunter ist, möchte man wissen. Professor Unrat will das sündige Abbild für sich erretten, er steigt in den Orkus und verliert sich, hat alle Warntafeln, auch die eigenen, vergessen.

Das diffuse Bild, das über einem schwebt, sich im Lichtstrahl bildet, daß man so sein möchte, sich identifizieren, das Abbild zum Bild machen, es solange anbeten, bis es lebt, damit das Abbild auf einen herabblickt, es auf einen »überwächst«, mit einem eins wird, so verfolgt die Gemeinde ihren Gott, als gäbe das Erblicken der realen Gott-Person die Stigmatisierung, als erfolgte ein Austausch, eine gegenseitige Erneuerung durch das Bad in der Menge.

Wagners Theateridee, einen »Traum- und Dämmerzustand« zu erreichen, erreicht Goethe in FAUST 1, definiert so die ideale Wagner-Bühne:

In die Traum- und Zaubersphäre
Sind wir, scheint es eingegangen.
Führ uns gut und mach dir Ehre!
Daß wir vorwärts bald gelangen
In den weiten öden Räumen.

Jedes Autokino ist ein »Bayreuth«, die aufbrechenden Wagen in der Dämmerung, der noch anwesende Sonnenuntergang, das Einparken im Dunkeln, die abgeblendeten Scheinwerfer, die dann schwarzen, stummen Blechhöllen, die innen Tonkonserven enthalten, brennende Zigaretten, einzelne Schreie, Türöffnen, Biertrinken, Schmusen und Schmatzen. In den stummen »Naturtheatern« trifft man sich zu einer »Feier«, die mehr antiken Zuschnitt hat als jede Säulenrekonstruktion.

Das ist nicht nur Sitzplatzänderung, die untrennbar mit inhaltlicher Änderung verbunden ist, sondern ebenso Luxus-Ausdruck, der große Versammlungsplätze und Infrastruktur zur Verfügung stellt, die Zuschauergemeinde in intime Gruppen spaltet, die das Satyr-Spiel feiern. Obwohl diese Kinokultur verschwunden ist, erinnert man sich ihrer Ruinen, daß diese Gelände groß sind, am Rande der Städte, daß die Zufahrt schon Ereignis ist, die Fahrt durch Geschichte, auch modernster Zivilisation, die die Städte umgrenzen wie Manifeste, daraus entfernt sich der Mensch, hier ist Demokratie die Platzaufstellung, wie man am schnellsten unbeschadet den Versammlungsplatz verläßt.

Verlassene Autokinos zwischen Kraftwerkanlagen, Pappelsäumen und Krähenschwärmen, Müllhalden und Industrieschrott erinnern in ihren gewölbten Projektionsflächen an die brennende Walpurgiswand, an Räume aus Licht, an senkrechte Strahlen, die aufflammen, während E-Werke Qualmwolken ablassen, die den Nachthimmel bedrohlich verändern, Lichtflächen eintrüben, zwischen die Autos kriechen, einem Gas, einem aufkommenden Nebel gleich, in dem Kundrys, Hexen, Nymphomaninnen hocken, das EKEL-Rasiermesser parat, die hochschnellen, in einem Strahl aufzucken, Blut spritzt über die Scheibe, die Betonleinwand. Dann ihre Reflexion, ihr Erglühen in Farbe. Purpur. Spiegel, Lampen, Scheiben antworten dem Abbild, während sich im Schritt der Betrachter, im durch die Sitzunterlagen gebremsten Schweiß die Entladung ankündigt.

Der Stummfilm, vom Jahrmarkt herkommend, benutzt den Ausschreier, den Kommentator oder eingeblendete Schrift. Der Filmerklärer, einem allwissenden Autor gleich, übernimmt die Regie des Ablaufs, in den er aber doch nicht eingreifen kann, obwohl er stets gegenläufige Gedanken kommentiert, die in den Gehirnen, nicht die in den Gesichtern, die sehen wir besser, denn der Erklärer steht neben dem Abbild, vor uns, orientiert sich nur an Verzerrungen, die er auch so verzerrt kommentiert, da diese Verzerrung Abbild des Gedankengangs der Figur ist, des sich Vorbereitenden, der künftigen Katastrophe.

Man kann das einfach nachvollziehen, indem man sich während Filmvorführungen im Saal bewegt. Gleichzeitig sieht man, wie das Abbild auf den Zuschauer wirkt, von ihm reflektiert wird, als wäre er die Leinwand, als würde auf ihn projiziert.

Hölz und Hitler zogen als Filmvorführer, Filmerklärer zeitweise über die Dörfer, schulten ihr Rednertalent, studierten Bewegungsabläufe.

Ich schreibe diesen Text unmittelbar in der Nähe des Olympiastadions, indem das Stadionrund schrie: Wir gehören dir!, anschließend freiwillig in den Tod marschierte.

Chaplin ereiferte sich lange, daß Hitler ihn vielfach kopiere, im GROSSEN DIKTATOR kopiert er seinen Kopisten. Chaplins Äußerungen verkleistern nicht, daß er durch seinen Kopisten bestimmt ist und eben nicht dessen Wirkung erzielt.
Erst mit dem Fernsehen beginnt man zu begreifen, wie sehr das Abbild das Abgebildete verändert, nicht nur, indem das Abbildmedium stets verzerrt, sondern daß diese Verzerrung auf das Abgebildete zurückwirkt, es verformt, die Realität ändert, uns scheinbar nur noch zu Wahrnehmern dieser Veränderung macht, so als hätten die Indianer recht, die sich nicht fotografieren lassen, mit der Behauptung, man nähme ihnen das Leben weg, sie hätten nur 7.
Büchner benutzt den Blick, der Gesehene wird vom ihn Sehenden getötet. Das Erblicken des anderen, ohne daß der es weiß, heißt in Theater und Film töten.
In den ältesten Fotografien tritt noch viel mehr Bannung ein, ein Dauerfesthalten, ein Einbrennen. Jedes alte Foto belegt, die festgehaltene »Zeit« ist eine andere, ist identisch mit der Aufnahmedauer, grob, Tiefenwirkung des Abbilds und Aufnahmedauer stimmen überein.

Der Stummfilm emanzipiert sich, erobert künstlerische Terrains: Sind es zunächst nur Grotesken, die sich eng an ihre technischen Umsetzungen klammern, gewinnt das Medium schnell Zugang zu epischen Stoffen, übernimmt nun die Ausstattungsoper, verdrängt diese, größere Opernvorhaben lassen sich nur noch in Konkurrenz realisieren. Die Oper verändert sich, äußerlich folgt man Wagners musikalischem Einfluß, baut seinen theoretischen aber um so entschiedener ab. Damit gerät die Gegenwartsoper in eine Stagnation, verliert Orientierung und Bindung ans Publikum, bis russischer Import die musikalische Moderne Westeuropas einläutet.
Der Stummfilm gewinnt mit thematisch weitgreifenden Handlungen Bedeutung, wird zur Kunstform. Die Filmepen zwingen das Publikum zur Akzeptanz, indem das modernste Ausdrucksmittel sich als Wirtschaftsprodukt behauptet. An den thematischen Umbruch ist die Veränderung der musikalischen Begleitung gekoppelt, die eine Entwicklung vom Hauskonzert zum sinfonischen Großunternehmen spiegelt.

Die musikalische Begleitung zum Film plaziert sich zunächst vor der Leinwand, es herrschen noch räumliche Zustände der Oper, die die filmtechnische Entwicklung abbaut. Kaum haben die Innenumbauten für den Tonfilm stattgefunden, nimmt er die anderen künstlerischen Ausdrucksmittel ins Schlepptau, deklassiert sie, macht aus einer »Rinnsteinkultur« Stars und Sterne.

Die Entwicklung des Filmtheaterbaus bleibt bis heute der Wagner-Bühne verhaftet, die 2. Gasse ist nachgebildet, der Vorbühnenbereich bleibt ungelöst, ebenso der Bereich zwischen Zuschauer und Vorbühne. Das inhaltliche Problem, das sich in der Raummisere ausdrückt, überbrücken unterschiedliche Lösungen, in denen sich nochmals alle Versuche Wagners spiegeln, die er in Vorbereitung seines Theaterbaus unternimmt. Obwohl weder für Architekten noch Zuschauer eine Nähe der 1. Cinemascope-Bühne zu Bayreuth besteht, bestimmt Bayreuth maßgebend den Kinoinnenausbau, der durch dauernde »Modernisierung« das Verhältnis zwischen Zuschauer und Abbild verändert, es ständig neu bestimmt. Der Zuschauer nimmt diese Veränderungen, seine vorgegebene Plazierung vor dem Abbild, weniger wahr, da sie stets mit technischen Verbesserungen gespickt ist, er wird verführt, obwohl sich der Blickpunkt, den alle Zuschauer einnehmen müssen, nicht ändert. Die »demokratische Platzordnung«, in der Bayreuth wegweisend sein will, ist Bestandteil des Kinos geworden, dennoch gibt es Platz- und Rangunterschiede, das Verhältnis zur Erkennbarkeit des Abbilds bestimmt den Platzpreis, die ersten Reihen werden jetzt billig.

VORBILD III

Nietzsche. Unendliche Melodie ZARATHUSTRAECCEHOMO. ZARATHUSTRA 1883/84 und ECCE HOMO 1888 bestehen jeweils aus 4 Teilen, die sich nochmals in Kapitel unterteilen. Die 4 ZARATHUSTRA-Teile setzen sich durch ihre zeitlich auseinanderliegende Entstehung stark voneinander ab. Eine durchgängige Bauart ist nicht zu erkennen, dafür der Einsatz von 2 Sprachen, einer Sprech-Sprache, der Sprache der Propheten, der Sprache Zarathustras, und einer Schrift-Sprache der beschreibenden, erzählenden Prosa, die eine durchgängige Handlung anzudeuten versucht. In der Abfolge der 4 Teile nimmt die Schrift-Sprache jedoch zu, drängt die Sprech-Sprache in den Hintergrund. Wagner verfährt ähnlich. Die Bauart der einzelnen Kapitel ist unterschiedlich, die teilweise von einer Prosa-Umrahmung begleitet oder unterbrochen werden, manchmal nur mit Sprech-Sprache auskommen und dann zum Folgekapitel keine Verbindung eingehen, sondern isoliert als prophetische »Predigten« stehen.
Die Schrift-Sprache ist oft betont rhythmisch angelegt, wobei der Rhythmus teilweise klar, teilweise als vernachlässigt zu erkennen ist, doch gibt es auch Passagen, die den Rhythmus nicht aufkommen lassen wollen, sich in ihrer beschreibenden Sprache ausdehnen, vor allem im Schluß.

Beim Lautlesen fallen Abweichungen und Vernachlässigungen in den 2 verwendeten Sprachen deutlich auf, da sie sich einer schnellen Artikulation, somit einer schnellen Interpretation verwehren, den Lese-, den Verständnisfluß dämmen und verlangsamen. Nur das Lautlesen eröffnet den Zugang zu beiden Sprachen, da für Nietzsche die laut gesprochene Formulierung und Verfolgbarkeit eines geordneten Denkvorgangs eng beieinanderliegen, seine Vorbilder sind nicht nach der Antike ausgerichtete theoretische Schrift-Texte, sondern der mündliche akademische Vortrag, die protestantische Predigt, wie sehr er sich auch dagegen wehrt, der pastorale Ton ist die Rettung der vertracktesten Argumente, erst durch dieses Pathos, den erhobenen Zeigefinger, nicht lehrerhaft dümmlich, sondern alttestamentarisch, wird jede Fehlinterpretation abgeriegelt, werden widersinnigste Formulierungen geradegerückt.
Ohne auf die Unterschiedlichkeit der verwendeten Sprech-Sprache einzugehen, kann man sagen, daß Autoren der thüringisch-sächsischen Region die Sprech-Sprache betont einsetzen. Vergleicht man einige der Autoren untereinander, so nimmt sich die Harmonisierung, die Streckung der Sprech- zur Schrift-Sprache als ein Erziehungsprozeß mit bösartigen Folgen aus. Sprachstreckung heißt hier das Einbringen von Füllworten, das künstliche Aufbereiten der Verstehbarkeit des Textes, die Herausarbeitung seiner gedanklichen Klarheit, die sich schließlich als Inhaltsleere herausstellt.
Sprachstreckung und Zerstörung des inneren Gedankengefüges stehen in unmittelbarem Zusammenhang, scheinen untrennbar. Das Diktat der Sprachstreckung

ist das Diktat einer urban herrschenden Schrift-Sprache, die die Sprech-Sprache, ihre Vielschichtigkeit, ihre lokale Kraft zu vernichten sucht.
Wiederholt gehen Interpreten auf diese Zusammenhänge ein, ohne daß sich die vorherrschende negative Einschätzung ändert, die Sprech-Sprache hat Wert und Bedeutung verloren. Damit aber gewinnen die orthodoxen gesellschaftlichen Kräfte Macht und Zulauf.

Bei Nietzsche lassen sich die Sprachstreckung und der Widerstand der Sprache gegen diese gut verfolgen. Selbst beim Lautlesen können häufig Inhaltssprünge nicht mitvollzogen werden, sodaß man sich mit künstlichen Sprechpausen behelfen muß, bis die jeweilige Wendung inhaltlich durchdacht und von den Sprechwerkzeugen formuliert werden kann. Feststeht, daß sich Inhalt nur über die laute Formulierung, sowohl für den Sprechenden als auch für den Zuhörer, aufschließt.

Erst so wird der eigene Text auch für den Autor verstehbar, indem er hörbar wird, eine Feststellung, die Autoren bestätigen können, die an ihren Texten ähnliche Inhaltsverschiebungen durch Lautlesen, Lautsprechen wahrnehmen oder durch Interpreten dazu gezwungen werden, diese festzustellen, als würde das laute Sprechen ihnen den eigentlichen Gedanken, der ihnen beim Schreiben nicht gegenwärtig war, zurückführen, sodaß er erst jetzt für den Autor handhabbar wird. Diesen Vorgang, die Echowand, organisieren sich Autoren zur eigenen Interpretationsstütze oft unbewußt durch die Verbindung zum Sekretär, zu der Person, die das gesprochene, diktierte Wort nach der Niederschrift nochmals wiedergibt, um so dem Diktierenden den Gedankengang vorzuformulieren, in den hineinschlüpfend er fortfährt.

Oft ist es auch der Wunsch nach dem Echo der eigenen Gedanken in der anderen Stimme, sodaß viele Passagen der eigenen Arbeit für den Autor erst nachträglich verständlich werden, wenn man sie ihm argumentativ auseinandergesetzt, deshalb erträgt Wagner Nietzsche, dessen Existenz ihm dauerndes Unvermögen bescheinigt, deshalb muß er, vor allem in der Verbindung mit seiner Frau, sich der empfangenen Eindrücke erwehren, kommt es zum Streit über »Autorenschaft«, vor allem nach Trennung der beiden Männer. Cosima führt darüber Buch, aber bis zu Wagners Lebensende schlägt das Pendel nicht eindeutig aus, das geistige Eigentum ist nicht zu reklamieren, selbst bei genauester Prüfung. Es sind nicht die Gedanken Nietzsches, sondern das hörbare Echo der eigenen Gedanken, was Wagner aufregt, in einen schöpferischen Zustand »entrückt«. Die Intimität der 3, der Werkstattcharakter ihrer Beziehung, die Begegnung über das gemeinsame Arbeitsvorhaben tragen wesentlich zur inneren Zerstörung bei, am Schluß kann nicht Gewinn, nur Verlust veranschlagt werden.

Nietzsche bedient sich, wie später Hauptmann, einer genauen Zeichensetzung, außerdem der Betonung durch gesperrt gesetzte Worte. Sein Ziel ist eine vollständig durchgearbeitete Sprachpartitur, die auch über halbe Seiten, im Ausnahmefall mehrseitig gelingt. In ZARATHUSTRA erscheinen Kapitel geschlossen, wenn der Wechsel von Sprech- und Schrift-Sprache unterbleibt, je weniger er stattfindet, desto konzentrierter bildet sich der Inhalt der Kapitel ab.

In ECCE HOMO gelingt das weniger, die Kapitel brechen schon nach einer halben Seite zusammen, müssen neu aufgeladen werden, wollen in Pamphletcharakter ausbrechen, doch die in die Schreib-Sprache vordringende Sprech-Sprache will das verhindern, die inneren Bewegungen werden um so heftiger, sodaß die Sprache den übergroßen Inhaltssprüngen nicht mehr folgt, sie benötigt mehr Denkpausen, hat in den Inhaltswendungen kein Schmiermittel, sodaß jede Unstimmigkeit spürbar wird, als übermittle sich so der Schmerz des Autors, als reiße die eben gebildete Haut. Trotz dieser Schmerzwahrnehmung bleibt der Aufbau erkenn- und verfolgbar.

ECCE HOMO geht ursprünglich von 6 Teilen aus, die letzten beiden wurden gestrichen. Die Titel der verbliebenen 4: WARUM ICH SO WEISE BIN. WARUM ICH SO KLUG BIN. WARUM ICH SO GUTE BÜCHER SCHREIBE. WARUM ICH EIN SCHICKSAL BIN. lesen sich wie Heines:

Warum sind denn die Rosen so blaß,
O sprich mein Lieb, warum?
Warum sind denn im grünen Gras
Die blauen Veilchen so stumm?

Warum singt denn mit so kläglichem Laut
Die Lerche in der Luft?
Warum steigt denn aus dem Balsamkraut
Hervor ein Leichenduft?

Warum scheint denn die Sonn auf die Au
So kalt und verdrießlich herab?
Warum ist denn die Erde so grau
Und öde wie ein Grab?

Warum bin ich selbst so krank und so trüb,
Mein liebes Liebchen, sprich?
O sprich, mein herzallerliebstes Lieb,
Warum verließest du mich?

Jede dieser Strophen könnte einen Teil des ECCE HOMO einleiten, träfe genau die Verfassung des Autors, der sie so beschreibt: Ich lag ein paar Wochen hinterdrein in Genua krank. Dann folgte ein schwermütiger Frühling in Rom, wo ich das Leben hinnahm – es war nicht leicht.
Der Autor kann diesen Ton nicht halten, das elegische Gebilde bricht zusammen. Wiederholt versucht er, daran anzuknüpfen, doch der innere Zusammenhalt, der

angeschlagene Ton, ist nicht wieder zu erreichen, wird zwar zitiert, stößt hier aber mit den Bildungspartikeln, die Nietzsche nicht los wird, zusammen, die Bildungsschlacke frißt wie ein Bandwurm. ECCE HOMO belegt, daß der Autor die inhaltliche Vorgabe aufgeben muß, da sich die Backzutaten selbständig machen; Ei will nicht zu Mehl, Butter nicht zu Milch.
WARUM ICH SO GUTE BÜCHER SCHREIBE. ist unterteilt in 10 Einzel-Kapitel, die Nietzsches Werke vorstellen, sie lesen sich wie die sorgsam verwahrten Backrezepte im Küchenschrank meiner Mutter, angegilbt, fettig, mit richtigen Arbeitsspuren, die bunten Abbildungen so bunt, Mutter sagte, das war vor dem Krieg, damit war die Sache für sie erledigt, während unser Küchenschrank leer war, 1956 noch jeden Tag Rübensirup gegessen wurde, den meine Mutter 10 Jahre gelagert hatte, beim letzten Eimer, den ich wegwerfen wollte, schrie sie, da und da hätte sie gestoppelt, unter welchen Mühen gekocht, wo es doch Krieg war. Das war ihre Kriegserklärung, sie wollte ihre Arbeit nicht preisgeben noch ein Verfallsdatum akzeptieren, sondern riß demonstrativ das verschnürte Packpapier auf, mit dem die Eimer abgedeckt waren: Das sind doch nur tote Wespen! Das ist kein Schimmel!
Der Kampf um die Sirupeimer war der Kampf um die Beendigung des Nachkriegs in unserer Familie. Jeder dieser Eimer stand für etwas. Selbst schimmelnd, erinnerten sie Mutter daran, mit welcher Liebe, welchem Fleiß sie die Rüben heimlich entwendet, sie versteckt, nach Tagen, wenn die Luft rein, nachts aus dem Erdloch holte, nur nachts verkochte, wenn wir Kinder schliefen.
Ich wußte instinktiv, daß ich meiner Mutter weh tat, noch 1960 verlangte sie, daß ich Sirup esse, genau wie sie und früher ihr Vater, sie könne nicht zulassen, daß wir bei dem wenigen Geld so mit dem Essen schludern.
Das liest sich heute überholt, Sirup wäre heute pur Natur, ohne Chemie, nur mit Zucker. Mutter ist heute tot. Im Haus Hunderte von Gläsern und Töpfen, Eingemachtes, Eingelegtes, Gelee, Marmeladen, süßsaure Pilze, noch von vor dem Krieg, wann wollten das meine Eltern essen?

Die Titel der Einzelkapitel von WARUM ICH SO GUTE BÜCHER SCHREIBE. lesen sich auch wie die verschrumpelten, klebrigen Pappschildchen: GEBURT DER TRAGÖDIE. DIE UNZEITGEMÄSSEN. MENSCHLICHES, ALLZUMENSCHLICHES. MORGENRÖTHE. DIE FRÖHLICHE WISSENSCHAFT. ALSO SPRACH ZARATHUSTRA. JENSEITS VON GUT UND BÖSE. GENEALOGIE DER MORAL. GÖTZEN-DÄMMERUNG. DER FALL WAGNER.

Nietzsche leitet ECCE HOMO ein: An diesem vollkommnen Tage, wo Alles reift und nicht nur die Traube braun wird, fiel mir eben ein Sonnenblick auf mein Leben: ich sah rückwärts, ich sah hinaus, ich sah nie so viel und so gute Dinge auf einmal. Nicht umsonst begrub ich heute mein vierundvierzigstes Jahr, ich d u r f t e es begraben – was in ihm Leben war, ist gerettet, ist unsterblich.
Es folgt eine weitere Sirup-Eimer-Parade: Die U m w e r t h u n g a l l e r W e r t h e, d i e D i o n y s o s - D i t h y r a m b e n und, zur Erholung, die G ö t z e n - D ä m m e-

rung – Alles Geschenke dieses Jahres, sogar seines letzten Vierteljahrs! Wie sollte ich nicht meinem ganzen Leben dankbar sein? Und so erzähle ich mir mein Leben.

WARUM ICH SO WEISE BIN. beginnt: Das Glück meines Daseins, seine Einzigartigkeit vielleicht, liegt in seinem Verhängniss: ich bin, um es in Räthselform auszudrücken, als mein Vater bereits gestorben, als meine Mutter lebe ich noch und werde alt. Diese doppelte Herkunft, gleichsam aus der obersten und der untersten Sprosse an der Leiter des Lebens, decadent zugleich und Anfang.

Damals – es war 1879 – legte ich meine Basler Professur nieder, lebte den Sommer über wie ein Schatten in St. Moritz und den nächsten Winter, den sonnenärmsten meines Lebens, als Schatten in Naumburg. Dies war mein Minimum: DER WANDERER UND SEIN SCHATTEN entstand währenddem. Unzweifelhaft, ich verstand mich damals auf Schatten.

Wie dunkle Träume stehen
Die Häuser in langer Reih,
Tief eingehüllt im Mantel,
Schreite ich schweigend vorbei.

Der Turm der Kathedrale
Verkündet die zwölfte Stund,
Mit ihren Reizen und Küssen
Erwartet mich Liebchen jetzund.

Der Mond ist mein Begleiter,
Er leuchtet mir freundlich vor,
Da bin ich an ihrem Hause,
Und freudig ruf ich empor:

Ich danke dir, alter Vertrauter,
Daß du meinen Weg erhellt,
Jetzt will ich dich entlassen,
Jetzt leuchte der übrigen Welt!

Und findest du einen Verliebten,
Der einsam klagt sein Leid,
So tröst ihn, wie du mich selber
Getröstet in alter Zeit.

Am Tage schwankte ich träumend
Durch alle Straßen herum,
Die Leute verwundert mich ansahn,
Ich war so traurig und stumm.

Des Nachts da war es besser,
Da waren die Straßen leer,
Ich und mein Schatten selbander,
Wir wandelten schweigend einher.

Mit widerhallendem Fußtritt
Wandelt ich über die Brück,
Der Mond brach aus den Wolken
Und grüßte mit ernstem Blick.

Stehn blieb ich vor deinem Hause
Und starrte in die Höh,
Und starrte nach deinem Fenster –
Das Herz tat mir so weh.

Ich weiß, du hast aus dem Fenster
Gar oft herabgesehn,
Und sahst mich im Mondenlichte
Wie eine Säule stehn.

Still ist die Nacht, es ruhen die Gassen,
In diesem Hause wohnte mein Schatz,
Sie hat schon längst die Stadt verlassen,
Doch steht noch das Haus auf demselben Platz.

Da steht auch ein Mensch und starrt in die Höhe,
Und ringt die Hände, vor Schmerzensgewalt,
Mir graust es, wenn ich sein Antlitz sehe –
Der Mond zeigt mir meine eigne Gestalt.

Du Doppelgänger! du bleicher Geselle!
Was äffst du nach mein Liebesleid,
Das mich gequält auf dieser Stelle,
So manche Nacht, in alter Zeit?

WARUM BIN ICH SO KLUG. Spricht vom übermächtigen Vorbild: Den höchsten Begriff vom Lyriker hat mir H e i n r i c h H e i n e gegeben. Ich suche umsonst in allen Reichen der Jahrtausende nach einer gleich süssen und leidenschaftlichen Musik. Er besass jene göttliche Bosheit, ohne die ich mir das Vollkommene nicht zu denken vermag, – ich schätze den Werth von Menschen, von Rassen darnach ab, wie nothwendig sie den Gott nicht abgetrennt vom Satyr zu verstehen wissen. – Und wie er das Deutsche handhabt! Man wird einmal sagen, dass Heine und ich bei weitem die ersten Artisten der deutschen Sprache gewesen sind – in einer unausrechenbaren Entfernung von Allem, was blosse Deutsche mit ihr gemacht haben.

Schubert komponierte die 4 letzten Lieder: Heine. Setzt auf »DU Doppelgänger!« den Schrei. Intuitiv versteht er das Schmerzpotential der frühen Heine-Gedichte, bleibt aber mit seinem Heine-Verständnis allein, Schumann nimmt zwar Anleihen, doch das Schmerzpotential, das Schubert behauptet, bleibt ihm fremd. Jeder Interpret, der bei Schubert in den Schrei ausbricht, berührt das Tabu, wie die Wespe die Abdeckung des Sirupeimers. Den Heine-Schrei okkupieren Nietzsche und Wagner, letzterer klaut nicht umsonst, sicher, Wagner lernt von Bach und Schubert, aber Wagner begegnet Heine, keiner anonymen Person, sondern dem bedeutendsten deutschsprachigen Rhythmiker. Wagner riecht das sofort, er muß nur notieren, sammeln, hamstern, einbunkern, damit er mit diesen Kenntnissen arbeiten kann, es sind nicht nur die Themen, hier tankt er Rhythmus. Wagner ist ganz an der Quelle: Ich habe schlecht komponiert, aber mein Rhythmus ist gut.

Später Nachklang, spätes Eingeständnis der Ausplünderung Heines und dessen Ideen, was sich im Werk Wagners durchsetzt, in Themen und Sprachführung Widerhall hat, Veränderungen erfährt und sich trotzdem manifestiert, sich in PARSIFAL als Amfortas artikuliert. In dieser Figur zollt Wagner seinem großen Vorbild Respekt, packt es stöhnend und schreiend auf ein Ruhebett, in seine Matratzengruft, läßt ihn elend verröcheln, demonstriert, daß dies ein König ohne Krone und Reich ist, der nur noch in die Knie gehen kann und vegetieren.

Erst die Rhythmusbestimmung, die durch Lautlesen, Lautsprechen bei Nietzsche und Wagner vorgenommen wird, ermöglicht eine gedankliche Durchdringung, die Erarbeitung ihrer Vielschichtigkeit. Verständnisschwierigkeiten setzen sofort bei Nietzsche ein, wenn die Zeichen- und Gesperrtsetzung nicht voll ausreicht, man gezwungenermaßen eine eigene Zeichensetzung und Betonung hinzufügen muß, um die Rhythmuspartitur und damit die Verständlichkeit der jeweiligen Passage aufrechtzuerhalten. Die Hinzufügungen zeigen schnell, daß entweder die gedankliche Formulierung nicht ausreicht oder daß Nietzsche bestimmte Formulierungen nicht zu wiederholen oder zu diskutieren wünscht, sie als beiläufig betrachtet, ihr Verständnis durch Kenntnis seiner Person voraussetzt. Meist brechen die Hauptpassagen von ECCE HOMO nach kurzem Anlauf zusammen, die vereinigten Partikel driften auseinander, indem die Schrift-Sprache durch die Sprech-Sprache stößt, sie abwürgt, außer Betrieb setzt.
Es kann sein, daß mein Wunsch nach Lautlesen, lauter Formulierung meiner Denkträgheit entspricht, die einen theoretischen Text nicht theoretisch aufschlüsseln will. Dem widerspricht die Art der Nietzsche-Formulierung, die nicht als rein theoretischer Schrift-Text bezeichnet werden kann, dazu ist die Nähe zur »unendlichen Melodie« zu groß. Der gesamte rhythmische Aufbau, die plötzlich einsetzende Verlangsamung wie der entgegengesetzte Tempoanzug innerhalb von Passagen lassen keinen gleichmäßig fließenden, theoretischen Schrift-Text zu. Schrift-Sprache und Sprech-Sprache befinden sich im Dauerclinch, selbst die um-

herirrenden Bildungspartikel verhindern nicht, daß die wichtigsten theoretischen Formulierungen in der Sprech-Sprache stattfinden.

Die Einführung dieser Formulierungen, die eigentlich der Schrift-Sprache zugehören, von ihr abgeleitet sind, übernimmt der Sound, der die Sprech-Sprache dann weitgehend öffnet: Die Wagnersche Kunst: ein Compromiß zwischen den drei modernsten Bedürfnissen: nach Krankhaftem, nach Brutalem und nach Unschuldigem (Idiotischem).

Die Wagnersche Kunst:
Eine sich im A dehnende, sich aufladende Überschrift, die sich anfangs neutral geben will, das jedoch nicht einhält, da sie auf einen Doppelpunkt zustrebt.
ein Compromiß
Eine scharf formulierte Verknotung im Wort, mit 2 sich wiederholenden Konsonanten, wobei das M von nun an bestimmend ist.
zwischen den drei modernsten Bedürfnissen:
Nietzsche täuscht, er scheint von Wort zu Wort die Anspannung auflösen zu wollen. Der Doppelpunkt, der 3 Hammerschlägen und einem stumpfen Aufschrei vorausgeht, schafft ein Vakuum, so als fänden sie nicht statt, wären sie aufzuhalten. Das gilt sowohl für den Sprechenden als auch für den Zuhörenden.
nach Krankhaftem,
1. Hammerschlag, gleich 3 As und das bestimmende, verschlußhafte M.
nach Brutalem,
2. Hammerschlag, dem A wird jetzt ein U beigefügt, der Wechsel erhöht die Spannung. Das Verschluß-M bleibt und erhält eine Überleitung im Folgewort.
und nach Unschuldigem
3. Hammerschlag, der milder empfunden wird. Nietzsche hat eine vollkommen ausgearbeitete Schlagtechnik. Die Us und As erscheinen in einer fast harmonischen Welle, im Schmerz setzt tatsächlich so etwas wie Entspannung ein, die von der Wortbedeutung ausgehend sich in den Vokalen niederschlägt, aber jetzt setzt Nietzsche unvermittelt, schroff-spitz, je nach Interpretation, nach, grell schneidend in seiner Fassung.
(Idiotischem).
3 unterschiedliche Is, wobei das 2. und 3. die Tonspitzen erbringen, vor allem darf das normalerweise vernachlässigte 3. nicht untergehen. Alle 3 Is werden dann brutal im M erstickt. Da Unschuldigem (Idiotischem). notiert ist, ist keine Trennung erwünscht, sondern eine Verbindung beider Worte. Diese ist nur durch einen Tempoanzug möglich, der vom Abfall des Os ins Dunkle noch betont wird. Das Wort ist daher nur mit größtem Nachdruck auszusprechen, sonst bleibt es speichelspritzender Artikulationsmatsch.

Die gleiche Inhaltsvorgabe in einer erweiterten, anfälligeren Fassung, die die Sprech-Sprache in Schrift-Sprache auflöst: In seiner Kunst ist auf die verführerischeste Art gemischt, was heute alle Welt am nöthigsten hat, – die drei grossen Stimulantia der Erschöpften, das Brutale, das Künstliche und das Unschuldige (Idiotische). Wagner ist ein großer Verderb für die Musik. Er hat in ihr das Mittel errathen, müde Nerven zu reizen, – er hat die Musik damit krank gemacht. Seine Erfindungsgabe ist keine kleine in der Kunst, die Erschöpftesten wieder aufzustacheln, die Halbtodten ins Leben zu rufen. Er ist der Meister hypnotischer Griffe, er wirft die Stärksten noch wie Stiere um. Der Erfolg Wagners, – sein Erfolg bei den Nerven und folglich bei den Frauen – hat die ganze ehrgeizige Musiker-Welt zu Jüngern seiner Geheimkunst gemacht. Und nicht nur die ehrgeizige, auch die kluge ... Man macht heute nur Geld mit kranker Musik, unsere grossen Theater leben von Wagner.

Als Gegensatz porträtiert sich Nietzsche als Zarathustra in ECCE HOMO: Hier redet kein Fanatiker, hier wird nicht »gepredigt«, hier wird nicht Glauben verlangt: aus einer unendlichen Lichtfülle und Glückstiefe fällt Tropfen für Tropfen, Wort für Wort, – eine zärtliche Langsamkeit ist das tempo dieser Reden.

Diese Sprachdefinition ist umrahmt von weiteren ZARATHUSTRA-Zitaten, kann aber vom Autor für beide Werke nicht in Anspruch genommen werden. ZARATHUSTRA hat nur wenige Passagen, auf die diese Sprachdefinition zutrifft, wären es mehr, würde die Sprache matt wegsacken. Für ECCE HOMO trifft sie ebensowenig zu, der Autor konnte den heftigen Gedankensprüngen gar nicht folgen. Die ZARATHUSTRA-Sprachdefinition ist viel zu sehr von Wagner beeinflußt, Nietzsche versucht dessen langsame Tempi zu übernehmen, das gelingt an den Stellen, wo beide gleichen Sound, gleiche Sprachmelodie entwickeln, aber Wagners Steigerungen, die Dehnungen, das Lautwerden, all das ist Nietzsche in seiner Sprachführung verschlossen, er weiß es, stellt sich jedoch diesem Problem nicht, weicht aus. Statt daß jetzt der gedankliche, der inhaltliche Tempoanzug einsetzt, verlegt er ihn auf handhabbare Füllwiederholungen, also nur auf »Sprache«, die abgleitet, jetzt nicht faßt, wo inhaltliche Brecheisen kommen müßten. Nietzsche vermeint, seine Denkbausteine wie Leitmotive zusammenzusetzen, falsch, die Bausteine nehmen Färbung an, wie vorangehendes Beispiel zeigt, können sich in der neuen Umgebung sogar auflösen, matt, gegenteilig wirken. Das passiert Leitmotiven auch, doch schließen sie innerhalb des Werkes eine Kette, sie erinnern sich, weisen vorwärts. Wagner gelingt es sogar bei gedanklich zerhackter Sprache, die verlorenen Stellen durch den Sound zu retten, sie hörbar, verstehbar zu machen. Die von ihm eingesetzte Sprachkomprimierung, ihre gedankliche Zerstückelung, deren Kritik sich ausschließlich auf das Primat der Schrift-Sprache beruft, erst diese Sprach-Handhabung ermöglicht Wagner Musik, sie tritt »gasförmig« aus den Bruchstellen aus, als wäre sie »Seele«, verbindet in unserer Vorstellung die auseinanderliegenden Trümmerteile, sodaß sich wie von selbst aus ihnen Ganzheit bildet. Mit allen Rissen und Fehlstellen scheint die antike Plastik doch vollkommen.

Im Grunde aber kämpfen Trümmerteile und ergänzende Musik, die man je nach

Interpretation als Masse, Menge oder Gas bezeichnen kann. Die Musik, die zunächst aus den Brüchen frei wird, ergänzt die Verluststücke, damit die Figur in ihrer Vollkommenheit erscheint, hat aber die eigentliche Absicht, die realen Splitter aufzulösen. Sieht man die Restaurierung genauer an, zeigt sich, daß die Musik die Splitter ignoriert, nichts mit ihnen zu tun haben will, sie zwar umhüllt, um sie weniger erkennbar zu machen, aber mit dem Ziel, sie zu überwinden. Sie wird mit ihrem angereicherten Leuchtstoff die Figur allein, selbständig, unabhängig von den überwundenen realen Splittern, ausbilden. »Gasförmige« Figuren sind Projektionen, gläserne Menschen, Gebeamte.
Goethe läßt so Paris und Helena erscheinen, Wagner Kundry im Nebel aus der Tiefe kommen.

Im restaurierten Bildwerk erscheinen die Restpartikel wie zu verdauende Schlacke, die dennoch nicht ausgeschieden werden kann. Von diesem Schmerz sind alle PARSIFAL-Figuren durchdrungen, der Inhaltsbezug der Restpartikel erweist sich als dauernde Ankettung, Sprache und Musik werden zu Feinden.
Die Musik, das Wasser, arbeitet gegen die Sprache, den Deich, die Konkretisierung, als sei sie das Hindernis, das im erneuten Wellenstoß zu nehmen ist, wie eine Deichkrone, die oben müde überschwappt, unten aber mit Macht ausgehöhlt wird, bis das Menschenwerk zusammenbricht, sich ganz dem hereinstemmenden Meer öffnet.

Die »idealisierte« Sprache, so wie die ZARATHUSTRA-Definition sie beschwört, kann nur in der Lyrik eingesetzt werden, der sich Nietzsche nur allzugern nähert: Heine und ich! Die ECCE HOMO-Umrahmung macht davon weitgehend Gebrauch, doch der sprachlichen Wunschvorstellung wird Nietzsche nur in Selbstzitaten aus ZARATHUSTRA gerecht, deshalb ist ECCE HOMO ohne ZARATHUSTRA undenkbar.

In der Verarbeitung antiker Quellen, Luthers und Goethes bleibt Nietzsche in unmittelbarer Nähe Wagners. Seine ausgedehnte theoretische Beschäftigung ist jetzt ein Vorteil, da er Anregungen aus den unterschiedlichsten Gebieten bündeln und umsetzen kann.
Diese Haltung bezeichnet 1888 Brandes als »aristokratischen Radikalismus«, Nietzsche reklamiert als Zarathustra lieber ein »Zärtliche Langsamkeit ist das tempo dieser Rede«, doch im Verlauf von ECCE HOMO formuliert sich die neue Position: Das aggressive Pathos gehört ebenso notwendig zur Stärke als das Rach- und Nachgefühl zur Schwäche.

Trotz aggressiver Pathos-Vorgabe kennzeichnen Abweichungen seine sprachliche Formulierung, die Nebenwege allzugern einschlägt, die geliebten Wiederholungen, um sich des getroffenen Tons zu versichern, die geliebten Zitate, die meist nicht auf der Höhe ihres Einsatzes sind. In ECCE HOMO wirken sie negativ, da die ZARATHUSTRA-Zitate im Fremdtext, der eine völlig andere Richtung einzuschlagen versucht, hemmen, stören. Nietzsche ist sich bewußt, daß er die in ZARATHUSTRA erreichte Sprachhöhe, die unmittelbar an die Titelfigur gebunden ist, nicht wieder erreicht, nimmt deshalb vom neuen Text aus Rückverbindungen auf, möchte sich durch Soundwiederholung stärken, doch das neue Textgewebe stößt die zugefügten Teile aus, will mit ihnen keine Einheit bilden. Auch hier sind sich Nietzsche und Wagner nah, es ergibt sich keine durchgängige Komposition in gleichmäßigen Teilen, sondern die Masse schwappt im Glas hin und her, verteilt sich unorganisch.

EXIL-WUNDE

Für das eigentliche Anliegen Wagners ist es schädlich, daß die Auseinandersetzung um ihn nur zwischen Anbetern und Feinden geführt wird. In diesem Streit wird geschickt den von ihm behandelten Themen die Berechtigung entzogen. Damit ist ebenso ihre musikalische Umsetzung diskreditiert, die sich nicht unabhängig von ihnen bewegt, sondern ihr direkter Ausdruck sein, also nie ohne den thematischen Zusammenhang verstanden werden soll.

Nietzsche wie andere kritisieren die unversöhnliche Haltung Wagners, der Musik nur als Schmiermittel seiner Themen behandle. Richtig ist, daß Wagner durch die musikalische Umsetzung seine Texte gerade zu schützen sucht, wie er sich auch als Autor verstanden wissen will, seine Textbücher getrennt veröffentlicht PARSIFAL deutlich als Schauspiel. Der Musikschutz ist Nietzsche verwehrt, er lebt seine Kriegsmetaphern viel nackter, deshalb sind seine Unverständlichkeiten Stacheldraht, Verhaue, Panzersperren. Er ist das früh verkrachte Professorengenie mit der Dornenkrone, das sich im »Hüttchen auf dem Alpenfeld« im »aggressiven Pathos« als Dionysos übt.

Die Selbstadoration in ECCE HOMO ist mehr durch Nietzsches Altern bedingt als durch seine Krankheit oder davon Abzuleitendes. Es ist eine innere Trübung, die immer dann einsetzt, wenn das vorgetragene Argument nicht gestützt werden kann. Das ist weniger theoretisches Unvermögen, als was man die Trübung vorschnell abwerten kann, sondern hier drückt sich vielmehr die private Situation aus, in der sich der Autor befindet. Diese Art Selbstüberhebung ist innere Angst, daß man den eigenen Feststellungen nicht glaubt noch diese ungestört, vertraut mit anderen, diskutieren kann, sondern aus einer inneren Zwangslage heraus agiert. Damit ergeben sich Sperrungen, Spannungen, selbst die Trübung der eigenen Wahrnehmung tritt ein, die altersbedingt in einer persönlichen Hanswurstiade endet, der Nietzsche nicht mehr entkommt. Wie vertrackt, wie verzwickt sie auch sein mag, er ist gezwungen, sie anzunehmen, sonst kommt er überhaupt nicht mehr klar: Mir eignet eine vollkommen unheimliche Reizbarkeit des Reinlichkeits-Instinkts, so dass ich die Nähe oder – was sage ich? – das Innerlichste, die Eingeweide jeder Seele physiologisch wahrnehme – r i e c h e ... Ich habe an dieser Reizbarkeit psychologische Fühlhörner, mit denen ich jedes Geheimnis betaste und in die Hand bekomme: der viele v e r b o r g e n e Schmutz auf dem Grunde mancher Natur, vielleicht in schlechtem Blut bedingt, aber durch Erziehung übertüncht, wird mir fast bei der ersten Berührung schon bewußt.

Man muß sich genau der beschriebenen Wahrnehmung bedienen, die keinesfalls übertrieben oder abwegig ist, sondern genau, überempfindlich genau, innerste Veränderungen an sich selbst wahrnimmt, statt an anderen. Nietzsche: Das macht mir aus dem Verkehr mit Menschen keine kleine Geduld-Probe, meine Humanität besteht nicht darin, mitzufühlen, wie der Mensch ist, sondern es auszuhalten, dass ich ihn mitfühle ... Meine Humanität ist eine beständige Selbstüberwindung.

Nietzsche ist der Zeiger, das Pendel. Die Angst ist nicht im Gegenüber, sondern in ihm, in ihm zittert der Pendelausschlag nach, selbst wenn sie sich für das Auge des Anderen beruhigt, zittert die Masse noch in sich.

Für Nietzsches und Wagners Nähe spricht wesentlich ihre gemeinsame Sprache, das Idiom, der Tonfall, der Sound, selbst wenn dieser von beiden, ebenso von ihren Familien, heftigst bekämpft wird, in der Theaterfamilie als fehlgeleitetes Ausdrucksvermögen, als zu überwindende Milieueinbindung, in der Pastorenfamilie als Hemmschuh, als Kennzeichnung provinzieller Erstarrung, die aber, als »Zweisprachigkeit« eingesetzt, ortsgebunden wie überregional die Pastoralpraxis erweitert, protestantische Volksnähe versichert: Dem Volk aufs Maul schauen. Die Schnauze aufreißen und trotzdem Hochdeutsch sprechen.

Was die beiden zueinander zieht, ist die Sprache, der Sound, die regionale Sprachfärbung, die beim allerersten Besuch Nietzsches in Trischen/Schweiz, in einer völlig anderen sprachlichen Umgebung, für den Jüngeren wie den Älteren bindend ist. Nicht nur der Sound, der anheimelt, überfrüh tiefes Verstehen suggeriert, erotisch auflädt und immer wieder befeuert, in beiden Männern von lang anhaltender Dauer ist. Die Bindung über die Sprache ist nicht nur Heimat, theoretische Beschäftigung mit gleichen Materialien, theoretische Erkenntnis mit starker beidseitiger Annäherung, sondern ihre Vorbilder, ihre Bildung sind in dieser regionalen Sprache lokalisiert, werden durch gemeinsame Aufladung aktiviert.

Für jeden Exilanten ist lokalgebundene Sprache ein Problem, verweist immer auf Herkunft, kann nicht wie eine Maske gewechselt werden, sondern muß durch »Zweisprachigkeit«, auch innerhalb einer Sprache, ignoriert werden.

Der Jüngere ist hier im Vorzug, die Bewunderung des Älteren geht weit über die Benutzbarkeit seiner Person, seines Wissens hinaus. Die gegenseitige Anziehung in einer anderen Sprachumgebung, die Verbindung durch Wagners Fluchtkarriere und Nietzsches professoralen Aufstieg im Ausland, die starke protestantische Formung machen das »Exil« leichter. Das angenommene »Exil«, zu dem Cosima im absoluten Gegensatz steht, lädt beider Gegenwart, die Körperlichkeit des anderen sexuell auf, sodaß man sich enorme Verriegelungen schaffen muß, um nicht auszubrechen, um den anderen nicht zu verschlingen, ihn in eine geistige, sexuelle Abhängigkeit zu bringen.

Das »Inzuchtleben« Exilierter, das Leben wie auf einer Insel, ihr Ignorieren der neuen Umgebung, ihr Rückzug, ihre ständige Abwehr, ihr Verdauungsschmerz, ihre innerlichen Unverträglichkeiten, der nie zu regulierende »Überdruck« ihrer Produkte erschweren den Umgang mit ihnen. Der Exilant ist sich der Verletzung durch seine neue Umgebung nicht bewußt, vor allem wenn sie innerhalb einer

Sprache stattfindet, die vermeintlich die gleiche ist, trotzdem eine völlig andere ist, Mißverständnisse treten auf, wie sie in einer neu erlernten Fremdsprache zunächst nicht eintreten, Stimmigkeit wird hier nicht suggeriert, Exilant und neue Umgebung müssen zusammenwachsen oder einander abstoßen, während die gleiche Sprache Fremdheit nicht aufkommen lassen will, sogar fürchtet, Flüchtling und Umgebung Verständnis vortäuschen, was nach langer Gewöhnungszeit lawinenartig losbricht, in beiderseitiger Verletzung, Zerstörung endet, der vermeintliche Konsens rächt sich, es hat nie eine Verständigung gegeben.

Dante sagte, das Exil macht die Sprache, ohne Exil keine Sprache, nur ein Exilant ist ein Dichter, und wanderte von einer italienischen Stadt zur anderen. Er sieht nicht den Sprachwechsel als das Problem, sondern das Exil in der eigenen Sprache. Zunächst erlebt der Flüchtling Fremdsprache als Befreiung, als sexuelle Stimulierung. Die tiefe Verletzung, die Wagner durch den Abbruch der Beziehung erleidet, ist nicht nur das heftiger empfundene Altern, sondern der Schock eigenen Versagens, Versiegens, das die ständige Anrufung der Werkzeuge weder aufschiebt noch stoppt. Jede neue Tätigkeit erhält jetzt mehr Bedeutung, wird künstlich aufgeplustert, ist man mit sich allein, wütet die Unverhältnismäßigkeit der eigenen Mittel, ihre Verantwortungslosigkeit demütigt, trotzdem fehlt die Kraft, den Verlust als Schmerz auszuleben, Lüge, Verdrängung, alles muß her, selbst wenn man sich jetzt noch berühren würde, könnte man sich nicht mehr erinnern. Die Innigkeit, die eigene Öffnung wird dem Gegenüber aufgehalst, er sei verantwortlich, daß man diesen tiefen Einschnitt erleide: Erinnerung ist eine eiternde Wunde.

Die Trennung der beiden, als Folge der Einmischung des einen in das Intimleben des anderen interpretiert, kaschiert die Einmischung beider in das Intimleben des anderen und dessen Okkupation. Nietzsches Verhältnis zu Cosima, des unverheirateten jüngeren Mannes zur Frau des älteren Mannes, ist ein Verhältnis, das Wagner mehrmals in Ehen praktiziert, nur mit dem Unterschied, er in der Position Nietzsches. In dieser Umgangsform ist man sich durchaus nicht fremd, sondern zieht sich an, bedient sich, genießt. Auch Exil kann genossen werden! Daß Nietzsche dabei nicht zu Wagner wird, enthaltsam bleibt, sorgt eher für Schwierigkeiten als die brutale Praxis eines Dreiecksverhältnisses.

Das Verhältnis von Schüler und Lehrer, Bewunderer und Bewundertem ist erotisch aufgeladen und muß sexuell praktiziert werden, nur darin sind Wissensvermittlung und Austausch zu finden. (Die Liebe zur Lehrerin ist größer als zur ersten Freundin.) Wo dieser Funke nur einseitig vorhanden ist, nicht überspringt, sich entlädt, fängt Verstimmung an, wird kleinlich, theoretisch abgerechnet. Die Achtung vor dem anderen, vor seiner Lust, vor seiner Hölle, geht verloren, wie die Verantwortung ihm gegenüber, die ein sich Schenken des geliebten Nichtliebenden erfordert, daß der Nichtliebende sich gestattet, daß der Liebende sich an ihm erfreut.

Meine Mitschülerin liebte einen wesentlich älteren Schauspieler, der, verheiratet, Kinder hatte. Sie folgte ihm überall, wo er spielte, schwänzte Schule. Er liebte sie nicht, gestattete aber, daß sie sich ihm näherte. Mehr nicht. Meine Mitschülerin unternahm 3 Selbstmordversuche. Die Schüler wußten davon, waren dumm oder unerfahren. Nächte vor ihrem Tod begegnete ich ihr auf der Landstraße, sie wollte ihm nachtrampen, ich in die entgegengesetzte Richtung, zu der von mir geliebten (älteren) Studentin. Instinktiv begriff ich, daß sich der Mensch vor mir, meine Mitschülerin, mit der ich Jahre in der Oberschule verbracht, verändert hatte, ich gab ihr alle Adressen, die ich hatte, ein ganzes Netz, das sich so vor ihr aufbauen sollte, nur damit ich weglaufen konnte, nicht wie ein feiger Hund neben diesem »Leid« herlaufen mußte.
Sie ist tot, der Schauspieler nach mehreren Ehen mit einer Jüngeren zusammen, die meine Mitschülerin ist, ihr aus dem Gesicht geschnitten. Eines Tages ist dieser Ost-Mensch auf meiner West-Besetzung. Ich stehe oben am Fenster, er geht unten vorbei, setzt sich zu meinen Kollegen, meine »Mitschülerin« schlägt den Mantel um, sie ist es nicht! Während ich mich an die Oberschulzeit erinnere, gießt meine Mutter zuhause ihr Grab.

Meine Eltern damals: Das ist Schicksal. Junge paß du auf.

Nietzsche laboriert an der sexuellen, der Exil-Wunde, die in seinem Leben bedrohliche Züge annimmt, die weder formuliert noch ausgelebt, immer nur gesäubert, kastriert wird. Der Eiter um Nietzsche ist dem um Wagner ähnlich, die kultischen Formen dienen der Verschleierung, der Unkenntlichmachung der Befindlichkeiten, Nietzsche: Den Realitäten des Lebens.

Nietzsches Schwester lernt »Krankenpflege« bei Cosima, wird ebenbürtig, beide leisten für ihre Genies mehr als Weiße Kittel, ihre Genies als unverzichtbares europäisches Kulturgut auszuweisen und davon zu leben.
Wagner und Nietzsche sehen sich frühzeitig als »freischaffend« oder »selbständig« an, obwohl die moderne Bezeichnung für Nietzsche eingeschränkt zutrifft, der gern auf Universitätskarriere samt Besoldung hinweist.
Ihre Werke verbindet der Zwitterzustand, die Übertretung vorgefundener Formen, der Ausweitungsversuch, teils erfolgreich, teils negativ, mit der ständigen Harmonisierungswut ihrer Zeitgenossen konfrontiert, diesen Vormarsch zurückzuführen, ihn einzuebnen, ihn konsumierbar zu machen. Durch diese ständige Reibung entstehen große Verluste, doch gelingt es beiden, sich auf die spezielle, eigene Qualität, die jeder in seinem Metier erreicht, zu konzentrieren. Bindemittel ist die Sprache. Verbindend außerdem, daß Wagner die eigenen Texte nur durch Musik rettet, Nietzsche nur durch Sound-Theorie.
Eigene Überbewertung ist ebenso bei Wagner zu finden, im unbedingten Anspruch, in widerstreitenden Theorie-Äußerungen, in theatralischen Undeutlichkeiten. Diese Gemeinsamkeiten lassen den Zeiger heftig ausschlagen. Nicht ein Pendeln im mittleren Waage-Bereich, wo man aus Gewöhnung die einzelne Zahl erkennt, sondern im äußersten, wenn der Zeiger über die letzte Zahl springt, die

Waage krachen müßte, für ein solches Überfettgewicht ist sie nicht gebaut. Man bückt sich frierend nach unten, will den Zeiger erkennen, wischt die Plastikabdeckung sauber, unter der sich der Zeiger befindet, aber man wird dadurch nicht dünner, nimmt in dieser Beugung nicht ab, sondern friert, will lieber fetter sein, als die Waage genau zu justieren, räumt sich für die Beachtung des eigenen Innenverhältnisses in Kilo keine Zeit ein, die man der erneuten Verfettung, dem lebensbedrohlichen Zustand einräumen sollte, sondern man träumt von einem unendlichen Leben. Das Zifferblatt aber ist eine Komposition aus Nullen und Fünfen und vier kleinen Strichen zwischen jeder Zahl.

KÖNIGE III

Wahlkönigtum. Nietzsches Versuch, CARMEN gegen PARSIFAL auszuspielen, den Franzosen über den Deutschen zu stellen, ist Teil seines Kampfes gegen den übermächtigen Bruder. Dabei erkennt Nietzsche in CARMEN nicht nur das Gegenstück zu PARSIFAL, sondern entwicklungsgeschichtliche Zusammenhänge, die sich nicht nur in der zeitgleichen Entstehung von CARMEN 1875 und PARSIFAL 1878/79 ausdrücken. Für Interpreten der Auseinandersetzung Nietzsches mit Wagner treten jedoch diese Zusammenhänge in den Hintergrund, übrig bleibt: Französisches Leichtgewicht contra deutsches Schwergewicht oder Großfranzösisch contra Kleindeutsch, letzteres gewinnt. Nietzsche verliert, trotz richtiger Definition. Soldaten und Zigarettenarbeiterinnen sind moderner als Gralsritter und Blumenmädchen. Nietzsche betont die Berechtigung der Figuren Bizets gegenüber Wagner.

Zieht man zu einem Vergleich Mussorgskis BORIS GODUNOW 1874 hinzu, also unmittelbar vor beiden Werken entstanden, ergeben sich weitere Parallelen. Handlungsort ist Rußland bis zur polnischen Grenze, in den nachkomponierten Szenen dann Polen selbst. Die strenge Ortsgebundenheit ergibt eine Konfliktverschärfung von antikem Zuschnitt, die in der späteren Überarbeitung verwässert.

CARMEN und PARSIFAL sind spanische Stoffe, handeln in Spanien, ersterer im Süden, letzterer im Norden. Wagner lokalisiert bewußt ungenau, nimmt ein fast völlig vom Islam besetztes Spanien in gotischer Zeit an. Die Gotik endet 1500, die letzten Mauren wurden 1492 aus Granada vertrieben. Aus dem größten Teil Spaniens Jahrhunderte vorher. Thema der Werke ist der Krieg, der Kriegszustand, in CARMEN jedoch in modifizierter Form. Die spanischen Stoffe behandeln Militär. Ungeklärt ist, ob es sich dabei um eine Art Polizei, um einen isolierten Teil einer Schutztruppe handelt. Beide Militäreinheiten stehen im Grenzkonflikt einem Feind gegenüber: Den Schmugglern, den Zigeunern, den zum Islam übergelaufenen Gralsrittern. Bei den militärischen Auseinandersetzungen geht es um Kontrolle des jeweiligen Operationsgebietes, um die Erhaltung und Ausweitung sichtbarer und unsichtbarer Grenzen. So kann man auch Boris Godunow beschreiben, der im Handlungsverlauf die Westgrenze zu Polen sichern muß. Auslöser der Kriege ist zunächst nicht ein Feind, sondern die inneren Querelen der Staatsführung. Mit der Konfliktzunahme artikulieren sich die Feinde. Eigentlich geht es in den 3 Stoffen um den gleichen Konflikt, die Einführung des Wahlkönigtums.

Der Bojar Boris Godunow hat den rechtmäßigen Thronerben beseitigt. Für ihn heißt Schuld: Wahnsinn. Ungeklärt bleibt für die Fronten, die sich zunehmend bekriegen, ob der Thronanwärter tatsächlich getötet worden ist. Amfortas und Boris sind krank, der eine wird zur Abdankung gezwungen, der andere erliegt der Schuld, stirbt, auch da antiker Zuschnitt. Carmen läßt das Königtum, die Rang-

folge der Männer durch das Messer klären, ist mit der Ausschaltung eines Nebenbuhlers einverstanden, folglich muß die Verursacherin ebenso durch das Messer sterben. Parsifal ist mit Boris und dessen Rivalen Dimitri verwandt, er schaltet den rechtmäßigen Thronerben aus. Ungeklärt ist, ob nicht Parsifal von Geburt Thronanwärter ist. Während Dimitri in einer nachkomponierten Szene in Rußland siegreich einzieht, er wird als Befreier behandelt, schleicht sich Parsifal zum 2. Mal an den Gral heran.
Feind der 3 Werke ist die Folklore, die sich mit der Realisierung auf der Bühne zementiert, bewußt versucht, den antiken Zuschnitt der Themen und ihrer Durchführung zu mildern, zu verunklaren. Für die Bühnenumsetzung ist die Folklore unmittelbare Voraussetzung, sie würde nicht ohne sie auskommen, da die Themen längst abgehakt erscheinen. Auch die folkloristisch vorgeführte Ortsgebundenheit der Handlung versucht ihre Themen wegzuschieben.
Zugrunde liegt ein europäisches Thema, die Einführung des Wahlkönigtums. Der Autor Mussorgski greift auf Puschkin zurück, dieser auf Karamsin, dieser auf Lenz, selbst Schiller hat das Thema bearbeitet. Wagner greift auf Wolfram von Eschenbach zurück, dieser auf Chrétien de Troyes. Bizets Text auf Merimée, der seinerseits auf andere Stoffe. Man kann von einer ›thematischen Welle‹ sprechen, die, zuerst von Westen kommend, sich im Osten bricht, dort ihre antikeste Formulierung findet und wieder zurückkommt. In dieser Rückwärtsbewegung, von Ost nach West, verliert das Thema an politischer Bedeutung, damit mindert sich auch die Strenge der inhaltlichen Behandlung. Auch die Welle, gebrochen, muß sich erst orientieren, bis sie wieder anrennt. Die Ost-West-Bewegung bedingt eine Normalisierung des Handlungsverlaufs, die antiken Formteile treten in den Hintergrund, wie Treibgut ausgeworfen wird, obwohl die Welle zurückgeht. Die Normalisierung zerstört die Tragödie, man könnte sagen die Welle, den ursprünglichen stofflichen Zusammenhalt. Wie im Sprechtheater ist diese Normalisierung mit dem Theater Shakespeares verbunden. Durch die Verarbeitung seines Vorbildes dringt Milieu in die Szenen, belebt diese, reichert sie an, mindert jedoch die antike Konstellation, läßt sie in CARMEN teilweise verschwinden. In BORIS GODUNOW sind die Milieu-Szenen Ruhepausen, scheinbares Innehalten, doch untergründig vergrößern sie den ausbrechenden Konflikt.
Zum Milieu, zur Folklore gehört die sakrale Atmosphäre, die den 3 Werken eigen ist. Für Boris ist religiöses Leben Vorbedingung für Mönchsein und Zarenherrschaft. Mißbrauch oder Bruch der Gelübde wird mit dem Tod bestraft. Sexuelle Motive im Zusammentreffen von Männern und Frauen waren untergeordnet. In CARMEN erfolgt ein rituelles Zusammentreffen, es wird zwar stets folkloristisch aufgefaßt, ist jedoch religiös gemeint, wo Lebens- und Todesfeier sich die Waage halten, einander bedingen. In PARSIFAL herrscht Zölibat. In der Gralsburg schuften Kinder und Jugendliche, machen »Frauenarbeit«, werden als Hilfsarbeiter dumm und unmündig gehalten. In der musikalischen Realisierung werden sie dann von Frauen ersetzt, ein Durcheinander. Bleibt die Frage, ob die Religiosität der Gralsburg ohne Folklore, Weihekitsch und Brimborium überhaupt darstellbar ist. Frage ist, ob nicht die »unsichtbare Realisierung« die ideellere ist. Unsichtbar ist auch die Welle, wenn sie, zurückgeworfen, neue Kraft sammelt, als

wäre sie vom Ufer bezwungen, ein Moment des Stillstands, so erscheint es von außen, von innen sammelt sie jedoch Kraft, um sich überraschend mit ungeheurer Energie aufzubäumen, um erneut gegen das Ufer anzurennen, um seine Kante, die Begrenzung zu brechen.

Die Biografie des Überläufers ist mit dem Thronanspruch oder seiner Aufgabe kombiniert. Der aus Rußland geflohene Dimitri muß sich eine neue Biografie zulegen, muß die Verbindung mit der Polin eingehen. Der Soldat José läßt die zur Bestrafung anstehende, verhaftete Carmen frei. Er muß fliehen. Er kämpft mit seinem Vorgesetzten, Carmen und die Schmuggler trennen beide. José muß widerstrebend sich als Bandit ausweisen, um bei Carmen bleiben zu dürfen. Parsifal und Dimitri gleichen sich in ihrer Frauen-Begegnung, wollen weder lieben noch zeugen noch herrschen. Das Sterbliche, das bevorstehende Ende beider Figuren wird nachhaltig betont, wie für José beginnt für Parsifal eine Odyssee, in der er sich völlig verausgaben wird. Zuvor hat er für sich die Gegenwelt getötet, Männer und Frauen, die in Liebesgemeinschaft leben. Berichtet PARSIFAL pauschal von Überläufern und deren Untergang, zeigen CARMEN und BORIS GODUNOW detailliert das Überlaufen, das anschließende Übel. Jedesmal läuft man wegen einer Frau über, ist sie Belohnung des Parteiwechsels, sie lockt gleich einer Falle. Ist der Parteiübertritt perfekt, beginnt Kastrierung: Ein Russe unter Polen, ein Zölibatanhänger unter Nymphomaninnen, im Rücken den Gralsspeer, ein Mustersoldat unter Banditen, das Rivalenmesser an der Gurgel. Auch eine Polin hat ein Messer parat. Wie der Überläufer von der Frau bedroht ist, ist es auch der Machthabende: Für Boris genau umgedreht, ihm fehlt die Frau, zunächst besteht weder die Möglichkeit, den eigenen Sohn auf den Thron zu bringen, noch einen neuen Zaren zu zeugen. Amfortas' Liebesverlangen und Geilheit enden in Kastrierung und Abdankung, Carmens Liebeswahnsinn im Tod. Die gemeinsame Wunde der 3 Figuren ist deutlich. Boris, Carmen und Amfortas hat die Glocke geschlagen, buchstäblich musikalisch, sie ist das verbindende Instrument, stets dem Bau zugehörig, in dem die Tragödie beginnt: Kreml, Zigarettenfabrik, Gralsburg. Diese Bauten erfordern zu ihrer Aufrechterhaltung das entsprechende Opfer. Zu Beginn wird eine der Zigarettenarbeiterinnen von Carmen verletzt, am Ende der Stier und Carmen getötet. In PARSIFAL eröffnet der Schwan die Sterbekette, Kundry beschließt sie.

Der Kampf im Operationsgebiet um die Einhaltung, die Nichtüberschreitung der Grenzen, ist sowohl ein militärischer wie ein religiöser Krieg, wobei stets eine »aufgeklärte« Religion einer »orthodoxen« die Waffen zeigt. Untergangszeichen ist das Kreuz. Von ihm geht Terror aus, auch der »positiv« gemeinte. Für Mussorgski ist der Krieg Krieg, für Bizet und Wagner rituelles Töten: Torero contra Stier, Parsifal contra Amfortas, Escamillo mit der Muleta, Parsifal mit dem Speer, beide zwingen ihr Opfer buchstäblich in die Knie, der Stier wird durch seine Verletzungen gereizt, stirbt daran, Amfortas im Gegenteil geheilt, jedesmal ist der Waffenführende der »König«, dem eine tote Frau zu Füßen liegt. Kundry stirbt an der Taufe, Carmen wird von José wie ein Tier abgestochen. Zu Beginn ging Carmen mit dem Messer gegen eine Arbeitskollegin vor, während José und Zuniga die Säbel nehmen. Auch das Zerbrechen der Liebesbeziehungen hat ritu-

ellen Charakter: Escamillo-Carmen-José gleicht Amfortas-Kundry-Klingsor. Die Frauen sterben, José und Klingsor lösen sich in Luft auf, die Übergebliebenen leiden an der Liebesverwundung weiter.
Wie beginnt dieser Untergang. Mussorgski und Wagner wählen die gleichen Formmittel: Der Mönch Pimen klärt den Novizen Dimitri über Ort, Personen und Vorgeschichte auf, ebenso Gurnemanz die Knappen im Wald. Beide Komponisten wollen Innendrama, keinen Schulfunk. Im Hintergrund des Einzelnen der Chor, der Zug zum Ritual: Die Mönche zur Morgenmesse, Amfortas zum Bad. Bizet verzichtet auf den großen Monolog, trotzdem wird das gesamte Umfeld, das gesamte Figurenpersonal vorgestellt.
Der Zug, der Einzug, das Defilee ist Baustein der 3 Werke. Mussorgski verwendet 2 Siegeszüge: Die Krönung des Boris und Dimitris Ankunft in Rußland. Diese nachkomponierte Szene verwendet auch den Narren, musikalisch deutlich schwächer als AUF DEM ROTEN PLATZ, die ursprüngliche Narren-Szene, die durch den wiederholten Einsatz der Figur beschädigt wird, da Mussorgski mit AUF DEM ROTEN PLATZ eine Umkehrung des Krönungszugs, einen »Leidenszug« vorsah. In beiden Szenen zieht der Zar von einer Kirche in die andere, dazwischen das Volk, in Jubel, in Klage. Boris muß das Spalier durchhalten. In seinem Hinundherschwanken ist der kranke Amfortas vorgebildet, in der Begegnung mit dem Narren die Begegnung Amfortas mit Kundry. Die antike Konstellation auf dem Höhepunkt.
Bizet verwendet den Einzug mehrfach, verbunden mit Menschen- und Tieropfer: Einzug des neuen Wachkommandos, Einzug Josés, Einzug der Toreros, Einzug Escamillos. Auch das Imponiergehabe des Alkalden ist ein Königs-Auftritt, umringt von Leibwächtern, Amfortas steht ihm darin in nichts nach. Wagner sind die Züge einfachstes Formmittel, um das Auseinanderdriften, die Spaltung, die Zerrissenheit, das sich um einen König, einen Tisch, um ein Ritual Scharen zeigen zu können, genau da scheitern heutige Umsetzungen, die Repräsentation statt innerer Notwendigkeit wählen, jede Inhaltsintensivierung meiden. Schon bei Wagner gibt es diese Unentschiedenheit, auf der Bühne kann sie sich nicht wiederholen, hier muß eine Zusammenballung von Menschen eine Höhung der Szene ergeben, da hilft weder Orchester noch Solist.
Wagners ursprüngliche Idee der VERWANDLUNGSMUSIKEN, der eigentlichen Einzüge des Helden, so wie auch Bizet die Einzüge unterteilt, in die seiner Helden und die seiner Begleitung, ist verschwommen, ebenso verschwommen Parsifals Wanderung und die sich daraus ergebende Unfähigkeit sich zu binden, die beide Voraussetzungen für den 3. Aufzug sind. Man schreit jetzt nach dem Dirigenten, denn von der Bühne kommt nichts, die ist leer, dunkel oder geschlossen, aus dem Orchestergraben rauschts, ein »Erklärer« fehlt, verzweifelt zückt man das Programmheft. Auch da nur Rauschen.
BORIS GODUNOW, CARMEN und PARSIFAL ist ein Zeitsprung vor dem Schlußbild eigen. Mussorgski braucht einen inhaltlichen Einschnitt, der das Schlußbild von den vorhergehenden trennt. Boris ist wahnsinnig, die okkupierte Herrschaft ist nicht zu halten. Den zeitlichen Verlauf läßt Mussorgski offen, anders Bizet und Wagner. Während José bei seiner sterbenden Mutter ist, ist

Carmen Escamillo nach Sevilla gefolgt. Hier ist die zeitliche Abfolge fixiert. Wagner verordnet Parsifal jahrelanges Herumirren. Trotzdem stört der Zeitsprung, die Handlung ist nicht zu kitten. Die Szenen davor scheinen abgehackt, als nicht mehr zugehörig, sie wirken nicht mehr. Die Erklärung dafür klingt simpel, die zentralen Szenen sind zuvor vernachlässigt worden, die antike Konstellation, die jetzt »unterirdisch« weiterwirken würde, ist nicht zum Tragen gekommen. Für Momente ist das Wasser plan, als wolle sich keine Welle mehr bilden, als sei Ruhe eingekehrt, der Kreislauf endlich beendet. Vom Meer weiß man, daß es sich erhebt, im Theater schließt man die Augen. Müde sitzt man da. Wie entgehen Regisseur und Darsteller einer Stagnation, einer Schwächung der Handlung, sie müssen die Gegenwelten aktivieren: Zar contra Volk, Polizei contra Schmuggler, Burg contra Schloß, auch umgekehrt.

In den CARMEN-Szenen herrscht Kleinteiligkeit, sie konzentrieren sich alle auf den Schluß. Dieser vereinigt 2 Szenen in Gleichzeitigkeit, ein zweimaliges Töten: Vorn Carmen, in der Arena der Stier. Die Szenen sind dem verendenden Schwan und dem badenden Amfortas ähnlich. »Matten Flugs«, wie Wagner anweist. So krepiert auch der Stier. Beide Male betritt ein Sieger die Bühne. Diesem Auftritt, den andere Autoren mit noch mehr Opfern drapieren, geht die Szene der Knikkung voraus, unabhängig davon, wie weit die Handlung fortgeschritten ist. In PARSIFAL liegt sie sehr früh, Amfortas und Kundry, im BORIS GODUNOW zentral, der Narr und Boris, während sie in CARMEN genauso wie die »Versuchung« Dauerzustand ist, teilweise durch die Charakteristik der Figur Carmen, teilweise durch die Normalisierung des gesamten Handlungsverlaufs, des Gefühls- und Hormonhaushalts. Das sind alles Kleine Leute, kein König, kein Operngott, keine Intrigantin, Bizet greift schon mit diesem Figurenpersonal die Große Oper an, führt sie ad absurdum, was ihm als Opernkomponist nur einmal gelingt bzw. gestattet wird, darin dem FREISCHÜTZ vergleichbar, der zwar die hierarchische Gesellschaft zuläßt, sich aber eindeutig nach unten orientiert, selbst Samiel müßte in diesem Zusammenhang nicht auftreten, auch die »Wunder«, die Kugelumleitung könnte man streichen, ohne daß starker Verlust eintritt. In PARSIFAL wäre ein solches Eingreifen unmöglich, so stark ist die Abhängigkeit von den wenigen Handlungselementen. Auch im BORIS GODUNOW sind sie sparsam, die ursprüngliche Fassung sieht nur die Familien- und Kneipen-Szene dafür vor. Ansonsten antiker Zuschnitt: Monolog, Dialog, Chor. Der Monolog ist stets in die Chor-Szene eingebunden. AUF DEM ROTEN PLATZ vereinigt diese Formmittel, einfachste Handlung, monumentalste Umsetzung.

Hier stehen sich Oben und Unten, Zar und Narr gegenüber. Der Narr das Sprachrohr der Masse, die immer Brot schreit. Der Narr ist jetzt Kassandra, ihre Todesvisionen, die Kinder um den Narren, die ihm das Geld wegnehmen. Wie die Kinder, die schreien und prügeln, schreit im Palast der sterbende König Agamemnon nach seinen Kindern. Der Narr prophezeit Boris den Untergang, erinnert an die Ermordung des Thronanwärters. So erinnert im Palast die Mutter den Vater, der seine Tochter opferte, für seinen Thron, für den Beginn des Krieges, für die Vernichtung Trojas. Boris verläßt den Roten Platz, er kann nur noch sterben, umringt von seinen Berater-Verrätern, Schuiski, der Übereifrigste, wird nach der Ermordung des »polnischen« Dimitri Zar, davon handelt die Russische Geschichte, die Oper schließt mit Boris' Tod oder Dimitris Einzug. AUF DEM ROTEN PLATZ verwendet das antike Formmittel, wie die Begegnung Amfortas-Kundry, das Aufeinandertreffen von Senkrechter und Waagerechter. Die Waagerechte steht bei Wagner durchgehend für Todesermatten: Das taumelnde, stürzende Pferd, die Bahre des Schwans, Kundrys Lager, Sänfte und Ruhebett, Sarg und Leiche. Die Senkrechte dagegen ist immer Behauptung. Kundry steigt wie Goethes Erdgeist auf, senkrecht, nicht kriechend, gerade darin drückt sich ihre Qual aus, daß sie zur Senkrechten gezwungen wird, in die Krümmung zurück will. Zu Beginn des 3. Aufzugs ist sie den Blumenmädchen verwandt, dämmert im welken, unterm Kreuzzeichen verbrannten Gestrüpp. Wiedererweckt beginnt sie zu laufen, hat den aufrechten Gang, kann aber nicht sprechen, ist defekt, benommen, ihre Taufe wiederholt diesen Vorgang, gebückt wäscht sie Parsifals Füße, der tauft sie hinterrücks, sie sieht nach oben, dem alten Faust vergleichbar, der weiß, daß er sein eigenes Todesurteil ausgesprochen, lieber doch die Schnauze gehalten hätte. Ist er sich seines Fehlers bewußt? Kundry ja, Faust ist nicht klüger geworden, im Gegenteil, bis zur Verblödung, wie die Parteiriege zum x-ten Republikgeburtstag ihr Glas erhebt, zerfurchte Milbfraßgesichter, jeder ein Orlok, ein Boris Karloff, dem, als Mumie erweckt, die Sargjahrhunderte abplatzen, der nicht mal eine Krücke braucht, bis er den Ruhestörern den Hals umdreht oder einfach Gemäuer einreißt. Kundry trifft der Tod in der Senkrechten, getauft darf sie stehen, sie knickt, fällt in die Waagerechte, wie zu Beginn des Aufzugs, als schlafe sie. Für Amfortas verläuft die Handlung entgegengesetzt, der Liegende wird in die Senkrechte gebracht, für alle sichtbar geheilt, in der anschließenden Anbetung geknickt. Die 2. GRALS-Szene betont die Senkrechte: Gralslicht, Licht von oben, Taube, die Waagerechte unterstreichen Altartisch, Gralsgefäß, die tote Kundry, nebst Staffelungen der Gralsmannschaften. Im doppelten Einknicken der Senkrechten Gurnemanz und Amfortas wird das Formmittel überdeutlich, ein in sich ruhendes, in sich abgeschlossenes Raumgebilde herzustellen, voll konzentriert, mit einem »lebenden« Kern, dem Gral und seinem Hüter. Daß man das noch sieht, daß dafür der Vorhang noch offen bleibt, ist eigentlich ein Zugeständnis, ist eigentlich Hauptmann. Wie später Thomas Mann sagt: Alles Ritual. Purer Naturalismus.

Boris wird durch den Narren geknickt, wie Kundry befiehlt er den Abgang. Die Senkrechte, die sich gehend noch behaupten will, krümmt sich vor Schmerzen, schon in diesem Abgang der Sterbe-Monolog. Mussorgski verfährt damit wie Bizet, auch er gibt eine Gleichzeitigkeit, die gespenstisch wegrückt, Vision ist. Hier trennt sich die Wahrnehmung des Boris von den Vorgängen auf der Bühne. Waagerechte und Senkrechte sind außer Kraft gesetzt, Auflösung müßte erfolgen. Für Boris findet sie statt, sein Kadaver stört, er ist nur sein Krönungsmantel. Wie der Narr knickt Kundry den Herrscher, der aber schon geschlagen, bettlägerig ist, moderner als Boris, nicht mehr archaisch. In diesem Kundry sehr nah, deren Sterbewunsch nicht mehr aufzustehen heißt, sich winden, verkriechen, bis der Tod eintritt, das muß Amfortas nach seiner Heilung auch.

In BORIS GODUNOW und PARSIFAL steht die große Verführungs-Szene in der

Mitte, während sie in CARMEN über den gesamten Handlungsverlauf ausgedehnt erscheint. Für Carmen will sich zunächst kein Anlaß finden, außer der »Liebe«, außer, daß die Figur zwischen den Parteiungen, in die sie eingebunden ist, schwankt. Anders in BORIS GODUNOW und PARSIFAL, wo die Verführungs-Szene ähnlichen politischen Interessen gilt. Marina und Kundry müssen den Überläufer an sich binden und später vernichten. Ob Kundry im Liebesakt, wie von ihr behauptet, befreit, erlöst würde, ist ungewiß. Kundry und Carmen scheitern, sie schätzen den Widerstand des männlichen Gegners falsch ein, Marina nicht, sie wird Zarin. Kundry und Carmen werden getötet, aber »erlöst«. Beide Male entledigt sich der Mann der Frau, seiner »Versucherin«, seiner ständigen Bedrohung, der sich der Mann nicht anders erwehren kann, er muß sie »auslöschen«, um weiterzuleben. Die Bezeichnung »Versucherin« kennzeichnet das Vorleben, die Biografie der Figur, Kundrys zahlreiche Wiedergeburten, Carmens zahlreiche Amouren. »Versucherin« ist ebenso Marina, die sich aber umgekehrt des Mannes entledigen wird, so ihre Programmierung.
Was sind das für Frauen, die die Drecksarbeit männlicher Zivilisation machen? In der 1. Fassung des BORIS GODUNOW, Fassungen gibt es viele, gibt es keine Marina, es ist eine reine Männerwelt, die Frauen sind untergeordnet: Wirtin, Amme, Tochter, »Sohn«. In der ursprünglichen Verführungs-Versuchungs-Szene haben Männer die weibliche Position inne: Schuiski, Narr. Mussorgski wird zur Inhaltsänderung gezwungen und führt so das Liebespaar Marina-Dimitri ein, damit die Polen-Szenen. In PARSIFAL ist Kundry zur Männervernichterin deformiert, in CARMEN sind die Männer der Frau untergeordnet, völlig abhängig.
Während Marina Katholikin, die Anführerin der Polen gegen das orthodoxe Rußland ist, ist Kundry angeblich Heidin. Ob sie es ist, bleibt ungewiß, ebenso, ob sie Jüdin ist, wie herkömmlich behauptet, geht ihr Stammbaum doch auf die ersten Menschen zurück, wurde sie doch in den unterschiedlichsten Kulturen wiedergeboren. Carmen aber ist Heidin*, Zigeunerin, und mißachtet die religiösen Bindungen der katholischen Männer, ihre Gegenspielerin Micaela ist Christin. Bizet nimmt eine ähnliche Zweiteilung wie Wagner vor, indem die »Frau« in 2 Extremen erscheint.
Den Figuren Kundry und Carmen ist die innere Spaltung zugehörig, die der Kundry ist weitgehend beschrieben. Die innere Spaltung Carmens ist mit der Veränderung ihres Liebesverhältnisses zu José identisch, sodaß sich wie von selbst die Kontrastfigur Micaela einstellt. Wie Kundry ist sie Botin der Mutter, wie Kundry überbringt sie deren letzten Kuß, mit dem sie eigene Liebe, eigene Brunst bemäntelt. Wie Kundry berichtet Micaela vom Sterben der Mutter, übergibt deren letzten Brief, auch daß der letzte Kuß der Mutter der erste Kuß der Liebe sei, scheint hier identisch. Micaela erinnert an Josés Kindheit, das Tal, die alten Schnulzen, auch Kundry erinnert Parsifal, beide jungen Männer sind der Mutter abgehauen.
Marina ist unabhängig, eine ernstzunehmende politische Taktiererin, die unter dem Druck Rangonis, eines polnischen »Schuiski«, agiert. Kundry ist abhängiger,

* obwohl gläubig

sie muß Klingsor gehorchen, wann und unter welchen Umständen ist ungewiß. Marinas Selbständigkeit schwankt, auch die Carmens. In unseren Vorstellungen ist sie Zigeunerin, genießt Sonderrechte, wirkt wie ein überholtes Reptil, in dem sich undefinierbare männliche Ängste ballen, die genau diese Figur transportieren muß. Gewinnt Carmen Selbständigkeit, was der Figur gut tut, verliert sie ihre »realistische« Einbindung, wird noch mehr zum Dino, der monsterhaft beglotzt wird. Auch die Darstellerin kann die in entgegengesetzte Richtungen treibenden Kräfte nicht bündeln. Hier gewinnt Carmen eine Nähe zu Kundry, die sich auch in 2 Figuren trennt, die aber beide konsequent nicht von einer Darstellerin darzustellen sind. Kann die Musik dieses Mißverständnis kitten? Für den Opernfreund ja!

Wie sieht das musikalisch aus? Während Mussorgski in die Große Oper zurückgezwungen wird, in ein wirklich ausgelatschtes Feld, ein Russe muß eine Primadonna konzipieren, errichtet Wagner mit seiner Anti-Primadonna, mit seinen abgewürgten Koloraturen eine Barrikade gegen die Große Oper, gegen Verdi und die gesamte Opernliteratur. Doch Verdi führt vor Wagner mit der Lady Macbeth eine sprechende Figur in die Oper ein. Auch hier walzt der Operntrott plan, diese Figur wird nur noch gesungen, obwohl der Komponist Sprechanweisungen exakt fixiert. Nach der Lady gibt Verdi dieses Formmittel auf. Violetta nimmt noch einmal darauf Bezug, nicht im Sprechen, im Kotzen. Während diese Figuren alle in Abhängigkeit leben, daran leiden, letztlich krepieren, hat Marina Abhängigkeit akzeptiert, ist schon daher die politisch überlegene Figur. Sie kann sich Einschränkungen erwehren, akzeptiert, daß sie nicht die Ausführende ist, sondern die Fäden in der Hand hält. Ähnlich dem Paar Clinton. Die Pantoffelheld-Version ist stupid. Damit wird das »Komplott«, die Kampf- und Beutegemeinschaft eines Paares, die ein Paar ideal ausbilden kann, ignoriert. Wozu zeigt die Glotze tagtäglich das Leben der Tierwelt. Wer frißt zuerst, wer jagt, wer läßt wem den Vortritt? In diesem Zusammenhang ist die Mitarbeit Lotte Ulbrichts nicht zu unterschätzen. Mit ihrem Ägyptenreisedokument belegt Frau Ulbricht politische Zustände ihres Herrschaftsgebietes, versucht den Beutetrieb ihres Mannes anzustacheln, um ihren ersten gemeinsamen Sprung in das von Gegnern beherrschte Kampfgebiet unbeschadet zu überstehen. Sie amüsiert das Gebell und Gejachel ihrer Gegner, die sich hinter die Grenze zurückziehen, ihrer Überlegenheit gewiß, aber, wie sich zeigen wird, nicht immer im Besitz geeigneter Kampftechniken. Selbst Schlangen, die alles in Furcht und Schrecken versetzen, ignorieren viel kleinere, für sie unbedeutende Gegner und werden dann deren Opfer. Frau Ulbricht ist sich der Organisationskraft der DDR voll bewußt und kann das unzensiert aussprechen, ja es scheint geradezu wünschenswert. Ihre Veröffentlichung betreuten führende DDR-Persönlichkeiten. Räumte nicht Faust mit diesem Wissenschaftspersonal auf? Auch hier nur Schuiskis, die in Polen Rangonis heißen.

Marinas Modernität unterstreicht nicht nur die Handlung, sondern der andauernde historische Konflikt, die Öffnung Rußlands nach Westen. Boris steht genau für das Gegenteil, die Abschottung. Nach dessen Tod streiten sich die Parteiungen um den Thron, versetzen das Großreich in eine Zeit der Wirren. Kundry und

Carmen sind im Vergleich zu Marina rückwärtsgewandt, obwohl Carmen es nicht sein müßte, aber wenn sie mit ihren Opernzigeunern am Feuer sitzt, hockt da nur Folklore. Nietzsche sah genau das Gegenteil, sah den Konflikt Mann-Frau zeitgemäß behandelt, aller Schwere enthoben, obwohl die Beziehung Carmen-José, wie die Kundry-Parsifal, mit dem Tod der Frau endet. Nietzsche akzeptiert: Der Mann rächt sich heimtückisch an der Frau, als hätte er bei ihr Verrat, Hinterhalt und Intrige gelernt, als erprobte jetzt der Schüler das Gelernte am Lehrer.
Carmen und Kundry sind Extreme, Marina dagegen auf ein Normalmaß reduziert. Sie hat jedoch Kraft genug, inneres Auseinanderdriften zu verhindern. Steht der hocherhobene Kopf Carmens gegen den abgesenkten Kopf Kundrys, weiß Marina nicht, welchen Kopf sie in welcher Szene aufsetzen soll, wie sie sich ihren Gegnern, auch im eigenen Lager ist sie von ihnen umstellt, präsentieren soll. Damit wird Marina zu einer modernen Figur, die aber ihre Dimension verloren hat. Carmen und Kundry verwandeln sich in ihrem Milieu, Carmen wird unter den Schmugglern zur Schlampe, Kundry unter den Blumenmädchen zur Schönheit. Bizet faßt das Milieu präzise, Wagner allgemein märchenhaft. Bei Mussorgski bleiben die nachkomponierten Polen-Szenen Fremdkörper, abgelegt, historisch. Die Art der Komposition wirkt negativ auf den Inhalt, zu Lebzeiten des Komponisten sah man das anders.
Während Marina die überholte Primadonna bleibt, steht Carmens HABANERA gegen Kundrys STÖHNEN, Sehnen gegen Sehnen. 3 Frauen im inneren Konflikt gegenüber dem Individuum Mann: Was sie wollen. Was sie tun müssen. Wie man sich an ihm sättigt. Sie verachten den Geliebten als den Unterlegenen, sie machen Jagd auf den Mann. Carmen und Kundry wollen ihr Opfer unter Einsatz ihres Lebens. Was würde aus einer gescheiterten Marina?
Carmen hat eine Blume im Mund, an der Brust, Kundry liegt in ihnen. Carmen und José spielen mit der Blume, da beginnt Josés Liebe. Kundry will Parsifal in ihre Blume betten, nach Wagner ist sie nackt.
Zunächst sind Erfolge zu verbuchen, Marina wird Zarin, Carmen kommt aus dem Gefängnis, Kundry bringt es zum Kuß. Trotz Unentschiedenheit, innerer Zerrissenheit bedienen sich 3 Frauen eines »Mittels«, indem sie Liebe vortäuschen oder vorübergehend gewähren. Damit stehen Carmen und Kundry als »Brunstweiber« gegen eine in sich zerstrittene Männerwelt, die dennoch ihnen überlegen ist. Damit ergeben sich Komplikationen der weiblichen Figur in sich, ihrer Zugehörigkeit, die wie die eines Hundes erscheint, der wider das Halsband muckt und beißt, er muß es dennoch ertragen. Carmen und Kundry gehen feste Beziehungen zu den gegensätzlichen Parteiungen ein, Carmen steht zwischen Soldaten und Schmugglern, Kundry zwischen Amfortas und Klingsor, beide Frauen werden so zu »Doppelagenten«.

ZERSTÖRUNG I

Entortung und Sprache. Bauliche und sprachliche Entortung sind heute nicht mehr auf Westeuropa beschränkt. Wozu noch Sprachunterschiede, wenn es keine unterschiedlichen Kulturen mehr gibt, wenn Fremdsprache als letztes Relikt hinderlich wird. Sprache nur nach ihrem Informationswert zu beurteilen ist genauso Entortung, Entleerung, denn so spricht nicht der gesamte Körper, sondern nur der uniformierte Kopf. Sprache ist jetzt hinderlich, schwerfällig geworden, sie gehört einer anderen Zeit an. Beim Abfassen solcher Sätze beschleicht einen ein Unbehagen, so oder ähnlich formuliert diese Zusammenhänge jeder. Das Unbehagen ist damit in keiner Weise bestimmt, sondern scheint tief in geistigen, körperlichen Vorgängen verhaftet zu sein. Die Veränderung des körperlichen Zustands, die die Abhängigkeit vom Sprechen der eigenen Sprache begleitet, wird nur unter ungewöhnlichen Umständen wahrgenommen. Sie drückt sich in einem »Unwohlsein« aus, in körperlichem Schmerz, vor dem man sich die Ohren zuhalten, sich verkriechen möchte, um das Fremde gleich einem feindlichen Eindringling abzuwehren.

Laufe ich durch fremde Städte, stundenlang ohne Stadtplan, dann scheinen sich die Straßen zu ordnen, sich meinen Füßen und Augen zu bequemen. Ich gehe durch sie hindurch, in übergroßer Hitze, mit Brille, Mütze, Umhängetasche, Geld, dem eigenen und dem fremden. Mit zweierlei Papier- und Münzensprache suche ich nicht das Fremde, sondern das mir Vertraute, das, nach dem zu suchen ich aufgebrochen bin.

Bin ich allein, bin ich Teil der Menschen, die sich neben mir durchdrängen, die ein Ziel haben, wenigstens eine Richtung. Wie sie stehe ich zwischen Regalen, Ständen, Trödel, Utensilien, Stoffen. Ich gleiche meiner Mutter, die in Sangerhausen die Göpenstraße hoch pest, um in der Schneiderstube einen langen Reißverschluß zu ergattern. Vielleicht ist es die Nähe zu ihr, die mich in solche Geschäfte treibt, die mich aber den nutzbringenden Anlaß, Material für meine Theaterarbeit zu sammeln, vergessen läßt. Die Gänge durch die Städte halten mich stets davon ab, richtige, praktische Entscheidungen zu treffen, sondern sie machen mit mir das, was ich nicht will, sie kosten Zeit und verwirren.

Setze ich mich hin, was selten vorkommt, vor allem, wenn ich alleine bin, dann sind diese Pausen Einbrüche, die ich abwäge. Ich muß mir den Ort, an dem sie stattfinden, an dem ich mich selber aushalten muß, ohne die Ablenkung, die beim Gehen entsteht, vorher ansehen. Ich grüble jedesmal, ob ich mich hinsetzen darf. Sitze ich dann, sind diese Überlegungen vergessen. Ich nehme die körperliche Entspannung als Wohlgefühl wahr, doch nachdem ich mich auf die Umgebung eingelassen habe, nimmt sie ab. Ich kann etwas bestellen, die anderen beobachten, mich meiner Kleidungsstücke versichern, doch jedesmal gleitet das Auge ab, ich konzentriere mich, ich höre. Ich kann mich vorübergehend beschäftigen, die

Beine ausstrecken, den sich verändernden Schmerz feststellen, die Architektur, die vorbeigehenden Menschen, die neben mir sitzen, die gegenüber, die Unterschiede zwischen Mann und Frau, alles das hilft nicht dagegen, daß ich die fremde Sprache wahrnehme, ihre Fremdheit, die die Gesichter schärft, die Mundpartien, die Augen verändert, Kiefer und Hals. Die Sprache scheint sich in den Fremden viel heftiger auszudrücken, als umspanne ihre Körper eine samtweiche, dünne Haut, die voll von Schweiß, trocknendem Schweiß ist, als sei »Wildleder« vorübergehend blind, sei nach dem Trocknen wieder weich und anschmiegsam. Die Fremd-Sprache kann auch als Feuchtigkeitsfilm, der den Körper umgibt, beschrieben werden. Das Sich-ausdrücken-Wollen arbeitet in dieser Haut, bringt sie in Bewegung. Vielleicht ist die von mir angenommene Haut eher eine Fruchtblase, in der sich der Mensch bewegt, atmet und strampelt, sein Ausdrucksvermögen trainiert.
Mein Gegenüber signalisiert in diesem Zustand, daß die Bildung der anderen Worte, Tonfolgen, Sinnzusammenhänge, das Hervorbringen der fremden Töne mit einer starken körperlichen Veränderung gekoppelt ist, deren Wahrnehmung ihre Fremdheit nur noch steigert, die auch kein Verständnis der anderen Sprache abbaut. Sicher, man gewöhnt sich mit der Zeit, die Art der Sprachbildung fällt weniger auf, aber die Andersartigkeit bleibt. Sie ist es, die mich vom Anderen unterscheidet. Die Haut, die den Sprechenden umgibt, müßte man darstellen können.
Die Erregung, die mich bei den WESSIS IN WEIMAR-Aufführungen ergriff, weder bei der Proben- noch bei der eigentlichen Regiearbeit, war, daß ich hier neben nackten, sprechenden Darstellern stand. In jeder Vorstellung versuchte ich mir darüber klar zu werden, worin der Unterschied zu bekleideten Darstellern bestand, warum z. B. der Chor nackter Darsteller soviel stimmiger klang, sowohl in der technischen Ausführung als auch in seiner inhaltlichen Aufladung. Meine Beobachtungen isolierten mich, statt auf meine Einsätze, konzentrierte ich mich auf den Sprechvorgang nackter Menschen, deren Geruch ich wahrnahm, deren Rückenbewegungen ich verfolgte: Wie entsteht Sprache? Wie bilde ich Sprache ab? Wie verändert Sprache den Körper?
Unabhängig davon erlebte ich an vielen Abenden die Diskrepanz zwischen dem, was für mich als Regieziel anzuvisieren war, und dem, was aus meiner praktischen Arbeit herauskam, das Ergebnis war vernichtend.

Das Schlüsselerlebnis des Sprechens hatte ich in einer Stotterergruppe, zu der ich, kurz nachdem ich in Westberlin eingetroffen war, ging. Eine Selbsthilfegruppe, die in mir nur Verwirrung hinterließ. Ich wollte mich über eine Stottererselbsthilfegruppe integrieren. Ich kann mich an kein Gespräch mehr erinnern, nur an Farben, an die Zimmer, in denen wir uns trafen. Ich verließ die Gruppe, nachdem wir in einer Turnhalle ein Trainingsprogramm absolvierten, das als hochwertig und sehr aufbauend beschrieben wurde. Ein ausgewiesener Lehrer leitete die Mitglieder an, die einzeln auf Matten am Boden lagen. Er tat das beruhigend, die meisten kannte er. Es herrschte eine eigenartige Erwartung. In dieser Gruppe überwogen die Männer, jedenfalls nahm ich sie besonders wahr, obwohl ich keinem von ihnen je wieder begegnet bin. Was passierte, weiß ich nur ungenau. Ich starrte zur Decke, versuchte den vorgegebenen Übungen zu folgen. Ich äugte zur Seite, wollte mich an den anderen orientieren, aber der Lehrer verwies mich. Mein eigener Geruch, der an mir hochkam, beunruhigte mich. Meine übertriebene Geruchsempfindlichkeit sah ich als Begleiterscheinung meiner Flucht an. Ich hörte die anderen. Ihr Ächzen und Stöhnen, ihre gestotterten Schimpfworte waren übergegangen in eine fast verständliche Sprache, die sich zwar durch die vielen, die sprachen, akustisch verwirrte, die ich aber deutlich an Klang und Bildung unterschied. Einige der Männer gingen zu Schreien über, zu einer Art »freiem Sprechen«, indem alles aus ihnen herausbrach, was sie sonst scheinbar unterdrückten, vieles über ihre Eltern, ihre Geschlechtsorgane. Dabei lagen die jetzt Weinenden kniend nach hinten gebeugt, sodaß der Kopf die Matte berührte. Damals konnte ich das auch, ich probierte jeden Morgen. Die privatesten Äußerungen, wozu der Lehrer weiter anhielt, gingen allgemein in Weinen über, in heulende Selbstbeschimpfungen. Mehrere schrien nach ihrem Vater: Papa, warum bist du so kalt. Da der Vater nicht antwortete, begann sein Sohn zu schreien, die Lautstärke nahm zu, nun konnte ich mich nicht mehr zur Ruhe zwingen, ich sah zu den anderen hinüber und erblickte etwas, was ich jetzt nicht beschreiben kann. Halbnackte Kreaturen in eigenartiger Krümmung, deren Leiber stoßweise zuckten, sich zerreißen wollten, als weigerten sich die Gliedmaßen, länger zusammenzugehören, als risse der Körper. Tatsächlich meinte ich aber Männer und Frauen in Wehen zu sehen, einem mehrfachen Geburtsvorgang beizuwohnen, indem das in ihnen schlafende Wesen mit Macht herausbrechen oder herausgebrochen werden sollte. Ich sah, wie sich dieser Schrei aus dem Becken nach oben stemmte. Ich meinte sogar, das Wesen, das sich bis zu ihren Mündern vorgearbeitet hatte, im Ansatz zu sehen. Sicher in meiner jetzigen Beschreibung eine Überblendung aus dem Horror-Film, aber ich meinte das Wesen zu sehen, wie es sich aus den menschlichen Körpern, durch Hälse und Kiefern quälte. Es war bei einigen zu sehen. Sogar die angeklebten Arme, die sich sowohl zu Flügeln als auch zu Flossen entwickeln konnten. Dann gab es in den gebärenden Körpern einen Zuck, eine Anspannung, einige gingen in eine Art Brücke über, eine Krümmung, die ich zu Hause, trotz Übung, nicht wieder hinkriegte. In Gemeinschaft konnte ich es. Sackten die Körper anschließend zusammen, saugten sie die fast ausgestoßene Geburt zurück. Oder sie rutschte von selbst. War sie zurückgewürgt, sprang Schweiß aus den Körpern. Ich sah ihn richtig hervorspritzen, als würde der Körper plötzlich Flüssigkeit abstoßen, um das fast Ausgestoßene wieder behalten zu können. Diese Erlebnisse liegen weit zurück. Jahre dachte ich nicht an sie, nur die Schreie begleiteten mich, ihr Ton, ihre Entschiedenheit, ihre Lautstärke. Daß ich anschließend mit diesen Personen noch Bier trinken ging, erschien mir unfaßbar. Wie später mit den Schauspielern. Eine Drogeneinnahme, um das eben Erlebte zu festigen, seine Wirkung zu vertiefen, zeitlich auszudehnen, wäre verständlich, aber das Abdriften in Kantinensuff diskreditierte, stand konträr zur Arbeitsleistung. Wie ein Zwang.

Bei den Vorstellungen von WESSIS IN WEIMAR war ich schon genügsam geworden, wie gern hätte ich die Körper im Sprechen fotografiert, mich umständlich diesem Vorgang genähert, so wie ich es während meiner Studienzeit mit meinen Nachbarinnen getan hatte. Über Jahre nahm ich ihre Bewegungsabläufe auf, jede Veränderung auf dem Stuhl, jede im Bett. Ich erweiterte meine Aufnahmen, beschrieb ihre Treppengänge, ihre Einkäufe, ihre Geschäfte, die sie aufsuchten. Obwohl mir damals nicht bewußt war, wie eng diese Bewegungsabläufe mit der Sprachbildung zusammenhängen, scheint das Problem schon damals für mich existiert zu haben.
Muybridge, der über 100 000 Körperstudien fertigte, wies in jahrelanger fotografischer Arbeit nach, daß Maler Bewegungsabläufe falsch darstellten, belegte damit die unterschiedliche Wahrnehmung einer Bewegung durch Kamera und Auge. Seine höchst »technischen« Aufnahmen, die heute nichts von ihrer Modernität verloren haben, zeigen die dargestellten, Menschen nackt, nicht entkleidet, sondern nackt. Muybridge beschreibt die Bewegung, indem er den Bewegungsablauf technisch zerlegt, ihn in Einzelstadien festhält, technisch ausgedrückt, Muybridge »stottert« im Fotografieren, er segmentiert. Nadar fertigte ein Interview mit dem Naturwissenschaftler Chevreul an. In der Serie von Einzelbildern ist nicht nur ein Hundertjähriger zu sehen, eine Persönlichkeit, sondern diese Aufnahmefolge kann man auch als die 1. Beschreibung von Sprach- und Dialogbildung ansehen. Nadar und Muybridge arbeiten fast gleichzeitig. Als beide nach 1900 sterben, der Film sich entwickelt, gehört eine Figur zu seinen Anfängen, Tarzan.

SPRACH-HAUT

Der TARZAN-Film kommt nicht ohne die Behandlung des Themas der Sprachbildung aus, widmet sich ihm in einer kleinen Szene: Tarzan lernt von Jane sprechen. Es ist ihr erstes Zusammentreffen. Die Szene zeigt das gegenseitige Ablegen von Angst, ihre Annäherung, Janes aktive Rolle dabei, in der sie ihre Angst überwindet, ihrem missionarischen Eifer folgt, einem »Lehrauftrag«, den sie durch ihre Bildung erhalten hat. Beide Figuren befinden sich in einer angespannten, geduckten Haltung. Die Szene läßt überhaupt keine andere Körperhaltung zu. Die Sprachbildung scheint bei beiden mit einem Raubtierverhalten identisch. Während Jane in vorgebeugter Haltung die Worte souffliert, zuschiebt, in dem Anderen verankern möchte, geschehen in Tarzan schmerzhafte Vorgänge, die Jane als positive Zeichen sieht. Tarzan wiederholt stotternd ihre Worte, er macht ihre Töne nach, ihre Bewegungen, instinktiv beobachtet er, nimmt ihre Veränderungen fast mit der Haut wahr, als sei sie ein vergrößertes Sinnesorgan zum Abtasten des Anderen. Die Zuckungen, die krampfartigen Veränderungen, die mit Tarzan passieren, die sich zunächst auf den nach vorn gestreckten Hals beschränken, dann aber den gesamten Körper erfassen, kommen zur Ruhe, nachdem Tarzan das erste Wort richtig gebildet hat. Als würde die angespannte Haut nun erschlaffen, sich unter die streichelnde Hand strecken. Diese Szene der Sprachfindung wird meist mit einem Sprung vom Baumhaus ins Wasser beendet, als müsse sich Tarzan von dieser Verunreinigung reinigen. Meist fällt die hochbekleidete Jane mit ins Wasser, verliert eines ihrer Kleidungsstücke, das sie aber nach dem Bad um so begieriger zusammenflickt. Für die Entwicklung der Tarzan-Figur ist ihr Sprachunterricht der wichtigste Einschnitt, für den TARZAN-Film eine Episode, die aber um so nachhaltiger bleibt, je intensiver man sich mit ihr, den beiden sich duckenden, sich gegenseitig Furcht einflößenden Figuren beschäftigt. Sprache ist hier keineswegs Verständigung, sondern Waffe mit Widerhaken. Tarzan wird, so die Handlungskonvention, an seine Herkunft aus einer englischen Aristokratenfamilie erinnert. Diese Erinnerung bereitet Schmerzen, ebenso im weiteren Handlungsverlauf. Tarzan wird daran scheitern.

Die Etappen von Tarzans Zivilisierung: Jane, die mit ihrem Vater und Träger-Gefolge in den Urwald eindringt, auf der Suche nach Elfenbein in immer neue Konflikte gerät, wird bei einem erneuten Überfall schwarzer Stämme durch Tarzan gerettet. Nach dem Tod ihres Vaters zunächst von ihm aufgepäppelt, gewöhnt sich die erschöpft Verängstigte langsam an Tarzan, er wiederum lernt ihre Sprache schnell, da er sehr begabt und lernfähig ist, wie sie feststellt, wodurch sie einen Teil ihrer Angst verliert, trotzdem fürchtet sie sich noch vor dem sich wie ein Kind verhaltenden Mann, einem Körper, wie Gott ihn erschaffen, dessen animalische Anziehung sie genauso erschreckt wie die ihres Körpers auf ihn. Erst nachdem sie Teile ihrer Kleidung verliert, sich der seinigen anpaßt, d.h. den

Umständen, sich mit den Tieren vertrauter macht, im Affen Cheetha ihren Begleiter und Gespielen findet, gibt sich ihre Scheu. Sie wiederum versteht es, in Tarzans Baumhaus endlich die Noblesse zu bringen, die seiner Junggesellenwohnung fehlt. Sie schreckt auch vor Natur-Rüschen und Blatt-Servietten nicht zurück. So entwickelt sich ihre Zuneigung, die zunächst im häuslichen Bereich liegt, aber bald in körperliche Ertüchtigung übergeht. Jane kann Tarzan auf Erkundungstouren begleiten, die ihr die ganze Schönheit des Urwalds bebildern, wenn nicht Küchenpflichten sie davon abhalten. Am Ende dieses langen Prozesses liegt sie in seinen Armen, da wo sie immer hinwollte, schon vorher gab es manche komisch ungelenke Situation, und Tarzan legt sein Ei. Im gleichen Maße, wie Jane sich der Welt Tarzans annähert, wird Tarzan umgekehrt von Jane zivilisiert, wobei ebenfalls Cheetha der Vermittler ist. Das Paar tut Gutes. Doch bleiben in Janes Kopf Bruchstücke der alten Welt, Englands, und sie fragt sich, wie Tarzan mit Anzug und Krawatte aussehen würde. London bleibt ihr Ziel. Daß das Paar nach Geburt eines Sohnes unter Vermittlung von Janes Onkel nach London geht, ist beschlossene Sache. Das Paar reist ab.
Janes Onkel sucht inzwischen nach seinem verschollenen Bruder, nach den Elfenbeinschätzen, nach dem Friedhof der Elefanten.
London ist, wie es Jane erwartet hat. Eigenartig, daß Jane und Tarzan kein Standesamt aufsuchen, Tarzan hat keine Papiere, doch wird er in der noblen Londoner Gesellschaft sehr gut aufgenommen, sticht vorteilhaft gegen Janes frühere Verehrer ab, es ist vor allem sein ausgefeiltes Wissen, das zu absonderlichen Vermutungen über seine Herkunft, ebenfalls aus einem Londoner Aristokratenhaus, führt, doch zunächst bleiben die Nachforschungen ohne Erfolg. Daß das Paar und ihr Sohn in den Urwald zurückkehren, ist aufgeschoben, da Jane zu sehr unter der Trennung von ihren Freundinnen leiden würde, Tarzan jedoch beginnt sich mehr und mehr unwohl zu fühlen. Als sie sich einschiffen, endlich zurückkommen, scheint ihnen der Urwald ein anderer. Sie haben sich verändert. Es ist die vertraute Umgebung. Als die Eingewöhnungszeit vorbei ist, Urwaldalltag beginnt, ist es ihr Boy, der ihnen das Zusammenleben erleichtert. Ein geregeltes Eheleben wie in der Londoner Gesellschaft beginnt, und Jane, vollkommen bestätigt in Vorstellungen vom Eheleben, ergibt sich dem. Doch Boy wird älter, die herrlichen Kinderjahre sind vorbei, der Ernst des Lebens, die Schule beginnt, und da man nur ein englisches Institut besuchen kann, steht die Abreise bevor. In dieser Zeit privaten Glücks tritt Tarzan mehr und mehr in den Hintergrund. Mögen seine Probleme mit Wilderern, Kopfjägern, heimtückischen Weißen, sogar mit Janes Verwandtschaft aufreibend und gefährlich sein, Jane und ihr Kind dominieren. Boys Kindheit, eine Tarzanverjüngung mit animalischen Tierfreunden, wird von Janes Veränderung begleitet, die trotz anfänglicher Selbsttäuschung keinen Einklang mehr mit der Umgebung findet, die plötzlich störend geworden zu sein scheint. Die Abreise Janes mit ihrem Sohn, die ersten Ehegewitter bereiten sich vor und müssen sich entladen. Tarzan, dieser Nervenmühle erbarmungslos ausgeliefert, altert, so als überzöge seinen Körper eine 2. Haut, die nicht nur durch die Handlung gebildet wird, sondern der Zuschauerblick auf den Körper des Darstellers färbt sich ein, hat man es hier doch mit einem Männerbild zu tun,

das einem mehr versprach als die eigene Unterhose. Ab jetzt führt kein Weg mehr in den Urwald. Äußeres Zeichen, Tarzan wird verwundet.
Aufgebrachte, von Weißen mißbrauchte Pygmäen oder anderes Buschgesindel hat es mit vergiftetem Speer auf ihn abgesehen und trifft. Tarzans langwierige Genesung unter Cheethas ständiger Bewachung ist ein Abschied, ein kaum sichtbarer, der diese Szenen durchzieht, ein Schmerz. In dem Maße, wie die Vergiftung nachläßt, hat die andere von ihm Besitz ergriffen. Jane und Tarzan, die Könige des Urwalds, verurteilt der Urwald. Die Unstimmigkeiten, die sich zwischen ihren Körpern und der Umgebung einstellen, sind augenfällig. Sie begründen den Weggang aus Afrika mit Boys Einschulung in England. Sang- und klanglos bricht für Tarzan die Welt zusammen. Sie verlassen Afrika. Ein qualvolles Eheleben in London. Boy wird erwachsen. Irgendwann wird Tarzan das Schiff, das Flugzeug besteigen, in den Urwald zurückkehren, um dort zu sterben. Ausgestoßen aus beiden Welten.

Tarzans Zivilisierung ist ein Prozeß, in dem sein nackter Körper an Anziehung verliert, Begleitumstand wird, notwendiges Übel, das die Figur zu ihrer kostümlichen Erkennung beibehält, im Gegensatz zum Anfang der Handlung, wo die Figur nur der nackte Körper ist. Als Zuschauer wird man in die Jane-Rolle gedrängt, um genauso lüstern auf das Mann-Tier zu blicken. Man gewöhnt sich nicht an Tarzans Schrei, jedesmal ruft er die Tierwelt zu Hilfe, die sich in Herden aufmacht, einen bösen Eindringling zu bekämpfen. Tarzans Schrei ist kein Schmerzschrei, auch nicht in der Verzweiflung, denn er weiß, die anderen werden ihn immer hören. Die Elefanten machen sich auf, der Schrei signalisiert die große Zusammengehörigkeit, die Freude, im Chor den Aggressor zu zerstampfen.
Tarzans Schreie werden immer zielgerichteter, immer zweckmäßiger, er, ein ehemals »Weißer«, wird zunehmend Hilfsarbeiter weißer Eindringlinge, die Schätze, Elfenbein, verwunschene Tempel oder Gräber suchen, die ihn aber in jene »weiße Zivilisation«, aus der er flüchtete, zurückzwingen, als brächten sie ein verlorenes Schaf in den Stall und damit zum Schlächter.
Wenn ihm die Elefanten trompetend antworten, bevor sie losstampfen, ist das ein großer Zug, der seinen Tod ankündigt, den ihm die »weiße Sprache« richtet.

Geht man von diesem Modellbeispiel zur eigenen Erfahrung über, indem man sich die Bildung der Fremdsprache erklären läßt, wie sich die Zunge im Gaumen bewegt, wie ein Ton erzeugt wird, bemerkt man, daß die richtige Tonbildung an eine veränderte Körperhaltung gekoppelt ist, zunächst nur durch diese zu erzeugen. Man erschreckt vor sich selbst, man spielt, man bildet nicht einen Ton, sondern bewegt sich in seinem Körper anders. Die Fremdsprache bildet sich durch eine Übertretung, meist dessen, was in der eigenen ungeschrieben, also verboten ist. Der Körper berührt ein Tabu. Damit stimuliert man etwas, das tief in einem geschützt, umhüllt bleiben muß. Plötzlich weiß man von der anderen Figur in sich, begreift schnell, daß diese nicht geweckt werden möchte. Wie stark die Verstellungen durch Sprache sind, durch einen angenommenen Ton, wie schnell sich der Körper dabei verändert, die jahrelang antrainierte geschlechtliche

Identität verloren geht, im Nu zusammenbricht, diesen Vorgang haben viele an sich selbst erlebt. Daß die andere Figur in einem engstens mit der Sprache verwachsen ist, als wäre sie die andere Seite der Münze, empfinden die wenigsten als Bedrohung, sondern sehen in der Sichtbarwerdung der anderen Figur, falls sie aus ihrem Gefängnis ans Licht kommt, einen Ausrutscher, den andere, die genauso »ausrutschen«, als eben diesen nehmen und sich nicht weiter beunruhigen.
Aber der, der von seiner eigenen Sprache betroffen ist, muß die körperliche Erregung, die mit der inneren, der anderen Sprache in ihm entstanden ist, runterwürgen. Die andere Sprache ist wie ein Geysir, der Nichtverdrängtes nach oben treibt und ausspeit. Sprache verrät, verrät die noch zu leistende Arbeit, sich selbst niederzuringen, sich selbst kongruent zu schleifen. Die Fremden, denen man in solchen Gedanken gegenübersitzt, scheinen sich in ihrer Haut wohlzufühlen, scheinen eins zu sein, scheinen solche Wahrnehmungen nicht zu haben. Sieht man aber einander an, nur kurz, meint man in ihren Gesichtern eine Bewegung wahrzunehmen, die solchen Gedanken entspricht, als würde, bevor sich das Visier ihrer Blicke schließt, ein antwortendes Signal von ihnen ausgehen, ihre Gedankenmauer überspringen, die ihnen eine Schutzmaßnahme gegen den Fremden anempfiehlt. Doch das Signal wurde längst vom Gegenüber gespeichert.

Heute erinnere ich mich nicht mehr, wie es damals war, als ich die DDR verließ. Viele meiner Bilder, die ich in den ersten Jahren malte, habe ich übermalt, ich ertrug sie nicht, selbst wenn sie mit dem Gesicht zur Wand standen. Wenn ich durch die Wohnung ging, blickte ich schnell weg. Wenn mich jemand besuchte, zuckte er zusammen, wenn ich erklärte, warum die Bilder so stehen, warum ich sie nicht umzudrehen wünschte. Daß diese Besucher nicht ahnten, was in mir vorgegangen war, warum ich unter meinen eigenen Arbeiten litt, verstand ich nicht. Daß ich mich heute nach meinen ersten Arbeiten im Westen sehne, daß ich mir heftig ins Gewissen rede, hätte ich sie doch, hätte ich diesen wichtigen Schritt meines Lebens auf ein Lager gestellt, umsonst. Diese Überlegungen bringen weder Verständnis noch eines meiner Bilder zurück.

Begegnete ich im Westen Exilanten, die vor den Nazis geflohen waren, so meist in einer zerknirschten Situation, in der sie nichts Gutes an den Verhältnissen ließen, in denen sie lebten, in denen sie gezwungen waren zu leben. Selbst nach einer mustergültigen Biografie nörgelten sie, waren zerrissen und unwirsch, konfrontiert mit einem absehbaren Lebensende, das sie nicht mehr meistern wollten, unschlüssig in ihren Biografien nach Berechtigung und Nachweis suchten, den geschriebenen, den ungeschriebenen, die sich gegenseitig der Unwahrheit bezichtigten. Ihre Verfasser wollten keine Antwort mehr geben, sich jeder Benennung, jeder Jahreszahl verweigern. In einem unzusammenhängenden Sprachsalat verteidigen sie sich, indem sie sich ihren Besuchern, ihren Anbetern gegenüber unvorteilhaft, hart und klein präsentieren, als wäre das die letzte Blockade gegen ihren Untergang, ein Wegwischen dieser bedeutenden Biografie durch den Ablauf des nächsten Tages, der nächsten Woche, der nächsten Jahre. Giftig griffen sie jeden an, der durch ihre Tür kam, der sich nicht von ihnen abschrecken ließ, als wäre ihr unzusammenhängender Sprachsalat, der von den vielen Stationen ihres Lebens übriggeblieben war, noch eine Kostbarkeit und müsse dauernd nach Verwertbarem durchwühlt werden. Ihre Sprachen waren durcheinandergeschüttet, ein Sprachkörper war nicht mehr zu erkennen, keiner, den sich die Sprache gab, keiner, der die Sprache bildete, in dem sie beheimatet war. Zunächst schien das an den Alterungsprozeß dieser Personen gekoppelt zu sein, doch unvoreingenommen betrachtet glich der Sprachmüll dem, was ich nach einer Arbeit in meinem Zimmer zusammenfege. Ich bücke mich nach einer guten Reißzwecke, nicht weil ich geizig bin, sondern weil DDR und BRD es nicht fertiggebracht haben, eine gute Reißzwecke herzustellen, die man mehrmals benutzen kann. Ich muß nicht das Lamento meiner Eltern von der »Friedensware«, der Vorkriegsware anstimmen, doch es spukt dauernd im Kopf. In der DDR wußte man, daß Plaste Plaste ist und Scheiße, basta. In der BRD kauft man teuerste Zwecken, die sich, einen verletzend, als Schund erweisen. Paketweise brechen sie ab. Das ist kein DDR contra BRD, wie man annehmen möchte, sondern der Unterschied eines Sprachgebrauchs. Nach westdeutschem Sprachgebrauch hat die West-Zwecke einfach besser zu sein.

Republikflüchtige, die nicht in der BRD verblieben, sondern ins Ausland gegangen sind, kennzeichnet eine übergenaue Sprachorientierung. In der fremden Umgebung schleifen sie jede Unebenheit kongruent, versuchen sich exakt einzupassen. Sie wiederholen etwas, was ich 1976 an den Westdeutschen beobachten konnte, was mir wie eine Verunstaltung vorkam, die völlige Eliminierung der eigenen Person. Ich traf auf Menschen, die als Deutsche unerkannt sein wollten, die bei ihren Auslandsreisen größte Sorgfalt darauf verwendeten, sich der jeweiligen Sprache und Landessitte anzupassen, ich dagegen hatte ein Land verlassen, in dem es für mich und viele andere nur Ostblockreisen gab. Dort traf man auf das Fremde, die ebenfalls sozialistischen Brüder. Noch in den sechziger Jahren wurden deutschsprechende Reisende in Polen und der Tschechoslowakai mit Steinen beworfen, es war unmöglich, in die jeweilige Sprache unterzutauchen, wurde man doch immer als Nazi erkannt. Als Normalisierung zu den Deutschen eintrat, gab es den Guten Deutschen aus der BRD und den Minderwertigen Deutschen aus der DDR. Erneut wurde ein Eintauchen in die andere Welt, in das politische Brudervolk verunmöglicht.

Republikflüchtige, die ins Ausland gingen, um dem Deutschen zu entkommen, sehen sich nach der Wende grausam mit dem konfrontiert, was sie verlassen wollten. In ihren Erinnerungen ist das Deutsche mit dem gekoppelt, was sie in den DDR-Schulen als das Böse oder Nie-wieder eingepaukt haben, das sie nun in zwiefacher Gestalt, in der ost- und westdeutschen Wende-Ausprägung, einholt, dem sie zu entkommen glaubten, sich dafür freiwillig übereilt im Ausland plan schliffen. Als Ostdeutsche bewegten sie sich wie »Westdeutsche«, bekamen ihren Mangel dennoch von ihrer neuen Umwelt serviert. In nichts glichen sie denen, die als die großen Exilanten ihre Schulbücher füllten. Selbst mit einer Biografie in der

DDR waren sie Unbekannte, die sich nur durch übertriebene Anpassung rehabilitieren konnten. Das, was sie jetzt erreicht hatten, sollte angemessen bestätigt werden, indem sie das Hinter-sich-Gelassene nach der Wende einer Prüfung unterzogen. Betraten sie jetzt Deutschland wieder, logen sie, wollten keinen Einblick mehr in ihre Herkunft geben. Sie reisten aus einem Exilland ein, das ihnen zur Heimat wurde. Manche änderten ihren Namen. Heimgekommen in ihr Exilland, trafen sie nicht auf einem Flughafen ein, sondern in ihrem Zuhause. Die Unerbittlichkeit, mit der diese Definition vollzogen wurde, entfernte sie von ihren ehemaligen Vorbildern, den Exilanten, die nach Beendigung des 2. Weltkriegs nach Deutschland zurückkehrten.

In einer europäischen Hauptstadt, in einer fremden Sprache festzustellen, daß wir im Harz geboren sind, daß sich die Eltern und Geschwister kannten, ist ein grotesker Vorgang. Umständlich versichert man einander die Richtigkeit der Angaben, dabei verfällt man in eine Sprache, die die andere Person, die zunächst ihren Hintergrund verschleiern will, begierig sucht, sodaß man sich der eigenartigen Nähe, die zwischen den beiden Körpern besteht, vergewissert, sich innerlich fragt, warum man von der anderen Person so angezogen ist und diese ebenso, sodaß man ständig glaubt, seinen Gefühlshaushalt in Ordnung bringen zu müssen, bis einem die beiderseits verwendete Sprache verdächtig vorkommt. Man stößt sich unwillkürlich an Worten, die in diese Umgebung nicht hingehören. An jeden Satz knüpft das Gegenüber Erinnerungen an, als ob es Haken schlüge. Ein Verwirrspiel beginnt. Man möchte nicht zuviel Ortsgebundenes hier von sich geben, eher seine Eingliederung in das Fremde genießen, seine Ortsgebundenheit abstoßen, einfach »westdeutsch« sein, während das Gegenüber diesen Versuch streng negiert, das Fremde sowieso parat hält, sich als der weiter fortgelaufene Republikflüchtling präsentiert, und ob man will oder nicht, man ahnt etwas, was man nicht ahnen sollte. In der Londoner U-Bahn sitzen 2 Sangerhäuser. Die Erinnerung ist die Sprache, die dann hochkommt, der Dialekt, die regionale Sprache. Das Einsacken in diese Sprache, die sich nun als die eigentlich fremde präsentiert, die Körper definiert, sich über sie stülpt, wie ein Panzer, denn die Veränderung der Sprechwerkzeuge ist auch für die anderen, die diese Sprache nicht verstehen, von übergroßer Häßlichkeit, die nicht nur von den Tönen und Tonfolgen herrührt, die aus den Mündern kommen, sondern ebenso von den Veränderungen des gesamten Gesichtsausdrucks und der Kieferpartie. Es geschieht etwas Eigenartiges, den fremden Menschen scheinbar Fremdes, daß die verdrängte, vergessene Sprache, die man als Kind sprach, sich mit einer Macht im Körper ausbreitet, ein Zusammengehörigkeitsgefühl erzeugt, das beide Sprechende wie ein neu gewonnener Schutz in der Fremde umgibt. Zugleich aber ergreift beide Scham. Sie ekeln sich voreinander. Die Nähe ist klebrig, will gemieden werden. Doch die Momente, in denen die vergessene Sprache gesprochen werden könnte, die sich als die lange entbehrte herausstellt, an deren Entbehrung beide Personen leiden, will die eine Person geschickt umgehen, wie die andere sie geschickt anpeilt. Es kommt dennoch zu einer sprachlichen Vereinigung, von der die eine Person, die weiter geflohene, nicht genug kriegt. Für sie ist sie tatsächlich

Stoff, Droge. Die körperlichen Veränderungen beider im Sprechen, die zunehmende Verjüngung, die beide aneinander erleben, zerbricht die Front, die die eine Person gegen die andere aufrichtete. Die zunehmende, innere Verbindung scheint beiden eine Bereicherung, ein Zugewinn, den man betont herausstellt. Was die vergessene Sprache beiden bedeutet, wissen sie nicht. Die Suche danach bereitet beiden Schwierigkeiten und will direkt ins Zentrum.
Beide nehmen davon Abstand, sehen den Vorzug ihres Zusammentreffens schon gefährdet. Der innere Zustand ist so verwirrend, daß für Momente das Fremde, das einen umgibt, ausgeblendet ist, andere Züge annimmt, zu einer Landschaft wird, in der man sich orientiert, da sie deutlich ihren feindlichen Charakter verloren hat. Ob die gemeinsame Spracherinnerung eine anhaltende Verbindung, so etwas wie »Familie« schafft, fragen sich die beiden Personen, wenn sie sich verabschieden, wenn die zugereiste Person in ihr Herkunftsland zurückkehrt.

MONOLOG I

Im Westen angekommen, ging ich richtig auf Suche nach Leuten, denen es wie mir ging, geschah das, trat eine beklemmende Enge ein, als ob ich tief in den Schlund des anderen hineinsehen, ja von ihm verschlungen würde, ich war von der vertrauten Wärme, der eigenen, so innerlich berührt, daß jede Standfestigkeit ausgelöscht wurde, ich mich von selbst entschloß, mich fallen zu lassen. In dem beschriebenen Bild sehe ich die gleiche zwanghafte Beklemmung, die ich empfand, als Wolfgang 2 von seinen Literaturrecherchen in Frankreich und Italien berichtete, ich wurde meiner Beklemmung gar nicht Herr, so war ich erregt von Geschichten, wie er in die und die Bibliothek geht und unter den und den Umständen eine Karteikarte zieht, ein verschollenes Buch findet, ein Telefonat macht, mit seinem Auto liegenbleibt, alles Bilder, die ich nie gesehen habe, die in mir sind und mich nicht verlassen wollen. Jetzt, wo Wolfgang 2 tot ist, mit solcher Macht da sind, als ob ich jetzt mit ihm neben seinem Auto stehe, die Kühlerhaube offen, und er überlegt, wie er mich nicht in die dringend notwendige Reparatur verwickelt und mich durch geschickte Bewegungsabläufe abschreckt, sodaß ich mich wie von selbst zurückziehe, beiseite trete, ihn allein lasse, so allein wie er immer war, damit dieser Moment für seine innere Sammlung bleibt, damit seine Vorherrschaft, so wie sie stets zwischen uns herrschte, erneut hergestellt wird, sodaß er sich wieder ans Steuer setzt und ich einsteige.
Selbstverständlich haben wir in den 15 Jahren unserer Freundschaft keine gemeinsame Reise gemacht, die beschriebene Szene existiert ausschließlich in meinem Kopf, und heute sehe ich mit seinen Augen, was ich mir nie vorstellen konnte, ich sehe seine Vorherrschaft als Notwendigkeit an, ich akzeptiere sie, selbst wenn die Worte mir entgleiten, sich nicht dazu fügen wollen, ihre eigene Sprache sprechen.

Im Herbst 1977 stand ich vor seiner Wohnungstür, ich kannte ihn nicht, wir hatten nur telefoniert, ich kam mit meinem ganzen Gepäck, den Lumpen, die ich in Frankfurt zusammengekratzt hatte, in einem Billigblechkoffer. Nach 3 Tagen erklärte ich, daß ich seine Wohnung nicht mehr verlassen würde. Ja, wenn du das ertragen kannst, sagte er prompt und ging in sein hinteres Zimmer.
Ich war nach Westberlin umgezogen.

Uns trennte ein langer Flur, ich war nur wenige Male in seinem Zimmer, stets mit Scheu, ihn nicht weiter zu verdrängen, verletzen zu müssen. Sein Lebenszeichen waren seine Schritte im Flur. An meiner Tür vorbei. Wenn er allein in der Küche saß, seine Monologe abhielt, wenn er vor mir flüchtete, wenn ich vor ihm weglief, Monate in einem Clinch, den keiner zu lösen wagte. Männer unter sich, eher bereit sich umzubringen. Tod, das war ein Thema zwischen uns, ohne es auszusprechen.

Meine Freundin kam 1978 aus dem Gefängnis, 2 Jahre nach mir in den Westen. In einem Bus hinter Mülltonnen über die Grenze. Während der Bus die Mülltonnen passierte, weinten die Männer, während die Frauen lachten. Beim Einstieg war es umgekehrt, meine Freundin betonte den Unterschied abfällig. Alle Insassen nahmen diesen Widerspruch wahr und versuchten die Erinnerung an den Grenzübertritt abzuschütteln, den bis dahin wichtigsten Einschnitt.
Jahre traf sich meine Freundin mit den Mädchen, mit denen sie zuletzt in der Abschiebezelle saß, Mädchen, die sie vorher nicht kannte, die, als sie hier waren, eng zusammenrückten, sodaß wir Männer zu ihren Treffen nie mit waren, wenn ja, dann nur am Rand und stets mit einer belastenden Einzelgeschichte, die ich als unsere gemeinsame empfand, aber ich war unfähig, mit den anderen zu sprechen, ich sah sie nur an, die sich verändernden DDR-Gesichter, die Gesichter meiner Generation.
Zunächst war die Eingewöhnung vertraut, meine Freundin machte die gleichen Fehler wie ich, stieß auf Ungereimtheiten, auf eigene Anpassungssucht, sodaß man sich nicht mehr zu erkennen glaubte. Die Veränderungen, die ich an mir wahrnahm, waren so beklemmend, daß ich mich in einem eigenen Gefängnis sah, als sähe aus diesem nur noch der Kopf heraus.
Unter meinen ehemaligen Freunden, die nun auch alle im Westen waren, mit wenigen Ausnahmen, wie eine über die Grenze nachschwappende Biografie, brach die gleiche Anpassungskonkurrenz aus, die zwischen meiner Freundin und mir herrschte, die uns langsam auseinanderbrach. Schon waren wir das einzige Paar, das sich als Paar noch behaupten konnte, die meisten hatten sich isoliert, waren abgetaucht oder westdeutsch-berühmt geworden. Ich mied jeden. Ich erschrak, wenn mich im Osten Gebliebene anriefen, wenn sie mit einem DDR-Reisepaß vor mir standen. Sie gehörten nun der Kategorie an, zu der zu gehören ich abgelehnt hatte, das brachte mir Vorwürfe ein, der Abstand zu ihnen wurde noch größer, der Mauerfall beendete alles. Sehe ich sie heute auf der Straße, in der Bank, auf dem Bahnhof, an irgendeiner Stelle, erscheinen sie wie ferne Erinnerungen, wie ein Bild, eine Landschaft, die ich gekannt zu haben glaube, als etwas, was ich schnell vergessen soll.
Die Veränderungen, die ich zunächst an mir, später an meiner Freundin beobachten mußte, denen ich unmittelbar unterworfen war, brachten mich in einen Zustand, über den ich weder sprechen noch schreiben konnte. Schon der Versuch, mit meiner Freundin über die sich für mich wiederholenden Vorgänge zu sprechen, erschien lächerlich, trat mir doch ein Mensch gegenüber, den ich zwar Jahre kannte, der sich jetzt jedoch völlig anders verhielt, der mir weder glauben wollte, noch Verständnis dafür zeigte, warum ich litt. Die Bedrückung, die sich unserer bemächtigte, wurde nur von Reisen weggenommen, wenn wir uns unter Menschen aufhielten, die nicht unsere Sprache sprachen. Stunden liefen wir durch fremde Städte, sie immer 2 Schritt hinter mir, stets von mir gegängelt, daß sie nicht schneller laufe, daß sie doch nicht so lahm sein könne, wo sie doch diesen Marsch vorgeschlagen habe. So durch Philadelphia nach Germantown, wo sie Amerikaner in Seppelhose anzutreffen hoffte. Wir überquerten die Brücke, die unsere Bekannten in ihren Kindertagen einmal passierten, doch nie wieder zu

Fuß betraten. Sie berichteten davon wie von einem großartigen Ausflug. Wenn sie mit uns im Auto die Brücke passierten, kam mir der unbändige Wunsch, da hinüberzulaufen.
Als wir das erste Mal über die Brücke gingen, wir brauchten 45 Minuten, schepperten die Glaslampen in ihren Halterungen so laut, daß wir erschrocken innehielten, unsicher, wo das Geräusch herkam. Die Aufhängung des Gehwegs war so hoch, daß wir durch die Löcher des Fußbelags Stockwerke tiefer Stadtbahn und Autobahn sahen, ganz unten den Fluß.
Der Marsch nach Germantown ging durch Philadelphias Dunkelzone: Verwilderte Ruinenlandschaften, die in blühender Pracht in Abfall übergingen. Enge Straßen ohne Menschen, Straßen mit Autoverkehr. Unzählige Kirchen und Tempel. Unerschrocken laut Deutsch sprechend durch eine Straßengang, die uns weder bedrohte noch angriff. Die Gang wartete auf diesen Zusammenstoß, daß ich als Weißer einem Schwarzen den Vortritt verweigerte. Ich blieb stehen, meine Freundin trat mir in die Hacken, aber ich ließ den mir Entgegenkommenden durch, ich grüßte nickend, er nickte zurück. Die abgesägte Flinte schußbereit.

Meine Freundin und ich liefen hintereinander. Mal streckte ich die Hand nach hinten, die sie nur berührte, dann zog ich meine Hand vor, als ob ich mich ihrer versichert hätte, daß sie bei mir war, daß ich sie nicht ansehen mußte, daß sie nicht zurückblieb, daß ich mich nicht umdrehen mußte.
Manchmal zog sie weit voraus, dann hatte sie die Führung übernommen, trug Taschen, Rucksack und Zeug, während ich müde hinterherlief, Kilometer zurücklag. Als sie schon das 2. Bier trank, kam ich staubig an, spuckte das Korn aus, was noch grün, noch bitter schmeckte.
Wir lebten wie ORPHEUS UND EURYDIKE auf dem Weg durch die Unterwelt ans Licht. Daß dieses Licht nicht Gemeinsamkeit, sondern Trennung heißen würde, war mir Jahre bewußt. In diesem Tunnel wurden wir alt, sodaß man die Veränderungen wahrnehmen mußte, die Alterung bewirkte, Hiebe und Kerben, die Zunahme innerer Ausweglosigkeit, das sich ankündigende Lebensende, das noch immer nicht begonnen hatte und so nie beginnen würde.
Glucks ORPHEUS UND EURYDIKE hatte ich dreimal, für den Fall, wenn ich die eine Aufnahme zerkratzte. Das war DDR-Vorsicht. In Moskau kaufte ich 5 Aufnahmen von TRISTAN UND ISOLDE, nur für den Fall, daß ich jemals die Platte hören wollte.

Die Frage, ob Alleinsein Individualität bedeutet, ob Individualität mit dem Bewußtwerden persönlicher Vereinsamung, von allen getrennt zu sein, zu keinem auch nur die geringste Verbindung aufnehmen zu können, verbunden ist, behandelt das Drama anders als das Leben. Die Figur verweist im Monolog auf ihre Innenpersonen, Faust spricht von 2 Seelen, die das Spannungsfeld, in dem die Figur agiert, festmachen.
Nur durch Aufgabe ihres Alleinseins, hier gleichbedeutend mit ihrem Individualitätsanspruch, kann die Figur zur Masse, zu den anderen gehören, ihrer teilhaftig werden, vor allem des Vorzugs, nicht schuldfähig, nicht haftbar zu sein. Indivi-

dualität heißt aber genau das Gegenteil, schuldfähig und haftbar, heißt Rücksicht nehmen, Abstand halten, anderen den Vorteil einräumen, heißt die Situation beherrschen.
Erwünschte oder erlittene Zugehörigkeit ist Normalbeziehung jedes Einzelnen zum Chor, der das Individuum als ausgestoßen betrachtet, ein nicht immer anzustrebender Zustand, der selbstverständlich den Monolog bedingt als Folgeerscheinung eines erwünschten oder erzwungenen Ausbruchs. Er beschreibt die Aufspaltung der Stimmen, die eine und die von allen. Das Zwiegespräch mit den Personen in der Figur beginnt, nach Faust hat man dort 2, andere sprechen von einer, von vielen, von keiner, vom Verbot innezuhalten, vom Verbot sie zu kennen, wie die verbotene Frucht oder Tür, man darf weder essen noch öffnen.

Monolog. Das ist der Baum draußen. Viele Jahre war er mein Gegenüber, in jedem Jahr ein Stück weiter gestorben, ein Stück weiter zersägt, ein Stück mehr gestützt, ein Eisenreifen, noch einer, ein Ast ab, der nächste, der nächste im vorigen und vorvorigen Winter und davor. Heute ist er umgelegt. 2 Monate stand er geborsten. Jetzt ist nichts mehr übrig, ein großes Loch Himmel.
Der Baum war mein Dialogpartner, mit ihm saß ich 16 Jahre in der Küche, froh, wenn er nicht zu früh gelb wurde, froh, wenn diesmal die Blätter später fielen, froh, daß die Krähen ihn umkreisten. Früh 5 stand ich auf, ihren Zug zu verfolgen, vom Flughafen Tegel gen Osten auf die Ostmüllplätze, von wo sie abends heimkamen, Mauer und Stadt überquerten, sich an der Staatsbibliothek West aufwärmten.
Der Baum ist weg. Die Motorsäge den ganzen Morgen. Ich dachte, es sei in der Nachbarschaft, stattdessen genau gegenüber. Ich öffnete kein Fenster, so ist meine Wahrnehmung verschoben, ich paßte nicht auf, mir gegenüber arbeitete ein Mann und zerlegte den Baum in Scheiben. Die Säge war so laut, stattdessen wollte ich richtig Frühstück machen. Sah nicht hoch, bis ich den Himmel leer fand, nicht feststellte, da fehlt der Baum, nein, vor meinem Fenster war ein Riesenloch, unausgefüllt, nur Himmel.

MONOLOG II

Gegenüber Ahnung. Während ich das schreibe, stirbt meine Nachbarin, die ich jeden Tag sehe, die schon die ganze Zeit am Fenster steht, den ganzen heißen Sommer, alt, dürr, jeden Tag vom Flurfenster zu mir sieht, mich täglich beobachtet, mit einem hungernden Blick, sich auch nicht davon abbringen läßt, wenn ich die Vorhänge zuziehe. In der Küche habe ich keine, wo ich jeden Morgen auf meinem Stuhl zwischen Abwaschbecken und Küchentisch sitze, eingeklemmt, wo sich jeder Besucher hinsetzen will, nicht akzeptiert, daß dieser Platz mein Platz ist, auf dem mich jeden Morgen die Frau sieht, die sich im Tagesverlauf vom Fenster zurückzieht, mich nicht mehr beobachtet, als es kühler geworden ist, sich auf ihren Balkon, direkt in die Sonne setzt, umgeben von ihren Gummibäumen und Grünpflanzen, die, aus dem Zimmer nach draußen gebracht, ihren Balkon zum Garten machen. Daß sie das Haus verläßt, habe ich nicht gesehen, Besuch ist selten, ständig beobachten konnte ich sie nicht. In der Hitze laufe ich halbnackt herum, ziehe die Vorhänge zu, bin so mit mir beschäftigt, um überhaupt am Tag über die Runden zu kommen. Jedesmal wenn mich einer besucht, gucken wir zusammen auf die Frau, sie wiederum auf uns, manchmal geht sie nicht ins Bett, steht nachts im dunklen Hausflur, damit sie mir nicht auffällt. Die letzten Tage saß sie braungebrannt mit ihrem Stock im Balkonstuhl, im Profil zu mir, ich konnte nicht verstehen, wie sie die Hitze aushielt, manchmal trug sie nur weißes Unterzeug, sie lief aber sehr langsam mit dem Stock, sich an jedem Vorsprung festhaltend. Dann sah ich sie einige Tage nicht, mir fiel es nicht auf, ich war so froh, daß es kühler wurde, meine Kopfschmerzen blieben, sodaß ich eher daran dachte, wie ich mich wieder hinlegen, schlafen könnte, als daß ich meine Nachbarin beobachtete. Sie ist tot.

Ein Paar räumte die Pflanzen ab, ich meinte am Morgen, daß eine Hilfe gekommen wäre, wie sie manchmal kam, ihr einziger Besuch, doch diese beiden räumten. Ich meinte zunächst, sie würden die Pflanzen nach der langen Hitze vorsichtig düngen und wässern, stattdessen gruben sie sie aus den Kästen und Töpfen, packten sie in eine Plastikwanne und weg damit. Nur die üblichen Balkonkästen, wie sie jeder Balkon des Nachbarhauses besitzt, blieben, rote Begonien. Die Balkonpflanze, die ich schon bei meiner Mutter haßte, rote Begonien.

Die Frau steht noch am Fenster, meine Erinnerung ist so stark, daß ich sie sehe, ihren hungrigen Blick, den Kopf nach oben gereckt in Erwartung, es ist nur dieser Blick, der unerträglich wirkt. Sie registriert, obwohl sie nach oben blickt, jede Bewegung, jedenfalls deute ich ihre Bewegungen so, als Kommentar, es kann auch sein, jedoch erinnere ich mich nicht, daß sie mit mir oder meiner Mutter gesprochen, früher, vor Jahren, aber das glaube ich nicht, wie ich jetzt fragen muß, ob sie tot ist.

Der leergeräumte Balkon hat eine Kälte, daß einem vom Anblick mulmig wird, man nicht mehr die Augen, den Kopf heben will, um auf das Nachbarhaus zu blicken. Man will die Augen nicht öffnen, einen Schleier sich davor denken, daß man das Gegenüber nicht wahrnimmt, einen inneren Film. Die Anrufung des Todes, ihre Erwartung, ihr vorgeschobener Unterkiefer, die sehr dünnen Lippen, ich sehe immer nur einen Strich, einen sich öffnenden schwarzen Strich. In der Sonne verwandelt sie sich in eine Mumie, scheint noch dürrer zu werden, noch brauner, sodaß sie im dunklen Flur kaum erkennbar ist, vorausgesetzt, in unserem Haus ist alles dunkel, dann wirft unser Gegenüber kein Licht zurück. Selbst an den Regentagen ließ sie nicht davon ab, mit einem Kopftuch auf ihrem Balkon zu stehen, während ich im Dunkeln draußen auf den Treppenstufen saß, mich im Regen ausstreckte, absichtlich kein Licht machte.

MÄNNER I

Deutscher Held. Der Wunsch nach einem gerechten König sei ein jedem Menschen innewohnender Wunsch, so talken 1994 deutsche Literaten, der ein ernstzunehmender, zu berücksichtigender Faktor der gegenwärtigen Lage sei. Die darin enthaltene Absage an die Demokratie, an die Verantwortung, an die Schuldfähigkeit des Einzelnen wird auf diese Weise flott gemacht, inzwischen ist man nicht mehr allein, hat sich wesentlicher europäischer Strömungen versichert, hat aus dem Niedergang der Sowjetunion und der damit verbundenen Ostblockstaaten »gelernt«, talkt sich an die vakante Spitze. Erschreckend ist, daß die Intellektuellen-Elite jetzt vor einem Loch katzbuckelt, das ein starker Mann ausfüllen soll, der schon vor seiner Nominierung adoriert wird, einen saubergeschrubbten Weg vorfindet, damit der Rote Teppich ausgerollt werden kann.
Schon die DDR sorgte dafür, daß der von ihr anfangs erbittert bekämpfte Geist von Preußen nicht verstaubte, holte den seit dem Krieg verbannten Preußentriumphator Friedrich den Großen unter die Linden zurück, erklärte damit ihre Kapitulation, ihren Untergang. Hüteten jetzt 2 Standbilder Berlin, die Hauptstadt der DDR, der inzwischen abgeräumte Lenin, mit der Arbeiterklasse am Arsch, und der Alte Fritz mit den Künsten und Wissenschaften unterm Pferdearsch. Die Parallelen zwischen beiden Ärschen, die abwertende Darstellung dessen, was die Köpfe dieser Plastiken eigentlich programmatisch fördern sollten, ist Gesetz. Weder handelt es sich um eine zufällige Übereinstimmung noch um einen Denkfehler der ausführenden Künstler, sondern um den konkreten Ausdruck der Potentaten, Proleten und Künstlern gehört der Arsch, damit man sich ihrer sexuellen Stimulanz versichert.
Das wiedervereinte Deutschland feierte in einem Mitternachtsakt die Heimkehr der sterblichen Reste des Alten Fritz, um sie testamentgerecht in Sanssouci einzugraben, um der Verpreußung, die in DDR und BRD eingesetzt hat, neue Nahrung zu geben.
Sein Geist feiert in seinem 250jährigen Bau den Geburtstag der Grundsteinlegung.
Das alles zu einem Zeitpunkt, wo der Wunsch Schuld abzuladen, unschuldig, nicht haftbar zu sein, sich immer mehr in den Köpfen festsetzt, um das jetzt ins Bewußtsein dringende, in beiden deutschen Staaten entstandene Vakuum vergessen zu lassen, das auch keine Partei mehr füllen kann, nur füllen konnte, solange der BRD-Aufstieg anhielt.
Unterwerfung ist angesagt, die beiden deutschen Leben erfahren, wos lang geht. Der Wohlstandsstaat in Geldnot bei völliger Sinnentleerung. Auf diesen Punkt scheinen beide Deutschland hingearbeitet zu haben. Frühe Anzeichen der Sinnentleerung geradezu verteufelnd, versuchten beide Staaten sich ihrer Aufbauphase zu erfreuen. Zum Schluß, zu ihrem 5. Akt gab die SED die Parole aus, die

DDR sei FAUST 3, die realisierte Krone der Deutschen Klassik. Eine unsinnige Parole hat ihren Wahrheitsgehalt erfüllt. Dieser Staat wurde zu dem, was Faust blind anschreit:

Wie es auch möglich sei,
Arbeiter schaffe Meng auf Menge,
Ermuntre durch Genuß und Strenge,
Bezahle, locke, presse bei!

Daß sich das schönste Werk vollende,
Genügt e i n Geist für tausend Hände.

Der Teufel Aufseher schreit die Einheitsparteimitglieder an:

Herbei, herbei! Herein, herein!
Ihr schlotternden Lemuren,
Aus Bändern, Sehnen und Gebein
Geflickte Halbnaturen!

Und die Schichtarbeiter-Lemuren antworten mit 99% ihrer Stimmen:

Wir treten dir sogleich zur Hand,
Und wie wir halb vernommen,
Es gilt wohl gar ein weites Land,
Das sollen wir bekommen.

Gespitzte Pfähle, die sind da,
Die Kette lang zum Messen,
Warum an uns der Ruf geschah,
Das haben wir vergessen.

Unser Fazit:

Es gilt wohl gar ein weites Land,
Das sollen wir bekommen.

Ich stolpert über Grabes Tür,
Warum stand sie just offen!

In dieser Situation kommt ein PARSIFAL sehr zupaß, kann man in ihm ohne Bauchschmerzen die Adoration der Monarchie feiern, die der Königserziehung zu hoher Verantwortung und strenger Machtausübung, eine dem PARSIFAL-Förderer Ludwig II. sehr genehme Darstellung. Schon zu Lebzeiten Wagners eine überholte Position, dopte hier doch ein jugendlicher König einen alternden Barrikadenkämpfer. Daß er Ludwig II. Parsifal nennt, ihn als solchen verehrt, mag Wagner ernst gemeint haben, finden sich doch zur Person Ludwigs genug Entsprechungen. PARSIFAL, ein musikalischer Erziehungsroman, diese Lesart, eine sich allabendlich wiederholende Krönung Ludwigs II., ist einseitig, läßt das Bühnenweihfestspiel zu einer Militärklamotte verkommen: Dekadenz im Vorposten.

Außer dem Wunsch, außer der Angst, daß das nicht gemeint sein kann, nicht gemeint sein darf, gibt es im PARSIFAL kein Detail, das diese Interpretation unterlaufen würde: Ein Grenzlandkonflikt mit Schwarz und Weiß, als Pflichtveranstaltung für Junge Pioniere und Pfadfinder, für neue Aufmarschierer.

Mit dem Einsatz von Blut geht Wagner in PARSIFAL einen entschiedenen Schritt über SIEGFRIED hinaus: Siegfried leckt Blut, die Grals-Mannschaft trinkt. Schon ein Unterschied in der Menge. Siegfried badet in dem unheimlichen Drachenblut, von dessen wunderhafter Wirkung er nur gehört hat: 1. Daß das getrocknet Blut wie ein Panzer unverwundbar macht. 2. Daß er, nachdem er das Blut genossen hat, die Stimmen der Vögel, der Tiere versteht. Auch der Gral, das Blut Christi hat ähnliche Wirkung, es macht unverwundbar, unsterblich. Siegfried tötet den Drachen, Parsifal Christus? Kann die Wirkung von Drachen- und Christus-Blut gleich sein? Darf sie gleich sein?
Hier muß nationalsozialistisches Gedankengut nicht erst hervorgezogen und aufgefrischt werden, es ist unseren Kunstprodukten eingepflanzt. Sind doch ausschließlich die Künstler in unseren Regalen, die jedem System bis jetzt gedient haben, die jedes System gewinnend für sich interpretieren konnte. Verwandtschaft wird demonstriert, als wäre Goethe Großvater jeder neuen Führung. In diesem Geist lebt Weimar bis heute.

Wagners Beitrag zum deutschen Heldenbild ist der Drachenblut von seinen Fingern leckende Siegfried: Nützte mir das / des Blutes Genuß? Es nützt, darin sind Parsifal und Siegfried verwandt, jeder Teil des anderen. Doch Siegfried hört dank des verspeisten Drachenbluts die Vögel, Parsifal wird dessen nicht mehr gewürdigt. Erschöpft sieht er nur Leere.
Siegfrieds Leichnam droht mit totem Finger Hagen, ihm den Nibelungen-Ring zu lassen, zeigt das Ende des Mörders an. So drohend erhebt sich der tote Titurel segnend über dem neuen König der Gralsburg, auch dessen Ende ankündigend.

Wenn die Deutsche Klassik in Rübenverziehen und Laubenpieperseligkeit ihr Zurück zur Natur preist, nagt der Zweifel, warum diese hochgejubelte Epoche europäischer Geisteshaltung in diesem Punkt so angenehm und verständig ist, während ihr ganzer militaristischer Quatsch sich einem quälend auf die Seele legt, denn sie kreiert für unsere Überlieferung nicht den Mann mit dem Spaten, der in Zurückgezogenheit seine Pflänzlein begießt, sondern den Helden des Sprechtheaters, den aktiven Offizier. Da kommen unsere leckgeschlagenen Tellheims mit Kleist an die Rampe und schreien ihr Heil unter sinfonischem Kanonendonner: In Staub mit allen Feinden Brandenburgs. So wie Lessing den Offizier fixiert, Schiller ihn als Ferdinand von Walter wiederholt, der als Prinz von Homburg geistert.

Das Problem des Rückzugs des Offiziers in den Stab und später in die Verwaltung, seine Umformung zum Beamten, diesen Konflikt beschreibt schon Goethe in GESCHICHTE GOTTFRIEDENS VON BERLICHINGEN MIT DER EISERNEN HAND DRAMATISIRT in dem sich entzweienden »Bruderpaar« Götz und Weislingen. Kein anderer deutscher Autor hat dieser verfluchten Konstellation wieder einen solchen Untergang, einen solchen 5. Akt gebaut, dazwischen 3 Frauen, deren Positionen sich noch in Kundry ausdrücken.
Hebbel formulierte den Beamten in MARIA MAGDALENE endgültig. 1861 trifft er sich mit Wagner, doch der ist von dem Naturalisten enttäuscht. Hebbel jedoch bereichert die Begegnung, er dichtet seinerseits einen RING, die Trilogie DIE NIBELUNGEN, 1862 fertiggestellt. Über ein Wiener Konzert Wagners 1863 schreibt er: Immerhin ist der WALKÜRENRITT eine vortreffliche Ouvertüre zum Wiener Carneval. Das pfeift, zischt, klingelt, rauscht, stürmt, als ob der Moment gekommen wäre, wo auch die Steine Ton und Stimme erhalten sollen, und man wundert sich nur noch, daß man beim letzten Tactstrich nicht sammt dem Componisten und dem ganzen Theater in die Luft fliegt.

Faust, und deshalb ist seine Stellung in der deutschen Literatur so einmalig, eigentlich Wissenschaftler und Lehrer, steht konträr zum Beamten und Offizier, personalisiert den Versager-Intellektuellen, der jedoch eine Verbindung der 4 Positionen ist. URFAUST beschreibt weitgehend die Qualen eines Stubenhockers, der unter Leute kommen will, die Figur bleibt bei allen Abweichungen dem städtischen Beamten nahe. FAUST 1 erweitert das Thema mit der Einnahme einer Jugend- und Potenzdroge und den sich daraus ergebenden Querelen. Während der 2. Teil Faust sofort in ein machtpolitisches Umfeld stellt, das ohne kriegerische Auseinandersetzungen nicht auskommt. Faust beschafft dem Kaiser nicht nur Geld, er ist auch sein Stratege. Nach der Beseitigung der feindlichen Armeen wird der Teufel Fausts Gegenspieler, dem Faust in wühlender Aufbauarbeit einen KZ-Staat abtrotzt, im Wahn, er werde jedem Menschen Frieden und Wohlsein schaffen.
Krieg ist kein Nebenthema der Faust-Figur, sondern Mord und planmäßige Vernichtung bestimmen. Goethe macht Krieg zusammen mit dem Teufel, Wagner mit der Gralsarmee, Hochhuth mit dem Bürokratenheer, ihnen allen ist ein Ziel gemeinsam: Rückgewinnung, Okkupation.

Wagner liefert seinen Helden-Beitrag, läßt Siegfried in ähnliche Konstellation zu Hagen kommen, wie vormals Goethe Faust zu Mephisto. Selbst Hagens Vergessenstrunk, durch den der trinkende Siegfried Brünnhilde vergißt, anschließend Gutrune berennt, ist der umgekehrte HEXENKÜCHEN-Trank, nach dessen Genuß Faust Margarethe bespringt.

Grob gesagt, ohne Droge keine Frau. Ständiger Vorwurf der Frau, nur unter Droge anerkenne der Mann sie, sei zum Geschlechtsverkehr fähig, sie müsse ihn durch Drogenkonsum zum Geschlechtsverkehr zwingen.

Heldenleben minderer Art muß genauso trinken. Die Kneipe ist Zentrum eines Proletenlebens. Ich erinnere mich meines Großvaters, wie er wöchentlich zum Kronprinz ging, meine Großmutter ihm dafür ausnahmsweise Geld gestattete und Großvater in seinem braunen Cut mit auf dem Rücken verschränkten Händen abzog, sehe noch seinen leicht gebeugten Rücken, so als mache er sich extra krumm, um unter den anderen Männern, die krummer waren, nicht aufzufallen, wie er den Kopf nach rechts hob, schielte, als müsse er sich anstrengen, nach oben zu gucken. Meine Großeltern hatten genug Bier im Haus, Großvater war noch immer in der Brauerei beschäftigt, erhielt seine Zuwendungen. Es mußte dieser wöchentliche Gang sein, ich erinnere mich meiner ungehaltenen Großmutter, die in der dunklen Stube saß, das gewölbte Kopfsteinplaster fast in Augenhöhe vor sich, so tief lag der Stubenboden unter der Straße, sie ging nicht eher ins Bett, bis er kam. Meine Großeltern waren mir das liebste, und mein Großvater, schon immer mürrisch, wortkarg, geradezu abweisend, saß über meinen Schuhen, hämmerte die Absätze ohne Widerrede, ohne zu mucken, ohne aufzugucken, hämmerte, flickte und spuckte seinen Priem aus. Mutter gab mir oft Kleingeld mit, so als müßte ich es meinem Großvater zustecken, so als würde der Kneipengang von ihr gesponsert.
Daß Bier oder Wein gesellschaftliche Zuordnung bedeutet, wußte mein Vater, verbot jeglichen Alkohol. Bier- und Schnapstrinken waren ihm Zeichen proletarischer Herkunft und Zugehörigkeit. Ich erinnere mich, wie ich zum ersten Mal Bier trank, in eben der geselligen Atmosphäre, in der man Bier trinkt und kotzt. Daß ich mich jahrelang gegen den Genuß von Bier als Proletengesöff gesträubt habe, konnte nicht verhindern, daß ich mittrank, vor allem mit meinen Kommilitonen. Mich verunsicherte meine Betrunkenheit, daß man diesen Zustand genießen kann, erlernte ich unter Mollestemmen. Daß es nicht ausschließlich um Promille im Blut ging, untermauert die DDR-Auffassung, Schnapstrinken als Leistungssport, dem sowohl die Proleten als auch die Intellektuellen-Klasse huldigten. Noch heute, wenn ich Bier trinke, beweist sich meine Zugehörigkeit. Der Aufstieg in die Weinkonsumenten, den ich als gesellschaftlichen Akt und nicht als Gourmetfrage sehe, wird von mir strikt verweigert, zumal ich hier, nach meiner Republikflucht, auf Menschen stoße, die in dieser Frage tatsächlich ein Zugehörigkeitsproblem sehen und in nahezu erbitterter Form erworbene Lebensqualitäten gegen mich ins Feld führen, stets die Trockenheit ihres Weißweins diskutieren, eines Spülwassers mit Schuß ATA drunter.

MÄNNER II

Die 1. Kneipen-Szene der deutschen Literatur ist der schon im URFAUST enthaltene AUERBACHS KELLER. Ein Lapsus, AUERBACHS KELLER ist keine Kneipe, der gesellschaftliche Unterschied muß gewahrt bleiben. Hier sitzen eigentlich die von Faust und seinesgleichen verbogenen, inzwischen gealterten Schüler und Studenten, Degradierte, die statt Blut Wein trinken müssen, die Helden privat werden keinen mehr hochkriegen, bis das »Zwillingspaar« Faust und Mephisto die Katze aus dem Sack läßt, sie in Schweine verwandelt, in das, was sie sind.
Die Interpretation dieser Szene ist Prüfstein jeder Aufführung, man weiß sofort, wo der Abend hinläuft. Es ist genau die Szene, die den gesamten Faust-Reisen voransteht, auch übersprungen werden könnte, Mephisto könnte Faust sofort in die HEXENKÜCHE bringen, dies tut Goethe überlegt nicht. Um die HEXENKÜCHE verständlich zu machen, schöpft der Autor vorher das bürgerliche Jammertal aus. Kein deutscher Autor hat so gründlich gearbeitet. Goethe vernichtet in den vorausgehenden Szenen das gesamte Wissenschaftspersonal, jeden Fortschrittsglauben, zeigt in Faust und Fausts Vater die Bestialität, verhöhnt die Faust hochjubelnden Opfer: Daß man die frechen Mörder lobt!, setzt dem in der anschließenden Naturduselei noch die Krone auf.
Es folgt der Exzeß unter den AUERBACH-Männern, nachdem man wie vermutet aus Rippach »vom berühmten Hans« kommt. Ein URFAUST-Reclam kommentiert: Bei Wurzen, Haus am Fluß, homosexuelle Absteige mit Übernachtung. Andere Kommentare halten sich seriös am weit verbreiteten Schimpfnamen Hans Arsch von Rippach fest. Für das abgehalfterte Wissenschaftspersonal, das sich in AUERBACHS KELLER zusammenrottet, versteht es sich von selbst, daß es für einen »gebildeten« Mann stets Anlaß gibt, in berüchtigten Lokalen zu verkehren. Goethe porträtiert Deutsche, die sich dort die Hörner abstoßen, um sich für ein Eheleben fit, um sich immun zu machen. Blut oder Wein, das ist schon in dieser Szene ein Problem, die hochstudierten Gourmets kennen die Weinklassen. Uns ist gar kannibalisch wohl/Als wie fünfhundert Säuen!, um anschließend die Messer zu ziehen, ihr Opfer zu holen: Ein Zauberer ist Vogelfrey! Nach den Reichsgesetzen Vogelfrey! Sie wollen über Fausten her.

Die Wochenendglotze jubelt jetzt in deutscher Folklore. Über Nacht holt die Ehemals-DDR aus Dachböden und Koffern Trachtenlook, der sich in widerständigem Untergrund behauptet hat, als Neulametta der Vereinigung. Es schunkelt, und die Droge fließt. Gegen solche Auffassung stehen Büchner/Bergs Wirtshaus-Szenen, hier nimmt ein Komponist, ob gewollt oder nicht, die Stafette auf: Wieviel Droge braucht der Mensch?

AUERBACHS KELLER versammelt alle Meriten der Kneipen-Szenen des Sprech- und Musiktheaters. Obwohl sich die Oper aus unterhaltsamer Milieubezogenheit befreien könnte, bleibt sie lieber dem kostümierten Weingesang verpflichtet, ist Vorbote der gesangesfrohen Wochenendglotze.
Bergs Ansatz im WOZZECK sitzt schon besser, trotzdem bleiben die Wirtshaus-Szenen, wie alle übrigen Szenen, dem Sprechtheater verhaftet. Erschwerend ist, daß eine Beurteilung der Oper von der Kenntnis des Büchnerschen Schauspiels ausgeht, somit Bergs Position, Arbeit und Bedeutung schwächt.
Gibt es hier keine gute Inszenierung, die sich wiederum genau der szenischen Konstruktion Büchners erinnert und sich als ihr ebenbürtig erweist, ist WOZZECK eine trübe, erbärmliche Veranstaltung, der die Darsteller hilflos ausgeliefert sind, ähnlich wie bei Hauptmanns WEBERN. Findet die Inszenierung keinen eigenen Standpunkt, schlägt das behandelte Thema vernichtend auf die Interpretation zurück, sodaß man klugerweise die Hände von solchen Inszenierungen läßt, im Fall Hauptmanns ist das längst eingetreten. So umgeht man geschickt, daß der deutsche Held auch ein armes Schwein ist. Der Held des Sprechtheaters ist der Offizier, da sind Revolutionen, Kriege ausgebrochen, geändert hat sich nichts.
Nicht nur die WOZZECK-Oper hat damit ihre Probleme, das WOYZECK-Schauspiel auch. Das möchte man bei der unerschütterlichen Stellung Büchners nicht vermuten, aber die theaterpraktische Realisierung spricht eine andere Sprache, WOYZECK auf der Bühne bleibt ein Problem. Büchners Antiheld als deutscher Held, der Rekrut im Gegensatz zum Offizier, ist in unserem Staatstheater nicht lokalisierbar. Dieser trübsinnige Blick ins Armeleutehaus mit vagabundierender, unehelicher Mutter, dazu ein überjahrter Rekrut mit Blähungen und geistigem Magendrücken. Wen interessiert das! Selbst eine starbesetzte Verfilmung rettet nichts, zementiert die Aburteilung des Rekruten-Helden.

Daß die meisten Interpreten sowieso Mitglieder der Partei: Edel sei der Mensch, hilfreich und gut, sind, vertieft das Elend der Klassiker-Interpretation. Meist tritt der in der DDR praktizierte Effekt ein, man kriegt eine Brille verpaßt und sieht dann Rot, ja man sieht tatsächlich Rot, so möchten uns heute viele den erlittenen Zustand weismachen, in den sie hineinverführt worden sind, wie weiland schon unsere Eltern. Damit sprechen sich diese Personen ihre Schuld- und Wahrnehmungsfähigkeit ab, was den Umgang mit ihnen zu einer Qual macht.

WOYZECKS Narr sagt: Ich riech, ich riech Menschenfleisch. Puh, das stinkt schon! Was für Büchner gilt, gilt auch für Lenz, der seinen Antihelden, den sich kastrierenden Hofmeister präsentiert. Eine Klingsor-Variante, die zunächst irritiert. Ob sich Wagner je mit diesem Text der Goethe-Umgebung beschäftigt hat? Doch seine Kastration erzwingen ähnliche Umstände wie die Klingsors, dem Hofmeister geht es um Aufnahme in eine in sich abgeschlossene höhere Gesellschaft. Die einzige Möglichkeit, die er sieht, sich mit den Bedingungen dieser Gesellschaft kongruent zu schleifen, ist Hand anzulegen. Trotzdem wird er genauso wie Klingsor verbannt.

Hauptmann gelingt mit dem 1892 geschriebenen DE WABER etwas Eigenartiges. Obwohl der behandelte Vorgang in den vierziger Jahren spielt, wie er ausdrücklich vermerkt, streng historisch bleibt, entsteht die Atmosphäre eines Gegenwartsstücks, sodaß die behandelten Vorgänge nicht als Vergangenheit, sondern als unvermindert weiter wirksam begriffen werden, damit auf Zukünftiges verweisen, »Zukunftsmusik« sind.

Hauptmann zeigt mit der Kneipen-Szene, dem 3. Akt, einen Schnitt durch die Gesellschaft, eine soziale Stufenleiter, auf der eine theoretische Auseinandersetzung über die unhaltbare Lage der Weber erfolgt. Man denkt an den Erdkundeunterricht, an Schnitte durch die Erdrinde, in der sich Ablagerungen, Wasser, unterirdische Flüsse und Gesteinsschichten farbig voneinander abheben.
Um die ums Bier versammelten Figuren differenziert darzustellen, verwendet Hauptmann den antiken Boten, einen durchreisenden Fremden, einen Stadtmenschen, der in den kleinen Ort verschlagen wurde, der sich mit Zuständen konfrontiert sieht, die er weder versteht noch meistert, stattdessen wird er in die Auseinandersetzungen der streitenden Gruppierungen verwickelt. Hauptmann setzt diese Figur ein wie Euripides seine Phönizierinnen, die in die feindlichen Schußlinien vor Theben kommen. Jeden Abend ist das in der Glotze, Blauhelme zwischen den Fronten.
Hauptmann schafft weder ein positives noch ein negatives Bild der Weber, nichts, was parteipolitisch verwertbar sein könnte. Indem er ihnen durch seine Kunst-Sprache »Verstehbarkeit« versagt, entsteht Abstand. In der Urfassung wird streng »Dialekt« gesprochen. Der Zuschauer weicht vor den Webern zurück, der Autor isoliert die Gruppe »künstlich«. Um das noch zu unterstreichen, zeigt er ihre Auflösung. Die Weber, untereinander uneins, lassen eine von ihrem »Ausbeuter« erwünschte Spaltung zu. Die alten rücken von den jungen ab und umgekehrt. Der Altersunterschied wird zur politischen Front, die jungen stehen gegen das Althergebrachte, gegen das Ducken-müssen. Während in der Kneipe die einzelnen Figuren vorgestellt werden, der Durchreisende, der antike Bote, verbindet ihre Themen, folgen draußen die angeblichen armen Weber, die nichts mehr zu beißen haben, in teuren Prachtgewändern einem Sarg. Hauptmann baut die Irritation aus, er läßt viele Weber vorbeimarschieren. Das Motiv, der Zug, das Defilee wird sich verändern, der Trauerzug wird Protestzug werden. Noch haben die hier Marschierenden keine Parolen, noch zelebrieren sie das Sterben. Über ihren angeblichen Reichtum, ihre orthodoxe Haltung wird informiert, über Unvereinbarkeiten. Hauptmann läßt keine Deutung zu, sondern vertieft die Isolation der Weber, irritiert sucht man nach einer griffigen Lösung. Hauptmann entläßt den Reisenden aus dem Stück wie später den Zuschauer, ohne Krücke. Indem sich die Situation in der Kneipe mit zunehmendem Alkohol verschärft, statt sich zu entspannen, zwingt Hauptmann Leser und Zuschauer am Thema zu bleiben, unwirsch, unvermittelt läßt er keine Entspannung zu. Statt einer Milieu-Szene wohnt man einer erbitterten Diskussion bei, deren unlösbare Themen sich notgedrungen entladen müssen, der Leser, Zuschauer kann sich dessen nicht erwehren.

Nach dem 3. Akt wirkt das Stück, als wolle es das Theaterende aufhalten, als solle es nicht zu der Schlußauseinandersetzung kommen, als solle genau der Zustand, den die Kneipen-Szene schildert, festgehalten, zeitlich ausgedehnt werden, als sei das der eigentlich darzustellende Zustand, das eigentlich Spannende. Damit nimmt der Akt die Beschaffenheit einer wasserundurchlässigen Erdschicht an, die Wasser staut und es zwingt, wieder an die Oberfläche zu treten. Man kann den Akt auch mit einer Waage vergleichen, deren Zeiger im Gleichgewicht zittert.
Wer hat sich in der Kneipe versammelt? Die Wirtsleute, Mann, Frau und minderjährige Tochter, die der Reisende widerlich anbaggert. Der Tischler Wiegand, ein armseliger Besserwisser. Der Lumpensammler Hornig. Vater Ansorge und der alte Baumert kommen dazu, die Namen sprechen für sich. Ein junger Förster und ein junger Bauer folgen, als hätten sie mit der trüben Stimmung nichts am Hut. 2 alte Weber, die sich zu Ansorge und Baumert setzen. Junge Weber, die sofort den Bauern aufs Korn nehmen. Noch mehr junge Weber, die auf der Straße das verbotene WEBERLIED sangen, darunter Bäcker, ihr Leithammel. Der alte Wittig, ein Schmied. Baumert in ekstatischer Stimmung, einer der Weber »vom Geiste« getrieben, fängt an, mit Zungen zu reden: Es ist ein Gericht in der Luft! Gesellt euch nicht zu den Reichen und Vornehmen! Es ist ein Gericht in der Luft! Der Herr Zebaoth!
Tumult unter den Webern, der von den anderen hämisch geschürt wird. Der Gendarm Kusche kommt. Wittig will auf den Gendarm. Die Weber halten ihn zurück, der Gendarm zieht ab. Im Rücken des Verstärkung suchenden Polizisten singt Bäcker das WEBERLIED:

Ihr Schurken all, ihr Satansbrut!
ihr höllischen Kujone!
ihr freßt der Armen Hab und Gut,
und Fluch wird euch zum Lohne.

Der randalierende Trupp formiert sich, die Kneipe leert sich, die Wirtsleute bleiben, Baumert, Hornig, der räsoniert: Doas sellt miich doch wundern, wenns hie ni amol biese käm. Der Wirt muckt: Doaß die ala Krepper o vunt a Verstand verliern!? Hornig jämmerlich: A jeder Mensch hoot halt ann Sahnsucht!

Was dann? könnte auch das Mädchen fragen, das der Reisende in der Mache hat. Kein Protest der Eltern, es ist akzeptiert: Kind gegen Bargeld. Hauptmann zeigt »nebenher« Zustände, Verhaltensweisen, die kaum ertragbar scheinen, kein Wort wird darüber gesprochen. Er zwingt den Zuschauer in die Knie.
Erscheint die weibliche Figur in den ersten Akten den Szenen wie zugesellt, greift sie im weiteren Stückverlauf entschieden in die Handlung ein, am Schluß ruft sie die noch zögernden Männer zum aktiven Widerstand gegen die anrückenden Soldaten auf, lehnt sich damit gegen Ehemann und Familie auf. Ihr Verzweiflungsschrei könnte in diesem Text zu jeder Frau gehören. Die weibliche Figur bringt Rettung, Hauptmann »verklärt« sie.

Luise, die junge Frau eines der Weber, kommt von draußen, vom Platz, »vom Summen und Brausen einer großen Menschenmenge«, aber die Männer ihrer Familie sind zum offenen Widerstand noch nicht bereit.
Eine der Weberfrauen giftet: Gottlieb, siehch der amoal dei Weib oa, die hot mehr Krien wie du, die springt ver da Bajonettern rim, wie wenn se zur Musicke tanza tät! Ein Weber fassungslos: Nee, nu satt bloßig de Weiber, satt bloßig de Weiber! wern se ni de Recke huuchhäba! wern se nis Militär oaspucka.

Hauptmann setzt die weibliche Figur in den 3 »Lebensaltern« ein, ähnlich den mittelalterlichen Malern in deren symbolischen Bildern der LEBENSALTER. Obwohl die Milieueinbindung die weiblichen Figuren stärker schwächt als die Männer, stehen jene nach ihrer symbolischen Bedeutung auf einer höheren Stufe.
Die Jüngsten sind Anna, die Wirtstochter, und Mielchen, Luises Tochter, die den 5. Akt eröffnet. Sie bringt einen silbernen Löffel nach Hause. Alle Kinder hätten welche. Das Fabrikantenhaus sei geplündert, Löffel seien auf die Straße geworfen. In der Weberfamilie kommt es zu der Diskussion, die seit Stückbeginn ansteht: Ducken oder Dagegenhalten. Die alten Figuren entscheiden, der Löffel muß ordnungsgemäß abgegeben werden. Das Kind wird bestraft.
Der Arzt in antiker Botenfunktion kommt dazwischen, er sieht nach seinen Patienten. Er berichtet von der »Revolution«, vom »Weltuntergang« draußen. Er beschenkt das gemaßregelte Kind. Sein Vater rennt weg, kommt zurück, schöpft Hoffnung, die anderen Weber machen alle mit. Der Großvater ist entrüstet, verbietet seinem Sohn das Haus zu verlassen. Luise mischt sich ein. Der lang anstehende Schlagabtausch ist fällig. Der Großvater will keine aufbegehrende Schwiegertochter, die ihrerseits die rumhockenden Männer angreift. Draußen läuten die Glocken, der Alte lügt seiner Frau vor, es sei eine Beerdigung. Man hört das WEBERLIED vielhundertstimmig und in nächster Nähe gesungen, es klingt wie ein dumpfes, monotones Wehklagen, und später: Der Massengesang ist verstummt.

Hauptmann nutzt alle Kompositionsmittel. Er führt die Figuren nicht logisch durch, sondern hetzt sie, läßt sie »aufblitzen«, überscharf konturiert, als hätte er die Lichttechnik, die Büchner in seinen Szenen einsetzt, übernommen und modernisiert. Das Licht ändert sich, ähnlich Wolken im Sturm, die vor der Sonne vorbeiziehen, ihr das Licht nehmen, dann sie unvermindert aufflammen lassen, übergrell, dann wieder eindunkeln. Hauptmann nähert sich in dieser Auffassung eher musikalischen Techniken, die jedoch, dröge im Sprechtheater ausgeführt, niemals die Wirkung haben, die einen beim Lesen anspringt, so in die Vorgänge verwickelt, als sei man eine der Figuren, nicht indem man mit ihr fiebert, sondern indem man ihren Hitzegrad kennt. Damit ist nicht gemeint, daß ein Drama gelesen stets besser ist als auf der Bühne. Sondern man kann als Leser der Urfassung den Text studieren, Wort für Wort aufbrechen, die einzelnen Stimmen sprechen, sich den Sprachwechsel im Kopf und in den Sprechwerkzeugen erarbeiten, sich dem Gesamttext nähern, wozu man innerhalb einer Aufführung keine Zeit hat.

Symbolische Einsätze von Licht, Motiven, Figuren sind in einer Milieudekoration kaum aufrechtzuerhalten, da das Milieu die symbolische Bedeutung stets einzubinden versucht und schluckt. Das Kind mit dem Löffel ist als szenischer Störfaktor eingesetzt, der zwar von den Figuren schnell überwunden wird, doch bleibt er im Kopf des Lesers, Zuschauers hängen, arbeitet und bohrt sich ein. Das Kind muß den Löffel abgeben. Die Weber haben »ihren« längst abgeliefert. Das Problem ihrer Existenz wird an einem kleinen Mädchen, an einem Löffel abgehandelt. Wenn sie ihn verkauften, könnten sie existieren, aber die Alten entscheiden, daß Recht und Ordnung zu herrschen haben, der Löffel muß zurück. Damit haben sie ihr eigenes Todesurteil gesprochen. Als brächen sie ein alttestamentarisches Gebot, als lehnten sie eine göttliche Wiedergutmachung ab, da sie ihrer unwürdig sind. Für einen Moment taucht so etwas wie »Schuld« auf.

Für die Lebensmitte stehen Luise, die Webersfrau, und Frau Dreissiger, die Fabrikantengattin. Der Kontrast könnte nicht größer sein, Frau Dreissiger bestimmt den 4., Luise den 5. Akt. Für die Alten stehen die Ehefrauen Baumert und Hilse. Die Baumert mit ihren beiden Töchtern ist Zentrum des 2. Aktes: Der alten Frau leuchtet der warme Hauch voll über Gesicht, Hals und Brust: ein Gesicht, abgemagert zum Skelett, mit Falten und Runzeln in einer blutlosen Haut, mit versunkenen Augen, die durch Wollstaub, Rauch und Arbeit bei Licht entzündlich gerötet und wäßrig sind, einen langen Kropfhals mit Falten und Sehnen, eine eingefallene, mit verschossenen Tüchern und Lappen verpackte Brust. Frau Hilse, ihr Gegenstück, zusammengesunken, aufgedunsen, blind, die bis zum Schluß nichts begreift, die ihren von einer Kugel getroffenen Mann anrempelt, daß er endlich einen Mucks von sich geben soll, nicht faul auf seinem Webstuhl zu dösen habe, man muß schaffen, bis zuletzt.

Hauptmanns Anweisung für den individuellen Darsteller, hier Frau Baumert, wie die für die gesamten Darsteller gehen strikt an der Theaterrealität vorbei, als kenne er die Realisierungsmöglichkeiten nicht. Dies aber trifft nicht zu, Hauptmann steht schon Jahre mitten im Betrieb. Seine WEBER-Anweisungen haben größte Nähe zu Wagners PARSIFAL-Anweisungen.
Kaum eine der Hauptmann-Anweisungen ist umzusetzen, sowohl von der Größe des Darsteller-Ensembles als auch von den rein technischen Bedingungen. Von der Figurenzahl sind DIE WEBER Faust 1 und 2 ähnlich, Goethe setzt über 240 Figuren und über 90 Gruppen ein.
Wenn man, von der Lektüre ausgehend, sich die Uraufführung im Theater am Schiffbauerdamm denkt, erschreckt die Differenz der kaum zumutbaren Umsetzung. Es ist, als würden sich über diese Unmöglichkeit erneut Verbindungen zwischen FAUST, PARSIFAL und den WEBERN ergeben.
Hauptmanns Kneipen-Konstruktion wirkt bis zu Müllers BAUERN, wo die DDR die Bodenreform im Bier sortiert. Müller wiederholt das Kneipenpalaver, am neutralen Saufort gehen die Konflikte in Promille unter, aus Staatsvolk wird Staatseigentum, aus Staatseigentum Stimmvieh. Auch bei Müller erscheint Bier als Degradierung, das Blut des Klassenfeindes wäre besser.

Allgemein hat sich die Auffassung durchgesetzt, Hauptmann habe den Stoff vorgeschoben, um aktuell politisch zu agitieren, dem kann nicht widersprochen werden, doch wird man mit dieser Auffassung des Stückes nicht Herr und stößt frontal auf die Schwierigkeiten seiner Umsetzung. Selbst eine die Klassik berücksichtigende Interpretation, daß Hauptmann das schon bei Goethe vorbereitete Thema, die miserablen deutschen Zustände, aufnimmt und weiterführt, ist ungenügend. Wie nebenbei schleicht sich ein Thema ein, das eigentlich vom ganzen Stück behandelt wird: Wieviel Droge braucht der Mensch? Wieviel Droge braucht man, um eine Utopie aufrechtzuerhalten! Damit begibt sich Hauptmann ins Gehirn der deutschen Helden.
Jetzt muß ich nicht auf die Wagner- und Goethe Parallelen verweisen, Hauptmann bringt es auf den einfachsten Nenner: Die Verlustseite sagt: A Sehnsucht hat a jeder! Die Habenseite antwortet: Ihr werdet alle befriedigt werden! Selbst in Meyers Lexikon von 1932 klingt davon etwas nach: In schlesischer Mundart, das V o l k als Held!, daneben eine ganzseitige Abbildung mit Handfeuerwaffen. Beim Weiterblättern stellt man fest, daß Hugo von Hofmannsthal ein briefmarkengroßes Porträt hat, Hauptmann nicht.
Liest man die Tagebücher, die von Hauptmanns WEBER-Recherchen im Eulengebirge berichten, wird man ähnlich berührt wie beim Stück. Es gelingt nicht, sich von den beschriebenen Vorgängen zu distanzieren, obwohl man mit der Benennung Milieu alles wegwischen kann. Ich selbst habe weder eine Inszenierung der WEBER gesehen noch je den Originaltext gehört, ich kenne nur den Stummfilm, der tatsächlich etwas vom Stück aufnimmt, paradox, indem er stumm ist, auf etwas Zukünftiges verweist: Wenn wir sprechen werden, was dann?

MÄNNER III

Helden müssen geopfert werden. Das antike Theater, noch dem Menschenopfer nahe, feiert den Tod seiner Figuren. Shakespeare bereitet auch noch Hackfeste, doch meist bietet er den gemischten Schaschlikspieß an, wo einen jedes Abstechen freut. Wie Fleischbatzen spießt Hamlet seine Familie auf. Gerade in dieser Hausfrauenmentalität macht der Darsteller dieser Figur Furore.
In der Unwürdigkeit des Sterbens der Figuren Shakespeares wiederholt sich die Ausstoßung, die der antike Chor vornahm, der den Einzelnen nur als Kadaver kennt. Wagner läßt dagegen die Figuren in PARSIFAL hinrichten, zelebriert ihren Todeskampf auf offener Bühne. Hauptmann folgt ihm darin in VOR SONNENAUFGANG, findet aber in den WEBERN eine eigene, schmerzhafte Formulierung: Hilses Tod, der durch das Fenster von einer Kugel der Soldaten getroffen ist, ist beiläufig, wie eine Verstörung, die nicht in die Szene gehört, auch deshalb begreifen Enkelin und Ehefrau nichts.

Gegenüber den antiken Vorbildern ist der Mangel an deutschen Helden, an deutschen Gegenbildern den deutschen Dramatikern bewußt. Schiller sucht einen Ausgleich zu schaffen, muß aber auf einen Nebenschauplatz ausweichen: Jeanne d'Arc. In ihrer »Verklärung« ist Hauptmanns »Verklärung« der weiblichen Figuren in den WEBERN vorgebildet. Der »ideelle« Sieg der Französin wird zum »ideellen« Sieg der schlesischen Weber.

Vielfach wird die Nichtexistenz des deutschen Helden nach dem 2. Weltkrieg bejammert, ein Problem, das sich weder vor dem 1. Weltkrieg noch danach stellt, da sich im Theaterbereich wie in allen anderen Bereichen eine Frontbildung abzeichnet, die ihre Helden und Abbilder ungebrochen propagieren. Inzwischen macht der »deutsche Held« auf der Straße mobil.
Ein Zusammenstoß, ein Überlebenskampf von Anzugwelt und Uniformwelt, dem Bühne und Film geschickt ausweichen, so als gäbe es den täglich zu beobachtenden Konflikt nicht, als würde er sich durch die Vermeidung von selbst abstellen. Hauptmann treibt den Konflikt unerschrocken auf die Spitze: VOR SONNENUNTERGANG. Hauptmann kann angesichts der Machtergreifung eines neuen deutschen Helden kein Gegenbild entwerfen, also feiert er den Untergang des bürgerlichen Helden. Wie kein Autor vor ihm übernimmt Hauptmann jetzt Schillers Position, überholt Brecht und politisch ambitioniertere Autoren, beginnt seinerseits den Angriff. Die Nazis tasten ihn trotzdem nicht an, obwohl er mehr als andere Autoren riskiert, er ist alt, er ist ein deutsches Denkmal. Zuvor hat Reinhardt das Stück gourmethaft, verdaulich zubereitet: Die Uniformen im Parkett sehen unter seiner Leitung nicht ihre Konterfeis auf der Bühne. Kriecherei, Verrat eines Theaterleiters? Der aus Trotz weiter Unterhaltungstheater machen will, wo alles zusammenbricht? Der die Hetzjagd einer

Kleinstadtmeute nicht inszeniert? Zu grausam, zu an den Haaren herbeigezogen, zu unmodern, bescheinigt dem Autor der Regisseur, bei aller Verbindlichkeit, bei aller Verehrung.
Dieselben Argumente übernimmt die bürgerliche Anzugwelt, nachdem sie sich von den Uniformen erholt hat. Eine Definierung des Faschismus ist unbequem, unbequem bis heute. Nach dem 2. Weltkrieg soll an Hauptmanns Angriff nicht mehr erinnert werden, man sieht in ihm lieber den Verteidiger von Faschisten, wie es auch opportun war, sein 1913 abgesetztes FESTSPIEL IN DEUTSCHEN REIMEN gleich ad acta zu legen. Eine Uniform trägt er auch, seine Mönchskutte an der Ostsee, im Sarge.

Der deutsche Held, den die Klassik kreiert, ist der Mann in Uniform, der zwischen Militär und Ehe entscheidet, der fällt, eine Kriegerwitwe hinterläßt. Der dann doch rehabilitiert wird: Seine Familie wird aus drückender Armut entlassen. Seine Witwe erzieht seine Kinder in Gnade. Volljährig, werden sie staatlich oder fürstlich versorgt und gehen als honorable Persönlichkeiten in die Staatsbildung ein, werden zu Eckpfeilern, um sich mit ihren ehemaligen Peinigern vertragend zu ergänzen.
So wie es heute die neueste deutsche Version will: Das Opfer soll auf seinen Henker zugehen. Ihm die Hand reichen. Vergeben. So träumt sich ein Wunschfinale von KABALE UND LIEBE. Dem kommt Schiller zuvor, setzt das deutsche Abendmahl, adliger Mann vergiftet bürgerliche Geliebte, dagegen. Dieser Vorgang ist mehr als politisch zu deuten, Schiller setzt aber noch eins drauf, stößt hart an die Grenze seines Theaters, wird pure Agitation und bleibt Drama: Der adlige Sohn begegnet im Schlußbild seinem adligen Vater, dem Verursacher. Der Vater richtet seinen Sohn auf dem Altar des Fürstentums, des Vaterlands. Knapp 40 Minuten früher wurden Soldaten, Landeskinder, Staatseigentum profitabel verkauft, zum Abschuß freigegeben. Bis heute hat sich daran nichts geändert.
Schiller zeigt am Schluß, wie Staatsvertreter, Verbrecher, sich reinwaschen, als solche jede Wende überstehen, unverzichtbar wiederverwendet werden, aus Sachkenntnis meist auf der gleichen Wende-Position, nur eine Etage höher. Wie Schiller diese Entschuldung detailliert aufbaut, sagt mehr als jede Faschismus-Analysedebatte, Schiller zeigt Unglück auf allen Seiten, das Versagen des Sohnes, das Versagen des Vaters, das Versagen der Bürgereltern, die dazwischenstehen, unfähig sind sich zu artikulieren, den Umbruch zu verdauen. Ferdinand muß Luise auch darin Unterricht geben, Luise, bockig stur, verweigert ihren Holzkopf, ihre Welt steht aufgerichtet vor ihr: Recht, Lüge, Verrat, Moral. Unerschütterlich ehrlich.
Warum mußte dieser Mann an diese Frau geraten? Warum diese Frau an diesen Mann? Darf man sich nicht nach unten beugen? Darf man sich nicht nach oben recken? Oder ist nur diese Frau, nur dieser Mann schuld? Nur diese Eltern? Warum greifen deutsche Hände ins Leere?

Die Potentaten der Sozialistischen Staaten trafen sich zu ihrem Wildabschuß, verfuhren wie absolutistische Monarchen, gestalteten dem Tier gegenüber die

Machtverhältnisse nicht »sozialistisch« um, sondern massakrierten, Potenzgewinn durch Tötung. Daß Töten Spaß macht, geben nur Abartige zu. Jagdmentalität kennzeichnet den deutschen Helden. Er heißt jetzt M, der Mann mit Messer, Strick, Beil, der Mörder mit den bloßen Händen.
Als Langs Film M entsteht, vermag die Literatur kein Bild dagegen zu setzen, man erinnert sich, beschwört tote Theaterhelden, während sich in den Straßen die Mannschaften sammeln, militärische Auseinandersetzungen Städte, ganze Gebiete umkrempeln. Verzweiflung setzt ein.

Die Nazis machen kurzen Prozeß, am 30. 1. 33 ist Machtübernahme, am 20. 4. ist Premiere. Zu Hitlers Geburtstag: SCHLAGETER. Der deutsche Held ist geboren.

Brechts MUTTER-Premiere 1932 ist der Abgesang auf die Revolution, eine irrig unterwiesene Mutter rackert sich wegen ihres mißratenen Sohnes zu Tode, der, in politische Konflikte verwickelt, scheinbar unter falschem Einfluß, verschwindet. Zurückgeblieben, im Fieber schachmatt, träumt sie den Endsieg.

So wie deutsche Frauen ihn damals fortwährend träumen, bis in die Bombennächte, in die Ruinenlücken, in den fabelhaften Neuanfang, bis sie wieder in Schulbücher glotzen, Bildungsregale anhimmeln: Jeanne d'Arc.

Mit der Fahne in der Hand marschiert auch Brechts Mutter, die ehemals Gorki hieß, vom Deutschen kleingestutzt, sie steht in der Ikonographie des Russen höher. Brecht wildert mit der Gorki-Adaption in Schillers Stückegarten. Obwohl die Heiligenlegende von der tapferen kommunistischen Mutter heute überholt scheint, verstört ihre Verbissenheit, ihr zähes Rattengebiß, ihr alertes Raubtierwesen. Der Kanonverstoß irritiert: Eine Mutter mit einer Fahne.

Jeanne d'Arcs historisch belegter Kanonverstoß lebt bis heute, hält ihre Biografie, ihre religiös politische Mission wach: Jeanne hört mit 13 Jahren Stimmen, macht sich auf, um den im Abseits stehenden, unfähigen Dauphin von Frankreich zum König zu krönen, der sich gegen die ihn mattsetzenden Engländer in aussichtsloser Position befindet. Notgedrungen überträgt er dem jungen Mädchen den militärischen Oberbefehl seines Restheers, mit dem es gegen die mächtigste europäische Armee antritt, diese in mehreren Gefechten schlägt und den bisher aussichtslosen Thronanwärter als Karl VII. krönt.

Ihr Kanonverstoß: Männerkleidung, Kurzhaarschnitt, Jungfräulichkeit, männliche Führungsposition, die man einer Frau, durch Geburt und Erbstellung dazu prädestiniert, noch zugestehen würde, die aber hier von einer Jugendlichen beansprucht wird, die, aus dem Nichts kommend, nur mit ihren himmlischen Stimmen versehen, sich mit der politischen Einigungsmission Frankreichs betraut sieht, in der Sicht ihrer Feinde eindeutig ihre gesellschaftliche Stellung ausbaut, dauerhaft zu befestigen sucht. Jeanne wird von der eigenen Partei in die Falle gelockt, an die Engländer verraten. Französische Kleriker machen ihr in deren Auftrag den Prozeß, England will Frankreich nicht verloren geben: Sie wird hingerichtet. Ihr Kanonverstoß ist ein religiöser, sie wird als Hexe verbrannt.

Sie ist das militärische Wunder, das Frankreich in aussichtsloser Situation gegen England rettet, zwar nicht den 100jährigen Krieg beendet, aber zu einer wichtigen Markierung wird, die dem Unterlegenen die Möglichkeit zur Verteidigung gibt, vergleichbar mit dem Auffinden des Heiligen Speers in Antiochia und dessen Einsatz. Jungfrau und Speer gehören zu einem zur Verteidigung der Christenheit installierten Wunder, das sich durch die direkte Beziehung der Person oder des Objektes zu Gott oder seiner Verkörperung in Jesus legitimiert. In aussichtsloser Situation gewinnen Speer und Jungfrau animalische Kräfte. Der für den Gegner nicht nachvollziehbare Kraftgewinn ist angsteinflößend. Ein Wunder.

Für eine deutsche Heldin ist auf der deutschen Bühne kein Platz? Schiller und Brecht greifen zu Import-Ikonen. In BIBERPELZ und ROTER HAHN porträtiert Hauptmann genau: Die deutsche Kleinbürgerin raub- und mordgierig. Ein verbiestertes Alt-Gretchen, zu allem bereit. Eben Deutsch und bis an die Zähne bewaffnet.

GEGENWELT III

Langhaarschnitt contra Kurzhaarschnitt heißt der Einbruch der Beatles in unsere DDR-Kindheit, der, interpretiert als politische Bedrohung, den Staat zum Kampf gegen das Eindringen westlicher Vorstellungen zwingt. Die unter Druck geratenen Kulturvorstellungen der DDR, differenziert vom gesamten Ostblock geteilt, sind aus der Nazi-Zeit übernommen, DDR-gemäß neu ausgerichtet worden. Wo hätten eigene Vorstellungen herkommen können, der antifaschistische Widerstand war die Jugend der führenden Genossen. Die Wahrnehmung, daß sie mehr faschistische Wert- und Kanonvorstellungen mittransportierten, als bewußt oder lieb war, lassen die »kampferprobten« Ideale nicht zu. Doch mit ihrem Verfall treten die Wurzeln deutlicher zu tage, wird das Scheitern der Überwindung des Faschismus, des eigentlichen Ziels, der DDR zum Verhängnis.

Jahre zurück. Die Abschottung, die das Ost-System gegen das West-System versucht, behauptet sich nicht, da Ost-Führungen westlichen Standard für sich beanspruchen, ihn mit wachsender politischer Anerkennung vor der eigenen Bevölkerung legitimieren, offiziell als Extrabonus verbuchen, da sie den Staat der Arbeiter und Bauern hoffähig machen.

Kleiderordnungen bestimmten die sich konsolidierende DDR. Eigene Kleider, eigene Schlager, eigene Tänze stärkten die Abwehrfront. Mit ihnen wollte sie die Jugend an den Staat, der Staat dieser Jugend sein sollte, binden. Kampagnen gegen Jeans wirken im nachhinein lächerlich, provozierten aber in meiner Jugend erbitterte Auseinandersetzungen, die man gern als zur Jugendzeit zugehörig vergessen will. Schärfe und Schmerz der Verletzungen, die diese Auseinandersetzungen hervorriefen, sind noch heute präsent, wenn ich einen jungen Mann mit Ring im Ohr, Intimschmuck, Zöpfen, Pferdeschwanz, modisch historisierender Kleidung sehe, die auf europäische Stilepochen zurückgreift. Für mich muß ich feststellen, daß ich solche politisch-kulturellen Veränderungen in meinem Leben nicht für möglich gehalten hätte, die sowohl Kanonvorstellungen meiner Generation als auch die meiner Eltern außer Kraft setzen, daß jeder Ausbruch aus diesen Vorstellungen in mir erstickt ist, der beim Übergang in den Westen noch präsent war, den ich damals noch formulieren konnte, der ein weiteres Weglaufen erfordert hätte, dem ich nicht gewachsen schien, so fest war meine Ankettung an die DDR, meine Vergangenheit, daß ich sie weder abschnütteln noch vergessen konnte.

Nach 14 Jahren Abwesenheit kehrte ich in meine Heimatstadt zurück, in das Haus meiner Eltern, in Trümmer vom Keller bis zum Boden.

Es herrscht weiterhin eine Kleiderordnung. Älterwerdend, stehe ich neben Jugendlichen, deren Outfit auf faschistisches Erbe zurückgreift, das als überwunden dargestellt wird, das man auf jeden Fall im Griff habe. Ein Trugschluß. Jeder Schritt auf der Straße beweist es. Theoretisch sieht man das Ende des Faschismus als dauerhaft an und deklariert seine »Modernisierung« als ungefährlich. Damit gibt man zu verstehen, daß man inzwischen bereit ist, sich der neuen Strömung anzupassen.
Das im Outfit adorierte faschistische Vorbild macht zu schaffen. Zunächst nimmt man eine saloppe, zynische Haltung gegenüber dem kraftvoll vorgetragenen Formenkanon ein, die aber sofort zusammenklappt, beschäftigt man sich mit den dazugehörigen Argumenten. Theoretisch weiß man, daß es nur die neu frisierten alten sind, trotzdem bleibt einem ihre klugscheißerische Widerlegung im Hals stecken. Dieser Vakuumzustand ist gefährlich.
Sowohl das Individuum als auch der Staat bieten keine Alternative an. Die unterminierende Kraft der theoretisch liquidierten Argumente wird ignoriert. Man erhöht einfach das Strafmaß, doch eine Reformierung des Staatsdenkens wird abgelehnt, sodaß sich der alte Verdacht zu bestätigen scheint, die Staatsbesitzenden schützen sich nur, um sich geordnet auf die nächste Wende vorzubereiten.

Neonazi-Argumente vertritt eine weit größere Bevölkerungszahl als zugegeben. Viele lehnen gewalttätige Aktionen nur ab, um noch am Wohlstandskonsum zu partizipieren. Doch kann diese Bevölkerungsgruppe schnell in die dazu passende Kleidung gebracht werden.

Der 68er im Ministersessel ist eine Kanonverletzung und damit sofort unglaubwürdig. Eine neue Ministerin ähnelt meiner Cousine, die vor vielen Jahren stolz aus einem FDJ-Lager kam, dort mit dessen Leitung betraut wurde. Das Ferienlager existiert nicht mehr, die Ministerin trägt ein anderes Kostüm. Nicht nur das Kostüm, die Gedankengänge haben sich in dieser Figur reformiert, neue Sanktionen beleben das Gesicht der reformierten Kruse-Puppe.

Der Regisseur Heinz, ehemaliger Emigrant, verprügelt mich, als ich ihm eine Figurine mit rotem Schlips vorlege, die einen schiebernden sowjetischen Funktionär darstellt. Er empört sich, da der rote Schlips ehemals Erkennungszeichen linker Parteizugehörigkeit war. Mein Entwurf sei eine Verhöhnung seines Exilantentums. Als ich mich verteidige, blafft er: Unwissen schützt nicht! Meine Entwürfe werden so diskutiert, als wollte ich damit das Deutsche Theater sprengen. Meine Entlassung ist perfekt. Mein Kanonverstoß ist offenkundig und kann in einem »sehr kritischen« sowjetischen Stück, das selbst einem Kanonverstoß gleichkommt, nicht hingenommen werden.

Mein DDR-Leben prägt die Verarbeitung der Lockerungswellen, die, von der SU ausgehend, den Ostblock ergreifen, in der DDR immer auf Widerspruch stoßen, den gesamten Führungsstil verwirren. Wie mit dem sowjetischen Vorbild umgegangen wird, von dem stetig gelernt werden soll, zeigt nicht erst das Auftreten

Gorbatschows, sondern je länger sich die sowjetische Armee in der DDR aufhielt, desto tiefer ging die Trennung zum sowjetischen Menschen. Dieser zunehmende Mißstand, die zunehmende gegenseitige Verachtung bezeichnet die Tragik der Verbindung zum »Brudervolk«.
Unübersehbar ist, daß keine Seite der anderen traut, daß die rassistischen Vorbehalte jeder Seite die überzeugendsten sind, daß die DDR die Rolle des einstigen Aggressors übernimmt. Russenliebchen, Flintenweiber, Votzkis sind normale Bezeichnungen für die, die für einen Russen »die Beine breit machen«. Wie streng intime Beziehungen von sowjetischer Seite geahndet werden, belegen die Biografien der Paare, die an dieser Verbindung festhalten. Beide Seiten versuchten »Mischehen« zu unterbinden, setzten rassistischen Terror ein, die Realität eines Freundschafts- und Beistandspakts von Brudervölkern.

Zurück zur Kleiderordnung. Anzug oder Uniform? Die Demokratie ist eindeutig mit dem Anzug verbunden. Nach der Französischen Revolution erfolgt der stufenweise Abbau der aristokratischen zur bürgerlichen Kleidung, deren ständige Bedrohung die Uniform ist, in der ein Problem, das die Entwicklung des Anzugs und seiner Paßform begleitet, gelöst ist: Die Verdeckung oder Freilegung der Körperpartie des Mannes zwischen Bauchnabel und Schritt.
Vergleicht man Trachtenkleidung, die stets körperbetont, selbst Körperfülle ausstellt, sogar Üppigkeit, Wänste und Bierbäuche verträgt, ohne ihre Gesamtform zu verlieren, ohne körperliche Deformationen zu kaschieren, mit bürgerlicher Kleidung, bemerkt man, wie sehr die Tracht von einer großen Gesamtform ausgeht, die die einzelnen Körperproportionen gliedern. Ein Merkmal bestätigt sich, daß die Tracht kaum modischen Veränderungen wie die bürgerliche Mode unterworfen ist. Sie nimmt auf, stößt ab, behält Formen bei. Man merkt beim Tragen von Trachten, daß die Körper in sie hineinwachsen, als ob der Körper in den über 50 bis 80 Jahre alten Kleidungsstücken heimisch wäre. Die Tracht enthebt einen durch ihre »Uniformität« vieler persönlicher Mängel, sie treten eigenartigerweise nicht mehr zutage. Zunächst versucht man das mit ihrer »Uniformität« zu erklären, doch gleiches trifft für die Kleidung Indiens, Asiens, Afrikas zu, teilweise für europäische rituelle Kleidung, in den USA, wenn nur Anzug getragen wird oder nur orthodox-jüdische Kleidung. Daß die Tracht körperliches Wohlbefinden steigert, durch ihre Jahrzehnte andauernde »Modernität« und die Beibehaltung eigener Mängel besänftigt, indem sie einbettet, scheint ein großer Vorzug zu sein, gegen den sich die bürgerliche Kleidung wie eine groteske Verzerrung ausnimmt, zu ihrer kleidsamen Akzeptanz strenge körperliche Askese fordert. Sie muß immer wieder den Unterschied zwischen Uniform und Anzug erarbeiten, da der Uniformierte ein reglementierter Mann ist, der, strenger Disziplin unterworfen, nur als Krüppel ausgeschieden wird, ansonsten hat nur sein Rang zuzunehmen, nicht seine Leibesfülle. Der Anzug muß das ignorieren, er zeigt den Mann in einem Friedenszustand, der ihm erlaubt, die Uniform an den Nagel zu hängen. Damit ist seine körperliche Bewegung eingeschränkt, er wird dick. Der nun betriebene, propagierte Sport, ein Ersatz für Exerzierplatz und Kampfeinsätze, der das eigene Wohlbefinden steigern soll, es auch enorm steigert, bleibt dennoch

Ersatz. Die bürgerliche Mode reagiert darauf sofort, wie von selbst schleichen sich militärische Accessoires ein, teilweise übernehmen Uniformteile die Funktion normaler Kleidungsstücke, wirken dann besonders chic.

Das bürgerliche Kostüm versucht den Körper so weit wie möglich zu verstecken, auch indem es ihn auszieht. Ein nackter Mann mit Fliege, mit einem Handschuh ist vollständig bekleidet. Strip-Veranstaltungen zeigen, daß noch ein nackter Mann »Schlips« trägt, so verändert sein Verhalten zu seiner Nacktheit seine Nacktheit, er wirkt angezogen. Diese Probleme sind nicht neu, sie sind an verschiedenen Stilepochen abzulesen. Auch an Tarzan.

Älterwerdend, bemerkt man die Veränderungen der Körper. Zunächst gehört man noch zu den Wachsenden, scheint nur zuzugewinnen, vergleicht sich mit anderen, vor allem mit Älteren, sieht an ihnen keine Deformation, sondern genießt ihre »Eigenheiten«, weiß, daß einem das auch bevorsteht. Noch verbindet man die Anzahl der Jahre, das Älterwerden mit dem Wachsen eigener Bewegungsfreiheit.
Dann sieht man den ersten Freund mit Kinderwagen. Ab da geht es ganz schnell, alle kriegen Kinder, man sieht nur Kinder. Aus dieser »Kettenreaktion« auszuscheren gelingt nur, wenn man sich isoliert, nicht mehr dazugehört, für sich lebt. Wieder nähert man sich an, anderen, die ihren Kindern, ihrem Alter genauso fremd gegenüber stehen, aber doch altern. Jahr für Jahr. Man vergleicht mit seinen Erinnerungen, sortiert alte Fotos, sieht alte Filme, versucht den Menschentyp, unter dem man groß geworden ist, mit dem jetzigen zu vergleichen, beschreibt beide.
Inzwischen altert man weiter. Der Zustand wird unerträglich, ehe man sich mit ihm arrangiert, läuft die Zeit weg, nicht nur für mich, auch für die anderen, die man nur noch verdutzt ansieht, als würde in ihre Gesichter und Körper geschnitten, als sähe man nicht recht, könnte sich nicht erinnern, fühlte keinen Schmerz. Man versucht sich jetzt schon bewußter der anstehenden Auseinandersetzung zu stellen. Man beobachtet sich, liegt gegen sich selbst auf der Lauer. Keiner kann helfen. Gemeinsamkeit, nein, nur einsam sein, nur mit sich sein, das hilft.

WUNDEN III

Die Lehrer. Mit dem Eintreten in die Oberschule begann die Front. Das Lehrpersonal war der erklärte Feind und blieb es. Nicht einen Moment war an Verständigung zu denken, nur Bespitzelung und Verrat. Die Ausnahme habe ich in TOD DES LEHRERS beschrieben. Diese bleibt aber jetzt unberührt. Die Gegner definieren sich eindeutig, mit dem ersten Schultag. Bis zum Schulende. Der Klassenlehrer, der Deutschlehrer, der Sportlehrer. Feinde. Der Klassenlehrer gewendeter Nazi. Der Deutschlehrer streng SED. Der Sportlehrer nur Körper mit wertsteigerndem Parteiabzeichen. Sie leben in mir, sind gegenwärtig, als stünden sie neben mir, alterslos. Bedrohlich. Feinde. Feind Latein, Feind Deutsch, Feind Sport. Nicht lernen, was diese Feinde sagen. Was sagt der Freund?
Während der Schulzeit nimmt seine Sehfähigkeit ab, dafür wächst sein Parteibekenntnis. Als er tatsächlich damit operiert, sehe ich rot. Diese Trennung ist die erste in meinem Leben. Ich habe mich nie vorher entschieden, stets wurde über mich entschieden, jetzt entscheide ich. Viele Jahre werde ich unter dieser Trennung leiden, erst wütend, dann verletzt, bei seinem Tod bin ich im Westen. Meine Mutter teilt ihn beiläufig mit, unter vielen Geschichten am Telefon, aber nur dafür ist sie nach Berlin gefahren. Mitten im Winter aus der Telefonzelle Ostbahnhof: Er ist tot. Ja, tot, was du weinst? Junge da weint man nicht, der war doch Partei! Beruhige dich, hättes wissen müssen, daß du dich so aufregst.

Die Kleidung der Lehrer ist auffällig, obwohl völlig normal, definiert sie das Feindbild. Klassenlehrer: Dunkel, grau und blau, die Jacke dunkler als die Hose, Anzug selten, immer Schlips, weißes Hemd, braune, nie schwarze Schuhe, Jägerhut und Lodenmantel.
Deutschlehrer: Kontrast, helle, neue Hose, dunkle Jacke, gelbbeige gegen knalldunkelblau, Jacke enge Taille, Hose hoch im Schritt, saß oft auf der Tischkante, der Schritteinblick Thema von 28 Mädchen. Schlips rot mit Punkten, schwarze Haare, sehr hohe Stirn, Mund weiblich, verquetschte Kruse-Puppe mit ausgeprägtem Holzkopf, von Form und Denken.
Sportlehrer: Dunkel Ton in Ton die Trainingsanzüge, normal braunocker, Cordhose, braune Hose, gemusterte Jacke, kein grau oder schwarz, Naturton, blonde Haare, klares Gesicht, vorbildliche Haltung.
Die Ausnahme, mein Zeichenlehrer: Ausgesprochen kräftig, schwarze Haare, lang, Klamotten, die nicht zusammenpaßten, schon genau abgestimmt, aber dem Körper nicht folgten, so als wäre der Leib eingeengt, wollte eine andere Bewegung, dies Thema der meisten Gespräche, die ich nach Beendigung der Oberschule, aus Berlin kommend, mit ihm führte. Eine Überwindung des gegenwärtigen Zustands, eine erwünschte Harmonisierung, die die Schwere des Körpers wegnimmt, die zunehmende Demütigung, die sich in seinem Befinden ausdrückte, ihm unerträglich schien, die er mit seinem Tod klärte.

Wiederholt versuchte ich meinen Deutschlehrer zu beschreiben, ein Neulehrer, gerade vom Studium, ganz SED-Linie. Unser Klassenlehrer dagegen alter aktiver Offizier, noch im hohen Alter gerade, täglich Waldspaziergang mit Hund, strenge Bügelfalte. Ich versuchte den Unterschied darzustellen, wie 2 Feinde aussehen. Ich machte keinen Unterschied, ich konnte die jeweilige Biografie nicht entschuldigen, ich saß ihnen gegenüber als zu erziehendes Objekt, das wunschgemäß zugeschnitten wurde, ein DDR-Bonsai.

Jede Lateinprüfung trickste ich, bis ich im mündlichen Abitur eine 5 kassierte. Mein Klassenlehrer nahm Rache, er bewies, daß ich nichts konnte, daß ich nichts mehr konnte, daß sich ein Zustand eingestellt hatte, der bis heute herrscht, ich vergesse alles. Selbstverständlich hätte er mich nicht prüfen müssen, man hätte mich in diesem Zustand durch jede Prüfung fallen lassen können. Hilfreich war im letzten Moment, daß man mich nicht mehr in der Oberschule ertrug, daß ich definitiv raus mußte. Das rettete mich, nicht meine Leistung. Der Abfall von Durchschnitt 1,2 zu 3,4 ging einher mit meiner inneren Formierung. Was mit mir geschah, warum ich faul, bequem wurde, warum ich mich innerlich zu wehren begann, die Füße nicht mehr auf den Boden bekam, wollte mir nicht klar werden. Mein Studienplatz in Berlin war sicher, ohne Beziehung, ohne elterliche Parteizugehörigkeit, ohne daß sie zur bevorzugten Klasse gehörten. Schicksal!

So gut meine Erklärung klingt, sie paßt genau ins DDR-Bild, sie ist falsch, schief und windig. Jahrzehnte brauchte ich, um zu verstehen, daß ich genau die richtige DDR-Vergangenheit hatte, die zur Legitimation nötig war, nicht zu meiner eigenen, sondern zu der des Prüfungspersonals. Meine Studienzulassung hatte Alibifunktion, sie war ein seniles Zugeständnis, eine Erinnerung an die »Klasse«, aus der meine Beurteiler sich hochgewurschtelt hatten. Als ich jedoch diesen sentimentalen Vorstellungen, die mit unabdingbarem Kuschen verbunden waren, nicht entsprach, zeigte man Härte. Es war genau die Enttäuschung der gesamten Lehrerschaft, die ich damals nicht verstand, ich fühlte mich mißhandelt. Heute sehe ich sie vor mir, wehleidig, als müßten sie etwas tun, was ihnen selbst zuwider. Sie erklärten mir einzeln, in Gruppe, daß sie zu diesem Schritt gezwungen wären. Heute verstehe ich, wie sie sich in diesen Aussprachen kongruent schliffen, wie sie nicht zuließen, daß diese Kongruenz, auch untereinander, von mir gestört wurde.

Gegen meinen Willen erfaßt mich so etwas wie Verständnis, als müßte ich mich nachträglich bei ihnen für die zugefügten Schwierigkeiten entschuldigen. jetzt nehme ich ihnen gegenüber eine Position ein, wie sie zu mir, ich klopfe ihnen auf die Schulter, beachte, daß ich ihre neuen SED-Anzüge nicht dreckig mache, wische meine Hand vorher ab, und klopfe ihnen beruhigend auf die Schulter, als gäbe ich ihren fetten Leibern einen Klaps, einen wohlmeinenden, aber zum Abschied, als kündigte jetzt mein Verständnis ihr Versacken in meinen Erinnerungen an, als hätte ich mich endgültig von ihnen verabschiedet.

Angewidert sah ich zu meinem Vater hinüber, wenn er, auf dem Sofa liegend, mit der Decke über den Füßen, von seiner Schulzeit sprach, in einen völlig anderen Ton geriet, sich verschluckte, fast sabberte, so entspannte er sich, sein Gesicht veränderte sich, schien eine andere Farbe anzunehmen, Rötung am Hals, ein Strang, der sich zum Ohr hochzog, Mutter erklärte das mit zu langem Liegen. Noch wenn er sich anzog, sah er so aus, über dem Mantelkragen leuchtete der rote Hals, später nahm die Rötung ab, der Hals wurde weiß ohne Falten.

In meinen Inszenierungen schien sich das qualvolle Gegenüber Lehrer – Schüler zu wiederholen. Hatte ich nicht die richtigen Darsteller um mich, eine zusammengewürfelte Gruppe? Fragen, die ich nicht klärte, ich sah in meinen Darstellern mich meinem Klassenlehrer gegenüber, hilflos, verdrückt einem Peiniger ausgeliefert. Was war mit ihnen? Wozu ihr Widerstand? Wozu begaben sie sich in Arbeitszusammenhänge, die sie deformierten? Warum arbeiteten sie nicht richtig? Warum bereiteten sie sich nicht zu Hause vor? Warum machte sich keiner Notizen? Warum mußte ich jahrelang meinen männlichen Hauptdarsteller kontrollieren, jahrelang sein Textbuch einrichten? Als wäre ein andauernder Schulunterricht meine Freude?
Warum wurde ich immer unerträglicher, sah in meinen Darstellern meine Peiniger? In jeder Pause verkroch ich mich, weil ich ihren Jubel-Trubel nicht mehr ertrug. Jahrelang schluckte ich ihr Desinteresse, obwohl sie doch von mir versklavt, gedemütigt, entmüdigt wurden? Wieso war ein Arbeitsverhältnis für beide Teile so entwürdigend? War ihnen nicht bewußt, daß in einem Arbeitsverhältnis gearbeitet wird, daß man nach getaner Arbeit ausgehöhlt, müde in der U-Bahn döst, friert, wie andere Arbeiter neben einem im Halbschlaf nach Hause dämmert. Man sich nicht mehr erinnern will, im Bett einrollt, um neue Kraft zu schöpfen, damit die Schmerzen, der Druck, die Müdigkeit abnehmen, am nächsten Tag leichter zu ertragen sind, damit der nächste Abend vielleicht frei ist, damit man an ihm endlich doch etwas anderes unternehmen kann, als vor der Glotze einzuschlafen? Fragen. War ihnen nicht bewußt, daß man sich auf eine Arbeitsbegegnung vorbereiten muß, um innerlich Nutzen zu haben? Warum gab es keine Einigung über ein zu »erklimmendes« Thema, so, wie man einen Berg erklimmt, um vom Gipfel ein Panorama zu überblicken, wie sich Erdfalten zueinander ordnen, wie sich in ihren Rinnen Menschen ansiedeln, auf die man nun hinunterblickt, wie zu Zwergen. Ein eisiger Schneewind, der die Sonne verdeckt, die Sicht langsam eindunkelt, man sieht kaum einen Meter, man muß sich festhalten, fest am anderen, um nicht abzustürzen, dann für Sekunden Licht, den Absturz vor Augen, man klammert sich an den anderen. Ist man doch lieber allein? Man verkriecht sich in sich, betet, nicht abzustürzen, die Sonne aber fährt in diese Überlegungen, die Sicht reißt auf, der Schnee im Gesicht schmilzt, und alles liegt hell und ruhig vor einem. Der Schreck, die Angst wüten noch, müssen langsam zur Ruhe gebracht werden. Ist das geschehen, ist man im dicksten Schneesturm.

JESUS

Jude oder Christ. Wiederholt versuchen Interpreten über den belegten Antisemitismus des Wagnerpaares PARSIFALS habhaft zu werden, indem sie Judentum und Christentum in Kundry und Parsifal gegenüberstellen, außerdem die kultischen Handlungen als Ausdruck einer Privatreligion sehen, zu deren Ritenerneuerung sich ihre Anhänger alljährlich zusammenfinden.
Was bei dieser Habhaftmachung wegfällt, ist Wagners »Verwandlung« vom Atheisten zum Christen, eine Veränderung, die er im engsten Familienkreis, an seinem Schwiegervater beobachten konnte, nicht genug kriegte, diese Veränderung, die sich in dessen Arbeit ausdrückte, zu geißeln. Vielleicht sind Wagners bösartige Kommentare nur Ausdruck des sichtbar Älterwerdens, eine Veränderung des Körpers als auch des Denkens, die für ihn von allzugroßer Bedrängnis ist.
Die Planierung seines Atheismus, seiner Revolutionstätigkeit, seiner damit verbundenen theoretischen Schriften ist für die eine Partei genauso günstig wie die Hervorkehrung derselben für die Gegenpartei, verbunden mit der Anprangerung seines Antisemitismus.

Äußerungen von Künstlern, auch meine, erhellen kaum den Zugang zu ihren Werken, warum sollte ausgerechnet Wagner eine Ausnahme machen? Wenn er als »letzte Karte« dem Bürgertum, das sein nordisches Mythengesöff nicht saufen will, endlich etwas »Christliches« auftischt, von dem es besoffen wird, ist das genauso mit Zurückhaltung zu beurteilen wie die Feststellung, Wagner habe ganze 25 Jahre an PARSIFAL gedacht und gestrickt, andere setzen dem noch die Krone auf, der Meister habe frühzeitig sein Gesamtwerk konzipiert und es schrittweise über die verschiedenen Lebensstufen hin ausgeführt, demnach sei gottähnlich alles so, wie am ersten Tag gedacht, auch gemacht, wie auch Cosima festzustellen wünscht. Damit wäre jede geistige Veränderung in 25 Jahren ausgeschlossen.
Daß Cosima und Richard, Kinder eines Künstlerhaushalts, sich Standesbewußtsein und Formung antrainieren, ist nicht zu kritisieren. Daß aber der Antisemitismus für eine langandauernde Künstler- und Finanzkarriere das Klebemittel ist, das die einzelnen Bausteine zusammenhält, verstört und möchte nicht wahrgenommen werden. Läßt sich doch dadurch die Verbindung zum 3. Reich leicht herstellen.
Die Durchsetzung der deutschen Oper gegenüber der französischen und italienischen ist engstens mit dem Antisemitismus verbunden, wir können keine deutsche Oper ohne Antisemitismus, ohne Rassismus haben, sonst müßten wir die historischen Bedingungen ihrer Entstehung verändern. Man kann das Paar Wagner anklagen, sicher, das ist alles widerlich, was man von den beiden liest, man kann aber ebenso wenig leugnen, in welcher Zwangslage sich beide befinden,

teilweise selbstverschuldet, Wagner ununterbrochen mit den Korrekturen des Jahres 1848 beschäftigt, die seinen innersten Ansatz dauerhaft beschädigen.

Unpolitisches Verhalten wäre klüger gewesen, ein Argument in der Sprache meiner Mutter, die mich wiederholt aufforderte, die ausgelegte Erklärung in der Kunsthochschule zu unterschreiben, mit der jeder Student seine Zustimmung zum Einmarsch der befreundeten Armeen in Prag gab. Ich stand unter mehrfachem Beschuß, unter dem meiner Eltern, die natürlich mit dieser Unterschrift jedes Problem in der Hochschule für mich als gelöst ansahen, dem der Hochschule, die auf meine Unterschrift pochte, derart, daß es ohne sie kein Weiterstudium geben sollte, und unter dem Beschuß meiner tschechischen Freunde, die mich wiederholt schriftlich aufforderten, die Reversunterschrift, so nannten sie es, zu leisten. Diesem Mehrfachbeschuß war ich nicht gewachsen. Mein Verhalten in diesem Moment gehört zu den Fehlleistungen, die ich weder mir noch meinen Freunden vergebe. Das ist über 25 Jahre her. Heute morgen sitze ich wieder und grüble, überlege, fange an zu schwitzen, zähle die Jahre und versuche mich zu erinnern, wie mein Leben in 2 Hälften brach, die vor 1968, die danach. Dieser bis heute andauernde Riß, der Schmerz, der sich über alle privaten Vorkommnisse, Ferien, Kinder, Familienkräche, selbst über den Untergang der DDR hinweg behauptet hat, gilt heute wie damals einem hingenommenen Versagen, eine gedankliche Kette, die ich nicht mehr loswerde.

Daß Wagner einen arischen Christus, eine arische Erlöserfigur ins Zentrum der Handlung stellt und schon durch das Blond sich von den Wurzeln des Christentums, dem Judentum lossagt, für diese Interpretationen findet sich kein Beleg im PARSIFAL-Text. Manche gehen sogar soweit, die Musik ausschließlich als vom Komponisten mißbrauchte Droge zu kennzeichnen, um uns diese arische Auffrischung und Umdeutung schmackhaft zu machen. Folgerichtig müssen sie den Zuschauer, Zuhörer in die Position der hungrigen Gralsritter bringen, einer Meute, die ausschließlich nur deshalb revoltiert, damit sie wieder um sich schlagen kann. Den Faden könnte man nach dem 1. Aufzug weiter verfolgen, muß schon Einschänkungen während des 2., erst recht nach dem 2. machen, und während des 3. sich davon trennen. Jetzt ist klar, so geht das nicht, dieser Faden braucht einen anderen Texter und Komponisten. Dieser vertrackte Schluß sperrt sich, ihm kommt man auch nicht mit den Mitleidstheorien à la Schopenhauer bei, eher untersuche man die Noten, wo Schönberg aufdämmert, sogar übersprungen wird. Die Langeweile, die sich bei den meisten Interpretationen an dieser Stelle breit macht, Vorspiel 3. Aufzug bis zum Auftritt Parsifals, ist Beweis, daß mans nicht interpretieren und knacken kann. Was der Bauer nicht kennt, das ißt er nicht.
Auch die Gänge zur Tiefenpsychologie bleiben folgenlos, damit wird an diesem Werkkoloß gekratzt, doch nicht das Gestein definiert, da müssen andere kommen. Wer?
Wagners Werke wachsen in der traditionellen Oper wie die Bäume im Berliner Forst, in die die sowjetischen Soldaten, die Berlin eroberten, ihre Namen schnitz-

ten. Ihre Namen wuchsen mit den größerwerdenden Bäumen, und die Rinde kämpft 50 Jahre mit diesen Verwundungen, um sie zu verschlucken, bis der Sturm in diese Bäume fährt, wie mit einem großen Hammer sie zersplittert.
Der Sturm hat ganze Partien weggerissen, halbiert, geköpft, über den Wurzeln geknickt, während andere Partien unversehrt im Laub stehen, die zersplitterten Stämme, eine Geschichtskorrektur von oben.
Zurück zu den Interpreten. Auch die häufige Gegenüberstellung Sinnlichkeit contra Keuschheit, Klingsor contra Amfortas stimmt nicht. Wenn Klingsor und Kundry für Sinnlichkeit stehen, dann Gute Nacht, hier wird absichtlich der Versuch Klingsors, in die Rittschaft aufgenommen zu werden, ignoriert, gerade er steht in dem Gesamtgefüge für Keuschheit, für Aufopferung, für die Übernahme eines Auftrags, für Pflichterfüllung, die Gralssoldaten genau für das Gegenteil, sie desertieren, ihr König fickt auf Teufel komm raus. Das ist nicht Klingsor, das ist Amfortas. Man kann hier nicht davon ausgehen, was die Figuren sagen, was sie tun, ist entscheidend. Daß Klingsor Ficken und Huren als Falle aufstellt, hören wir zuerst von einem der Gralsritter, der seine sexuelle Rolle sehr gut gefunden hat und praktiziert, da ist keine Keuschheit unter Männern. Sowohl als Lippenbekenntnis wie auch als Ziel ist sie sehr gut, aber sie ist nicht zu praktizieren, es sei, man risse das Gottesgeschöpf auseinander, so wie Klingsor es macht. Man kann diesen Schnitt an sich selbst noch mit islamischen Vorstellungen verknüpfen, die von den christlichen Rittern abgelehnt werden, auch das hilft nicht weiter. Gehurt wird bei Klingsor, so vermeint man den 2. Aufzug verstehen zu können, doch es huren die übergelaufenen Ritter, nicht er, er wollte das Gegenteil. Daß sein Übereifer anwidert und bestraft wird, daß sein Treuegelöbnis zum Gral ausgeschlagen wird und unerwidert bleibt, kann ihn jetzt nicht zum Vertreter der Sinnlichkeit machen, wie Kundry nicht das personifizierte Judentum sein kann. Diese Interpretationen befeuern sich mit den über PARSIFAL gemachten Äußerungen und weichen den Vertracktheiten des Textes geschickt aus, weder Hanslick noch Nietzsche entzogen sich ihm, in ihnen ist der Qualitätsmesser einer Auseinandersetzung zu sehen. Warum hätte ausgerechnet in PARSIFAL Wagner seinen Antisemitismus kaschieren sollen? Hitler ließ angeblich außer Wagner und PARSIFAL für sich nichts gelten, ordnete eine Aufführung an, er habe alles von Wagner verschlungen und für sich ausgebeutet, es neu zu beleben versucht. Das hat auch Ludwig II., Tausende von Interpreten und Musikfreunden, Hitler wußte sich da in guter Gesellschaft.
Die Frage bleibt: Hat Wagner eine neue Religion erfunden, einen arisch frisierten Christus? Mit der Beantwortung dieser Frage wird etwas an einer Person festgemacht, was tatsächlich vorhanden ist, letztlich aber mit der Person Wagners sehr wenig zu tun hat. Jeder kann die Frage für sich beantworten: Sind unsere Christusse am Kreuz Juden? Hat Wagner die alle eigenhändig umgepinselt? Also auch in der Renaissance? Und noch früher oder in meinem Religionsunterricht?

Daß die zerschlissene Landkarte, die unser Pastor in Sangerhausen an die Wand hängte, worauf ich damals wie jetzt starre und noch immer nicht begriffen habe, daß der gelbe Teil der Karte Palästina ist, das steht zwar groß drauf, und der blaue

das Mittelmeer. Noch immer nicht begriffen habe, daß das Tote Meer, beim Toten Meer mag es noch gehen, tatsächlich das Tote Meer ist, also daß Religionsunterrichtskarte und Schulatlas identisch sind? Daß das Jerusalem, daß das Bethlehem unserer Lieder, in unseren SCHILD DES GLAUBENS-Illustrationen tatsächlich etwas mit den existierenden Städten Jerusalem und Bethlehem gemein haben sollen? Mit »Tochter Zion, freue dich« besingen wir doch keine jüdische Figur oder Stadt? Wer ist Abraham?
Sicher, wir besingen Jerusalem, wir trinken zum Abendmahl Wein, den der Pastor eingeschenkt hat, nicht Christi Blut, stellvertretend, ja im Kopf, ich selbst, meine Zunge, meine Geschmacksorgane, meine Nase, meine Augen lösen in mir einen Ekel vor dem Kelch aus, ich bin kein Kannibale. Daß ich Christi Leib, den abgebildeten Leib Jesu leidenschaftlich begehre, ist der Hunger nach Fleisch, ist der Hunger nach Nichtwehr, nach einem schmerzlich verzerrten Gesicht erlittener Hingabe, dem trotz innerster Abwehr der Same kommt.
Wie oft bin ich in Nürnberg zur Sebalduskirche gelaufen, um draußen hinter Gittern den auferstandenen Christus zu sehen, ich war fast jeden Abend da, manchmal im Dunkeln, nur in der Gewißheit dieses Körpers in Stein hinter dem Gitter.
Die vorhandenen Schwierigkeiten einfach an Wagner festzumachen, mag für viele erleichternd sein, aber die sind eher bei Luther zu Hause. Hat das BUCH HIOB, das unmittelbar im Bauernkrieg übersetzt wurde, etwas mit jüdischem Leben gemein, in der Fassung Luthers? Es mag geschichtliche Parallelen geben, doch Luther setzt den biblischen Stoff völlig in seine Zeit. Genau wie Bach. Das Arsenal der Lutherworte, Hunderte von landwirtschaftlichen Begriffen, die engstens mit unserer Geschichte verbunden sind, doch nicht mit der jüdischen, man mag im realen Palästina auch »geworfelt« haben. Gewiß. Wann wären von uns die Passagen des Alten Testaments behandelt worden, die sich ausschließlich mit jüdisch religiösem Leben beschäftigen? Auch ich überblättere sie. Es bedarf schon Aufwands, die Bibel in die Hand zu nehmen, diese Kapitel rauszusuchen, sie neu zu lesen, wo hätte ich das je gemacht. Für Juden ist es sehr einfach, aus meiner beschränkten, christlichen Sicht, möchte ich betonen, die Juden beziehen sich alle auf Jerusalem, auf einen Punkt und dessen Geschichte, der fühlen sie sich verpflichtet. Ich schreibe und friere, sitze mit 2 Decken um und tippe von einem Gott, der in der Wüste herrscht, den ich anbete wie Moses. Wo die Propheten den Feuerofen der Wüste suchen, um in ihm gehärtet zu werden. Ich friere, meine Nase ist zu, hier draußen wird Berliner Winter. Und daran ist Wagner schuld? Herr! gib mir den brennenden Dornbusch, daß ich mich erwärme. Das schreit doch nicht die Bibel, das schreie ich, indem ich den gelesenen Satz, gelesenen Inhalt angenommen habe und empfinde, ich empfinde Moses' Not. Natürlich nur interpretiert als meine eigene. Schon wenn das historische Umfeld um Moses sichtbar wird wie im Monumentalfilm, knie ich doch nicht vor dem Dornbusch, aber frierend in meinem Bett wie an diesen Morgen, weiß ich, was nicht schlafen können heißt, weiß, was frieren in einer zentralbeheizten Wohnung heißt, weiß, daß ich Zeit habe, genügend, viel zu viel, um mit Wagner und Kundry zu hadern, weiß, daß sich meine Nachbarn, auch in diesem Stadtviertel, jetzt

aufmachen, arbeiten zu gehen, weiß, daß Punkt 7, eigentlich 10 Minuten früher, meine Haustür so knallt, natürlich demonstriert meine Nachbarin, daß sie arbeiten geht und ein Künstler nutzloses Pack ist.
Ich weiß, daß ich in 19 Jahren im Westen nur einmal mit meiner Freundin in unserer Kirchengemeinde war, Heiligabend draußen im Kalten stand, mit einem Plastikbecher voll Glühwein für 3 oder 4 Mark, und daß ich da nie wieder hingehe. Daß ich nach Fall der Mauer meine Freundin überredete, mit mir in den Zug zu steigen und Heiligabend in der für mich schönsten Kirche, dem Magdeburger Dom, zu verbringen. Aber der Dom meiner Erinnerung, meiner geschriebenen wie gezeichneten, ist eben ein anderer Dom und hätte niemals wieder von mir betreten werden dürfen.
Jedesmal, wenn ich nach Hause fahre, stehe ich auf dem Magdeburger Bahnhof, der Dom mir gegenüber, jedesmal verfluche ich den Verlust eines meiner Dom-Bilder bei einer Haussuchung. Ich werde nicht mehr hinübergehen, ich werde auf dem Bahnhof warten, wie vor einem fremden, verbotenen Bezirk, mir keine Stunde Zeit lassen, sehnsüchtig am Zugfenster sitzen, durch all die Orte fahren, die ich kenne, die ich seit meiner Kindheit kenne, und nicht mehr aussteigen.

Meine ersten Zeichnungen galten dem ALTEN TESTAMENT und Petri Fischzug. Schon indem ich die Formulierung Petri verwende, verwende ich eine Formulierung, die nicht meine ist. Wie also formulieren? Petrus und die Fischer fischen? Petrus und seine Kollegen? Petrus und seine Brüder? Stimmt das? Was habe ich gemalt, Figuren, die in einem Boot sitzen, Petrus heißt eine, andere sind ebenfalls durch einen, mir jetzt nicht geläufigen Eigennamen ausgewiesen, in blau und aquarellbraun wird gefischt, ich muß die Beschreibung abbrechen. Als Puntila bin ich Petrus, der Aquavitsee verschluckt mich, käme nicht Matti, der sieghafte Befreier, Dürers Triumphator rettet den Ertrinkenden aus der Hölle.

Ich friere, während in Bethlehem die Sonne brennt. Wo mein Gott geboren ist. Mir macht weniger der Fernseh-Schußwechsel an den historischen Stätten Angst, wo mein Gott wohnt und dessen Sohn geboren ist, als vielmehr die Kälte, die mir Kopfschmerzen bereitet, mich langsam anfrißt und sich genau in der Stirn festsetzt. All das verdanke ich Wagner, weil ich nicht ruhig im Bett liegen kann und schon 5 Uhr früh mich mit dem Antisemitismus eines Ehepaares quäle.
Wenn ich allein nur meine in mir arbeitende Sprache wahrnehme, die sich in den letzten Jahren so verändert hat, daß ich mir lieber den Mund zuhalte als spreche. Daß ich, wenn ich spreche, nicht mehr aufhören kann, um diesen inneren Zustand nicht mehr wahrnehmen zu müssen, ihn so abwürgen will, um nicht zur Kenntnis nehmen zu müssen, was da wirklich in mir passiert. Daß die Veränderung unmittelbar mit dem Mauerfall und dessen Folgen zusammenhängt, ist klar, doch ist sie nicht Ergebnis dieser Entwicklung. Diese innere Sprache wütet dermaßen gegen das, was ich will, was ich mir bewußt vornehme, als hätte ich ein Tier, der Begriff ist ungenau, Tier wie blöd, eine undefinierbare Person, die aus mir herauswill, immer quälender, daß es mir Schmerzen bereitet, diese Person über mich triumphieren zu sehen, triumphieren wieder falscher Begriff. Diese

andere Person ist mit der sich verändernden Sprache entstanden, jedenfalls versuche ich, das für mich festzumachen. Noch wird gelogen, daß diese nicht existiert, aber was dann.

Erschrocken nehme ich zur Kenntnis, daß meine Tochter die singende Uniform der »Volksarmee« genauso verklärt beschreibt wie meine Mutter die der »Nazis«, genau dieselben Worte verwendet. Abschwächend füge ich nachträglich im Computer »Volksarmee« und »Nazis« ein, mein Erschrecken ist aber die Uniform, die singende Uniform, nicht deren Staatszugehörigkeit. In PARSIFAL singen die Uniformen von ihrer christlichen Pflicht, alles in Klump zu schlagen. Hochhuth schrieb von einer Okkupantenarmee.

Als DDR-Kind war mir »Jüdisches Leben« kein Begriff. In der Oberschule hatte ich einen jüdischen Mitschüler, der deshalb, vom Militärdienst befreit, später eine Opfer-des-Faschismus-Rente bezog, als ich in Berlin studierte. Den Unterschied, den der Rentenbezug herstellte, war ein in der DDR-Gesellschaft verankerter Unterschied, der sich bald negativ ausdrückte, indem wir 2 verschiedenen Klassen angehörten, dies blieb bis zum Verlassen der DDR.
Ich kannte 2 Rentenempfänger, ihn und meine alte Nachbarin mit einer hohen Parteirente dank niedriger Eintrittsnummer, die stramm Kommunistin war und blieb. In den 7 Jahren, die wir zusammen wohnten, hörte ich nicht eine Bemerkung von ihr, die sich positiv auf DDR-Verhältnisse bezogen hätte.
Meine Berührung mit meinem ehemaligen Mitschüler blieb intensiv, aber nicht derart, daß ich auch nur ein Detail über seine Eltern, ihr Leben unter den Nazis ausgekundschaftet hätte. Dem stand meine Mutter entgegen, die meinen Mitschüler sehr gern sah, an ihm das gut fand, was sie an mir anprangerte. Kurz, er war ihr willkommener Anlaß, über mich herzuziehen. Trotzdem war dieser Punkt, auf den ich empfindlich reagierte, nie ein Punkt zwischen ihm und mir, noch einer unserer Unterhaltung, auch nicht in meiner Erinnerung, sondern ich unterscheide deutlich unsere Beziehung in Sangerhausen und Berlin, die sich hier grundlegend änderte. Die Distanz, die ich nun zu ihm hielt oder gezwungen war zu halten, vertiefte sich mehr und mehr, schlug teilweise in offene Feindschaft um.

Unsere gemeinsamen Interessen Theater und Literatur banden nicht mehr, wurden eher Hindernisse, wir glichen uns kaum noch an. Daß »Jüdisches Denken«, überhaupt irgendetwas, das man mit »Jüdischem Leben« in Verbindung bringen konnte, trennend zwischen uns gestanden hätte, kann keiner von uns behaupten.
Vielmehr kam es von mir, daß ich mich, schon durch die unmittelbare Nähe meiner Wohnung zum Jüdischen Friedhof, von dort angezogen fühlte, den Friedhof so oft wie möglich aufsuchte, hatte ich doch dort die meiste Zeit während meines Exmatrikulationsverfahrens verbracht, angefangen, den Friedhof zu fotografieren, was ich fortsetzte, als ich längst wieder studierte.
Was der Auslöser war, weiß ich nicht, ich stand jedenfalls mit Stativ im Schnee,

fotografierte im Januar 1965 Grab für Grab. Am 13. 2. 65 holte ich meine Exmatrikulation ab, anschließend ging ich fotografieren.
Der Gedanke, ich müßte Filme und Material einer so umfangreichen Arbeit bezahlen können, der mich heute täglich beherrscht, kam mir damals nicht, obwohl ich mit einem Schlag Stipendium und Unterstützung meiner Eltern verlor, die Zuwendungen meiner Westfreunde. Verlor ich nun noch die Berlin-Aufenthaltsgenehmigung, konnte ich mich begraben. Die Gebundenheit der Aufenthaltsgenehmigung an den Studienplatz war das Druckmittel, das die Hochschulen erbittert gegen unbotmäßige, aus der DDR-Provinz zugereiste Studenten einsetzten, womit sie praktisch ein Aufenthaltsverbot für Berlin aussprachen. Das Wohnungsamt, das es an mir exerzieren sollte, ein riesiger roter Klinkerbau, stand bedrohlich hinter der Friedhofsmauer, ich sah es jeden Tag, überlegte, wie ich dem Schlag, der mich treffen sollte, entgehen könnte. Ich rieb meine frierenden Finger, Stativ und Apparat schienen reines Eis, noch kälter zu werden.
Als meine Nachbarinnen bemerkten, daß ich nicht mehr in die Hochschule ging, tagelang zu Hause war, herumschlich, mich niemand besuchte, unterrichteten sie meine Mutter. Meine Eltern wußten es längst, der 13. Februar war an ihnen nicht spurlos vorbeigegangen. Vater lag zusammengeklappt im Bett, Mutter durfte nicht nach Berlin. Wenn ich später meinen Eltern meine Handlung als politischen Widerstand umzumünzen suchte, saßen sie wie betäubt, als würden sie wieder von mir gescholten. Vater ging raus oder lief ins Büro, um mich nicht aushalten zu müssen, Mutter druckste, flennte im Schlafzimmer. Was ich meinen Eltern angetan, begriff ich nicht, ahnte nicht, was für eine Hölle für beide begonnen hatte.

Als Vater tot war, sah ich Mutter mit anderen Augen, zunächst mit härtestem Vorwurf, später, als sie erzählte, wenn wir auf den Friedhof gingen, sie bei mir in Berlin herumsaß, in der Küche helfen wollte, immer in Angst, allein bleiben zu müssen, ahnte ich, was diese Jahre für sie bedeutet hatten, manchmal sprach sie davon, von ihrem Wunsch, dem allen ein Ende zu machen.

Vater mußte im Büro die Fragen nach meinem Studienverlauf beantworten, der Sohn eines Kleinstadtarchitekten war studierender Künstler in Berlin geworden. Meine Eltern waren unsicher, in welchem Ausmaß die Bestrafung durch die Hochschule einsetzen würde, Horrormeldungen gab es genug, man würde diese Personen zwingen, die DDR zu verlassen. Noch ein Kind im Westen, das wollten meine Eltern nicht, sie hätten mich denunziert, wäre ich mit dieser Absicht gekommen. Daß meine Mutter später meinen Weggang nicht verhinderte, nach Vaters Tod war ihr alles egal, sie schien es gar nicht wahrzunehmen, sie wollte und konnte nicht mehr leben. Trotzdem, sie lebte weiter ohne mich, sie schien aufzuatmen. Nach einer abermals abgelehnten Besuchsgenehmigung verfluchte sie die DDR, jeden Tag wollte sie diesen Staat seinem verdienten Ende näherbringen.*
Daß sie mich, nachdem die Mauer fiel, bat nach Hause zu kommen, bei ihr zu wohnen, darin letzte Hoffnung sah, ihrem Tod zu entkommen, begriff ich zu spät,

* GERTRUD 3

als ich sie steifgefroren überredete, etwas Heißes zu trinken. Bis zum Morgen saß ich bei ihr, ehe sie zu sich kam, nicht mehr sterben wollte. Sie hatte sich im Oktober, es war ungeheizt, sehr kalt, halb nackt aufs Sofa gelegt, um nicht mehr wach zu werden.

Da saß ich mit meiner halbsteifen Mutter im Arm, die Tränen rannen mir, konnte kaum sehen, hatte nicht genug Wärme, um sie festzuhalten, ihre Kälte kroch in meine Klamotten, die Knie froren, taten schon weh, ich wollte ihren Körper nicht loslassen, wußte nicht, wie ich mich verhalten sollte, woher einen Arzt, wir haben kein Telefon, ich wußte auch nicht, wohin ich rennen sollte. Nach 14 Jahren war ich zum ersten Mal zurückgekommen. Alles hatte sich verändert, blieb wie es ist, ich fand mich nicht mehr zurecht, ich war älter geworden.

Manchmal denke ich, die Mauer hat uns beide am Leben erhalten, wir wußten, daß wir durchhalten, daß es kein Widersehen geben würde, nur das Ausharrenmüssen.

Ein Gurnemanz, eine Kundry in der Nacht, Figuren von Barlach, Maria mit ihrem toten Sohn, hier war ich die Muttergottes, mit meiner Mutter als Leichnam. Schon am übernächsten Tag sprang sie die Treppe runter. Dienen! – dienen!, kam ihr wie nichts von den Lippen, sie »diente« scheuernd ihren Treppenstufen, als ich vom Einkauf kam, sie machte keine Pause, Kaffee wieso, sie unterbreche keine Arbeit. Die Fröhlichkeit, die von ihr ausging, erlahmte nicht, ihre Kaft war unerschöpflich, daß sie über 80 war, ließ sie keine Minute gelten. Aber auch da begriff ich nicht, wie sehr ihr Leben an meines geknüpft war. Innerlich war ich unfrei geworden. Ich unterschied nicht mehr, wofür ich mich einsetzen sollte, verstand nicht, was ich verlor, wenn ich nicht bei ihr blieb, zurück nach Berlin fuhr.

Im Berliner Ensemble probierte ich WESSIS IN WEIMAR. Meine Mutter tobte: Begreifst du noch immer nicht, daß deine ehemaligen Kollegen, die in der DDR verbliebenen, dich jetzt genauso verraten wie die, die aus dem Westen kommen, neu die Theaterherrschaft antreten!
Der Autor des Stückes saß im Parkett mit Verlagsvertretern, Rechtsbeiständen, Sekretärin und Anwalt und ließ in dieser Besetzung sich sein Stück vorspielen. Den von ihm verwendeten Begriff »Okkupation« sah ich im Parkett direkt vor mir sich flezen. Während ich von der Bühne, mich gegen seine ungerechtfertigten Unterstellungen verteidigte, saß die gesamte Theaterleitung im 1. Rang, nahm einen Überlebenskampf zur Kenntnis. Entschied danach, mich nicht mehr zu beschäftigen.

Zurück zum Jüdischen Friedhof. Wer sollte sich damals für meine Fotos interessieren? Saß ich doch schon auf einem Berg von Negativen, die sich in Jahren vermehrten, die meine Freundin bei ihrer Flucht mitnahm, die ich später teilweise veröffentlichte.

Oft saß ich mit meiner Freundin nachts in Dänemark, hörte am Radio, wie sich FDJler positiv über ihren freiwilligen Arbeitseinsatz auf dem Jüdischen Friedhof Berlin-Weißensee ausdrückten, wie sie dort ihre Ferien verbrachten, in Anerkennung der Opfer des jüdischen Volkes sogar Mützen trugen, die sie heimlich absetzten, da ungewohnt, aber doch dieser Verpflichtung nachkommen wollten, manch einer an diesem Ort nicht mehr das Blauhemd trug, all das hörten wir, als es schon dunkel, wir in dicken Decken mit dem Schnapsglas dasaßen, in uns gekrochen, unseres Weggangs gedachten, reumütig, verbittert, erleichtert, meine Freundin endlich aufstand, alleine an den Strand lief, die Decke um, eine dicke Schutzschicht gegen den Wind, der nur Fetzen des Radiokommentars zuließ. Die Sterne in ihrer unerbittlichen Helligkeit, im langsamen Vollzug der Himmelsbewegung, der sich die Sputniks, die wir jede Nacht zählten, entgegenwarfen, als ein ununterbrochener Beschuß, als würde das Auswerfen von Licht in entgegengesetzter Richtung die Bewegung der Sterne aufhalten, für einen Moment festmachen, während wir auf der Bank vor dem Sommerhaus saßen, zuhörten, wenigstens versuchten zuzuhören, nach dem verquälten In-sich-Versacken aufblickten, das Siebengestirn suchten, das sich zusammen mit den anderen Sternen inzwischen fortbewegt hatte, wie der gesamte Himmel, die Sputniks jedoch, so schien unsere Wahrnehmung, sich dieser Bewegung nicht anglichen, sondern, immer hoch oben über uns, knapp über der Dachkante vorbeirasten.

War mehrere Nächte hintereinander der Himmel klar, orientierten wir uns danach, wann der und der von uns gesichtete Sputnik diese Nacht wieder auftauchte oder sein plötzliches Erscheinen zeigte, daß es schon so und so spät war. Obwohl diese leuchtenden Gebilde regelmäßig erschienen, die Sterne an ihren bestimmten Plätzen standen, die gesamte Bewegung in sich stattfand, die man jede Nacht beobachten konnte, war der Himmel doch jede Nacht anders. Mehr oder weniger klar, kalt, manchmal vom Meer aus hell, sodaß Sterne, die dem Horizont nah, erst sichtbar wurden, wenn das Meer sich eindunkelte. Am Himmel war ein Gewirr. Wenn wir zu zweit dasaßen, schrie immer einer von uns, daß da und dort eine Sternschnuppe wäre, die der andere schon nicht mehr sehen könne. In einigen Nächten fielen diese dicht wie ein Lichtregen. Manche der Sterngeschosse rasten parallel zum Horizont. Der Radiosender kam in Wellen, in einem ununterbrochenen Anschwellen und Nachlassen des Tons, sekundenlange Stille, dann Wortfetzen: Honecker – FDJ – Friedhof!
Das war nicht nur in einer Nacht, daß wir so da saßen, kümmerlich übers Radio geknickt, der Veränderungen in der DDR gewärtig, sondern Jahre, wir erinnerten uns an das letzte Jahr mit der gleichen Sendung.

Zurück zum Friedhof. Was war an meiner Fotoarbeit »Jüdisch«? Daß ich eine Mütze aufhatte, daß ich ausdrücklich um eine Fotogenehmigung bat, daß sie mir der gleiche Friedhofsgärtner erteilte, der dort über 26 Jahre arbeitete, daß er mich noch 15 Jahre nach meinem letzten Besuch wiedererkannte?
Hauptsächlich war es der damals in Friedhofsmitte zusammengeschossene, eingestürzte Bau mit dem schräghängenden, kaputten Deckenleuchter, einer Stern-

nachbildung an Ketten, der mich anzog. Ob das Dach kuppelrund oder sternförmig, weiß ich nicht mehr. Durchs Gestrüpp kroch man in den Keller des zusammengebrochenen roten Klinkerbaus mit geplatzten Mosaikbändern, zerschlagenen Schmucksteinen, gemauerten Zierkanten. Von diesem Bau ist heute nichts mehr zu sehen. Warum mich der Friedhof anzog?
Ging ich zur Kaufhalle, mußte ich an der Außenmauer lang, gelber Klinker, über die beschädigte Kante ragten verfaulte, zersplitterte Dachkonstruktionen seiner Grabmale, wie an vielen Berliner Friedhöfen. Die Mauer zog eine harte Trennung zwischen den zerwühlten Neubaustraßen und den sich im Schutz der Mauer verbarrikadierenden Toten. Ich möchte »Totenreich« schreiben. Vor der Kaufhalle war alles abgeräumt, jahrelang Schlamm. Die Mauer verlief geradeaus, weit hinten eingeholt von Schuppen, Gärten, Gerümpel, das sich anlehnte, aber sich noch deutlich unterschied.
Hinter der Mauer wucherten Bäume und Büsche mit solch einer Wut, daß ich, als ich das erste Mal dort war, nicht in die Nähe der Außenmauer kam, auch Jahre später nicht. Hier kämpften Bäume und Gestrüpp mit den Grabanlagen, manchmal meinte ich, daß sie sich durchdrängen, daß die rostenden, fleischigen, schmiedeeisernen Blumen Teile des Gestrüpps würden, eingingen in diese Umschlingung.
Ruhepunkt war die Grabanlage der 1. Weltkriegssoldaten. Ein großer gemauerter Ring mit Grabplatten in Reih und Glied, einer durchgehenden kleinen Allee mit Bäumen, mächtigen bemoosten Steinbänken. Hier saß ich oft. Hier kam niemand her. Auch keine Arbeiter, manchmal stand eine Karre rum, auch 14 Tage später. Dieser Bereich unterschied sich deutlich, bis hierhin war die üppige Vegetation nicht vorgedrungen, sie versuchte die Ringmauer zu nehmen, überwucherte die eingelassenen Inschriftenplatten, aber zwischen die Reihengräber kam sie nicht. Dieses Rund war trübe, fast grau, kalt und feucht. Selbst wenn ich in der Sonne dort hockte, kam mir die Anlage wie ein Kessel vor, wie ein Ring, der sich enger und enger schloß. Manchmal konnte ich es nicht aushalten. Ich bin nie zwischen den Gräbern hin und her gelaufen, verließ nie den Mittelweg, kauerte auf einer Bankecke, manchmal mit dem Fotoapparat, aber was ich empfand, konnte ich nicht festhalten, ich war froh, wenn ich den für mich tiefsten, stillsten Punkt des Friedhofs verließ.

Dieses vor sich Hinbrüten, sich nicht mehr zu bewegen, verdämmern, einschlafen wollen, wurde ein Zustand, der mich langsam von unten anfraß, als würde der Körper von unten aus kalt. Zunächst fror ich nur, schien die Kälte abschütteln zu können, wenn ein Gedanke kam, ich mich endlich aufrappeln konnte, mich ermannte, wie ich es nannte, um aus diesem inneren Vegetieren aufzuwachen.
Ich hatte über alle Jahre meine Studentenwohnung in Weißensee behalten, ich war mehrmals umgezogen, zuletzt mit meiner Freundin, aber meine alte Wohnung behielt ich, ein Festklammern an meine ersten Schritte in Berlin und an meine beiden Nachbarinnen. Als ich umgezogen war, mietete ich auch einen Arbeitsraum im neuen Stadtbezirk, den ich, außer als ich ihn renovierte, nie wieder betrat.

Nach dem Fall der Mauer ging ich einmal vorbei, ich konnte mich gar nicht erinnern, ob ich vor dem richtigen Haus stand, ich machte keinen Schritt nach vorn, keinen, um mich zu vergewissern, schon wenn ich die Torfahrt betreten hätte, hätte ich gewußt, ob ich mich im richtigen Haus befinde, ich tat nichts, ging weiter. Ich hörte meine Mutter, wie sie meine Weißenseer Wohnung erbrochen vorgefunden hätte, nicht mehr feststellen konnte, was nach der Haussuchung fehlte. Wenn ich das aufschreibe, wird mir schwindlig. Es ist einfacher, vom Vesuv zum Ätna zu laufen, als mein Verlassen der DDR zu beschreiben.

Daß ich mehrere Wohnungen halten konnte, verdankte ich einem ununterbrochenen Kriechen auf den Wohnungsämtern, schließlich einer Tauschaktion mit Umzug in einen anderen Stadtbezirk. Nun besuchte ich den Jüdischen Friedhof seltener, meine alten Nachbarinnen beklagten sich, daß sie mich so wenig sähen. Die Parteirente kam in ein auswärts gelegenes Altersheim, wo ich sie zweimal mit meiner Nachbarin besuchte, danach war sie tot. Die Zustände in diesem Altersheim glichen denen, vor denen meine andere Nachbarin in den Weißensee floh, nachdem sie sich nicht mehr allein behelfen wollte und konnte, auch nicht zu ihrem Sohn nach Westberlin übersiedelte, obwohl er dies geradezu erzwang, und sie sich lieber in ein Weißenseer Altersheim verfrachten ließ. Diesen Gang ins Wasser versuchte sie einmal, wurde isoliert, wie sie es bezeichnete, dann schaffte sie es doch, eines Morgens lag sie im Wasser.

Meine Diplomarbeit in der Kunsthochschule Berlin-Weißensee galt Babels VOR SONNENUNTERGANG. Ein »jüdisches« Stück, so argwöhnte mein Lehrer. Ich verteidigte mich, daß dieses Stück in der DDR erschienen, daß das ein sowjetischer Autor war. Die Arbeit daran erwies sich als schwierig, schon die Materialbeschaffung. Ich besuchte oft die Synagoge in der Roelckestraße, auch ein in Ostberlin tätiger Rabbi empfing mich, aber ich kam nicht weiter, bis ich aus Moskau Unterlagen über die Odessaer Juden bekam. In der Jüdischen Gemeinde Ostberlin fertigte man mich kurz ab, es war 1969 unvorstellbar, daß ein Nichtjude mit einem »jüdischen Theaterstück« kam. Wie sich die stofflichen Querelen in der Benotung und Beurteilung meiner Diplomarbeit ausdrückten, weiß ich nicht mehr, ich kann mich nur erinnern, wie alles angelesene »Jüdische« aus meiner Arbeit verschwand, alles Folkloristische, daß eine Familientragödie übrigblieb, die auch in jedem anderen Umfeld zu Hause gewesen wäre. Auch meine späteren Bemühungen, dieses Stück aufzuführen, blieben erfolglos, meine Entwürfe verschwanden entweder in Haussuchungen, Freunde vermeinten, in ihnen Geschenke zu sehen, oder Sammlungen kauften sie auf, nach meiner Flucht behielt ich nur wenige Skizzen, die kaum noch die umfangreiche Erarbeitung ahnen lassen. Jedoch spürte ich immer wieder, daß an diesem Thema sich die Geister schieden, eine zu enge Beschäftigung damit allen Seiten als unerwünscht galt.

Mein Friedhofsrundgang der Jahre 1965-66 begann an der linken Außenmauer, in den Grabmälern selbst waren noch Reste der zerbrochenen blauen Scheiben, teils von Efeu gehalten, teils in den originalen Bleieinfassungen. Es war mir undenkbar, trotz übertriebener Sammelwut, eine dieser Scherben mitzunehmen, herauszubrechen, gar, wenn sie am Boden lag, aufzuheben. Daß diese Scherben in den nächsten Jahren weniger wurden, bis 1976 völlig verschwanden, irritierte mich genauso wie das langsame Verschwinden des Buntmetalls, der Grabeinfassungen, Ranken, Ketten, Schalen, des zerstörten Zierats. Daß die Nazi-Plünderung den Friedhof verheerte, war überdeutlich, daß ich aber nach wenigen Jahren das nicht mehr vorfand, was ich fotografiert hatte, verunsicherte mich.

»Jüdisches Leben« lernte ich erst im Westen kennen. Sowohl in Wien als auch in Frankfurt. In Frankfurt erfaßte es mich wie eine 2. Heimat. Ich war froh, wenn ich mich auf den Fußboden ausstreckte, Lenas Mutter nicht störte, mich einfach lang hinlegte, die Augen zumachte, zu Hause sein konnte. Jeder Moment bei Lenas Eltern ist mir lieb und bis in die letzte Streiterei gegenwärtig. Bei Tisch saß ich in einer Umgebung wie bei meiner Tante Hilde. Wenn Lenas Mutter ihre Suppe, ihren Beuteltee aufdrängte, nahm ich begierig an, deshalb war ich gekommen, ich wollte dort essen, nicht hungrig aus Hunger, sondern hungrig nach Ruhe, saß immer auf dem gleichen Platz, an der Stirnseite, ihrem Vater gegenüber. Unwillig wurde ich, wenn ich den Platz wechseln mußte, wenn die ganze Familie da war, ich neben ihrem Vater oder meiner Freundin saß. Daß sich dieses Gefühl zu Hause zu sein auch auf meine Freundin übertrug, die lange nach mir zum ersten Mal nach Frankfurt kam, ist genauso eigenartig wie die Ähnlichkeit von Lena und Gabriele.

Als Lena schwanger war und als Nathan geboren wurde, war ich bei ihr, ihr Mann war für längere Zeit weg, so erlebte ich nochmal, jetzt in völliger Ruhe, dieses war nicht eines meiner Kinder, den Umgang mit einem Kind. Im Regen raste ich mit dem Kinderwagen von Westend Richtung Südbahnhof, an einem Feiertag, ich sollte keine Bahn benutzen, gehorsam wie ich war, tat ich es, zitterte, daß meine Plastiktütenverkleidung des Kinderwagens aufreißen würde, daß ja nichts dem Kind passieren sollte. Lena lag im Bett, ich dagegen rannte in der Hoffnung, sie mit ihrer Mutter zu versöhnen. Ich kannte diese Situation aus den Streitereien mit der Großmutter eines meiner Kinder, deren Gekeif und Gegreine ich so hörte wie das unterdrückte Quäken von Lenas Mutter.
Ich kam an, es war kaum etwas durchgeregnet, das Bett wurde gewärmt, Lenas Mutter preßte das Baby an sich, wurde 20 Jahre jünger. Dieser Tag, diese Stunde, die wir so zusammen verbrachten, die ich neben ihr saß oder allein auf dem Klo war, nur um wieder allein zu sein, bei mir, diese Stunde verband uns lange. Wie ich gekommen, rannte ich mit dem Kinderwagen nach Hause, mein Beutestück in die andere Richtung schiebend. Eigentum an diesem Kind, das beschäftigte mich später. Zunächst aber kam ich zurück, bugsierte den Kinderwagen hoch, brachte das Kind zu Lena, die an diesem Abend zum ersten Mal wieder mit ihrer Mutter telefonierte. Tage danach schob ich den Wagen durch den Grüneburgpark, ich ging mit »meinem« Kind spazieren. Ich machte keinen Unterschied, es war »mein« Kind, wie ich dasaß, allein in der Sonne, mit dem Fuß den Wagen schunkelte, mich im Steinpflanzengarten auf die Mauer zu den Karpfen setzte, mitten

unter die anderen Mütter. In Frankfurt sah ich keinen Mann allein mit einem Kinderwagen. Ich widmete mich dem Umgang mit diesem Kind mehr als dem Umgang mit seinen Eltern, ich wollte vor allem mit ihm allein sein, vielleicht, um das, was ich bei meinen Kindern vernachlässigt hatte, nachzuholen, vor denen ich weggelaufen war, nun hatte ich Zeit, erbarmungslos viel Zeit. Zu Hause zu sein, das Gefühl einer Zugehörigkeit, nicht einer Vaterschaft wollte ich erreichen, die Berechtigung, daß ich mit diesem Kind auf dem Arm am Fenster stand und MEIN KAMPF zum zweiten Mal las.

Ich las nur das Kapitel, wie die und die Stadt »aufgerollt« wird, vom Bahnhof aus, sich der Trupp im Zentrum sammelt, sein Zeug abläßt, wieder zum Bahnhof zurückmarschiert, abfährt. Mit Nathan auf dem Arm las ich dieses Buch. Ich las es nicht versteckt, sondern am Fenster, rechts das Kind, weil es ruhig wurde, wenn es die Autos verfolgen konnte, links das Buch, nicht unbequem, sondern breitbeinig dastehend, die Gardine zurück, hinter den Birkenblättern, die graubraun an den Fensterscheiben klebten, das kurze Straßenstück freigaben, Nathan ruhig an meiner Brust, warm, weich, im Geruch von Milch und Scheiße, seinen Sabber auf dem Hemd, einen immer größer werdenden Speichelfleck verfolgend, las ich, wie sich der Trupp nach dem Verlassen des Bahnhofs formierte. Innerlich meinte ich schon, daß es unmöglich sei, daß sich soetwas in dieser Form wiederhole, vor allem in seiner Primitivität, die viel mehr das bürgerliche Umfeld, in dem das überhaupt stattfinden konnte, charakterisierte als den in die Stadt einbrechenden Trupp. Ich wollte nicht verstehen, daß diese Stadt dazu bereit war, daß sie »fällig« war, daß sie mit offenen Armen entgegenging, obwohl alle Fenster noch dicht waren, es kam keiner auf einem Esel, vor den sich Palmenzweige und Lappen legten, es kam die Uniformwelt in die Anzugwelt, und diese hatte ihr ewiges Schlipsbinden satt. Ich war mir meiner inneren Überlegenheit so bewußt, jetzt hatte ich es geschafft, in mir Ruhe zu finden, die Verbindung dieses Buches und dieses Kindes auszuhalten, in mir zu Hause zu sein.

So erging es mir auch in Wien bei Martins Eltern. Ich hätte den Übergang in den Westen ohne diese Menschen, ohne deren Liebe und Zuneigung nicht geschafft, ihr Verständnis dafür, daß plötzlich alle Krücken wegbrechen.

Daß Verlust von Heimat auch Verlust von Geschmack ist, läßt nicht nur Nietzsche ununterbrochen nach den Würsten und Eßwaren seiner Mutter jammern, die sie, alt geworden, ihrem alternden Sohn auf die Post schleppen muß. Daß plötzlich Zucker und Salz anders schmecken, widerwärtig feindlich, das habe ich in Wien erlebt. Ich stand in der Küche von Martins Eltern, an diesem Abend war ich allein, gottseidank, ich war allein und wollte mir Eierkuchen machen. So wie ich das Hunderte Male vorher gemacht hatte, aber noch nie im Westen. Noch nie mit diesem Mehl. Ich machte alles wie immer. Innerlich wußte ich, daß es ein Test war, ich wußte genau, was für mich auf dem Spiel stand, konnte ich nach all diesen Veränderungen noch einen Geschmack herstellen, der für mich erinnerlich, konnte ich eine Verbindung schaffen zu dem, was ich verlassen hatte, konnte ich es noch schmecken. Die Eierkuchen landeten im Klo, ich konnte sie nicht essen. Ich erinnere mich an meine Ablehnung des neuen Geschmacks, dieses anderen Schmeckens, es zu verdauen wurde zur Qual, wurde zu einer körperlichen Auflehnung, nicht ich kotzte, sondern mein Inneres würgte, wollte nichts Neues annehmen. Schweißnaß stand ich im Klo, nachdem ich alle Fenster aufgemacht hatte, damit der Gestank wegging. Und das bei einer Haushaltsführung, bei einem täglichen Essen, das an nichts zu wünschen übrig ließ, bei langen mittäglichen Diskussionen über die Mehlspeise, wo ich meine Wünsche bei der Haushälterin durchsetzte, begann ich trotzdem nach dem verlorenen Geschmack zu hungern.

Monate vorher verfütterte ich im Park neben dem Burgtheater ein großes, teures Kuchenpaket an Tauben, in mir mich agitierend, daß die Sachertorte aus der Dimitroffstraße Ostberlins besser schmecke als die eines Hotel Sacher. Ich schmierte meine Finger an dem Papier ab, roch die künstlichen Aromen so stark, daß ich den braunen, sußigen Teig, ich finde kein richtiges Wort, in meinen Händen war das Matsch, ich sehe mich noch, wie ich den letzten Rest vor dem Café zertrample. Hinter den Fenstern Visagen glotzten, eines irren Zerlumpten ansichtig, in einem schwarzen Postmantel mit blauem Kragen, so wie man mich am Flughafen Wien als einen unwirschen Kurier einer Ostblockmacht aufnahm, nicht als einen DDR-Bürger mit Paß.

Ich war hilflos, soviel ich auch mit den Leuten vom Burgtheater fraß und immer in mich hineinlud, noch mehr verdaute und ausschiß, konnte ich doch nicht das Problem wegfressen, daß ich hier nicht zu Hause war, daß ich hier nichts zu suchen hatte, daß ich nicht einen Zentimeter an Boden gewann. Dieser Kloß saß immer fester, machte mir eine Gastarbeit im Westen nicht nur fragwürdig, sondern als Zwangsarbeit unerträglich. Ich war nicht der Ost-Typ, dem sich West-Künstler der Superklasse an die Brust werfen konnten, ausheulten, daß sie schwul wären, so wenig verdienten, während die miesen Arbeitsbedingungen meines Partners und meine eigenen mir durch den Kopf schossen, ich stockbesoffen in stockbesoffene Augen starrte, im anderen nur noch meinen Feind erkannte. Solch einem Heurigenabend folgte kein zweiter. Im Hawelka kippte ich Birnenschnaps halbliterweise, das lag näher, die Enge, der Rührkuchen dazu, ich benahm mich wie ein Schwein und kam mir richtig gut vor. Noch sah ich mich in sozialistischer Opposition, ein Klassenfeind war unter den Tisch zu saufen. Daß diesen eigenartigen Verteidigungszustand auch meine Wiener Arbeitgeber wahrnahmen, spürte ich, wollte ich doch im Stofflager stets das teuerste Material, naturbelassen oder naturimitierende Stoffe, die ich aus der »überholten« Ostproduktion genau kannte, die jedoch im Westen zum Teuersten gehörten. Blind ortete ich mit einer Zielgerichtetheit diese oder ähnliche Stoffe, die ich schon einmal in der Hand hatte, sodaß immer häufiger hinter meinem Rücken getuschelt wurde, ob es denn nicht ein bedeutend billigeres Material sein könne, das den gleichen Zweck erfülle, viel besser von den Darstellern angenommen würde. Das Getuschel stimmte mich nicht um, die Taschenrechner klackten, wieder kam ein teureres Kostüm heraus als angesetzt. Daß das Mißverständnis, die gegenseitige Unkenntnis des Ost- bzw. West-Wertes des Materials von mir nur noch genährt wurde, begriff ich nicht. Ich erzählte, wie meine Mutter noch Aussteuerleinen ihrer Großmutter vernähe, und kam mir dabei wie ein Münchhausen vor, so ungläubig sah man mich an, als beschriebe ich eine Mondlandung mit einer Ente.

Wenn ich mich heute, 1995, daran mache, aus den Aussteuerkopfkissen meiner Mutter die altersgilben Faltkanten herauszuwaschen, um sie aufzuziehen, um meine gekauften Westfetzen endlich wegschmeißen zu können, weil sie verschlissen sind und dauernd reißen, keine Wäsche mehr überstehen, sicher eine mit der Hand, aber keine mit der Maschine, fluche ich, weil ich das Gelb, die graugilben Kanten weder aus dem Leinen noch aus den eingesetzten Zierkanten, die meine Mutter mit 12 oder 13 angefertigt hat, rauskriege, weder das westdeutsche Omo noch das ostdeutsche Spee Waschkraft beweist, sondern jedes in seiner Art stinkt, sodaß ich die Kissen mehrere Tage in ständig erneuertem Wasser liegenlasse, trotzdem den Geruch nicht rauskriege. Die Faltkanten lachen Hohn und werden mich überleben.
Im Festhalten an den Materialien, die ich kannte, sah ich mehr Verbindung zu dem, was ich als genehmigter Leiharbeiter verlassen hatte, als mein Paß bekundete. Beim Stoffausmessen in den Werkstätten sah ich meine Mutter, wie sie vor den Bauernärschen kniete, keuchend, mit den Nadeln im Mund. Chinabrokat, das teuerste Material an die Leiber »klebte«, sodaß Chrysantheme zu Chrysantheme, Vogel zu Vogel paßte, der Arsch doch nicht die Nähte ausriß, sondern hinten in einer verdeckten Kappnaht, Sitz hatte, und meine Mutter stückelte so geschickt, daß noch ein 2. Kleid, wenigstens ein Bolero zu einem Taft- oder Samtrock herauskam.

Das Verlassen meiner Eltern, als ich 1964 zum Studium nach Berlin ging, war von einem langandauernden Streit geprägt, dem Vorwurf meiner Mutter, warum ich nicht mehr meine Wäsche nach Hause zum Waschen schickte. Meine Mutter verband meine Weigerung mit der ihrigen, mir nicht mehr den von mir gewünschten Kuchen zu schicken. Sie hatte recht, es war nicht zu akzeptieren, daß ich meine Wäsche nicht mehr nach Hause schickte, sie allein waschen wollte. Zu dieser Einsicht komme ich erst heute, damals beabsichtigte ich meine Mutter zu entlasten, meine Eigenständigkeit meinen Eltern gegenüber zu beweisen, dafür sollten sie mir jetzt erst recht in regelmäßigen Abständen Wurst und Kuchen schicken. Nicht Wurst allgemein, sondern nur diese eine, Schackwurst aus Martinsrieth. Daß meine Mutter dafür arbeiten mußte, ihrerseits Strapazen auf sich nahm, sah ich als völlig normal an, ich entschädigte sie damit, daß ich meine Wäsche, auch die großen Stücke selbst wusch. Daß ich damit einen tiefen Eingriff in das intime Verhältnis meiner Mutter zu mir vornahm, war mir damals nicht bewußt, ich hätte es als völlig abwegig abgelehnt. daß aber meine Mutter durch meine Wäsche meiner noch habhaft wurde, ich ihr diese Habhaftmachung bewußt entzog, sie selbst in der Auseinandersetzung mit meinem Vater schwächte, ahne ich erst heute.

Meine Mutter lenkte nicht ein, keine Dreckwäsche, kein Kuchen. Heftiges Drangsalieren nützte nichts, sie blieb eisern.
Dem entgegen stand der Wäscheluxus meiner Prager Familie, der für mich vorbildlich blieb, nur indem ich selbst wusch, konnte ich die gleiche Verschwendung betreiben, die sie auszeichnete, war die Wohnung noch so verkommen, das Bett war immer weiß.
Heute habe ich mich daran gewöhnt, daß meine Bettwäsche nicht mir gehört, sondern dem Billigangebot eines Kaufhauses, so akzeptiere ich den Verlust meines Geschmacks. Die Auflehnungen dagegen erscheinen mir heute wie Feiertage. Feiertage der Selbstsucht oder Selbstzucht. Wieder Nietzsche, er liefert die Begriffe. Auflehnung heißt zunächst Besinnung, Erinnerung, ein Aussetzen von dem, was ich tat, mich gegen meinen Alltag zu behaupten, allein zu sein, zu einer bestimmten Form Ich zu werden.

Schon wenn ich einkaufen ging, die Vorbereitungen, alles ganz langsam zu machen, bei soviel Aufwand keine Pleite erleben zu müssen, ließ keine Störung zu, keine Betriebsamkeit, sondern ich mußte mich bei jedem Handgriff zwingen, mich zu erinnern. Heute ist es undenkbar, eines der Gerichte zuzubereiten und zu essen, die ich in den ersten Jahren, als ich in Westberlin wieder eine Wohnung hatte, zubereitete.

Was meine Freunde und Freundinnen in der DDR kochten, war für mich Fraß, mir schmeckte nichts und wollte nichts schmecken, außer in meiner Prager Familie, da war ich zu Hause. Die Mutter empfand mich als störend in der Küche, auch Einkäufe tätigte sie allein oder die Kinder, auch von den Vorbereitungen, die für die Vielzahl von Personen umfangreich waren, war ich ausgenommen. Die meisten Essen, wenn überhaupt gemeinsam gegessen wurde, dauerten bis 3 Uhr morgens, der Tisch war immer noch voll, das Geschirr auf den Büchern, dem Schreibtisch, dem Ofen. Wenn fertiggegessen, gingen die Eltern ins Bett, ich lag längst nebenan, solche Essen war ich nicht gewöhnt und konnte nie mithalten. Wenn beide schliefen, stand ich auf, räumte ab, leise, langsam, in der Küche krachten manchmal die Geschirrberge. Heißes Wasser gab es zum Überfluß, ich begann abzuwaschen.

Von unten kam Wolfgang 1, der Libusa nach Hause gebracht hatte, sich Schlips und Hose zurechtrückte, in die Küche setzte und rauchte, wortkarg, noch immer nicht müde, von einer zähen Kraft, wenn er leise sprach, sich manchmal an die Wand lehnte, nach oben sah, mit den Augen zur Decke dösend rauchte, sich endlich erholte, endlich eine Heimat gefunden hatte, endlich zu Hause war, nicht mehr in den Westen zurück wollte.

Noch vor meiner »Flucht« sah ich eine vor mir, ohne sie zu begreifen. Eifersüchtig beobachtete ich, wie sich Wolfgang 1, jemand, den ich auf der Autobahn per Anhalter getroffen hatte, in »meine« Familie einscharrte, verbissen Zuflucht suchte.

ZERSTÖRUNG II

Die beiden Wolfgangs. Eine Wunde. Wolfgang 1, von dem ich nicht weiß, auf welchem Berliner Friedhof er liegt, der doch unmittelbar neben mir gestorben ist. Zuletzt ein Zuhause hatte, eine Frau, die er auf der U-Bahntreppe Rathaus Steglitz ansprach, mit dem Arztbefund in der Tasche, die er anhielt, fragte, ob sie ein Kind mit ihm zeuge.

Wolfgang war Vater geworden.

Ich war bei ihm, er zeigte mir froh seine ausgebaute Dachwohnung, alles aus Holz, selbst das Klo. Ich schloß die Tür, setzte mich auf die ebenfalls verkleidete Badewanne, fuhr mit der Hand über die noch unebenen Ecken.
Für wen hatte er das gebaut, er selbst brauchte nur einen Koffer, wieviel Jahre beneidete ich ihn darum, daß er nur mit einem alten Mercedes und einem Koffer auskam. Er hatte diese Wohnung für sein Kind gebaut. Als ich zurückkam, sah ich mir die bretterverkleidete Wohnung genauer an, wie ein Spion, der Witterung aufnahm. Ich wußte nicht, daß er krank war. Ich erinnerte mich an seine Erzählungen von dem Haus, das ihm gehörte, vom Dachboden, wo er lebte. Er brachte mich noch auf die Straße, zeigte mir die Häuser, die er inzwischen erworben hatte, die ganze Straße wollte er kaufen.
Abends räumte ich Wolfgang 2 den Küchenschrank leer, brachte das alte Brot runter, Brot, das jahrelang in diesem Küchenschrank lag, der überquoll von Eßresten, die Wolfgang 2 nicht mehr weggebracht, nachdem seine Familie ausgezogen und er allein in der Wohnung war. Ich vermied jede Frage, ich bat, nur noch diesen Eimer in die Tonne bringen zu dürfen, ich merkte, daß er es nicht wollte, aber wie sollten wir beide jetzt zusammenleben, ich dachte nur dran, mich in dieser Wohnung, in Westberlin einzurichten.

Ich begann zu kochen, ich konnte nicht in die Mensa wie er, fuhr bis in die Wilmersdorfer Straße, nur um billig einzukaufen, verbrachte dort Stunden, bis ich etwas zusammenbekam, was noch eßbar, Miete, einen Beitrag zu Strom, Gas, Telefon hatte ich nicht. Die Finanzsituation war aussichtslos, wenn ich meinen DDR-Paß behalten wollte. Nur in ihm sah ich ein Unterpfand für meine Freundin, die inzwischen ins Gefängnis Hoheneck überführt war. Noch immer kamen die guten, vertrauten Botschafter, die mich zu überzeugen suchten, daß ich zurückkehren sollte, dann würde meine Freundin freigelassen, natürlich nicht sofort, aber doch in einem gewissen Abstand. Wolfgang 2 sah mich ungläubig in seiner Küche an, er schüttelte den Kopf: Die halten niemals Wort.

Manchmal fragte ich, ob er was essen wolle. Er lachte mich über seinen Plastiktisch an, er sei heute eingeladen. Er nahm mich nie mit. Ich saß allein in seinem

vorderen großen Zimmer, das alte Parkett knackte, ich beobachtete die Kastanien vor meinem Fenster, wie lange es noch dauern würde, bis sie wieder knospten. Ich versuchte mich festzuklammern, ich zeichnete wiederholt das Fenster, den Blick auf die Straße.
Lag ich im Bett, hörte ich Wolfgang 2 zurückkommen, in der Küche scharren, am nächsten Morgen war mein Fleischtopf leer. Er habe noch Hunger gehabt, es schmecke so gut.
Wolfgang 2 aß allein. Wie oft ich ihn auch überredete, alles so hinbog, daß er mit mir gemeinsam Mittag essen mußte, brachte ich es dennoch in dem Jahr, das wir zusammenwohnten, nicht fertig, daß er mit mir gemeinsam an seinem Küchentisch saß und aß. Wolfgang 2 wich aus, geschickt, ich konnte mich aufregen, ihm war es egal, er verstand mich nicht, provozierte seinerseits, daß er alles so einrichtete, daß ich mich an seinen von ihm vorbereiteten Frühstückstisch setzen mußte, sein Ei aß. In diesem Jahr spielten wir alles durch, was 2 Männer sich antun können. Das Ergebnis dieses Zusammenlebens und die wiederholt in Aussicht gestellte Entlassung meiner Freundin in die BRD bewogen mich, zurück nach Frankfurt zu gehen, in Gießen das Notaufnahmeverfahren zu durchlaufen, um in Westberlin zu studieren.

In meiner Erzählung REPUBLIKFLUCHT beschreibe ich den Tag in Gießen, noch sehe ich die Schlagzeilen vor mir: Panik im Geiseljet. Frau Schleyer weint. Baader kocht vor Wut. Totenblaß der Kanzler. Armer Schleyer. Terroristen schlagen Geiseln. Oma, Opa, Mutter, Vater, alle trinken Schwarzer Kater.
Die mit mir warteten, sahen genauso aus wie ich, müde, roh, als ob ihnen das Fell fehlte, sie krochen in sich, froren. Ehemals Inhaftierte als rohes, frisch geschrubbtes Fleisch, die Frauen in neuen Lederjacken, Röcken, die Mischung Ost-West, die ihre Körper zusammenpreßte, die Männer, dünn, das Gesicht nur Haut, sodaß Adern vortraten, von den Schläfen zum Hals rote Streifen. Sie standen am Fenster, liefen hin und her, rauchten, zerdrückten Zigaretten, zündeten neue an, ich fror, kroch in meine dünnen Klamotten. Ging raus, andere kamen mir entgegen. Stunde um Stunde. Schlagzeilen. Ein Kiosk in Lagernähe, Plattenweg, dahinter eine Betongußmauer. Ich setzte einen Fuß vor den anderen, sah meine Ostschuhe, die platzten. Zurück?
Hier entschied ich mich, obwohl ich schon so lange im Westen war, vor dem Kiosk in Gießen wurde mir klar, daß ich nicht zurückgehe. Noch konnte ich, mein Paß war gültig, mehrfach war versichert, alles sei nicht so schlimm, wenn ich das Datum einhalte. Am Ende des Plattenwegs ein Drehkreuz, ohne Funktion, schief in der Erde, zu beiden Seiten das Gras abgelaufen. Ich wagte es nicht zu berühren, die Frau im Kiosk verfolgte mich, ich sah sie kurz an, gedunsen, freundlich, grauleer, wie die Gesichter derer, die mich vom Lagerhof beobachteten. Naßkalt. Ich hüpfte von Platte zu Platte. Die Zeit verging nicht. Die anderen warteten genauso wie ich, sie waren angekommen, ich nicht. Ich sah, wie sie den Hof verließen, zu ihren neuen Quartieren fuhren. Ich stand vor der Betongußwand, folgte den Fugen, sah die Kioskauslage, ich wollte nicht zurück, endgültig. Nichts hielt mich hier, es gab keine Arbeit, kein Geld. Mit einem Studium hoffte ich die

Zeit anzuhalten? Warten. Wieviel Jahre hielt ich aus auf meine Freundin zu warten? Der Plattenweg prägte sich mir ein, der Kiosk mit dem Mickerbusch dahinter, ein Kiosk, wie er in der DDR steht, direkt importiert, damit den Flüchtling sofort Heimat begrüßt, damit er nicht denkt, er wäre woanders, sondern da, wo er hingehört.

Als meine Freundin endlich in Frankfurt auf dem Bahnhof stand, starb Wolfgang 1 in Berlin, dessen Sohn knapp ein Jahr alt war.

Als sie mich anrief, erkannte ich ihre Stimme nicht, sie rief mich, ich hörte meinen Namen. Diese Stimme war mir nicht mehr vertraut. Vorher war eine andere Stimme am Telefon, ich solle nicht erschrecken, neben ihr stehe meine Freundin, der sie jetzt den Hörer gebe, ich solle nicht erschrecken. Noch als ich mit meiner Freundin sprach, meinte ich, daß sie es nicht sei. Diese Stimme gehörte einem Menschen, den ich nicht kannte.
Bist du es wirklich?
Die Stimme versicherte mir, daß sie meine Freundin sei, sie holte die andere Stimme ans Telefon zurück, wieder erkundigte ich mich, diese Stimme erklärte, ich solle nicht kommen, meine Freundin käme nach Frankfurt, dort würden wir uns treffen.

Ich kam zu spät auf den Bahnhof. Ich erkannte sie nicht. Weder von vorn noch von hinten. Da stand jemand, ja, das sollte sie sein. Allein. Ohne Begleitung. Mit einem neuen Koffer. Als ich mich ihr näherte, war jeder Schritt wie ein Erinnern, als bräche in mir etwas ein. Später erinnerte ich mich, daß sich die Schritte weder beschleunigten noch verlangsamten, ich schien nicht mehr den Boden zu berühren. Als ob dieser Mensch vor mir nicht meine Freundin wäre, sondern ihre Erscheinung. So unwirklich das Bild, so unwirklich berührten meine Füße den Boden. Die Schuhsohlen schwebten. Jeder Schritt klang in mir nach, als wäre in jeder Bewegung ein Echo, als machte mich der austretende Schweiß leichter, als ginge der Körper aus mir, wäre nicht mehr das Fleisch, sondern nur Denken. Selbst als ich meine Freundin in den Arm nahm, blieb die Scheu, blieb die Angst, sie zu verletzen, um dann festzustellen, daß sie ein anderer Mensch war, der nur ihre Hülle benutzte.

Meine Freundin wollte nicht in Frankfurt bleiben: Nicht eine Nacht, sofort nach Berlin! Wie ich sie auch zu besänftigen suchte, die Tränen schossen: Nach Berlin! Wir fuhren sofort zum Flughafen.

In Berlin hatte Wolfgang 2 die Todesnachricht von Wolfgang 1 bewußt weggelegt. Als wir ankamen, saß er gerade über dem Fleischtopf, den ich ihm, kurz bevor ich nach Frankfurt flog, in den Kühlschrank gestellt hatte. Vergnügt begrüßte er uns, nun könnten wir, er und ich, uns freuen, denn Gabriele sei angekommen.

2 Straßen weiter wurde Wolfgang 1 beerdigt. Heute sind beide tot.

Meine Freundin war wieder da. Wie ein Möbelstück, dessen Ankunft lange erwartet worden war, das aber, als es ankam, ramponiert und mitgenommen vom Transport, schief in der Gegend stand, nicht mehr zu passen schien, obwohl die Lücke freigelassen worden war, aber nun, da Gabriele in Wolfgangs großem Zimmer stand, war sie nirgends mehr zugehörig. Auch in der Lücke nicht, die ich in mir gelassen hatte.

Jetzt begann das Möbelrücken. Wolfgang 2 beobachtete uns, so konnte es keinen Monat weiter gehen. Eng, das wurde es jetzt zwischen uns, die Auseinandersetzungen waren intimer, verletzender. Die Wohnung, die groß genug war, uns alle aufzunehmen, zu beheimaten, sperrte sich. Die Möbel raus, alles auf die Straße, war die einzige Lösung. Einen Monat später zogen meine Freundin und ich in ein Abrißhaus zum Abwohnen.
16 Jahre nach unserem Einzug: In einer Villa im Berliner Westend sitzt Einar Schleef, an dessen angeblicher »Faschismus-Scheiße« sich jener ernsthafte Konflikt am Berliner Ensemble entzündet hat. Von ihm aus könne man alle Sprechtheater zumachen, sagt er. Seit er nicht mehr inszeniert, könne er, der auch ein großer Dichter ist, wieder schreiben. Sein Thema PARSIFAL. Hundert Meter vor seiner Haustür versperrt eine riesige Nervenklinik die Straße.

Beide Wolfgangs waren durch mich verletzt, der eine, indem er mit mir nach Prag kam, dort doch nicht Fuß faßte, der andere umgekehrt, indem er mich bei sich aufnahm. In beiden brach ein ähnliches Problem aus, das sie selbst nicht lösen konnten, ein Problem, das sich vielleicht ohne die Begegnung mit mir so nicht für sie gestellt hätte. Beide wurden krank, nahmen ihren Krankheitsverlauf stoisch hin, ergeben, beide aus dem gleichen Grund, in einer zähen Suche nach Liebe. Wie unvollkommen hilflos auch das Wort Liebe hier steht, zu einer genaueren Beschreibung bin ich nicht fähig, denn damit würde die Umformung beginnen, die Umschreibung, die von mir erzwungene inhaltliche Veränderung, die mir ermöglichen würde, das Problem, das beide Menschen erfaßt hatte, in den Griff zu bekommen.

Ihre innere Verletzung war so tief, ich möchte behaupten, daß eine ähnliche Verletzung unter anderen Lebensumständen, unter denen ich z. B. in der DDR gelebt hatte, gar nicht denkbar gewesen wäre. Aber diese Behauptung, die mir einleuchtet, bevor ich sie tippe, verliert ihre Richtigkeit, nachdem ich sie getippt habe.
Mein Computer tut seinen Dienst, die fettigen, mit Staub behafteten Tasten tun ihren Dienst, meine Fingerkuppen tun weh, aber ich erreiche kein Verständnis, ich muß in Umformulierungen ausweichen, eher meinen Computer beschreiben, als daß ich das Ende meiner beiden Freunde in die 8-Zeilen-Flüssigkristall-Anzeige kriege, ich finde nicht einmal das Wort für das Fenster, in dem mein Text erscheint, sondern ich muß mich nach dem Computerhandbuch bücken, umständlich kramen, ausweichen, auswitschen, wegkriechen, den dort verwendeten Begriff eintippen, nur um über diese Hemmschwelle zu kommen, noch weiter

wegrutschen, um endlich den Anlaß, warum ich diesen Morgen wieder sitze und tippe, zu annullieren.

Obwohl ich früh aufstehe, ist es schon wieder Mittag. Ich sehe den Zeiger auf der Küchenuhr, die mir meine Freundin geschenkt hat, und zittre. Ich sehe den Hausmeister im Garten Laub harken und wäre froh, aufstehen zu können, um mit ihm zu tauschen. Ich wäre froh mir keine Rechenschaft mehr geben zu müssen, ich wäre froh, einzuschlafen, um nicht mehr aufzuwachen, ich wäre froh, wenn ich mich um die viel dringenderen Angelegenheiten, die kein Erinnern zulassen, kümmern könnte. Ich wäre froh, wenn ich das, was ich mir beweisen will, nicht nötig haben würde zu beweisen. Ich wäre froh, wenn ich jetzt aufstehen dürfte, um Wolfgang 2 anzurufen.

Das Problem, von dem ich behaupte, daß es ohne die Begegnung mit mir in beiden Wolfgangs nicht ausgebrochen wäre, ist so nicht wegzudiskutieren, vielmehr geht es darum, mir das Ertragen ihrer »ständig blutenden Wunde«, die ich bemerkte, unter der ich litt, im nachhinein zu erleichtern. Ihre Schmerzempfindlichkeit, die mich aufschreckte, ergriff mich, löste schon bei Nennung ihres Namens ein Durcheinander in mir aus, starke Anziehung und Abstoßung, der ich mich am liebsten durch Flucht entzog. Daß es ihnen genauso ging, wollte weder meine Eifersucht noch mein Neid zugeben.

Beide waren vollkommen in sich ausgeprägt, der eine mit einer miesen Kindheit ohne Eltern, volljährig mit Zugriff auf ein treuhänderisch verwaltetes Kapital, der andere mit einer Kindheit im satten Familienschoß, Studium, Promotion, arbeitslos.

Der eine, dem kulturelle Dinge, Kino, Theater, nichts gaben, für den Geld die Wirklichkeit war, mit der er umging, das lebte, nicht der Fünfzigmarkschein in der Hosentasche war, sondern das sich andauernd vermehrende Spekulationsobjekt, der andere, Wagnerianer, der mit 45 Gesangsstunde nahm, jeden Abend zu einer Veranstaltung unterwegs, dem Geld zwischen den Fingern zerrann, der im ständigen Mangel lebte, um sich das, was er sich als standesgemäßen Kulturverschleiß verordnete, auch zu ermöglichen, den der Verlust seines Unipostens in eine gefährliche Zerreißprobe brachte, der er nicht gewachsen schien.

Daß es für beide Wolfgangs keinen Ausweg gab, beboachtete ich mit Ost-Augen, ich war mir unsicher, ob das, was ich wahrnahm, richtig sei. Tauchten in unseren Gesprächen Bezugspunkte auf, wischten beide sie weg. Beide schlugen mir gegenüber einen höhnischen Brustton an, den ich später an mir beschrieb, jeder in der ihm gemäßen Art, doch sah ich gerade in ihrer Abweisung das Verbindende, für mich kaum begreifbar, begriff ich doch noch immer nicht, daß ich eher meinen Augen trauen sollte als der in meinem Hirn nistenden Ideologie. Meine Interpretation ihrer Abweisung ist nicht als Versuch zu werten, ihnen Ungerechtigkeit gegen mich zu unterstellen, sondern festzuhalten, wie sehr sie ihren Schmerz kannten, wie sehr sie dieses Innere, das bei mir wie bei einem auf der Fahrbahn zerquetschten Tier offen lag, schützten. Möglicherweise wichen sie gerade deshalb aus, wünschten mich wegzuschieben, meiner nicht ansichtig zu werden.

Jeder kroch in sich zurück.

Der Euphorie, die Wolfgang 1 mir in seiner ausgebauten Dachwohnung demonstrierte, in einer »mit Brettern vernagelten Welt«, antwortete ein Erschrecken, das angesichts der Unmenge von Brettern in unnötige Möblierungsvorschläge ausbrach.

Wolfgang 2 aß mit mir im Klinikum. Ich hatte es endlich fertiggebracht, ihn anzuziehen, zu überreden, mit mir nach unten zu gehen, um etwas zu essen, ich wollte ihn nachher hochbringen, ausziehen. Wolfgang 2, der tagelang nichts zu sich nahm, verlangte ein Schnitzel, eine der vorgebratenen Schuhsohlen. Er kotzte nicht, er aß langsam, mir lief der Schweiß den Rücken hinunter, ich zog das Unterhemd aus der Hose, saß angeklebt im Plastikstuhl, und versuchte ihm gut zuzureden. Er verlangte auch Nachtisch. Ich konnte es hinbiegen, daß ich nichts aß. Gegen meine Gewohnheit ließ ich den Teller vor mir stehen. Am Telefon erzählte er mir am nächsten Tag, wie gut ihm das Schnitzel gemundet habe, das könne er gleich wieder essen.
Wolfgang 2 hatte ohne einen Mitesser die Lust am Essen verloren, weniger durch die Krankheit, denn jedes Mal, wenn ich da war, gingen wir essen, ich nur aus dem Drang, meine Unruhe runterzufressen, den anderen zu beschäftigen, um über den Besuch wegzukommen, meiner Hilflosigkeit Herr zu werden, ihr einfach im gemeinsamen Fressen eine Form zu geben. Ich saß wie ein fetter Klotz vor ihm und verlangte, daß er vor meinen Augen aß. Ich war mir durch den von mir ausgehenden Druck sicher, daß er nicht wieder kotzen würde. Die Brutalität, mit der ich ihn jedesmal aus dem Bett zog, ihm von meinen Klamotten anzog, ihn durch die Krankenhausgänge schleifte, während ich im Kopf immer noch den Theaterdreck hatte, nörgelnde, meuternde Schauspieler mit ihrem ewigen Kleinkrieg, suchte ich Wolfgangs Pantoffeln, kroch unters Bett, mußte wieder feststellen, daß man ihm die Kleidungsstücke weggenommen hatte, damit er nicht mehr aufstand.
Wenn ich zu ihm ging, kaufte ich alles neu: Hose, Strümpfe, Pullover. Beim nächsten Besuch war alles weg. Das einzige Kleidungsstück, das ich nach seiner Entlassung zum Sterben nach Hause aus dem Krankenhaus zurückbekam, war eine 100 DM Strickjacke, auf Kindergröße reduziert, mit 100 Grad gewaschen.
Daß für Wolfgang 2 gemeinsames Essen eine anderen Wert annahm, beobachtete ich, doch waren mir die Gründe und das Bedürfnis nach einem Mitesser nicht bewußt. Ich erlaubte mir, zu Hause in der Küche darüber Vorträge zu halten, doch stocken meine Worte, wenn ich die Veränderung an Wolfgang 2 zu beschreiben versuche, gemeinsame Essen mit mir als Lebensbeweis, sodaß noch der Neidblick auf das größere Stück des anderen ihm jetzt weiterhalf, ihn veranlaßte, kräftiger zuzubeißen, nachdrücklicher zu kauen, ausdauernder zu lieben.

Einmal beschwerte er sich über das Essen, das er nicht aß, da es schon kalt sei, außerdem sei er bei der Suppe nicht berücksichtigt worden. Er war nicht der

Mensch, der hinging, den Mund aufmachte, sich beschwerte, Wolfgang 2 war West-Mensch, Wolfgang »darbte«. Er hing auf seinem Bett rum, schon in Erwartung, daß ich komme, und mäkelte, sodaß ich im Brustton der Überzeugung Wolfgangs Essen von der Schwester verlangte. Es war gleich da, nicht kalt, wie Wolfgang erwartete, sondern warm, jetzt mußte er essen. Aus dieser Zwangslage konnte er sich nur befreien, indem er aß, indem er sich hinsetzte, die überreiche Mahlzeit, den brutalen Gegenzug der sich gemaßregelt fühlenden Schwester auffraß und anschließend bei sich behielt, um seinen Widerstand sowohl gegen das Personal als auch mir gegenüber zu demonstrieren. Wolfgang 2 kotzte nicht. Ich weiß nicht, wie ich es beschreiben soll, ich war dankbar, dankbar, daß er nicht kotzte, nicht aus Angst, es aufzuwischen oder ihn umziehen zu müssen, sondern daß er verhinderte, daß ich mich für den übertriebenen Brustton, den ich unberechtigterweise gegenüber der Schwester angenommen hatte, entschuldigen mußte, daß er mir erlaubte, daß ich mit Bosheit das leere Tablett zurückbrachte und ihr ultimativ Wolfgangs Speisewünsche diktierte.

WESTPAKET

Nürnberg. Ich wohne im gleichen Hotel, der Führer 2 Stock tiefer, das sei eine »Ehre« versichert der eine, der andere rät dringend die Reichsparteitagsbauten zu besuchen. Ich bin völlig benommen. Beim Anflug sehe ich nicht aus dem Fenster. Nachts stehe ich vorm Haus von Frau von S., die, lange tot, mir jede Woche ein Paket schickte, alte Klamotten, was sich gerade fand: Gartenschlauch, Bindfaden, Stoffreste, Briefpapier mit Adelsstempel.
Im Dunkeln frage ich nach der Post, die Angesprochenen weichen mir aus, eine Frau läuft schneller, dreht sich nochmal um, als ob ich ihr folgen würde: Da da, schreit sie. Ich drehe mich um, überlege, sie schrieb, daß sie nicht mehr gut auf den Beinen sei, warum will ich jetzt ihren Weg zur Post nachlaufen? Mich erinnern. Sie ist tot. Ich werde nicht mal ihr Grab finden, wenn ich nicht ihre Familie anrufe. Wollen die sich erinnern? Ob ich ihren Sohn zur Premiere einlade? Einen Großteil seiner ausrangierten Kleidung bekam ich von ihr. Unentschieden bin ich jetzt, kann die Post nicht finden, die Straße leer. Kein Licht. Die Hausnummer stimmt, auch ihre Beschreibung der Treppe. Um die Ecke die Pizzeria. Vor 28 Jahren hat sie das erste Paket geschickt. Daß sich solche Zahlen in meinem Leben ergeben? Daß ich vor ihrem Haus stehe. Daß ich mich erinnern will. Ich kann die Post nicht finden, es nieselt, ich stehe wie angewurzelt, was will ich hier, überlege, ihr erster Brief: Von einem Söller: Da ich in Landschaft blicke. In grüner und violetter Tinte auf hellgrünem Papier. Verbesserungen mit Kugelschreiber: Abends Blockflöte mit Jazz bei Billigtee und gesammeltem Kaminholz. Bis der Sohn sie aus der Ruine in diese Ausfallstraße brachte. Hochparterre wegen der Beine. Statt vor der Pizzeria stehe ich vor der Post. Schalterstunde. Pakete. Mir ist jämmerlich.

Die hat geschuftet, die hat mich »geliebt«, in ihrer Welt ein Zigeuner. Wenn ich die Pakete im Prorektorat der Hochschule für Bildende Kunst Berlin-Weißensee auspacken mußte, vor wutkochenden Parteimitgliedern, die zum wiederholten Mal anordneten, ich solle den Kontakt zu dieser Person, einer offensichtlich verwirrten Westdeutschen mit falschem Titel, abbrechen, um nicht die Hochschulehre zu besudeln und meine Studienlaufbahn. Das sind keine »westdeutschen« Pakete aus Haferflocken und Palmin, das ist Schrott mit Rest Buntmetall drunter.

Später nahm man die Kontrolle ohne mich vor, meine Exmatrikulation war entschieden.

Wenn ich schreibe, sehe ich den Durchgang Bahnhof Friedrichstraße. Will ich mich erinnern? Erinnere ich mich, wenn ich daran vorbeifahre? Wenn ich den halbleeren Raum betrete, wenn ich unter denen bin, die den ehemaligen Grenz-

übergang inspizieren? Nein. Nur wenn ich schreibe, erinnere ich mich, der Schmerz meiner Nägel, wie sie aufs Plastik schlagen, mein schmerzender Bauch, den ich stundenlang abquetsche, vorgebeugt, in die Maschine reinkrieche, als ob ich durch den Körperdruck die Qualität, den Anschlag meiner Texte verbessern könnte.
Vorbei ihre Besuche in Ostberlin, wo sie in Westberlin am Kaiserdamm wohnt, jeden Tag die Grenze passiert, Netze mitschleppt, Gummistrümpfe, alles wertloses Zeug und Suhrkampbände. Sie stellt sie nebeneinander auf meinen Tisch: UWE JOHNSON. Trinkt Kaffee, der Kuchen vom Eckbäcker schmeckt, sie säubert ihre Prothese, lobt mein altes Geschirr, die Möbel meiner Großeltern, die meine Mutter nach Berlin bugsiert, damit ich mich wohlfühle. Sie fragt mich, ob das zu mir paßt, ob ich ewig hier bleibe, ob die Hochschule gut, wieso ich mich ständig gängeln lasse? Die alte Frau rotzt sich auf ihre grüne Seidenbluse, sie putzt sich ab, ihre Broschen reines Edelmetall, zum ersten Mal sehe ich Platin.
Wenn ich sie an die Grenze bringe, äugt sie zum Theater, sucht umständlich ihre Papiere, die ich längst sortiert in der Tasche habe, sie übernimmt sie ohne ihre Vollständigkeit zu prüfen, sie vertraut mir, als könne nichts schief gehen. Sie erkundigt sich nach dem nächsten Tag, dann hüpft sie fort, schon in der Warteschlange.

Die alte Frau und ich im rotsamtenen Speiseraum der Hotelruine hinter dem Bahnhof Friedrichstraße. Sie tauscht Eins zu Fünf: In Nürnberg kann ich so nicht essen.

Oft ist sie jetzt in Berlin, die Abstände werden kürzer, den ganzen Tag ist sie unterwegs, ich muß ständig da sein, meist als Träger, manchmal nehme ich meinen Zeichenblock mit, auch Wasserfarbe. In Potsdam sitzt sie im Geheimen Staatsarchiv, stundenlange Exzerpte: Die Kieferschonung, der Mischwald, die spanische Pflanzung, Rodung des Mittelmeerraums. Wenn sie im Park an den ältesten Bäumen den Rindenverlauf untersucht, den Schädlingsbefall, durchs Unterholz kriecht, Erde ausschaufelt, ist sie die Botanik, gleich ändert sie sich, grübelt, hat Benn und George beim Wickel, um über Brecht an Werfel anzuknüpfen, die sie alle kennt, sich an München und Wien erinnert.

Eines Tags hole ich sie ab, sie nimmt mich am Arm: Wir gehen gleich rüber, die wartet, nur pünktlich! Ich verstehe nichts, schon zieht sie mich über die Brücke, diesmal ist ihr Buchpaket schwer. Das habe sie ganz vornehm gedeichselt, grinst sie, während wir uns dem Theater nähern.
Zum ersten Mal betrete ich das Berliner Ensemble von hinten. Der Pförtner, eine verquollene Proletarierfresse, bläst Alkohol entgegen, sie muß lauter sprechen, er rülpst: Die habe angerufen, da durch! Wo? Erkundigen Sie sich! Sie nimmt mich an der Hand: Nicht zu schüchtern, man erinnert sich, wenn es so schwierig ist, muß man nachhelfen! Wir gehen die Treppe hoch, sie meldet sich an, ja, ja, sie werde erwartet.

2 alte Frauen sitzen sich gegenüber, die eine hager, hochaufgereckt, die andere vorgebeugt, zitternd, die Hände täten ihr weh, sie hätte so schleppen müssen. Die Theaterchefin wünscht einen 2. Besuch, das Buchpaket vor sich. Beide Frauen sind per Du. Eine hat sich an die andere erinnert.

Wenn wir durch Berlin pilgern, vor allem im Bodemuseum die Ägyptische Abteilung besuchen, das noch erhaltene Kaiserklo, erzählt Frau von S. von ihren Reisen, ihrem Leben in Ägypten, an das sie sich gerne erinnere, an ihre Finanzmisere, die nichts erlaube, sie von allem Guten abschneide, sie sei von ihrer Familie abhängig, die nichts zulasse, jede Ausgabe verweigere, bis sie, in die Enge getrieben, einem Verkauf zustimme, erst dann erhalte sie Verfügung. Aber sie könne sich von dem Besitz, wo sie geboren sei, nicht trennen, so halte sie sich lieber in Ostberlin auf, als zu ihrer Familie zurückzukehren, um Pinkepinke zu erbitten.

Vor dem Postamt Weißensee versuche ich jetzt den Briefträger abzupassen, vergeblich, die Post geht direkt an die Hochschule, trotz meiner Anschrift. Hochschule und Paketpost streiten ab, daß es eine Absprache gibt, meine Post zur Kontrolle umzuleiten. Das nächste Paket hole ich wieder vom Prorektor ab, diesmal ist die Anschrift geändert, es ist nicht ihre Schrift, das Paket ist an die Kunsthochschule Berlin-Weißensee adressiert. Ein neuer Trick. Innen fehlt ihre vertraute Inhaltsangabe, die dabei sein muß, sonst geht die Sendung gleich bei Inhaltskontrolle zurück: 1× Palmin 2 kaputte Badepantoletten 2m Bindfaden 3 Paar Schnürsenkel 1× Cordhose 5× Zinnoberrot hell 2× Krapplack 1× Kadmiumrot dunkel 1 Helio-Echtblau 3× Pariserblau 1× Oxydschwarz 2 Unterhosen 2 Postkarten Picasso, 1 Gartenschere. Weder gelingt es, die Pakete auf der Post abzuholen, noch dort zu regeln, daß die Sendungen nicht an die Hochschule ausgeliefert werden.
In den Folgepaketen macht Frau von S. Mitteilung an die Hochschule, daß sie Künstler der DDR unterstütze, die einen leidensvollen Weg haben, bis sie sich durchsetzen. Dieser Brief liegt anläßlich meiner Exmatrikulation bei den Akten.
Als ich längst exmatrikuliert bin, hole ich die Pakete noch in der Hochschule ab. Meine Mitstudenten sehen, wie ich mit einem Westpaket, das offensichtlich von der Hochschulleitung geöffnet wurde, natürlich in meinem Beisein, so nimmt jeder zur eigenen Beruhigung an, einmal wöchentlich die Hochschule verlasse.
Plötzlich hat sich alles harmonisiert, der Paketmann kennt mich, gibt bei meinen Nachbarinnen ab, die für mich quittieren, während ich den Jüdischen Friedhof fotografiere. Die grün-violetten Briefe treffen regelmäßig ein, manchmal mit rotem Kuli. Doch die Kontrolle lockert sich nicht, man werde mich im Auge behalten, so vergehen Jahre. Jahre einer Unmündigkeit, Jahre abhängig, bis ich zu Kreuze krieche, bis ich nachgebe, zu Boden gehe.

Frau von S. schickt Malerklamotten, paketweise. So sei der neue Jugendtrend, solle probieren, bei ihr auf dem Feste trage man solche, da sei ein Lager ausfindig gemacht worden, sie beteilige sich, auch der alte Kutscher, sie verdienten etwas nebenbei, weit weg von der Familie.

Die Hochschule ordnet für den Exmatrikulierten eine Arbeitsplatzbindung an, um sich ständig über dessen Umgang zu informieren. Fernsehfunk Adlershof: Malerhelfer. Ich stehe um 5 auf und bin 19 Uhr 30 zu Hause. Dazwischen schrubbe ich Farbeimer, laufe durch die Studios, bleibe unbeholfen gegenüber der Technik. Ich darf für ein Fernsehspiel das Bücherregal streichen. Ich packe die Bücher um, sortiere die Rücken, meist Fehldrucke, dazwischen RASKOLNIKOW. Ich lese die ersten 50 Seiten, um mich ist nichts mehr, alles, was mich umgibt, hört auf, Gesichter, Gegenstände, ich fahre abends nach Hause, das Buch zwischen meinen feuchten Arbeitsklamotten. Ich bin wie betäubt, wie unter Drogen.
Es geht alles langsam, ich merke, wie ich mich bewege, ich sehe mich Bewegungen machen, die Arme, die Hände, wie sich mein Körper diesen Bewegungen bequemt, als ich aus der S-Bahn aussteige, nach Hause laufe, nehme ich nichts mehr wahr, nicht die Straßenbahn, die Geschäfte, die sich sammelnde Demonstration, nicht den Aufruf, die Spruchbänder, nichts, ich bewege mich, ich bin zu Hause, bin vor meiner Tür, das blaue tschechische Namensschild, das mir meine Freundin anfertigte, leuchtet blau und gold. Ich stehe vor meiner Tür und kratze, ich kratze wie ein Tier, das Einlaß begehrt. Erst als ich Schmerzen im Oberarm spüre, höre ich auf, versuche mich auf die Treppenstufen zu setzen, meine Nachbarin öffnet leise die Tür, um zu schnüffeln, sieht mich: Krank oder was? Weiß nicht.
Auch noch brummig, Friedel, brüllt Frau V., der Student ist besoffen. Was, der trinkt wieder? Ja ja, raunzt die Alte zur Alten, bei Ihnen war Besuch, so eine Feine mit Goldbrille am Band, wohl vom Westen. Bestimmt Westen, faucht die Uraltkommunistin dazwischen, wir sind nichts wert, kümmert die sich wenigstens um Sie richtig, Kaffee trank man bei uns, wollte uns 10 Westmark geben, lieber Pfund Kaffee gekrappt.

RASKOLNIKOW. Wenn ich das schreibe, wird mir schlecht, wenn ich das nur einmal schreiben könnte, nur einmal so nah, nah an dem, was die Figuren ausmacht. Stattdessen starre ich an die Wand, um mich Intellektuellen-Müll, vor mir Postleitzahlen. DER DUDEN, DIE RECHTSCHREIBUNG neben mir: Maßgebend in allen Zweifelsfällen. Die kaputte Schreibmaschine, die ihre Buchstaben verwechselt.

Frau von S. lebt noch Jahre, ihre Briefe werden selten, hören auf, kommen wieder, anderes Papier, andere Schrift, man sieht ihre fettige Hand, dann eine Pause, das alte Papier, der alte Kuli, mal Bleistift, große Schrift, falsche Buchstaben wie mein Computer, etwas stimmt nicht, dann: Daß man sie umbringe, nicht mehr wolle, einliefere, sie sei krank, sie könne nicht mehr, heute besseres Wetter, eine

Art Überlebensbericht, gespickt mit Zeitungsmeldungen, die Jahre alt sind, als wiederhole sich alles. Krank.

Wie sie aus dem Hochparterre in die Anstalt kommt, diktiert sie einem Krankenpfleger, der mir den Brief schickt.

Nürnberg sehe ich wie durch einen Nebel. Im Telefonbuch ihr Name als Stiftung. Als ich nach dem Schloß frage, erinnert sich keiner. Das sei weit weg, überhaupt nicht wahr, daß da draußen was stattgefunden, heute sei es Ruine. Ein Hotel baue man, hätte vor Jahren in der Zeitung gestanden. Mehr wisse man nicht. In meinem Regal liegen grün-violetten Briefe.

Nachts stehe ich vor Adam Kraft, nicht vor dem Reichsparteitagsgebäude. Ich begreife schon TRIUMPH DES WILLENS, das war eine Postkarte von ihr, der Auferstandene Jesus. Ich hocke vor den Eisengittern. Hier soll ich PARSIFAL inszenieren. Um die Kirche laufe ich wie ein Tier, der Steinleib so nah, fast zum Greifen.
Ich finde ihr Grab. Ich bin in Nürnberg, in der Hoffnung einen Prozeß zu vermeiden, nein, die Stadt Nürnberg klagt.
Die Zigeunerin ist tot, ein mächtiger Stein, Moos, Risse, von Bayreuth erzählte sie, manchmal fahre sie hin, der Guten Luft wegen, denn im Gemeinen Volk gehe man unter.

UNIFORMEN

Militär auf der Bühne ist für uns nach Beendigung des 2. Weltkriegs ein schweres Problem, der Schock sitzt tief. Militär hat sich nach unserer wie immer gearteten Vorstellung als negativ zu zeigen, als zu beseitigende Kraft, ein eigentlich überholtes Problem. Daß dem nicht so ist, sondern die dauernde Präsenz von Militär unser Leben bestimmt, weiß man nicht nur als Berliner. Daß trotzdem an der vorgenannten Meinung festgehalten wird, während sich in den Straßen erneut militärähnliche Gruppierungen bewegen, die sich ihrer Zugehörigkeit nicht schämen, sondern diese öffentlich propagieren, läßt Behandlung von Militär auf der Bühne nicht überdenken, sondern die anwachsende »Militarisierung« bürgerlichen Lebens weiter bemänteln. So versucht die aufgebrachte Bundestagsdebatte über den Tucholsky-Satz von 1931: Soldaten sind Mörder!, diesen Zustand einfach wegzuquatschen. Solche Aufregung verursacht der Protest eines Einzelnen mit diesem Satz am Auto, daß gewesene und amtierende Minister ans Rednerpult treten. Gravierender kann ein Mißverhältnis nicht sein. Solche Scheingefechte, verbunden mit der amtierenden Sparaxt, schaffen Panik, derart, daß z. B. eine staatlich geführte Auseinandersetzung mit militärähnlichen Gruppen von vornherein aussichtslos ist, die Politiker nur noch aus der Ohnmacht heraus agieren, diesen nicht mehr Einhalt gebieten zu können. Nicht nur in der BRD.

Militaria auf der Bühne, betrifft ausschließlich den Kostümbereich, für das deutschsprachige Schauspiel ein historisches Kleidungsstück mit üblichen Attributen, deren Handhabung jedoch unbekannt ist. Für die Oper ist Militär ein Schlachtfeld der Phantasie, auf dem sich alle Opern bewegen, seien sie von Berg, Zimmermann, Verdi oder Bellini.

Für PARSIFAL mit vernichtender Wirkung, die Gralsinsassen sind weder Soldaten noch Ritter noch Waffenträger, weder Grenzposten noch Wachpersonal, Zollstation oder Vorposten, vor allem keine Schlächter, was dann, Henker, die in Betrachtung ihres Beils dahintrauern, weil sie es nicht mehr benutzen dürfen, Kraft verlieren und, vorausgesetzt, sie würden das Beil wieder heben, sich in die eigenen Füße hacken. Diese Trauer, ohne Befehl nicht schlagen, nicht Druck ausüben zu dürfen, zeichnet die Personengruppen aus, die Uniform tragen, bis zum Bahnbeahmten. Mit dem Tragen von Uniform geschieht eine Veränderung, ein Tausch, eine Entschuldung des Individuums, für das dieses nur dankbar ist. Es muß nicht mehr denken oder entscheiden, sondern die Vorschrift wird aufgeklappt, und dann passiert, was Artikel 23 oder 204b sagt. Daß die Person, die das Artikelwerk aufschlägt und praktiziert, vom Zweifel an diesem heimgesucht würde, wünscht man, doch Zweifel bedeutet meist das Ende einer Uniform-Karriere.

Ein Mann kann auch so alt werden: Seine Uniform an den Nagel hängen, dazu seinen Mantel, und noch er selber sein, wie er meint, mit der Waffe in der Hand: Sterben! So stirbt der Offizier Drogo.

Daß die Vernichtung arabisch-jüdischer Kultur in Spanien Ergebnis des vordringenden Katholizismus ist, räumt Königin Isabella selbstverständlich ein, die die Kulturvernichtung ausschließlich mit ihrer Glaubenstreue rechtfertigt. Daß sie Spanien das Goldene Zeitalter ermöglicht, ist Folgeerscheinung dieser Zerstörung.

Der gezielte Kampf gegen den Islam ist Wagners Thema, der nur einer gotischen Kampf- und Abwehrkultur akklamiert, die arabische als üppig-fremd, übergestülpt ablehnt. Daß die Waffen nicht mehr auf den letzten Stand gebracht werden, daß der Auftragsverlust die Kräfte ermüdet, die Überlegenheit, aus der agiert wurde, zermürbt, stattdessen innere Querelen überhand nehmen, die sich in einem aktiven Verteidigungszustand so nicht ergeben, daß der Bewegungsradius der Gralsinsassen sich mehr und mehr einschränkt, als kette Furcht sie schmerzhaft aneinander, als ließen sie gegenseitig den Rockzipfel nicht mehr los, diese ganzen Querelen nur, weil sie nicht mehr ausrücken, aufs Schlachtfeld dürfen. Ihre Knochen rosten in der Warteschleife. Die dekadente Soldatengemeinschaft kann nur noch zerrieben werden.

Buzzati beschreibt in TATARENWÜSTE einen ähnlichen Vorgang, der sich, gewollt oder nicht, als ein PARSIFAL-Roman liest. Hier wird ein Fort bewacht, das als äußerster Posten an jener Wüstengrenze steht, gegen die der Feind anrücken muß. Die Tragödie des Helden, des Offiziers Drogo, besteht darin, daß er im aufzehrenden, unsinnigen Dienst altert, daß er dann das von allen erwartete Gefecht, sowohl eine militärische als auch eine religiös-kulturelle Auseinandersetzung, zwar sich anbahnen sieht und ihm wie alle Fortinsassen entgegenfiebert, aber daß er, inzwischen krank, an diesem Kampf, der völligen Vernichtung des Forts, nicht mehr teilnehmen darf, stattdessen zurück in die Etappe geschickt wird, um sich auszukurieren und während dieser Heimreise in einem Wirtshaus, allein und gedemütigt seinem »Heldentod« entgegensehend, krepieren muß, in militärischer Haltung, zu der er ansatzweise noch fähig ist, stirbt.
Wie Buzzati die VERWANDLUNGSMUSIK in verschiedenen Etappen der Annäherung des Helden an die Festung, zu der er abkommandiert ist, aufbaut, ist gleich zu Beginn des Romanes ein Höhepunkt, wie er zunächst die Verabschiedung Drogos von seiner Mutter beschreibt, die der Held äußerst flüchtig vornimmt, so als würde er nur kurz unterwegs sein, wie er mit seinem Freund ein Stück über die Stadtgrenze reitet, dessen Fettansatz beobachtet und räsoniert, daß dieser ja mit ihm nicht mehr zusammenpasse und deshalb sowieso zurückbleiben müsse, wie beide sich verabschieden und Drogo, der die Festung hinter dem nächsten Höhenzug vermeint, allein losreitet, immer weiter muß, zu einer verlassenen Bastion kommt, wie er wiederholt fragen muß, keiner den Weg kennt, je von dem Fort gehört hat, Drogo Zweifel kommen, so weit könne die

Stadt nicht von der Festung entfernt sein – sein Erstaunen darüber, daß er sich überhaupt nicht eingehend erkundigt hat, fällt zunächst auf, eine Unwissenheit des Helden, die im Verlauf des Romanes zunimmt –, Drogo dann endlich eine Beschreibung des Forts bekommt, besagte Felsen erreicht, diese passiert, sich ihm nun die Festung aus unterschiedlichsten Blickwinkeln verändert zeigt, bis er einem Flußlauf folgt, wo auf der Gegenseite ebenfalls ein Offizier zu Pferde ist, dessen Dienstgrad Drogo zunächst nicht erkennt, doch prüft, indem er den Offizier wiederholt grüßt, der zunächst nicht antwortet, sodaß beide nebeneinanderher reiten, vom tiefen Flußbett getrennt. Drogo wiederholt seine Begrüßung, da erkennt ihn der Reiter gegenüber, grüßt ebenfalls, und beide setzen ihren Weg bis zu einer Brücke fort, wo sie aufeinanderstoßen, sich die Hand geben: Hauptmann Ortiz.
Drogo empfindet den Handschlag, als gehörte er damit der Welt der Festung an, die sich während des gemeinsamen Weiterritts hoch oben im Fels zeigt.
Der Autor entzieht sich allen thematischen Bereicherungen, die sich bieten könnten, schreibt eine harmonische, in sich geschlossene Fassung, die einen mit unverminderter Kraft angeht.
Vielleicht kann man in Buzzati und Dwinger die konträrsten Auffassungen von Militär festmachen. Drogos Ende und das Parsifals sind identischer, als man möchte. Ob die Tataren, von deren Aussterben im Fort dauernd geredet wird, je anrücken, oder ob deren Aufmarsch nur eine weitere Illusion ist, um ein Soldatenleben doch noch als Heldenleben auszuweisen, mit einem Heldentod zu krönen, ist ungewiß, der Autor entläßt mit diesem Zweifel, genauso Wagner. Beide Schlüsse sind kurz. Ob die Gralsarmee je wieder kämpft, ob nicht ihr Ende längst besiegelt ist, sie längst auf dem Abstellgleis festsitzt? Ob dieser Speer ein erneutes »Wunder« ist, wie die Auffindung jenes heiligen Speers zur Verteidigung von Antiochia, wie man in Geschichtsbüchern nachlesen kann? Die Christen fanden diesen in Antiochia versteckten Speer ausgerechnet in dem Moment, als die Stadt von islamischen Feinden belagert, jede Verteidigung, jedes Entkommen aussichtslos waren, versehen mit dem Wunder der Speerauffindung trotzten sie den Belagerern, warfen diese zurück und begannen siegreich ihren Ausfallkampf.

Wagner verwendet auf diese Herkunft kein Wort, sein Gral und Speer kommen vom Himmel, aus den Händen der Engel. Daß die Speerauffindung von Antiochia in der christlichen Geschichtsschreibung als Wendepunkt des Kampfes gegen den Islam angesehen wird, kein Wort. Ebenso über den Gral. Ein Kristallgefäß in der Bibel? Was sagt Leonardo dazu, die gesamte christliche Ikonographie?

Zurück zur Uniform. Der für die Oper beschriebene Mißstand gilt ebenso für das Schauspiel, nur wirkt er hier körperlich verdeckter, hier paßt meistens die Uniform, der Körper des Schauspielers findet sich mit dem Sitz ab, doch nimmt er privat auf die Eigenheiten, die mit ihrem Tragen verbunden sind, keine Rücksicht. Das ist nicht nur bei der Uniform zu beobachten, es gilt für jedes Abendkleid, für jeden Frack, alles, was auf und hinter der Bühne getragen wird. Für den

Schauspieler sind das alles Drecklappen. Die Brutalität gegenüber dem eigenen Erscheinungsbild läßt einen immer wieder vor ihnen zurückschrecken. Daß sich »Eitelkeit« vordergründig auf einen Punkt konzentriert, wie sehe ich aus?, wird unterstellt, doch beobachtet man auch, daß sich im Schritt vor den Spiegel die Figur definiert, vielleicht nicht in einem bewußten Vorgang, doch spürbar. Verständlich, aber irritierend ist, wie für dieses Aussehen, das als Wert begriffen, nicht nur gepflegt, sondern stets neu definiert werden will, private Ansichten der Schauspieler störend sind. In diesem Augenblick sollten sie lieber schweigen, schweigen nicht als Verweis eine eigene Meinung zu haben, sondern als Innehalten, durch bewußtes Innehalten den eigenen Akku aufzuladen.

Was sehen sie bei ihrem Schritt vor den Spiegel? Ihre Figur im ahnungsvollen Umriß oder den noch immer im Widerstand befindlichen dressierten Schauspieler?

In Berlin wird der Nachlaß der Dietrich geordnet, die jedes Kostüm, jedes Teil, das sie in Theater und Film trug, an sich brachte, um sich deren Einmaligkeit zu vergewissern, das Gehortete dann in Kisten vergammeln ließ. Eine bestimmte Qualität von Schauspielern weiß, daß es sich dabei nicht um »Kostüme« handelt, sondern um die Figuren, deren Anwesenheit man sich versichert, so als lebten sie, das macht man mit jedem Toten. Kurz nach der Wende kontrollierte meine Mutter den Garten und das Wetter in Westberlin, sie werde hier einen Waschtag abhalten: Vatis Klamotten stinken so, die brauchen frische Luft. Ich müsse das organisieren und alles schnell nach Berlin transportieren. Mein Vater starb 1971, 20 Jahre nach seinem Tod wollte sie für ihn waschen.

Zurück zum Waffenrock. Meine Mutter unterstützte unverhohlen meinen Vater, sie widersprach ihm jedenfalls nicht, daß man beim Militär ein Mann wird und einem »die Hammelbeine langgezogen werden«. Damit verwies mein Vater auf die in der Oberschule fällige Musterung, fand es angemessen und richtig, daß man mich zum Militärdienst einzog. Mein Vater sah darin jene Normalität, der auch sein Leben unterworfen war, sah es geradezu als notwendig an, daß ich das auch durchmachte. Die Beschreibungen meiner Musterung verliefen mündlich zu großem Vergnügen, erwiesen sich aber, schriftlich abgefaßt, als untauglich. Untauglich, das war auch das Ergebnis meiner Musterung. Damit war ich in die Fußstapfen eines deutschen Helden getreten, den ich zu dieser Zeit nicht kannte: Felix Krull. In den 5 Oberschuljahren waren nur 2 Schüler nicht eingezogen worden, mein Mitschüler auf Grund seiner jüdischen Herkunft und ich. Die Musterung möchte ich nicht beschreiben, nur war bei der Verabschiedung durch den vorsitzführenden hohen Offizier dessen Uniformjacke naß und blutig, da ich an seiner Brust weinend mich an seinen Orden verletzt hatte, weil ich nach diesem Untauglich nicht mehr Motschütze werden durfte.
Noch Jahre danach war ich mir meines »Erfolgs« nicht sicher. Um mich zu vergewissern, brachte ich es sogar fertig, einen meiner Mitschüler, der außerhalb Berlins stationiert war, zu besuchen. Ich erinnere mich deutlich an diese wan-

delnde Uniform, an diesen Hohlkörper, der auch sprach, sich mit mir in ein Café setzte, Eis aß, eine eisessende Uniform. Das war nicht mehr der Verrückte, der für ein Cembalo schuftete, die Kasse seiner Eltern beklaute, mit Masseuren die Horizontale pflegte, um den Stimmer zu bezahlen, oder mit Ehefrauen, die für ihre Dienste auf diesem Gebiet Einnahmen von parteivorsitzenden Männern erzielten.
Ich sehe mich noch mit dem Brief des Wehrkreiskommandos Berlin in der Hand zittern. Meine Freundin versuchte, mir die Angst zu nehmen. Auch mein Vater war zu alt und kurz vor Toresschluß doch eingezogen worden, warum nicht ich. Eine Ummeldung sollte vorgenommen werden, nur die Änderung der Adresse. Obwohl ich Jahre in Berlin lebte, war ich noch in Sangerhausen gemeldet. Äußerlich erleichtert, wich aber der Zugriff nicht von mir, er blieb, wurde fester.
Wenn ich mich der Mauer nähern sollte, wich ich aus, ich wollte sie nicht sehen. Daß ich Jahre später umgekehrt empfinden würde, wem hätte ich geglaubt, hätte ich es nicht selbst erlebt. Meine Füße liefen so schnell zur Mauer, ich kam mit dem Gehirn nicht nach, schon stand ich wieder vor dem Antifaschistischen Schutzwall. Hörte Schüsse.

Daß mein Vater meine Nichteinziehung zum Militär nicht verwinden konnte, verstand ich zunächst nicht, sollte er doch froh sein, daß ich früher studierte, den Studienplatz todsicher hatte, ihm nicht länger auf der Tasche lag, was er mir dauernd vorwarf.
Jener Mitschüler besuchte uns auch zu Hause, ich sehe noch meine Mutter, wie sie seinen Uniformmantel auf den Bügel hängte, ihn vom Sessel nahm, so könne man das gute Stück nicht behandeln. Sehe sie vor dem Garderobenspiegel über den Stoff fassen, ihre Qualitätskontrolle.
Ich erinnere mich an die herausgeschobenen, gefürchteten Heimfahrten während meiner Studienjahre, an die mit wütenden Soldaten überfüllten Züge, halbnackt, in die Gänge pissend, grölend, saufend, dem Barras entkommen oder zu ihm zurückfahrend, die bösartige Behandlung der Mitreisenden, jede Frau wurde in die Mache genommen, das Begleitpersonal zusammengetreten, Polizei durchkämmte am nächsten Bahnhof den Zug.
Plötzlich gab es keine Volksarmee mehr in den Zügen. Ein Uniformierter höchstens, mit Aktentasche, älteren Jahrgangs oder sehr jung, vermickert, geduckt im Abteileck. Urlaub-Soldaten fuhren jetzt in eigenen Zügen, damit wollte man offiziell Wünschen der Bevölkerung Rechnung tragen. Im Zug tuschelte man von unrechtmäßigen Akten, mehrfachen Vergewaltigungen zwischen Klo und Handwaschbecken, drakonischen Strafen. Ich verstand nur Bahnhof, mir fehlten die Soldaten. Ich konnte sie nicht mehr aus gesichertem Abstand beglotzen, Gleichaltrige, die gegen ihre Vertierung ankämpften.

Sie bedrohte ebenso Drogo in seinem Hohlkörper, der Uniform. Die versprochene Entschuldung durch Treueid, die Qual, die Uniform anziehen zu müssen, eingetauscht gegen den Schuldfreispruch. Diese Aufgabe der Individualität ist für

mich mit dem Tragen jeder Uniform, jedes Parteiabzeichens verbunden, selbst wenn diese Partei nicht existiert. Das Leugnen eigener Mitschuld und Verantwortung, das sich davon Freikaufen durch Eintritt, durch Einkleidung, ist ein modernes Verbrechen.
Auf beklemmende Weise am Prozeß gegen die Mauerschützen deutlich. Der Geringste, letztlich der »Tötende«, wird verurteilt. Damit brüstet sich der Rechtsstaat, als wüsche er seine Hände in Unschuld, daß er die Verantwortlichen nicht richten könne, sie laufen lassen müsse, da ihm die gesetzliche Handhabe fehle. Sie fehlte nicht, als man eine Ostberliner Rentnerin wegen eines geklauten Stücks Seife im Westen festnahm, sie des Diebstahls nicht überführen konnte, da man die Seife nicht fand, die Alte zusammenbrach und nach 5 Tagen in der Zelle gab es ein 2 Staaten-Theater.

Aufgestachelt von der Schule, liefen wir nach Hause und fragten unsere Eltern: Wart ihr auch dabei?, wenn ja, dann meldete man das auf Pionierehrenwort der Schulleitung. So begannen wir frühzeitig, in einem Alter, wo unsere Freunde und Mitschüler noch keine Stasizuträger waren, sondern mit uns auf dem Schulhof um die Fahne standen, die Hand zum Pioniergruß erhoben, über uns der Urin- und Scheißgestank der Schultoiletten: Seid bereit! – Immer bereit!, brüllten, im Gleichschritt über den Schulhof in das Kaiser-Wilhelm-Gebäude schwenkten, Blick nach unten in der Hoffnung, das heute zu überstehen, wie es uns unsere Eltern vorgemacht hatten, die zu Hause illegal alte Kontakte knüpften, Koffer packten, Pakete zur Post schleiften, umgekehrt Pakete empfingen, die sie aufforderten, noch länger auszuharren. Dann durften wir in die Klassen, rannten grölend davon, schoben uns in unsere zu kleinen Bänke, Blick nach vorn, an der Front über dem Lehrer die Wechselrahmen-Ikonen unserer Ideologie anglotzend.

BETON III

Diesen Text tippe ich beim Licht von 2 Kerzen in meinen Computer, der endlich seinen Widerstand aufgegeben hat, hier in Dänemark zu arbeiten, jetzt rot aufleuchtet, was Vorsicht heißt. Ich lösche die Kerzen und sitze im Stockdunkeln bei Sturm, der Qualm kommt aus dem Ofen, der Sturm hat die Wolken über die Ostsee getrieben, die ersten Sterne, dem Computer ist scheinbar genauso beklommen, denn anders kann man seine Arbeitswiederaufnahme nicht deuten, nach Hause fahren zu müssen, dieser Computer ist ziemlich verwachsen mit mir. Schon das x-te Jahr habe ich versucht, hier mit ihm zu arbeiten, und jedesmal macht er Krach, er will nicht, stockt, fällt ganz aus, leuchtet auf, läßt alle Bytes fallen, der Text findet sich oder auch nicht, jedes Jahr will er hier oben nicht arbeiten, bemüht sich im anderen Haus, hoch auf der Düne, wenn ich direkt aufs Meer sehe, ja dann macht ers mal, aber hier unten im Holzhaus, nein. Bei keinem Text hat er mehr gestreikt als bei diesem, schon in Berlin während der Hitzewelle, nichts ging mehr, verzweifelt las ich im Handbuch nach, das ich sowieso nicht entziffern kann, wieder meine Freundin betteln mußte, bis diese breitmäulig fluchte: Hier stehts, keine Inbetriebnahme über 25 Grad!

Während ich dies schreibe, sitze ich vor dem Holzhaus. Zur Linken der Hocker mit dem Hakenkreuz, geradeaus Mitte Düne, die Grenze zum Nachbarn, der deutsche Bunker. Strahlend zeigte mir die Nachbarin ihren großen Topf: Daraus haben 13 Soldaten gegessen! Ob sie sagte: 13 von euren Soldaten!, weiß ich nicht mehr, aber: 13 Soldaten!, dabei zeigte sie mir die große Schöpfkelle: Das Maß für jeden Schlag. Der Hocker hat 50 Jahre auf dem Buckel, sinniert sie, während ich weiter tippe, der wackelt nicht. Hier oben halten die Sachen so lange.

In den letzten 10 Jahren begann man, die sichtbaren Zeichen der Besetzung abzuräumen. Vor allem an der Spitze Grenen, einem für Dänen »heiligen« Ort, wo Kattegat und Skagerrak zusammenstoßen. Hier versuchte man vergeblich einen mächtigen Bunkerbau zu sprengen, über Jahre versenkte man ihn im Meer, noch jetzt ist die Stelle zu sehen. An der Ostseeküste ließ man die Anlagen stehen, man kriegte auch diese nicht kaputt, dorthin verlieren sich nur wenige Touristen. Die Anlagen sind so gut erhalten, daß Tramper dort kampieren.

Als wir zum erstenmal die Spitze Dänemarks umliefen, kamen mir diese halbversunkenen Gebilde, halb in der Düne, halb im Wasser, so neu vor, so bedrohlich neu, sah man doch die Maserung jedes Bretts, das zum Betonguß verwendet worden war, hingegen die vorstehenden Eisenteile zerfressen, von Moos und Algen besetzt.

Gestern fuhr ich mit dem Fahrrad an die Nordsee, begann, die Betonplatten der Flakgeschütz-Straße zu zählen, um mich beim Treten abzulenken. Der Gegenwind war so stark, daß ich für eine Platte zunächst einmal doppelseitig treten mußte, dann zweimal, dann dreimal, ich mußte absteigen, so kam ich schneller voran. Als ich am Strand Klamotten und Rad vor dem Wind versteckte, nutzte ich jeden Bunkervorsprung, damit ich meine Kleidungsstücke nachher nicht in den Dünen suchen mußte. Vor Gischt konnte ich im Wasser weder Rad noch Sachen erkennen, nur den dunkelgrauen Koloß, den die Düne wieder freigibt. Als ich mit starkem Rückenwind zurückfuhr, über die Betonplatten der deutschen Flakgeschütz-Straße, froh über jede ihrer Kanten, zeigte mir der Sprung an, den mein Rad jedesmal machte, wie schnell ich vorwärts kam. »Zuhause« sah ich zuerst den dänischen Wimpel über dem deutschen Bunker, dessen Zugang unsere Nachbarn mit Hund sorgsam bewachen.

Ob meine Umsetzung von Militär auf der Bühne ausschließlich biografisch bedingt oder tatsächlich im Aufeinandertreffen von Ost und West zu suchen ist? Der biografische Anteil ist groß, unsere Nachbarschaft war die sowjetische Kommandantur. Vom unmittelbaren Zusammenleben der Soldaten, Offiziere und deren Familienangehörigen bis zum 17. Juni ist mir außer den Filmvorführungen, deren Teilnahme wir Kinder uns erbetteln mußten, und den drakonischen Strafen, mit denen sich die Russen untereinander fertigmachten, nichts anderes erinnerlich als deren Hunger und Gesang. Jeden Abend in der Dämmerung fingen diese uns fremden Menschen an zu singen, und meine Mutter öffnete die Balkontür, damit das ganze Haus von dem Gesang voll war, schon aus Trotz gegen meinen Vater, der Balkontür und Schlafzimmerfenster schloß. Hunger war Anlaß vieler Garten- und Laubenplünderungen in der Nachbarschaft durch die Soldaten. Ich höre meine Mutter im Schlafzimmer: Willy, die werden heute wieder geschlagen, kannst du nichts machen? Ich sehe sie gleichzeitig mit der angrenzenden Nachbarschaft diskutieren, daß man eh einen Teil der Obsternte zur Verfügung stellen sollte, sehe uns Kinder mit der Karre voll grüner Äpfel, für die Russen mußten es grüne, unreife Äpfel sein, sie aßen nur diese, sehe den Offizier, der mir 3 Mark für den Kauf von Zigaretten schenkte, uns abweisen, sodaß wir heimkamen, unsere Mütter entsetzt auf die noch grünen Äpfel starrten, was sollten sie mit grünen Äpfeln machen, also wieder Gelee. Meine Mutter begab sich in die Küche, und damit begann die Kochqual.

Dieser Offizier und der Soldat Sergej sind mir nachhaltig in Erinnerung. Meine Mutter schrie: Hast du nicht das Kinoauto gesehen? Mit diesem Schrei hatte sie 25 Pfennige, die sie meiner »Kinokettelei«, meiner Kinowut sonst opferte, gespart, ja mich Stunden vom Hals und nun bei den Russen betteln geschickt, sodaß ich wie die anderen 30-40 Kinder jammernd vor dem Offizier stand, damit wir wieder einen »Russenfilm« sehen durften.

Die sexuellen Spielchen, die im verdunkelten, heißen, überfüllten Kinoraum stattfanden, in einer Qualmwolke, sodaß man sich ducken mußte, um unter dieser die Leinwand zu sehen, erfüllten mich mit, das folgende Wort müßte »Ekel«

heißen, und das ist falsch, davon verstand ich noch nichts, sondern das, was passierte, verlangte in mir einen Abstand, sah ich doch, wie sich die Körper der Kinder, egal ob Mädchen oder Junge, auf den Schößen der Soldaten anschmiegten, sich in diese geradezu hineinpreßten, von den Soldaten ihrerseits das junge Fleisch fest umfangen wurde, meist mit dem Gesicht an den Hälsen der Kinder.
Ich kann mich an keinen Soldaten erinnern, der an diesem Tag nicht rasiert, wie aus dem Ei gepellt, aussah, in der Sprache meiner Mutter: Guck dir Sergej an, da nimm dir ein Vorbild, Dreckschwein!
Diese Umarmungen während der Kinovorführung schienen alle Kinder zu genießen, es waren nicht ihre Eltern, eher ihre älteren Geschwister, die Soldaten damals waren alle sehr jung, nur Sergej war älter. Durchaus ordentlich!, wie meine Mutter jedesmal feststellte, wenn ich mit ihr über ein Brot verhandelte, das gegen eine Krebsbüchse getauscht werden sollte. In den Tauschgeschäften mit Sergej, die strengstens verboten, meine Mutter wußte das genau, auch meine Eltern erhielten einen entsprechenden Zettel über den Umgang mit den sowjetischen Freunden, in diesen Geschäften war meine Mutter nicht kleinlich oder gerissen, sondern gewährte ihrerseits einen Aufschlag: Eine Gefahrenzulage für den Russki!, wie es meine Tanten nannten.

Die Kinoveranstaltungen verbrachte ich meist stehend hinten an der Wand, wo man eigentlich nicht stehen sollte, neben dem Offizier, der mir seinen Machorkaqualm ins Gesicht spie. 3 Mark schenkte er mir für etwas, das er nie hätte tun dürfen. Für was?, ich frage mich vergeblich, ich kann mich nicht erinnern. Daß sich das, was ich sah, fest eingeprägt hat und 40 Jahre Bestandteil meines Denkens, meines Erinnerns geworden ist, daran kann ich nichts ändern, ebenso wenig an den Veränderungen nach dem 17. Juni, dem Bau eines Schlagbaums, den vorzuzeigenden Ausweispapieren, einer Daueropposition, deren sich meine Eltern befleißigten, vor allem mein Vater, der nun eine eindeutige Protesthaltung annahm, während meine Mutter diese mit erneut zugeschobenen »Abgaben« untergrub.

Die wütenden Auseinandersetzungen angesichts der eingetretenen Situation prägten fortan unser Familienleben und ließen es immer bedrohlichere Züge annehmen, bis mein Bruder die DDR verließ. Die Jahre danach waren schrecklich, meine Eltern verkrafteten seinen Weggang nicht, schrecklich für meine Eltern wie für mich, denn nach Abzug der Russen aus unserem Ort wurde die Staatssicherheit unser Nachbar, damit begann eine »Verdüsterung« unseres Lebens, die ich in GERTRUD beschrieben habe.

Ebenso einschneidend wie der Verlust der Russen, es war eindeutig ein Verlust, wie sich später herausstellte, war der der Zigeuner, die neben dem Schützenhaus, dem nachmaligen Kreiskulturhaus, auf dem Schützenplatz wohnten. Mit der Umbenennung dieses Hauses war auch die Säuberung seines Vorplatzes verbunden. Wohin die Zigeuner der DDR verschwanden, wer weiß es. Auch hier war etwas

verschwunden, dessen Verlust ich seit 40 Jahren in mir festhalte, aber zu DDR-Zeiten hätte ich nie daran gedacht, diesem Verlust nachzugehen, wohl in Gesprächen, aber nicht in einer »Spurenaufnahme«.
Daß sich die Beurteilung, die Einschätzungen früher gelebten Lebens beim Älterwerden ändert, sich fast gegenteilig entwickelt, ist ein Phänomen, mit dem ich mich abzufinden versuche. Es ist nicht nur der Blick in den Spiegel, die sich deutlich machenden körperlichen Veränderungen, sondern beunruhigender die inneren, die sich für mich seit meinem 50. Geburtstag abzeichnen. Meinen Eltern, besonders meinem Vater, wollte ich nie trauen, wenn er fast als Entschuldigung auf diesen Zustand hinwies, ja sich seiner eigenen Veränderung zu erwehren suchte. So ist das Verhältnis zu ihm nach seinem Tod in ein völlig anderes umgeschlagen, ich versuchte, mich dagegen zu stemmen, alle möglichen Hindernisse, um diesem sich fester in mir verankernden »Umdenken« Einhalt zu gebieten, vergeblich.

Das Wegdrücken der Kindheit, schon zu DDR-Zeiten, wurde mir nach der Republikflucht zu einer Bedrückung, der ich mich schreibend zu erwehren suchte. Was nützte es, daß ich meinen Erinnerungen folgte, daß ich mir einen kleinen »Apparat« schaffte, diese zu bewältigen. Ich bewaffnete mich Tag und Nacht mit Papier, greifbaren Zetteln, ich ging keine Nacht ins Bett, ohne das vorher zu kontrollieren, erfolgten doch diese Erinnerungen nicht kontinuierlich, sondern überfallartig, plötzlich wurde ich wach, halb noch im Tran, sah etwas, hörte eine Stimme, was weiß ich, ich schrieb alles sofort auf, am Morgen dieses mühsam entziffernd. Bald machte ich einen Bogen um mein Bett, ich wollte nicht einschlafen, hatte regelrecht Angst, mich in jenen Zustand zu begeben, in dem das mit mir passierte. Meiner veränderten Umgebung gab ich nicht die Schuld, zumindest hatte ich mich schon so an den Westen gewöhnt, daß ich allein auskam, wenn auch Geld fehlte.
Ich war nicht nur zu dumm, zum Arbeitsamt oder einer ähnlichen Einrichtung zu gehen, sondern ich wußte nicht, daß das überhaupt möglich war.
Kam ich mit auch Geflüchteten zusammen, mied ich dieses Thema. Ich war erschrocken, mit welcher Wut sie sich in die neuen Verhältnisse einkratzten, manche schon dreckig, unkenntlich vom Ausgescharrten, manche wie darunter blind geworden, manche mit einer Vitalität, als kämen sie aus Erdhöhlen, wo sie die meiste Zeit ihres Lebens verbracht, wären jetzt endlich am Licht, geblendet davon, hielten die Beine sie nicht mehr aufrecht.

In GERTRUD und damit thematisch verbundenen Texten stellte sich wiederholt das Problem, daß ich die zentralen Konflikte, die für mein Leben ausschlaggebenden Situationen, verbunden mit den dazugehörigen Entscheidungen entweder nicht darstellen kann oder nicht darstellen will und diese Momente »vernebele«, unangreifbar zu machen versuche, eine Technik, die zwar gelingt, mich aber plötzlich zu immer weiteren »Offenbarungen« zwingt, bis man sich die Klamotten vom Leib reißt, wie in meinen Inszenierungen, und noch immer nicht weiß, nicht zur Kenntnis nehmen will oder darf, wer man ist, was man ist.

Wenn ich in WESSIS IN WEIMAR die Deutschen als aus dem verlorenen Krieg Heimkommende sah, mit dieser Definition die Bühnenhandlung begann, die aus dieser Niederlage entstehende Aggression in der Entwicklung der beiden deutschen Staaten beschrieb, die sich bis heute feindlich gegenüberstehen, dann ist diese schmerzhafte Definition das Produkt dreier erlebter Deutschlands. Daß ich mich dabei für kein anderes Kostüm als den deutschen Militärmantel entschied, war eine Entscheidung für die deutsche Geschichte, für meine eigene und für die des Theaters, in dem meine Inszenierung die Bühne betrat. Daß Kritiker in der Beurteilung dieses Kleidungsstücks sofort auf Wehrmacht schlossen, zeigt nur, daß Kritiker aus Ost wie West weder ihr eigenes Militär kennen bzw. gekannt haben wollen noch den Militärmantel in der deutschen Vergangenheit, sondern Militär einfach unter Nazi abbuchen. Die vollkommen unwidersprochene Gleichsetzung eines Uniformmantels der Bundeswehr mit einem Uniformstück der Wehrmacht drückt tiefe Angst aus, sie will Unterschiede weder feststellen noch behaupten. Sicher, die Ähnlichkeit der Uniformen der Volksarmee, der Bundeswehr und der Wehrmacht ist beklemmend, drückt sich doch in diesem Zuschnitt eine völlig andere Interpretation deutscher Vergangenheit aus, als beide deutsche Staaten sie propagierten. Für die Wahrnehmung der Unterschiede aber kann man sich nicht die Augen zukleistern, die Bühne war hell genug. Geschickt hätte ich diese einzukalkulierende Gleichsetzung der Uniformen zu einem weiteren Volkshochschulkurs für Blind-sein-Wollende auf der Bühne einrichten können, wie es Hochhuth bestimmt lieb gewesen wäre, der in meinen Augen eine Tragödie geschrieben hatte, deshalb auch mein Rückgriff auf das antike Chor-Theater, die Beschränkung auf wenige Bekleidungsunterschiede, letztlich auf Militärmantel und nackte Haut.

Der Soldat trägt zwar die Uniform, doch sie gehört ihm nicht, sie gehört dem Land, das ihm befohlen hat zu kämpfen. Was gehört ihm unter der Uniform, sein Leben, nein, er ist wehrpflichtig. Nur die nackte Haut gehört ihm und sein Blut, was er fürs Vaterland, so die Sprüche, in Aufopferung vergießt. Diesen Punkt galt es in meiner Inszenierung besonders kenntlich zu machen.
Was mir vom Autor harsche Kritik einbrachte, daß ich Tötung mit einer Kunstwaffe auf der Bühne ablehnte, und sei sie aus Eisen, sie schießt eh nicht, höchstens auf den Sohn von Bruce Lee. Ich wollte in diesem Stück-Entwurf, dessen Hauptthema der Tod, das Sterben ist, beides für den Zuschauer nicht direkt sichtbar darstellen.
Hochhuth ist ein überragender Stück-Entwurf gelungen, der sich als solcher heute nicht präsentiert. Das Berliner Ensemble ließ sich sogar per Anwalt dazu verdonnern, zur Premiere jedem Besucher ein Buch mit dem angeblichen Text des Stückes WESSIS IN WEIMAR zu schenken, der in dieser veröffentlichten Buchfassung dem Theater nicht zur Aufführung vorlag. Ein Szenenvergleich läßt, bedauerlich für den Autor, kaum noch etwas von der Wucht des ersten Herauskotzens seiner Betroffenheit spüren, sondern er hat seinen Text, während wir im Theater probten, zu Hause mit Recherchen, Erweiterungen, Umstellungen so versehen, wie weiland Goethe die GESCHICHTE GOTTFRIEDENS VON BER-

LICHINGEN MIT DER EISERNEN HAND DRAMATSIRT zu einem kruden GÖTZ VON BERLICHINGEN MIT DER EISERNEN HAND. EIN SCHAUSPIEL politfrisierte. Daß Hochhuth die einzige Szene: PHILEMON UND BAUCIS, die er in Absprache mit mir schrieb, auch mit der von mir gewünschten Weimar-Einkleidung aus FAUST 2, anschließend von seinen Anwälten redigieren, d. h. rechtlich durcharbeiten ließ, aus Angst vor einem Rufmordprozeß seiner Nachbarin, der amtierenden Treuhandchefin, die am Brandenburger Tor über ihm wohnt, war für diese überdurchschnittliche Szene verheerend. Ich sagte im Vorfeld der Auseinandersetzung über diese Szene, daß ich niemals von der Bühne dazu aufrufen würde, eine Person, die kaum 1,5 Kilometer vom Theater entfernt wohnt, umzubringen. Wenn er die Auseinandersetzung mit ihr wünsche, müsse er selbst sie führen.
Für PHILEMON UND BAUCIS, die Szene der beiden selbstmordmachenden Bauern, war die Haltung des Autors, der sich von seinen Figuren und ihren Darstellern abwendete, enttäuschend, war es ihm hier doch gelungen, so etwas wie Schiller-Nachfolge anzutreten. Was an diesem Stück-Entwurf einmalig war, war für mich nicht die Auseinandersetzung mit der Treuhand, sondern der Autor, ein Autor, der nur Fünfte Akte schreibt, indem er die vorausgehenden jeweils 4 Akte streicht, sozusagen ausschließlich Final-Szenen vorlegt. Das ist in den einzelnen Szenen unterschiedlich angelegt, grob: Pro Szene ein Toter. Daß ein Autor auf diese Definition eines dramatischen Ablaufs kommt, diesen ansatzweise durchführen und bewältigen kann, reiht seinen Stück-Entwurf unter die bedeutendsten Gegenwartsstücke ein, wozu ich DIE RÄUBER, VOR SONNENAUFGANG, VOR SONNENUNTERGANG, DIE BAUERN zähle.
Die Einschätzung dieses Entwurfs ging in der Kritik an der Aufführung völlig unter, ich mag Hochhuths Verhalten heute ebensowenig billigen wie damals, wenige Autoren haben sich so erbärmlich gegen ihre Darsteller und deren Regisseur ausgesprochen wie er, was sicher viel zur Nichtkenntnisnahme seines Textes beigetragen hat, doch muß festgestellt werden, daß die Kritik der Vorgabe des Autors keinesfalls gerecht wurde, nicht werden wollte, aus guten Gründen, denn die dargestellte ausweglose Situation konnte mit der Polemik zur Aufführung gut überbrückt werden. In dieser Beziehung verdient der Autor, der sich dazu hergab, sein eigenes Stück mattzusetzen, Schelte. Hier agierte ein deutscher Dramatiker, der sich durch eine Inszenierung attackiert fühlte, in der Tagesschau, gleichberechtigt mit Sarajewo, als wäre er in die Hände einer heimtückischen Bande gefallen und würde ohne ordentliches Gerichtsverfahren liquidiert.

Ich kenne aus eigener Erfahrung die Angst vor den eigenen Figuren, denen man sich durch Flucht zu entziehen sucht. Unversehens jedoch prallt man auf sie, als wäre der eigene Irrweg, von ihnen loszukommen, ihnen bekannt, als würden wir uns gerade deshalb wiederbegegnen. Diese Angst kann den Autor nicht entlasten. Statt ins Theater zu kommen, wäre er besser in seiner DDR-Luxuswohnung geblieben, mit dem Luxusblick eines hohen DDR-Funktionärs auf seinen politischen Besitz, das verbarrikadierte Brandenburger Tor, hätte mit verbittertem Blick den Weg eines Nachbarn Richtung Tiergarten verfolgen können oder reumütig eines Wachoffiziers gedenken, der nächtens über seinen Schatten dichtet, während er die dunkle Quadriga anglotzt. Chamisso und Heine kannten ihre Ungeheuer.

Für mich hat mein Text, mein oft weites Ausholen nicht zum Ziel, FAUST oder PARSIFAL zu kommentieren, sondern er nimmt diesen Werkstoff, um die eigene Situation zu erläutern, auch mit der Absicht, das eigene Handwerkszeug vor der praktischen Auseinandersetzung mit diesem Werkstoff sorgsam zu reinigen. Dabei ist nicht unbedeutend, in welcher Ausgangssituation man sich befindet. Ich beschreibe das, als sähe ich das Tischchen meines Zahnarzts, die obligaten Instrumente, das Glas Wasser, das Tempo zum Mundabwischen, alles clean, trotzdem, es riecht nach säuerlich kühler Säuberung, die sich noch im Händedruck verstärkt, bis in den Körper hineinkriecht, nachdem er sich die Hände gewaschen, abgetrocknet und mich begrüßt hat. Für einen Moment treffen 2 Körper aufeinander, der eine frierend, seinen Schweiß nicht wahrnehmend im längst gebrochenen Widerstand, das Ende der Prozedur erwartend, der andere, seine Müdigkeit überwindend, durch einen neuerlichen Ekel sich stimulierend, der einem Zugriff auf die Instrumente vorausgeht.

Was dem Zahnarzt meine Plastikzähne, sind mir Wagners singende Militärs. Daß beides seine Schwierigkeiten hat, versteht jeder, nur daß man Wagners Rittern die Ritter nicht abnimmt, aber jeder abgedroschnen CARMEN ihre Soldaten. Daß sich singendes Militär in der Oper ausschließlich als Kostüm aufhält, ausschließlich im Phantasiebereich, zeigt, daß man die innewohnenden Probleme nicht wahrhaben will. Würde man sich darauf einlassen, würde jede COSI FAN TUTTE-Inszenierung zur Gratwanderung. Daß Komponisten ebenso einer Präzisierung ausweichen, belegt eine populäre Oper wie BARBIER VON SEVILLA, indem eine COSI-ähnliche Verkleidung dem männlichen Helden hilft, die Frau, die er will, zum Beischlaf zu zwingen. Wie »heiter« das auch bei Rossini zugeht, trotzdem bleiben der Angriff auf das Haus eines betont friedliebenden Bürgers und dessen Verpflichtung gegenüber Staat und Verteidigung, sprich Armee, erpresserisch, eine Okkupation, die sich nur der Adlige leisten darf, weil er vom hinzugezogenen Militär, das ihn enttarnen sollte, gedeckt wird, sodaß er unvermindert seine Attacke fortsetzen kann. Das ist bei Rossini kein »lustiger« Akt, als den jede Inszenierung ihn hinstellt.
Für eine COSI-Interpretation hätte eine historisch richtige Türken-Verkleidung der Militärs empfindliche Folgen, können die beiden Offiziere doch nur durch das Überstreifen der Kleidung ihrer Feinde den eigenen Expansionsgelüsten freien Lauf lassen, die Mädchen so kirre machen, wie sie es als Männer in Uniform, die sie im Gehirn bleiben, nicht fertiggebracht hätten. Der Verkleidung in Immunität genießende Gegner geht ein unendlicher Abschied anläßlich ihrer vorgetäuschten Einberufung zur Truppe voraus, mit einem gelogenen VIVAT MILITAR, das in jeder Interpretation klingt, als müßte man mitmarschieren, es zwingt in einen so brutalen Konflikt, daß man nicht mehr ein noch aus weiß, vorausgesetzt, man nimmt die Anfangsszene, die Wette der beiden Offiziere ernst. Nimmt man die

vorgegebene Situation, Offiziere und alter Herr im Café, den Darstellern ab oder ist das nur eine ihrer Verkleidungen wie die spätere, schon beschriebene oder die der Despina als Arzt und Advokat? Oder bringen 2 Offiziere tatsächlich aus Lust 2 Frauen zur Strecke, eine Jagdsituation, die der Zeitgenosse Mozarts de Sade formuliert, weshalb er im »Giftschrank« landet. 2 Männer, die eh nur den Ruf zur Fahne abwarten, sich sportlich verhalten, sich zwischendurch die Zeit vertreiben, »nur Kartenspielen« ist nicht standesgemäß. Oberstes Gebot, der Offizier gehört keiner Frau, sondern der Fahne, dieses Besitzverhältnis macht nicht erst von Stroheim deutlich.

Buzzati enthält sich jeder sexuellen Schilderung, seine TATARENWÜSTE ist so clean, daß man schon zu verstehen glaubt, warum Drogo so lange keinen Urlaub nimmt, um in der Stadt seine zukünftige Frau zu besuchen, die ihn erwartet, davon ihrerseits kein Wort fallen läßt, sondern, modern empfindend, etwas betreten ihm mitteilt, daß sie in Kürze für längere Zeit mit ihren Eltern nach Holland geht. Holland fällt wie ein Hammer in diesem Dialog, als liefe der gesamte Text auf dieses unvorhersehbare Wort zu. Drogo reagiert ebenso betreten, ihr Gute Reise wünschend. In diesem an italienischen und spanischen Namen reichen Text kommt das Wort Holland wie eine Ramme, man muß innehalten, um es zu verdauen, liest dann noch, daß man in Holland die Tulpen bewundern wolle, so wie jeder Prospekt das beschreibt und abbildet. In diesem Text ist man so vor den Kopf geschlagen, grübelt, möchte herauskriegen, wie der Autor auf das Wort Holland kommt, das sofort einen anderen klimatischen Bezug gibt, weit weg klingt, trotzdem bedrohlich, als würde nach dieser Entfernung die Besuchte nicht mehr seine Frau sein. Drogo verspürt Hilflosigkeit. Er gibt sich selbst die Schuld, meint, daß das Leben in der Festung von ihm Besitz ergriffen hat, das ihm jetzt verunmöglicht, um diese Frau zu werben, sich der Reise in den Weg zu stellen, sie gegebenenfalls zu verhindern. Er tut nichts. In seine Festung vorzeitig zurückgekehrt, muß er sich über seine Entfernung zum Stadtleben, zu Geschwistern und Mutter Rechenschaft geben, auch das bringt ihn zu keinem Entschluß. Sein Versuch, die Festung vorzeitig zu verlassen, scheitert jetzt an den Vorgesetzten, scheitert genauso wie zu Beginn an ihm selber, da er sofort hätte umkehren können, was man ihm freistellte, doch, dazu unfähig, ließ er sich linken, blieb, ließ sich wiederholt linken, blieb, so wurde er in der Festung alt.

Buzzati beschreibt die Uniform wie ein Insekt, dessen Weichteile verwesen, doch der Gelatinepanzer bleibt fest. An der Nordsee liegen Tausende von Hai-Eiern, aus denen keine Haie mehr schlüpfen. Die Muscheln sind leer, wenn nicht, stürzen Möwen darüber her oder die Welle reißt sie zurück, um sie erneut, ausgespien, den Möwen vorzuwerfen. Der Hohlkörper, der nach Drogos Tod übrigbleibt, zeigt deutlich, daß nicht das Fleisch die Uniform, sondern die Uniform das Fleisch definiert.

Für mich unverständlich bleibt, warum meine Mutter, mit ihr viele Frauen, so an Uniformen hing, an der Naziuniform, möchte man vorschnell sagen, aber das

stimmt nur bedingt, die meisten hingen an der Uniformierung, die zunächst keinen Unterschied zwischen Thälmann, Hitler und Hölz machte. Die Verweigerung einer Unterscheidung führte zu heftigen Auseinandersetzungen mit meiner Mutter, sie war nicht bereit, ihre Meinung zu erklären oder aufzugeben, sondern verwies darauf, daß diese Männer »schmuck« aussähen, die heutigen dagegen ohne Mumm. Daß es aber von meinem Vater mehrere Aufnahmen mit meinem Bruder gibt, der halbnackt, als Indianer verkleidet, vor meinem Vater steht, das Kindergewehr im Anschlag, mein Vater in einem Balkonstuhl sitzend, so grausam kaputt und zerrissen in seiner Wehrmachtsuniform, als stände sein Ende bevor, das beinah eingetreten wäre, diese Bilder wollte meine Mutter nicht mehr zur Kenntnis nehmen: Das war eine andere Zeit.
Das war kurz bevor mein Vater vom Militärgericht zum Tode verurteilt wurde, er kam nach Hause, um sich zu verabschieden. Meine Mutter ging jedesmal darüber weg: Nicht erinnern!
Auch von Hölz wollte sie nichts mehr wissen: Der hätte in Berlin Ordnung gemacht, mit seiner kleinen Armee, aber Stalin wollte ihm keinen Mann geben. Stattdessen hat er ihn umgebracht. Mit der Leiche zum Machtantritt gratuliert. Hitler hat für Stalin ne Dankesstunde gehalten. Hölz war sein größter Feind.
Als ich GERTRUD schrieb, lebten meine Tanten, aus ihnen war nicht herauszubekommen, in welchem Zusammenhang mein Onkel, der auch umgebracht wurde, zu Hölz stand, bis ich in den Hölz-Autobiografien auf seinen Namen stieß. Konnte der große Volksheld so dumm sein, kurz vor Machtantritt Hitlers seine Tätigkeiten, seine Mitstreiter und Mitgefangenen so detailliert zu beschreiben? Was macht man im Zuchthaus, wenn der Tag zu lang wird. Man fängt an zu tippen. Bis die Sprache das Messer umdreht.

TRANSPORT

Wegbereiter und Erben. Gogols REVISOR erzählt PARSIFAL in der Provinz. Ein bankrotter Modderhaufen mit Stadthauptmann und Familie an der Spitze, Mafia-Zustände, zittert in Erwartung eines Petersburger Revisors. Tatsächlich stellt sich dieser ein, die Korruption steht Kopf, jeder versucht sich seiner Person und Zuneigung zu versichern. Der Revisor, der gar keiner ist, das teilt uns inzwischen der Autor mit, erleidet einen kauzkomischen Kreuzweg aller Provinz-Martern, die er nur mit Hauptstadtgeschichten, die beste Verbindung zur Höchsten Administration verheißen, kontern kann. Unsicher, ob seine Verweise glaubwürdig sind, beginnt er mit der Situation zu spielen, stellt die ihm erteilten Lektionen auf den Kopf, nimmt seine Lektoren aus, je mehr, je besser, und wird schließlich Geliebter der Frau Stadthauptmann und Ehegemahl ihrer Tochter.

Gogols »komische« Geschichte wird ernst, wenn man die Figur des Revisors aus dem Stück heraustrennt, den Dialog aber der restlichen Figuren mit ihm beläßt, so als wäre der Revisor eine Fiktion, stellvertretend für den Druck, unter dem sie sich ducken. Sofort verschwindet die »Provinzposse«, die Figuren bekommen Format, Bedrohung, die sich bei normalem Komödienkonsum in russischer Tracht nicht herstellen. Die Szenen der Angst, des Entdecktwerdens, der Schleimerei und Kriecherei werden zu einem Hexensabbat, kommen in die Nähe zu Goyas SCHWARZEN BILDERN. Diese dämonische Wut des Stückes, Zeichen Gogols privatesten Verhaltens, hat viel mehr mit religiöser Inbrunst zu tun, als Theatermachern lieb ist. Ein kleiner Schnitt genügt, ein von außen angesetztes Sezieren, das dieses Stück zu einer grauenhaften Veranstaltung in Erwartung Christi macht, sowohl die Kreuzwegstationen abbildet als auch das okkulte Gralsritual. Wie Heiliger Geist überkommt jede Figur Stasimentalität, in Erwartung einer Vergebung.

Gogol zeichnet zu seinem Stück. Durch seine Skizzen findet er eine einmalige Schlußlösung, ein »stehendes Bild«, das er so lange angehalten wünscht, wie die Darsteller es können. Eine Generalpause mit dem gesamten Ensemble, ausgenommen den Revisor: Die Provinz-Mafia hat gerade erfahren, daß der Revisor gar keiner war, sondern mit ihrem Geld und ihren Geschenken abgehauen und der neue, der echte Revisor vor der Tür steht. Daß auch dessen Legitimation nicht geprüft ist, geht in dem Durcheinander unter: Das Spiel beginnt nach dieser Generalpause von vorn.

Gogol präzisiert das von ihm gewünschte Schlußbild. In seiner Anweisung fixiert er nochmals jede Figur in ihrer Schmerzverzerrung, in der Rekapitulation eigener Verluste, in ihrer Anbetung des auferstandenen Revisors, der gleich durch die Tür tritt, mit der siegreichen Fahne der Obrigkeit. Das ist sowohl Ikonostase als auch gotische Dompforte.

Gogol berichtet von der Erziehung des vermeintlichen Revisors zum Korrupten, von der fehlgeschlagenen Machtadoration geprellter Machtverehrer, von der Erziehung zur Begnung mit Macht.

Wagner jedoch würgt einen entscheidenden Schritt vorher ab, zeigt weder die Flucht noch den Untergang des Revisors Parsifal, sondern hält die Adoration im Schlußbild fest, fraglich, wie sie ist, entläßt in ein Unbefriedigtsein, in Zweifel. Damit Brecht verwandt. Die meisten Stückenden Brechts behalten dieses Säuerliche. Man kann nicht aufatmen, ist auch nicht niedergeprügelt, sondern soll mit hängendem Kopf eine innere Senkrechte bilden, man soll denken. Ob diese Distanzierung Brecht gelingt, den Zuschauer in innere Wachheit zu stoßen, bleibt offen.

Was deutschen Autoren im Sprechtheater kaum gelingt, schafft z. B. der Russe Tolstoi in DER LEBENDE LEICHNAM. Doch auch hier kein in sich geschlossener Text, keine Abrundung, nur Kanten, am Ende Unbehagen. Handlung: Betuchte Familie, der Mann hat Frau und Kind. Er zieht zu den Zigeunern, liebt dort, wie ein Mann seines Standes tut, nicht verwerflich, stinknormal. Die Zigeuner nehmen ihn aus. Die jungen Frauen sind dort in einem Chor zusammen, sie singen. Die Rest-Familie hockt indes rum, Strindberg und Ibsen sehr nahe. Das Leben unter den Zigeunern, im Chor ist ein Gegenentwurf, eine krasse Gegenwelt. Individualisierung und neues Leben gelingen nicht, der Russe kann mit einer Zigeunerin kein neues Leben beginnen, ihre Eltern holen sie, auch der Mann, dem sie versprochen. Die Zigeunereltern leben vom Huren ihrer Kinder, das ist normal, das Ordnungsleben dagegen die Schande. Auch Geld mindert den Konflikt nicht. Die Familie des Mannes verkommt unterdessen. Er ist runiert. Der Chor behauptet Hurerei als Broterwerb. Nichtzigeuner, auch wenn man sie liebt, werden ausgenommen. Man will nur Geld, ohne wird man ausgestoßen. Der Mann stellt sich tot. Er ist unterwegs, will sich vor seiner Familie retten. Er wird verraten von einem Individuum, wahrscheinlich mit gleicher Biografie. Verhaftet, endet alles in einem Prozeß, seine Frau erschießt ihn.

Der Erfolg des Ufa-Filmes DER POSTMEISTER nach Puschkin basiert auf der Konfliktkonstellation: Provinz und Hauptstadt, modernes Leben und Mief, hier sind die Zigeuner die 3. Welt, die nur Musik und Tanz kennt, die adoriert, im Nebel verschwindet. Nahaufnahme einer wirbelnden Zigeunerin oben ohne. Die Kraft-und-Freude-Welt liegt eindeutig bei den Ufa-Zigeunern. Meine Eltern kannten den Film, Mutter sprach oft von Daschenka oder Duschka. Jahre danach sah ich den Film im DDR-Fernsehen. Der Montagabend mit seinem »alten Film« knüpfte betont an die Nazi-Zeit an. Der Montagabend war wie der KESSEL BUNTES eine DDR-Bastion, Montagabend und KESSEL BUNTES zusammen.

DER LEBENDE LEICHNAM ist wie ein Fragment, die Form bricht auseinander, zum Ende liegt Streichen nahe. Obwohl es wuchtige, qualvolle Szenen gibt, bleibt das Ausgangsproblem unangetastet, Chor und Individuum sind für Deut-

sche so nicht zu definieren, da eine Gegenwelt, wie die Zigeuner sie für die Russen darstellen, bei uns nicht mehr existiert, sondern der Deutsche Kampf zwischen Anzug und Uniform bestimmt unser Denken. Nachbarvölker »pflegten« ihre »Gegenwelt-Ensembles«, noch die Sowjets »pflegten« ihr Zigeunertheater, -chor und -orchester, die Polen ihr Jüdisches Theater.
Die Zigeuner sind uns die Sarotti-Mohren, wie den PARSIFAL-Interpreten der Islam, weder nah noch nachvollziehbar. Hilflos klammert man an Goethes Zigeunern: GESCHICHTE GOTTFRIEDENS VON BERLICHINGEN MIT DER EISERNEN HAND DRAMATISIRT. Die Zigeuner bieten Sex gegen Geld, als ob die Beschreibung der Gegenwelt gleich bliebe. Sie markieren zu Beginn des 5. Aktes die Seelen-Landschaft. Was Adelheid unter ihnen erlebt, ist Traum, Verirrung, Nacht, Spuk, ein 5. Akt in vielen Gestalten: DER 5. AKT IN DEUTSCHER SPRACHE.

Zurück zu PARSIFAL. Oft stößt man auf ein Mißbehagen an der 2. GRALS-Szene, am gesamten 3. Aufzug, der Zeitsprung zwischen 2. und 3. Aufzug verunsichere, könne nicht nachvollzogen werden. Auch Tschechow arbeitet in der MÖWE mit dem Zeitsprung vor dem Schlußbild. DIE MÖWE ist vieraktig, wobei die ersten 3 Akte zeitlich aneinander anschließen, der 4. jedoch um 2 Jahre versetzt ist. Diesen Zeitsprung versucht jede Inszenierung zu kitten, da Interpreten und Zuschauer ein durchgängiges Stück verlangen, nicht einen Dreiakter mit tragikomischem Nachspiel.
Auch spätere Autoren scheiterten an ähnlich unterbrochenen oder mehrteiligen Texten, z. B. Wedekind mit der Originalfassung von SCHLOSS WETTERSTEIN, die aus einer abgeschlossenen Komödie, einem abgeschlossenen Schauspiel und einer abgeschlossenen Tragödie bei fortlaufender Handlung besteht. Die Theaterpraktiker jedoch erzwangen einen einheitlichen, durchgehenden Text mit daraus sich ergebenden Handlungskorrekturen. Wedekind fertigte ihn unter Preisgabe seiner Kerngedanken an, trotz Korrektur plazierte sich das Stück nicht im Spielplan.

Eine nähere Betrachtung der MÖWE läßt Zweifel an den 2 Jahren Abstand zwischen 3. und 4. Akt aufkommen, man ist gezwungen, ihn wesentlich höher anzusetzen, so haben sich die Personen geändert, so alt, krank, schwärend und sterbend ist die auf der Szene versammelte Gesellschaft geworden. Mit dieser Feststellung harmonisiert man aber den beschriebenen, zeitlich rapiden Verfall der Figuren, den Tschechow als Sturz behandelt, zu einem langsamen Altern, langsamen Erkalten. Der zerstörende Zugriff auf die Figuren wird zum Schutz der Interpretierenden absichtlich gemildert.
Sterben, Tod sind das Thema und die schmerzhafte Erinnerung an die Aufbruchsstimmung des Stückbeginns. 3 Akte benötigt der Autor, diesen scheinbar immer noch möglichen Aufbruch abzuwürgen.
Dem Stück voran ein Untergangs-Signal, die abgeschossene Möwe. Vor ihrem Untergang versammelt sich auch diese Gesellschaft zur Drogeneinnahme in Gruppe, doch die Droge, die das bürgerliche Leben unbedingt nötig hat, die

Kunst, definiert sich erst allmählich. Die Drogeneinnahme, eine Theateraufführung, mißlingt: Die sich daraus ergebenden Qualitätsdiskussionen spalten die kleine Gesellschaft endgültig.
In einem kurzen Auftritt stehen uns die Arbeiter gegenüber, die die Bühne zu besagter Aufführung im See bauen und sich, nachdem das »Floß« fertiggestellt ist, beim Dichter Konstantin abmelden, schwimmen gehen, dionysisch durchs Wasser toben, während langsam die Gesellschaft, der von Shakespeare individualisierte Chor, die Zuschauerplätze einnimmt.
Im weiteren Handlungsverlauf ist Verstimmung angesagt, die Individualitäten klagen ihr Leid in ständiger Erinnerung an das Leben jenseits des Sees, als damals noch Feuer brannten, Lieder gesungen wurden, man sich besuchte, doch keiner käme auf den Gedanken, jenes Ufer zu betreten, den See zu überqueren. So kommt es zum 4. Akt, in dem die Summe gezogen wird: Verkrachte Künstlerexistenzen, Selbstmord und Sterben.
Spielten die ersten 3 Akte im Sommer, haben wir jetzt Herbst, Lebensherbst. Noch ist der See da, noch wird die Birke grün, noch ist es nicht zu spät, wenn man gemeinsam Kraft entwickeln würde. Dem ist nicht so, die Versammelten sehen draußen im Regen das Theater im See zerfetzt, die letzte Verbindung zu einem Leben auf der anderen Seite stürzt ins Wasser.

Zum Zeitsprung in PARSIFAL. Zwischen 2. und 3. Aufzug liegen viele Jahre, übertrieben 100. Hier handelt es sich um einen tiefen Bruch, eine naturalistische, von den Lebensaltern der Figuren abgenommene Datierung stimmt nicht. Die herkömmliche Inszenierung läßt diesen Bruch nicht sichtbar werden. Trotzdem. Wie von selbst entsteht jenes Mißbehagen, das Kritiker kurz abkanzeln: Dem ist nichts mehr eingefallen.

Mit dem Tschechow-Vergleich möchte ich auf die Verwandtschaft eines ganzen Aktes, Aufzugs hinweisen, ebenso darauf, daß Individuen auf der Bühne stärker von den Konstellationen, in denen sie sich befinden, bestimmt werden, als wir gemeinhin verstehen wollen. So spielt der Gedanke, daß Tschechow mehr mit dem zerrissenen orthodoxen Kirchenchor verbindet, mehr mit der antiken Chorsprengung, in unserer außerrussischen Sicht bei Inszenierungen keine Rolle. Damit wird gleichzeitig das Ausbrechen aus diesem Gefüge, wie es sich im Lehrer, im Arzt, im Künstler, im Beamten, im Militär ausdrückt, planiert. Tschechow ist bei uns Commedia dell'arte, seine Kostüme hängen im Fundus.

Zwischen praktizierendem Drogenmilieu und den ausgebrannten, sich verzehrend sehnenden Figuren im MÖWE-Schluß ist kein Unterschied. Unter völlig anderen Bedingungen übernimmt Tschechow Wagners »Sehnen«, nicht nur wie eine Stafette, sondern er formuliert es durch alle seine Stücke, um das Ende der von ihm beschriebenen Gesellschaftsform zu markieren, sich geradezu an ihr Ende heranzuschreiben. Dabei ist der Begriff Gesellschaftsform zu grob, da in der bevorstehenden Revolution eine Welt zerbrechen wird, die in PARSIFAL längst begraben ist.

Was Tschechow auf den BRD-Bühnen so populär macht, ist mißverstandener Wagner, ist die Fehlinterpretation des »Sehnens« als Verdauungsbeschwerden nach zu gutem Essen, möglicherweise eine andauernde Vergiftung, ein Überdruß, das Beklagen des Appetitverlusts – eine Verstimmung, die Tschechow eindeutig gesellschaftlich definiert, der in der MÖWE kurz die Arbeiter entgegenstehen.

Thema ist der zerbrechende antike Chor, was schon die Besetzung klarlegt: 2 Schauspielerinnen, 2 Dichter. Wir haben kein pestkrankes Volk, das seinen Seher anbettelt, doch krank sind alle, die sich zu Konstantins Aufführung einfinden. Hier ist eine gesellschaftliche Korrektur notwendig, ein Schnitt, der nicht von irgendwelchen Kommunisten vorbereitet wird, sondern diese Gesellschaft bedient sich ihrer, sonst müßte sie sich selbst in die Luft sprengen. Nur Konstantin erschießt sich. Tschechow widmet dem Nicht-Suizid der anderen den Schlußakt.
Mißverstandene Individualität gipfelt heute in unserem praktizierten Kammerspiel in der Überhöhung eigener Verkrüpplung, die so lange eingetrimmt wird, bis sie vollkommen unkenntlich macht. Tschechows Figuren hingegen wünschen sich schmerzhaft eigene Intaktheit und Zugehörigkeit, da ihnen deren Verlust bewußt ist. Daß sich der aufgespaltene Chor nicht mehr bildet, obwohl alle szenischen Anlagen darauf hinführen wollen, ist dauernder Schmerzpunkt der Szene, dem genau die Individualitäten, wie sie bei uns allabendlich auf der Bühne agieren und als Höchstleistung von Schauspielkunst etikettiert werden, grausam im Wege stehen, sie verfälschen die Gesamtanlage, gehen gemeinsam gegen den Autor an.

Man hört die Axtschläge im Kirschgarten, der antike Hain wird zerhackt.

Die Bezeichnungen Gesellschaftsform, Untergangs-Signal sind zu grob. Ich müßte mich erneut mit den Texten hinsetzen, mir Bezeichnungen erarbeiten, stattdessen wühle ich in meinem Kopf in vergangenen Unterrichtsstunden, in irgendeinem Quark, den ich aufgeschnappt habe, diese ganze Spaghettisprache. Aber ich muß eine Position festhalten, die sich immer mehr verwischt, selbst einer Inhaltsleere verfällt.
So begreifen die Schauspieler, die Inhaltsverlust darstellen sollen, diese Aufgabe nicht, da sie ihren eigenen Verlust mißverstehen, daher meinen, sich ungehemmt individuell entfalten zu können. Doch geht von ihnen in diesen Aufführungen nur Leere aus, ihre eigene, nicht die der Figuren, die ihre innere Fülle vermissen. Grob gesagt, zwingen diese Veranstaltungen, die mißverstandenen Russen, einen immer mehr vor die Glotze, denn der Inhaltsverlust der Inszenierenden, das Wegsacken ihres Auftrags, läßt sie in neuen russischen Dusel fallen, einem Menschenbild nachjagen, das diese Autoren längst als miserabel brandmarkten. Nicht unerwähnt bleiben darf, daß es den Einsatz von Russen in ähnlicher Situation schon auf der deutschen Sprechbühne gab, die Flucht in ausgesprochene Charaktere, in einen wegzuschauspielernden Zeitbruch. George in MACHT DER FINSTERNIS, die dann auch kam.

IDEOLOGIE I

In Schwarzweiß. Die Ausstrahlung der alten Serie DIE UNVERBESSERLICHEN ist 1994 ein Menetekel. Die Schwarzweiß-Serie über die Familie Scholz unterbricht den Farbwust des Samstagnachmittagprogramms und führt in die schwarzweiße Anfangsphase des Wohlfahrtsstaats zurück. Aus den plattgewalzten Serienfarbgesichtern treten die 3 Protagonisten bedrohlich heraus. Das ist die Welt der Kleinen Leute der BRD, die tief in ihrer Vergangenheit stecken, gegen diese rumoren und doch nicht anders können. Die Wohlstandsgesellschaft feiert mit dieser Serie ihre Opfer, deren verdammten Kleinkrieg, um ihrem Schicksal zu entkommen, das der Farbwust seinerseits feiert. In der Besetzung Windeck Mutter, Meysel Tochter, Offenbach Schwiegersohn sind Gesichter, Körper gefunden, die sich in ihrer Niedergeknüppeltheit in der Wochenendfarbflut behaupten, so als reckte die Vorzeit der BRD, die demokratische Aufbauphase, ihre kümmerlichen, gescheiterten Hoffnungen als Schwarzweiß-Erinnerung dem heutigen gesamtdeutschen Zuschauer entgegen. Für den westdeutschen Zuschauer ist die Wiederholung Bitte um Vergebung, Wehmut, daß man doch an diesen Aufbruch glaubte, noch glaubt, sich dafür entschuldigt, daß das wider alle Vernunft und Erfahrung ist. Damit wird er zum Verlierer der eingetretenen politischen Veränderungen, in denen er sich doch als Sieger bewiesen hat. Die Wiederausstrahlung lehrt aber jeden »Sieger«, daß er noch immer zu den Kleinen Leuten gehört, lehrt ihn Verzicht, betoniert die in beiden deutschen Hälften zunehmende Verhärtung und reklamiert das »Wirtschaftswunder Ost« nur für Großgewinner.

Die Besetzung mit Offenbach als Kleinem Mann ist nicht nur erbarmungslos jämmerlich, sondern ebenso eine Vorwegnahme des desillusionierten Arbeitnehmers heutiger Prägung, den letztlich mit seiner Arbeitsstelle trotz 42 Dienstjahren nichts anderes verbindet als der Erwerb einer Modellcouch. Das ist für 495 Mark Gemütlichkeit, die keiner mehr braucht, die Familie ist zerstört.

Gerade im Aufrechterhalten des Familienzusammenhangs sah die Tochter ihre Aufgabe, versuchte, alle Abwehrkräfte zu mobilisieren. Die Meysel belegt nicht nur als Privatperson diesen Aufbauwillen, sondern in ihrer Darstellung werden diese Momente überdeutlich, in denen sie zur öffentlichen Verteidigung des Aufbauwillens antritt, z. B. in der Abkanzlung des Chefs ihres Mannes, der ihn trotz Arbeitsverlängerungsantrags pünktlich zu seinem 65. Geburtstag entläßt, mit dem Trostpflaster eines »vollbezahlten« 4-Wochen-Urlaubsschecks für den Gekündigten samt Ehefrau. Dieser Scheck ist nicht BRD-modern für die Kanaren, sondern für den deutschen Schwarzwald. Die Meysel, die bald zur »Mutter der Nation« wird, stößt mit ihrem berechtigten Aufbegehren schnell an die Grenzen der Serie, der Zugeständnisse der Macher, steht deshalb in diesen Momenten allein, was sich für ihre darstellerischen Mittel negativ auswirkt. Diese Szenen

sind heute »lächerlich«, eindeutig ist, daß die Produzenten der Serie diese Position aufgegeben haben, und damit, trotz detaillierter Qual des abservierten Arbeitnehmers und deren Auswirkung auf das Familienleben, dennoch die Entlassung legitimieren und somit Ausschuß als notwendig für die Leistungssteigerung des Gesamtwesens begreiflich zu machen suchen.
Die Meysel, die wiederholt in ihr gewidmeten Fernsehspielen einsam ihre Position behauptet, gewinnt aber in den UNVERBESSERLICHEN keinen Boden, ihre stereotypen Requisiten Mantel, Hut, Tasche wirken schon damals überholt. Die Produzenten genehmigen sich diese finanziell erhebliche »Lächerlichkeit«, das Aufbegehren der Darstellerin in ihren Figuren, das sich durch die Verwurzelung dieser Darstellerin in den Vorgängen des 3. Reichs definiert, jedes Aufbegehren wird als historisch lächerlich, als unwirksam erklärt. Damit dient die Darstellerin ungewollt einer Rehabilitierung deutscher Vergangenheit, durch die sie selbst beschädigt wurde.
Offenbach ist der Kleine Landser, der seine Jugend auf dem Schlachtfeld verliert, dort ein Innendrama erlebt, jetzt nach Hause gekommen neu aufprallt, das Drama vergessen, überwinden will, um aus dem ihm verbliebenen Restleben etwas zu machen. Aber er steht noch immer stramm. Dieses Dilemma liefert der Darsteller gleich mit, für das sich im Drehbuch wenig Ansätze finden lassen würden.
Die Meysel müßte schon aus privaten Gründen die Vergangenheit ihrer Figur deutlicher formulieren, unterläßt das jedoch. Ob die Jugend dieser Mutter Flucht und Deportation heißen kann, bleibt offen. Ganz anders die Windeck, die das 3. Reich selbst ist, was davon übriggeblieben. Schrullig, liebevoll nervend, fremd steht sie zwischen den Familienmitgliedern, auch die Aufbauphase der Familie verdrängt das nicht. Die Großmutter zieht für ihren Enkel vorübergehend ins Altersheim, vorübergehend, dann kehrt sie zurück und besetzt ihren angestammten Platz, behauptet die Entmachtung ihrer Tochter, die sich durch die Entmachtung des Schwiegersohnes nur noch vergrößert hat, Windeck glänzt, nicht nur ihre Wangen, ihre mondänen Reste, sondern sie hat Vergangenheit abgeschlackt, die besten Jahre hinter sich gebracht, und in diesem Bewußtsein spielt sie, baut so einen Schutzschirm gegen Kritik sowohl an der Figur als auch an der Darstellerin. Wie geschickt sie das Vergessen in die Szenen einbringt und wie vehement sie sich gegen das Leid ihres Sohnes und dessen Frau durchsetzt, zeigt mehr Selbstverständlichkeit, als den anderen Figuren und ihren Darstellern lieb sein kann.
Die 3 Darsteller bringen privateste Erfahrungen in ihre Figurenformung ein, die sich durch den Handlungsverlauf zugunsten der weiblichen Figuren verschiebt, den Mann als Verlierer festlegt, seine ständigen Selbstbehauptungen als nervende Begleitumstände verbucht, die die beiden Frauen aussortieren müssen. Durch seine Entlassung ist der Mann zu einem zu beschäftigenden Haustier verkommen. Hier wie zu Serienbeginn ist Zivilisationsarbeit als Frauenarbeit ausgewiesen, muß daher notwendigerweise den nicht mehr verwendungsfähigen Mann weiter degradieren.
Die Enkelkinder bleiben blaß, trotz unterschiedlicher Biografien, aus denen sich die aufstrebende BRD ihr Wirtschaftswunder herauspreßt. Die Blaßheit ist nicht

allein in den Darstellern begründet, sondern in der geringen Abbildbarkeit der BRD selbst. Während die 3 Gesichter Windeck, Offenbach, Meysel den Januskopf der deutschen Gesellschaft sehen lassen, gelingt das den jugendlichen Darstellern, den Enkelkindern, nicht. Deren Auspressung und Zerstörung erzählt nicht deren Gesicht, nur der fortlaufende Handlungsstrang. Obwohl die jugendlichen Darsteller wiederholt gute Momente erwischen, gelingt keine Identifizierung des qualvollen Zustands, die Serienmacher lassen hier keine kritische Sicht zu.
Daß darstellerische Mittel versagen, hängt eng mit der schon beschriebenen unterminierten Position der Meysel zusammen. Offenbach ist ihr keine Stütze, er bleibt das aus der Haupthandlung ausgeschiedene Relikt. Der Nachkriegs-Mann hat nichts mehr zu sagen. Die Meysel hat noch Hunger, das macht sie stärker, trotz »Lächerlichkeit«.

Der tschechische Film in den Jahren vor 1968 bewies das In-einer-Front-Gehen von unterschiedlichen Darstellergenerationen, bewies in SCHWARZER PETER und LIEBE EINER BLONDINE die Formulierungskraft dieser Front, die Abbildbarkeit von Lebenszusammenhängen, von gesellschaftlichen Zuständen. Diese Filme lebten genau wie die BRD-Serie von der Großaufnahme, vom grimmigen Schwarzweiß, das sich in beiden Filmen als etwas unerträglich Abzuschüttelndes behauptet, eine Qual der Figuren und ihrer Darsteller, der sie privat ausgesetzt waren und der sie sich in ihren Figuren zu stellen hatten. Diese Qual zu formulieren, hieß Widerstand, den kein Parteiabzeichen abdeckte. Die Qual war in ihre Gesichter gemeißelt, geschlagen oder hatte sie verquollen. Die Verunstaltung war weniger detailbelegt als in der Serie, mußte mit weniger Faktenmaterial auskommen, aber gerade dadurch gelang Widerstand, Qualität, das Einrammen in die Filmgeschichte, mehr als demokratische Egalisierung es je vermag.

Die 3 BRD-Serien-Alten müssen verschrottet werden, so liebenswert sie auch sind, ihr Opfergang ist unvermeidlich. Aus dieser unerträglichen Einsicht akzeptieren sie ihre Tragödie. Ein Vorgang, den Brecht in der MASSNAHME als parteipolitische Konsequenz darstellt, die später von Müller wiederholt aufgenommen wird. Was für beide ein Thema kommunistischer Zellenarbeit ist, formuliert die Serie erbarmungloser. Sie erfüllt die parteipolitische Konsequenz: Die Zernichtung der Familie Scholz, die immer ihren Kopf hebt und in den Dreck muß.
Das ist das Menetekel der neuen deutschen Gesellschaft, ein Rückverweis auf die Opfer ihres Aufschwungs, betrachtet aus der Siegperspektive, die jetzt neu als die gesamtdeutsch zu erbringenden vorgeführt werden. So wird die Serienausstrahlung zur Volkshochschule: Für die Ostdeutschen ermahnende Belehrung, für die Westdeutschen einverständliche Erinnerung, für beide zur Leistungskontrolle. Zur Hinnahme des zu leistenden Opfers versammelt sich die Fernsehgernsehgemeinde am Samstagnachmittag:

Die Mitternacht zog näher schon
in stummer Ruh lag Babylon

Und schrieb und schrieb an weißer Wand
Buchstaben aus Feuer, und schrieb und schwand

Selbst ein Lottogewinn mit allen erdenklichen Serienquerelen, der Tippschein ist zunächst verlegt, dann unkorrekt ausgefüllt, von den Kindern ohne Absprache längst verplant, endlich ausgezahlt, kann die Familie nicht einen, sondern führt ihre Zerstörung nur noch weiter, die in der Entstehungszeit der Serie als im Aufschwung zu verkraftende Nebenerscheinung gedeutet wird. Daß sich hier tiefere Isolation in den 3 Alten abbildet, als die Serienmacher zulassen wollen, diesen Zugewinn kann die ältere Generation verbuchen, die 3 Darsteller verhalten sich um vieles realistischer gegenüber den sichtbaren Bedingungen, als man es heute in BRD-Serien vermag oder darf. Heutige Serien sind mehr oder weniger Beschäftigungstherapie für arbeitslose Zuschauer, die den ausrangierten Arbeitnehmer noch bei der Stange halten. Die alte Serie dagegen definiert die einzubringende Arbeitskraft immer wieder, trotz widriger Umstände läßt sich für ihren sinnvollen Einsatz eine Lücke finden, was die Harmoniebestrebungen der Macher unterstützt. Heute wirkt auch dieser Winkelzug nur wie eine weitere Qual der Opfer, die sich, um sich zu erlösen, eher selber den Tod geben sollten, ein von der MASSNAHME abgeleiteter Vorgang.

Daß heutige Seriengesichter, auch die Gesichter der DDR, nur überlebten Wohlstand abbilden, läßt befürchten, daß diese Gesichter, um Ausdruck, Markierung zu kriegen, erst mit dem Beil zugerichtet werden müssen, so Macherkommentare, noch immer ist die Handarbeit, das eigene Handanlegen beim Töten die modernste Form der Vernichtung. In der Tötung per Hand drückt sich die einzige Individualisierung von Täter und Opfer aus. Eine Zusammengehörigkeit, die das Opfer als tatauslösend beschuldigt.

DIE UNVERBESSERLICHEN müssen sich noch selbst umbringen, um der Forderung der MASSNAHME zu genügen, die Brecht von der herrschenden Klasse ableitet und auf ein Parteiwesen überträgt, das zwar in Opposition lebt, aber genau der Mittel jener Klasse bedarf, die Partei bedarf des kultischen Selbstopfers, um zu überleben.
Die Lügen der Familienmitglieder untereinander, voreinander, die Abhängigkeiten und Einstiegsprobleme bemänteln, haben antiken Zuschnitt. Den wundgescheuerten Gelenken dieser Sklaven hilft auch keine Gemütlichkeit auf einer Modellcouch für 495 Mark. Auf dieser Couch ist weder Selbstbefriedigung noch Geschlechtsakt noch Zeugung möglich.
Die unerbittliche Erfolglosigkeit der Familienmitglieder Scholz wird nicht nur als bundesdeutsch notwendig erachtet, sondern sie wird durch die Neuauflage der Serie als gesamtdeutsch unumgänglich verordnet. In den schwarzweiß-zerfurchten Gesichtern ist Erfolg eine Erinnerung, die bedrohende Illusion, die aufsteht,

sobald man seine 4 Wände, den eigenen Bunker verläßt. Familie Scholz kann nicht einmal mehr auf der Modellcouch Platz nehmen, ein steifes Sitzen wird erschrocken als Regelverstoß gegen die Unbenutzbarkeit des heiligen Ausstattungsstücks bemerkt, das deutlich in die überlebte Raumordnung der Guten Stube, des Wohnzimmers verweist, die die Familie, in einer übergroßen Wohnung lebend, noch beherzigt, ein Luxus, der eher an die großzügigen Wohnungszuschnitte der Stalinallee denken läßt als an Familie Scholz in der BRD.

Auch darin drückt sich Vergangenheit aus, wehmütig konstatiert die Fernsehgemeinde das Herumirren der Familienangehörigen in der Studiodekoration. Mietprobleme heutigen Ausmaßes kennt Familie Scholz noch nicht.
Das Menetekel 5 Jahre nach der Wiedervereinigung zwingt denjenigen, der es nicht nach oben geschafft hat, in zu akzeptierende Unmündigkeit, in jenes Opfer, auf das die Serie zurückverweist, einzuwilligen, sich als dieses zu definieren und aktiv einzubringen.
Die Serie belegt mit ihrer erneuten Ausstrahlung, daß das Ausmerzen von tragischer Auffassung, von tragischem Bewußtsein Produkt der Wohlstandsgesellschaft ist, die ein Ende nicht wahrhaben will und jeden Gedanken daran zu unterdrücken wünscht, auftretende Risse zunächst sachkundig zu verstopfen weiß, aber immer mehr marodes Material verwendet, statt sich ausgiebiger Rekonstruktion zu widmen, nur noch Konfetti ausschmeißt, um mit diesem bunt eingefärbten Matsch Widerspruch zu ersticken, eine Taktik, wie sie jeder DDR-Funktionär praktizierte.

IDEOLOGIE II

In Farbe. Plötzlich sehe ich DIE UNVERBESSERLICHEN in Farbe. Gerade hatte ich meinen Text über die wuchtigen Schwarzweiß-Fressen fertig, mit dem Gesicht der Meysel wie ein mächtiger Stein, man kann ohne Abschwächung das Adjektiv »mütterlich« davor setzen, so wie die Kollwitz ihr Mahnmal für ihren Sohn macht, Vater und Mutter kniend. Sie als Mutter, vorwärts blickend. Aber Stein. Während der Mann, die Arme über die Brust gepreßt, nach unten sieht, mit gesenktem Kopf. Da werden Unterschiede monumental. Die Meysel wetzt in Farbe durch ihre Wohnstube, an die Flurtür, zur Treppe, zum Telefon, mickrig, so als wäre sie 30 Jahre gealtert, spitz, dürr, sehr krank geworden, bloß Haut und Knochen. Auch den anderen bekommt die Farb-Umstellung nicht. Die bedrängende Form ist jetzt zunichte. Die Darsteller huschen durch ihre Räume, als flögen sie, als wäre jetzt Marlitt-Zeit, wo Flörchen und ihre Schwestern durch die Schloßräumlichkeiten fliegen. Die Probleme, wie sie jetzt sind, werden gelöst. Selbst Tiefschläge werden zu Hürden mit innerem Zugewinn der Kinder, zu nehmbaren Hürden. Selbst eine Verletzung des Fußballsohnes kann nicht niederwerfen, auch ein uneheliches Kind nicht, noch der Verlust einer großen Sparsumme. Die Produzenten lassen uns wissen: Gebt Obacht.

Weihnachten 94 warnt BILD: Berliner, paßt auf, der Weihnachtsklau!

Frau Meysel kümmert sich widernatürlich positiv um die von ihrem Sohn abgeschobene werdende Mutter, kittet nachhaltig das werdende Glück, langfristig familienintern. Solches Verhalten erzwingt Farbe und versichert, daß sie langfristig nicht ausblutet, sondern zugewinnt, jede technische Verbesserung macht sie brillanter. In das Schwarzweiß kehrt die Serie nie mehr zurück. Damit drückt sich praktisch die Fernsehrevolution aus, die Menetekel der Aufwärtsentwicklung der Familie Scholz und ihrer Sprößlinge ist. Die D-Mark legt langfristig zu. In Farbe mußte man noch verdauen, daß man im Schwarzweiß-Teil der Serie Menschen begegnete, die in ihrer Qual keine Beschönigung erfuhren, sondern im Dennoch oder Trotzdem Kraftzufuhr suchten.
Die Farbe reduziert zunächst das Volumen der Darsteller drastisch, nahm sich ein Körper in Schwarzweiß plastisch, bedrückend voluminös aus, also keine für die Kamera hergerichtete Schaufront der Darsteller, deren Profildrehung schon das Gegenteil erzählte, nichts davon. Die BRD wird in Farbe babybunt. Die Geburt des 2. Scholzenkels trifft politisch zunehmend kindlich gewordene Großeltern, die in Farbe endlich ihre Sexualität verlieren, einem das gesamte Handlungsgefüge verändernden Verlust unterliegen.
Die Figuren wirken jetzt unschuldig. Das 3. Reich gab es nicht, die Farbfassung ist ihre Wiedergeburt, ihr Neuanfang. Sie wirken zart und zerbrechlich, dünnhäutig, von unbestimmtem Alter gezeichnet, wenn alternd, dann so wie die Haut der

Windeck, die unter der Creme nicht schlaff werden will, sich widersetzt und innerem Verfall, der doch eintreten muß, harmonische Züge verleiht. Das Erschlaffen in Farbe, als kämen die Figuren nach dunkler Vergangenheit ans Licht, noch mickrig mausig von überstandener Entbehrung, fast Wesen im Gegenlicht, die selbst als Schatten nicht auffallen wollen, wie Insekten noch Sonne durch ihre Flügel scheinen lassen.
Heute interpretiert man rückblickend, doch der Volumenverlust von Darsteller und Raum, selbst die überteure Modellcouch ist unauffällig geworden, muß auch damals schon bemerkt worden sein, sodaß man heute verwirrt nach dem Bindeglied beider Serienteile sucht, das man glaubt übersehen zu haben, nochmals sehen möchte, um die Bruchstelle genau zu begutachten, den historisch nahtlosen Übergang.

Der BRD-Versuch ist um so anrührender, als er demokratischen Aufbruchsversuch demonstriert und belegen möchte, hierin schon seiner politischen Bedeutung im europäischen Umfeld bewußt, feiert doch die Wühlarbeit der Familie Scholz, wenn auch größtenteils noch unökonomisch, ihren Triumph durch verbissenes Festhalten am abgewonnenen Vorsprung. Der gewünschte, zu oft gescheiterte gesellschaftliche Aufstieg fällt nicht nur dieser Familie in den Schoß, sondern allen Familien des gesamten Staatswesens.

Die Beschönigung erfolgt durch pastellgefärbte Bilder, deren innerer Verfall sich zunächst als Neuanfang tarnt, glaubhaft, da von jedem gewollt, wenn die wirtschaftliche Lage der Wähler sich dadurch verbessert. Beschönigung wird immer opportun, wenn die Decken reißen, sie wirkt geradezu ansteckend, die Laune wird einfach gut, es geht vorwärts. Erinnerungen beschweren, vermiesen gründlich, aber die Umstellung der Serie in Farbe läßt keine Erinnerung zu, da sie das Jetzt feiert. Familie Scholz in Schwarzweiß kann nur Dreck am Stecken haben, ständig bemüht, wollen sie altes Reglement zurückführen: Anständig zu sein, ordentlich und gut bürgerlich extra. Das Schwarzweiß verweist streng auf eine vorfaschistische Epoche, so als würde der Serientitel ihren Fortbestand suggerieren, eine historische Gerade ohne Knick und Unterbrechung, wie sie heute mehr denn je gewünscht ist. Das Bunt kann diese Epoche überbieten, ständig in Gefahr, im Braun zusammenzurutschen.

Daß der Farbeinsatz die bedrückende Handlung auf- und wegschwemmt, sie zunehmend zum bloßen Diskussionsthema werden läßt, die Dialogpartner von jeglichem Leid zu verschonen sucht, das durch Farbe ausgewaschen werden soll, durch immer leuchtendere, gibt ihm historische Belegkraft.

Wenn der Fotograf Baltz die Bedeutung der Farbe Schwarz in der Schwarzweiß- und Farbfotografie unterscheidet, daß Schwarz in der ersten Leere, in der zweiten dagegen Substanz und Status signalisiere, eine vielfach geteilte Ansicht, so verwundert es nicht, wenn die Farbfassung der UNVERBESSERLICHEN wenig Schwarz enthält, flau und bleich wirkt: Pastell.

Kein Manko ungenügender technischer Entwicklung, sondern der Zusammenhang von Abbild, Abbildbarkeit und Inhalt wird deutlich. Baltz unterscheidet eine zusätzliche Wirkung, daß Farbe Hier und Jetzt, Schwarzweiß aber Dort und Vormals signalisiere. Auf diesen Unterscheidungen baut er seine Arbeit zunächst ausschließlich in Schwarzweiß auf, er weiß aber von den Möglichkeiten des Farbeinsatzes. Daß sich Wenders mit der Übertragung solcher Wahrnehmungen in den Film beschäftigt, belegt Fullers Äußerung in DER STAND DER DINGE: Die Welt ist farbig, aber schwarzweiß ist realistischer. Baltz in einem Vortrag: Schwarzweiß-Fotos enthalten das Drama eines Augenblicks, der aus der Geschichte gerettet wurde, oft einen mutigen Realismus, der sich paradoxerweise der Farbe entzieht, dem an der Oberfläche realistischeren der beiden Medien.

Die Reduktion, die die Serie durch den Farbeinsatz erleidet, ist ein Schlankmachen, ein Schlackeabwerfen. Trotz Verlust scheint Farbe hier einen Neuanfang besiegeln zu wollen, was Brechts Verfilmung seiner Inszenierung KATZGRABEN 1953 dementiert, die eine Neuauflage der gerade überstandenen Historie propagiert, ein Weiterleben des Braun in Blau-Weiß-Bunt. Hier tobt die Brechtanhängerschaft, das nützt nichts, hier tobt die Geschichte, erklärt etwas zu Schrott, was zu seiner Produktionszeit Schrott war, kein parteigebundener, politischer Standpunkt tröstet.

1995 erklärt mir die Schauspielerin Reichel, daß es in der DDR keine Nazilehrer oder aktiven Offiziere im Lehrdienst gegeben habe, ich verstand, warum sie das nicht verstand, da wo wir saßen, in Brechts Haus in Buckow, und nach dieser heftigen, verbitterten Diskussion gingen wir in dem See schwimmen, in dem beide planschten. Raus schwamm ich, nur um ihr nicht nahe zu sein, wollte sie doch meine ganze Jugend und Oberschule ungeschehen machen, Stalingrad stand Jahre leibhaftig vor uns, die Kesselschlacht, dazu brauchte ich nicht Heiner Müller. Die alte Dame und ich, wir vertrugen uns nicht, im Schilf ging jeder seinen Weg, jeder seinen Schritt, um nicht im Morast zu versinken.
Tage später kam ihr langer Brief, in dem sie mit DDR-Vergangenheit aufräumt: Nazilehrer gab es nicht, sie blieb eisern. In diesem Zurechtbiegen meiner Mutter sehr nah. Ich vermied, ihr zu antworten, wie schön das Kartoffelhacken mit ihr war.

Vom Schwarzweiß zum Grau Brechts ist keine weite Strecke, die Entschiedenheiten werden weggenommen, das Pendel in Gleichmaß gebracht, die Unterscheidung der einzelnen Strukturen um so wichtiger, die Farben ziehen zu einem Einheitston zusammen. Ihr könnt nehmen, was ihr wollt, wenn es nur grau ist, soll Brecht zu seinen Bühnenbildnern gesagt haben. So wurde in der ersten Zeit gearbeitet, so wurde ein neuer Kanon beschworen, der dem Dort und Vormals der Schwarzweiß-Fotografie nahe kam, die Szenen wurden realistischer, vom Zuschauer distanziert, ohne Farbe nüchterner, die Szene bekam Beweiskraft, die sie aus der Geschichte selbst zog. Mythos wurde gebaut, der Mythos der siegenden Arbeiterklasse. Doch dieser Mythos war grau, blieb grau, kam direkt aus dem

Staub, den Unterbelichtungen, dem Nichtdifferenzierten. Kanonzerstörung hieß Farbe, die für Brecht höchstens noch mit Blut in Verbindung zu bringen ist. Trotzdem hat er knallbunte Aufführungen gemacht, die waren dann dementsprechend.

Der Historismus, der vom alten Brecht gepflegt wurde, konnte ihn international durchsetzen, die Märchenstimmung seiner Inszenierungen betonen, wirkt aber im Vergleich mit dem amerikanischen GALILEI nur noch matt und verbohrt. Von diesem Kraftverlust sprechen der Raum, die Möbel, die Kostüme, letztlich überträgt sich die Unglaubwürdigkeit auf den Text, färbt das Verständnis nachwirkend ein, läßt sich beim Wiederlesen nicht ausschalten.

Nach Brechts Tod fanden die geschlossensten Bühnenbildlösungen zum Grau zurück, selbst der heftige Schwarz-Weiß-Kontrast in FRÜHLINGS ERWACHEN. Die Intendanzanordnung, doch noch Farbe in die zunächst als modisch abgewertete Ausstattung zu bringen, artikulierte sich als Zerstörungswut. Hier waren die Kostüme wieder eng auf den Leibern drauf, drückten sie zusammen, schnürten, waren keine angenehm kleid- und tragbaren Gebilde, sondern Nähte, strenge Nähte, geschlossen bis an den Kopf. Futterale. Frauen wie Männer, Jungen wie Mädchen. Da herauszukommen, war Entkleidung, so wie sie auch Tschechow benutzt, Uniformentkleidungen bürgerlichen Lebens. Ich konnte mich nicht gegen die Verbuntung meiner Entwürfe behaupten, die Garderobieren nähten die angeordnete Farbeverschönerung: Lametta drüber!
Lametta war es auch, das heftige Schwarz mußte bekämpft werden, wogegen Weiß positiv zu vertreten war. Das Anknüpfen an eine strenge Kostümierung war gescheitert, die Brecht-Versuche ad acta gelegt, Brechtgrau war Schimpfwort geworden, bezeichnete politisches Duckmäusertum. Aber wirklich Grau zu sein, hieß jetzt, Farbe drüber zu geben, völlig undeutlich zu sein.

Grau zu behaupten, war jetzt Provokation. Hieß die positive Entwicklung zu diffamieren, hieß dem Arbeiterstaat in den Rücken zu fallen, die beiseitegeräumten Ideale heimlich aufzupolieren, die man doch jetzt farberneuert habe. Von jeder Seite wurde das Brechtgrau bekämpft, es war in Verruf geraten.

Straßen weiter wirtschaftete Felsenstein, jede Inszenierung ein Ereignis, üppig und teuer. Die Verwässerung, die mit der Verbreitung des Felsenstein-Theaters einherging, das, grob ausgedrückt, auf jeder Ton ein Schritt, jeder Takt ein Bühnenwechsel hinausläuft, hat in seiner »Vermenschung« nur Verflachung bewirkt. Lösungen, die Felsenstein in großer Zahl glückten, waren einem niveauhohen DDR-Unterhaltungstheater zuzurechnen, das jeden tragischen Stoff oder Zugriff ausschloß. In Offenbachs RITTER BLAUBART tobte der Zuschauerraum, jeder tragische Moment war dieser Unterhaltung geopfert. Schon ein Innehalten, ein Bedenken, daß alles so leicht nicht vonstatten gehen könne, verbot sich in der damaligen politischen Situation. Da mußte, wie bei vielen anderen Künstlern auch, nicht erst von oben eingegriffen werden, da wurde gleich durchgeschunkelt. Aber immer in Opposition.

Wie Opposition aussah, belegt die KATZGRABEN-Verfilmung, ein heute vergessenes DDR-Dokument. Hier ist Geschichtsklitterung wider besseres Wissen betrieben worden, wie in den meisten Inszenierungen des BE. Dieser Vorgang irritiert, geschah das doch zu einer Zeit, als die DDR, trotz 17. Juni, Anlaß zu Hoffnung gab. Erinnern wir uns. Es war doch wirklich gut, die Ärmel hochzukrempeln.

IDEOLOGIE III

1953. Ideologie Bunt. Höhung durch Farbe. KATZGRABEN: Der Schnitt von Schwarzweiß zu Farbe soll den historischen Bruch, den Neuanfang, den Sieg der DDR in den Aufbauschuhen fixieren. In Farbe sollen Staat, Partei, FDJ und Junge Pioniere siegen. Doch dem ist nicht. Der Umschnitt von Schwarzweiß zu Farbe geschieht ohne Vorbereitung. Schock: Hier stehen die gleichen Darsteller plötzlich durch Farbe in einem anderen geschichtlichen Zusammenhang. Inhaltlich sollte das wie bei den UNVERBESSERLICHEN funktionieren, wo West-Farbe Unschuld, Neuanfang, materielle Morgenröte suggeriert. Ost-Farbe gelingt diese Täuschung keine Minute, stattdessen das Gegenteil, der Farbbruch verweist nicht nach vorn, sondern nach hinten, genau in das, was als überwunden dargestellt werden sollte, er bestätigt demonstrativ das Weiterleben faschistischer Ideologie, verweist auf deren Entstehungszeit, ihre Aufbauphase, die genauso ausgesehen hat: Junge deutsche Mädel und Jungen rollen die neuen Fahnen aus, schmücken das Dorf für den Führer.

Daß Brecht in seinem Farbeinsatz bei Eisensteins IWAN DEM SCHRECKLICHEN Anleihen nahm, wen wunderts, widerfuhr Eisenstein doch eine ähnliche Kehrtwende, die man aber bei ihm schnell unter Filmkunst abbucht, was Brecht selbstverständlich nicht konnte. Die politischen Zusammenhänge unter Stalin waren Brecht näher als heutigen Wochenendglotzern.

Sich noch an das eigene Pionierhemd erinnern könnend, steckt man plötzlich in der Klemme. Jedenfalls wußte ich nicht aus noch ein, die Neuinszenierung von Strittmatters KATZGRABEN 1972 war meine 1. Regiearbeit am Berliner Ensemble, zusammen mit Tragelehn, da meine Mitschülerin Ilona Freyer »verantwortungslos ihre Arbeit im Stich ließ, mit ihren 2 Kindern verschwand«. Von der Republikflüchtigen durfte nichts verwendet werden, ihre Skizzen wurden sichergestellt, d. h. entwendet. Nachdem der Weggang dieser für die Intendanz wichtigen Person verwunden war, ging der Alltag weiter, der verbliebene Rest hockte noch enger zusammen, die Abwehrfront wurde täglich zwingender, wir waren von Feinden umstellt, so die offizielle Devise. Ilonas Auslöschung schmerzt bis heute, war doch in dieser meine eigene angekündigt, die meine Freunde und Mitarbeiter genauso brutal durchzogen wie die, an der ich unmittelbar beteiligt war.
Sicher, meine Einschätzung ist heute eine andere. Was ich damals aber erkannte, war, daß Ilona und Tragelehn einen wichtigen Punkt fanden, den ich zu übernehmen unfähig war, dazu war ich zu rosarot politisch gebunden, geradezu schwammig im Kopf.

Das ganze Stück baute auf die Schlußszene, auf die Apotheose, die aber in Absprache mit der Intendanz inzwischen gestrichen war. Brechts verschiedene Äußerungen über die Spielbarkeit dieser Szene, die er uraufführte, versuchen äußerst geschickt mit der sich verändernden politischen Lage des Ostblocks insgesamt und mit der in der DDR umzugehen. Er wünschte sich die Realisierung der Schlußszene, sah aber auch, daß man einer schwer schuftenden Bevölkerung abends nach der Arbeit so was nicht vorsetzen darf. Unerfüllte utopische Visionen gab es genug. Er konnte schon froh sein, wenn sie die Agitation des gesamten Stückes fraßen, das die überholten Zustände auf dem Dorf und dessen sozialistische Umgestaltung behandelt, in der Vertreibung des Großbauern nach Westberlin und dem Bau einer neuen Straße durch die Partei gipfelt, die den Gehorsam der Bauern nun mit Traktoren versüßt, gleichzeitig aber durch einen energisch betriebenen Bergbau das Grundwasser absinken läßt, sodaß schon in der DDR-Frühphase planlos ökologische Schäden entstehen. KATZGRABEN beschreibt das so vorsichtig, wie VOR SONNENAUFGANG es drastisch anfaßt, die Umwandlung einer landwirtschaftlichen Region in eine Bergbauregion als Verwüstung, als Verstoß gegen den natürlichen Verlauf beschreibt, so wie der Schmied dem stadtdummen Sozialisten in Hauptmanns Sprache das Aufbäumen der Erde, dem Städter völlig unverständlich, langsam und bohrend erklärt.

Damals war man sich einig: Staat, Partei, Stück, Inszenierung, sogar Bevölkerung verlangten nach diesem Schluß, den für die Landwirtschaft notwendigen Veränderungen, die das leuchtende SU-Vorbild feierten. Diesem folgend, sollte sich die DDR in die erste Reihe der sozialistischen Staaten hocharbeiten, die in ihrem wirtschaftlichen Aufschwung konkurrenzfähig wurden. Mit dieser Abwehrkraft versehen, sollte das Vorbild Sowjetunion für das Gesamtwesen der sozialistischen Staaten wirksam werden, ein in sich geschlossenes, gefestigtes sozialistisches Großreich entstehen, so wie die Apotheose es feierte: Von der Zonengrenze bis Korea.

Strittmatter und Brecht finden dafür eine Lösung anläßlich der Einweihung der neuen Straße, die das Parteigeschenk, den neuen Traktor anrollen läßt, die Begeisterung darüber ufert in den Vollrausch aus, in die Utopie. Diese Interpretation, die Infragestellung des gesamten Handlungsverlaufs, ist bei vielen Brecht-Stücken nachzuweisen, meines Wissens ging bisher keine Inszenierung von einer derartigen Feststellung aus. Ob die eigenartigen inhaltlichen Verschiebungen in den Finalszenen mit dem V-Effekt in Verbindung zu bringen sind, weiß ich nicht, eine praktische Anwendung habe ich nie gesehen, dazu waren die Interpretationen, ob Ost oder West, zu eindeutig platt politisch fixiert, sodaß die Binsenweisheiten überwogen und der einzige Funke, der plötzlich flog und irritierte, nicht wahrgenommen werden mußte. Auch in unserer Inszenierung waren betrunkene Bauern und ehemalige Tagelöhner, die in sozialistischer Utopie machten, unakzeptierbar. Ich bestand auf Inszenierung der gestrichenen Apotheose, auf dem Kontrast von bisher in der DDR Erreichtem und dem Bierduseltraum vom eigenen Weltreich mit tomatengroßen Mitschurinkirschen, der systematischen Manipulation industrieller Züchtung von Tieren, Pflanzen und Menschen.

Die Apotheose, die szenisch entschiedenste Umsetzung, wurde einmal zur Premiere gezeigt, entfiel bei späteren Vorstellungen. Man kann von keinem Verbot sprechen, eher von einer Absetzung, einer betriebsinternen Auseinandersetzung über die Korrektur von Historie. In der Zeitung stand: Ahistorische, höhnische Verzerrung!

Überdeutlich wurde, daß ich an ein Thema geraten war, mit dem ich mich später notgedrungen mehr und mehr auseinandersetzen mußte. Mied ich es ängstlich, wurde ich um so heftiger darauf gestoßen, überall in der DDR war es greifbar: Wieviel Droge braucht der Mensch?
Wieviel benötigt der DDR-Bürger tatsächlich, um das noch aushalten zu können: Im Vollbesitz seines Wissens zu scheitern, mit seinem Einsatz entschieden nicht sein eigenes, privates Leben verbessert zu haben, auch nicht das seiner Gesellschaft, wollte man eine andere Ideologieinterpretation bemühen, nein, nichts, sondern einfach verschlissen zu werden, auch in diesem Staat nur unten zu sein, unfaßbar anonym, trotz erbrachter Leistung unmündig, sodaß er sich endlich als Verschleiß definieren mußte, als reines Transportmittel einer Funktionärsoberschicht, die heute, Jahre nach dem Mauerfall, noch genauso intakt ist, sich ausgezeichnet regenerierte, die sich jetzt in den Talkshows mit dem eh hörigen westdeutschen Dreck wälzt. Einem politisch-gedanklichen Dreck, der in die DDR schlich, dort sein menschliches Erweckungserlebnis hatte, sich ein Stück vom unterentwickelten Menschen abbiß, sein eigenes höriges westdeutsches Leben, seinen deutschen Kadavergehorsam damit aufpolierte, sich nochmal den Geschmack holte, wie Ostblut schmeckt, wie das ist, wenn man dort einen Mann, eine Frau schlachtet, die einem noch hergerichtet werden von einem Stasizuträger. Der Teufelspakt mit der DDR war auf vielen Ebenen geschlossen, davon wollte auch die DDR-Bevölkerung nichts wissen, die sich andauernd in den Schatten eines Großen Bruders, egal welcher Partei stellte, am Ende die Definition ihres Endes brüllte.

Minuten nach der Premiere, ich hatte gerade die Bühne verlassen, mich umgezogen, wartete meine Mutter im Hof. Sie war extra nach Berlin gekommen. Sie tobte. Wer ihr gesteckt, daß der Text* unmittelbar vor dem 17. Juni entstanden, wußte ich nicht, noch ob das zutraf. Berghaus und Müller kamen hochbefriedigt, daß diese Premiere gerade zeitlich richtig, so glimpflich abgegangen wäre, Mutter schrie ihnen entgegen: Das war Rübenverziehen durch den Operngucker. Eine Unverschämtheit, sie heulte, Junge du mitgemacht, kommst doch vom Dorf, mußt es besser wissen, denen hätte ich bescheid gestochen, wissen Sie überhaupt was da vor sich geht! Berghaus und Müller hier eins: Beruhigen Sie sich!, so als hätten sie eine Verrückte vor sich. Mutter warf die Tasche erbost zu Boden: Bück dich!, fuhr sie mich an, um erstmal die Herrschaftsverhältnisse klarzubekommen. Mutter ließ sich nicht lumpen: Rübenverziehen, was das ist, die schwerste Feldarbeit, nur für Frauen und Minderjährige, dabei sah sie mich an, der Bauer, der

* Uraufführung 23.5.53, Regie: Brecht, Bühne: Appen

Mann flezt auf dem Trecker. Sie unterwies weiter, was Bergbau, stark vorangetrieben, wie bei uns, in einer landwirtschaftlichen Region anrichte. Punktumschluß alles Lüge, nur frisierte Scheiße! Sichtlich verunsichert, Mutter war nie im Theater gewesen, vor dem Krieg im Kino, wo sie es wegen der Enge und Dunkelheit nicht aushielt. Ich sah sie zum ersten Mal so, einem solchen politisch fundierten Angriff waren ihre beiden Gegenüber nicht gewachsen, Verrat am Arbeiter und Bauern, am schuftenden Volk, eine einzige politische Lüge, am liebsten würde sie dem Alten aufs Grab »seichen«.

ENTWURF

Formenkanon contra Konzeption. Das Wort Konzeption ist dehnbar, zunächst die DDR-Variante, dort hieß Konzeption – der verordnete Blick. Die Konzeption lag im Programmheft vor, das wurde gelesen, und versehen mit dieser Brille sah man auf die Bühne und sah genau das, was verordnet war. Waren Künstler mutig, brachten sie den verordneten Blick ins Wanken, zeigten die Diskrepanz zwischen ihm und ihrem eigenen. Um Unterschiede ausmachen zu können, mußte man ein bestimmtes Wissen mitbringen, um Querverweise deuten zu können. Dieser Zustand festigte zunehmend die Souveränität des DDR-Theaters gegenüber dem westdeutschen Theater, indem es sich ständig im politisch-kulturellen Widerstand definierte.

In der BRD sah ich Konzeption als Sammlung aller zu einem Werk aufgehäuften Gedanken, die sich tunlichst von dem vorher in Szene gesetzten Werk zu unterscheiden hatten, d. h. jedes Werk sollte die ihm zustehende individuelle Ausführung erhalten. Ich konnte mich weder mit der einen noch mit der anderen Konzeptionsvorstellung anfreunden, so schienen sie mir von den jeweiligen gesellschaftlichen Orientierungen vorbestimmt. Von meinen ersten Bühnenversuchen an setzte ich einen Formenkanon dagegen, einen Kanon, wie er z. B. im Klassischen Ballett bis heute existiert.

Den Ballettkanon bestimmen definierte »Schritte«, deren Kombination nebst unterschiedlicher Ausführung, je nach Schule, die diese »Schritte« prägte bzw. weiterentwickelte. Ebenso ist die Bühne vorgegeben, planer Boden mit seitlichen Auftritten. Ebenso die Kostüme, die Prima Ballerina im Tutu, der Prinz im lokkeren Oberteil, das in die bestrumpften Beine übergeht. Veränderungen des Herrenkostüms fanden ausschließlich in den Ärmelpartien statt, in der Variation des Halsausschnitts. Neuerungen dieses Grundkostüms setzten sich nur widerstrebend durch. Der freie Oberkörper blieb Tanzschöpfungen vorbehalten, die Klassisches Vokabular modernisierten, die Befreiung der Beine vom Strumpf ist selten, wird stets mit antikisierendem oder modernem Thema verbunden. Über 100 Jahre besteht dieser Kostümkanon des Klassischen Tanzes, in dem selbst Rocklänge und Rockweite je nach Tanzeinsatz festgelegt sind. Das Ballettkostüm ist kanonartig eingesetzt, wie Hegel in seinen VORLESUNGEN ÜBER DIE ÄSTHETIK die Bekleidungsunterschiede antiker Götter beschreibt, der dort festgestellte Bekleidungskanon herrscht bis heute.

Wie das Klassische Ballett Kanonverstöße ahndet, zeigt das Beispiel Nishinski, der als Faun auf der Bühne onanierte und damit unten durch war: Das Ende des bedeutendsten Tänzers im Wahnsinn.

Nishinski verteidigte sich gegen die Moralangriffe, indem er sich auf die dargestellte Figur berief, daß nicht er auf der Bühne zu sehen sei, sondern ein Faun. Daß er nur äußere Hülle der Figur sei, aber nicht verantwortlich für das, was die Figur tut. Nishinskis Äußerungen, die hier grob wiedergegeben sind, belegt eine indische Vorstellung, die besagt, daß sich der Gott in den Tänzer während des Tanzes einsenkt, indem er die Seele des Tänzers vorübergehend entfernt, sich so Platz in ihm schafft, die Seele aber in ein heiliges Gefäß zur Ruhe gibt oder in paradiesische Umstände, daß der Gott, nachdem er für die Seele des Tänzers gesorgt hat, sich in diesem voll entfaltet, sein inneres Geflecht durchsetzt, bis an die Haut vorstößt und von innen leuchtet. Im ausgestoßenen Schweiß gibt der Gott ein Zeichen seiner Anwesenheit, ein Zeichen der Reinigung, da die Säfte, die die Seele des Tänzers umgeben haben, im Tanz ausgeschieden und erneuert werden. Wenn der Gott den Körper verläßt, verbleibt, wie ein Entgelt, seine göttliche Inspiration im Körper zurück, in die der Gott die Seele hineinführt und neu bettet.
Der Gott ist also nicht nur Gott, der den Körper des Tänzers zu seiner Sichtbarwerdung beansprucht, sondern ebenso Arzt, indem er den Körper, in dem er Wohnung nimmt, reinigt, im Tanz dessen Krankheiten ausscheidet und die Seele, die in heilender Ruhe gebettet ist, zurückführt.

Kanon herrscht auf dem Tennisplatz, wo erst jetzt bei hochdotierten Kämpfen der Kanon ins Wanken gerät, dabei ist Kanonschwächung nicht, daß der Spieler Werbeträger wird, sondern daß mit dem Verschwinden der traditionellen Farbe Weiß, der traditionelle Schnitt von Hosen, Röcken und dazugehörenden Oberteilen die »aristokratische« Komponente des Spiels aufgegeben wird. Hier sei nur auf die deutschen Kommentare zur Unterbekleidung von Graf hingewiesen wie auf die strikten Bekleidungsverbote für Agassi. Die Unterwerfung Agassis feierte man in Wimbledon gleichzeitig mit seinem Sieg. Außerdem ist das Beispiel Seles anzuführen, die traditionelles Platzverhalten und Spielführung ignorierte, bis sich ihre Gegnerinnen von Niederlage zu Niederlage organisierten, Sanktionen gegen Seles durchbekamen, wie Agassi beugte sich Seles. Das Attentat auf Seles kann als Bestrafung ihres Kanonverstoßes angesehen werden.

Das Auftreten von Seles glich dem von Nishinski. Sehr jung, sehr siegesbewußt, sehr schlagkräftig, sehr fremd. Beide wußten sich sofort auf ihrer Bühne einzurichten, die vor ihnen so noch nicht definiert worden war. Die Kritiken ihrer ersten Auftritte waren negativ, ihre Andersartigkeit blieb stets ein Vorwurf, der ihnen ein schnelles Ende bereitete. Das Vergessen, das sofort einsetzte, glich einem Verrat.

Brecht und seine Schüler versuchten in ihren Inszenierungen ansatzweise einen Formenkanon aufzustellen. Doch zeigte sich, daß der zunehmende Erfolg des Berliner Ensembles die Märchenhaftigkeit seiner Inszenierungen aufplusterte, jeden kritischen Ansatz erstickte, den eigentlichen ins Gegenteil verkehrte. Brecht berief sich auf die veröffentlichten Texte, aber auf der Bühne wollte er bis zum Schluß leutselig bleiben. Daß der beabsichtigte Formenkanon doch wirksam wurde, vor allem im technischen Bereich, sich in Ostberlin durchsetzte, war das Verdienst seines langjährigen Bühnenbildners von Appen.

Für das Sprechtheater war ein Formenkanon politisch der erklärte Feind der Wiederbelebung des bürgerlichen Theaters in der DDR. In ihrer Frühphase demonstrierten sowjetische Ensembles, chinesische Operngruppen, indische Tanzensembles einen überreichen Formenkanon, der sich optimistisch gegen den kruden, ständig geduckten Agitationsrealismus des DDR-Theaters abhob. Sie alle propagierten eine völlig andere Art von Theater. Stöberte ich in den alten Fotos meiner Mutter, die im Turnverein auch STEHENDE BILDER, GRUPPEN nach Laban einstudiert hatte, sah ich einen verwandten Formenkanon, der viel mehr dem Tanz, der Bewegung im Raum verpflichtet war als den engbiederen Schreibtischen und Fensterausblicken eines »realistischen« Theaters. Mit der international sich durchsetzenden DDR verschwanden die ausländischen Ensembles, stattdessen setzten sich Gastspiele aus Westeuropa durch, die den Einfluß Osteuropas blockierten. Chinesische und indische Ensembles blieben aus, beide Staatengebilde waren nicht mehr tragbar, gingen ihren eigenen Weg, damit waren ihre Kulturen erledigt. Ihre Einflüsse erschienen nun feindlich, als wäre mit doppelter Muffigkeit und Mief dagegen zu kämpfen. Anschließend wurden sowjetische Ensembles unerwünscht. In der Sowjetunion strukturierte man sie um, löste reine Frauenensembles, z. B. Berjoska, auf, gab stattdessen internationale Gemischtwaren, russisches Brauchtum kam in den Keller, ähnlich wie die DDR mit den Sorben verfuhr, nachdem die Zigeuner aus dem Gebiet der DDR spurlos verschwanden.
Formenkanon, das zeigte sich bald, war ausschließlich noch im Tanz beheimatet, in den Arbeiten der Palucca oder in Vorkriegsbüchern. Obwohl der Formenkanon das gesamte proletarische Theater, die gesamte Prolet-Kunst begleitet hatte, die ohne ihn nicht denkbar war, erschien er in der DDR zunehmend als etwas Abzuschüttelndes, als eine Vergangenheit, an die man sich nicht gern erinnerte. Brechts Versuch mit der THEATERARBEIT war ein Versuch gegen den Strom zu schwimmen, mit einem Modell Ewigkeit, wenigstens Langlebigkeit zu erzeugen. Nimmt man das Buch aber 35 Jahre nach seinem Erscheinen in die Hand, überkommt einen Rührung. Man blättert Seite für Seite, stellt resignierend fest, daß die DDR heute nicht mehr besteht, daß die Sowjetunion untergegangen und daß Ewigkeit nicht herzustellen ist. Verzweifelt wühlt man in PUNTILA-Interpretationen, die alle, von wem sie auch sind, eine historische Veränderung in Europa ignorieren, Herr und Knecht sozialistisch frisieren, ein Eindringen in die Innenwelt der Figuren und Vorgänge verbarrikadieren, als wäre zu den PUNTILA-Themen nichts anderes zu sagen. Merkwürdig ist, daß der Brecht-Müll kurzlebiger ist als der Wagner-Müll, beide haben sich unter ihrem Rezeptionsmüll verkrochen. Deponien von Brecht-Interpretationen hat die Auflösung der DDR fällig gemacht.

In Ostberlin trat die Hoyer auf. Sie kam aus dem Exil. Ich sah alle ihre Vorstellungen in der DDR. Ich fuhr ihr hinterher. Ich wußte weder, wer sie war, noch, daß ich vor einem entscheidenden Theatererlebnis stand. Die Hoyer praktizierte Formenkanon. Der wie eine Erinnerung hochkam, eingeigelt in einem südamerikanischen Tanzstudio Krieg und Nachkriegsdeutschland überdauert hatte und den jetzt eine alte Frau zeigte. Ich sehe ihre Kostüme, ihre Programme, die Abfolge. Ihre leere Bühne wurde zum geistigen Raum. Ich begriff nicht, was da vorn vorging. Ich sah einen Menschen, der einen Raum untersuchte, ihn zerlegte. Er überführte Meter in Kubikmeter, Kubikmeter in Denken. In einem ihrer Tänze bewegte sie sich in der Luft, dabei lag sie auf dem Rücken. In der chinesischen Oper überquerte man einen wütenden Fluß, stand aber auf einem Teppichboden. Hier war eine Verwandtschaft, die sich nicht auf den 1. Blick entschlüsselte. Das Gastspiel der Hoyer war ein Einschnitt, den ich verdrängte, da nichts von dem, was ich gesehen hatte, von mir umzusetzen war. Das sollte sich ändern.

Auf Brechts ehemaliger Bühne erneut einen Formenkanon zu installieren, war äußerst schwierig. Es hieß die Zeit zurückzudrehen. In einem anderen Zusammenhang beschrieb ich meine Anfänge: Als ich ans Berliner Ensemble kam, war der größte Traum von all diesen Leuten, die sich unter dem Titel Regisseur oder Dramaturg bückten, einmal am Regiepult Brechts zu sitzen, genau dort die Kaffeetasse hinzusetzen, wo Brecht die Kaffeetasse hingesetzt hat. Das war deren Traum: Ein großes Holzbrett.
Dieses Holzbrett hatte was, das stimmt. Von ihm ging Strahlung aus. Das Brett war wie ein Kelch. Wie ein Kelch, den der Priester bringt, so brachte ein Bühnenarbeiter jedesmal das Brett. Ich habe oft beobachtet, wie dieses Brett reingetragen und montiert wurde. Das war eine größere Inszenierung als alles, was dann stundenlang ablief. Das Brett hat mich natürlich auch fixiert. Ich hatte genauso meinen Kampf mit dem Brett. Später, bei meinen eigenen Arbeiten, habe ich durchgesetzt, daß das Brett nicht mehr gebracht worden ist, obwohl mein damaliger Regiepartner es bevorzugte. Das Drama zwischen mir und dem Brett, zwischen mir und dem Hausgeist hat sich Jahre konserviert.
Plötzlich stand ich bei einer WESSIS IN WEIMAR-Probe vor dem Brett. Ich äugte zu ihm herüber. Nicht wie ein Sieger, der zurückgekommen ist, eher versuchte ich jetzt neben ihm zu bestehen. Viele Jahre hatte ich die Anziehung dieses Brettes erlebt.
Es gab immer ein Bodentuch auf der Bühne. Das hatte Brecht installiert, und das habe ich damals, bei meiner 1. Arbeit abreißen lassen. Da strömte das Theater zusammen, von der Intendantin bis zur Sekretärin, alle standen da und sahen zu, wie das Bodentuch abgemacht wurde. Zum 1. Mal sahen die Mitarbeiter des Theaters, daß unter diesem Teppich Holzbretter waren. Für mich war der Abriß keine Destruktion, sondern ich mußte mir diesen Raum zu eigen machen. Ich mußte meinen eigenen »Teppich« auslegen.

Der Vorgang, mich auf der Bühne einzurichten, spiegelt meine ständigen Bemühungen, in meine Arbeiten Ordnung zu bringen, sowohl ihren Anfang als auch ihr Ende zu markieren, beides mit einer Reinigungsaktion. Sie war notwendiger als die Arbeit selbst. Ich mußte die Räumlichkeiten für die neue Arbeit einrichten, später von der Arbeit, von den Räumen Abschied nehmen. Da meine Arbeiten nicht ineinander übergehen, große Zeitabstände zwischen ihnen sind, ist die jeweilige Reinigungsaktion nur Beginn oder nur Ende, nie ein gleitender Übergang von einer Arbeit in die nächste.

Das Aufstellen eines Formenkanons scheiterte an den unterschiedlichen Interessen von Regie, Dramaturgie, Bühnenbild und Kostüm, die alle ausschließlich politisch orientiert waren. Diese Orientierung ermöglichte, die Künstler untereinander abzusondern, eine Vereinigung, wenn auch nur ahnbar, zu unterbinden. Trotzdem könnte man DDR-Zustände tatsächlich als liberaler interpretieren als heutige. Solche Einschätzungen sind aber von denen vorzunehmen, die weniger voreingenommen darüber berichten können als ich.
Wollte ich an einem Formenkanon festhalten, so war die dringendste Aufgabe, die divergierenden Interessen zu bündeln, Dramaturgie, Bühnenbild, Kostüm und Regie in einer Hand zu vereinen. Nur so stritten sich die 4 Parteien nicht mehr, mußten sich in einer Person binden oder trennen.

Meinen Anfängen als Bühnenbildner stand stets der Regisseur im Weg, der den besten Kontakt zu den Darstellern, zur Umsetzung hatte, dem sich strikt unterzuordnen war. Meine 1. Arbeit als Bühnenbildner an der Volksbühne Ostberlin war deshalb niederschmetternd, brachte mir am Abend der Premiere die fristlose Entlassung und Wochen später den Kritikerpreis für die beste Ausstattung der Spielzeit. Mit diesem Preis in der Tasche begann die Zusammenarbeit mit Tragelehn. Unser gemeinsamer Anfang fand unter schwierigen Bedingungen statt, doch Tragelehn ließ mir Zeit, mich an ihn zu gewöhnen, und umgekehrt war es genauso. Distanzierend war für mich, bei allen Brecht-Schülern, die Brecht-Imitation. Sicher hat Brecht die »eigene Verjüngung« in seinen Schülern gefallen, sonst wäre sie in seinem Umfeld nicht so grotesk entstanden. Wie ertrug er eine solche Verzerrung der eigenen Person um sich? Praktizierte er so die mehrfachen Seelen in sich? War das ein Alterungsprozeß? Durch Vervielfältigung der eigenen Person seine »Berühmtheit« zu steigern?

Jahrelang habe ich an der Zusammenarbeit mit Tragelehn festgehalten, obwohl sich unser Verhältnis bedrohlich verschob. Zum Schluß reisten wir nach Wien. Mit einem DDR-Pappkoffer stand ich abends vor dem erleuchteten Burgtheater, wir wußten nicht, wo der Bühneneingang war, bis uns die Stauber hereinholte, mit dem Satz, der mir wie eine Hacke zwischen die Beine schlug: Da haben wir Sie endlich rausgeholt! In diesem Satz klang soviel Optimismus, der mir Grabgesang war. Vor diesem Theater begriff ich, daß es hier nicht eine ruhige Minute geben würde, keine Verständigung, daß das Nervenkostüm, wenn nicht schon zerrissen, so doch kurz davor war zu zerreißen. Hier war nichts mehr mit For-

menkanon, mit Brecht und seinem Theater. In den öden Vorstellungen, die ich in diesem wunderbaren Bau sah, zeigten alle diese wunderbaren internationalen Regisseure ein Problem, die Nichtbeherrschung des Raums. Es gab keine Inszenierung, die auch nur ansatzweise dieses Problem löste. Es gab wunderbare Dekorationen, die man auch in Westberlin bei jeder Neudekoration der Schaufenster des KaDeWe sah. Die Stalinallee bot zu dieser Zeit Vergleichbares, in sozialistischer Manier.
Hohe schauspielerische Qualität contra ungenügende räumliche Umsetzung, wie war das zu lösen. Daß sich in diesen Bühnenräumen keine Probleme mehr abbilden konnten, erschien mir ein Rätsel. Erfolglos versuchte ich mich mit dort Tätigen über diesen Zustand zu verständigen. Das, was ich bemerkte, schien keiner zu bemerken, unschlüssig sahen sie mich an, stets mit dem Rat, ich solle mich erstmal im Westen orientieren. Darüber war ich ostzonal beleidigt, kroch in mich, begriff nicht, wie recht sie hatten und daß das, was ich sah, längst abgehakt war, daß sie sich über den Verlust hinwegtrösteten, wie einige Kollegen später, nachdem ich in Frankfurt zu arbeiten begann, resigniert feststellten, daß ich noch immer nicht aufgab, noch genauso rumwurschtelte, statt mir eine Professur zu besorgen, mich meinem Alter gemäß auch ihnen gegenüber zu verhalten. Wieder begriff ich nichts. Ich hinkte einer Entwicklung hinterher. Mehrfach stellte ich diese zeitliche Verschiebung fest, aber die verlorene Zeit war nicht einzuholen.

In Frankfurt installierte ich mit der 1. Inszenierung meinen Formenkanon und versuchte ihn in den Folgejahren auszubauen. Es war ein großer Gewinn, eine Produktion allein zu organisieren, die divergierenden Interessen vereinigt zu haben. Damit hörten aber weder die Probleme noch die Fehler auf, sondern sie nahmen andere Gestalt an. Vorteil aber blieb, daß ich nur mit mir Fehler abzurechnen hatte. Der von mir verwendete Formenkanon sei kurz umrissen:

Aufbau

Ziel war ein Bühnengrundbau mit nur wenigen Veränderungen während der Vorstellung. Verschiedene Örtlichkeiten, wenn angestrebt, sollten sich durch den Grundbau selbst ergeben, der auch Teile des Zuschauerraums umfassen kann, um den zur Verfügung stehenden Raum auszudehnen. Zwar habe ich auf großen Bühnen gearbeitet, doch zielte ich stets darauf ab, den Raum für die Darsteller zu vergrößern, um ihre Gänge zu verlängern, um ihre Zuordnung strenger zu unterscheiden. Der Grundbau sollte keine Milieuhinweise benutzen, sich im Gegenteil mehr als rein funktioneller Bau darstellen. Die von Brecht häufig verwendete »Alterung« des Bühnenaufbaus, seine Patina, die von vielen Theatermachern geschätzt wird, wurde von mir abgelehnt. Stattdessen zeigte ich seine Herrichtung nur für den Zweck der Inszenierung. Der Bau kennzeichnete sich als ein vorübergehender Bau, ein Neubau. Damit verbunden waren das Fehlen von Mobiliar und der dauernde Kampf, dieses nicht auf die Bühne zu lassen.

Kostüm

Ähnlich dem Grundbau versuchte ich Grundkostüme zu schaffen, verbunden mit

dem Wunsch, den Fundus dieser Grundkostüme ständig zu erweitern. Grob gesagt, wollte ich archetypische Kostüme, statt Kostüme für eine bestimmte Figur in einem bestimmten Stück. So suche ich z. B. für Titurel nicht nach dem speziellen Kostüm für meine Inszenierung, ein spezielles, individuelles hängt eh im Opernfundus, sondern ich suche nach dem Verhältnis dieser Figur zu meinen anderen König-Figuren, so, als gäbe es von den Figuren her keinen Unterschied zwischen Schauspiel und Oper. So bestehen meine Produktionen unter anderem aus Querverweisen, die, je mehr Inszenierungen man von mir kennt, um so mehr verstanden werden.
Selbst wenn man jahrelang Kostüme entwirft und umsetzt, schafft man nur eine begrenzte Anzahl wirklich guter Kostüme, die sich auf jeden Darsteller übertragen lassen, in denen jeder Darsteller gut aussieht. Individuelle Kostüme leben von der Oberfläche, archetypische Kostüme leben von der Kontur. Diese Kontur galt es trotz unterschiedlicher Darsteller zu behaupten und in ihrer Wirkung zu steigern. Manche Kostüme versuchte ich jahrelang zu verbessern, ohne ihre Ausgangsfassung zu überbieten. In meiner 1. Ausstattung DON GIL VON DEN GRÜNEN HOSEN bekam jedes Kostüm, das zum 1. Mal die Bühne betrat, Applaus. Der Darsteller in ihm war zur Nebensache geworden, hatte sich ihm unterzuordnen, konnte nur Wirkung erzielen, wenn er sich seiner bediente. Bei streng historisch orientierten Kostümen ist das kaum möglich. Die Zeit, sich in einem solchen Kostüm zu finden, diese Zeit läßt sich der Darsteller im Sprechtheater nicht. Im Musiktheater führt das zu grausamen Verzerrungen. Die Sänger wissen oft nicht, wie häßlich sie in ihren »übergestreiften, nicht durchbluteten« Kostümen aussehen. Die Vergrößerung der Sänger, ihre Fernwirkung, die die Opernausstatter stets anstrengen, führt zu so klobigen Körpern, daß die Figuren, die in ihnen leben sollten, erstickt werden.

Requisit und Waffe
Ebenso wie die Beschränkung des Raums und der Kostüme eine Beschränkung der Requisiten. Kompliziert ist die Verwendung von Theaterwaffen, von denen keine Bedrohung ausgeht. Darum habe ich trotz historischer Unkorrektheit Beile benutzt, archetypische Waffen, da mir Gewehre und Pistolen, die eh nicht schießen, unrealistisch vorkamen. Die verwendeten Beile waren stumpf, schlugen trotzdem in Holz, blieben haften, konnten durch ihr Gewicht beim Zuschlagen noch verletzen. Die Anzahl der Requisiten versuchte ich zu beschränken, da ihre Handhabung geübt werden muß, weil sie sonst unglaubwürdig, als nicht der Figur zugehörig erscheint.

Damit unterschied ich mich grundlegend von meinen beiden Lehrern Kilger und von Appen, hatte damit den Fundus der Theatervorstellungen Brechts und seiner beiden Ausstatter verlassen, als würde ich ihn überhaupt nicht zur Kenntnis genommen haben. Doch nur die ständige Reibung mit den Brechtvorgaben ermöglichte, aus diesen auszubrechen. Obwohl meine Ausgangsvorstellungen äußerst einfach erscheinen, war ihre Durchsetzung in der Praxis schwierig, scheiterte meist an den Regisseuren, mit denen ich zusammenarbeitete. Diese, von einem leeren Raum durchaus angetan, waren aber mehr an den ständigen Modewechseln orientiert als an den Versuchen, eine eigene Formsprache zu entwickeln. Sicher auch aus Gründen, die mir dann häufig von der Kritik vorgeworfen wurden, nämlich, daß eine Inszenierung aussieht wie die andere, daß man, hätte man eine gesehen, alle übrigen kennt. Auch darin drückt sich der Unwille gegen Formmittel aus, die, unterschiedlich gehandhabt, stets etwas anderes ergeben, aber die Ausgangsmittel bleiben als diese ständig erkennbar. Das Alphabet geht auch nur von A bis Z, man muß es nur richtig anwenden.

Parallel zum Ausstattungskanon festigte ich meine Vorstellungen von den Figuren, als müßte ich auch hier einen Kanon aufstellen.

Die leere Bühne. Für Schauspieler

1. Auf der Bühne formierst du dich zu Bühnenportal und Zuschauerraum, indem du so den Bühnenraum für dich ordnest, den Zuschauerraum so »in den Griff kriegst«. Der Auftritt deiner Figur ist keine Nebensächlichkeit, sondern grundlegende Figuren-Behauptung, die sich stets als Senkrechte oder Krümmung auszuweisen hat. Ihre Entwicklung in der Szene ist nichts anderes als die Änderung oder Behauptung des Auftritts-Zustands, d. h., daß die Figur völlig ausgebildet hinter Portal oder Vorhang auf ihren Auftritt wartet, auf Behauptung oder Krümmung. Mehr passiert auf der Bühne nicht, aber auch nicht weniger.

Auf der Bühne gut aussehen, heißt potent, heißt sexy sein, aber nicht nett, lieb, brav, bezwungen aussehen. Erbringe Widerstand zur Rolle, der Körper muß die Rolle abstoßen, nicht aufnehmen. Aufnehmen heißt bezwungen sein, eingeordnet, historisch überholt.
Romeo – Ophelia, ihr Lebensanspruch sind wir, d. h. wir leben und sind hoffentlich erst nach unserem Tod Historie, also überholt und in einen Prozeß eingeordnet wie die Grabsteine auf dem Friedhof.

2. Was ist wirklich: Ich esse ein Stück Papier, es enthält eine Mitteilung, die mein Leben gefährdet, das meiner Mitmenschen. Ich zeige auf der Bühne, daß ich es verschlingen muß, d. h. ich zeige bewußt nicht das Aufessen oder den Mord. Zeige ich aber Aufessen oder Mord, bedingt durch eine Änderung der Aussage, dann esse ich, steche ich zu. Ich zwinge den Zuschauer, den Zustand meiner Figur zu akzeptieren, darum »ißt« jetzt der Zuschauer, stirbt oder verletzt sich, d. h. aber praktisch, daß ich riskiere, mich zu verletzen, das Papier zu essen.

3. Zwei Wirklichkeiten: Wirklichkeit im Leben und Wirklichkeit auf der Bühne sind absolut nicht identisch. Zuschauer und Spieler sind getrennt, darum steht der eine auf der Bühne, während der andere sich nur in einem bestimmten Abstand befinden kann. Das trennende Podest ist einzuhalten, um »Gemeinschaft, Gültigkeit« zu erreichen, besser, einzuklagen, einander abzufordern!
Theater oder Unfall: Das trennende Podest entspricht dem vom Zuschauer ein-

gehaltenen Abstand auf der Straße. Das Verhältnis von Kunstblut zu richtigem Blut ist Abstand und Nähe, ist das exakt definierte Verhältnis zum Opfer. Auf der Straße ekelt einen das verspritzte Blut weg. Genau dieser Ekel aber zieht zur Bühne, sodaß man direkt in die Vorgänge räumlich verwickelt sein möchte, wohlwissend, daß man nicht verletzt wird, sich dann erst in der Realität, also auf dem Heimweg und danach in Ordnung bringt.

4. Unterscheide: Was zeige ich den Figuren, mit denen ich abhandle, was zeige ich dem Zuschauer über meine Figur, im schlechten über mich. Meine Figur ist in Bühnenwirklichkeit anders, als ich sie meinen Mitspielern präsentiere, sonst wäre der Monolog, der Kern der Tragödie, das Innehalten, sinnlos. So lege ich meiner Figur Züge zu, die nur für eine der beiden Parteien bestimmt sind und sich widersprechen.
Durch diese Trennung verhindere ich das Eindringen, Einordnen durch den Zuschauer, ich verwehre es außerdem durch vermehrte eigene Potenz, ich gebe mir künstlich mehr Potenz, ich mache mich dadurch größer und erschwere dem Zuschauer, mit mir fertigzuwerden, mich, das Problem meiner Figur abzuhaken.
Möglicherweise ist hier der Kern des epischen Theaters, künstlicher Potenzzuwachs durch Technik. Dieses ist ein von mir selbst gesteuerter Vorgang, also »Ich kann mein Handwerk«, d. h. ich weiß, was mein Körper braucht, um meine Augen, meine Brust noch schöner, bestimmter werden zu lassen.
Ich arbeite an meiner persönlichen Kontur, meiner Raumverdrängung, an meiner Aufladung, die Erfahrungen und Fortschritte dabei übertrage ich in die Figuren, umgekehrt helfen mir auch die Figuren.

5. Ich, der Darsteller, bestimme den Raum: Die Bühne wird durch mich definiert, nicht die Bühne definiert mich. Die Bühne ist leer, tot ohne mich.
Das ist kein neuer Satz, ebenso wie die Erkenntnis, daß, vom Zuschauer aus gesehen, der Darsteller vom Bühnen-Raum definiert wird, vom Darsteller aus gesehen, der Zuschauer vom Zuschauer-Raum. Der Raum, den er besetzt hält, lenkt seine Reaktionen nicht konkret, der Darsteller jedoch muß seine Reaktionen konkret lenken, d. h. einen bestimmten Punkt im Zuschauer-Raum anspielen.

6. Picasso sagt: Wenn du mit drei Farben malen kannst, male mit zwei.
Laß nichts auf der Bühne neben dir stehen, liegen, hängen, was nicht eine Beziehung zu dir eingeht, du stellst die Beziehung her, bestimmst. Gelingt das nicht, einfach das »Ding« abschrauben, wegstellen, vielleicht gelingt es beim nächsten Mal. Läßt es deine Kraft zu, sofort ein Schnitt, siehe IL PRINCIPE. Ein Schnitt muß sitzen, d. h. du verletzt dich so oft, bis du weißt, wie man ihn ansetzt. Keine Wunden zeigen, Wunden verraten wie Falten: Wie alt bist du.

7. Auf der Bühne ist alles möglich, soll alles möglich sein, außer deinem Tod. Eine Verletzung soll vermieden werden, deshalb Handwerk büffeln, nicht nur für die Knochen, auch für den Kopf, den braucht man bis zuletzt.

8. Eigene seelische und sexuelle Probleme durch die Figur angehen, d. h. überwinden. Zeige dich deinem Partner, auf der Bühne, wund. Nur das entspannt, nicht die Kantine, ficke ihn, wenn du mußt. Der Zuschauer zahlt und ist genau für diesen Exhibitionismus anwesend, deshalb sitzt er im Dunkeln.
Bei Theateraktionen auf der Straße hält er von dir Abstand, ihm ist wichtig, dich ganz, in Senkrechte und Waagerechte zu sehen. Bereitwillig räumt er das auch seinem zuschauenden Nachbarn ein, gerade die körperliche Nähe der Zuschauenden untereinander ist angenehm und wird gesucht, daher räumt man dem Nachbarn freie Sicht ein. Das kann kein teurerer Sitzplatz regeln.

9. Licht auf der Bühne ist kein Scheinwerfer, sondern das Licht, das du machst, wie die Sonne, die durch die Wolken sticht, diesen Zweig, jenes Fenster für einen Augenblick beleuchtet, das kann kein Inspizient vom Pult. Du mußt das Licht sein. Deine Aura. Vom Pult Licht anmachen heißt, deine Figur einzuordnen, sie in den Erkenntnisrahmen des Zuschauers zu pressen, heißt, sie der Zentralperspektive unterzuordnen. Am Ende einer Allee sind die Menschen klein in den aufeinander zustürzenden Linien.

10. Kampf gegen die Zentralperspektive: Du bist keine Tomatenscheibe, keine Garnitur, keine Beilage, du bist das Hauptgericht. Distanziere den Zuschauer künstlich, halte ihn dir vom Leibe: a. Geistig durch die Wucht deiner Figurenbehauptung. b. Körperlich durch deine Schönheit, Kraft, Potenz. c. Zwinge ihn von dir Abstand zu nehmen, da du ihn verletzt, da du ihm gefährlich bist. Die Gefahr, die Bedrohung, die von den Figuren ausgeht, dem Zuschauer bewußt machen, er braucht nicht von ihnen ergriffen zu sein, soll weder zittern noch anbeten, aber innere Auswirkungen ahnen, gleich Schrecken und Schönheit.
Kampf gegen die Zentralperspektive heißt Kampf gegen das absolutistische Theater, das noch immer unsere Köpfe und Körper beherrscht. Die Theater sind noch immer für den »einen« Platz gemacht, der eingenommen wird, besetzt ist, auch wenn er nach jeder Revolution mit anderen Ärschen bestückt ist, die Glotzaugen bleiben, egal wem sie gehören. Er ist dein Feind, an ihm zerbrachen die Figuren, von denen du träumst, sie spielen zu dürfen, ich sage extra dürfen, was auch Demut beinhaltet. Kämpfe gegen die Zentralperspektive, an der deine Figuren längst zerbrochen sind, sonst hättest du keinen Text in der Schnauze, denn du sprichst Text von Toten, deren Lebensanspruch du gegen die Zentralperspektive behaupten und durchsetzen mußt.

Man schlüpft nicht in eine Rolle, man erobert sie wie eine Festung, selbst wenn man ein Schlupfloch findet, sie dann von innen aufbricht.

Applaus: Dienere nicht, du hast gearbeitet, jetzt will der Zuschauer arbeiten und sich dir gegenüber befreien, jetzt zwingt er dich wirklich, und das muß er, denn er bezahlt dich, im doppelten Sinne.
Kontrolliere beim Applaus mehr deine Kollegen als den Zuschauerraum. Jetzt entlarven sich die Gesichter: Der Besserwisser, der Funktionär, die Korrekte.

Gesichter geistiger Krüppel, die Hochtrabendes serviert haben, in hochmütig lächelndem Einverständnis mit dem Zuschauer über die Fähigkeiten ihrer Servierkunst. Jetzt siehst du warum der und der Groß und der und der Klein ist. Applaus ist Schlußstein deiner Figurenbehauptung, selbst wenn sie, die Figur, schon abgetreten ist, du bist noch da.

Fazit: Die Tragödie
Die Bühne der Tragödie ist die SZENE VOR DEM PALAST, die Diskussion eines schwankenden Staatswesens. Wie die Bühne der Tragödie in all ihren Umformungen bis heute keine Möblierung verträgt, sondern nur die Macht lokalisiert, verträgt sie auch keine ortsgebundenen Hinweise. Die Bühne der Tragödie ist allgegenwärtig, selbst Hauptmanns Eulengebirge ist überall. Treppe, Tor und Thron sind zu lokalisieren, das Bett eine Unmöglichkeit, dessen Abwesenheit ist weitgehend Thema der Handlung. Mobiliar will den Richt- und Kampfplatz weglügen. Wie die Tragödie keine Stühle, Gardinen und Tische verträgt, verträgt sie kein Beiseitesprechen. Das ist der bürgerlichen Wohnwelt zugeordnet, auf einem Kampfplatz soll das ausgesprochene Wort treffen, hier ist es Verlautbarung und richtungsgebunden. Beiseitesprechen piesackt, trifft ungeschützte Rücken, sagt, Locke ist Glatze! In der Wohnwelt werden Schicksalsschläge erträglich, offener Kampf gilt als unfein, geradezu roh. Die Tragödienfiguren werden so betrachtet barbarisch, zu Hünen, merkwürdigen Riesen, überholtem Getier. Die bürgerliche Kunst widmet sich ihnen nachhaltig. Europas Prachtstraßen dekorieren sie, als wäre Abbildung, Bannung schon Sieg. Jede Lebensberechtigung wird ihnen abgesprochen, ihre Münder verschlossen. Doppelbödigkeit ist angesagt, eine andauernde Zote. Wird die Qual in der Wohnlandschaft zuviel, greift man zur Knarre, zum Kurzschluß. Die Tragödie heißt Unfall. Aus den Verlautbarungen, dem Anschreien von Himmel und Erde, aus Drohgebärden und Tänzen ist ein armes Würstchen im bodenlangen Schauspielermantel geworden. In Fleischfarbe und Crème, wie sich Berliner Bühnengrößen über den Kudamm schleppen. Die Figur der Tragödie ist nackt. Nicht weil es in Griechenland so heiß ist. Oder gerade deshalb? Würde man sonst ihre Senkrechte sehen, ihre Krümmung? Trägt sie ein Fell, ist es Nemeischer Löwe oder Goldenes Vlies. Einfach Skalp im Dutzend wärmt auch.
In der Tragödie muß jeder Satz stimmen. Keine Doppelbödigkeiten. Stattdessen direktes Ansprechen der Figur, sie nicht »erblicken«. Die Standpunkte diskutieren, nicht ihre Leiber! Die Figur oder das Publikum ansprechen, Trennung beider Richtungen, was sage ich wem, was ist die größere Verlautbarung. Kein in der Bewegung untergehendes Sprechen, schon das ist Krümmung und krank. Ein Angeschlagener nuschelt. Sprechen wie Singen behandeln, beides ist einander nicht gleich. Stützt die begleitende Musik den Sänger, muß der Schauspieler die Intensität der gedanklichen Entwicklung der Situation, in der sich seine Figur befindet, dagegenhalten.
Was spricht gegen die Tragödie. Ihre Gedankenschwere, ihre Zähigkeit, ihre Unbeweglichkeit, ihr knirschender Sand im Getriebe. Die Tragödie ist im Sprechtheater suspekt, aus politischen Gründen, nur in direkten Nachkriegsproduktio-

nen erlaubt, danach wird Gedankenschwere als künstlerisches Versagen diskreditiert. Grüber, Mitglied der Partei Edel sei der Mensch hilfreich und gut, ist unter seinen Genossen Außenseiter und schafft Definition in einem Nachtstück, einen Hölderlin auf die Leuchtwand des Stadions, das sich seinem Führer opfern wollte. In beiden deutschen Entwicklungen nach 45 ist das Ziel Leichtgewicht, mit Nietzsche eins, dem Centnerschwere suspekt ist. Grübers Arbeit müßte Alarm schlagen, genau das Gegenteil, wie im Olympiastadion sitzt man jetzt, in Decken, gafft eiskalt in Untergangsschleifen.

BACCHUS-TOD

Puntila muß trinken, um die erlittene Teilung, Abstoßung, Ausstoßung zu verkraften. Da ihm in seinem Knecht das Objekt, dem Subjekt Herr gegenübersteht, muß Puntila noch mehr trinken, um die Trennung in Subjekt und Objekt zu beruhigen, muß beide unter Droge zusammenführen. Dabei gelingt es aber dem Subjekt nicht seine Subjekthaftigkeit, sprich seine Herrschaft, zu vergessen, noch dem sich annähernden Objekt, daß es Objekt, Knecht bleibt. Beide, Herr und Knecht, wissen, daß nur in einer »idealen« Verschmelzung das WIR, die Auflösung der schmerzhaften Trennung, erzielt wird. Das sich in der Droge zusammenfindende WIR hat nicht nur die Bedeutung des Zusammenschlusses des Objekts Knecht und des Subjekts Herr, sondern ist stellvertretend für den Zusammenschluß aller Ob- und Subjekte. Damit hätte sich nach antikem Vorbild das »pestkranke« Volk gereinigt und wäre an sich selbst genesen.
Der alkoholisierte Puntila scheint dem Zusammenschluß stets zugeneigt, wird aber vom moralisierenden, nüchternen, abstinenten Objekt, von dessen bigottem »Klassenbewußsein« zurückgeschlagen. Deutlich wird, daß der Knecht mit nichts anderem den Herrn strafen kann, als ihm zu zeigen, daß er der Unterlegene, stets sein Knecht ist. So kämpfen der Drogen-Abstinente gegen den Drogen-Konsumenten. Je nach eigener Position wird man sich für eine Seite entscheiden. Wie bösartig und zerstörerisch sich der Knecht in seinen Kapricen, die in dieser Form nur dem von ihm kritisierten Herrn zustehen, äußert, schmerzt, da seine Borniertheit ausschließlich von seiner »gesellschaftlichen Position« gedeutet wird. Wäre er Herr, dann wäre es anders, tröstet seine Partei. Daß dies nicht eintritt, wußten schon die Kommunarden, nämlich, daß Kommunistische Arbeiter niemals Kommunistische Minister werden! Und wenn, dann sind sie Minister, und ein Minster gibt dem andern Minister die Hand.
Puntila flieht in den Suff. Suff heißt auch Alleinsein, die Einsamkeit des Wachenden, des die anderen Unter-den-Tisch-gesoffen-Habenden, heißt allein unter den schlafenden Jüngern, heißt allein seinem Golgatha entgegen zu gehen. Einsamkeit erleiden beide Figuren, der »innen« ausgestoßene Puntila, der »draußen« Ausgestoßene, der vor dem Hotel auf seinen saufenden Herrn wartende Chauffeur Matti.
Im Suff erlangt Bacchus seine göttliche Einheit wieder, sammelt die einzelnen Chor-Mitglieder, die zerstreuten Nymphen und Satyre, um vereint, als bacchantischer Sturm jeden Widerstand zu brechen, damit sich die antike Konstellation wiederholt, in der sein Urbild Dionysos vor den Toren der Stadt wartete, Einlaß begehrte, um bis in den Tempel, bis zum Altar vorzudringen, um sich dort als zu verehrender Gott einzurichten, um den Schmerz der langen Wartezeit VOR DEM PALAST zu vergessen. Daß sich aber sein Satyr Matti nicht mehr beugt, zwar mit seiner Zugehörigkeit tändelt, sich stets nutzbar erweist, um seinen Herrn im entscheidenden Augenblick allein zu lassen, ihn zu verraten, sodaß Bacchus dadurch

Stab, Amt und Herrschaft zu verlieren droht, ist eines der Geheimnisse, die Herr und Knecht verbinden. Um Puntila ein Ende zu bereiten, braucht es keine Sozialistische Revolution, sondern die praktizierte Kenntnis von Wirtschaftsfragen, in denen hier der Knecht dem Herrn überlegen ist. Warum ist also der Knecht kein Herr? So logisch diese Umkehr scheint, richtig ist sie nicht. Ein Apfel, geteilt, hat zwei Hälften, doch eine war der Sonne näher. Das nutzt das Volksmärchen, indem es die schöne, die vergiftete Seite anbietet und die grüne, die giftfreie als Beteuerung der Giftfreiheit des Apfels selbst verspeist.

Wie die Hälften den Apfels zusammengehören, erscheint jede Figur, die von der Chor-Sprengung oder Chor-Ausstoßung betroffen ist, innerhalb des Chores eine nur sie betreffende, individuelle Bindungsfunktion eingenommen zu haben. Diese spezielle Funktion wird den Trümmerstücken des Chores nach seiner Zerstörung schmerzhaft bewußt. Die Zerstörung ist unrentabel, der Apfel kann nicht an den Baum zurück, muß verfaulen, tot wird er Nährstoff. Welche Eigenheiten fallen auf:

1. Die Droge vereint Sub- und Objekt, Herr und Knecht.
2. Alkoholiker contra Abstinenzler und umgekehrt.
3. Verrat des Objekts, des Satyrs, des Knechtes.
4. Illusion, wenn der Knecht Herr wäre, wäre es anders.
5. Individuelle Aufgabe des Einzelnen im Chor.
6. Trauer um die entschwindende Landschaft, ein Arkadien, das skrupelloser wissenschaftlicher Ausbeutung unterworfen ist, vor der kein Gesellschaftssystem Halt macht. Brecht vertritt auch keine andere Haltung.
7. Folklore und »Völkisches« als Widerstand. Faschismus als Kampfansage der Handarbeit gegen eine Europa überrennende Industriearbeit. Handarbeit als Vereinigung eines Volkes. Auffällig die völlig unterschiedliche Bewertung von Vernichtung, die durch die Bombe, die durch den Ofen, Hiroschima und Buchenwald, wobei die tempobeschleunigte Vernichtung stets im Vorzug ist, entschuldet wird. Siehe Tempobeschleunigung in den Texten.
8. Folklore als Erinnerung einer Stadtbevölkerung an ihre bäuerliche Herkunft, deren Überwindung den Rückblick ermöglicht, in eine Kindheit, in eine Zugehörigkeit, die unter Droge erinnert werden.
9. Das Fehlen des antiken Schreis, Brecht überträgt ihn in Puntilas Bewunderungsausrufe über die finnische Landschaft, in der Bacchus herrscht. Der Schrei, im engsten Zusammenhang mit der Chor-Ausstoßung, ist erhalten im Schrei der Mandragora, wenn sie wie vorgeschrieben bei Nacht, von einem jungen Hund mittels eines Stricks, der an ihr befestigt ist, herausgezogen wird. Der Hund stirbt am Schrei wie der Mensch, der sie ohne »schuldig werdenden Stellvertreter« hinauszieht. Ausgezogen und liebevoll nach Vorschrift behandelt, tut die Mandragora Wunder. Stieg Moses nicht auch auf den »Hatelma« und ließ sein Volk zurück. Dem Transportarbeiter Jehovas LEUCHTETE DAS LAND DAS FERNE. Er durfte nicht hinein, er mußte sterben. Ein Puntila im Orgasmus, der nicht ins Tal mehr will.

Individuelle Aufgabe in 5. heißt, daß die Bindekraft eines speziellen Chor-Mitglieds zur Gemeinschaft eine andere ist als die seiner Nachbarn, die es an sich bindet. Zu beobachten ist in einer Chor-Arbeit, daß diese Personen eine größere Fähigkeit haben Bindungen einzugehen und so für die anderen »aufbauend« wirken, sodaß sich deren Bindekraft erhöht. Chor-Führer ist darum meist nicht ein Solist oder ein dazu befähigter Darsteller, sondern meist ein »Außenseiter«, jemand, der sich durch »Sprachmängel« auszeichnet. Das Verhältnis seines Mangels zu seiner Chor-Führung ist bei den meisten mit einem ausgezeichneten Gehör verbunden, verbunden mit einem Rhythmusbewußtsein, die beide einander ergänzen, jedoch nicht die »Sprachmängel« beseitigen, sondern sie betont herausstellen. Daß sich diese Personen in der Chor-Arbeit besonders bewähren, mag am versuchten Ausgleich ihrer Mängel liegen, erschien mir aber stets als die Suche nach einem »idealen« Sprechen, denn es erwies sich, daß eine chorisch erarbeitete Figur, eine Szene niemals von einem Einzelnen in dieser Konzentration durchgeführt werden kann. Wiederholt wurde das probiert, stets mit negativem Erfolg. Dem Einzelnen, der mit seinem Chor-Dasein unzufrieden war, fehlte schon nach wenigen Minuten die notwendige Energie, den Text weiter »gespannt« zu halten, er brach ab, war sich seines eigenen Versagens bewußt, auch der Hilflosigkeit ohne die anderen. Diese Momente waren äußerst schwierig, der Darsteller hatte sich wie an einer Bergwand »verstiegen«, drohte abzustürzen. Hier geschahen mehr Beschädigungen als im Einüben der Texte. Schon wenn 2 Personen einen Text gemeinsam sprechen, tritt die Abkehr des Textes vom individuellen Ausdruck ein, erlangt er Autonomie. Der Einzelne kann dann den Text ohne den anderen rekapitulieren, aber nicht aufladen, zwar zur nächsten Probe Vorschläge erarbeiten, die jedoch nur mit der anderen Stimme, die nicht ersetz- oder austauschbar ist, hörbar werden. Wiederholt wurden »beliebige« Besetzungen, Umbesetzungen probiert, jeweils mit negativem Erfolg. Hatten sich Darsteller aufeinander abgestimmt, waren sie nicht austauschbar, sondern individuell wie ein Einzeldarsteller. Diesen Vorgang beobachteten die meisten Chor-Mitglieder sorgsam, damit fand man schnell die passende Zusammenstellung untereinander.

Ein weiteres Kennzeichen eines Chor-Mitglieds ist, daß sich seine körperliche Beschaffenheit, Verfassung ändert. Der Einzelne kriegt zwar keine längeren Arme oder kleineren Füße, aber er wird »schöner«, die ganze Erscheinung »entspannt« sich, sie verliert selbst in einer mäßigen Chor-Kleidung nicht ihre Eigenwilligkeit, sondern diese wird betont. Die Konzentration auf die sichtbaren Körperteile Hände und Gesicht wird so gezielt gelenkt, daß sie die Höhepunkte der Erscheinung sind, nicht die Klamotte. Dabei ist wesentlicher Unterschied, ob die Chor-Kleidung bewußt getragen wird oder zur Kenntlichmachung einer Chor-Zugehörigkeit, an der man eigentlich nicht interessiert ist, übergestreift wird. Dieser Unterschied mag grob für jede Bekleidung zutreffen, hat aber für die Chor-Kleidung, eine festgelegte Kleidung, zentrale Bedeutung. Drill beim Militär heißt ja nicht nur Schinden, sondern ebenso das Verwachsen von Individuum und Uniform zu erzwingen, den Körper des Rekruten zur Annahme, zur sexuellen Ausfüllung seiner Uniform zu stimulieren. Daß Chor-Kleidung, daß »Uniform« im weitesten Sinne, dazu zählen auch Anzug und Jeans, die eigene Sexualität stimulieren, weiß jeder, wird doch ein besonderer Zuwachs beim Anlegen der Chor-Kleidung wahrgenommen. In positiver wie abschreckender Wirkung. Wie ihr Anlegen Todesbereitschaft, Todeskampf signalisiert. Das Anlegen der Schwarzen Kleidung und Waffen im Western, das der Held vornimmt, »individualisiert« den Helden im Nachvollzug der Helden vor ihm. Der Western widmet sich dieser »Aufrüstung« eingehend. Die rituelle Kleidung des Helden ist der Kleiderordnung des Chores zugehörig.

In den Frankfurter Inszenierungen stand der Chor im Mittelpunkt, das, was man als Volk, Masse, Ansammlung bezeichnet. Diese Figur war in archetypischer Form zu definieren. Daß ihre Findung und Formulierung engstens mit dem Kostüm verbunden ist, ist verständlich. In den Folgeproduktionen nach MÜTTER habe ich den Formenkanon zu erweitern versucht, jedoch schienen die Grenzen hierfür äußerst eng, sodaß sich etwas ähnliches wie bei den Besetzungen herauskristallisierte, nämlich, daß ich an bestimmten Darstellergruppierungen in allen Inszenierungen festhielt, so auch an Bühnenbildteilen und Kostümen. Sehr viele alte Darsteller, sehr viele junge Darsteller, das Alter zwischen 35 und 60 war selten. In der letzten Frankfurter Inszenierung FAUST 1990 kamen nicht nur alle seit 1985 verwendeten Kostüme zum Einsatz, sondern auch fast alle Darsteller, sofern sie zur Verfügung standen. Es zeigte sich, wie in den vorhergehenden Arbeiten, daß ein mehrjähriger Zusammenhalt der Darsteller untereinander der Arbeit förderlich ist und daß man sich trotz Querelen von diesem Leistungszuwachs nicht verabschieden sollte. Ebenso zeigte sich, daß die Zugewinne durch neu engagierte Darsteller gering waren, da unter den Darstellern ein seltsamer Chor-Effekt eintrat, die neuen konnten sich kaum anschließen und wurden nur selten angenommen. Geschah das aber, dann kam ein neuer Darsteller dazu, der wesentliche Szenen beeinflußte und an ihrer Erarbeitung großen Anteil besaß.

Wider Erwarten setzte sich in Frankfurt ein anderes Zuschauerverhalten durch, wenn ich betont am Formenkanon festhielt. Vor allem jüngere Besucher kritisierten wiederholt Abweichungen, die sie als Anbiederung scharf angriffen. Ich wurde auf der Straße, in der Bahn angesprochen, meist gehässig, was mir da eingefallen wäre, nun zu kuschen, wo man doch meine Arbeiten angenommen hätte, und nun würde ich maßlos enttäuschen. Es waren vor allem Zuschauer, die ich kannte, nicht ihre Namen, sondern ihre Gesichter, sie hatten drei- bis fünfmal eine Inszenierung gesehen. Sie kannten sie. Auch achtmal besuchten Zuschauer eine Aufführung. Auf diesen Zuschaueranteil nahm ich Rücksicht. Wer verliert gern Stammkundschaft? Es ging mir nicht darum, mit ihnen zu huren, sondern ihrer Meßlatte zu genügen, sie sogar einige Zentimeter höher anzusetzen. Diesen Besuchern mußte ich standhalten. Nicht um der offiziellen Kritik auszuweichen oder sie als unbedeutend einzustufen, sondern um an einem bestimmten Ort, in Frankfurt am Main in den Jahren 1985 bis 1990, Theater zu machen und einen ständigen Zustrom von Zuschauern zu erreichen. 1990 waren 14 Tage vor der

Premiere alle FAUST-Vorstellungen ausverkauft. Heute ist unverständlich, daß eine schwierige Inszenierung eines unbekannten Stückes, 1918 von Feuchtwanger, die meisten Vorstellungen und Besucher hatte.
Das Singen von WIR SIND DIE MOORSOLDATEN im FAUST kostete mich Kopf und Kragen, der politische Krawall hinter den Kulissen, in den Parteien, im Rathaus war dementsprechend.
Nachts lief ich durch Frankfurt, die Stadt, die alle haßten, in der keiner leben wollte, ich fühlte mich wohl, saß nachts auf der Zeil mit einer Bierdose, glotzte eine Fernsehwand an, in der alle verfügbaren Programme gleichzeitig ohne Ton liefen. In diesen Nächten war ich ganz allein, es war eine Freude, so dazusitzen, so bei mir zu sein, nach Bornheim zu laufen, wenn ich die letzte Bahn verpaßte, dort in mein Quartier, mein Russenquartier, wie ich es nannte, zu kommen, unter die Birken, die Holzhäuser, in den russischen Plattenbau, nur daß auf meiner Durchgangsetage eine ältere Jugoslawin wohnte, 2 farbige Familien, die nachts ihre Türen offen ließen, den Geruch ihres Essens roch ich schon, wenn ich am Spielplatz einbog, so vertraut war er mir. Danach kam die Wohnung einer alten Frau, die bei ihrer Tochter wohnte, die ich kaum sah, dann kam ich, meine Wohnung, in der ich mich verkroch.
Frankfurt liebte ich instinktiv, hatte ich doch das Haus meiner Großeltern gefunden, das Haus, in dem mein Vater geboren wurde. Das Haus, ein Teil von ihm, genauso wie es einer von Mutters Briefen beschrieb.
Als ich 1990 Frankfurt verließ, wußte ich, daß trotz eingehender Absprache mit der dortigen Kulturreferentin, die meinen Widerstand niederbügelte, daß sich diese Referentin niemals an irgendeine Absprache halten wird, daß sie mich niemals in Berlin auch nur anrufen wird und daß ihre damaligen Helfershelfer ihr auch diesmal wieder gegen mich beistehen werden, derart sind die Verflechtungen, derart hilft Macht Macht.

TRÜMMER

Gelang es Brecht noch mit einem großen Pinsel grauer Farbe die Einheit aller Formmittel zu erreichen, indem er sie insgesamt »einfärbte«, so gelingt dieses »Zusammenschweißen« heute nicht mehr, die Formmittel führen ein unabhängiges, disparates Leben. Ihre gegenseitige Störung wird nicht als Schwäche bezeichnet, sondern als exakte Definition gesellschaftlicher Zustände, die abgesegnet werden. Die Müllhalden, die sich allabendlich auf unseren Bühnen in ihrem vielfältigen Deponieleben spreizen, verpesten kilometerweit die Luft um die Theater, sodaß man um sie wie um Deponien Maschendraht und Zaun samt Bewegungsmelder aufstellen müßte. Dieser Zustand ist nicht neu, Weber klagt über ihn, Wagner, vergeblich.

Schaltet man abends die Glotze an, glotzt BAYREUTH, meint man die schwarzen Vögel, die Nachthemden, die vergilbten Fetzen, die Autowrackteile, die durchgebrannten Hunderter, die Batterien, die geplatzten Tüten Säuerungsmittel im beizenden Qualm schwelender Autoreifen zu sehen, der die weitere Sicht nimmt, die Anfahrt der nächsten Müllablader, die hoch oben Schwärme von Vögeln begleiten, die die Verpestung zurück zu den Städten tragen, die sich hier ihrer Pest zu entledigen trachten. Benommen sitzt man vor der Übertragung, wartet bis zur TODESVERKÜNDIGUNG und schaltet ab.
Man denkt an die Mödl, die hatte den Krieg im Rücken, die wußte, was sie sang. Zerknirscht über diese Feststellung, die auch für einen selbst gilt, knickt man zusammen. Ich hatte ja meine Flucht, stöhnt man. Jahre brauchte ich, um sie zu verdauen, Jahre, um zum Theater zurückzukommen. Ohne einige westdeutsche Kritiker, denen ich zu großem Dank verpflichtet bin, selbst wenn sie sich heute von mir abgewandt haben, wäre mir der Weg zum Theater verschlossen geblieben. Meine Dankespflicht ihnen gegenüber ist groß.

Letztlich ist mir als Regisseur im Schauspiel die Einbeziehung des musikalischen Aufbaus einer Szene, eines gesamten Textgefüges bis jetzt nicht gelungen. Schauspieler und Kritiker sträuben sich genauso, wie sich die Operninterpreten gegen die Behandlung der Sprache wehren, sie zur Nebensache erklären und immer nur singen wollen. Ja was denn, fragt man erschrocken, Noten? Genauso wie die Schauspieler immer nur spielen wollen, ja was denn?

Für die Callas stellt sich das Problem nicht, ihre Auftritte in den Opern zeigen alle einen überalterten, abgestandenen Geschmack, den man nur mit Kleister bezeichnen kann. Ihre wenigen Konzertmitschnitte dagegen zeigen eine Darstellerin in einfachster, teuerster Garderobe, noch bleibt ihr der Schal, neben dem Klavier, dem Orchester, und dann gehts los. Dann steht die Figur da, bevor die Callas den Mund aufmacht. Sie beschreibt den Ton, sie schürt Erwartung so, daß man diesen Ton hört, obwohl sie keinen Ton abgibt, sondern lediglich in einer Profilwendung, einer Andeutung meint man den Ton »vorzuhören«, eine richtig umgesetzte Wagner-Anweisung zu sehen. Mit geringsten Mitteln stellt sie die Figur auf die Bühne ohne Ton, ja sie gibt mit ihren wenigen Bewegungen außerdem noch Inhalt vor. Trotz dieser Adoration brütet man, warum diese Darstellerin mit solcher Kraft und Präsenz in den verrotteten Klamotten einer toten Oper auftreten konnte. Sicher, sieht sie da und da mal besser aus, aber insgesamt Fundus.

Bei den heute ungeheuer wichtigen Konzepten und Interpretationsideen hat die stets neu beschworene Vereinigung antiken Theaters und Shakespeares keinerlei Bedeutung, ob neue Kostüme, ob alte von 1876, die neuen sind genauso mottig wie die alten, die Cosima einsichtig und klug als ethnographisch archäologischen Unsinn, Theatergeschmacklosigkeit, kurz, als Indianerhäuptlingsquatsch bezeichnet, letztlich ging es ihr um Formenkanon. Daß sie jedoch nur einen Schritt gemacht hätte, diese Ansicht in die Tat umzusetzen, das verbot ihr die Publikumsrücksicht. Dieses Dienern vor dem Zuschauer, dieses Ihn-rumkriegen-Wollen-und-Müssen verdirbt jedem Zuschauer, letztlich den Appetit, denn er riecht den Braten. Der immer für dämlich gehaltene Zuschauer weiß, was er will, und braucht Stoff, den er mit den Zähnen zerreißen kann. Diesen Reißstoff oder das Baiser muß das Theater ihm geben, sonst kann es dicht machen, die Zeit lauwarmer Volkshochschule ist vorbei, die originale SESAMSTRASSE machts besser.

Die Verflechtungen und Auseinandersetzungen im DDR-Theater, die sich immer mit parteipolitischer Zugehörigkeit bemäntelten, sich in Realität aber als widerliche kleinkarierte Auseinandersetzungen um persönliche Macht erwiesen, haben »Entortung« in anderer Weise genauso vorangetrieben, den Übergriff der BRD auch in diesem Bereich erst ermöglicht. Kolonialherren brauchen immer Ortskundige, die in den meisten Fällen nicht gezwungen werden, sondern sich aus freiem Willen anbieten, den neuen Herren Wegweiser zu sein. Daß sie meist nach Erledigung ihrer Sache liquidiert werden, trotz gegenteiliger Absprache, gehört zum Geschäft.

Der Verlust von DDR-Identität auf dem Theater begann lange vor 1976. Eigenartigerweise sprechen viele ältere DDR-Kollegen oft davon, daß ich die letzten 15 Jahre DDR nicht miterlebt habe und deswegen nicht mitreden kann, daß ich 32 Jahre in der DDR gelebt habe, spielt dabei eine höchst untergeordnete Rolle, eigentlich keine. Es ist beklemmend, daß man sich strikt auf die Zeit beruft, die man selbst nicht überprüfen kann, sich aber auf eine eingehende Diskussion gemeinsam erlebter Zeit nicht einläßt, sie geradezu verweigert, so verwahren sich die Zuhausegebliebenen.

Zurückkehrenden Exilanten des 2. Weltkriegs ging es genauso, wie Hilde Spiel in ihrem Erinnerungsbuch beschreibt, ein Schnitt, der zwischen ihr und den Heimgebliebenen bleibt. Sie widmet diesem Zustand der immer blutenden Wunde, um bei Wagner zu bleiben, einen winzigen Abschnitt, konzentriert in einem Satz, unter dem sie bis zu ihrem Tod gelitten hat.

Niemand kann behaupten, daß sich der Untergang des Sprechtheaters nicht lange genug angekündigt hätte. Viele Jahre vor der Wende gab das Sprechtheater der BRD seinen Geist auf, genauso wie das der DDR, allerdings unter anderen Vorzeichen. Jedes subventionierte Theater der BRD, selbst das kleinste, päppelte seinen Regisseur aus der Deutschen Demokratischen Republik. Wie verheerend diese scheinbar vorweggenommene Wiedervereinigung im Theaterbereich war, zeigt sich jetzt. Selbstverständlich wollte jeder nur das Beste, und tatsächlich bedeutete eine Arbeit in der BRD für einen Künstler aus der DDR eine Art Befreiung, sie war das Ziel aller künstlerischen Bemühungen, lief aber letztlich auf seine Entbehrlichkeit, seine politische Bedeutungslosigkeit hinaus. Diese Veränderung empfanden einige sofort, als sie wie ich mit einem DDR-Paß im Westen zu arbeiten begannen, verrieten sie doch durch das Privileg ihre Herkunft, alles, was sie zu Künstlern gemacht hatte.
Ich verließ die DDR am Tage, an dem ich zusichern sollte, daß ich dort nicht mehr arbeiten würde, daß ich durch von mir selbst festzulegende Zahlungen des Ministeriums für Kultur auszuhalten wäre und ihm uneingeschränkt für Arbeiten im Westen zur Verfügung stände. Besaß ich doch einen Vorzug, die 2 besten Bühnenbildner hatten mich ausgebildet, mir war die beste Schul- und Studienbildung eines Staats zuteil geworden, ich hatte bewiesen, daß ich nicht gewillt war, die DDR freiwillig zu verlassen.

Nicht mehr in der DDR arbeiten zu dürfen, das glich einem Arbeitsverbot. Was sollte noch kommen? Meine Freundin saß verzweifelt, heulend in der Wohnung, während alle unsere Bekannten zur Wahl gingen. Jeder mit einem anderen Argument. Sie rannte zu ihrer Mutter, sie ließe sich lieber an der Mauer abknallen als wählen zu gehen.
Das Jahr 68 hatte »meine« Prager Familie erledigt. Jetzt meine Freundin. Nein.

Für einen Neubeginn war es zunächst ein Vorzug, Republikflüchtling zu sein und aus unterschiedlichen Gründen vom Theater der BRD ausgeschlossen zu sein. DDR und BRD arbeiteten gut zusammen, man einigte sich, wen man an die Futterkrippe ließ, wen man als bedeutungslos, als nichtstaatsgefährdend einordnete.
Heute läßt diese Zusammenarbeit im Theaterbereich nur den Schluß zu, daß ohne den Import aus der DDR das BRD-Theater längst untergegangen wäre. Wie verhängnisvoll die Lebensverlängerungsspritzen aus der DDR waren, zeigt sich bei einem Blick auf den Spielplan, der mit diesen Regisseuren importiert wurde. Diese Kollegen, unwissend und unerfahren wie ich am neuen Arbeitsort, von der Kenntnis ihrer Zuschauer ganz zu schweigen, führten ein Retortentheater weiter, ganz der klassischen Pflege verschrieben, letztlich erbarmungslos angebiedert, damit der nächste Auftrag in der BRD nicht auf sich warten ließ. Manche Künstler waren von einem parteilichen Sendungsbewußtsein, als müßten sie den anderen, den Westdeutschen, die auch nur schufteten wie die meisten der Landsleute, die sie hinter sich ließen, als müßten sie diesen ihre fehlerhafte politische

Einstellung, ihren gesamten Lebenswandel madig und lächerlich machen. Zu gern gingen westdeutsche Funktionäre auf diese Haltung ein, lobten ihre importierte kurzweilige Provokation und fütterten diese Künstler bis heute durch, obwohl sich deren Haltung als korrupt und wendehalsig erwies.
Zwischen Ost-Künstlern und West-Intendanten fand ein Konsens statt, der strikte Ausschluß von »Inhalt«. Vor allem mit den DDR-Kollegen, die sich, nach ihren Worten, durch einen hohen Widerstand gegen die DDR-Obrigkeit auszeichneten. Dieser Brückenschlag, der den West-Theatern in ihrem wiederkäuenden, unruheanfälligen Verdauungsschlaf gelegen kam, sahen die DDR-Kollegen als notwendiges Übel an, da sie merkten, daß der zu verteidigende »Inhalt« sich im Westen als Schlacke erwies, die ausgeschieden werden mußte. Somit war »Inhalt« beiden Vertragspartnern Belastung. Nach der Wende wurde dieser Konsens neu geschlossen.

Daß heute, 7 Jahre nach der Wiedervereinigung, der Theatertrott in Ost und West weitergeht, so als habe die wichtigste Veränderung für uns nach dem 2. Weltkrieg nicht stattgefunden, ist ein Fehlverhalten, dessen Folgen für das Theater, für die gesamte kulturelle Entwicklung nicht abzusehen sind. Viele Kritiker, auch wichtigste Instanzen, akkompagnieren dieses Nicht-zur-Kenntis-nehmen-Wollen. Anstatt den Theaterleuten endlich den Todesstoß zu verpassen, anders ist ihnen in dieser Situation anscheinend nicht beizukommen. Es wird einem doch mulmig, steht man vor dem Berliner Spielplan. Das betrifft sowohl etablierte als auch alternative Theater, die alternativ, außer Jubel-Trubel-Heiterkeit in szenetypischer Verpackung, nichts bieten. Die wenigen Ausnahmen sollen hier nicht niedergerissen werden, im Gegenteil, doch macht eine Schwalbe noch keinen Sommer. Ob alternativ geförderte Kultur wirklich Kultur hervorbringen soll, welcher Staat fördert Kultur, oder stattdessen Unruhepotential von der Straße abräumen und in kleinlichste Verteilungskämpfe einspannen, um so jeden Widerspruch, jede Auflehnung im Vorfeld zu ersticken, diese Fragestellung hat die alternative Kultur überzeugend beantwortet.
Die »Entortung« brauchte 2 Jahrzehnte in der BRD, um sich im Theater einzunisten, darauf folgten 2 Jahrzehnte, in denen es guter Ton wurde, seine Entwürfe vom Flugzeug abzuwerfen, kein Theater für die Stadt zu entwickeln, in der man startet oder landet, sondern seine Duftmarken zu streuen, eine Visitenkarte zu hinterlassen, ein Wiedererkennungszeichen, sonst nichts, d. h. hier »Entortung«. Man kann nur hoffen, daß dieses Theater endlich krepiert.

Deshalb begann ich zu schreiben, um nicht zu vergessen. Auch um meine Republikflucht nicht mit einer völligen Trennung von meiner ureigensten Sprache zu krönen, denn eines wußte ich, daß kein deutscher Autor sich je wieder hinsetzen kann, um Provinzleben der DDR bis ins Detail aufzuzeichnen. Deshalb empfand ich es als Verpflichtung, gegen mein eigenes Vergessen anzuschreiben, wie ich jetzt gegen mein Wegsehen, gegen mein Vergessenwollen anschreibe. Der fortschreitenden, unaufhaltsamen Verrohung der Sprache und aller mit ihr verbundenen Äußerungen ist durch eine weitere Flucht nicht zu entkommen.

Ich nahm an, daß meine Schreibwut aus fehlender Theaterarbeit resultierte, unmerklich wurde die Text-Arbeit, die Sprach-Arbeit zu meiner Arbeit. In diesen Texten spielte mein Leben in Ostberlin keine Rolle, es war vollständig ausgeblendet. Jedesmal, wenn ich es berührte, brach ich ab. Warum waren 10 Jahre Leben in Ostberlin, die Jahre meiner Theaterarbeit, nicht erwähnenswert? Hatte ich nicht gelebt? Hauptthema wurden stattdessen meine Eltern, meine Großeltern, meine Kindheit. Themen, die ich in der DDR stets umging.

Heute, nachdem ich viele Jahre kein Buch mehr herausgebracht habe, fragen mich viele, ob ich das Schreiben aufgegeben, ob ich nicht mehr könne, meist mit der zynischen Unterstellung, man wäre dem Schreiben wie einer Wüste unrechtmäßig entkommen. Was sich bei dem mehrjährigen Schreiben klärte, daß sich die künstlerischen Disziplinen, die ich betrieb und ausschließlich aus den DDR-Lebensbedingungen herleitete, jetzt thematisch zuordneten, deutlich wurde, daß jedes Thema nur in einer bestimmten Disziplin ausführbar ist, daß jedes Thema seine ureigenste Ausdrucksform in sich hat. Folglich intensivierte ich zunächst die Text-Arbeit, Malerei und Fotografie begleiteten untergeordnet.
Die mehrjährige Text-Arbeit zeigte, daß die Disziplinen nicht mischbar sind, da jede ein völlig anders geartetes Leben voraussetzt, und daß vertieftes Eindringen in die gewählte Ausdrucksform vom Erleiden der zugehörigen Berufskrankheit abhängig ist. Dieser Erkenntnis zu folgen, weigerte ich mich, ich brach das Schreiben ab. Noch mit 40 sah ich van Gogh als Unglücksfall an. Erst mit 50 begriff ich, daß Theater einen kaputt macht. Unumgänglich war die Einsicht, daß kein Qualitätsanstieg ohne Schmerz zu erreichen war, daß auch ich meinen Fahrschein kaufen mußte und nicht mehr den Kontrolleur austricksen konnte.

THEATER

Kasperpuppen contra Marionetten. Die Kinder krochen durch die Bombenlükken, inmitten der Trümmer spielte ich Kaspertheater, was mein Vater verbot, da sich die Nachbarn über die Vorgänge in den verschütteten Kellern beschwerten. Sobald er außer Reichweite war, krochen die Kinder aus den Löchern. Es gab noch keine Zäune oder Mauern um die Nachbarhäuser, zu sehr war unsere Straße getroffen. Meine Mutter jammerte über diese Zustände, sah ihr Obst gefährdet. Nachts lauerte sie mit einer Tasse Muckefuck am Fenster, eine Decke um, daneben ihre Schwester, schielend auf unseren Hof, die anschließenden Gärten, ob sich da wieder wer anschleicht. Die Kinder hockten zur Vorstellung auf Bruchstein, jeder brauchbare Ziegel war inzwischen vermauert. Kaputte Kohlensäcke dienten zur Unterlage. Eine Bühne gab es nicht, nur einen Stock mit einer Decke, die braun umrandete Löcher hatte. Mutter oder ihre Schwester vergaß das Bügeleisen. Der Brandgeruch war nicht wegzukriegen. Als die Decke längst im Keller schimmelte, roch sie frisch verbrannt. Der Eintrittspreis stieg mit dem Kinopreis. 25 Pfennige waren für Sonntag, für die Kindervorstellung zu verdienen. Der Kinderfilm war die Welt, in der man leben wollte, das Kaspertheater die, in der man leben mußte. Ich blieb bei den Stereotypen: Hans, Teufel, Krokodil, Gretel, Kasper, König, Polizist, Hexe, Bauer, die ich mit Pappe, Wasserfarbe, Buntpapier, Stoffresten, Perlenborten und Mutters Knöpfen ergänzte. Kastenweise rettete sie ihre Knopfsammlung über den Krieg, meist Einzelstücke, die ich nicht verwenden durfte, die waren für Mutters Schneiderkundschaft vom Dorf. Später erhielt ich von einem Mitschüler ein grüngestrichenes, hölzernes Puppentheater mit seitlichen Stehklappen. Dafür baute ich ein »Fundament«. Ich meinte, so würde das Bühnenhaus bei Wind fest stehen. Einige Hintergründe waren erhalten geblieben, die ich ausbesserte, ohne Erfolg, da jeder Windstoß in die Bühne fuhr, an den Verankerungen riß. Obwohl das hölzerne Theater beschwert war, flog es um. Der Trümmerdreck stieg so hoch, als käme aus den vom Regen kahlgeputzten Trümmerlücken zentnerweise Staub, mit ihm der Gestank faulender Kadaver. Mutter angeekelt, die Toten seien nicht ordentlich geborgen. Wir hätten nichts auf den Trümmern zu suchen. Eigentlich meinte sie die Ratten, die in unseren Hühnerstall einfielen, die Tiere zerbissen, wegschleppten und verfaulen ließen.

Der Formenkanon des Kaspertheaters war »einfältig«, aber darum nicht weniger wirksam. Meine Tante nähte Kostüme aus einer Roten Fahne, die ich in der Schule klaute. Nur wenige Puppen sind erhalten, eine davon im roten Kleid. Mein Vater durfte nicht wissen, daß solcher Mist angefertigt wurde, noch dazu aus einer Roten Fahne, er sah das Theater mißtrauisch an, seitdem ich mit ihm in die Große Stube gezogen war und es zu einem Marionettentheater umfunktionierte. Es nahm viel Platz weg, und außerdem mußten Mutters gesamte Nählichte herhalten. Hier führte ich zum ersten Mal die neuen roten Kostüme vor, mit schwarzen

Samtwülsten, silbernen Trachtenknöpfen aus Bayern und dunkelblauer Perlenborte.

Ich war weder handwerklich noch praktisch orientiert, von kleinauf versuchte ich das Problem auf meine Weise zu lösen. Bis heute ist mir der Umgang mit Werkzeugen fremd, obwohl ich weiß, daß sie in der richtigen Hand wunderbar funktionieren.
Über Lenas Vater, der Schneider ist, machte ich einen Film, wie er zuschnitt. Die Schere glitt durch den Stoff, sein ganzer Körper gehörte der Schere, machte diesen Schnitt. Er schnitt ohne Vorlage zu. Mutter verwendete Schnittmusterbögen, die sie mit Zeitung und Packpapier von Omas Paketen ausbesserte, wobei das Westpapier mit dem Ostpapier nicht harmonierte. Das Westpapier behielt starr seine Form, während das Ostpapier, selbst geheftet, nachgab, sich merklich veränderte und schließlich riß. Mutters Kundinnen hatten Omas Grüße aus Diepholz am Arsch oder genau vor dem Bauch »Lieber Willy«. Mutter fluchte über das Westpapier, das nicht zum Körper gehören wollte, auch warm geworden sich weigerte, sich zu wölben. Mutter schwitzte, steckte Abnäher, vergeblich, das Westpapier gab nicht nach.
Mein Marionettentheater blieb in der Großen Stube, bekam einen guten Boden, eine linoleumbraun gemaserte Tischplatte. Dazu einen schwarzen Vorhang. Die Hintergründe und Gassendekorationen wurden kunstvoll. Die HO-Dekorationsabteilung zog uns gegenüber ein, die riesige Bulganin-Porträts malte, die der Wind vom Straßenpflaster hochhob, über die Dächer trug und in unsere Kirschbäume warf. Da Leinwand und Holz Mangelware, stand es meinen Eltern nicht an, zu fluchen, wenn die Äste brachen, die HO-Leute arrangierten sich, überließen mir Farbe, Pappe und Pinsel. Einmal im Monat führte ich bei ihnen mein Theater auf, eine Vorstellung ohne Kinder, 10 Erwachsene samt Anhang. Ich bekam kein Geld, dafür Materialunterstützung. Im Sommer lagen die großen Porträtköpfe auf dem Vorplatz. Unsere Straße wurde nur vom Russenauto befahren, das morgens durchfuhr. In der Sonne trockneten die großen Vorbilder Stalin und Mao.
Vater stand manchmal vor meinem Theater, ob er sich an seine eigene Kindheit erinnerte? Er sprach nicht mit mir, außer wenn er mir Befehle erteilte.

Plötzlich räumte ich Weihnachten das Theater ab, packte die Puppen in einen Karton, in dem sie Jahrzehnte blieben. Warum? Ich spielte nicht mehr, das Marionettentheater war zu umständlich. Tatsächlich fehlte aber das Geräusch der aufeinanderknallenden Holzköpfe. Obwohl die Marionettenbühne wesentlich verbessert war, es gab Verwandlungen, fliegende Drachen, Feuer, Schlösser brannten, Wunderkerzen, die gesamten Puppen standen in Flammen, Wasser floß literweise von oben, nichts half, es fehlten die Holzköpfe.
Ich kratzte ihre Verschönerungen ab, die angeklebten Rüschen, Knöpfe, das zusammengebastelte Glitzerzeug, die alten Farben platzten. Einige Puppen beschädigte ich so stark, daß sie auch frisch lackiert ramponiert blieben, als hätten sie einen Krieg überstanden. Einige zeigten Hitzeblasen, als hätte der Lack gekocht,

wäre schwarz verbrannt und weggefressen. Die Umfunktionierung war den meisten Kasperpuppen nicht bekommen. Allein, nähte ich Wochen, um den alten Zustand wiederherzustellen, vergeblich.
Zunächst wußte ich nicht, was ich wollte, nur kein Marionettentheater mehr. Vater fluchte, das würde nur stauben, er kontrollierte es genauer als ich. Zugehängt, verstaubte es in der Ecke neben dem Bücherschrank. Daß in dieser Ecke Jahrzehnte später der Fernseher stand und noch heute steht, der samt Tischchen genauso viel Platz wegnimmt, der Fernseher insgesamt die Größe meiner Bühne hat, ist sicher kein Zufall, nur daß der Bildschirm kleiner ist als mein Bühnenausschnitt. Mit einem größeren Bildschirm wären die Größenverhältnisse original. Warum ich so reagierte, das Marionettentheater ablehnte, das Geräusch der aufeinanderknallenden Holzköpfe vermißte, die keine Reaktion zeigten, außer daß sie laut gegeneinander knallten, mit sichtlicher Freude, mit einer Freude der Finger, die sie führten. Als würde sich Spannung aus dem Körper nach oben in die Puppen ableiten. Spielten Nachbarkinder mit, bevorzugten sie Krokodil und Kasper, ebenso Hammer und Klatsche. Es war nie laut genug, wie sich die beiden Parteien prügelten. In Wutanfällen demolierte Kasper die gesamte splitternde Umrahmung, die mit einem Gang in Vaters Firma neu erbettelt werden mußte. Das alles gab es im Marionettentheater nicht. Es stand in unserer Großen Stube, basta. Kinder als Zuschauer auch nicht, Geld mußte jetzt mit Flaschensuchen verdient werden. Siehe mein Text in ZUHAUSE.

Meinen Darstellern brachte ich die Kasperköpfe mit, um an einer Figur den unterschiedlichen Ausdruck zu erörtern. Sie grinsten nicht schlecht, wenn ich am Kasper, am Teufel erklärte, daß selbst an einer streng vorgegebenen Figur durch ihre handwerkliche Bearbeitung enorme Veränderungen eintreten, daß sich deren Funktion auflöst, daß vom Inhaltlichen das Primitive und das Artifizielle miteinander auf Kriegsfuß stehen.

Ich meinte, ich sei im gröberen Kaspertheater verwurzelt. Das Marionettentheater dagegen wirkte verblasen, als gehörten beide unterschiedlichen Klassen an. Diesen Standesunterschied spiegelten auch die Themen. Der umstaffierte Hans sah wie ein Prinz aus, aber Gretel blieb Gretel, trotz Rüschen und Kopfputz, mit ihren Glotzaugen und apfelfleckrot lackierten Backen wurde sie zu keiner Prinzessin, auch der Bauer blieb Bauer, wurde kein Hofmarschall, aus den anderen Köpfen keine Ritter und Damen. Das Marionettenpersonal aus Kleie und Pappmaché sah degeneriert aus, eigentlich böse. Die Marionetten behandelte man sorgsam, schon damit sich nicht die Fäden verwirrten, die Holzköpfe kamen flugs in einen Karton, da gaben sie Ruhe.
Die ausgestopften Kasperpuppen an Fäden sahen merkwürdig aus, ihre Beine aus Watte und Stöckchen, sie lebten nicht, hampelten taub, dagegen die Kleiepuppen, dünn oder fett, mit detaillierten Köpfen, Kronen, Schmuck, mit vielem, was den Kasperpuppen fehlte, die mit ihren starren Holzköpfen nie in eine Richtung sahen, sondern die teils gemalten, teils gespritzten, teils aufgeklebten Augen sahen nirgendwohin, starr in die Luft.

Eins konnte nicht mit dem anderen leben. Die Verbesserungen, die durch die Dekorationsabteilung eintraten, begrüßte ich, so als hätte ich Mitstreiter gewonnen. Das jetzt ausreichend vorhandene Material gaukelte Möglichkeiten vor, die sich mir bald verschlossen. Ich stand mir im Weg. Tage brauchte ich, um für eine Vorstellung die Bühne herzurichten. Jedesmal, wenn ich ein gebrauchtes Nählicht ergatterte, war es ein Schritt nach vorn, meine Bühne weiter auszubauen. Daß ich nicht mehr für die Nachbarkinder spielte, merkte ich nur, wenn ich aus der Dekorationsabteilung auf die Straße sah, die anderen auf dem Trümmerhaufen, ich spürte, daß sich eine Veränderung vollzog, die nicht mehr rückgängig zu machen war. Du wirst älter, so meine Mutter, da spielt man nicht mehr auf dem Hof für einen Pfennig. Als ich das Theater abbaute, auf dem Boden verstaute, die Puppen in den Karton, beklagte ich einen Verlust, nicht die anderen hatten mir das Theater abspenstig gemacht, sondern ich, ich hatte es bereitwillig aufgegeben, aus Überdruß, aus Langeweile, aus Faulheit dazuzulernen, mich gegen die anderen zu behaupten. Ich war in ihr Fahrwasser geraten, stand zwischen den heimlich nach Feierabend gemalten Ölschinken: HIRSCH IN BRUNST, MATTERHORN, BAYERNIDYLL, WIESENGRUND, WILDBACH, mit denen sich die Dekorateure ihr Geld nebenbei verdienten. Viele Geschäfte boten ihre Werke an, in unterschiedlicher Ausführung, in unterschiedlicher Manier. Obwohl die Preise gering, man auch nicht allzuviel nebenher verdienen durfte, standen sie doch im Kontrast zu dem, was ich verdiente.

Ich lief die Göpenstraße runter mit einem Gemisch aus Ekel und Scham, daß ich den Hof verlassen hatte, die Nachbarkinder, daß ich ein feiner Pinkel wurde, dem nur noch der Weiße Kittel fehlt, so hänselten meine ehemaligen Zuschauer. Mit den Ölschinken verdiente der Deko-Chef seine Villa. Daran war nicht zu zweifeln. Auch mein Vater nahm nun solche Tätigkeiten ernst, schuftete am Wochenende klammheimlich für Pastor und Zahnarzt. Jetzt verdiente man.

Eines Abends brachte ich ein geändertes Kleid zu den beiden Fräulein Mähler, die mir nach Kaffee und Kuchen ihre Fotoalben zeigten. Wie das gewesen ist in der guten, alten Zeit. Unter der Locke Theodor von Körners und seinem Porträt, sie waren direkte Verwandte, studierte ich die Welt von Rittmeistern und höherem Militär, deren Orden die eine der Mählers noch in einem ihrer Mittagstischräume aufhängen durfte, bis sie bei Androhung einer Beschlagnahmung abgenommen werden mußten, da sich die Herren der Sparkasse, die jetzt dort aßen, politisch mokierten. Der Mählersche Mittagstisch war Institution, nachdem die Damen ihn aufgegeben, lebten sie im Stiftsgut. Dort besuchte ich sie, vor allem ihre Mutter, die uralt mit Spitzenhäubchen, silbernem Stock, frivelliertem schwarzem Überwurf, langem schwarzem Seidenrock, dürr und bleich mit Goldrandbrille und Monokel am Samtband am Fenster in einem Korbstuhl hinter den Callas saß. Sie zeigte mir Postkarten der Oberammergauer Passionsspiele, wo sie früher, lange vor dem Krieg, mit ihrem Mann, damals verlobt, gewesen sei, der habe sich oft zurückgesehnt nach der Gegend, von wo er stammte. Kurz vor ihrem Tod schenkte sie mir die Postkarten, die ich noch heute besitze. Sie kannte die Darsteller mit Namen, die jüdischen Figuren waren Bauern und Handwerker dieser Gemeinde, die unter Anleitung eines Lehrers und Pastors die Passion spielten. Auf den Postkarten posierten die Darsteller in den jeweiligen Szenen, aber ihr Aussehen, ihr Nichtgeschminktsein war Vollkornbrot gegen eine Wasserschrippe.

Ich hatte noch nie Theater gesehen, außer Krippenspiele, in denen ich nun mitspielte. Ich stand als Hirt neben dem Altar, in den Dielen der Sangerhäuser Stifte, dem Armenhaus, den zugigen Durchgängen, ähnlich den Bildern von Ude. Verschreckte Muttchen öffneten einen Spalt ihre Tür oder schlugen mit einem Stock um sich. Das Evangelische Gemeindeleben, wie ich es kennenlernte, bestand darin, sich zu erinnern. Mutter heulte angesichts des Trümmerhaufens, weil Schneiders, denen er gehörte, ja doch nicht bauten und daß darum unser Haus immer zugig wäre. Damals dachte man noch nicht daran, sich ausreichend zu isolieren, sondern man dachte an Nachbarschaft, an Helfen-wollen, an noch ein Haus, daß sich die Trümmerlücke schloß, daß der Krieg, wenigstens von uns aus, überwunden wurde. Mutter verkörperte eine andere Zeit, wenn sie nicht schachmatt zusammenklappte, schuftete sie, sie schien unermüdlich, sie fauchte, schimpfte, aber dann zog sie an und brachte alles vorwärts. Mutter dachte an die Kirche, wenn die Glocke im Nußbaum schlug. Sonntags. Wenn Vater sich einmal aufmachen sollte, die Familie zu vertreten. Dann ging ich. Ich war richtig fromm geworden. Nicht im Kindergottesdienst, ich beschlagnahmte den Platz meiner Familie, den Platz meines Großvaters, ich kratzte die weiße Emaille sauber, wienerte das Blech: Hoffmann. Neben der Säule eingepfercht, stocksteif, sträubte ich mich, meinen Platz zu verlassen. Die Katechetin, der Pastor, der Superintendent, nichts half, mich zu vertreiben, wie eine Bulldogge glotzte ich sie an, bereit zuzufassen. Plötzlich war Kampf angesagt. War mein Platz besetzt, der angestammte Platz der Familie meiner Mutter, holte ich Großvater, der sich gern bis zur Kirchentür lotsen ließ, danach aber heim pilgerte. Erschien Großvater in der Tür, leerte sich der Platz von selber. Er nahm nicht mal die Pfeife aus dem Mund, sondern schmockte weiter. Er sagte laut: Junge, damit meinte er, daß er sich verabschiede, daß ich seinen Platz einnehme. Wenn ich über den »reichprächtigen« Beerdigungszug der WEBER schrieb, brauchte ich mich nur der Metall-Hochzeit meiner Großeltern zu erinnern. Hunderte trafen sich in der engen Straße, Schwarz in Schwarz, Alte wie Junge, das Scharren der Pferde, der geputzte Bierwagen, die unzähligen Kinder, die bei ihren Großeltern standen, als sei dies ein trauriger Zug, in dem nicht gesprochen werden durfte. Hinter allen die schweren Brauereipferde, die Großvater erkannten, anzogen, wenn er pfiff, er mußte sie nicht traktieren, sie kamen von selbst, der vertäute Wagen voll Fässer, Opas letztes Deputat, rumpelte auf den Katzenköppen zur Kirche.

Meine Zugehörigkeit zu dieser Kirche kam ins Wanken, als mir, aus Ostberlin kommend, einer meiner ehemaligen Mitschüler, jetzt im Kirchenrat, erklärte, daß einer der Altäre, mein Lieblingsaltar, in den Westen verkauft worden sei, um die und die Reparatur auszuführen. Dabei grinste er, als sei eine Schweinerei

abzudecken. Im Kirchenraum stand ich ihm gegenüber, als gehörte das nicht mehr zu mir, wäre unter die »Schächer« gekommen. Als stände vor mir der Böse Geist und wäre nicht mehr auszutreiben. Als ich mir zu Hause Luft machte, wetterte Mutter über die Zustände in der Evangelischen Kirche so, daß mir die Spucke wegblieb, ich glotzend ihren Kaffee schlürfte. Mutter: Das wisse ich nicht, ich würde mich doch nie um das alles hier kümmern, nach Vatis Tod sei es nur noch schlimmer geworden, damit stand sie auf, die werden mich kennenlernen!
Danach lag sie mit anderen Frauen auf einer der Straßen, deren Pflaster nach dem Westen, für eine Fußgängerzone, verkauft werden sollte. Während ich überlegte, ob ich den Reisepaß, das anerkennende Privileg der DDR annehmen sollte.

Weder meinen Vater noch meine Mutter beerdigte ein Sangerhäuser Pastor. Kurz vor seinem Tod sollte mein Vater in Magdeburg DDR-Kirchenbaumeister werden.

STOTTERN

Man mag in den eigenen 4 Wänden rasen, in den Tiefgaragen, auf Hotelkorridoren, vor Fernsehern, in Toiletten, Küchen, im Straßenverkehr, aber wenn der Theatervorhang aufgeht, ist diese Welt in Ordnung. Wie ein Stotternder ist die Welt in Ruhe gebracht: Du sollst langsam sprechen. Beruhige dich. Sprich hintereinander. Hol erst Luft. Verschluck dich nicht, atme durch, überlege erst, dann kannst du nochmal von vorne anfangen. Dann geht es wieder nicht. Die Erregung läßt sich auch im Stotternden nicht korrigieren, er bricht seine Antennen ab, er bereitet sich vor langsam zu lügen, das Innengewebe knickt nicht schnell genug, die Antenne leistet noch Widerstand, verletzt, an der Bruchstelle Blut, er leckt sich den Finger, wütend spürt er den Schmerz, hört seinen Kiefer klappen, der unabhängig von ihm motorisch wird, der Stotternde braucht mehr Luft, wiederholt die einfache Bewegung, bis der Kiefer dem Gehirn gehorcht, bis die Zähne schmerzen, bis das Ohr das Klappgeräusch nicht mehr erträgt und abstellt: Alle sind scheu vor ihm gewichen, Amfortas steht, in furchtbarer Ekstase, einsam.

Der Wahrnehmungsschmerz muß geordnet werden, zuerst eine Verlangsamung, das Gehirn als Besatzer, 2 auseinandergebrochene Tempi müssen neu verschweißt werden, der Vorgang dauert an, er wird geübt, der Stotternde bringt sich in Ruhe, legt sich Bewegungen zu, beim Stehen, vorallem beim Sitzen, in der für ihn zunächst passivsten Haltung, die die meiste Kraft kostet. Er muß sich zurücklehnen, muß Beine und Hände zu einer Form zwingen, in der sich der Oberkörper noch bewegen kann, noch Zuckungen zuläßt, ohne das abzugebende Bild mehr als nötig zu stören. Für den Stotternden ist dieser Vorgang entwürdigend, er beginnt vor den anderen zu lügen, er verbirgt den Knick, verbirgt die Beunruhigung, verbirgt, was ihn vor allen anderen auszeichnet. Für den Sprachgestörten beginnt nicht »Krieg«, sondern Tarnung, zu der sich nur der bekennt, der unter ihr den eigenen Körper nicht verliert, sondern weiß, was die Zerstörung dem Gehirn und dem Körper bedeutet. Der Kurzschluß ist nicht im Mund, er ist zuerst im Gehirn, legt sich dann über den Körper, zuletzt in die Sprache, bricht sie kaputt, sodaß den Sprechenden stärker beunruhigt, ob die Bruchstellen noch aneinander passen, denn sie stimmen nicht, das weiß er inzwischen, es gibt keine einfachen Brüche, die man mit Gedankenkleber zusammenpaßt. Natürlich kontrolliert ein Stotterer sich, notiert Bruchstellen, sucht in Wiederholungen Ähnlichkeit, vergleicht, selbstverständlich ist der Gedankensprung zu fassen, doch dabei müßte er über sich selbst stehen, sich von oben betrachten, ein »Gesunder« einen »Kranken« beaufsichtigen. Die meisten kapitulieren deshalb, fangen an zu schreiben, lügen »Zusammenhang« in zeitlich abfolgenden Sätzen.

SPRECHEN

In einer Probe fiel Joana Maria Gorvin die Treppe runter. 30 cm Stufenhöhe. Direkt in die Scheinwerfer. Ich meinte, sie sei tot. Dem war nicht so. Betreten liefen meine Freundin und ich durch Frankfurt. Nachts trafen wir sie, sie kam direkt aus dem Krankenhaus und ging mit ihrem Mann Chinesisch essen. Tage blieb sie im Bett. Später erklärte sie: Es gibt 2 Möglichkeiten, Impuls oder Wortverständlichkeit, beides kriegt man nie zusammen. Impuls ist die Bedeutung des Wortes in diesem Augenblick. Unwichtig ist dabei, ob das Wort richtig oder völlig ausgesprochen wird, es wird verstanden. Wortverständlichkeit aber ist der Inhalt des Wortes, der ewige, der die momentane Situation oder Wandelbarkeit der Formulierung ignoriert. Impuls und Wortverständlichkeit sind 2 völlig verschiedene Dinge, deshalb habe ich überlebt, ich bin im richtigen Impuls gefallen, wortverständlich wäre ich tot. Sie war eine vorzügliche Lehrerin, in ihrer Sprache.

Meinen Lehrern

+

Inhalt

Suhrkamp Verlag GmbH
Torstraße 44, 10119 Berlin
info@suhrkamp.de
www.suhrkamp.de